2021 TBC 中小企業診断士
試験シリーズ

速修 テキスト

5 経営法務

TBC受験研究会

山口 正浩 ［監修］

竹永 亮　遠山直幹　岩瀬敦智　三俣 崇
吉崎明彦　山根徹也　井上謙一 ［編著］

早稲田出版
WASEDA PUBLISHING

本書の使い方

受験校の単科講座をまるごと収録した2021年版 速修テキスト！
独学合格のための最短合格カリキュラム

　中小企業診断士の1次試験の学習は、本試験の選択肢を判断するために必要な知識を習得する「インプット学習」、応用問題に対応するために数多くの問題を繰り返す「アウトプット学習」の2段階に分かれます。

　速修テキストは、受験校の単科講座（テキスト・講義・理解度確認テスト・過去問）をまるごと収録しているため、これ一冊で、一般的な受験校と同様のカリキュラムで取り組むことができます。

本書の使い方も、TBC受験研究会統括講師（NHK「資格☆はばたく」中小企業診断士代表講師、司会進行講師）の山口正浩が動画解説しています。こちらもご参照ください。

I インプット学習の取り組み方

■ 第1部　テキスト ＋ 無料講義動画 ＋ 章末問題

　最新の試験委員の傾向を踏まえた第1部のテキストと、プロ講師が解説した無料講義動画を参考にしながら、学習を進めましょう。

【 第1部 テキスト 】

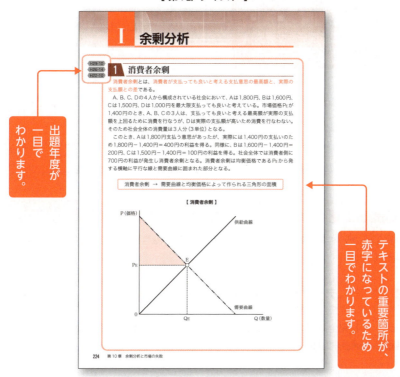

出題年度が一目でわかります。

テキストの重要箇所が、赤字になっているため一目でわかります。

合格者に学ぶ！必勝学習法①

　無料講義の中で、講師が説明する重要ポイントを理解しながら、一緒に学習しました。苦手な「経済学・経済政策」「運営管理」「企業経営理論」は時間をかけて勉強し、理解できるまで繰り返し動画を見ました。その中でも経済学・経済政策は苦手意識が強く、また理解が必要な科目でもあったため、経済学・経済政策の講義は3回以上見たかと思います。

さらに詳しく！　写真入りの体験談と学習法はこちらをチェック

各章の学習が終了したら、章末問題（理解度確認テスト）で理解度を確認しましょう。

【 章末問題 】

> 過去20年間（平成13～令和2年度）の本試験出題の過去問から必須テーマを厳選しています。

II アウトプット学習の取り組み方

　第1部のテキストでインプット学習が、ひととおり終了したら、いよいよ応用力の養成です。

■ 第2部　テーマ別1次過去問題集

　テキスト完全準拠のテーマ別過去問題集は過去10年以上の1次本試験問題から精選した過去問題集です。

合格者に学ぶ！必勝学習法②

　講義動画の良い所は、スマートフォンがあればどこでもアクセスでき、理解が難しい所を繰り返し視聴することができる事です。移動中などの**ちょっとした空き時間に繰り返し視聴**しました。テキストを読み直す度に講義の記憶が呼び戻され、まるで「テキストが語りかける」感覚があり、**試験当日も講義内容が頭に浮かび何度も助けられました。**

さらに詳しく！　写真入りの体験談と学習法はこちらをチェック

テキストを学習した後に、過去問を解答することで、試験本番での現場対応力を養成します。

【 第2部　テーマ別1次過去問題集 】

テキストの各章のテーマとリンクしているため、すぐに、インプットした知識が本試験問題に対応できるかを確認できます。

■ TBC受験研究会 統括講師　山口講師より

紹介したカリキュラムは、一般的な取り組み方です。合格者の方も様々な工夫をされているとおり、ご自身の生活リズムに合わせて、オリジナルの学習スタイルを見つけましょう。頑張ってください！

Ⅲ 出題マップの活用

第1部テキスト末尾（p.364〜）の「出題マップ」では、本書の章立てに合わせて、本試験の出題論点を一覧表にしています。最近の出題傾向の把握に活用できます。

■ 出題マップ：経済学・経済政策①（第1章〜第8章）

第1章 経済学の基礎	令和2年度	令和元年度	平成30年度	
Ⅰ 経済学の基礎				
Ⅱ 国民経済計算の基本概念	03- 国民経済計算の概念	03- 国民経済計算	05-GDP	03-GDP
Ⅲ 物価と物価指数			04- 実質・名目と物価指数	
第2章:財市場（生産物市場）の分析				
Ⅰ 消費関数の理解				
Ⅱ 45度線分析	05-デフレ・ギャップ		07 (1) -45度線分析	
Ⅲ 投資乗数と政府支出乗数の理解		05 (2) -均衡GDP	07 (2) -均衡GDP	04 (2) -
Ⅳ 租税乗数の理解				
Ⅴ 乗数のまとめ		05 (1) -乗数効果		
Ⅵ 投資の効率分析				08-投資
Ⅶ IS曲線の導出	04 (1) (2) -貯蓄・投資図, 06 (1) -IS曲線			
第3章:資産市場（貨幣市場・債券市場）の分析				
Ⅰ 貨幣の需要と供給				
Ⅱ 貨幣供給量の理解	10- 貨幣供給	06- 金融政策		07- マネ
Ⅲ LM曲線の導出				
第4章:財市場（IS曲線）と貨幣市場（LM曲線）の同時分析				
Ⅰ IS-LMの同時分析			09 (1) -	
Ⅱ 財政政策	06 (2) -財政政策			
Ⅲ 金融政策	06 (2) -金融政策, 10-貨幣供給			
第5章:国際マクロ経済学				
Ⅰ 経常収支と貯蓄・投資バランス			06-貯蓄・投資バランス	

出題論点が多く記入されている箇所は、出題頻度が高くなっています。

本書の使い方　v

目 次

本書の使い方··· ii

第1部　速修テキスト ··· 1

第1章　経営法務の概要と民法 ······················· 4

Ⅰ 試験で問われる法律と民法総則の知識　6

1 試験で問われる法律の分類·· 6
2 民法概論··· 7
3 民法の基本原則··· 8
4 民法総則··· 9
5 人··· 9
6 法人··· 12
7 物··· 12
8 法律行為··· 13
9 意思表示··· 14
10 意思表示の効力発生·· 15
11 無効と取消し·· 16
12 意思と表示との不一致·· 18
13 瑕疵ある意思表示·· 21
14 代理··· 22
15 条件と期限·· 26
16 時効··· 27

Ⅱ 物権法　32

1 物権総則··· 32
2 所有権··· 33
3 担保物権··· 36

Ⅲ 債権総則　38

1 債権の発生事由··· 38
2 給付・弁済・履行·· 38
3 特定物債権と種類債権·· 39
4 法定利率··· 39
5 債務不履行·· 39
6 債権者代位権·· 42
7 詐害行為取消権··· 43
8 多数当事者間の債権債務関係·· 45
9 保証債務··· 49

10 債権譲渡 ……………………………………………………………… 56
11 債務引受 ……………………………………………………………… 57
12 弁済（第三者弁済）………………………………………………… 58
13 相殺 …………………………………………………………………… 59
14 更改 …………………………………………………………………… 60
15 有価証券 ……………………………………………………………… 61

IV 契約　62

1 契約の成立 …………………………………………………………… 62
2 契約の効力 …………………………………………………………… 65
3 契約の解除と解約告知 ……………………………………………… 66
4 定型約款 ……………………………………………………………… 68
5 売買 …………………………………………………………………… 69
6 消費貸借 ……………………………………………………………… 72
7 賃貸借 ………………………………………………………………… 72
8 請負 …………………………………………………………………… 74
9 委任 …………………………………………………………………… 75
10 寄託 …………………………………………………………………… 76
11 その他の契約 ………………………………………………………… 77

V 相続　79

1 家族法と相続 ………………………………………………………… 79
2 相続の手続 …………………………………………………………… 79

第2章　知的財産法 ……………………………………………………… 92

I 知的財産権概論　94

1 知的財産権の概要 …………………………………………………… 94

II 特許法　98

1 特許法概論 …………………………………………………………… 98
2 特許登録を受けるための要件 ……………………………………… 98
3 特許の主体 …………………………………………………………… 103
4 特許の登録手続 ……………………………………………………… 107
5 特許権の効力 ………………………………………………………… 113
6 実施権 ………………………………………………………………… 118

III 実用新案法　123

1 実用新案法概論 ……………………………………………………… 123
2 実用新案登録を受けるための要件 ………………………………… 123

目 次　vii

3 実用新案の登録手続 ··· 125
4 実用新案権の効力 ··· 127

Ⅳ 意匠法　130

1 意匠法概論 ··· 130
2 意匠登録を受けるための要件 ··· 131
3 意匠権の主体 ··· 138
4 意匠権の登録手続 ·· 139
5 意匠権の効力 ··· 141
6 特殊な意匠 ··· 144

Ⅴ 商標法　149

1 商標法概論 ··· 149
2 商標登録を受けるための要件 ··· 149
3 商標権の登録手続 ·· 156
4 商標権の効力 ··· 160

Ⅵ 著作権法　165

1 著作権法概論 ··· 165
2 著作物 ··· 166
3 著作者 ··· 169
4 著作権 ··· 169
5 著作権の制限 ··· 173
6 著作権の侵害 ··· 176
7 著作権の利用 ··· 178
8 著作権等に関する契約・関連法規 ··································· 180

Ⅶ 不正競争防止法　182

1 不正競争防止法概論 ·· 182
2 不正競争行為の類型 ·· 182
3 適用除外と救済手段 ·· 189

第3章　会社法 ·· 194

Ⅰ 会社法の概要　196

1 会社法の概要 ··· 196
2 会社の概念 ··· 196
3 会社法上の定義 ·· 200

viii

II 株式 205

1 株式 205
2 株式の内容と種類 208
3 株式の流通 213
4 自己株式 218
5 株式の消却 220
6 株式の併合・分割・無償割当て 221
7 単元株制度 223
8 株式の評価 223

III 機関 225

1 機関概要 225
2 株主総会 227
3 役員および会計監査人の選任と終任 232
4 取締役・取締役会・代表取締役 234
5 会計参与 242
6 監査役・監査役会 243
7 会計監査人 246
8 監査等委員会設置会社 247
9 指名委員会等設置会社 249
10 役員等の損害賠償責任 252
11 株主代表訴訟 254
12 株主の差止請求権 256

IV 計算 257

1 計算概要 257
2 会計帳簿 257
3 計算書類等 258
4 資本金と準備金 261
5 剰余金の配当 264

V 設立 266

1 設立概要 266
2 定款の作成 268
3 社員の確定 270
4 機関の具備 271
5 会社財産の形成 271
6 設立登記 274
7 登記事項証明書 274

VI 資金調達　276

- **1** 資金調達概要 ··276
- **2** 募集株式の発行等 ··277
- **3** 新株予約権 ··281
- **4** 社債 ··283
- **5** その他の関連キーワード ··285

VII 組織の基礎的変更　286

- **1** 組織変更 ··286
- **2** 組織再編等と組織再編 ··287
- **3** 株式会社の事業譲渡等 ··288
- **4** 合併 ··290
- **5** 会社分割 ··295
- **6** 株式交換・株式移転 ··298
- **7** 簡易手続・略式組織手続の適用除外 ································303
- **8** 親子会社・企業結合 ··304
- **9** 定款の変更 ··305
- **10** 解散・清算 ··305

VIII 持分会社　307

- **1** 持分会社 ··307
- **2** 合名会社 ··308
- **3** 合資会社 ··309
- **4** 合同会社 ··309

IX その他の重要法人　311

- **1** 投資事業有限責任事業組合 ··311
- **2** 有限責任事業組合 ··311
- **3** 特定非営利活動法人 ··312

第4章　倒産法 ··316

I 倒産法総説　318

- **1** 倒産 ··318
- **2** 倒産処理手続の体系 ··318

II 倒産法各説　319

- **1** 破産法（法的整理・清算型）··319
- **2** 民事再生法（法的整理・再建型）····································322

3 会社更生法（法的整理・再建型） ································· 324
4 その他の手続 ··· 327
5 金融機関の融資に関する検査・監督 ······················· 327

第5章 その他の法務知識 ································· 332

I 企業活動に関する法律知識　334

1 独占禁止法 ··· 334
2 下請代金支払遅延等防止法 ································· 337
3 製造物責任法 ··· 339
4 消費者保護法 ··· 340
5 個人情報保護法 ··· 343
6 外国企業との取引に関する知識 ··························· 344

II 資本市場へのアクセスと手続　348

1 株式公開の意義 ··· 348
2 株式公開の手続 ··· 349
3 市場の種類 ··· 352
4 金融商品取引法 ··· 356
5 金融商品取引法上の開示義務 ····························· 359

出題マップ ··· 364
参考・引用文献 ··· 366
索　引 ··· 369

第2部 テーマ別1次過去問題集 ················· 381

2021年版 TBC中小企業診断士試験シリーズ

速修 **テキスト**

5 経営法務

第1部

速修テキスト

第1章　経営法務の概要と民法

第2章　知的財産法

第3章　会社法

第4章　倒産法

第5章　その他の法務知識

経営法務の体系図

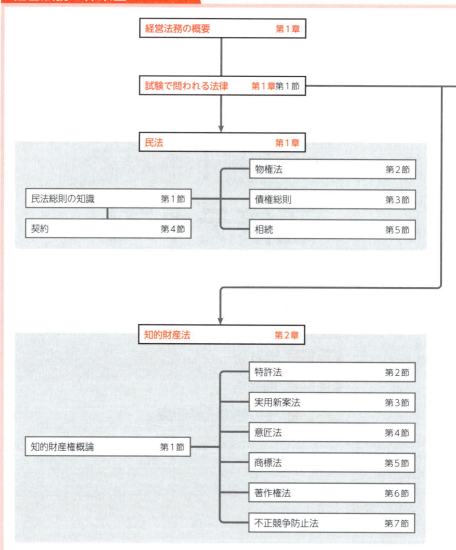

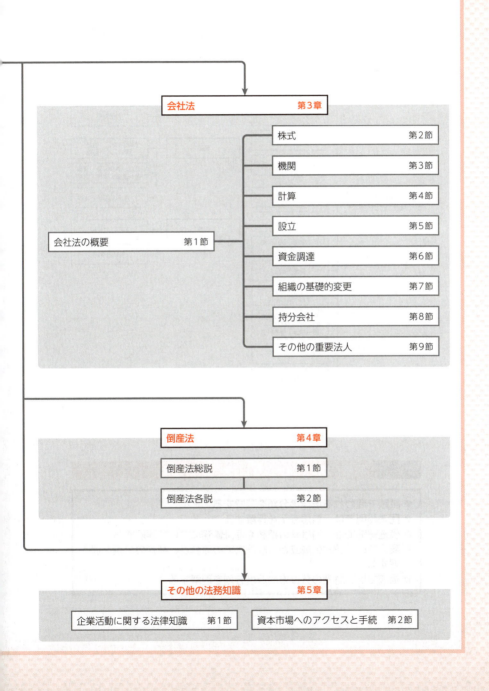

本章の体系図

本章のポイント

- 試験で問われる法律の分類を理解する
- 民法総則では、意思表示を理解する
- 債権総則では、債権者の権利や保証債務について理解する
- 契約では、契約の成立から解除までの流れと、契約の分類を理解する
- 相続では、財産の分け方や遺産分割を理解する

第1章

経営法務の概要と民法

I 試験で問われる法律と民法総則の知識

II 物権法

III 債権総則

IV 契約

V 相続

I 試験で問われる法律と民法総則の知識

　法律は私たちの日常生活や企業の活動に密接に関連している。みなさんが、コンビニエンスストアで昼食を購入することも、引っ越しで家を借りたり、電車やタクシーに乗ったりすることも、契約に関する法律活動によって成り立っている。
　第1章では、中小企業診断士試験で学習する法律の基礎となる「民法」を中心に学習する。

1 試験で問われる法律の分類

　中小企業診断士の経営法務の試験では、創業者や中小企業経営者に対して助言する際に必要な企業経営に関する法律や手続きなどの知識や、法律の専門家との橋渡しをするための知識が求められている。
　経営法務で出題される法律を分類すると、①事業を開始し会社を設立してから、会社が倒産するまでの「企業の一生」に関する法律、②企業が開発・製造した製品や音楽・書籍などの「知的財産権」に関する法律、③個人や企業の契約や会社の機関など「企業活動や取引関係」に関する法律、④企業が株式を公開して幅広く資金調達をする際に必要となる「資本市場へのアクセスと手続き」に関する法律知識などとなる。

【 経営法務で問われる法律知識体系 】

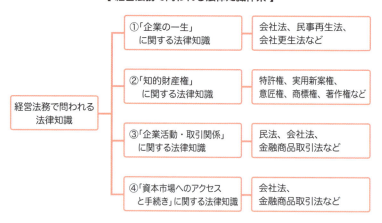

　上記の体系を見ると、試験で問われる分類に基づき学習すると、法律知識の重複が見られる。本書では、法律知識の無駄な重複を避け、効率的に合格に必要な法律知識をインプットするために、民法や会社法というように法律ごとにまとめて掲載している。

2 民法概論

(1) 民法の位置づけ

① 公法と私法

法律は、国家機関などに関する法律である「公法」と、自由・対等の私人間の法律関係の「私法」とに大別できる。民法は「私法」の代表例である。

【 公法と私法 】

	公　法	私　法
定　義	国や地方公共団体の組織・権限または公益に関する法の総称	私益または対等な市民の生活関係について規定した法の総称
指導原理	支配と服従	自由と平等
例	憲法・行政法・刑法・訴訟法（民事訴訟法・刑事訴訟法）・国際公法　等	民法・会社法　等

② 一般法と特別法

法には、一般法と特別法という分け方もある。たとえば、会社法と民法の関係では民法が一般法、会社法が特別法にあたる。一般法は法律の適用領域が限定されていない法律であり、限定されているものは特別法となる。

【 一般法と特別法 】

一般法	特別法
●適用領域が地域・人・事項によって限定されない法 ●特別法との関係では、適用領域が相対的により広い法を一般法という	●特定の地域・人・事項に適用される法 ●一般法との関係では、特別法は一般法に優先するという原則がある

③ 大陸法と英米法

H25-02

各国の法律を大別すると大陸法と英米法に分けられる。大陸法は成文の法律を重視し、英米法は判例法を重視するという特徴があり、我が国の民法は大陸法系に属している。

(2) 民法の体系

民法は総則・物権・債権・親族・相続の5編で構成されている。中小企業診断士試験では、債権を中心に広く各編から出題される。

第1章　経営法務の概要と民法　　7

3 民法の基本原則

民法には、次のような基本原則が存在する。原則ゆえ、例外も存在するが、民法の大枠を把握するうえでは不可欠な考え方である。ここでは、例外にこだわらずに原則から理解しよう。

(1) 私的自治の原則

私的自治の原則とは、個人の私法関係を各人の意思のままに規律することを原則とする考え方である。「誰とどんな取引をするかは個人の自由」という原則である。

日本では、個人間の関係は個人がその自由意思に基づいて形成することができる。そのため、個人間の契約も会社などの団体の設立も自由である。

しかし、無制限というわけではなく、社会全体の利益と調和しなければならないといった「**公共の福祉**」や自分の権利を行使して相手方に多大な損害を与えるなどの社会的な許容範囲を超えるような権利の行使である「**権利の濫用**」、後述する「**信義則**」などの制限がある。

(2) 過失責任の原則

民法に限らず、法律には、故意・過失という用語が頻繁に使われている。過失責任の原則とは、他人に損害を与えても、故意または過失がない限り、賠償責任を負わないとする民法上の原則である。

① 過失

過失とは、一定の事実を認識することができたにもかかわらず、不注意でそれを認識しない心理状態である。重過失とは、重大な過失、著しい不注意のことをいう。

② 故意

故意とは、自分の行為が一定の結果を生み出すことを認識しつつ、ある行為をした場合の心理状態である。

うっかりして他人の持ち物を壊せば、過失が問われ、わざと他人の持ち物を壊せば、故意が問われる。

【 民法の基本原則 】	
私的自治の原則	「誰とどんな取引をするかは個人の自由」という原則
過失責任の原則	「悪意やミスがなければ責任を取らなくてもよい」という原則

4 民法総則

(1) 民法総則

民法総則は、民法全体、特に、財産法（物権法・債権法）に共通して問題となる部分に関する規定である。

(2) 信義則

信義則とは、信義誠実の原則の略称である。わが国の民法では、権利の行使や義務の履行にあたっては、信義に従い誠実に行わなければならない（1条2項）。

(3) 権利の主体と客体（契約の当事者・目的）

主体とは自覚に基づいて行動するもの、客体とは主体の認識・行為などの対象となるものである。権利の主体となるのは、**人（自然人）** と **法人** だけである。物が権利の主体となることはできない。

権利の客体（権利の目的）は、債権の場合は**人**であり、物権の場合は**物**である。

債権とは「特定の相手方にある一定の行為を要求する権利」で、人に対する権利といわれる。権利を主張される人が負う義務を債務という。一方、物権とは物に対する権利である。

【 権利能力者の体系 】

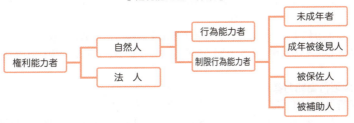

5 人

(1) 私権の享有

私権とは、私法関係において認められる権利の総称である。**享有**とは、権利・能力など無形のものを、生まれながらに身に受けて持っていることである。人（自然

人)は出生と同時に権利・義務の主体となる資格(権利能力)がある(3条)。つまり、人(自然人)は、私権を享有している。

(2) 能力

法律における**能力**とは、あることについて必要とされ、または適当とされている資格を示す用語である。

① 意思能力

意思能力とは、自分の行為の結果を認識・判断できる精神的能力のことである。意思能力を有しない者のした法律行為は無効である(3条の2新設)。

② 行為能力

行為能力とは、法定代理人や保佐人の同意を得ることなく自ら独立して法律行為をなすことができる能力である。行為能力の制限を受けない者を行為能力者という(20条)。

③ 権利能力

権利能力とは、権利や義務の帰属主体となることができる法律上の資格である。自然人は出生と同時に無制限に、法人は設立と同時に一定の範囲で、これを取得する。

(3) 成年

成年とは、人が未成年を脱して完全な行為能力者となる年齢である。人は、成年に達すれば行為能力を取得する。

民法上は満20年をもって成年とする(4条)が、未成年者でも婚姻すれば成年に達したものとみなされる(結婚による成年擬制)(753条)。

`H29-14` (4) 制限行為能力者制度

民法では、単独では完全に有効な法律行為をすることができない者(行為能力のない者)を定型化し、これに保護者をつけて能力不足を補わせ、法律行為が円滑になされるようにするとともに、保護者の権限を無視した行為を取り消すことができるものとしてその財産の保全を図る制度を設けている。これを制限行為能力者制度という。

① 制限行為能力者

制限行為能力者とは、単独では完全に有効な法律行為をすることができない者(行為能力のない者)のことをいう。具体的には、未成年者、成年被後見人、被保佐人、17条1項の審判(同意権付与の審判)を受けた被補助人を指す。

② 未成年者の取引

未成年者が法律行為をするときは、その法定代理人である保護者の同意が必要である(5条1項)。法定代理人の同意を得ていない場合、取り消すことができる(5条2項)。ただし、単に権利を得、または義務を免れる法律行為は同意を要しない(5条1項但)。

一種または数種の営業を許された未成年者は、その営業に関しては、成年と同一

の行為能力を有する（6条1項）。

③ 代理権

　未成年者や成年被後見人の法定代理人は代理権を有する一方、保佐人・補助人は当然には代理権を有しない。家庭裁判所により、特定の法律行為について代理権を付与する旨の審判があった場合に、その法律行為についてのみ代理権を有する（876条の4、876条の9）。

④ 制限行為能力者の相手方の保護

　制限行為能力者と取引をした相手方は、法律行為がいつ取り消されるかわからないという不安定な状態に置かれることから、相手方の保護のために、次の方法が定められている。

　　(a) 相手方の催告権

　制限行為能力者の相手方は、制限行為能力者やその法定代理人、保佐人または補助人に対して行為を取り消すかどうかについての返事を求め、その返事次第で行為が取り消されたものとしたり、追認があったものとしたりする（20条）。

　　(b) 制限行為能力者の詐術

　制限行為能力者が行為能力者であることを信じさせるため詐術を用いたときは、その行為を取り消すことができない（21条）。単に制限行為能力者であることを黙秘していただけでは詐術とはいえないが、他の言動などとともに相手方の誤信を強めさせたときは詐術となる（最判昭和44年2月13日）。

【 制限行為能力者 】

制限行為能力者	意味	保護者
未成年者	成年（20歳）に達しない者（4条の反対解釈）	法定代理人（親権者または未成年後見人）
成年被後見人	精神上の障害により事理を弁識する能力を欠く常況にある者として、後見開始の審判を受けた者のことをいう（7条、8条）。事理とは、ものごとの道理のことである。弁識とは、ものごとをわきまえ、識別することである	法定代理人（成年後見人）
被保佐人	精神上の障害により事理を弁識する能力が著しく不十分である者として、保佐開始の審判を受けた者のことをいう（11条、12条）	保佐人
被補助人	精神上の障害により事理を弁識する能力が不十分である者として、補助開始の審判を受けた者のことのことをいう（15条、16条）	補助人

第1章　経営法務の概要と民法　**11**

6 法人

⑴ 法人の定義

法人とは、人または財産からなる組織体に法人格（権利能力）が与えられたものである。理事その他の機関を持ち、自然人と同様に法律行為を含むさまざまな権利義務の主体となることができる。

⑵ 定款

定款とは、一般に社団法人・財団法人の目的・名称などの根本原則、または、それを記載した文書である。

7 物

⑴ 物

民法上、**物**（ぶつ、もの）とは有体物のことをいう（85条）。

有体物とは、物理的に空間の一部を占め有形的存在を持つ物である。固体・液体・気体が該当するが、液体と気体については、そのままでは管理・支配できないので、ガラス瓶やボンベなどの容器に入っている場合にのみ、有体物として扱われる。

⑵ 不動産と動産

有体物は、不動産と動産とに分類できる。

① 不動産

不動産とは、民法上、土地およびその定着物（建物・立木など）のことである（86条1項）。建物以外の土地の定着物（例 樹木・塀）は土地の一部分とされる。

② 動産

動産とは、土地およびその定着物以外の一切の有体物である（86条2項）。

【 不動産と動産 】

	不動産	動産
定　義	土地およびその定着物（建物・立木など）のことである（86条1項）	土地およびその定着物以外の一切の有体物である（86条2項）
対抗要件（第三者に権利を示す方法）	登記（177条）明認方法（判例）	引渡し（178条）
担保とする方法	不動産質権（356条）抵当権（369条）仮登記担保（仮登記担保契約法）	動産質権（352条）譲渡担保（判例）
無権利者から購入した場合	即時取得（善意取得）できない	即時取得（善意取得）できる（192条）

8 法律行為

(1) 法律行為の定義

　法律行為とは、法律的効果の発生を目的としてなされる行為である。行為能力を持つ当事者の意思表示とその内容が確定可能で、しかも適法であることが必要である。

(2) 法律行為の分類

　法律行為は、契約・単独行為・合同行為に分かれる。

① 契約

　契約とは、当事者間の対立する複数の意思表示が合致すること（合意）によって成立する法律行為のことである。原則として書面その他特別の方式を必要としないので、口頭による合意（口約束）も法律上は完全に有効な契約である（諾成契約）。ただし、例外として物の引渡しが必要となる要物契約もある。いったん成立した契約は当事者を拘束し、その違反に対して損害賠償等の制裁が加えられる。

【 契約（売買契約）】

② 単独行為

　単独行為とは、行為者単独の意思表示により効力を生ずる法律行為である。相手方のあるもの（例　取消し・解除・追認・相殺）と、相手方のないもの（例　遺言・寄附行為）とがある。

【 単独行為（取消し）】

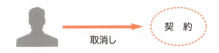

③ 合同行為

　合同行為とは、数人が共通の権利義務の変動を目的として共同してする法律行為である。たとえば、会社の設立行為は合同行為である。

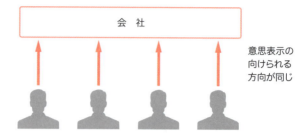

【合同行為（会社設立）】

(3) 公序良俗

公序良俗とは、法律であえて規定する必要性がないほど明らかな国家・社会の公共の秩序と普遍的道徳を意味する、公の秩序と善良の風俗のことである。

公序良俗に反する法律行為は**無効**とされる（90条）。たとえば、愛人契約は公序良俗に反するため、無効である。また、公序良俗に反する方法で他人に損害を与えた者は不法行為の責任を負う。

(4) 法令と意思表示

法令（法律と命令の総称）は、強行規定と任意規定とに分かれる。民法では、大まかにいえば、債権法の大部分は任意規定であり、物権法・親族法・相続法の規定の多くは強行規定と解されている。

① 強行規定

強行規定とは、当事者の意思にかかわらず適用される法規（強行法）による規定である。強行規定は契約に優先する例外的な法令である。

② 任意規定

任意規定とは、当事者の意思によって適用を排除できる法規（任意法）による規定である。契約は任意規定に優先する。

【強行規定・任意規定と契約の関係】

強行規定＞契約＞任意規定

9 意思表示

(1) 意思表示の定義

意思表示とは、権利・義務の得喪や変更を欲する者がその旨の意思を表明することである。たとえば、売買契約における「売ります」「買います」といった意思の表

明が意思表示である。

(2) 意思表示の構成要素

意思表示が成立するには、①一定の効果の発生を欲する意思（効果意思・真意・内心的効果意思）、②それを外部に表示しようとする意思（表示意思）、③外部に発表する行為（表示行為）の3つの要素が必要であると解されている。

① **効果意思**
効果意思（真意・内心的効果意思） とは、一定の法律効果の発生を欲する意思である。意思表示をする者（表意者）の効果意思は外部からは知ることができない。

② **表示意思**
表示意思 とは、効果意思を外部に発表しようとする意思である。

③ **表示行為**
表示行為 とは、効果意思を外部に発表する行為である。

【 意思表示の構成要素 】

効果意思を重視する立場を意思主義といい、表示行為を重視する立場を表示主義という。民法では、原則的に意思主義が中心で、例外的に表示主義を採用している。

10 意思表示の効力発生

(1) 契約の成立要件

原則として、**契約** は、**意思表示の合致により成立** する。そのため、契約がいつ発生するか、つまり、意思表示の効力発生の時期が重要になる。

(2) 到達主義と発信主義

H28-13

意思表示は、その通知が相手方に到達した時に効力が生じる（97条1項改正）。相手方が正当な理由なく意思表示の通知が到達することを妨げたときは、その通知は、通常到達すべきであった時に到達したものとみなす（97条2項新設）。このよ

うに、意思表示の効力が発生する時期を、相手方に到達した時点とする考え方を**到達主義**という。

旧法では、隔地者間の契約は、承諾の通知を発信した時に成立する**発信主義**を採用していた。しかし、承諾通知の発信時に契約が成立すると、申込者が知らない間に履行遅滞に陥るおそれがあるなど、申込者が不測の損害を被るおそれがある。また、当事者が迅速な契約の成立を望むのであればメール等を使えばよく、迅速な通信手段のある今日では例外規定を置く必要性に乏しい。このため、隔地者間の場合も「到達主義」に改正された。

(3) 公示による意思表示

意思表示すべき相手がわからないとき、または、行方不明のとき、公示による意思表示（裁判所の掲示場の掲示、官報、新聞）が可能である（98条）。

(4) 意思能力の喪失等と意思表示の効力

意思表示は、表意者が通知を発した後に死亡したり、意思能力を喪失したり、行為能力の制限を受けたときであっても、効力を妨げられない（97条3項改正）。

一方、意思表示の相手方が、意思表示を受けた時に意思能力を有しなかった場合や、未成年者もしくは成年被後見人であった場合は、意思表示の受領能力がない。ただし、相手方の法定代理人や、意思能力を回復または行為能力者となった相手方が意思表示を知った後は、この限りでない（98条の2改正）。

11 無効と取消し

(1) 契約の有効要件

いったん成立した契約が、有効であるか無効であるかは、重要な問題である。ここでは、無効と取消しについてまとめておく。

(2) 無効

無効とは、法律行為が当事者の表示した効果意思の内容に従った法律効果を生じないことである。無効の行為を追認しても有効にならない（119条）点で、取消しとは異なる。無効の行為から権利義務や法律関係は発生せず、既に履行していれば不当利得になる。

【 無 効 】

(3) 取消し

取消しとは、意思表示になんらかの欠陥があるために不確定的に有効とされる法律行為を、法律上定められた一定の事由に基づき特定の者（取消権者）の意思表示によって遡って無効とすることである。

① 取消権者

取消権者には、次のような者が該当する。

　(a) 能力の制限があるために取り消すことができる行為の場合

制限行為能力者またはその代理人、承継人あるいは同意をすることのできる者が取消権者である（120条1項）。

　(b) 錯誤、詐欺または強迫によって取り消すことができる行為の場合

錯誤、詐欺または強迫によって意思表示を行った者、その代理人、承継人が取消権者である（120条2項）。

② 取消しの遡及効

遡及効とは、法律や法律要件がその成立以前に遡って効力を持つことである。過去にされた行為などに影響を及ぼし、世の中が不安定になるので、法律は遡及効を認めないのが原則（不遡及の原則）である。遡及効は、特に規定がある場合に限って認められる。

たとえば、取消しの遡及効がその1つである。これは、取り消された行為ははじめから無効であったものとして扱うというものである（121条）。

③ 取消行為の追認

追認とは、民法上いったんなされた不完全な法律行為を後から有効なものにする意思表示である。いわゆる「事後承認」である。

【 取消し 】

【 無効と取消しの比較 】

	無効	取消し
特定人の主張	特定人の主張を必要としない	特定人の主張があって初めて効力を失う（120条）
効力を失う時期	最初から効力がない	取消しがない間は効力があるが、取り消されると最初から効力がなくなる（121条）
追　認	追認によって効力は生じない（119条）	追認すれば確定的に有効になる（122条・125条）
消滅の有無	放置しておいても効果は変わらない	放置しておくと取り消すことができなくなる（126条）
例	公序良俗違反の行為（90条）強行規定違反の行為（91条）	無能力者の行為（4・9・12条）詐欺・強迫による行為（96条）

⑷ 原状回復の義務

　無効な法律行為（取り消されて無効とみなされた法律行為を含む）に基づく債務の履行として給付がされた場合、給付を受けた者は相手方を原状に回復させる義務を負う（121条改正、121条の2第1項新設）。

　ただし、無効な無償行為（例えば贈与契約など）であった場合には、給付を受けた者が、給付を受けた当時、その行為が無効であること等を知らなかったときは、現に利益を受けている限度において、返還の義務を負う（121条の2第2項新設）。

　また、法律行為の時に意思能力を有しなかった者や制限行為能力者であった者についても、現に利益を受けている限度において、返還の義務を負う（121条の2第3項新設）。

⑸ 取消権の期間の制限

　取消権は、追認をすることができる時から5年間行使しないときは、時効によって消滅する。行為の時から20年を経過したときも、同様とする（126条）。

12 意思と表示との不一致

⑴ 意思と表示との不一致

　意思と表示との不一致（意思の不存在）とは、表示行為から推定される効果意思が欠けている場合の総称である。民法上、心裡留保・虚偽表示・錯誤が該当する。後述する瑕疵ある意思表示（詐欺・強迫）と対比される。

【意思と表示との不一致】

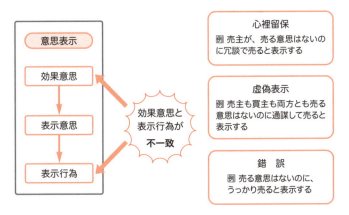

(2) 心裡留保（単独虚偽表示）

　心裡留保（単独虚偽表示）とは、表意者が真意でないことを自ら知りながら行う意思表示である。冗談などがその例である。

　相手方は普通、効果意思（真意・内心的効果意思）を知りえないから、**心裡留保による意思表示**は原則有効である。ただし、意思表示が真意ではないことを相手方が知っているときや、知ることができたときは無効となる（93条1項改正）。ただし、無効の主張は、善意の第三者（事情を知らない第三者）には対抗できない（93条2項新設）。

(3) 虚偽表示（通謀虚偽表示）　　　　　　　　　　　　　　　　　H26-11

　虚偽表示（通謀虚偽表示）とは、相手方と通謀してする真意でない意思表示であり、無効となる（94条1項）。ただし、虚偽表示が有効だと信じて取引関係に入った善意の第三者には対抗できない（94条2項）。

(4) 錯誤（全部改正）　　　　　　　　　　　　　　　　　　　　　H26-11

　錯誤とは、表意者がなんらかの誤りで真意とは異なる表示をしてしまうことをいう。いわゆる「思い違い」「勘違い」である。

① 錯誤の類型

　錯誤は、**表示の錯誤**と、**動機の錯誤**とに区別される（95条1項）。

第1章　経営法務の概要と民法　　**19**

【 錯誤の類型 】

	真意と意思表示との関係	例
表示の錯誤	間違って真意と異なる意思表示をした場合 (95条1項1号)	売買代金として1,000万円と記載すべきところ、100万円と記載した契約書を作成してしまった (売主に錯誤)
動機の錯誤	真意どおりに意思表示をしたが、その真意が何らかの誤解に基づいていた場合 (95条1項2号)	土地の譲渡に伴って自らが納税義務を負うのに、相手方が納税義務を負うと誤解し、土地を譲渡した (売主に錯誤)

R02-01

② 錯誤による意思表示の取消し

　錯誤による意思表示は、錯誤に基づき意思表示がされ（**主観的な因果関係の存在**）、その錯誤が法律行為の目的および取引上の社会通念に照らして重要なものである（**客観的な重要性の存在**）ときは、取り消すことができる (95条1項)。

　旧法では、錯誤の効果を「無効」としていた。しかし、民法の一般的理解では、無効は誰でも主張することができるのに対し、判例では、錯誤を理由とする意思表示の無効は、誤解をしていた表意者のみが主張でき、相手方は主張できないと判示し、通常の無効とは異なる扱いとなっていた。また、詐欺があった場合に取消しができるのは5年間であるのに対し (126条)、無効を主張することができる期間に制限はないため、バランスを欠いていた。このため、「無効」から「取消し」に改正された。

　なお、動機の錯誤による意思表示の取消しは、動機となった事情が法律行為の基礎とされていることが表示されていたときに限られる (95条2項)。表示は黙示的なものでもよい。例えば、離婚に伴う財産分与として土地等を譲渡する場合において、財産分与をする者の側には課税されないことを前提とした言動を両当事者がとっていたようなときは、黙示的に表示されていたと評価され、この要件を満たすものと考えられる (最判平成元年9月14日)。

③ 表意者に重過失がある場合の取扱い

　表意者に重大な過失（重過失）があった場合、錯誤による意思表示を取り消すことはできない (95条3項)。重過失とは、通常の一般人に期待される注意を著しく欠いていることをいう。

　ただし、相手方が表意者に錯誤があることを知っているときや、重大な過失によって知らなかったとき (95条3項1号)、あるいは、相手方も同一の錯誤に陥っていたとき (95条3項2号) には、相手方を保護する必要性は低いため、意思表示を取り消すことができる。

④ 錯誤による意思表示を信頼した第三者の保護規定

　錯誤による意思表示の取消しは、善意かつ無過失の第三者には対抗できない (95条4項)。

13 瑕疵ある意思表示

(1) 総説

瑕疵ある意思表示とは、表示行為に相当する効果意思（真意・内心的効果意思）（例「新聞を買おう」とする意思）は存在するが、その形成過程になんらかの欠陥がある場合の意思表示をいう。詐欺・強迫による意思表示がこれにあたる。前述した意思と表示との不一致の場合その効果が無効であるのに対して、瑕疵ある意思表示は取り消すことができるものとなる。

【 瑕疵ある意思表示 】

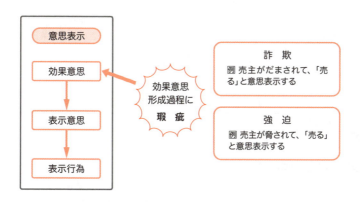

(2) 詐欺

詐欺とは、他人をだまして錯誤に陥れ、財産などをだまし取ったり、瑕疵ある意思表示をさせたりする行為である。民法上、不法行為となることがある。詐欺による意思表示は、取り消すことができる（96条1項）。相手方に対する意思表示について第三者が詐欺を行った場合には、相手方がその事実を知っているときや、知ることができたときに限り、表意者はその意思表示を取り消すことができる（96条2項改正）。

詐欺による意思表示を信頼した第三者の保護に際しては、詐欺による意思表示をした表意者（だまされた人）は、心裡留保や虚偽表示における表意者よりも、保護する必要性が高いと考えられる。このため、詐欺による意思表示の取消しは、**善意かつ無過失**の第三者には対抗できないとされている（96条3項改正）。第三者が善意であっても、過失がある場合には、表意者は意思表示を取り消すことができる。

(3) 強迫

民法では、強迫と表記する。**強迫**とは、民法上、相手方に違法な害悪を加える旨を通告して、畏怖心を生じさせる行為である。強迫による意思表示は取り消すことができ、善意の第三者にも対抗できる（96条）。

【 意思と表示との不一致と瑕疵ある意思表示の比較 】

区　分		原　則	例　外
意思と表示との不一致	心裡留保	有効 (93条)	相手方が悪意・有過失の場合 無効 (93条1項但) ※この無効は善意の第三者には対抗できない (93条2項)
	虚偽表示	無効 (94条1項)	善意の第三者には対抗できない (94条2項)
	錯　誤	取り消すことができる (95条1項)	表意者の重過失による場合取消しできない (95条3項) 善意かつ無過失の第三者には取消しを対抗できない (95条4項)
瑕疵ある意思表示	詐　欺	取り消すことができる (96条1項)	善意かつ無過失の第三者には対抗できない (96条3項)
	強　迫	取り消すことができる (96条1項)	なし

14 代理

⑴ 契約の効果帰属要件

　契約が有効だった場合、今度は、その契約の効果が誰に帰属するかという問題が生じる。たとえば、ある会社の従業員が取引先企業と契約を結んだ場合、その契約の効果が会社ではなく従業員自身に帰属してしまっては大変なことになる。このような問題を解消するために、民法では、代理制度を設けている。

⑵ 代理の定義

　契約が有効に成立した場合、それを本人に帰属されるための要件（効果帰属要件）を代理という。ある人（代理人）が他人（本人）に代わって第三者（相手方）に対して意思表示をし、または第三者から意思表示を受け、その法律効果がことごとく直接他人に帰属する制度である（99条）。

　たとえば、ある人が、東京で契約をすると同時に大阪でも契約をしたいと考えた場合、大阪に代理人を派遣する。代理の役割は、私的自治（個人の私法関係を各人の意思のままに規律すること）の拡充（補充）にある。

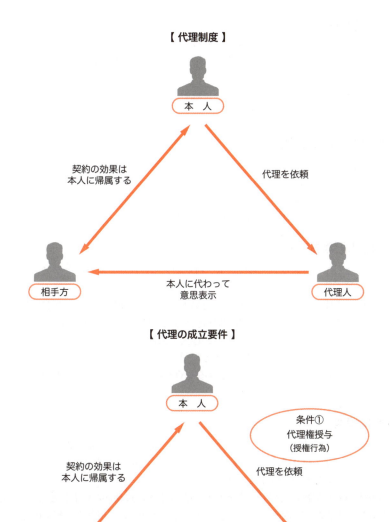

(3) 法定代理と任意代理

代理には、法定代理と任意代理とがある。

① 法定代理

法定代理とは、法律の定めによって代理権が与えられる代理である。親権者、不在者の財産管理人、相続財産の管理人、遺言執行者などは法定代理人である。

② 任意代理

任意代理とは、代理権の授与行為（授権行為）によって発生する、本人の依頼による代理である。

(4) 顕名がなかった場合

代理人が顕名を行わなかった場合、その意思表示は代理人が自分のためにしたものとしてみなされる（100条）。ただし、悪意または過失のあった場合（相手方が、代理人が本人のためにすることを知り、または知ることができたとき）、代理人の意思表示は本人がしたのと同様に扱う（100条但）。

(5) 代理人となる資格

未成年者・成年被後見人・被保佐人・被補助人も代理人となることができる（102条）。

ただし、代理人としてした行為を、行為能力の制限の規定によって取り消すことはできない。これは、代理行為の効果は代理人自身には帰属せず、また、任意代理に関しては、本人が制限行為能力者を代理人に選任したことによる。

例外として、制限行為能力者が「他の制限行為能力者」の法定代理人としてした行為については、取り消すことができる（102条改正、13条1項10号新設、17条1項・4項）。

H26-11 (6) 無権代理

代理権のない者が本人の代理人と称してした代理行為（**無権代理**）については、原則無効である（113条1項）。ただし、後日、本人が追認すれば、正当な代理行為と同じ効果を生ずる（113条1項）。

無権代理人が契約した場合、善意の相手方は本人の追認がない間に限り、その契約を取り消すことができる（115条）。本人の追認があると、相手方と特別の約束（特約）をしない限り、代理行為は契約時に遡って効力を生じる（116条）。ただし、第三者の権利を害することになる場合、効力は遡らない（116条但）。

無権代理人は、本人の追認を得られなかった場合、相手方の選択に従い、相手方に対して契約を履行するか、損害を賠償しなければならない（117条1項）。ただし、この規定は、無権代理であることを相手方が知っていたとき、もしくは過失によって知らなかったとき、または無権代理人が行為能力を有しなかったときは、適用しない（117条2項）。

(7) 表見代理

表見代理とは、無権代理のうち、本人と無権代理人との間に特殊の関係があるために、無権代理人を本当の代理人であると誤信して取引をした相手方を保護するた

め、その無権代理行為を代理権のある行為として取扱い、本人に対して効力を生じさせる制度である。

① 代理権を与えたように見せかけた表見代理（授権表示による表見代理）

相手方に対して他人に代理権を与えたように表示した本人は、表見代理人がその代理権の範囲内において相手方と行為をした場合、その行為について責任を負わなければならない（109条1項）。

② 代理権の範囲を超えた表見代理（権限踰越による表見代理）

代理人が権限外の行為をした場合、相手方が代理人にその権限があると信じるべき正当な理由があれば、本人はその行為について責任を負わなければならない（110条）。

③ 代理権がなくなった後の表見代理（代理権消滅後の表見代理）

代理権がなくなった後に行われた代理行為でも、代理権の消滅の事実を知らなかった相手方に対して、本人は責任を負う。ただし、相手方が過失によってその事実を知らなかったときを除く（112条1項）。

【 無権代理と表見代理の関係 】

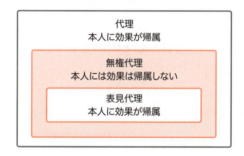

(8) 代理権の濫用・利益相反行為

① 代理権の濫用

代理人が自己または第三者の利益を図る目的で代理権の範囲内の行為をした場合、相手方がその目的を知っているときや、知ることができたときは、無権代理行為とみなされる（107条新設）。

② 利益相反行為

自己契約（本人の代理人かつ相手方となること）および**双方代理**（当事者双方の代理人となること）は、無権代理行為とみなされる（108条1項）。これら以外の利益相反行為についても、本人があらかじめ許諾した行為を除き、無権代理行為とみなされる（108条2項新設）。

15 条件と期限

(1) 契約の効力発生要件

契約の効力はいつから生じるか、すなわち、契約の効力発生要件について考えてみる。具体的には、条件や期限の問題である。

(2) 条件

条件とは、将来、発生するか否かが不確定なことである。

① 条件付法律行為

条件には、停止条件と解除条件とがある。

(a) 停止条件付法律行為

停止条件付法律行為とは、条件が実現したときに法律行為の効力が発生することである（127条1項）。

(b) 解除条件付法律行為

解除条件付法律行為とは、条件が実現したときに法律行為の効力が消滅することである（127条2項）。

【 停止条件と解除条件 】

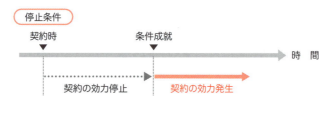

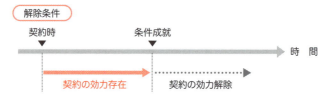

(3) 期限

期限とは、将来確実に到来する法律行為の効力の発生・消滅の時期、または債務を履行すべき一定の時期である。

期限には、到来時期が決まっている確定期限と、到来時期が決まっていない不確定期限とがある。「来年の1月1日になれば」は、確定期限である。「今度、東京が真夏日になったら」は、不確定期限である。

① 期限のついた法律行為

始期をつけた法律行為については、その期限が来るまで、当事者は契約の履行を

求めることができない（135条1項）。終期をつけた法律行為については、期限が来た時にその効力を失う（135条2項）。

② 期限の利益

期限は一般に債務者の利益のために定めたものと推定する（136条1項）。たとえば、BがAからお金を借りた場合、Aが債権者であり、Bが債務者である。Bは期限が到来するまで、お金を返さなくてもよいから、債務者である借主Bは期限の利益を享受していると推定される。

H26-04

③ 期限の利益の喪失

債務者側に債権者との間の信頼関係を壊すような行為があったときは、債務者は期限の利益を失うことになる（137条）。それは、次のような3つの場合である。

　(a) 債務者が破産手続開始の決定を受けたとき
　(b) 債権者の担保権（債務を返済できなくなった場合に備え、あらかじめ債権者が確保しておく権利）を債務者が侵害（滅失・損傷・減少）したとき
　(c) 債務者が担保を提供する義務を負っているのに、それを履行しないとき

R02-18
H30-16
H29-17
H25-11
H20-06

16 時効

(1) 時効の概要

時効とは、ある事実状態が一定期間継続することで、それを尊重してその事実状態に即した権利関係を確定しうるとする制度である。期間の継続により権利取得の効果を認める**取得時効**と、期間の継続により権利消滅の効果を認める**消滅時効**とがある。時効の効力は、その起算日に遡る（144条）。

(2) 取得時効

【 取得時効 】

権利	権利を取得する条件
所有権	①20年間、所有の意思をもって、平穏かつ公然に他人の物を占有したとき（162条1項） ②10年間、所有の意思をもって、平穏かつ公然に他人の物を占有したとき（占有開始時に善意・無過失だったとき）（162条2項）
所有権以外の財産権	①20年間、自己のためにする意思をもって、平穏かつ公然に行使したとき（163条） ②10年間、自己のためにする意思をもって、平穏かつ公然に行使したとき（行使開始時に善意・無過失だったとき）（163条）

第1章　経営法務の概要と民法　　**27**

`R02-18` (3) 消滅時効

【 主な消滅時効 】

権利	権利が消滅する条件
債権	次のいずれか早い方の期間が経過した場合(166条1項改正) ①債権者が権利を行使することができることを知った時(主観的起算点)から5年間行使しないとき ②権利を行使することができる時(客観的起算点)から10年間行使しないとき
債権・所有権以外の財産権	権利を行使することができる時から20年間行使しないとき(166条2項)
人の生命または身体の侵害による損害賠償請求権	次のいずれか早い方の期間が経過した場合(166条1項改正、167条新設) ①債権者が権利を行使することができることを知った時から5年間行使しないとき ②権利を行使することができる時から20年間行使しないとき
不法行為による損害賠償請求権	次のいずれか早い方の期間が経過した場合(724条改正) ①被害者またはその法定代理人が損害および加害者を知った時から3年間行使しないとき 　※人の生命または身体を害する不法行為の場合は5年間となる(724条の2新設) ②不法行為の時から20年間行使しないとき
定期金債権	次のいずれか早い方の期間が経過した場合(168条1項改正) ①債権者が定期金の債権から生ずる金銭その他の物の給付を目的とする各債権を行使することができることを知った時から10年間行使しないとき ②上記の各債権を行使することができる時から20年間行使しないとき

※旧法には、一定の債権について原則よりも短い期間を定める職業別の短期消滅時効の制度があったが、判断が複雑なうえ区別の合理性も乏しいとして廃止された。

(4) 時効の援用

時効の援用とは、時効の利益を主張することをいう。時効の援用の効果は、1人が援用しても、他の者には及ばない(援用の相対効)。時効の援用ができるのは、当事者(権利の取得または消滅につき正当な利益を有する者)である。権利の消滅について正当な利益を有する者の例として、保証人、物上保証人、第三取得者が挙げられている(145条改正)。

(5) 時効の利益の放棄

時効の利益の放棄とは、時効の利益を受けないという意思を表示することをいう。時効の利益を、時効完成前にあらかじめ放棄することはできない(146条)。時効

の利益を放棄する効果は、時効の援用と同様に相対効であり、1人が時効の利益を放棄しても、他の者は時効を援用できる。

　時効完成後、時効完成を知らずに債務を承認した場合、時効の利益の放棄があったとはいえないが、信義則上、あらためて時効を援用することはできない（最大判昭和41年4月20日）。

(6) 時効の完成猶予および更新（新設）

R02-18

　時効は、一定の事由があれば、「時効の完成猶予」や「時効の更新」がなされる。**時効の完成猶予**には、所定の時期を経過するまで時効が完成しない効果があり、**時効の更新**には、時効を新たにゼロから進行させる効果がある。

　事由ごとに時効の完成猶予および更新を類型的に整理すると、次表のようになる。

【 時効の完成猶予および更新 】

事由		時効の完成猶予	時効の更新
裁判上の請求等	①裁判上の請求 ②支払督促 ③裁判上の和解・民事調停・家事調停 ④破産手続参加・再生手続参加・更生手続参加	その事由が終了するまで（確定判決または確定判決と同一の効力を有するものによって権利が確定することなくその事由が終了した場合は、その終了の時から6か月を経過するまで）(147条1項)	確定判決または確定判決と同一の効力を有するものによって権利が確定したときは、その事由が終了した時から (147条2項)
強制執行等	①強制執行 ②担保権の実行 ③形式競売（留置権による競売、および民法、商法その他の法律による換価のための競売） ④（債務者の）財産開示手続	その事由が終了するまで（申立ての取下げまたは法律の規定に従わないことによる取消しによってその事由が終了した場合は、その終了の時から6か月を経過するまで）(148条1項)	その事由が終了した時から（ただし、申立ての取下げまたは法律の規定に従わないことによる取消しによってその事由が終了した場合を除く）(148条2項)
仮差押え等	①仮差押え ②仮処分	その事由が終了した時から6か月を経過するまで(149条)	
催告	催告（裁判外の請求）があったとき	その時から6か月を経過するまで(150条1項) 催告による時効の完成猶予の間にされた再度の催告は、時効の完成猶予の効力を有しない(150条2項)	
協議を行う旨の合意	権利についての協議を行う旨の合意が書面または電磁的記録によってされたとき	次のいずれか早い時まで ①その合意があった時から1年を経過した時 ②その合意において当事者が1年未満の協議期間を定めたときは、その期間を経過した時	

第1章　経営法務の概要と民法　**29**

		③当事者の一方から相手方に対して協議の続行を拒絶する旨の通知が書面または電磁的記録でされたときは、その通知の時から6か月を経過した時（151条1項・4項）	
承認	権利の承認があったとき		その時から（152条1項）
天災等	天災等があったとき	その障害が消滅した時から3か月を経過するまで（161条）	

※協議を行う旨の合意によって時効の完成猶予がなされている間に、再度の合意がなされた場合には、さらに時効の完成猶予がなされる。ただし、時効の完成猶予がなかったとすれば時効が完成すべき時から通算して5年を超えることはできない（151条2項）。

① **承認の場合**

例 債権者Aは、債務者Bに対して1,000万円貸している。Aが返還を請求したところ、Bは、債務の存在を前提に100万円の一部弁済をした。

② **裁判上の請求の場合**

例 債権者Aは、債務者Bに対して1,000万円貸しているが、全く返済してもらえない。AはBに対して1,000万円の支払を求めて訴えを提起した。

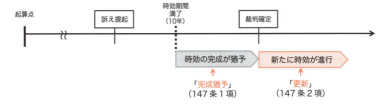

③ **催告の場合**

例 債権者Aが債務者Bに対して内容証明郵便等により裁判外で貸付金1,000万円の返済を請求した（＝催告）。その後6か月以内にAが訴えの提起等の法的手段をとらなければ、時効が完成することになる（訴えの提起等の法的手段をとれば、②の場合と同じ処理になる）。

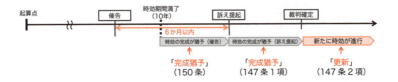

④ 裁判上の催告

例 債権者Aは、債務者Bに対して1,000万円貸しているが、貸付けから9年8か月後にBに対して1,000万円の支払を求めて訴えを提起した。訴え提起から3か月後、Aは訴えを取り下げることにしたが、訴え取下げ後3か月して、Aは、再度訴えを提起した。訴えが取り下げられた場合でも、それまでの間は催告が継続していたものと認められ、取下げから6か月間は時効の完成が猶予される（再度訴えを提起した後は②の場合と同じ処理になる）。

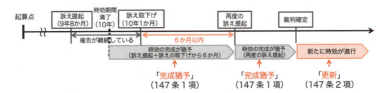

出典：『民法（債権関係）の改正に関する説明資料－主な改正事項－』法務省民事局

II 物権法

1 物権総則

(1) 物権の定義

物権とは、他人の行為を介することなく、直接的・排他的に目的物（行為の対象となるもの）を支配して、利益を享受することができる権利である。

(2) 物権の特徴

物権を持つ人がその物権の内容どおりのことをする場合、たとえば、スポーツカーについての所有権を有している人が、それを使おうとする場合、他人の行為を必要とはしない。いつどこで運転しようが自由であり、必要がなくなれば、中古車店に販売することもできる。

しかし、債権を持つ人がその債権の内容どおりのことをしようとすれば、相手方（債務者）の行為が必ず必要になる。たとえば、Bにお金を貸しているAが、Bにお金を返してもらおうとした場合、金を返すというBの行為が必要になる。それゆえ、物権は「物に対する直接的な権利」であり、債権は「人に対する権利」だといわれる。

【 物権の体系 】

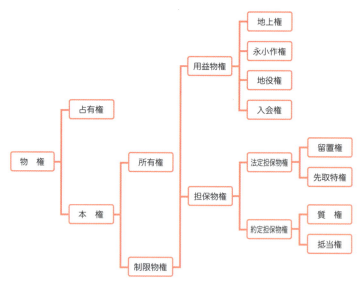

⑶ 物権の変動

① 意義

物権変動とは、物権の発生・変更・消滅をいう。物権変動は、法律行為のほか、時効や相続といった原因によって生じる。

当事者間においては、物権変動は意思表示のみで効力を生じ（176条）、不動産の登記や動産の引渡しといった形式的行為を必要としない。

② 不動産物権変動の対抗要件

不動産に関する物権変動を第三者に対抗する（ある法律関係の効力を当事者以外の第三者に及ぼすこと）ためには、不動産登記法その他の登記に関する法律の定めるところに従って登記をしなければならない（177条）。177条の「第三者」とは、当事者以外の全ての者をいうわけではなく、登記の欠缺（けんけつ）を主張する正当な利益を有する者を指す（大判明治41年12月15日）。同じ売主から同じ不動産を二重に譲渡された買主は177条にいう「第三者」にあたるが、不法占拠者や不実の登記名義人などはあたらない。177条は善意を要件としていないため、単に問題となる物権変動の事実を知っている悪意の者も177条にいう「第三者」にあたるが、悪意でかつ問題となる物権変動について登記の欠缺を主張することが信義則に反するものと認められる事情がある場合（**背信的悪意者**）は、177条にいう「第三者」にあたらない（最判昭和43年8月2日）。

③ 動産物権変動の対抗要件

動産に関する物権の譲渡を第三者に対抗するためには、その動産の引渡しがなければならない（178条）。

2 所有権

⑴ 所有権の定義

所有権とは、法令の制限内において、自由にその所有物の使用、収益および処分をする権利（206条）である。

用益物権や担保物権が所有権の一部を内容とするものとして制限物権と呼ばれるのに対し、所有権は物を全面的に支配する権利である。消滅時効にもかからない（166条2項）。

⑵ 所有権の内容および範囲

所有権を制限する法令は多岐にわたるが、民法は、土地所有権の範囲（207条）と隣接する不動産所有者相互の関係（**相隣関係**）について規定を設けている（209条〜238条）。

① 土地所有権の範囲

土地の所有権は、法令の制限内において、その土地の上下に及ぶ（207条）。承諾なく他人の土地の上空に電線を架けたり他人の土地の地下にトンネルを掘ったり

することは違法に他人の土地の所有権を侵害することとなる。

R02-17 **② 相隣関係**

　隣接する不動産所有者相互において不動産の利用を調整するため、民法は次のような規定を設けている。

【 相隣関係に関する主な規定 】

隣地の使用請求 **(209条)**	●土地の所有者は、境界またはその付近において障壁または建物を築造しまたは修繕するため必要な範囲内で、隣地の使用を請求することができる。ただし、隣人の承諾がなければ、その住家に立ち入ることはできない。 ●隣人が損害を受けたときは、償金を請求することができる。
公道に至るための **他の土地の通行権** **(210条～213条)**	●他の土地に囲まれて公道に通じない土地の所有者は、公道に至るため、その土地を囲んでいる他の土地を通行することができる。 ●この場合、通行の場所および方法は、通行権を有する者のために必要であり、かつ、他の土地のために損害が最も少ないものを選ばなければならず、通行する他の土地に損害を与えたときは償金を支払わなければならない。 ●もっとも、分割によって公道に通じない土地が生じたときは、その土地の所有者は、公道に至るため、他の分割者の所有地のみを通行することができ、この場合においては、償金を支払うことを要しない。分割当事者らは公道に通じない土地が生ずることとその通行の負担を予期できたはずだからである。
排水・水流に **関する規定** **(214条～222条)**	●土地の所有者は、隣地から水が自然に流れて来るのを妨げてはならない (自然的排水は許容される)。 ●他方で、人工的排水は原則として認められない。例えば、土地の所有者は、直接に雨水を隣地に注ぐ構造の屋根その他の工作物を設けてはならない。例外的に、高地の所有者は、その高地が浸水した場合にこれを乾かすため、または自家用もしくは農工業用の余水を排出するため、公の水流または下水道に至るまで、低地に水を通過させることができるが、この場合においては、低地のために損害が最も少ない場所および方法を選ばなければならない。
境界に関する規定 **(223条～232条)**	●土地の所有者は、隣地の所有者と共同の費用で、境界標や囲障 (二棟の建物の間の塀や垣根) を設けることができる。 ●境界線上に設けた境界標、囲障、障壁、溝および堀は、相隣者の共有に属するものと推定する。この共有物は一方の意思だけでの分割が認められない (257条)。
竹木の枝の切除 **および根の切取り** **(233条)**	●隣地の竹木の枝が境界線を越えるときは、その竹木の所有者に、その枝を切除させることができる。 ●隣地の竹木の根が境界線を越えるときは、その根を切り取ることができる。枝と根の取扱いの違いは、枝について隣地所有者に植え替えの機会を与える趣旨にあるとされる。

34 第1部　テキスト

境界線付近の工作物 に関する規定 (234条〜238条)	●建物を築造するには、境界線から50cm以上の距離を保たなければならない。 ●これに違反して建築をしようとする者があるときは、隣地の所有者は、その建築を中止させ、または変更させることができる。ただし、建築に着手した時から1年を経過し、またはその建物が完成した後は、損害賠償の請求のみをすることができる。 ●境界線から1m未満の距離において他人の宅地を見通すことのできる窓または縁側 (ベランダを含む) を設けるときは、目隠しを付けなければならない。 ●以上の建物の距離と目隠しについて異なる慣習があるときは、その慣習に従う。また、建築基準法に民法の特則が定められている。 ●井戸、用水だめ、下水だめまたは肥料だめを掘るには境界線から2m以上、池、穴蔵またはし尿だめを掘るには境界線から1m以上の距離を保たなければならない。 ●導水管を埋め、または溝もしくは堀を掘るには、境界線からその深さの2分の1以上の距離を保たなければならない。ただし、1mを超えることを要しない。

(3) 共有

R01-17
H28-17

　民法は、物権編所有権の章に共有の節を設け、複数人が共同して同一の物を所有し支配する場合の法律関係について定めている (249条〜264条)。中小企業診断士試験では、ある行為を各共有者が単独でできるかについて問われることが多い。

【 共有に関する主な規律 】

持分権	各共有者は自己の持分を自由に処分することができ、自己の持分権に基づく主張は、他の共有者に対しても第三者に対しても単独ですることができる。
共有関係の対外的主張	共有関係を第三者に対外的に主張することは、原則として共有者全員でしなければならない。ただし、後に述べる共有物の保存にあたる主張は、各共有者が単独ですることができる。
共有物の変更 (251条)	各共有者は、他の共有者の同意を得なければ、共有物に変更を加えることができない。
共有物の管理 (252条本文)	共有物の管理 (目的物の性質を変えない範囲で利用または改良をすること) に関する事項は、各共有者の持分の価格に従い、その過半数で決する。
共有物の保存 (252条但書)	保存行為 (目的物の価値を維持する行為) は、各共有者が単独ですることができる。
共有物の分割請求 (256条、258条)	各共有者は、いつでも共有物の分割を請求することができる。分割は原則として共有者間の協議によるが、協議が整わないときは、裁判所に分割を請求することができる。

第 1 章　経営法務の概要と民法　**35**

3 担保物権

(1) 担保物権の定義

担保物権とは、一定の債権の担保を目的とする物権である。債務が返済できなくなった場合に備えて、あらかじめ債権者が確保しておく物に対する権利である。

担保物権は、法律の定めによって成立する**法定担保物権**と当事者の約定によって成立する**約定担保物権**とに大別される。

(2) 担保物権の性質

担保物権には、原則として4つの共通する性質がある。これを担保物権の通有性という。ただし、留置権には物上代位性が認められていない。

① 付従性

付従性とは、債権のないところに担保物権は認められないということである。債権が弁済等により消滅すれば、担保物権も消滅する。

② 随伴性

随伴性とは、債権が他人に移転すれば、担保物権もその債権自体を担保するためのものであるため、債権とともに移転するということである。

③ 不可分性

不可分性とは、担保物権は原則として債権全部の弁済を受けるまで目的物の上に存在し続けることである。

④ 物上代位性

物上代位性とは、担保物権者は目的物の売却・賃貸・滅失・損傷等によって債務者が受ける金額その他の物の上に対しても権利を行使することができるということである。

【 担保物権の体系 】

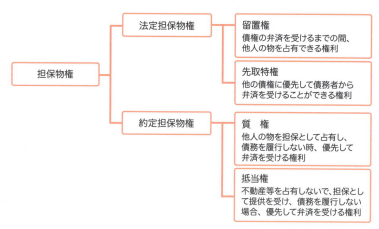

(3) 民法上の留置権と商事留置権

　民法上の留置権（295条）とは別に、商法にも留置権が規定されており（商法521条）、商事留置権といわれる。

【 民法上の留置権と商事留置権の成立要件 】

	民法上の留置権	商事留置権
債権の要件	物に関して生じた債権が弁済期にあること	商人間において双方とも商行為である取引によって生じた債権が弁済期にあること
債権と留置物との関係（牽連性）	必要	原則として不要 （別の取引によって占有している物を留置物としてよい）
留置物と所有者の要件	他人の所有する物であればよい	債務者の所有する物または有価証券に限られる

III 債権総則

1 債権の発生事由

　債権・債務は契約の締結により発生する。契約は、債権のもっとも一般的な発生事由である。事由とは理由・原因のことである。

　債権の発生事由は、契約以外にも3つある。事務管理・不当利得・不法行為である。4つの債権の発生事由（契約・事務管理・不当利得・不法行為）の概要は下記のとおりである。

(1) 契約

　契約とは、当事者間の対立する複数の意思表示が合致すること（合意）によって成立する法律行為である。

(2) 事務管理

　事務管理とは、法律上の義務なくして他人のために事務を処理することである。

(3) 不当利得 〔H22-12〕

　不当利得とは、ある人が法律上の原因なしに他人の財産または労務によって利益を受け、その結果として他人に損失を与えることである。

(4) 不法行為

　不法行為とは、故意または過失により、他人の権利または法律上保護される利益を侵害して損害を与えることである。

2 給付・弁済・履行

(1) 給付

　給付とは、債権の目的となる債務者の行為、債務の履行のために債務者がなすべき行為である。

(2) 弁済

　弁済とは、債務者（または第三者）が、債務の内容である給付を債務の本来の趣旨にかなって実現することをいう。履行ともいう。

(3) 履行

　履行とは、債務者（または第三者）が債務の内容である給付を実現することである。

38　第1部　テキスト

弁済と同じ意味で使われるが、履行が債務者の給付行為に焦点を置いているのに対して、弁済は債権消滅という結果に重点を置いている。

3 特定物債権・種類債権

(1) 特定物債権

特定物とは、取引に際して、当事者が物の個性に着目して具体的に定めた物である。「○区○町○番地の何㎡の土地」「この中古車」といった特定の物である。

特定物の引渡しを内容とする債権を、特定物債権という。ある特定の物を引き渡す債権 (特定物債権) の場合、債務者は、引渡しをするまで、契約その他の債権の発生原因および取引上の社会通念に照らして定まる善良な管理者の注意をもって、その物を保存しなければならない (400条改正)。

(2) 種類債権

種類物 (不特定物) とは、具体的な取引にあたって、当事者が単に種類、数量、品質等に着目しその個性を問わずに取引した物である。特定物の対語である。たとえば、「A社製の1ダースの鉛筆」「B社製の10リットルのミネラル・ウォーター」は種類物である。

種類物の引渡しを内容とする債権を、種類債権という。債務者が物の給付をするのに必要な行為を完了し、または債権者の同意を得て給付する物を指定したときは、その物が債権の目的物となる (401条2項)。これを種類債権の特定 (集中) という。したがって、その後は特定物債権と同じ取扱いを受けることになる。

4 法定利率

R02-01

契約の当事者間に貸金等の利率や遅延損害金に関する合意がない場合には、利息が生じた最初の時点における法定利率によってその利息を計算する (404条1項改正)。

改正法施行時点では法定利率は年3%と定められているが、施行後3年ごとに見直しが行われる変動制となる (404条2項・3項改正)。これは、法定利率を固定してしまうと、将来、市中金利と大きく乖離する事態が生ずるおそれがあるためである。

5 債務不履行

(1) 債務不履行の定義

H28-16

債務者が、その責めに帰すべき事由 (帰責事由) によって債務の本来の趣旨に従った履行をしないことを**債務不履行**という。

第1章　経営法務の概要と民法　**39**

H22-12 **(2) 債務不履行の種類**

債務不履行は、通常、履行遅滞（債務者遅滞）・履行不能・不完全履行の3つに分類される。

① 履行遅滞（債務者遅滞）

履行遅滞（債務者遅滞）とは、履行不能の場合を除き、債務者が履行期になっても債務を履行しないことである。

② 履行不能

履行不能とは、債務の履行が契約その他の債務の発生原因および取引上の社会通念に照らして不可能になることである。この場合、債権者は債務の履行を請求することができない（412条の2第1項新設）。

③ 不完全履行

不完全履行とは、債務者が債務を一応履行したが、その内容が債務の本来の趣旨に従ったものでなく、不完全であることである。

【 債務不履行 】

履行遅滞（債務者遅滞）
例「大学に合格したらクルマを買う」という契約が、大学合格後も履行されていない場合

履行不能
例 美術品の売買で、世界に1つだけの絵画が燃えてしまった場合

不完全履行
例 商品を100個注文しておいたのに、50個しか届かなかった場合

(3) 履行遅滞になる時期

① 確定期限付債務の場合

確定期限とは、到来することが確実であり、その到来の時期も確定している期限のことである。債務の履行について確定期限がある場合は、債務者は、その期限の到来した時から履行遅滞に陥る（412条1項）。

② 不確定期限付債務の場合

債務の履行について不確定期限がある場合、すなわち、確定期限が定められていない場合、債務者がその期限の到来した後に履行の請求を受けた時またはその期限の到来したことを知った時のいずれか早い時から履行遅滞に陥る（412条2項改正）。

③ 期限の定めのない債務の場合

債務の履行について期限を定めなかったときは、債務者は、履行の請求を受けた時から履行遅滞に陥る（412条3項）。

(4) 履行の提供（弁済の提供）

履行の提供（弁済の提供）とは、債務者が履行をするため債権者の受領を求める

40 第1部 テキスト

ことである。弁済の提供を行えば、債務者は、債務を履行しないことによって生ずべき責任を免れる（492条改正）。一定の努力をした債務者を保護し、債務不履行責任から解放するための規定である。

(5) 債権者の受領遅滞（債権者遅滞）

　債権者が債務の履行を受けることを拒み、またはこれを受けることができないため、債務の履行が完了しないことを**受領遅滞（債権者遅滞）**という。弁済の提供によって債務者が債務不履行責任から解放される一方で、受領をしなかった債権者には一定の不利益が課される。受領遅滞に陥ると、特定物債権における債務者の目的物保存義務が、善管な管理者の注意から自己の財産に対するのと同一の注意へと軽減される（413条1項新設）。また、受領遅滞により増加した債務の履行費用は、債権者の負担となる（413条2項新設）。受領遅滞となった後に、当事者双方の責めに帰することができない事由によって履行不能となったときは、履行不能は債権者の責めに帰すべき事由によるものとみなされる（413条の2第2項新設）。

(6) 債権の強制履行

① 責任財産（一般財産）

　強制執行制度は債務者の責任財産（一般財産）があって初めて機能する。責任財産（一般財産）とは、強制執行の対象物として、ある請求の実現のために提供される財産（物または権利）のことである。

② 強制履行（現実的履行の強制）

　債権者は、履行遅滞に陥っている債務者に「早く返済せよ」と請求したり、あるいは、不完全履行の際に「不足分を補充せよ」と請求したりする、履行請求権を持っている。債務者がその請求に従えばよいが、従わない場合もある。債務者が債務の本来の趣旨に従った行動をしないとき、債権の目的となった給付の内容を、国家権力によって強制的に履行させることができる。これを強制履行（現実的履行の強制）という。（414条1項）

(7) 債務不履行による損害賠償

H22-12

　債務者が債務の本旨に従った履行をしないときまたは債務の履行が不能であるときは、債権者は債務者にこれによって生じた損害の賠償を請求することができる（415条1項本文改正）。ただし、債務不履行があった場合でも、契約その他の当該債務の発生原因および取引上の社会通念に照らして債務者に帰責事由がない場合には、損害の賠償を請求することはできない（415条1項但書新設）。

　なお、契約成立時に債務の履行が不能（**原始的不能**）である場合も、債務不履行による損害賠償請求は可能である（412条の2第2項新設）。

原始的不能

例 家の売買契約をしたが、契約日前日に家が火事で焼失していた。

第1章　経営法務の概要と民法　**41**

6 債権者代位権

(1) 債権者代位権の定義

債権者代位権（間接訴権・代位訴権）とは、債権者が、自分の債権を保全するため、債務者に属する権利（被代位権利）を代わって行使する権利である。

ただし、債務者の一身に専属する権利および差押えを禁じられた権利については、債権者代位権を行使できない（423条1項改正）。また、強制執行により実現することのできない債権についても債権者代位権を行使できない（423条3項新設）。

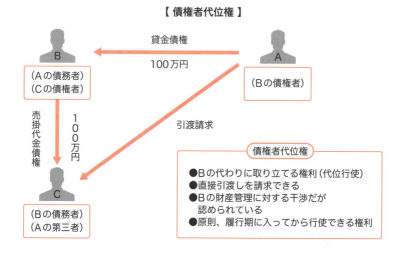

【 債権者代位権 】

(2) 債権者代位権の要件

債権者代位権を行使するためには、次の3つの要件が必要である。
① 債権者が自分の債権を保全する必要があること（423条1項）
② 債務者が第三者に対する権利を行使しないこと
③ 債権が原則として履行期にあること（423条2項）

(3) 債権者代位権の行使方法

債権者代位権は、詐害行為取消権と異なり、裁判上でも裁判外でも行使することができる。ただし、裁判上で行使する場合、債権者は、訴えを提起したときに遅滞なく債務者に対して訴訟告知をしなければならない（423条の6新設）。

(4) 債権者代位権の効果

債権者が債権者代位権を行使した場合でも、債務者は自ら代位された権利について取立等の処分をすることができ、権利の相手方も債務者に対して履行することができる（423条の5新設）。債権者代位権を行使して債務者のもとに引き渡された

財産は、債務者に帰属し、引き渡された財産はすべての債権者の共同担保になる。債権者代位権を行使した債権者が独り占めすることはできない。

(5) 登記または登録の請求権を保全するための債権者代位権

登記や登録をしなければ第三者に権利の変動を主張できない財産を譲り受けた者は、譲渡人が第三者に対して持つ登記手続または登録手続をすべきことを請求する権利を行使しないとき、代わって権利を行使できる（423条の7新設）。

【 登記または登録の請求権を保全するための債権者代位権 】

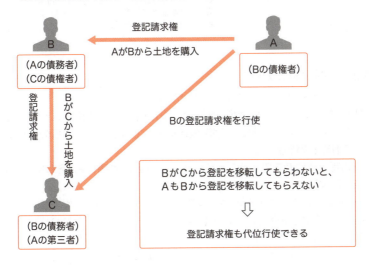

7　詐害行為取消権

(1) 詐害行為取消権の定義

詐害行為取消権とは、債権者が自分の債権を確保するために債務者の詐害行為を取り消す権利である。詐害行為とは、債務者が、債権者を害することを知ってした行為である。債権者は、詐害行為の取消しを裁判所に請求することができる（424条1項改正）。

ただし、強制執行により実現することのできない債権については、詐害行為取消権を行使できない（424条4項新設）。

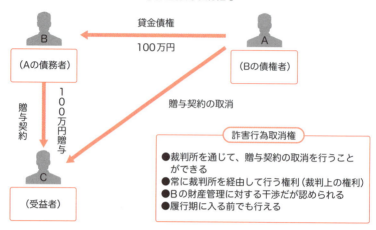

(2) 詐害行為取消権の要件

詐害行為取消権には、次の要件が必要である。

① **債権者の債権（被保全債権）が詐害行為以前の原因に基づいて生じたものであり（424条3項新設）、強制執行によって実現できないものでないこと（424条4項新設）**
② **債務者が債権者を害することを知ってした行為（詐害行為）をしたこと（424条1項改正）**

相当の対価を得てした財産の処分行為（424条の2）や特定の債権者に対する担保の供与や債務の消滅等（424条の3）は、原則として詐害行為にならないが、一定の要件を満たす場合に限り、詐害行為取消請求をすることができる。過大な代物弁済等（424条の4）は、消滅した債務の額に相当する部分以外の部分について、詐害行為取消請求をすることができる。

③ **詐害行為が財産権を目的としない行為ではないこと（424条2項改正）**
④ **受益者または転得者が詐害行為について悪意であること**
(a) 受益者に詐害行為取消請求をする場合
　受益者がその行為の時に債務者の詐害行為について悪意であること（424条1項但書）。
(b) 転得者に詐害行為取消請求をする場合
　受益者がその行為の時に債務者の詐害行為について悪意であり、かつ転得者（転々得者の場合は全ての転得者）も転得の時に債務者の詐害行為について悪意であること（424条の5新設）。

(3) 詐害行為取消権の行使方法

詐害行為取消権は、債権者代位権と異なり、必ず裁判所に請求して行使しなけれ

ばならない（424条1項）。詐害行為取消請求訴訟の被告は、取消しの相手方である受益者または転得者となる（424条の7第1項新設）。

なお、詐害行為取消請求を認容する確定判決は、債務者およびそのすべての債権者に対しても効力を有する（425条改正）ことから、債権者は、詐害行為取消請求訴訟を提起したときには、遅滞なく債務者に対し、訴訟告知をしなければならないとされている（424条の7第2項新設）。

詐害行為の目的が可分であるときは、被保全債権の額の限度においてのみ、その行為の取消しを請求することができる（424条の8第1項新設）。

⑷ 詐害行為取消権の効果

R02-19

詐害行為取消請求が認められたときは、確定判決の効力が被告である受益者や転得者のみならず債務者にも及ぶ（425条改正）ため、債務者の詐害行為は取り消され、その行為によって受益者や転得者へ移転した財産が返還（現物の返還が困難であるときは、その価額が償還）されることになる（424条の6新設）。

⑸ 詐害行為取消権の期間の制限

H28-14

詐害行為取消権は、債務者が債権者を害することを知って行為をしたことを債権者が知った時から2年を経過したとき、または、詐害行為の時から10年を経過したときは行使できない（426条改正）。これは出訴期間であり、時効の完成猶予や更新に関する規定は適用されない。

8 多数当事者間の債権債務関係

共同相続などの事情から、1つの債務に対して複数の債権者がいる場合や、1つの債権に対して複数の債務者がいる場合がある。このような場合、債権・債務の目的の可分・不可分や、法令の規定・別段の意思表示の有無により、⑴ 分割債権・⑵ 分割債務・⑶ 不可分債権・⑷ 不可分債務・⑸ 連帯債権・⑹ 連帯債務に分けられる。

【 多数当事者間の債権・債務の分類 】

	法令の規定・別段の 意思表示がない	法令の規定・別段の 意思表示がある
目的が可分	⑴ 分割債権・⑵ 分割債務	⑸ 連帯債権・⑹ 連帯債務
目的が不可分	⑶ 不可分債権・⑷ 不可分債務	

⑴ 分割債権

数人の債権者がある場合において、債権の目的がその性質上可分であるものを**分割債権**という。別段の意思表示がないときは、各債権者は、それぞれ等しい割合で権利を有する（427条）。

第1章　経営法務の概要と民法　**45**

⑵ 分割債務

　数人の債務者がある場合において、債務の目的がその性質上可分であるものを**分割債務**という。別段の意思表示がないときは、各債務者は、それぞれ等しい割合で義務を負う（427条）。

⑶ 不可分債権

　数人の債権者がある場合において、債権の目的がその性質上不可分であるものを**不可分債権**という。不可分債権については、連帯債権の規定を準用する（428条改正）。ただし、更改・免除（433条）および混同（435条）の規定を除く。

　不可分債権者の一人と債務者との間に更改・免除があった場合でも、他の不可分債権者は、債務の全部の履行を請求することができる。この場合、その一人の不可分債権者がその権利を失わなければ分与されるべき利益を債務者に償還しなければならない（429条1項改正）。

⑷ 不可分債務

　数人の債務者がある場合において、債務の目的がその性質上不可分であるものを**不可分債務**という。不可分債務については、連帯債務の規定を準用する（430条改正）。ただし、混同（440条）の規定を除く。

⑸ 連帯債権

　連帯債権とは、債権の目的がその性質上可分である場合において、法令の規定または当事者の意思表示によって数人が連帯して有する債権をいう（432条新設）。

① 履行の請求

　各債権者は、債務者に対して全ての債権者のために全部または一部の履行を請求することができる。また、債務者は、全ての債権者のために各債権者に対して履行をすることができる（432条新設）。

② 更改・免除

　連帯債権者の一人と債務者との間に更改・免除があったときは、その連帯債権者がその権利を失わなければ他の連帯債権者に分与される利益の部分については、他の連帯債権者は履行を請求することができない（433条新設）。

③ 相殺

　債務者が連帯債権者の一人に対して債権を有する場合において、その債務者が相殺を援用したときは、その相殺は他の連帯債権者に対しても、その効力を生ずる（434条新設）。

④ 混同

　連帯債権者の一人と債務者との間に混同（債権および債務が同一人に帰属すること）（520条）があったときは、債務者は、弁済をしたものとみなされる（435条新設）。

⑤ その他

　上記①〜④の場合を除き、連帯債権者の一人の行為または一人について生じた事

由は、他の連帯債権者に対してその効力を生じない（相対的効力）。ただし、他の連帯債権者の一人および債務者が別段の意思を表示したときは、当該他の連帯債権者に対する効力は、その意思に従う（435条の2新設）。

(6) 連帯債務

連帯債務とは、債務の目的がその性質上可分である場合において、法令の規定または当事者の意思表示によって数人が連帯して負担をする債務をいう。債権者は、連帯債務者の一人に対し、または同時にもしくは順次に全ての連帯債務者に対し、全部または一部の履行を請求することができる（436条改正）。

各連帯債務者は全部の給付をする債務を負担しているが、債務者相互間においては各自が最終的に負担する割合が存在する（**負担部分**）。負担部分は、債務者間の約定があればそれにより、約定がない場合には発生原因たる契約などにおいて受ける利益の割合によって決定され、このような事情もない場合には平等になる（大判大正4年4月19日、大判大正5年6月3日）。

① 連帯債務者の1人に生じた事由

(a) 履行の請求

旧法では、連帯債務者の一人に対する履行の請求は、他の連帯債務者に対しても、その効力を生ずる（絶対的効力）と規定されていた（旧434条）。しかし、連帯債務者の一人に対する履行の請求があったとしても、他の連帯債務者は当然にはそのことを知らず、いつの間にか履行遅滞に陥っていたなどといった不測の損害を受けるおそれがあった。このため、当該規定は削除され、連帯債務者の一人に対する履行の請求は、他の連帯債務者に対して、その効力を生じない（相対的効力）こととなった。

(b) 無効・取消し

連帯債務者の一人について法律行為の無効・取消しの原因があっても、他の連帯債務者の債務は、その効力を妨げられない（437条改正）。

(c) 更改

連帯債務者の一人と債権者との間に更改があったときは、債権は、全ての連帯債務者の利益のために消滅する（絶対的効力）（438条改正）。

(d) 相殺

連帯債務者の一人が債権者に対して債権を有する場合において、その連帯債務者が相殺を援用したときは、債権は、全ての連帯債務者の利益のために消滅する（絶対的効力）（439条1項改正）。

反対債権を有している連帯債務者が相殺を援用しない間は、その連帯債務者の負担部分の限度において、他の連帯債務者は、債権者に対して債務の履行を拒むことができる（439条2項改正）。

(e) 免除

旧法では、連帯債務者の一人に対してした債務の免除は、その連帯債務者の負担部分についてのみ、他の連帯債務者の利益のためにも、その効力を生ずる（絶対的効力）と規定されていた（旧437条）。しかし、免除をした結果、他の連帯債

務者に対して請求することができる額が減少すると、これは免除をした債権者の意思に反するおそれがある。このため、当該規定は削除され、連帯債務者の一人についての免除は、他の連帯債務者に対してその効力を生じない（相対的効力）こととなった。

（f）混同

連帯債務者の一人と債権者との間に混同（債権および債務が同一人に帰属すること）（520条）があったときは、その連帯債務者は、弁済をしたものとみなされる（440条改正）。

（g）時効

旧法では、連帯債務者の一人のために時効が完成した時は、その連帯債務者の負担部分については、他の連帯債務者も、その義務を免れる（絶対的効力）と規定されていた（旧439条）。しかし、債権者がある特定の連帯債務者から履行を受けるつもりであっても、全ての連帯債務者との関係で消滅時効の完成を阻止する措置をとらなければならず、債権者の負担が大きいという問題があった。このため当該規定は削除され、連帯債務者の一人についての時効の完成は、他の連帯債務者に対してその効力を生じない（相対的効力）こととなった。

（h）その他

上記(c)、(d)、(f)の場合を除き、連帯債務者の一人について生じた事由は、他の連帯債務者に対してその効力を生じない（相対的効力）。ただし、債権者および他の連帯債務者の一人が別段の意思を表示したときは、当該他の連帯債務者に対する効力は、その意思に従う（441条改正）。

② 連帯債務者間の求償関係

(a) 連帯債務者間の求償権の成立と範囲

連帯債務者の1人が弁済をし、その他自己の財産をもって共同の免責を得たときは、その連帯債務者は、その免責を得た額が自己の負担部分を超えるかどうかにかかわらず、他の連帯債務者に対し、その免責を得るために支出した財産の額（その財産の額が共同の免責を得た額を超える場合にあっては、その免責を得た額）のうち各自の負担部分に応じた額の求償権を有する。求償は、弁済その他免責があった日以後の法定利息および避けることができなかった費用その他の損害の賠償を包含する（442条改正）。

(b) 通知を怠った連帯債務者の求償の制限（事前の通知と事後の通知）

連帯債務者の1人が、他の連帯債務者が存在することを知りながら、他の連帯債務者に事前に通知せずに弁済その他自己の財産をもって共同の免責を得た場合には、事前の通知を受けなかった当該他の連帯債務者は、自己の負担部分について、当該他の連帯債務者が債権者に対抗することができた事由をもって、免責を得た連帯債務者からの求償に対抗することができる（443条1項前段改正）。この場合、相殺をもって免責を得た連帯債務者に対抗したときは、免責を得た連帯債務者は、相殺を対抗することができた当該他の連帯債務者に求償できないが、当該他の連帯債務者に代わって債権者に対して相殺によって消滅すべきであった債務の履行を請求することができる（443条1項後段改正）。

弁済その他自己の財産をもって共同の免責を得た連帯債務者の1人が、他の連帯債務者が存在することを知りながら、共同の免責を得たことを他の連帯債務者に事後に通知しなかった場合には、事後の通知を受けなかった当該他の連帯債務者は、その後に善意で弁済その他自己の財産をもって免責を得るための行為をしたときは、自己の免責を得るための行為を有効なものとみなすことができる(443条2項改正)。

443条2項は443条1項を前提とするものであるから、連帯債務者の1人が弁済したものの事後の通知を怠っているうちに他の連帯債務者が事前の通知を怠って弁済した場合には、事前の通知を怠って後から弁済した他の連帯債務者は443条2項によって自己の弁済を有効とみなすことはできない(最判昭和57年12月17日)。

(c) 連帯債務者中に無資力者がある場合の負担部分の分担

求償する際に連帯債務者の1人が無資力である場合は、無資力者の負担部分は、求償者と資力のある他の連帯債務者が各自の負担部分に応じて分担する(444条1項改正)。仮に無資力者のみが負担部分を有し、求償者と資力のある他の連帯債務者が負担部分を有しない場合は、求償者と資力のある他の連帯債務者が等しい割合で分担する(444条2項新設)。ただし、求償できなくなったことについて求償者の過失があるときは、資力のある他の連帯債務者に対して分担を請求することができない(444条3項新設)。

9 保証債務

R02-20
H30-17
H23-12

(1) 保証債務の定義

保証債務とは、債権者との間で、主たる債務者が債務を履行しない場合には自分が代わって履行する旨を約束した者(保証人)の負う債務である(446条1項)。保証債務は、保証人と債権者の合意(保証契約)によって成立する。保証契約は、書面または電磁的記録(電子的方法など)でしなければ効力を生じない(446条2項・3項)。

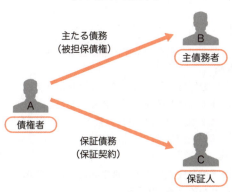

【 人的担保(保証) 】

第1章 経営法務の概要と民法

`H30-17` **(2) 保証債務の性質**

保証債務には次のような性質がある。

① 付従性

付従性とは、ある債権・債務がその成立・存続・消滅等において主たる債権・債務と「運命を共にする」という性質である。保証債務の場合、主たる債務が存在する限り、保証債務も存在する。保証債務が主たる債務より重いときは、保証債務は主たる債務の限度に減縮される（448条1項）。また、主たる債務が保証契約の締結後に加重されたときであっても、保証人の負担は加重されない（448条2項改正）。

保証人は、主たる債務者が主張することができる抗弁をもって、債権者に対抗することができる（457条2項改正）。主たる債務者が債権者に対して相殺権、取消権または解除権を有するときは、これらの権利の行使によって主たる債務者がその債務を免れるべき限度において、保証人は債権者に対して債務の履行を拒むことができる（457条3項新設）。

主たる債務者に対する履行の請求その他の事由による時効の完成猶予および更新は、保証人に対してもその効力を生ずる（457条1項）。

② 随伴性

随伴性とは、主たる債権・債務が移転するとそれに従って従たる債権・債務が移転するという性質である。保証債務の場合、主たる債務が移転されると、保証債務も移転される。

③ 補充性

補充性とは、主たる債務者が履行しない時に初めて保証人は履行義務を負うという性質である（446条1項）。主たる債務者がいるにもかかわらず、債権者がいきなり保証人に請求してきたときは、保証人は催告の抗弁権や検索の抗弁権を主張できる（452条、453条）。これらの保証人の権利については次で解説する。

`R01-19`
`H30-17` **(3) 保証債務の範囲**
`H26-14`

保証債務は、主たる債務に関する利息、違約金、損害賠償その他その債務に従たるすべてのものを包含する（447条1項）。

`R01-19`
`H30-17` **(4) 保証人の権利**
`H22-16`

保証人は、一定の場合に、抗弁権や求償権を主張できる。

① 保証人の抗弁権

抗弁権とは、請求権の行使に対抗してその作用を阻止できる権利である。保証人は、催告の抗弁権と検索の抗弁権を主張できる。ただし、保証人が連帯保証人である場合、催告の抗弁権と検索の抗弁権を主張できない（454条）。連帯保証人については後述する。

(a) 催告の抗弁権

保証人は、債務履行を要求してきた債権者に対し、先に主たる債務者に催告するよう請求することができる（452条）。

⒝ 検索の抗弁権

保証人は、債務履行を要求してきた債権者に対し、先に主たる債務者に強制履行をかけるよう請求することができる（453条）。この場合、保証人は、主たる債務者に弁済をする資力があり、かつ、執行が容易であることを証明する必要がある。

② 保証人の求償権

保証人が主たる債務者に代わって弁済した場合、保証人は主たる債務者に求償できる（459条1項改正）。

⒜ 委託を受けた保証人の求償権

保証人が主たる債務者の委託を受けて保証した場合において、主たる債務者に代わって弁済その他自己の財産をもって債務を消滅させる行為をしたときは、保証人は主たる債務者に対し、そのために支出した財産の額（その財産の額が消滅した債務の額を超える場合は、消滅した債務の額）の求償権を有する（459条1項改正）。この場合の求償権は、弁済その他免責があった日以後の法定利息および避けることができなかった費用その他の損害の賠償を包含する（459条2項・442条2項）。

委託を受けた保証人は、主たる債務の弁済期前に債務の消滅行為をすることができ、主たる債務者が債務消滅行為の当時利益を受けた限度において求償権を有する。この場合、主たる債務者が債務の消滅行為の日以前に相殺の原因を有していたことを主張するときは、保証人は、債権者に対し、その相殺によって消滅すべきであった債務の履行を請求することができる（459条の2第1項新設）。この場合の求償権は、主たる債務の弁済期以後（弁済した日以後ではない）の法定利息および弁済期以後に債務の消滅行為をしても避けることができなかった費用その他の損害の賠償のみを包含し（459条の2第2項新設）、主たる債務の弁済期以後でなければ行使できない（459条の2第3項新設）。

⒝ 委託を受けた保証人の事前求償権

主たる債務者の委託を受けた保証人は、次の場合には、主たる債務者に対して、あらかじめ求償権を行使することができる（460条改正）。

- 主たる債務者が破産手続開始の決定を受け、かつ、債権者がその破産財団の配当に加入しないとき。
- 債務が弁済期にあるとき。ただし、保証契約の後に債権者が主たる債務者に許与した期限は、保証人に対抗することができない。
- 保証人が過失なく債権者に弁済をすべき旨の裁判の言渡しをうけたとき。

⒞ 委託を受けない保証人の求償権

主たる債務者の委託を受けないで保証した保証人が債務の消滅行為をした場合は、委託を受けた保証人が主たる債務の弁済期前に債務消滅行為をした場合と同様、主たる債務者が債務消滅行為の当時利益を受けた限度において求償権を有する。この場合、主たる債務者が債務の消滅行為の日以前に相殺の原因を有していたことを主張するときは、保証人は、債権者に対し、その相殺によって消滅すべきであった債務の履行を請求することができる（462条1項改正・459条の2第

1項を準用）。

　委託を受けない保証人のうち、特に主たる債務者の意思に反して保証をした保証人は、主たる債務者が現に利益を受けている限度においてのみ求償権を有する。この場合、主たる債務者が求償の日以前に相殺の原因を有していたことを主張するときは、保証人は、債権者に対し、その相殺によって消滅すべきであった債務の履行を請求することができる（462条2項）。

　委託を受けない保証人が主たる債務の弁済期前に債務の消滅行為をした場合の求償権は、主たる債務の弁済期以後でなければ行使できない（462条3項新設）。

(d) 通知を怠った保証人の求償権の制限（事前の通知と事後の通知）

　委託を受けた保証人が、主たる債務者に事前に通知せずに債務の消滅行為をしたときは、主たる債務者は、債権者に対抗することができた事由をもってその保証人に対抗することができる（463条1項前段改正）。この場合、相殺をもってその保証人に対抗したときは、その保証人は、主たる債務者に求償できないが、主たる債務者に代わって債権者に対して相殺によって消滅すべきであった債務の履行を請求することができる（463条1項後段改正）。主たる債務者の委託を受けない保証人については、そもそも462条により求償権が制限されているため、463条1項の対象とされていない。

　保証人（主たる債務者の意思に反して保証をした保証人を除く）が、債務の消滅行為をしたことを主たる債務者に事後に通知しなかった場合には、主たる債務者は、その後に善意で債務の消滅行為をしたときは、自己の債務消滅行為を有効なものとみなすことができる。主たる債務者の意思に反して保証をした保証人については、そもそも462条2項により主たる債務者が現に受けた利益の限度でしか求償できないため、事後の通知の有無にかかわらず、主たる債務者は自己の弁済を有効とみなすことができる（463条3項新設）。

(e) 主たる債務者による委託を受けた保証人への事後通知

　主たる債務者が、債務の消滅行為をしたことを委託を受けた保証人に事後に通知しなかった場合には、事後の通知を受けなかったその保証人は、その後に善意で債務の消滅行為をしたときは、自己の債務の消滅行為を有効なものとみなすことができる（463条2項新設）。

(5) 債権者から保証人への情報提供義務

① 主たる債務の履行状況に関する情報提供義務

　保証人が主たる債務者の委託を受けて保証契約をした場合において、保証人の請求があったときは、債権者は、保証人に対し、遅滞なく、主たる債務の元本および主たる債務に関する利息、違約金、損害賠償その他の債務に従たる全てのものについての不履行の有無、これらの残額、およびそのうち弁済期が到来しているものの額に関する情報を提供しなければならない（458条の2新設）。

② 主たる債務者が期限の利益を喪失した場合における情報提供義務

　保証人が個人の場合（458条の3第3項新設）で、主たる債務者が期限の利益を喪失したときは、債権者は、保証人に対し、その利益の喪失を知った日から2か月

以内に、その旨を通知しなければならない（458条の３第１項新設）。期限の利益喪失に関する通知をしなかったときは、主たる債務者が期限の利益を喪失した時から通知をするまでに生じた遅延損害金に係る保証債務の履行を請求することができない（458条の３第２項新設）。

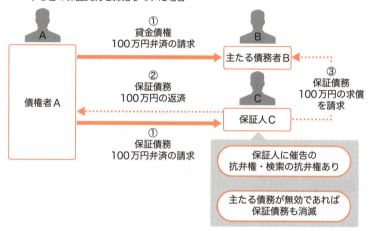

(6) 共同保証

同一の債務について数人が保証人となる場合（共同保証人）、分割して保証債務を負担する（456条）。これを共同保証という。

(7) 連帯保証債務

連帯保証債務とは、保証人が主たる債務者と連帯して債務を負担する義務を負う保証債務である（454条）。連帯保証人は、催告の抗弁（452条）および検索の抗弁（453条）を有さない（補充性がない）。

なお、旧法では、連帯保証人に対する履行の請求は、主たる債務者に対しても、その効力を生ずると規定されていた（旧458条で準用する旧434条）。しかし、連帯保証人に対する履行の請求があったとしても、主たる債務者は当然にはそのことを知らず、いつの間にか履行遅滞に陥っていたなどといった不測の損害を受けるおそれがあった。このため、当該規定は削除され、連帯保証人に対する履行の請求は、主たる債務者に対して、その効力を生じないこととなった（ただし、債権者および主債務者が別段の意思を表示していた場合は、その意思に従う。458条による441条準用）。連帯保証人について生じた更改、相殺、混同は、主たる債務者にも影響を及ぼす（458条による438条、439条1項、440条の準用）。

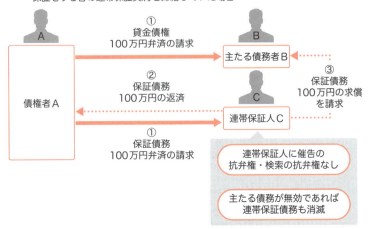

(8) 根保証契約

　一定の範囲に属する不特定の債務を主たる債務とする保証契約を**根保証契約**という。根保証契約の保証人は、極度額を限度として、その履行をする責任を負う（465条の2第1項改正）。ここで、「極度額」とは、主たる債務の元本、主たる債務に従たる全てのもの（主たる債務に関する利息、違約金、損害賠償その他）、保証債務について約定された違約金または損害賠償の額の合計額の限度である。

R02-01 (9) 個人根保証契約

　根保証契約のうち、保証人が法人でないものを**個人根保証契約**という。個人根保証契約は、極度額を定めなければ、効力を生じない（465条の2第2項改正）。
　なお、旧法では、貸金等根保証契約に限り、極度額を定めなければその効力を生じないと規定されていた（旧465条の2第2項）。しかし、貸金等債務以外の賃貸借や継続売買取引の根保証についても、想定外の多額の保証債務や、想定していなかった主たる債務者の相続人の保証債務の履行を求められる事例があった。
　このため、全ての個人根保証契約について極度額の定めを義務づけ、個人保証人の保護を拡充することとなった。

(10) 個人貸金等根保証契約

　個人根保証契約であって、その主たる債務の範囲に貸金等債務（金銭の貸渡しまたは手形の割引を受けることによって負担する債務）が含まれるものを**個人貸金等根保証契約**という（465条の3第1項改正）。
　個人貸金等根保証契約において主たる債務の元本確定期日は、個人貸金等根保証契約の締結の日から5年以内としなければならない（465条の3第1項改正）。元本

確定期日の定めがない場合、その元本確定期日は、個人貸金等根保証契約の締結の日から３年を経過する日とする（465条の３第２項改正）。

⑾ 事業用融資における第三者保証の制限　　R02-20

① 公証人による意思確認

　特に中小企業向けの事業用融資においては、主たる債務者の信用の補完や、経営の規律付けの観点で、経営者や第三者が保証人となることがある。

　一方、個人的な義理人情から保証人となった者が、想定外の多額の保証債務の履行を求められ、生活の破綻に追い込まれる事例が後を絶たなかった。

　そこで、改正によって、事業用融資の第三者個人保証について、公証人があらかじめ保証人本人から直接その保証意思を確認しなければ、その保証契約は効力を生じないこととなった。

　具体的には、事業のために負担した貸金等債務を主たる債務とする保証契約、主たる債務の範囲に事業のために負担する貸金等債務が含まれる根保証契約は、その契約の締結に先立ち、その締結の日前１か月以内に作成された公正証書（**保証意思宣明公正証書**）で保証人になろうとする者が保証債務を履行する意思を表示しなければ、その効力を生じないこととした（465条の６新設）。

　ただし、このルールは、以下の者には適用されない（465条の９新設）。

　　ⓐ 主たる債務者が法人である場合、法人の理事、取締役、執行役等
　　ⓑ 主たる債務者が法人である場合、総株主の議決権の過半数を有する者等
　　ⓒ 主たる債務者が個人である場合、主たる債務者と共同して事業を行う者または主たる債務者が行う事業に現に従事している主たる債務者の配偶者

② 契約締結時の情報提供義務

　事業用融資の保証を委託するとき、主たる債務者は、契約締結時に以下の情報を個人である保証人となる者に提供しなければならない（465条の10第１項新設、第３項新設）。

ⓐ 財産および収支の状況
ⓑ 主たる債務以外に負担している債務の有無、その額および履行状況
ⓒ 主たる債務の担保として他に提供し、または提供しようとするものがあるときは、その旨およびその内容

　主たる債務者が上記の情報を提供しない場合や、事実と異なる情報を提供したために保証人となる者が事実を誤認して保証契約の申込みまたは承諾の意思表示をした場合において、主たる債務者が情報を提供しなかったことまたは事実と異なる情報を提供したことを債権者が知りまたは知ることができたときは、保証人は、保証契約を取り消すことができる（465条の10第２項新設）。

第１章　経営法務の概要と民法　**55**

10 債権譲渡

(1) 債権譲渡

債権の売買などにより、債権を旧債権者（譲渡人）から新債権者（譲受人）に譲渡することができる（466条1項）。債権譲渡によって、債権の弁済期前に金銭化したり担保化の手段（譲渡担保）としたりすることができる。

(2) 譲渡制限特約

債権者と債務者の間に債権譲渡を制限する特約があったとしても、預貯金債権を除き（466条の5新設）、譲渡人から譲受人への譲渡は妨げられない（466条2項改正）。ただし、債務者には、譲渡制限特約によって債権者を固定する期待があると考えられる。そのため、譲渡制限特約を知っている、または重大な過失によって知らない譲受人に対して、債務者は譲渡人に弁済その他の債務を消滅させる事由をもって譲受人に対抗することができる（466条3項新設）。特に預貯金債権については、譲渡制限特約を知り、または重大な過失によって知らない譲受人に対して譲渡制限特約を対抗することができる（譲渡が無効になる）（466条の5第1項新設）。

債権譲渡制限特約について知っている、または重大な過失によって知らない譲受人が債務の履行を拒まれた場合、譲受人は譲渡人への債務の履行を相当の期間を定めて債務者に催告をすることができる。催告で定めた期間内に債務者が履行しない場合は、債務者は譲受人からの債務履行の請求を拒むことができない（466条4項新設）。

【 債権譲渡制限特約が付された債権を譲渡した場合 】

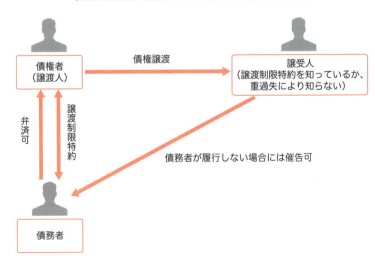

出典：『民法（債権関係）の改正に関する説明資料－主な改正事項－』法務省民事局を加工

(3) 債権譲渡の対抗要件

R01-20

　債権譲渡は、譲渡人が債務者に通知をし、または債務者が承諾をしなければ、債務者その他の第三者に対抗することができない（467条1項）。

　債権譲渡を債務者以外の第三者へ対抗するためには、通知または承諾を確定日付のある証書（内容証明郵便や公正証書）によってしなければならない（467条2項）。債権が二重に譲渡された場合、譲受人相互間の優劣は、通知または承諾に付された確定日付の先後ではなく、確定日付のある通知が債務者に到達した日時または確定日付のある債務者の承諾の日時の先後によって決する（最判昭和49年3月7日）。

　債務者は、対抗要件具備時までに譲渡人に対して生じた事由をもって譲受人に対抗することができる（468条1項改正）。

(4) 債権譲渡における相殺権

R01-20

　債務者は、対抗要件具備時より前に取得した譲渡人に対する債権による相殺をもって譲受人に対抗することができる（469条1項新設）。それぞれの債権の弁済期の先後を問わない。債務者が対抗要件具備時より後に取得した譲渡人に対する債権については、①対抗要件具備時より前の原因に基づいて生じた債権と、②譲受人の取得した債権の発生原因である契約に基づいて生じた債権とについては、相殺をもって譲受人に対抗することができる（469条2項新設）。

11 債務引受

(1) 併存的債務引受

H24-03

　併存的債務引受とは、旧債務者が債務を免れることなく、新債務者（引受人）も同一内容の債務を連帯して負担する契約をいう（470条1項新設）。併存的債務引受は次のような要件を満たすと成立する。

> (a) 債権者と引受人が契約する（470条2項新設）
> (b) 債務者と引受人が契約し、債権者が引受人に対して承諾する（470条3項新設）

　併存的債務引受においては、引受人は債務者に対する求償権を取得する（442条）。

(2) 免責的債務引受

　免責的債務引受とは、旧債務者が債務を免れ、新債務者（引受人）が同一内容の債務を負担する契約をいう（472条1項新設）。債務者の交代によって債権者が不利益を被るおそれがあるため、免責的債務引受は次のような要件を満たすと成立する。

> (a) 債権者と引受人が契約し、債権者が債務者に対して通知する（472条2項新設）
> (b) 債務者と引受人が契約し、債権者が引受人に対して承諾する（472条3項新設）

　免責的債務引受においては、引受人は債務者に対する求償権を取得しない（472

条の3新設)。

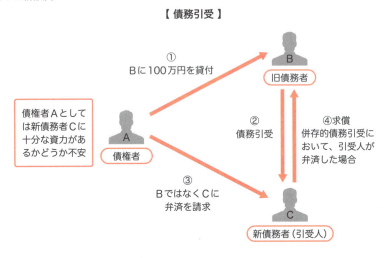

12 弁済（第三者弁済）

(1) 弁済の意義
債務者が債権者に対して債務を弁済したときは、その債権は消滅する（473条新設）。債務の弁済は、第三者もすることができる（474条1項改正）。

(2) 第三者弁済が無効となる場合
第三者がする弁済は原則として認められるが、次の場合に無効となる。

① 債務者の意思に反する弁済
弁済をする正当な利益を有しない第三者は、債務者の意思に反して債務を弁済することができない。ただし、債務者の意思に反することを債権者が知らなかった場合は有効な弁済となる（474条2項改正）。

② 債権者の意思に反する弁済
弁済をする正当な利益を有しない第三者は、債権者の意思に反して債務を弁済することができない。ただし、その第三者が債務者から委託を受けて弁済する場合で、債権者がそのことを知っていた場合は有効な弁済となる（474条3項新設）。

③ その他
債務の性質が第三者の弁済を許さないとき、または当事者が第三者の弁済を禁止し、もしくは制限する旨の意思表示をしたとき（474条4項新設）。

13 相殺

(1) 相殺の意義

相殺とは、債権者と債務者とが相互に同種の債務を負担している場合に、一方の意思表示でその債務を対等額で消滅させることである。相殺の意思表示をする方の債権を**自働債権**、相殺される方の債権を**受働債権**という。

【 相殺 】

例 AがBに対して100万円の債権を有する一方、80万円の債務を負担し、相殺の要件を満たしている状況で、AからBに対して相殺の意思表示を行う場合

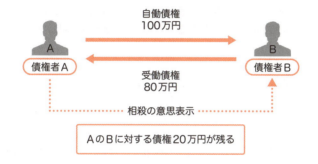

(2) 相殺の要件

相殺をするためには、次の2つの要件が必要である。
① **相殺するに適した状態にあること（相殺適状）（505条1項本文）**
(a) 互いに債務を負担していること
   例外として、自働債権が時効消滅していても、消滅以前に相殺適状にあれば、相殺をすることができる（508条）。
(b) 双方の債務が同種の目的を有すること
(c) 双方の債務が弁済期にあること
② **相殺が禁止されていないこと**
(a) 債務の性質が相殺を許さないものでないこと（505条1項但書）
(b) 当事者が相殺を禁止、または制限する意思表示をしていないこと（505条2項改正）
   例外として、第三者に対しては、相殺禁止等の意思表示を第三者が知っている、または重大な過失により知らなかった場合のみ相殺禁止等の意思表示が有効となる。
(c) 法律上相殺が禁止されていないこと
(d) 不法行為等によって生じた債権を受働債権とする場合であって、次の要件をみたすときには、相殺が禁止されている。
   ・加害者の悪意（積極的に加害する意思）による不法行為に基づく損害賠償

の債務を受働債権とする場合

- 人の生命または身体の侵害による損害賠償の債務（不法行為だけでなく債務不履行による人の生命または身体の侵害の場合も含む）を受働債権とする場合

ただし、上記のような債務であっても、債権者がその債務にかかわる債権を他人から譲り受けた場合は相殺できる（509条改正）。

⑶ 相殺の方法

相殺は、当事者の一方から相手方に対する意思表示によって行う（単独行為）（506条1項）。

⑷ 相殺の効果

相殺の意思表示をすると、双方の債務が対当額で消滅する（505条1項本文）。消滅の効果は、相殺適状となった時に遡って生ずる（506条2項）。

14 更改

⑴ 更改の意義

当事者が従前の債務に代えて、給付の内容について重要な変更をする契約や、債務者または債権者が第三者と交替をする契約をした場合、従前の債務は更改によって消滅する（513条改正）。

⑵ 更改の要件

債務者の交替、債権者の交替については、次のような要件がある。

①債務者の交替による更改

債務者の交替による更改は、更改前の債務者の意思に反したとしても、債権者と更改後に債務者となる者の契約によってすることができる。この場合、債権者が更改前の債務者に対して債務者を交替する契約をした旨の通知をしたときに効力が生じる（514条1項改正）。更改後の債務者は、更改前の債務者に対して求償権を取得しない（514条2項新設）。

②債権者の交替による更改

債権者の交替による更改は、更改前の債権者、更改後の債権者および債務者の三者契約によってすることができる（515条1項新設）。債権者の交替による更改は、確定日付のある証書によってしなければ、第三者に対抗することができない（515条2項）。

60　第1部　テキスト

15 有価証券

(1) 有価証券の種類
民法における有価証券は、次のように分類できる。

【 民法における有価証券 】

(2) 指図証券
指図証券とは、証券上指名された者、または指名された者がさらに指名した者を権利者とする証券である。指図証券の例として、裏書によって譲渡される手形や記名式小切手がある。指図証券の譲渡は、その証券に裏書をして譲受人に交付しなければ効力を生じない（520条の2新設）。

(3) 記名式所持人払証券
記名式所持人払証券とは、債権者を指名する記載があり、その所持人に弁済すべき旨が付記されている証券である。記名式所持人払証券の例として、記名式持参人払小切手などがある。記名式所持人払証券の譲渡は、その証券を交付しなければ効力を生じない（520条の13新設）。

(4) その他の記名証券
その他の記名証券とは、債権者を指名する記載のある証券であって、指図証券および記名式所持人払証券以外の証券である。その他の記名証券の例として、裏書禁止小切手などがある。その他の記名証券の譲渡は、債権譲渡の方式に従う（520条の19新設）。

(5) 無記名証券
無記名証券とは、債権者を指名する記載がなく、その所持人が権利者となる証券である。無記名証券の例として、無記名式小切手などがある。無記名証券の譲渡は、記名式所持人払証券の規定が準用されており、その証券を交付しなければ効力を生じない（520条の20新設）。

IV 契約

1 契約の成立

⑴ 契約とは

① 契約の定義

契約とは、当事者間の対立する複数の意思表示が合致すること（合意）によって成立する（522条１項）法律行為のことである。いったん成立した契約は当事者を拘束し、その違反に対して損害賠償等の制裁が加えられる。

② 契約自由の原則

近代民法の柱の一つとして**契約自由の原則**がある。契約の内容や形式をどうするか、契約を結ぶか結ばないかは当事者の自由であるという原則である。旧民法では規定はなかったが、改正民法によって明文化された（521条新設、522条２項新設）。

⑵ 契約の分類

① 対象による契約の分類

契約の対象によって契約を分類すると、債権契約・物権契約・身分契約に分けられる。

債権契約（債権行為）とは、債権の発生を目的とする契約である。契約は典型的な債権発生要因である。債権契約は、双務契約と片務契約、有償契約と無償契約、諾成契約と要物契約等に分類される。

物権契約（物権行為）とは、物権の変動を生じさせることを直接の内容とする契約である。たとえば、抵当権設定契約・地上権設定契約などである。

身分契約（身分行為）とは、婚姻・協議離婚・認知・養子縁組・協議離縁など親族関係の変動を目的とする契約である。

② 民法の規定の有無による契約の分類

民法の規定があるかどうかという視点で契約を分類すると、典型契約と非典型契約とに分けられる。

典型契約（有名契約）とは、民法に規定する13種類の契約の総称である。民法では、財産権移転型の契約として贈与・売買・交換が、財産権賃貸型の契約として消費貸借・使用貸借・賃貸借が、労務提供型の契約として雇用・請負・委任が、その他の契約として寄託・組合・終身定期金・和解が規定されている。

非典型契約（無名契約）とは、典型契約以外の契約である。たとえば、運送・保険・信託・リースに関する契約である。

③ 目的物交付の要件による契約の分類

諾成契約とは、契約する当事者同士の合意だけで成立する契約である。契約の原則は諾成契約であり、民法上は諾成契約のほうが一般的である。たとえば、売買・

贈与・賃貸借・使用貸借・寄託・消費貸借（書面でするもの）である。

要物契約とは、契約する当事者同士の合意だけではなく目的物の引渡しなどが求められる契約である。たとえば、消費貸借（目的物を交付してするもの）である。

【 典型契約の体系 】

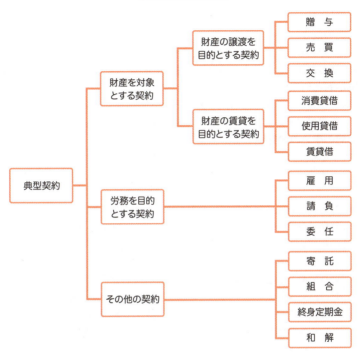

④ 債務の負担者による契約の分類

双務契約とは、契約の当事者相互が対価的な債務を負う契約である。たとえば、売買・賃貸借・雇用・請負などである。売買契約は、一方が代金支払債務を負い、他方が目的物引渡債務を負うので双務契約である。同時履行の抗弁権、危険負担などの問題は、双務契約で生じる。

片務契約とは、どちらか一方の当事者だけが債務を負う契約である。たとえば、贈与・使用貸借などである。

⑤ 経済的負担の有無による契約の分類

無償契約とは、当事者が相互に対価的給付をしない契約である。贈与・使用貸借・無利息の消費貸借・無償委任などである。

有償契約とは、当事者が相互に対価的給付を行う契約である。売買・交換・賃貸借・雇用・請負などである。

双務契約は有償契約であるが、有償契約は必ずしも双務契約ではない。たとえば、利息付消費貸借は、貸主の給付と借主の利息支払義務とは対価関係にあるから有償

契約だが、貸主の給付は、契約の成立要件にすぎず、契約成立後に貸主には債務はないから、双務契約ではなく片務契約である。

　一方、片務契約の多くは無償契約である。ただし、利息付消費貸借のように片務契約であっても有償契約となっている契約もある。

H28-13 (3) 契約の成立

① 契約の成立

　契約は、申込みがされ、それに対して承諾があれば成立する（522条１項新設）。申込みが撤回され、またはその効力の消滅後に承諾があっても契約は成立しない。

② 隔地者と対話者

　意思表示が到達するまでに時間を要する者を「隔地者」、要しない者を「対話者」という。時間が判断の基準となるため、電話の相手方は「対話者」となる。

③ 契約の申込みの撤回

　契約の申込みの撤回とは、法律上、申込みの意思表示をした者が、その効果を将来に向かって消滅させることである。遡及効（過去に遡って効力が発生すること）はない。

　契約の申込みの撤回の可否は、承諾期間の定めの有無、相手方、撤回権の留保の有無により変わる。承諾期間の定めがある場合は、相手方が隔地者・対話者にかかわらずその期間における撤回は原則として不可であり、期間内に承諾がない場合、申込みの効力は消滅する。一方、承諾期間の定めがない場合において、申込みの相手方が隔地者であるときは相当期間が経過するまでは撤回は不可であるが、対話者であるときは、対話継続中はいつでも撤回可能である。なお、撤回権を留保している場合は、承諾期間の定めの有無、申込みの相手方が隔地者・対話者のいずれであるかにかかわらず撤回が可能である（523条改正、525条改正）。

【 申込みの効力と撤回の可否 】

		申込みの相手方	
		隔地者	対話者
承諾期間の定め	無	相当な期間を経過するまで撤回不可（ただし、撤回権を留保したときは可能）（525条１項改正）	●対話継続中は撤回可能（525条２項新設） ●対話継続中に承諾がなければ申込みの効力は消滅する（不消滅の意思が表示されたときは不消滅）（525条３項新設）
	有	撤回不可（ただし、撤回権を留保したときは可能） 期間内に承諾がないと申込みの効力は消滅する（523条１項改正）	

出典：『民法（債権関係）の改正に関する説明資料－主な改正事項－』法務省民事局

④ 隔地者間の契約の成立

　対話者間では、相手方が承諾の意思を示した時点で当然に申込者に意思が到達し契約が成立する。隔地者間では、旧法では相手方が承諾の意思を発信した時点で契

約が成立する（**発信主義**）としていたが（旧法526条1項）、改正民法では申込者に承諾の意思が到達した時点で成立する（**到達主義**）としている（97条1項改正）。なお、申込者の撤回と相手方の承諾の両方が行われた場合、どちらの通知が先に到達したかで成否を判断する。

⑤ 契約の意思実現による成立

申込者が承諾の通知を必要としない場合や承諾の通知を必要としない取引上の慣習がある場合は、承諾したと認められるような事実があった時点で契約が成立する（527条）。

⑥ 申込者の死亡等における特例

申込者が申込みの通知を発した後に死亡した場合や、意思能力を有しない常況になった場合、行為能力の制限を受けた場合において、申込者がその事実が生じたとすればその申込みは効力を有しない旨を意思表示していたか、相手方が承諾の通知を発するまでにその事実が生じたことを知ったときは、申込みの効力が失われる（526条改正）。97条3項の特例である。

2　契約の効力

契約は債権の発生事由であるから、契約により債権・債務が発生することはいうまでもない。ここでは、同時履行の抗弁権、危険負担という2つの概念について解説する。

(1) 同時履行の抗弁権

双務契約では相手方が債務を履行（債務の履行に代わる損害賠償の債務の履行を含む）するまでは自分の債務の履行を拒絶すると主張することができる（相手方の債務が弁済期にないときは除く）（533条改正）。これを**同時履行の抗弁権**という。

(2) 危険負担

H26-04

① 危険負担の定義

給付の目的物が債務者の帰責事由によって滅失・毀損した場合、損失の負担は債務者が受け持つ。これに対し、**危険負担**とは、給付の目的物が当事者の責によらず滅失・毀損した場合、損失の負担を債権者・債務者のいずれが受け持つかという問題である。債務者に帰責事由（故意・過失）がないために債務不履行とはならず、債権者は損害賠償を請求することはできない。

② 民法における危険負担の規定

民法の原則では、給付の目的物については引渡しを行うはずだった債務者側が危険を負担する（**債務者主義**）（536条改正）。旧民法では、給付の目的物が特定物の場合、引渡しを受けるはずだった債権者側が危険を負担する例外規定があった（**債権者主義**）（旧法534条）が、改正民法では、債権者主義による債権者の過大なリスクを避けるため、特定物についても債務者主義を採用している。

当事者双方の責めに帰することができない事由によって債務を履行することがで

第1章　経営法務の概要と民法　**65**

きなくなったときは、債権者は反対給付の履行を拒むことができる（536条1項改正）。債権者の責めに帰すべき事由によって債務を履行することができなくなったときは、債権者は反対給付の履行を拒むことができない。この場合、債務者は自己の債務を免れたことによって得た利益を債権者に償還しなければならない（536条2項改正）。

3 契約の解除と解約告知

(1) 契約の解除

契約の解除とは、確定的に有効となった契約を、当事者の一方的な通知によって契約をはじめからなかったことにしてしまうことである（540条1項）。ただし、「当事者の一方的な通知」といったが、当事者双方が一致して契約を解消する合意解除も存在する。当事者の一方が数人ある場合には、契約の解除は、その全員からまたはその全員に対してのみ、することができる（544条）。

【 契約の解除の体系 】

(2) 解約告知

解約告知とは、継続的な履行を必要とする委任や寄託などの契約において、当事者の意思表示によって将来に向けて契約関係を解消することである。単に**解約**または**告知**ともいう。

【 解約（告知） 】

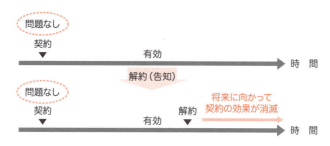

(3) 民法が規定する法定解除権

① 催告を伴う解除（催告解除）（541条改正）

債務者が債務を履行しない場合に、相当の期間を定めてその履行を催告したにも

かかわらずその期間内に債務の履行がないとき、債権者は契約を解除することができる。ただし、その債務の不履行がその契約や社会通念に照らして軽微なものであるときは契約の解除をすることができない。

② **催告を伴わない契約の解除（無催告解除）（542条改正）**
改正民法では、無催告による契約の全部の解除を次の5つに整理している。

> (a) 債務の全部が履行不能である場合
> (b) 債務者が債務の全部の履行を拒絶する意思を明示した場合
> (c) 債務の一部が履行不能である場合、または債務者がその債務の一部の履行を拒絶する場合において、残存する部分のみでは債権者が契約の目的を果たせなくなるとき
> (d) 期日に履行されないと契約の目的が果たせなくなる契約（定期行為）について、その期日を過ぎた場合
> (e) 債務者が債務を履行しない、かつ、催告を行っても契約の目的を果たすための債務の履行が実施されないことが明らかである場合

また、債務の一部が履行不能である場合、または債務者が債務の一部の履行を拒絶した場合、債権者は無催告で契約の一部を解除することができる。

(4) 契約解除の効果

契約が解除されると、契約をしなかったのと同じ状態に戻り、履行していない債務は消滅し、履行が済んでいる場合には当事者が原状回復義務を負う（545条1項本文）。

【 契約の解除の効果 】

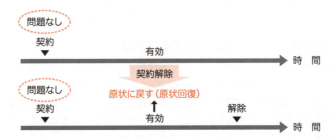

解除によって当事者が原状回復義務を負うとしても、第三者（解除前に登場した第三者）の権利を害することはできない（545条1項但書）。第三者の善意・悪意は問わないが、保護されるためには対抗要件を備えていなければならない（大判大正10年5月17日）。

なお、解除後に登場した第三者との関係は、対抗問題として処理される。

4 定型約款

(1) 定型取引および定型約款の定義（548条の2新設）

① 定型取引の定義
改正民法では、下記の要件を満たす取引を定型取引と定義する。

- ある特定の者（定型約款準備者）が不特定多数の者を相手方として行う取引である。
- 取引の内容の全部または一部が画一的であることが取引の当事者双方にとり合理的である。

② 定型約款の定義
定型取引において、契約の内容とすることを目的としてその特定の者により準備された条項の総体を**定型約款**と定義する。

(2) 定型約款の合意（548条の2新設）
次の場合は、定型約款の条項の内容を相手方が認識していなくても合意したものとみなす。

- 定型約款を契約の内容とする旨の合意があった場合
- （取引に際して）定型約款を契約の内容とする旨をあらかじめ相手方に「表示」していた場合

ただし、（定型取引の特質に照らして）相手方の利益を一方的に害する契約条項であって信義則に反する内容の条項については、合意したとはみなさない。

R02-21 (3) 定型約款の表示の義務（548条の3新設）
定型取引を行い、または行おうとする定型約款準備者は、定型取引合意の前または定型取引合意の後相当の期間内に相手方から請求があった場合は、遅滞なく、相当な方法で定型約款の内容を表示しなければならない。ただし、定型約款準備者が既に相手方に対して定型約款を記載した書面を交付し、またはこれを記録した電磁的記録を提供していたときは、この限りでない。

定型約款準備者が定型取引合意の前に相手方から定型約款表示請求を受けていたのに、一時的な通信障害の発生などの正当な事由なく表示を拒んだときは、定型約款の条項の内容は契約内容とならない。

R02-21 (4) 定型約款の変更（548条の4新設）
定型取引は不特定多数との取引となるため、約款の条項の変更についてすべての相手方の合意を取り付けるのは困難である。以下の条件のいずれかを満たす場合、定型約款準備者は相手方との合意なしで約款の条項の変更ができる。変更は、変更内容の効力発生時期までに適切な方法で周知しなければならない。

- 変更内容が相手方の一般の利益に適合する場合
- 変更内容が契約の目的に反せず、かつ、変更の必要性、変更後の内容の相当性、定型約款の変更をすることがある旨の定めの有無およびその内容その他の変更に係る事情に照らして合理的である場合

(5) 定型約款に関する経過措置

新法に従うことが合理的かつ当事者の利益に資すると解されるものであり、施行日前に締結されたものでも新法を適用する（附則33条１項）。ただし、当事者のどちらか一方が施行日前に反対の意思を表明した場合、旧法を適用する（附則33条２項・３項）。

5 売買

(1) 売買の定義

売買とは、当事者の一方（売主）が財産権を移転することを約束し、相手方（買主）がこれに対して代金を支払うことを約束する有償・双務・諾成契約である（555条）。

(2) 予約

将来において売買などの特定の契約（本契約）を成立させることを約束する契約を予約という。当事者双方が予約完結権（本契約を成立させる権利）をもつ場合と当事者の一方が予約完結権をもつ場合とが考えられるが、民法は、売買について当事者の一方が予約完結権をもつ場合を想定して規定を置いている（556条）。

(3) 手付

① 手付の定義

手付とは、売買契約の成立の際に、買主から売主に交付される一定額の金銭その他の有償物である。金銭の場合には、特に手付金という。相手方が契約の履行に着手するまでは、手付の交付者は渡した手付を放棄することにより（手付流れ・手付損）、受領者は受け取った手付の倍額を返すことによって（手付倍戻し）、その契約を解除できる（557条１項改正）。

② 手付と内金

内金という名目で手付が交付されることがあるが、内金は代金・報酬の一部前払いである。これに対し、手付は、売買等に際して結ばれる手付契約に基づいて交付されるものであり、手付の交付される目的に応じて特別の効力が認められている。

③ 手付の種類

(a) 証約手付

契約が成立した証拠として交付する手付である。

(b) 解約手付

買主は手付の金額、売主は手付の倍額を支払えば、相手方の債務不履行がな

第１章 経営法務の概要と民法 **69**

くても契約を解除できるという趣旨で交付される手付である。民法は、特段の意思表示のない限り、手付を解約手付と推定している（557条1項）。
(c) 違約手付
　債務を履行しない場合は没収できるという意味で交付する手付である。

【 手付の種類 】

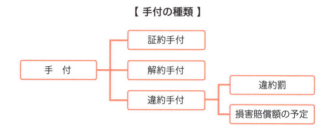

(4) 売買契約の効力
　売買契約には、売主側の代金請求権の発生・目的物引渡義務、買主側の目的物引渡請求権・代金支払い義務が生じる以外にも、次のような効力が生じる。
①対抗要件を備えさせる義務
　売主は、買主に対し、登記、登録その他の売買の目的である権利の移転についての対抗要件を備えさせる義務を負う（560条改正）。
②他人の権利の売買における売主の義務
　他人の権利（権利の一部が他人に属する場合、その権利の一部を含む）を売買の目的としたときは、売主はその権利を取得して買主に移転する義務を負う（561条改正）。

(5) 契約不適合の場合の買主の救済
①履行の追完請求権
　引き渡された目的物が種類、品質または数量に関して契約の内容に適合しないものである場合、買主は、売主に対して、目的物の修補、代替物の引渡しまたは不足分の引渡しによる履行の追完を請求できる。ただし、売主は、買主に不相当な負担を課するものでないときは、買主が請求した方法と異なる方法による履行の追完をすることができる（562条1項新設）。目的物の不適合が買主の責めに帰すべき事由によるものであるときは、買主は、履行の追完の請求をすることができない（562条2項新設）。
②代金の減額請求権
　引き渡された目的物が種類、品質または数量に関して契約の内容に適合しないものである場合、買主が売主に対して相当の期間を定めて履行の追完の催告をし、その期間内に履行の追完がないときは、買主はその不適合の程度に応じて代金の減額を請求できる（563条1項改正）。次の4つのいずれかに該当する場合は、催告をすることなく、直ちに代金の減額を請求できる（563条2項改正）。

- (a) 履行の追完が不能である場合
- (b) 売主が履行の追完を拒絶する意思を明示した場合
- (c) 期日に履行されないと契約の目的が果たせなくなる契約 (定期行為) について、売主が履行の追完をしないでその期日を過ぎた場合
- (d) 上記のほか、買主が履行の催告をしても履行の追完を受ける見込みがないことが明らかである場合

目的物の不適合が買主の責めに帰すべき事由によるものであるときは、買主は、代金の減額を請求することができない (563条3項改正)。

③損害賠償請求権

引き渡された目的物が種類、品質または数量に関して契約の内容に適合しないものである場合、買主は、債務不履行があった場合の一般的規律 (415条) に従い、売主に対して損害賠償を請求することができる (564条改正)。

④解除権

引き渡された目的物が種類、品質または数量に関して契約の内容に適合しないものである場合、買主は、債務不履行があった場合の一般的規律 (541条、542条) に従い、売主に対して契約の解除をすることができる (564条改正)。

⑤買主の権利行使期間の制限

売主が種類または品質に関して契約の内容に適合しない目的物を買主に引き渡した場合において、買主がその不適合を知った時から1年以内にその旨を売主に通知しないときは、買主は、その不適合を理由として、履行の追完の請求、代金の減額の請求、損害賠償の請求および契約の解除をすることができない。ただし、売主が引渡しの時にその不適合を知り、または重大な過失によって知らなかったときは、この限りでない。(566条改正)。

売主が買主からの責任追及に備えて長期間にわたり関係証拠を保管しなければならないとすると負担が大きいことから期間制限を設けたものであるが、数量の不適合は判別が比較的容易であるとして期間制限が設けられていない。

(6) 目的物の滅失等についての危険の移転

売主が買主に目的物 (売買の目的として特定したものに限る) を引き渡した場合において、その引渡しがあった時以後にその目的物が当事者双方の責めに帰することができない事由によって滅失または損傷したときは、買主は、その滅失または損傷を理由として、履行の追完の請求、代金の減額の請求、損害賠償の請求および契約の解除をすることができない。この場合において、買主は、代金の支払を拒むことができない (567条1項改正)。(代金支払いを拒絶できない、というのは危険負担の原則について定める536条の特則である。)

買主が受領遅滞に陥った時以後に、目的物が当事者双方の責めに帰することができない事由によって滅失または損傷したときも、買主は、その滅失または損傷を理由として、履行の追完の請求、代金の減額の請求、損害賠償の請求、契約の解除、代金支払いの拒絶をすることができない (567条2項改正)。

第1章 経営法務の概要と民法　71

H26-12

6 消費貸借

(1) 消費貸借の定義

消費貸借は、当事者の一方（借主）が金銭その他の代替物を相手方（貸主）から受け取り、後にこれと同種・同等・同量の物を返還することを約束する無償（有償でもよい）・片務・要物契約とされていた（587条）。

しかし、たとえば、金銭の借入について貸主と借主が合意をしても、実際に金銭が交付されるまで契約は成立しないのであれば、借主は、金銭を交付せよという請求ができない。そこで、改正法では、書面によることを要件として、合意のみで貸主に目的物の交付を義務付ける消費貸借が認められた（**諾成的消費貸借**）（587条の2第1項新設）。

(2) 消費貸借の性質

消費貸借は、目的物そのものを返還するのではなく、それを消費して同価値の物を返還すればよい点で賃貸借・使用貸借と異なる。消費貸借契約公正証書を作成しても、執行認諾文言がなければ、その公正証書を債務名義として強制執行をすることができない（民事執行法22条）。

(3) 準消費貸借

準消費貸借とは、金銭その他の物を給付する義務を負う者がある場合において、当事者がその物を消費貸借の目的とすることを約する契約である（588条）。準消費貸借契約のメリットとして、債務の弁済期を遅らせたり、売掛金の消滅時効期間を貸付金のそれに切り替えたり、金利改定ができる場合があることが挙げられる。

(4) 利息の制限

貸主は、特約がなければ利息を請求できない。利息の計算は借主が金銭その他の物を受領した日以降とする（589条新設）。

消費貸借における約定利息の上限は年額で、①元本の額が10万円未満の場合は年2割、②元本の額が10万円以上100万円未満の場合は年1割8分、③元本の額が100万円以上の場合は年1割5分までである（利息制限法1条）。

H21-11

7 賃貸借

(1) 賃貸借の定義

賃貸借とは、当事者の一方（賃貸人）が相手方（賃借人）にある物の使用および収益をさせることを約束し、相手方がこれに一定額の賃料を支払う旨および引渡しを受けた物を契約が終了したときに返還する旨を約束することによって成立する有償・双務・諾成契約である（601条改正）。また、賃貸借契約は借地借家法によっても

規定されている。主な規定内容は以下のとおりである。

① 賃貸人の同意を得て建物に付加した畳、建具その他の造作があるときは、賃借人は賃貸借契約が終了した場合に、賃貸人に対して時価でその造作を買い取るように請求することができる（借地借家法33条1項）。

② 契約で定められた賃料が、土地・建物の租税その他負担の増減、土地・建物の価格の変動、付近の建物の家賃に比べて不相当となったときには賃貸人、賃借人のいずれからでも、賃料を将来に向かって「相当な額」まで増額または減額するよう請求することができる（借地借家法32条1項）。

(2) 賃貸借の効力

賃貸借では、賃貸人側に賃料請求権が発生し、目的物引渡義務・目的物を使用収益させる債務が生じる。一方、賃借人側に目的物引渡請求権・目的物を使用収益する権利が発生し、賃料支払義務が生じる。それ以外にも、次のような効力が生じる。

① 登記による対抗権の具備

不動産の賃貸借は、目的物を登記しておけば、その不動産について物権（所有権や抵当権）を取得した者その他の第三者に対抗できる（605条改正）。しかし、実際には賃借権（賃借人が目的物を使用収益できる権利）の登記はほとんど行われていない。賃貸借の登記をすれば、賃貸人は目的物の売却がしにくくなるなど、賃貸人にとっての不利益につながるからである。そこで、借地借家法は、借地については土地賃貸借の登記がなくても借地上の建物に登記があれば対抗できるとし（借地借家法10条1項）、借家に対しては建物の引渡しがあれば対抗できるとしている（同法31条1項）。

② 賃貸人の修繕義務

賃貸人は、賃貸物を賃借人が十分に使用・収益できるように、必要な修繕をする義務を負う。ただし、賃借人の責めに帰すべき事由によって修繕が必要になった場合を除く（606条1項改正）。

③ 必要費の請求権

賃借人が賃借物に対して、本来なら賃貸人が負担すべき必要費を支出した場合、直ちに賃貸人に対して請求できる（608条1項）。

④ 有益費の請求権

賃借人が造作をして有益費（改良のための費用）を支出した場合、賃貸借契約が終了した時は、賃貸人はその費用を返還しなければならない（608条2項）。

⑤ 転貸

賃借人は、賃貸人の承諾を得なければ、その賃借権を譲渡し、または賃借物を転貸することができない（612条1項）。賃貸人の承諾なく賃借権の譲渡や転貸がされた場合には、賃貸人は契約を解除することができるのが原則である（612条2項）。ただし、借地権の譲渡・転貸については承諾に代えて裁判所の許可を求める制度がある（借地借家法19条）。また、賃借人が賃貸人の承諾なく第三者をして目的物の使用収益をさせた場合でも、その行為が賃貸人に対する背信的行為と認めるに足りない特段の事情があるときは、612条2項の解除権は発生しない（最判昭和28年9

第1章 経営法務の概要と民法　73

月25日)。

(3) 賃貸借の終了

当事者間で賃貸借の期間を定めなかった場合、各当事者はいつでも解約の申入れができるが、賃貸借契約の終了には以下の解約予告期間が必要である(617条)。

【 賃貸借の解約予告期間 】

区　分	民法上の 解約予告期間	備　考
土　地	1年	民法のこの規定では賃借人にとって不利であるため、借地の場合は期間を30年と法定し、約定の場合でも30年以上としなければならないとして借地権の継続性を保護している(借地借家法3条)。
建　物	3か月	建物については、借地借家法27条で6か月に延長されている(同法27条1項)。
貸席・動産	1日	貸席とは、会合などに利用するために、有料で貸す部屋や座席のことである。

(4) 賃貸借契約の更新

賃貸借契約期間が満了した場合において、契約当事者が更新を望まない場合は、賃貸借を終了させることができる。ただし、借地借家法では、借家契約においては、賃借人の保護の要請から、賃貸人からする更新の拒絶については、正当な理由がなければならないとしている。

8　請負

(1) 請負の定義

請負とは、当事者の一方(請負人)がある仕事を完成させ、他方(注文者)がその仕事の結果に対して報酬を支払うことを約束する有償・双務・諾成契約である(632条)。

(2) 請負の効果

請負契約には次のような効果がある。
① 仕事の目的物が契約の内容に適合しない場合、注文者は請負人に対して売買契約と同様に、履行の追完(修補)・報酬減額・損害賠償の請求や契約の解除をすることができる(559条、562条～564条)。
② 仕事の目的物の契約内容への不適合が注文者の提供した材料や与えた指図による場合、注文者は履行の追完(修補)・報酬の減額・損害賠償の請求や契約の解除をすることはできない。ただし、請負人が材料や指図が不適当であることを知りながら告げなかったときは、この限りでない(636条)。
③ 注文者が契約不適合を知った時から1年以内にその旨を請負人に通知しないときは、履行の追完、報酬の減額、損害賠償の請求や契約の解除をすること

ができない。仕事の目的物を注文者に引き渡した時（引渡しを要しない場合は仕事が終了した時）において、請負人が契約不適合を知り、または重大な過失によって知らなかったときは、この限りでない（637条）。

④ 報酬は、特約がなければ仕事の目的物の引渡しと同時（引渡しを要しない場合は仕事が終了した後）に支払われる（633条）。注文者の責めに帰することができない事由によって仕事を完成することができなくなったときや請負が仕事の完成前に解除されたときで、請負人が既にした仕事の結果のうち可分な部分の給付によって注文者が利益を受けるときは、その部分が仕事の完成とみなされ、請負人は、注文者が受ける利益の割合に応じて報酬を請求することができる（634条）。

⑤ 請負人が仕事を完成しない間は、注文者はいつでも請負人に生じた損害を賠償して契約を解除できる（641条）。

9 委任

(1) 委任の定義

H28-16
H21-13

委任とは、民法上、当事者の一方（委任者）が法律行為をなすことを相手方（受任者）に委託し、相手方がこれを承諾することによって成立する無償（有償でもよい）・片務（双務もある）・諾成契約である（643条）。法律行為以外を委託する場合は準委任と呼ぶが、準委任には委任の規定が全面的に準用される（656条）。

(2) 委任と代理

委任は、特別な事情がない限り、代理権の授与を伴っている場合が多いが、代理権授与行為と委任は別の概念である。代理を伴わない委任契約の事例として、商社が国内の需要者から海外製品の買付け委託を受ける場合が挙げられる。

(3) 受任者の義務

R02-22

受任者は、自らの裁量で事務を処理する権限を持つため、その一方で、それに見合うだけの義務を負う。

① 善管注意義務
委任契約における受任者には善管注意義務が求められる（644条）。

② 自己執行義務
受任者は、委任者の許諾を得たとき、またはやむを得ない事由があるときでなければ、復受任者を選任することができない（644条の2第1項）。代理権を付与する委任において、受任者が代理権を有する復受任者を選任したときは、復受任者は、委任者に対して、その権限の範囲内において、受任者と同一の権利を有し、義務を負う（644条の2第2項）。

③ 報告義務
受任者は、委任者の請求があるときは、いつでも委任事務の処理の状況を報告し、

第1章 経営法務の概要と民法　75

委任が終了した後は、遅滞なくその経過および結果を報告しなければならない（645条）。

④ 受取物の引渡しや権利移転の義務

受任者は、委任事務を処理するにあたって受け取った金銭その他の物を委任者に引き渡さなければならない。それらによって生じた経済的収益についても、同様とする（646条1項）。

⑤ 金銭消費の場合の利息支払と損害賠償義務

受任者は、委任者に引き渡すべき金額またはその利益のために用いるべき金額を自分のために消費したときは、その消費した日以後の利息を支払わなければならない。損害があるときは、併せてその賠償の責任を負う（647条）。

(4) 受任者の報酬

〔R02-22〕

受任者は、特約がなければ委任者に対して報酬を請求することができない（無償契約）（648条1項）。委任者は、報酬の特約があるときには報酬を支払わなければならない（有償契約）が、その場合には後払いが原則である（648条2項）。

委任者の責めに帰することができない事由によって委任事務を履行することができなくなったときや委任が履行の中途で終了したときは、受任者は、既にした履行の割合に応じて報酬を請求することができる（648条3項新設）。

上記のように事務処理の労務に対して報酬を支払う旨合意する場合のほか、事務処理の結果として得られた成果に対して報酬を支払う旨合意をする場合がある（債務の内容が成果の完成に向けて事務処理することである点が請負と異なる）が、この場合は請負の報酬と同様の規律に服する（648条の2）。

(5) 委任の終了

各当事者はいつでも解除することができる（651条1項）。ただし、相手方に不利な時期に解除した場合や、委任者が受任者の利益（専ら報酬を得ることによるものを除く。）をも目的とする委任を解除した場合には、やむを得ない事情がある場合を除いて、解除した当事者は相手方の損害を賠償しなければならない（651条2項）。委任の解除は、将来に向かってのみ効力が発生する（652条）。

【 雇用・請負・委任の比較 】

	雇 用	請 負	委 任
完成の要求	ない	ある	ない
使用者の指揮下に入るか	入る	入らない	入らない

10 寄託

(1) 寄託の定義

寄託とは、当事者の一方がある物（寄託物）を保管することを相手方（受寄者）に委託し、受寄者がこれを承諾することによって成立する無償（有償でもよい）・片務

（双務もある）・諾成契約である（657条改正）。

(2) 受寄者の義務

受寄者は次のような義務を負う。

① 寄託者の承諾なく寄託物を使用せず、寄託者の承諾またはやむを得ない事由がない限り寄託物を第三者に保管させない義務（658条1項・2項改正）

② 無償寄託の場合、自己の財産に対するのと同一の注意をもって寄託物を保管する義務（659条改正）
　委任契約で受任者が求められた善管注意義務よりも程度の低い注意義務である。ただし、商事寄託の場合は、無償であっても善管注意義務を負う（商法595条）。

③ 有償寄託の場合、善良な管理者の注意をもって寄託物を保管する義務（400条改正）
　委任契約で受任者が求められたのと同じ注意義務である。

11 その他の契約

(1) 贈与

贈与とは、民法上、ある財産を無償で相手方に与える意思を表示し、相手方がこれを受諾することによって成立する無償・片務・諾成契約である（549条改正）。

(2) 交換

交換とは、当事者が互いに金銭以外の財産権の移転を約束することによって成立する有償・双務・諾成契約である（586条）。

(3) 使用貸借

使用貸借とは、当事者の一方がある物を引き渡すことを約束し、相手方がその受け取った物について無償で使用収益して契約が終了したときに返還することを約束する無償・片務・諾成契約である（593条改正）。無償である点で、賃料を支払う賃貸借と異なり、借りたその物を返還する点で、金銭を借りる場合のような消費貸借と異なる。

(4) 雇用

H21-13

雇用とは、当事者の一方（労務者）が、相手方（使用者）に対して、労務に服することを約束し、相手方がこれに報酬を与えることを約束する有償・双務・諾成契約である（623条）。

(5) 組合

組合とは、各当事者が出資をして共同の事業を営む旨を約束することによって成立する有償・双務・諾成契約である（667条）。

第1章 経営法務の概要と民法　77

⑹ 終身定期金

　終身定期金とは、当事者の一方が自分・相手方または第三者の死亡するまで、定期的に金銭その他の物を相手方または第三者に給付する契約である（689条）。有償・無償、双務・片務、諾成契約である。

⑺ 和解

　和解とは、争いをしている当事者が互いに譲歩し合って、その間の争いを止めることを約束する有償・双務・諾成契約である（695条）。和解には裁判外においてする和解（私法上の和解・裁判外の和解）と裁判所においてする和解（裁判上の和解）とがある。

Ⅴ 相続

1 家族法と相続

　民法には、家族について規定した家族法という分野がある。家族法は個人的な問題が主なのでビジネスに直接関係するわけではないが、中小企業の事業継承では相続が問題となることが多いので、この分野を無視することはできない。たとえば、経営者が自分の財産について会社を継ぐ自分の子になるべく多く相続させたいと考える場合などにどのような注意点があるか知っておく必要がある。

2 相続の手続

H30-20
H26-01

　被相続人の死亡による相続の手続は、遺言書の有無により異なる。遺言のある場合には遺言の執行により、遺言がない場合、遺産分割協議により具体的に遺産が分割される。その前提として、法定相続人を確定する必要があり、その際には相続の承認・放棄が問題となる。相続人間で相続財産をどのように分割するかも重要な問題である。

(1) 相続

　死亡した人（被相続人）の財産を相続人が承継することを**相続**という。相続される財産には、被相続人に帰属していたすべての財産が含まれる。つまり、不動産・動産・預貯金等のプラスの財産（積極財産）だけではなく、借金のようなマイナスの財産（消極財産）も含まれる。

(2) 相続の承認・放棄

R02-04

　相続は、被相続人に帰属していた権利義務の一切を包括的に承継するものである。多額の負債を抱えて死亡した者の負債は、本来その相続人が承継することになる。これでは、残された相続人の生活が立ち行かなくなることもあるため、民法では相続の承認および放棄の制度を設け、相続財産を承継しない自由を相続人に認めた。

① 熟慮期間

　相続人は、自己のために相続の開始があったことを知った時から3か月以内に、相続について、単純承認、限定承認、相続放棄のいずれかをしなければならない。ただし、この期間は、利害関係人または検察官の請求によって、家庭裁判所において伸長することができる（915条1項）。

② 単純承認

　相続人は、単純承認をしたときは、無限に被相続人の権利義務を承継する（920条）。積極的な意思表示をしなくても、相続人が、相続財産の全部または一部を処分したとき、熟慮期間内に限定承認または相続放棄をしなかったとき、限定承認ま

第1章　経営法務の概要と民法　　**79**

たは相続放棄をした後に相続財産の全部もしくは一部を隠匿したりひそかに消費したときまたは悪意で相続財産の目録に記載しなかったとき、には単純承認したものとみなされる（921条）。

③ 限定承認

相続人は、相続によって得た財産の限度においてのみ被相続人の債務および遺贈を弁済すべきことを留保して、相続の承認をすることができる（922条）。相続人が数人あるときは、限定承認は、共同相続人の全員が共同してのみこれをすることができる（923条）。限定承認をしようとするときは、熟慮期間内に、相続財産の目録を作成して家庭裁判所に提出し、限定承認をする旨を申述しなければならない（924条）。

限定承認をすると、相続財産について清算が開始される。限定承認者は、一定の期間を定めて相続債権者および受遺者に対して請求の申出をすべき旨公告しなければならない（927条）。限定承認者は、公告期間満了前には、相続債権者および受遺者に対して弁済を拒むことができる（928条）。公告期間満了後には、期間内に申し出た相続債権者、受遺者の順に弁済する（929条〜931条）。債務を弁済し終わってなお残余財産が残る場合は、限定承認者に帰属する。残余財産が残らず弁済されない債務が残る場合でも、限定承認者は弁済の責任を負わない。

④ 相続放棄

相続の放棄をしようとする者は、その旨を家庭裁判所に申述しなければならない（938条）。相続の放棄をした者は、その相続に関しては、初めから相続人とならなかったものとみなされる（939条）。

⑤ 相続の承認・放棄の撤回・取消し

いったん相続の承認や放棄をした場合は、熟慮期間内でも、撤回することができない（919条1項）。ただし、民法総則編や親族編に定める事由による取消しは認められる（919条2項）。この場合の取消権は、追認をすることができる時から6か月間行使しないときは、時効によって消滅する。相続の承認または放棄の時から10年を経過したときも、同様とする（919条3項）。限定承認と相続放棄を取り消したい場合は、その旨を家庭裁判所に申述しなければならない（919条4項）。

(3) 相続の効力

①相続の一般的効力

相続人は、相続開始の時から、被相続人の財産に属した一切の権利義務を承継する。ただし、被相続人の一身に専属したものは、この限りでない（896条）。

②共同相続

相続人が数人あるときは、相続財産は、その共有に属する（898条）。各共同相続人は、その相続分に応じて被相続人の権利義務を承継する（899条）。

③共同相続における権利の承継の対抗要件

相続による権利の承継は、法定相続分を超える部分については、登記等の対抗要件を備えなければ、第三者に対抗できない（899条の2新設）。

⑷ 相続分

相続分とは、同一順位の相続人が数人ある場合に、その各人が承継する相続財産の割合のことである。相続分には、指定相続分と法定相続分とがある。

① 指定相続分

被相続人の意思（遺言）に従って行われる相続分のことである。

② 法定相続分

被相続人の遺言がない場合の民法で定められた相続分のことである。

なお、被相続人が有した債務の債権者（相続債権者）は、遺言による相続分の指定がなされた場合でも、各共同相続人に対し、法定相続分に応じて権利を行使することができる。ただし、相続債権者が共同相続人の一人に対し、指定相続分に応じた債務の承継を承認した場合は、指定相続分に応じた請求しかできない（902条の2新設）。

⑸ 法定相続人と法定相続分

民法では、被相続人の遺言がない場合の法定相続分について、次のような順位と割合で相続人となることが決められている。

① 第一順位（子と配偶者）

実親と養親の両方との法律上の親子関係を持つ**普通養子**は、実親と養親の両方について相続人となるが、養親との親子関係のみを持つ**特別養子**は、養親のみの相続人となる。実子、養子ともに、非嫡出子（法律上の婚姻関係にない男女の間に生まれた子）も相続人となり、相続分は嫡出子と同等である。養子縁組届をしていない事実上の養子や連れ子、内縁の配偶者については相続人となることができない。子が被相続人より先に死亡しているときには、子の子（孫）が代わって相続人となる（**代襲相続**）。さらに代襲相続人である子の子（孫）も被相続人より先に死亡しているときには、その子（曾孫）が代わって相続人となる（**再代襲相続**）。相続を放棄した相続人は代襲相続の対象とならない。

② 第二順位（直系尊属と配偶者）

直系尊属は親等の近いものから相続人となるので、父母と祖父母であれば、父母だけ、母と祖父であれば、母だけ、が相続人となる。

③ 第三順位（兄弟姉妹と配偶者）

父母のどちらかが違う兄弟姉妹（半血兄弟姉妹）も相続人となるが相続分は半分となる。兄弟姉妹が被相続人より先に死亡しているときには、兄弟姉妹の子（甥・姪）が代わって相続人となる（代襲相続）。兄弟姉妹には再代襲相続はない。

【 法定相続人の相続分 】

順位	相続人		相続分		
第一順位	子 :	配偶者	1/2 :	1/2	
第二順位	直系尊属 :	配偶者	1/3 :	2/3	
第三順位	兄弟姉妹 :	配偶者	1/4 :	3/4	

※子がいる場合は第一順位、子がいなくて直系尊属がいる場合は第二順位、子も直系尊属もいなくて兄弟姉妹がいる場合は第三順位になる。子がいて配偶者がいない場合は第一順位で、子が配偶者の分も相続する。

※子、直系尊属、兄弟姉妹が複数人いる場合、各自の取り分は同一である。第一順位で、配偶者と子供2人が相続人になった場合、配偶者が2分の1、子が4分の1ずつを相続する。

※胎児は、相続については、既に生まれたものとみなす（胎児の出生擬制）。ただし、死体で生まれたときは、この規定は適用されない（886条）。

R01-04 **⑹ 相続分の算定にあたっての特例**

①特別受益者の相続分

共同相続人中に、被相続人から、遺贈を受け、または婚姻もしくは養子縁組のためもしくは生計の資本として贈与を受けた者（**特別受益者**）があるときは、被相続人が相続開始の時において有した財産の価額にその贈与の価額を加えたものを相続財産とみなし（みなし相続財産）、これに法定相続分や指定相続分の割合を乗じて算定した相続分（一応の相続分）の中から、特別受益の価額を控除した残額をもってその者の相続分（具体的相続分）とする（903条1項改正）。

被相続人が相続開始の時において有した財産の価額に特別受益の額を加えてみなし相続財産を算定する処理を**持戻し**という。被相続人は、持戻しを免除する意思表示をすることができる（903条3項改正）。

婚姻期間が20年以上の夫婦の一方である被相続人が、他の一方に対し、その居住の用に供する建物またはその敷地について遺贈または贈与をしたときは、持戻し免除の意思表示をしたものと推定される（903条4項新設）。配偶者の生活に配慮して設けられた規定である。

②寄与分

共同相続人中に、被相続人の事業に関する労務の提供または財産上の給付、被相続人の療養看護その他の方法により被相続人の財産の維持または増加について特別の寄与をした者があるときは、被相続人が相続開始の時において有した財産の価額から共同相続人の協議で定めたその者の寄与分を控除したものを相続財産とみなし（みなし相続財産）、これに法定相続分や指定相続分の割合を乗じて算定した相続分（一応の相続分）に寄与分を加えた額をもってその者の相続分（具体的相続分）とする（904条の2第1項）。

③相続人以外の特別の寄与

具体的相続分の問題ではないが類似関連する制度として、相続人以外の被相続人の親族が、被相続人に対して無償で療養看護その他の労務の提供により被相続人の財産の維持または増加について特別の寄与をした場合には、相続の開始後、相続人に対して寄与に応じた金銭の支払いを請求することが認められている（1050条1項新設）。

82　第1部　テキスト

(7) 遺産分割

H28-17
H24-05
H20-02

①遺産分割

共同相続人は、被相続人が遺言で禁じた場合を除き、いつでも、その協議で、遺産の全部または一部の分割をすることができる（907条1項改正）。協議が調わないときや協議をすることができないときは、家庭裁判所に分割を請求することができる。ただし、遺産の一部を分割することにより、他の共同相続人の利益を害する恐れがある場合には、その一部の分割については請求が認められない（907条2項改正）。

ただし、遺産分割の対象となるものは被相続人の有していた積極財産だけであり、被相続人の負担していた消極財産たる金銭債務は相続開始と同時に共同相続人にその相続分に応じて当然分割承継されるものであり、遺産分割によって分配されるものではない（東京高裁昭和37年4月13日決定）。遺産分割協議を行って、仮に債務については特定の相続人にだけ負担させるよう約束しても、それを第三者である債権者に対して主張することはできない。

②遺産分割前の預貯金債権の払戻し制度

相続された預貯金債権について、相続人の資金需要に対応できるよう、遺産分割前の払戻が受けられる制度が新設された。

旧法では、遺産分割が終了するまでの間は、相続人単独で預貯金債権の払戻しができなかった。そこで、遺産分割における公平性を確保しつつ、相続人の資金需要に対応できるよう、2つの制度が設けられた。

(a) 遺産分割前の預貯金債権のうち一定割合（金額による上限あり）については、家庭裁判所の判断を経ずに単独での払戻しが認められる（909条の2新設）。

(b) 遺産分割の審判または調停の申立てがあった場合において、家庭裁判所は、相続人が預貯金債権を行使する必要があると認められるときは、他の共同相続人の利益を害しない限り、預貯金債権の全部または一部を仮に取得させることができる（家事事件手続法200条3項新設）。

③遺産分割前の遺産に属する財産の処分

遺産分割前に遺産に属する財産が処分された場合、処分者以外の共同相続人全員の同意があれば、当該財産を遺産分割の対象に含めることができる（906条の2新設）。

旧法では、共同相続人の一人が遺産に属する財産を処分した場合、その時点で実際に存在する財産（処分された財産を除いた遺産）を基準に遺産分割が行われていたため、処分がなかった場合と比べて、他の共同相続人の取得額が小さくなるという計算上不公平な結果が生じていた。そこで、処分された財産を遺産分割の対象に含めることを可能とし、処分がなかった場合と同じ結果が実現できることとなった。

(8) 遺言

R01-21

遺言とは、自分が死んだ後の遺産分割の方法や、相続人以外の人などに財産を遺贈（財産を無償で譲ること）することを定めておくものである。15歳に達した者は、

第1章　経営法務の概要と民法　　**83**

遺言をすることができる（961条）。遺言には、公証役場で作成する**公正証書遺言**や自分自身で書く**自筆証書遺言**等がある。遺言者は、いつでも、遺言の方式に従って、その遺言の全部または一部を撤回することができる（1022条）。

①自筆証書に添付する財産目録

自筆証書遺言に相続財産の目録を添付する場合、その財産目録については、パソコンによる作成など、自筆でなくてもよい。ただし、自筆でない場合は財産目録の各頁に署名押印する必要がある（968条2項新設）。

②遺贈の引渡し義務

遺贈では、受遺者に制限はない。遺贈義務者（遺贈を実行する義務を負う人で、原則として相続人）は、相続開始の時（あるいは、その後に遺贈の目的が特定した時）の状態で物を渡したり、権利を移したりする義務を負う。ただし、遺言者が遺言で別段の意思表示をしたときは、その意思に従う（998条改正）。

③遺言執行者の権限

(a) 遺言執行者の任務の開始

遺言の内容を実現するために指定または選任された遺言執行者は、その任務を開始したときは、遅滞なく、遺言の内容を相続人に通知しなくてはならない（1007条2項新設）。

(b) 遺言執行者の権利義務

遺言執行者は、遺言の内容を実現するため、相続財産の管理その他遺言の執行に必要な一切の行為をする権利義務を有する。遺言執行者がある場合には、遺贈の履行は、遺言執行者のみが行うことができる（1012条改正）。

(c) 遺言の執行の妨害行為の禁止

遺言執行者がある場合は、相続人は、相続財産の処分その他遺言の執行を妨げるべき行為をすることができず、そのような行為は、無効とする。ただし、この無効をもって善意の第三者に対抗することはできない（1013条改正）。

(d) 特定財産に関する遺言の執行

遺産の分割の方法の指定として、遺産に属する特定の財産を共同相続人の一人または数人に承継させる旨の遺言（**特定財産承継遺言**）があったとき、遺言執行者は、対抗要件を備えるために必要な行為（不動産の登記申請等）をすることができる（1014条2項新設）。また、特定財産承継遺言の目的が預貯金債権である場合には、預貯金の払戻請求や解約申入れ（解約申入れは、預貯金債権の全部が目的となっている場合に限る）をすることができる（同条3項新設）。以上の規定にかかわらず、被相続人が遺言で別段の意思表示をしたときは、その意思に従う（同条4項新設）。

④遺言書保管法

遺言書の紛失、隠匿、改ざん等の紛争リスクを軽減する目的で本制度が設けられた（令和2年7月10日施行）。

(a) 遺言書の保管申請

自筆証書遺言を作成した者（遺言者）は、遺言者の住所地もしくは本籍地または遺言者が所有する不動産の所在地を管轄する遺言書保管所（法務局）の遺言書

保管官に対し、遺言書の保管を申請することができる。遺言書は、法務省令で定める様式の、無封のものでなければならない（遺言書保管法第4条1項〜3項）。

(b) 遺言書の閲覧請求および保管申請の撤回

遺言者は、保管されている遺言書の閲覧請求や、保管申請の撤回をすることができる（同法6条2項、8条1項）。遺言者の生存中は、遺言者以外は遺言書の閲覧等を行うことができない。

(c) 遺言書保管事実証明書の交付

特定の死亡している者について、何人も、自己が相続人や受遺者等となっている遺言書（関係遺言書）の遺言書保管所における保管の有無等に関する証明書（**遺言書保管事実証明書**）の交付を請求することができる（同法10条）。遺言者の相続人、受遺者および遺言執行者等は、遺言者の死亡後、遺言書の画像情報等を用いた証明書（**遺言書情報証明書**）の交付請求および遺言書原本の閲覧請求をすることができる（同法9条1項・3項）。遺言書保管官は、遺言書情報証明書を交付しまたは遺言書の閲覧をさせたときは、速やかに当該遺言書を保管している旨を遺言者の相続人、受遺者および遺言執行者に通知する（同法9条5項）。

(d) 遺言書の検認の適用除外

遺言書の保管者や遺言書を発見した相続人は、家庭裁判所に遺言書の検認を請求しなければならない（民法1004条1項）が、公正証書遺言や遺言書保管所に保管されている遺言書については、検認を受ける必要がない（民法1004条2項、遺言書保管法11条）。

⑼ 配偶者の居住の権利

配偶者の居住の権利を保護するための方策が新設された（令和2年4月1日施行）。配偶者の居住の権利には、配偶者居住権と配偶者短期居住権とがある。

①配偶者居住権

配偶者居住権とは、配偶者が被相続人の財産に属した建物に相続開始の時に居住していた場合において、居住していた建物の全部について無償で使用および収益をする権利である（1028条1項新設）。遺産の分割によって配偶者居住権を取得するものとされたとき（1028条1項1号）、配偶者居住権が遺贈の目的とされたとき（1028条1項2号）、配偶者居住権を取得する死因贈与がされたとき（554条、1028条1項2号）に配偶者居住権を取得する。ただし、被相続人が相続開始の時に居住建物を配偶者以外の者と共有していた場合にあっては、この限りではない（1028条1項但書新設）。配偶者は居住建物の使用および収益には善管注意義務を負い（1032条1項新設）、配偶者居住権は、譲渡することができない（1032条2項新設）。

【 配偶者居住権の例 】

	改正前		改正後	
遺産	自宅 2,000万円　預貯金3,000万円			
	配偶者 (法定相続分1/2)	子 (法定相続分1/2)	配偶者 (法定相続分1/2)	子 (法定相続分1/2)
遺産分割の内容	自宅 2,000万円 預貯金 500万円 合計 2,500万円	預貯金 2,500万円 合計 2,500万円	自宅1,000万円 (配偶者居住権) 預貯金 1,500万円 合計 2,500万円	自宅1,000万円 (負担付き所有権) 預貯金 1,500万円 合計 2,500万円
	配偶者は住居である自宅を相続したため、他の財産の受け取りが少なくなり、生活資金に困る場合がある。		配偶者は自宅での居住を継続するとともに、預貯金も相続することができる。	

出典：『配偶者居住権について』法務省民事局の設例をもとに作成

②配偶者短期居住権

配偶者短期居住権とは、配偶者が被相続人の財産に属した建物に相続開始の時に無償で居住していた場合に、次の区分に応じて、それぞれ定められた日までの間認められる、居住建物取得者に対し、居住建物について無償で使用する権利（1037条1項新設）である。

(a) 居住建物について配偶者を含む共同相続人間で遺産の分割をすべき場合（配偶者が遺産共有持分を有している場合）（1037条1項1号）

配偶者は、遺産の分割により居住建物の帰属が確定した日または相続開始の時から6か月を経過する日のいずれか遅い日まで、引き続き無償でその建物を使用することができる。

(b) 上記以外の場合（配偶者が遺産共有持分を有しない場合）（1037条1項2号）

遺贈などにより配偶者以外の第三者が居住建物の所有権を取得した場合や、配偶者が相続放棄をした場合が例である。この場合、居住建物の所有権を取得した者は、いつでも配偶者に対し配偶者短期居住権の消滅の申入れをすることができる（1037条3項新設）が、配偶者はその申入れを受けた日から6か月を経過するまでの間、引き続き無償でその建物を使用することができる（1037条1項2号）。

⑽ 遺留分

① 遺留分

遺留分とは、一定の相続人のために法律上必ず留保されなければならない遺産の一定割合のことである。近親者の相続期待利益を保護し、被相続人死亡後の遺族の生活を保障するために、相続財産の一定部分を一定範囲の遺族のために留保させるのが遺留分の制度である。

兄弟姉妹以外の相続人は、遺留分として、遺留分を算定するための財産の価額（1043条1項改正）に、次に掲げる区分に応じてそれぞれ定める割合を乗じた額を受ける（1042条1項改正）。

⒜ 直系尊属のみが相続人である場合　3分の1

⒝ ⒜に掲げる場合以外の場合　2分の1

　相続人が数人ある場合には、これらに法定相続分を乗じた割合とする（1042条2項改正）。ただし、兄弟姉妹は遺留分権利者になれないため、第三順位は考慮しない。

② 遺留分侵害額の請求

　遺留分権利者およびその承継人は、遺贈または贈与を受けた者に対し、遺留分侵害額に相当する金銭の支払を請求することができる（1046条1項改正）。旧法では遺贈または贈与を無効とする「減殺」を請求する権利であったが、遺贈または贈与を無効とはせず金銭の支払を請求する権利に改正された。遺留分侵害額の請求権は、遺留分権利者が、相続の開始および遺留分を侵害する贈与または遺贈があったことを知った時から1年間行使しないときは、時効によって消滅する。相続開始の時から10年を経過したときも、同様とする（1048条改正）。

③ 遺留分の事前放棄

　相続の開始前に推定相続人が家庭裁判所の許可を受けた場合に限り、遺留分の事前放棄が有効となる（1049条）。ただし、他の推定相続人の遺留分には影響しない。

④ 経営承継円滑化法による遺留分特例

H29-05
H27-05
H25-04

　中小企業における経営の承継の円滑化に関する法律（以下、経営承継円滑化法）は、⒜会社の経営の承継の場合と⒝個人事業の承継の場合の別に応じ、後継者が、先代経営者からの贈与等により取得した⒜自社株式（完全無議決権株式を除く）もしくは持分または⒝事業用資産について、先代経営者の推定相続人（相続が開始した場合に相続人となるべき者のうち兄弟姉妹およびこれらの者の子以外のものに限る）および後継者の全員の合意を前提として、次のような特例を設けている。

【 遺留分に関する民法の特例 】

	会社の経営の承継の場合	個人事業の承継の場合
合意の対象とできる財産（全部または一部）	自社株式（完全無議決権株式を除く）または持分	事業用資産
利用できる特例	●対象財産の価額を遺留分算定基礎財産に算入しないとする除外合意（法4条1項1号） ●遺留分算定基礎財産に算入すべき対象財産の価額を予め固定する固定合意（法4条1項2号）	●対象財産の価額を遺留分算定基礎財産に算入しないとする除外合意（法4条3項）
	上記2つのいずれか一方または双方	固定合意は利用できない

　遺留分特例の適用対象者は、3年以上継続して事業を行っている非上場の中小企業の後継者であり（同法3条、同法施行規則2条）、平成27年の改正により、親族外承継の後継者も対象となった。遺留分特例を適用するには、経済産業大臣の確認

と家庭裁判所の許可が必要である（同法7条、8条）。

　合意は、合意の当事者の代襲者にも効力が及ぶが（同法9条3項）、合意の当事者以外の者が新たに先代経営者の推定相続人となった場合や、合意の当事者の代襲者が先代経営者の養子となった場合には効力が消滅する（同法10条）。

厳選!! 必須テーマ［○・×］チェック ── 第1章 ──

過去20年間（平成13〜令和2年度）本試験出題の必須テーマから厳選！

■■■ 問題編 ■■■ Check!!

問1 (H26-11)　　　　　　　　　　　　　　　　　　　　［○・×］

無権代理人（成人）による契約と知らずに契約した相手方が、無権代理人に対して当該契約の履行責任を主張する場合は、主張者（相手方）が無過失であることが必要である。

問2 (H29-14)　　　　　　　　　　　　　　　　　　　　［○・×］

被保佐人と契約をする場合には、その保佐人を代理人として締結しなければならない。

問3 (R01-17)　　　　　　　　　　　　　　　　　　　　［○・×］

共有不動産の不法占有者に引渡を請求する場合、各共有者がそれぞれ単独でできる。

問4 (H26-14)　　　　　　　　　　　　　　　　　　　　［○・×］

債務者に履行の意思がないことが明らかであれば、履行遅滞を理由とする債務不履行解除には催告を必要としない。

問5 (H30-17)　　　　　　　　　　　　　　　　　　　　［○・×］

連帯保証人が債権者から債務の履行を請求されたときは、連帯保証人は、まず主たる債務者に催告をすべき旨を請求することができる。

問6 (R02-2)　　　　　　　　　　　　　　　　　　　　［○・×］

請負人が品質に関して契約の内容に適合しない仕事の目的物を注文者に引き渡した場合、注文者は、その引渡しを受けた時から1年以内に当該不適合を請負人に通知しない限り、注文者が当該不適合を無過失で知らなかった場合でも、当該不適合を理由として、履行の追完の請求、報酬の減額の請求、損害賠償の請求及び契約の解除をすることはできない。

問7 (H26-1)　　　　　　　　　　　　　　　　　　　　［○・×］

法定相続人が配偶者、嫡出子2名、認知されている非嫡出子1名の4名のみの場合、法定相続分は、配偶者2分の1、嫡出子各5分の1、認知されている非嫡出子10分の1となる。

第1章　経営法務の概要と民法　　**89**

問8 (H27-5)　　　　　　　　　　　　　　　　　　　　　　　　　［○・×］

　中小企業における経営の承継の円滑化に関する法律に定められた遺留分に関する民法の特例では、除外合意や固定合意の効力を生じさせるためには、経済産業大臣の許可を受ける必要がある。

■■■ **解答・解説編** ■■■

問1　○：主張者（相手方）は善意・無過失である必要がある。

問2　×：保佐人が代理人となれるのは、家庭裁判所により、特定の法律行為について代理権を付与する旨の審判があった場合のみであり、被保佐人が保佐人の同意を得たうえで自ら法律行為をすることを前提としている。

問3　○：共有不動産の不法占有者に引渡しを請求することは共有物の保存行為にあたると考えられ、各共有者が単独でできる。

問4　×：履行遅滞の場合、相手方が債務の履行をしないときには相当の期間を定めて催告し、それでも債務が履行されない場合、相手方は、契約を解除することができる。

問5　×：連帯保証人は、催告の抗弁権・検索の抗弁権ともに主張できない。

問6　×：請負の目的物の種類・品質に契約不適合があった場合の注文者の権利の期間制限は、売買の目的物の種類・品質に契約不適合があった場合の買主の権利の期間制限と同様、契約不適合を知ったときから1年以内とされている。

問7　×：相続分は、非嫡出子も嫡出子と同等となるため、配偶者2分の1、嫡出子2名と非嫡出子1名が各6分の1となる。

問8　×：経済産業大臣の許可ではなく確認が必要である。

本章の体系図

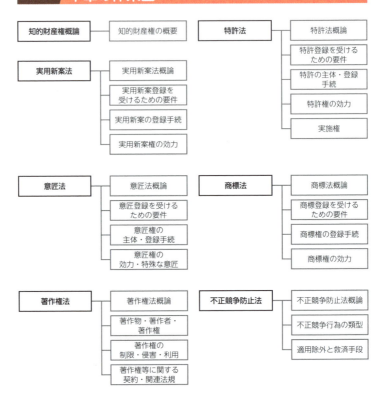

本章のポイント

- 知的財産権の概要を理解する
- 産業財産権の概要および特許権、実用新案権、意匠権、商標権のそれぞれのポイントを理解する
- 著作権の概要および著作財産権、著作者人格権、著作隣接権のそれぞれのポイントを理解する
- 不正競争防止法の類型を理解する

第 **2** 章

知的財産法

I 知的財産権概論

II 特許法

III 実用新案法

IV 意匠法

V 商標法

VI 著作権法

VII 不正競争防止法

I 知的財産権概論

1 知的財産権の概要

(1) 知的財産権制度

　知的財産権制度とは、人間の幅広い知的創造活動によって生み出された成果について、創作した人の財産として一定期間の権利保護を与えるようにした制度である。

① 知的財産

　知的財産とは、発明、考案、植物の新品種、意匠、著作物その他の人間の創造的活動により生み出されるもの（発見または解明がされた自然の法則または現象であって、産業上の利用可能性があるものを含む）、商標、商号その他事業活動に用いられる商品または役務を表示するものおよび営業秘密その他の事業活動に有用な技術上または営業上の情報をいう（知的財産基本法2条1項）。

② 知的財産権

　知的財産権とは、特許権、実用新案権、育成者権、意匠権、著作権、商標権その他の知的財産に関して法令により定められた権利または法律上保護される利益に係る権利をいう（同法2条2項）。

(2) 知的財産権の分類

　知的財産は、さまざまな基準で分類されている。

① 「知的創造物についての権利」と「営業標識についての権利」

(a) 「知的創造物についての権利」

　創作意欲の促進を目的とした権利である。たとえば、特許権、実用新案権、意匠権、著作権、回路配置利用権、育成者権、営業秘密である。

(b) 「営業標識についての権利」

　使用者の信用維持を目的とした権利である。たとえば、商標権、商号、商品等表示・商品形態である。

② 絶対的独占権と相対的独占権

(a) 絶対的独占権

　客観的内容を同じくするものに対して排他的に支配できる知的財産権である。

　例 特許権、実用新案権、意匠権、商標権、育成者権

(b) 相対的独占権

　他人が独自に創作したものには及ばない知的財産権である。

　例 著作権、回路配置利用権、商号および不正競争防止法上の利益

【 主な知的財産権と知的財産法 】

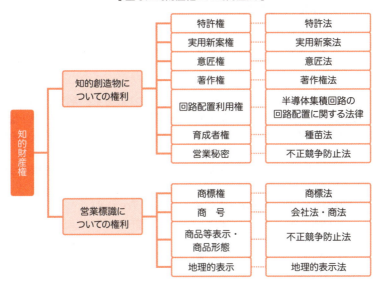

(3) 産業財産権制度

　産業財産権（工業所有権）は、知的財産権の一部で、特許権、実用新案権、意匠権、商標権の4つの総称である。産業財産権制度とは、新しい技術、新しいデザイン、ネーミングなどについて独占権を与え、模倣防止のために保護し、研究開発へのインセンティブを付与したり、取引上の信用を維持したりすることによって、産業の発展を図ることを目的とする制度である。

【 産業財産権 】

出典：『産業財産権について』 特許庁ホームページ

(4) 知的財産権に関する条約

条約とは、国家および国際機関の間における国際的合意である。複数の国で産業財産権を保護するために、以下のような条約が締結されている。

① パリ条約

工業所有権の保護（特許、実用新案、意匠、商標、サービスマーク、商号、原産地表示、原産地名称、不正競争の防止に関するもの）に関する条約である。特許、実用新案、意匠、商標についての第1国出願により優先権を生じさせ、第1国出願日（優先日）から優先期間内に他の同盟国に出願した場合に不利な取り扱いをしないこととしている。

優先期間は、特許および実用新案については12か月、意匠および商標については6か月である。

② 特許協力条約（PCT：Patent Cooperation Treaty）

パリ条約の特別取極である。各国ごとに異なる特許の出願方式を統一したものである。特許協力条約に基づいて出願をすることで、この条約の締約国から指定した国において国際出願日に出願したのと同じ効果が認められる。パリ条約の優先権を主張することもできる。

③ 特許法条約（PLT：Patent Law Treaty）

各国で異なる特許出願の国内手続を統一化、簡素化させることを目的とする条約である。日本については2016年6月11日に正式発効した。

④ 欧州特許条約

欧州特許庁が特許出願を審査することで、締約国において付与された国内特許と同一の効力を有する欧州特許を付与する制度である。欧州特許庁を特許協力条約の指定官庁とすることができる。

⑤ ハーグ協定のジュネーブ改正協定

一度の手続で複数国での意匠権の取得を可能とする条約である。日本については2015年5月13日に正式発効した。

⑥ 商標法条約

各国における商標制度の手続面の簡素化および調和を図ることを目的とする条約である。

⑦ シンガポール条約

商標法条約の内容を取り込んだ上で、出願方法の多様化（書面に加え、電子出願に対応）、出願手続の簡素化および調和、手続期間を守れなかった場合の救済措置の追加を行い、商標法条約から独立したものである。日本については2016年6月11日に正式発効した。

⑧ マドリッド協定議定書

パリ条約の特別取極である。商標の国際的な登録制度としては、1891年に制定されたマドリッド協定があったが、使用言語、審査期間、本国登録の従属性などの問題点があった。マドリッド協定議定書は、このようなマドリッド協定の問題点を克服し、より多くの国が参加できる商標の国際登録制度を確立することを目的に採

択されたものである。

⑨ ベルヌ条約

著作権に関する基本条約である。

⑩ TRIPS 協定（知的所有権の貿易関連の側面に関する協定）

　世界貿易機関（WTO）の加盟国において、パリ条約やベルヌ条約を遵守し、他の加盟国の国民に自国民に与える待遇よりも不利でない待遇を与えること（内国民待遇）、加盟国の国民に与える待遇を他の全ての加盟国の国民に与えること（最恵国待遇）を規定するものである。

　例えば、パリ条約の同盟国ではないWTOの加盟国（台湾）の国民は、台湾でされた特許出願に基づくパリ条約の例による優先権を主張して日本に特許出願をすることができる（特許法43条の2第1項）。一方、日本国民は、日本の特許出願に基づくパリ条約の例による優先権を主張して台湾に特許出願をすることができる。

II 特許法

1 特許法概論

(1) 特許法の目的と意義

特許法は、発明の保護および利用を図ることにより、発明を奨励し、これにより産業の発達に寄与することを目的としている（1条）。

特許制度の意義は、以下の①②の調整と両立にある。つまり、発明者と社会の権利の調整と両立を図ることである。

① 発明者に一定期間、一定の条件の下に特許権という独占的な権利を与えて発明の保護を図ること

② 発明を公開して利用を図ることにより、新しい技術を人類共通の財産としていくことを定めて、これにより技術の進歩を促進し、産業の発達に寄与すること

(2) 特許権

R01-13
H30-10
H23-07
H20-06

① 特許権の定義

特許権とは、産業財産権の1つで、特許登録を受けた発明（特許発明）の実施を排他的・独占的になしうる権利である（68条）。特許権は、特許法によって保護される。

② 特許権の存続期間

特許権の存続期間は、原則として、特許出願の日から20年をもって終了する（67条1項）。発明を公衆に公開する代償として、出願日から20年を終期として独占排他的権利を付与し、20年経過後は、公衆に広く利用することを認めたものである。

2 特許登録を受けるための要件

すべてのアイデアが自動的に特許として登録されるわけではない。特許にはいくつかの登録要件がある。

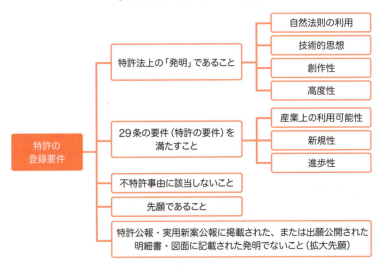

(1) 特許法上の「発明」であること

特許の登録要件の1番目は、「特許法上の『発明』であること」である。
① 発明と特許発明
発明とは、「自然法則を利用した技術的思想の創作のうち高度のもの」をいう（2条1項）。発明の中でも、特に「特許を受けている発明」のことを**特許発明**という（2条2項）。
② 発明の要件
発明には次の4つの要件がある。すべて満たしている場合に発明は成り立つ。
　(a) 自然法則の利用
　自然法則とは、自然界において経験的に見出される科学的法則であり、自然法則の利用とは、繰り返したときに自然科学上の因果律によって同一の結果に至るという反復可能性が必要であることを示している。したがって、営業手法・経営方法に関する発想、金融保険制度や課税方法などの人為的な取り決めや計算方法・暗号など自然法則の利用がないものは保護の対象とはならない。
　(b) 技術的思想
　技術とは、一定の目的を達成するための具体的手段であり、知識として伝達できるだけの客観性ならびに実施可能性・反復可能性が必要である。技術的思想に当てはまらないものとしては、以下のようなものが考えられる。
- 技能……………………例 鉄棒のテクニック、自転車の乗り方
- 情報の単なる提示…例 デジタルカメラの操作マニュアル
- 単なる美的創造物…例 絵画、彫刻

(c) 創作性

創作とは、新しいものを作り出すことである。それ以前にはなかったものを人為的に作り出さなければならないということである。天然物や自然法則自体の認識にすぎない単なる発見は創作性が欠如しているため、特許法上の発明とはならない。たとえば、ニュートンによる万有引力の法則の発見、アインシュタインによる一般相対性理論の発見は、わが国の特許法の保護の対象とはならない。

(d) 高度性

発明には高度性が求められる。ただし、これは、実用新案法の対象である考案と区別するための要件であり、特許庁の審査でも学説でも、特に重要な意味を持つわけではない。後述する「進歩性」の有無において同じような判断を求められるからである。

③ 発明の種類

発明は、物の発明と方法の発明に大別され、さらに方法の発明は、狭義の方法の発明と物を生産する方法の発明に分類される。物の発明、方法の発明、物を生産する方法の発明は、各々特許権の実施の態様が区別されている（2条3項1号〜3号）。

【 発明の分類 】

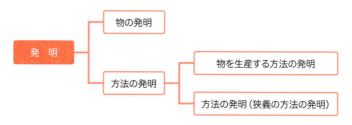

(a) 物の発明

技術的思想の創作が一定の物（プログラムを含む）に具現化されている発明（物品として現れる発明）である。
例 新しい半導体、有機化合物、分析装置

(b) 方法の発明

技術的思想の創作であって、それが一定の方法に具現化されている発明である。方法の発明は、さらに以下の2つに分類される。

- 「物を生産する方法の発明」

その方法を使用することにより生産物が生ずる発明である。
例 新しい半導体の製造方法

- 「方法の発明（狭義の方法の発明）」

その方法を使用することにより生産物が生じない発明である。
例 新しい無線通信方法の発明

(2) 29条の要件（特許の要件）を満たすこと

① 産業上の利用可能性

発明に特許権が付与されるためには、「産業上利用することができる発明」でなければならない（29条1項柱書）。ここでいう産業には、工業だけでなく、農林水産業・鉱業・商業・サービス業も含まれる。金融・保険などのサービス業からも特許出願は可能である。

産業上の利用可能性の例外としては次のようなものが挙げられる。

(a) 医療行為
例　人間を手術する方法、人間を治療する方法、人間を診断する方法

(b) 個人的・学術的行為
例　喫煙法や読書法の発明、実験室でのみ利用される発明

(c) 実施不可能な行為
例　オゾン層減少に伴う紫外線の増加を防ぐために地球表面全体を紫外線吸収プラスティックフィルムで覆う方法、鉄骨を縦横に埋設した堅固なコンクリートの壁で日本列島を覆って台風を防止する装置など事実上実現できない行為

② 新規性

新規性とは、当該発明がいまだ社会に知られていないものであることをいう。発明は、既存の技術ではなく、それに新しいアイデアを加味して新技術としたところに価値があり、特許としての保護が与えられる。

(a) 新規性の審査

特許法は、以下のような3つの新規性の喪失事由に該当する発明を除き、その発明について特許を受けることができるとしている（29条1項1号～3号）。3つの事由のうち、どれか1つに該当すれば、新規性は喪失する。新規性の判断は、日本・外国にかかわらず考慮されるものである（世界基準）。

- 公知

特許出願前に日本国内または外国において公然知られた発明は新規性を喪失する（29条1項1号）。公然とは、アイデアが秘密を脱した状態に置かれることをいうので、不特定多数の者に知られる場合だけではなく、特定少数、たとえば、発明者のために発明の内容を秘密にする義務を負わない1人にでも知られれば、公知となってしまう。

- 公用

特許出願前に日本国内または外国において公然実施をされた発明は新規性を喪失する（29条1項2号）。発明者のために発明の内容を秘密にする義務を負わない人が発明内容を知りうる状態で、発明の実施が行われた場合をいう。

- 刊行物記載または電気通信回線による公衆利用可能性（文献公知）

特許出願前に日本国内または外国において、頒布された刊行物に記載された発明または電気通信回線を通じて公衆に利用可能となった発明（29条1項3号）は新規性を喪失する。電気通信回線とは主にインターネットのことである。インター

ネットによる公開も新規性喪失事由に該当する。

(b) 新規性喪失事由の例外

特許法は、新規性喪失事由の例外として次のような場合を認めている（30条）。ただし、例外による救済を受けるためには、新規性喪失後1年以内に特許出願しなければならない（30条1項・2項）。

- 意に反する公知

特許を受ける権利を有する者の意に反して、公知がなされた場合、新規性喪失事由の例外となる（30条1項）。たとえば、詐欺・強迫による出願、産業スパイによる出願、代理人等の故意または過失による発明の漏洩があった場合である。

- 行為に起因する公知

特許を受ける権利を有する者の行為に起因して、公知がなされた場合、新規性喪失事由の例外となる（30条2項）。ただし、特許を受ける権利を有する者の行為によって、特許、実用新案、意匠または商標に関する公報に掲載された場合は、新規性喪失事由となる。

③ 進歩性

進歩性とは、当該発明の属する技術分野における通常の知識を有する者が、特許出願時の技術常識に基づいて容易に発明することができないことをいう（29条2項）。先行技術（公知発明）に照会して、「その発明の属する技術の分野における通常の知識を有する者」（29条2項）（当業者）が容易に発明をすることができたときは特許を受けることができない。

(3) 不特許事由に該当しないこと

特許法上の「発明」に該当し、29条の「特許の要件」を満たしていても、公益に反する発明は、不特許事由（特許を受けることができない発明）に該当するため、特許を受けることができない（32条）。

TRIPS協定では、加盟国が「公の秩序または善良の風俗を守ること」を目的として、商業的な実施を自国の領域内において防止する必要がある発明を特許の対象から除外すること」を許容している（TRIPS協定27条（2））。しかし、その除外は、「単に当該加盟国の国内法令によって当該実施が禁止されていること」を理由としてはならないことが規定されている（同条（2）但書）。したがって、発明の実施が日本国の法令によって禁止されているのみでは、不特許事由に該当しない。

① 不特許事由に該当する発明の例

例1：遺伝子操作により得られたヒト自体

例2：専ら人を残虐に殺戮することのみに使用する方法

② 不特許事由に該当しない発明の例

例1：毒薬

例2：爆薬

例3：副作用のある抗がん剤

例4：紙幣にパンチ孔を設ける装置

⑷ 先願であること

　先願主義とは、真の発明者が複数いる場合に、最も早い出願人のみが特許を与えられるとする考え方である。わが国特許法が採用しているのは、先願主義である。同一の発明について異なった日に2つ以上の特許出願があったときは、最先の特許出願人のみがその発明について特許を受けることができる（39条1項）。なお、同一の発明について同日に2つ以上の特許出願があったときは、特許出願人の協議により定めた1つの特許出願人のみがその発明について特許を受けることができる。協議が成立せず、または協議をすることができないときは、いずれも、その発明について特許を受けることができない（39条2項）。

⑸ 拡大先願（拡大された範囲の先願、公知の擬制）

　特許出願する場合、「特許請求の範囲」「明細書」「図面」などの資料を作成し提出する。特許請求の範囲には請求する発明を記載する。その際、その発明を詳しく説明するために、特許請求の範囲に記載した発明に限らず周辺の関連発明を明細書に記載する場合がある。明細書に記載された関連発明は、その特許出願が特許掲載公報（特許公報）が発行されたり出願公開されたりしたら、必然的に公開される。その後、その関連発明について出願がなされたとしても、社会に対して何ら新しい技術を提供していないため、後願者を保護することは妥当ではない。

　また上記のような先願の明細書に記載された関連発明が、後願の出願時に未公開で公知でなかったとしても、後願の出願後に先願の技術が公開された場合、やはり後願の発明は新しい技術を社会に公開していないことになる。従って、その関連発明が後願の出願時に未公開であり、後願の出願後に公開された場合も、後願者を保護しない。

　つまり、特許公報に掲載・公開された明細書・特許請求の範囲等に記載された発明は、特許登録できない（29条の2）。ただし、先願と後願が同一人による発明・出願である場合には拡大先願に該当しない（29条の2但・括弧）。

3　特許の主体

⑴ 特許を受ける権利

H25-07

　特許を受ける権利とは、特許登録前に発明者が有する権利である。
　① 権利の発生
　特許を受ける権利は、発明の完成と同時に発生し、自然人である発明者に原始的に帰属する（29条1項柱書）。未成年者も発明者となることができるが、未成年者は独立して出願できず、法定代理人が出願を行うことになる。
　② 権利の移転（承継）

H29-06

　　⒜ **特許出願前における権利の移転（承継）**
　　特許を受ける権利は、原則として特許出願をする前であっても移転することが

第2章　知的財産法　　**103**

できる（33条1項）。法人は発明者となることができないが、特許を受ける権利の承継人となることはできる。

- 予約承継

予約承継とは、契約・勤務規則その他の定めにより使用者等に特許を受ける権利・特許権を承継させることである。

(b) 特許出願後における権利の移転（承継）

特許出願後の特許を受ける権利の移転（承継）の場合、移転の原因に応じてその効力発生要件等が異なる。

- 一般承継（包括承継）

一般承継（包括承継）とは、相続・会社合併などによる権利義務の一括的な承継のことである。ある者が他の者の権利義務のすべて（その人の一身に専属し他人が取得または行使できない、いわゆる一身専属的なものは除く）を一体として受け継ぎ、法律上その権利義務に関して前の権利者と同じ地位に立つことをいう。承継事由の発生と同時に権利移転の効力が発生する（承継事由の発生が効力発生要件）が、承継人は遅滞なくその旨を特許庁長官に届け出なければならない（34条5項）。

- 特定承継

特定承継とは、売買による所有権の取得のように、個々の原因に基づいて個々の権利または義務を承継取得することをいう。特許庁長官に届け出なければ、その効力を生じない（届出が効力発生要件）（34条4項）。

③ 冒認出願

特許を受ける権利を有していない者による出願（**冒認出願**）は、拒絶査定の事由となる（49条7号）。たとえば、産業スパイによる出願は冒認出願に該当する。

平成24年4月の法改正によって、冒認出願により特許を受けた特許権者に対し特許権の移転を請求することができるようになった（74条1項）。

④ 質権の設定

特許を受ける権利を目的とした質権の設定はできない（33条2項）。この点が特許権との大きな相違点である（特許権は質権の設定が可能である）。また、特許を受ける権利は抵当権の目的とすることもできない（33条1項）。ただし、特許を受ける権利に譲渡担保を設定することはできるため、実務上、特許を受ける権利に担保権を設定する場合、譲渡担保が利用されている。

譲渡担保とは、担保とする目的物自体を債権者に譲渡し、一定の期間内に弁済をすればこれを再び返還させるという担保制度である。

⑤ 特許を出願することができる者（出願資格者）

発明者または特許を受ける権利の譲渡を受けた承継人である。法人も承継人としてであれば出願資格者となることができるが、法人格のない団体は、団体名義で出願することはできない。

⑥ 共同発明における特許を受ける権利

特許を受ける権利は複数の者が共有する場合もある。共同発明はその代表例である。共同発明とは、2人以上の者が実質的に協力をして完成した発明である。この

場合、創作活動そのものに関与しなかった者（例 単なる管理者、単なる補助者、単なる後援者・委託者）は、共同発明者にはなりえない。

共同発明における特許を受ける権利は、共同発明者全員が共有し、各共有者は、他の共有者の同意を得なければ、その持分を譲渡することができない（33条3項）。

(2) 職務発明

従業者の発明は、職務発明、業務発明、自由発明の3つに分類できる。

【 従業者の発明 】

発明の種類	定　義	例
職務発明	性質上、使用者の業務範囲に属し、かつ、発明をするに至った行為が従業者の現在・過去の職務に属する発明（35条1項）	自動車メーカーの設計担当者が、本来の業務の中で、新型エンジンを開発した場合
業務発明	使用者の業務範囲に属するものの、職務発明ではない発明。業務発明を含めて自由発明と呼ぶ場合もある	自動車メーカーの営業担当者が、本来の業務とは別に、新型エンジンを開発した場合
自由発明	使用者の業務範囲に属さない発明（使用者は発明になんら寄与しないので一般の発明と同様に扱われる）	自動車メーカーの設計担当者が、本来の業務の中で、新方式のボールペンを開発した場合

① 職務発明における権利関係

従業者等は、使用者等の設備投資等を背景に、職務として研究・開発業務に携わり発明を創作することが多く、使用者等と従業者等との利害の調整が必要である。特許法では、以下のように、両者の利害の調整を図っている。

(a) 職務発明の通常実施権

発明が完成すると、特許を受ける権利は、発明者である従業者等に原始的に帰属する（29条1項柱書）。使用者等が設備投資や研究開発に関する資金を負担しても、従業者等が職務発明に係る特許権を取得することにより、使用者等がその職務発明を実施できなくなるおそれがある。そこで、従業者等が職務発明に係る特許権を取得した場合や、従業者等から特許を受ける権利を承継した者が特許権を取得した場合は、使用者等はその特許権について通常実施権を有することとしている（35条1項）。

(b) 予約承継と専用実施権の設定

使用者等は、あらかじめ契約、勤務規則等により、使用者等に特許を受ける権利を承継させること（**予約承継**）、または使用者等に専用実施権を設定することを定めることができる（35条2項）。予約承継について定めた場合、職務発明に係る特許を受ける権利は、発明が完成した瞬間から使用者等に帰属する（35条3項）。従業者等から使用者等への権利の譲渡ではないため、他社との共同発明であっても、他の共有者の同意は不要であり、従業者等の権利の持分が使用者等に帰属する。

(c) 従業者等が受ける権利

職務発明について予約承継させたとき、または専用実施権を設定したときは、従業者等は相当の利益（相当の金銭その他の経済上の利益）を受ける権利を有する（35条4項）。

「相当の利益」は、従業者等に職務発明を奨励するインセンティブとなるものであり、企業戦略に応じて柔軟なインセンティブ施策を講じることが可能である。「相当の利益」は「経済上の利益」であるため、経済的価値を有するものである必要があり、従業者等が職務発明を生み出したことを理由として付与する必要がある。

【 経済上の利益の例 】

経済上の利益に該当するもの	金銭、留学の機会、ストックオプション、金銭的処遇の向上を伴う昇進や昇格など
経済上の利益に該当しないもの	表彰状など、発明者の名誉を称えるにとどまるもの

② 職務発明における相当の利益

使用者等が契約、勤務規則等で、相当の利益について定める場合、その定めたところにより相当の利益を与えることが不合理であると認められるものであってはならない（35条5項）。

(a) 相当の利益の付与と認められる要件

次の状況等について、経済産業大臣が定めて公表している指針（職務発明ガイドライン）に従って適正な手続きを実施していれば、不合理性が否定され、相当の利益を付与していると認められる。

- 相当の利益の内容を決定する基準を策定する際に使用者等と従業者等との間で行われる協議の状況
- 策定された基準の開示の状況
- 相当の利益の内容の決定について行われる従業者等からの意見聴取の状況

(b) 相当の利益についての定めがない場合、または不合理と認められる場合

相当の利益の内容は、その発明により使用者等が受けるべき利益の額、その発明に関連して使用者等が行う負担、貢献および従業者等の処遇その他の事情を考慮して決定される（35条7項）。

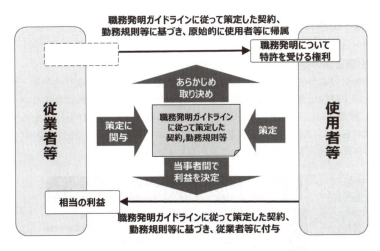

出典:『2020年度 知的財産権制度入門テキスト』特許庁

4 特許の登録手続

(1) 登録までの流れ

　実際に特許を受けるためには、出願し、審査を経て、特許査定を受け、特許料を納付して、設定登録されることが必要である。

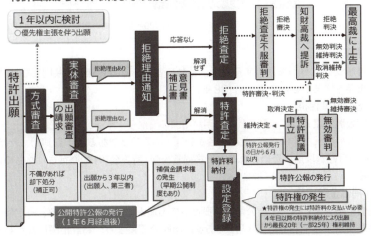

出典:『2020年度 知的財産権制度入門テキスト』特許庁

(2) 出願・出願公開

出願とは、特許庁長官に特許査定を求めて願書を提出する行為である。

① 出願書類の提出

特許を受けようとする者は、特許出願人の氏名または名称および住所等、発明者の氏名および住所等を記載した願書を特許庁長官に提出しなければならない（36条1項）。願書には、明細書、特許請求の範囲、必要な図面および要約書を添付しなければならない（36条2項）。また、明細書には、発明の名称、図面の簡単な説明、発明の詳細な説明を記載しなければならない（36条3項）。

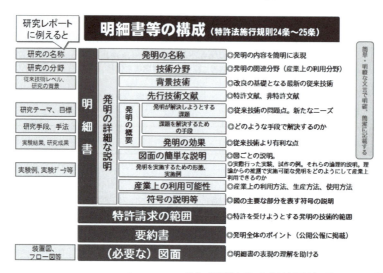

出典：『2020年度　知的財産権制度入門テキスト』特許庁

② 共同出願

特許を受ける権利を共有する場合、各共有者は、他の共有者と共同でなければ、特許出願をすることができない（38条）。

③ 出願公開制度

出願公開制度とは、出願された発明が出願の日から1年6か月を経過したときに、審査の進捗状況と関係なく、出願内容が公開される制度である（64条1項）。ただし、1年6か月経過以前に登録され既に特許掲載公報（特許公報）の発行されたものは除外する。

④ 補償金請求権

補償金請求権とは、出願公開を前提として出願人に認められている、一定額の補償金を請求する権利（65条1項）である。出願公開により、特許出願にかかわる発明の内容が開示されるため、第三者によって無断に実施されることのないように出願人を保護するために認められた権利である。なお、補償金請求権の行使は、特許権の行使を妨げるものではない（65条4項）。

【 補償金請求権 】

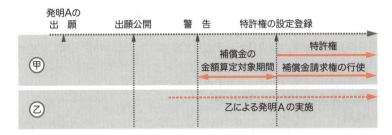

⑤ 国内優先権制度

既にされている自己の特許出願または実用新案登録出願（先の出願）を基礎として新たな特許出願をしようとする場合には、先の出願の日から１年以内に限り、その出願に基づいて優先権を主張することができる。優先権を主張して新たな出願をした場合には、新たな出願にかかる発明のうち、先の出願の出願当初の明細書、特許請求の範囲（実用新案登録請求の範囲）または図面に記載されている発明について、その特許要件を先の出願時で判断するという優先的な取り扱いを受けることができる（41条）。

なお、優先権の基礎とされた先の出願は、先の出願の日から１年４月を経過した時に取り下げられたものとみなされる（42条１項、特許法施行規則28条の４第２項）。

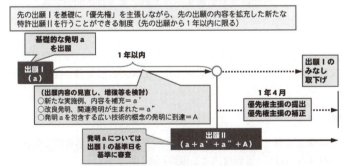

出典：『2020年度　知的財産権制度入門テキスト』特許庁

⑥ 分割出願

２以上の発明を包含する特許出願の一部を、１または２以上の新たな特許出願とすることを**分割出願**という（44条）。

分割出願は、元の出願の時にしたものとみなされ、新規性、進歩性等の判断がな

される。

⑦ 出願変更

実用新案登録出願および意匠登録出願は、その出願日から３年以内であれば、特許出願に変更することができる（46条１項、２項）。ただし、意匠登録出願についての最初の拒絶査定謄本の送達日から３箇月を経過した場合は特許出願に変更することはできない。

商標登録出願から特許出願に変更することはできない。

⑧ 実用新案登録に基づく特許出願

（a）原則

実用新案権者は、経済産業省令で定めるところにより、自己の実用新案登録に基づいて特許出願をすることができる（46条の２第１項）。この場合、その実用新案権を放棄しなければならない。

（b）例外

ただし、以下の場合は、実用新案権者による特許出願は認められない（46条の２第１項１号～４号）。

- 実用新案登録出願の日から３年経過後
- 出願人・権利者が自ら実用新案技術評価の請求をしていた場合
- 第三者が実用新案技術評価の請求をした場合において、その旨の通知を受けてから30日経過後
- 実用新案登録無効審判の請求があった場合において、最初の答弁書提出期間の経過後

⑨ 先行技術文献開示制度

出願人が有する先行技術文献情報を出願の際に審査官に開示することを義務化した制度である（36条４項２号）。より迅速かつ的確な審査の実現を図ることが制度の目的である。

出願人が先行技術文献情報を適切に開示していない場合、審査官の裁量により先行技術文献情報開示要件違反の通知がされ、出願人に意見書を提出する機会が与えられる。

H23-07 ### (3) 審査

特許法は審査主義を採用しているため、特許庁長官は、審査官に特許出願を審査させなければならない（審査官による審査）（47条）。

① 方式審査

方式審査とは、出願に必要とされる方式に従っているか、正当な権原を有する当事者または代理人によるものか、手数料が納付されているか等の主に形式面についてなされる審査（形式的な審査）である。

方式に瑕疵がある場合には、特許庁長官が相当の期間を指定して補正を命じ（補正命令）（17条３項）、補正がなされた場合には当初の出願の時点で出願がなされたものとされる（17条１項）。補正とは、特許出願後・登録前における出願書類の補充・訂正をいう。

② 出願審査請求制度

特許出願がなされた後、3年以内に特許庁長官に対して出願審査の請求をした出願についてのみ審査がなされる（48条の2、48条の3第1項）。

③ 実体審査

実体審査とは、請求範囲によって特定された発明を対象として行われる特許の登録要件を備えているか否かについての実質的な審査である（登録要件具備に対する実質的な審査）。

④ 拒絶理由通知

実体審査の結果、拒絶理由がある場合には、拒絶査定をする前に、出願人に対して拒絶の理由が通知され、意見書を提出する機会が与えられる（50条）。

⑤ 補正

特許査定謄本の送達前においては、明細書、特許請求の範囲、図面について補正をすることができる。ただし、拒絶理由通知がされた後は、所定の時または期間に限られる（17条の2第1項）。

明細書、特許請求の範囲、図面についての補正は、願書に最初に添付した明細書、特許請求の範囲、図面の範囲内でしなければならない（17条の2第3項）。また、拒絶理由通知がされた後に特許請求の範囲について補正をするときは、補正前の発明と補正後の発明とが単一性を満たさなければならない（17条の2第4項）。

最後の拒絶理由通知において指定された意見書提出期間内に特許請求の範囲についてする補正は、(a) 請求項の削除、(b) 特許請求の範囲の減縮、(c) 誤記の訂正、(d) 明瞭でない記載の釈明、を目的とするものに限られる（17条の2第5項）。

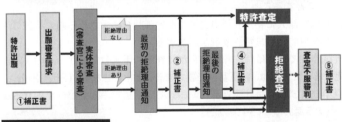

出典：『2020年度　知的財産権制度入門テキスト』特許庁

⑷ 査定・登録

① 査定

　特許査定は、特許権という独占・排他的権利を付与する行政処分の1つである。審査官は、特許出願について拒絶の理由を発見できなかったときは、特許査定をしなければならない (51条)。拒絶査定を受けた者は、その査定に不服があるときは、拒絶査定不服審判を請求することができる (121条)。

② 登録

　特許査定がなされた場合、出願人に対し、特許査定謄本が送達される。特許査定謄本が送達されてから30日以内に特許料 (3年分) を納付すると、特許権の設定登録がなされ、特許権が発生する (66条1項・2項)。特許査定がなされても、特許料が納付されなければ、特許権が発生しない。

　特許権の設定登録がなされた場合、特許権者には特許証が交付され (28条1項)、第三者に公開するために特許公報に掲載される (66条3項)。

R02-08 ### ⑸ 訂正審判

　特許権者は、願書に添付した明細書、特許請求の範囲または図面について訂正審判を請求することができる (126条)。訂正は、次に掲げる事項を目的とするものに限られる。

① 特許請求の範囲の減縮
② 誤記または誤訳の訂正
③ 明瞭でない記載の釈明
④ 他の請求項の記載を引用する請求項の記載を当該他の請求項の記載を引用しないものとすること

　訂正審判は、他人に特許異議申立てや無効審判を請求される前に特許の瑕疵を是正することを目的として特許権者が請求する。

　特許異議申立てまたは特許無効審判が特許庁に係属した時からその決定または審決が確定するまでの間は、訂正審判を請求することはできない (126条2項)。これは、特許異議申立てまたは特許無効審判において訂正請求の機会が与えられるからである (120条の5第2項、134条の2)。

R01-15 ### ⑹ 特許異議申立て・特許無効審判と取消訴訟

① 特許異議申立て

　何人も、一定の場合、特許掲載公報の発行の日から6か月以内に、特許の異議申立てをすることができる (113条)。「何人も」とは、当事者ではない第三者による請求が認められているということである。

② 特許無効審判

　一定の場合、特許を無効にすることについて特許無効審判を請求することができる (123条1項)。特許無効審判は、原則として利害関係人に限り請求することができる (123条2項)。審決が確定した場合、当事者または参加人は、同一の事実

および証拠に基づいて審判を請求することができない (167条)。
③ 取消訴訟
取消決定、審判の審決に不服のある当事者、参加人は、東京高等裁判所に取消訴訟を提起することができる (178条1項・2項)。

(7) 国際特許出願

国際特許出願とは、特許協力条約 (PCT) に基づき、国際出願され、国際出願日が認められることにより、正規の国内出願としての効果を有すると認められた出願である。一般的に、外国に出願する方法は次の3つがある。

① 通常出願
出願人は国ごとに出願しなければならず、各国ごとに異なる言語や方式にて出願する必要があることから、出願人の負担が非常に大きくなる。先願主義法制の国に出願をした場合には、既に同一内容の他人が出願しているなど、特許権者の国際的保護の観点から不都合が生じる場合がある。

② パリ条約による優先権を利用した出願
パリ条約における優先権制度とは、時間的側面から出願人の保護を図るもので、第一国出願に基づいて、優先期間 (特許は1年) 内に他の同盟国に通常出願した場合、優先権を主張できる制度である。

③ 特許協力条約 (PCT) による出願
国際的に統一された願書を自国の特許庁に対して特許庁が定めた言語 (日本国特許庁の場合は日本語または英語) で作成し、提出することで、全てのPCT加盟国に対して国内出願をすることと同じ扱いを得ることができる。ただし、特許性を判断するのは各国に委ねられていることから、各国で指定された期間内に翻訳文を提出し、審査を受ける必要がある。

5 特許権の効力

(1) 特許権の効力

特許権者は、原則として、業として特許発明の実施をする権利を**専有**する (68条)。「業として」とあるのは、個人的・家庭的な実施を除く趣旨であり、営利性・反復性は問われない。

① 特許権の効力の発生
特許権は、設定の登録により発生する (66条1項)。特許査定がなされても、特許料が納付されなければ、設定登録されず、特許権が発生しない。

② 特許権の効力の特徴
特許権は、業として特許発明の実施をする権利を専有する独占排他的権利である (68条)。このうち、独占権とは、特許権者だけがその発明を実施できる権利であり、排他権とは、権原のない他人が当該発明を無断実施したときは、これを排除することができる権利である。

③ 発明の実施

特許法において、発明の実施とは、次に掲げる行為をいう（2条3項）。

(a) 物の発明の場合

その物の生産、使用、譲渡等（譲渡および貸渡しをいい、プログラム等の場合には電気通信回線を通じた提供を含む）、輸出・輸入または譲渡等の申出（譲渡等のための展示を含む）をする行為（2条3項1号）。

(b) 方法の発明の場合

その方法の使用をする行為（2条3項2号）。

(c) 物を生産する方法の発明の場合

その方法の使用をする行為のほか、その方法により生産した物の使用、譲渡等、輸出・輸入または譲渡等の申出をする行為（2条3項3号）。

H19-09
④ 特許請求の範囲

特許請求の範囲とは、出願書類の1つで、特許出願人が特許を受けたい発明を簡潔に記載した部分のことである。いわば、審査対象を特定する機能と、権利書としての機能を併せ持つ出願書類の中心部分である。

特許請求の範囲には、請求項（クレーム）に区分して、各請求項に特許出願人が特許を受けようとする発明を特定するために必要と認める事項のすべてを記載しなければならない（36条5項）。請求項（クレーム）とは、特許権の及ぶ発明の技術的範囲で特許請求の範囲に記載されるものである。特許発明の技術的範囲は、願書に添付した特許請求の範囲の記載に基づいて定めなければならない（70条1項）。

特許発明の技術的範囲については、特許庁に対し、判定を求めることができる（71条1項）。

⑤ 特許権の消滅

特許権は以下の場合に消滅する。

(a) 存続期間の満了

特許権の存続期間は、特許出願の日から20年をもって終了する（67条1項）。

(b) 放棄

特許権者は原則として自らの意思により権利を消滅することができる（97条1項）。放棄は登録が効力発生要件である（98条1項1号）。ただし、専用実施権者、質権者、通常実施権者があるときは、これらの者の承諾を得なければ放棄できない（97条1項）。

(c) 特許料の不納 (112条)

特許料を所定の期間内に納付・追納しない時は、その特許権ははじめから存在しなかったとみなされる。

(d) 相続人の不存在 (76条)

期間内に相続人である権利を主張する者がない時は消滅する。

(e) 特許無効審判による無効審決の確定 (125条)

特許を無効にすべき旨の審決が確定した時は、その特許権ははじめから存在しなかったとみなされる。

(2) 特許権の効力の制限
特許権は独占排他的権利であるが、一定の場合にはその効力が制限される。
① 権利の限界による絶対的制限
(a) 特許権の効力が及ばない範囲 (69条)
- 試験または研究のためにする特許発明の実施 (69条1項)
- 単に日本国内を通過するに過ぎない交通機関等 (69条2項1号)
- 特許出願の時から日本国内にある物 (69条2項2号)
- 医薬の調剤行為 (69条3項)
- 地域的制限 (日本国内に制限される) (属地主義)

(b) 消尽
特許権者が国内において特許製品を販売した場合、その特許製品を使用、譲渡または貸し渡す行為等には、特許権の効力は及ばないものと解されている (消尽論)。一般的に、特許権者が最初に販売した段階で、その商品については、特許権が目的を達して消尽してしまい、その後の流通に関しては特許権が及ばないという解釈がとられているからである。

② 他人との関係による相対的制限
(a) 実施権が存在する場合 (35条1項、77条、78条、79条)
特許権者が後述する専用実施権や通常実施権を設定した場合、制限される。

(b) 他人の権利を利用する場合 (72条)
一方の発明を実施すると他方の発明を全部実施することになるが、その逆は成立しない関係の場合は制限される。

(c) 他人の権利に抵触する場合 (72条)
2つの権利が相互に重複しており、いずれの権利を実施しても他方の権利の内容を実施することになる関係の場合は制限される。

【利用と抵触】

(3) 特許権侵害に対する救済手段

R01-13
H30-10
H29-08
H25-06
H20-06

特許権が制限される場合を除き、特許権の存続中に、正当な権原のない第三者が、特許発明を許可なく実施すると、特許権侵害が成立する。この場合、権利者は裁判所に民事的救済を求めることができる。また、特許権侵害は犯罪となり、刑事罰が科せられる場合もある。

① 特許権の侵害
特許権の侵害は、直接侵害と間接侵害 (みなし侵害) に分類できる。

第2章 知的財産法　115

直接侵害とは、正当な権原のない第三者が、特許発明を業として実施することをいう（68条）。

　　囲 実施権を持たない者が、特許権を取得した発明品をそのまま製造・販売する行為

間接侵害とは、特許権の直接侵害に該当する行為に加担し、または幇助する行為であり、間接侵害行為があれば、特許権侵害があったとみなされる（101条）。

　　囲 ある発明品（完成品）について特許登録がされていたときに、その発明品の組立キットを製造・販売する行為（101条1号）

② 特許権侵害に対する救済手段

特許権侵害に対する救済手段は、民事的手段と刑事的手段に大別される。手段の体系は、知的財産法の侵害全体に共通するものである。

(a) 民事的手段
- 差止請求（100条1項）
- 侵害物廃棄請求（100条2項）
- 損害賠償請求（民法709条、102条、103条）
- 不当利得返還請求（民法703条、民法704条）
- 信用回復措置請求（106条）

(b) 刑事的手段
- 特許権侵害罪（196条）
- 両罰規定（201条）

③ 差止請求

特許権者または専用実施権者は、自己の特許権または専用実施権を侵害する者または侵害するおそれがある者に対し、その侵害の停止または予防を請求することができる（100条1項）。差止請求は、民法の不法行為には認められていない知的財産法の救済手段の特徴である。

④ 損害賠償請求

特許権者等は、侵害者に対して、損害賠償を請求することができる（民法709条）。特許権を侵害した者には過失があったと推定される（侵害者の過失の推定規定）（103条）。民法709条による損害賠償請求では、損害賠償請求者が、侵害者の故意・過失を立証しなければならない。しかし、特許発明の内容は、特許公報等で公示されているため、事業者には注意義務が課されており、特許権を侵害した者には過失があったと推定される（103条）。これにより特許権者または専用実施権者は、特許権が侵害された事実を自ら立証する必要はなく、侵害者が当該特許を侵害していないことを立証する責任を負わされている（立証責任の転換）。推定規定であるため、侵害者側が自らの無過失を立証すれば免責される。

⑤ 損害額の推定（令和元年改正）

　(a) 侵害者が侵害品を譲渡したときは、以下の合計額を損害の額とすることができる（102条1項）。

　（ⅰ）権利者の生産・販売能力に応じた額

　　権利者がその侵害の行為がなければ販売することができた物の単位数量当た

りの利益の額に、侵害者の譲渡数量のうち権利者の実施能力に応じた数量（実施相応数量）を乗じた額
　(ⅱ) ライセンス料相当額
　侵害者の譲渡数量のうち実施相応数量を超える数量に応じたライセンス料相当額

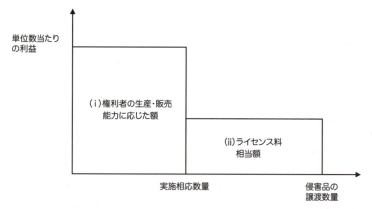

　(b) 侵害者が侵害行為により利益を受けているときは、その利益の額を権利者の損害の額と推定することができる（同条2項）。
　(c) 権利者自身が実施していない場合でも、ライセンス料相当額を損害額として賠償請求することができる（同条3項）。
　(d) 上記(a)および(c)のライセンス料相当額については、侵害の行為があったことを前提として権利者と侵害者との間で合意をした場合に決められるであろう対価を考慮して裁判所が認定することができる（同条4項）。このため、実施前に権利者と交渉して決定するライセンス料よりもライセンス料相当額が高額になることがあり得る。「侵害した者勝ち」にならないよう配慮したものである。

⑥ **生産方法の推定**

　物を生産する方法の発明について特許がされている場合において、その物が特許出願前に日本国内において公然知られた物でないときは、その物と同一の物は、その方法により生産したものと推定される（104条）。方法の発明について特許がされている場合に、ある行為がその方法を侵害してされたものであるということの事実を立証することは容易ではないからである。

(4) **特許権の共有**

　共同出願した発明に特許権が設定登録された場合、特許権は特許を受ける権利の共有者の共有となる。共有された特許は以下のような効力を持っている。
　① 各共有者は、契約で別段の定めをした場合を除き、他の共有者の同意を得ないでその特許発明の実施をすることができる（73条2項）。
　② 各共有者は、他の共有者の同意を得なければ、その持分を譲渡し、またはそ

の持分を目的として質権を設定することができない（73条1項）。

③ 各共有者は、他の共有者の同意を得なければ、その特許権について専用実施権を設定し、または他人に通常実施権を許諾することができない（73条3項）。

④ 特許が共有されている場合、共有者のいずれかが自分の持分を放棄する場合、他の共有者の同意は不要である（他の共有者の持分が拡大するのみである）（民法255条）。

(5) 特許権の利用

特許権者は特許を実施できるだけでなく、さまざまな形で経済的に利用することが許されている。第三者に売却することもできる（移転・承継）し、実施権を設定することも可能である。

H29-06

① 特許権の移転

特許権は財産権であり、他人に移転することができる。特許法上、明文化されていないが、当然のことと解されている。

(a) 一般承継（包括承継）

特許権の承継に限らず、権利義務の一括的な承継のことで、ある者が他者の権利義務のすべて（一身専属的なものは除く）を一体として受け継ぎ、法律上その権利義務に関して前の権利者と同じ地位に立つことをいう（例 相続）。一般承継による特許権の移転の場合、遅滞なく、承継した旨を特許庁長官に届け出なければならない（98条2項）。これは、特許権者が不明になる状態を防止するためである。

(b) 特定承継

特許権の承継に限らず、個々の原因に基づいて個々の権利または義務を承継取得することをいう（例 売買・贈与による所有権の取得）。特定承継による特許権の移転の場合、特許登録原簿への登録をしなければ効力を生じない（登録が効力発生要件）（98条1項1号）。

② 実施権の設定

一定の場合に許される、特許権者以外の者が特許権者の設定した条件の下で、その発明を業として実施することができる権利のことである。次で詳しく説明する。

③ 質権の設定

特許を受ける権利と異なり、特許権は質権を設定できる。特許権・専用実施権・通常実施権を目的として質権を設定したときは、質権者は、契約で別段の定をした場合を除き、当該特許発明の実施をすることができない（95条）。質権の設定は、登録しなければ、その効力を生じない（98条1項3号）。

6 実施権

実施権とは、一定の場合に許される、特許権者以外の者が特許権者の設定した条件の下で、その発明を業として実施することができる権利のことである。

実施権は、専用実施権と通常実施権の2つに大別できる。

【 実施権の分類 】

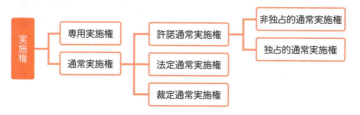

(1) 専用実施権

専用実施権は、設定の範囲内では、特許権者も特許を実施できなくなるという排他的な性質を持つ権利である (68条但)。

特許権者は、その特許権について専用実施権を設定することができる (77条1項)。この結果、専用実施権者は、設定行為で定めた範囲内において、業としてその特許発明の実施をする権利を専有する (77条2項)。

① 移転
専用実施権は、以下の3つの場合にかぎり、移転することができる (77条3項)。
 ⓐ 実施している事業とともに移転する場合
 ⓑ 特許権者の承諾を得た場合
 ⓒ 相続その他の一般承継の場合

② 質権・通常実施権の設定
専用実施権者は、特許権者の承諾を得た場合にかぎり、その専用実施権について質権を設定し、または他人に通常実施権を許諾することができる (77条4項)。

③ 登録
専用実施権の設定、移転、変更、消滅または処分の制限は、原則として特許原簿に登録しなければ、その効力を生じない (登録が効力発生要件である) (98条1項2号)。

④ 侵害に対する救済手段
専用実施権者は、差止請求権や損害賠償請求権を有する (100条、101条、102条、103条)。

(2) 通常実施権

通常実施権とは、許諾・法定・裁定により定められた時間的・場所的・内容的制約の範囲内で特許発明を業として実施できる権利である。通常実施権は、以下のように分類できる。

① 許諾通常実施権
当事者間の設定契約 (実施許諾契約) によって成立する通常実施権である。設定契約 (実施許諾契約) の内容・条件は、原則として自由であるが、相手方の利益を著しく制限すると、不公正な取引方法に該当する内容・方法の契約として、独占禁止法に抵触するおそれが生じる。

② 法定通常実施権
法律上当然に発生する通常実施権であり、対抗要件としての登録は不要である。
> 例 職務発明において使用者が有する通常実施権（35条1項）、特許権者が特許を出願する前から既に発明を実施していた者が有する先使用権（79条）等

③ 裁定通常実施権
公益上必要な場合等に、特許庁長官の裁定によって発生する通常実施権である。
> 例 不実施の場合（特許権者等が一定期間実施を行っていない場合）の裁定（83条等）

(3) 許諾通常実施権

特許権者は、その特許権について他人に通常実施権を許諾することができる（78条1項）。通常実施権者は、特許法の規定によりまたは設定行為で定めた範囲内において、業としてその特許発明の実施をする権利を有する（78条2項）。

一般に権利を付与する側をライセンサー（特許権者・専用実施権者）、権利を与えられる側をライセンシーという。通常実施権を許諾しても、同一の発明について、ライセンサーが自ら実施することはできる（排他性はない）。通常実施権は、通常実施権者による特許発明の実施に対して、特許権者は差止請求などの権利行使をしないという不作為義務（何かをなさない義務）を課すだけの権利である。

【 許諾通常実施権 】

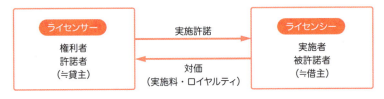

許諾通常実施権は、さらに以下のように分類できる。

① 非独占的通常実施権
特許権者が、同一の発明について、複数の被許諾者（ライセンシー）に許諾した場合の許諾通常実施権である。

② 独占的通常実施権
特許権者が、同一の発明について、単独の被許諾者（ライセンシー）にのみ許諾した場合の許諾通常実施権である。この場合も、同一の発明について、他者の実施を排除できない点で専用実施権とは異なる。

(4) 先使用権

特許出願に係る発明の内容を知らないで自らその発明をし、または特許出願に係る発明の内容を知らないでその発明をした者から知得して、特許出願の際現に日本国内においてその発明の実施である事業をしている者またはその事業の準備をしている者は、その実施または準備をしている発明および事業の目的の範囲内において、

その特許出願に係る特許権について通常実施権を有する（79条）。

「事業の準備」とは、例えば、その事業に必要な機械を発注してすでにでき上がっているとか、雇用契約も結んで相当宣伝活動をしているような場合など、その準備が客観的に認められうるものをいう。単に頭の中で発明の実施をしようと考えたとか、実施に必要な機械購入のために銀行に資金借り入れの申込みをしたという程度では事業の準備ということはできない。

「発明の範囲内」とは、特許出願の発明の一部のみを実施している場合は、その一部についてのみ通常実施権を有するのであり、特許出願の発明の全部について通常実施権を有するのではないという趣旨である。

「事業の目的の範囲内」とは、例えば苛性ソーダの製造のために発明を実施していた場合はその苛性ソーダ製造業の範囲内において通常実施権を有するのであり、当該設備を製鉄事業に使用する場合にまで通常実施権を有するのではないという趣旨である。なお、苛性ソーダ製造業に使用する限りはその製造規模を拡大することは許される。

(5) 通常実施権の当然対抗制度

通常実施権の設定後に特許権が移転した場合や専用実施権が設定された場合、特許庁への登録をしなくても新たな特許権者や専用実施権者に対して通常実施権者であることを主張できる（99条）。

(6) 侵害に対する救済手段

差止請求権や損害賠償請求権は特許権者に残るため、原則として、通常実施権者は差止請求権や損害賠償請求権を有さないが、独占的通常実施権者が特許権者の代位行使をできる場合がある。

(7) 不実施の場合の通常実施権

特許発明の実施が継続して3年以上日本国内において適当にされていないときは、その特許発明の実施をしようとする者は、特許権者または専用実施権者に対し通常実施権の許諾について協議を求めることができる。ただし、その特許発明に係る特許出願の日から4年を経過していないときは、この限りでない（83条1項）。

(8) 仮専用実施権・仮通常実施権

特許出願中の、特許を受ける権利についての仮専用実施権の設定（34条の2）、仮通常実施権の許諾（34条の3）が可能である。これにより、特許権として成立する前の特許を受ける権利を財産権として活用する方法が拡大した。

第2章 知的財産法　121

【 専用実施権と独占的通常実施権 】

実施権	意義・効力の発生	特　徴
専用実施権	●対象となる特許発明を独占的に実施することができる権利 ●契約締結後、特許庁における登録を行って初めてその効力を発揮する	●実施権の範囲内の技術に関しては特許権者も実施することができない ●特許権侵害者に対して侵害行為の差し止めを請求できるなど、特許権者と同様の権利を有する
独占的通常実施権	●特許発明を実施できる通常実施権の一種で、特許権者が第三者に対して特許の実施権を発行しないことを含んだ契約 ●当事者間の契約によって効力を発生する	●特許権者も特許を実施する権利を有する（他の通常実施権と同様） ●特許権侵害者に対して提訴や差止請求できない（他の通常実施権と同様）が、特許権者の有する差止請求権の代位行使は認められる場合がある

III 実用新案法

1 実用新案法概論

(1) 実用新案法の目的と意義
実用新案法は、物品の形状、構造または組み合わせに係る考案の保護および利用を図ることにより、その考案を奨励し、これにより産業の発達に寄与することを目的としている（1条）。

特許制度とは別に実用新案制度が必要な理由は以下のとおりである。
① 考案の保護を特許制度に包含すれば、特許制度の保護水準が低下し、これにより、わが国の創作活動全体が減退することになりかねない。
② 実用新案制度はわが国産業界、特に、多額の研究開発費を投資できず小発明が多くなされている中小企業において定着している。

(2) 実用新案権
① 実用新案権の定義
実用新案権は、産業財産権の1つで、実用新案登録を受けた考案（**登録実用新案**）に係る物品の製造・使用・譲渡等を排他的・独占的になしうる権利である（16条）。実用新案権は、実用新案法によって保護される。

② 実用新案権の存続期間
実用新案権の存続期間は、実用新案登録出願の日から10年をもって終了する（15条）。

2 実用新案登録を受けるための要件

特許同様、実用新案にはいくつかの登録要件がある。これらをすべて満たしているアイデアは、実用新案登録を受けることができる。

(1) 実用新案法上の「考案」であること
実用新案法に「物品の形状、構造または組合せに係る考案の保護および利用を図ることにより」（1条）とあるため、実用新案として保護を受けるためには、「考案」でなければならない。

考案とは、「自然法則を利用した技術的思想の創作」（2条1項）であり、特許の対象となる発明ほど高度な創作を要求されない小発明を指す。これに対し、特許法において、発明は「自然法則を利用した技術的思想の創作のうち高度のもの」と定義されている（特許法2条1項）。また、「物品の形状、構造または組合せに係る考案」とあるため、特許と異なり、「方法」について実用新案は認められない。

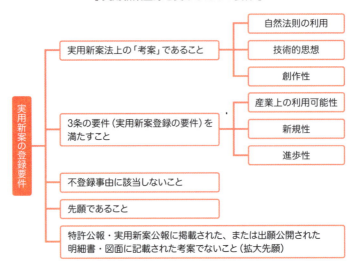

① 物品

物であっても一定の形態を有しない練り歯磨きやガラスは物品にあたらない。実務上は、形態さえ有していればよいとされている。たとえば、ハサミの持ち手、フォークの柄のような物品の一部である。

形態を有する以上は動産に限らず、不動産でも構わない。たとえば、野球場、サッカースタジアムは物品である。

② 形状

外部から観察できる物品の外形のことである。

③ 構造

物品の機械的構造を指す。

④ 組合せ

単独の物品の結合である。

(2) 3条の要件（実用新案登録の要件）を満たすこと

① 産業上の利用可能性

特許法に準じる（3条1項柱書）。

② 新規性

特許法に準じる（3条1項1号〜3号）。

③ 進歩性

特許法の場合よりも緩やかで、「きわめて容易に」考案することのできるものの登録が許されないだけである（3条2項）。

⑶ 不登録事由に該当しないこと

特許法に準じる（4条）。

⑷ 先願

特許法に準じ、同一の考案について異なった日に2つ以上の実用新案登録出願があったときは、最先の実用新案登録出願人のみがその考案について実用新案登録を受けることができる（7条1項）。ただし、同一の考案について同じ日に2つ以上の実用新案登録出願があったときは、いずれも、その考案について実用新案登録を受けることができない（7条2項）。しかし、無審査主義による早期登録制度の下では、先後願関係も審査されないので、いずれの実用新案登録出願についても、無効理由を有したまま設定登録されることになる。

⑸ 拡大先願

特許法に準じる（3条の2）。

3 実用新案の登録手続

⑴ 手続の概要

H21-08

実際に実用新案登録を受けるためには、一定の手続きを経る必要がある。実用新案の登録手続は、特許取得の手続きと比べると非常に簡素である。これは実用新案法が無審査主義を採用しているためである。

① 出願資格者

特許法に準じる（11条2項・3項、特許法33条〜35条）。

② 出願手続

出願は特許庁に出願書類、出願手数料、第1年〜第3年分の登録料を提出して行う。願書には、明細書、実用新案登録請求の範囲、図面および要約書を添付しなければならない（5条2項）。

③ 特許法との違い

出願書類についての詳細は、特許の場合とほぼ同様であるが、実用新案では物品を対象とするため図面が必須である（5条2項）。また、実用新案法では、無審査主義をとるため、第1年〜第3年分の登録料は出願時に一括して納付しなければならず（32条1項）、特許査定がなされた後に登録料を納付する特許法の規定とは異なっている。

第2章　知的財産法　　**125**

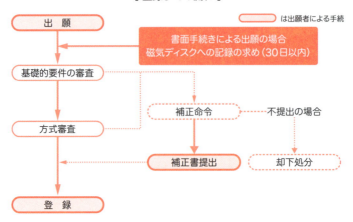

R02-12 R01-15 (2) 無審査主義

　無審査主義では、前述したように、実用新案の登録要件を満たしていない出願でも登録されてしまうため登録要件を欠く実用新案登録が多数存在しうる。特許においては、審判官の過誤がない限り登録要件を欠く特許登録は存在しないのとは対照的である。登録要件を欠く実用新案登録は、後に紛争になったときに、無効審判により、無効とされる。

① 無審査主義の趣旨

　無審査主義が導入されたのは、次のような趣旨による。

(a) 技術革新が加速度的に進んでいるため、発明に比して費用・時間のかからないことが通常である考案では、1つの考案がされてから、それを上回る考案がされるまでの期間は比較的短い。

(b) 考案は発明と異なり高度であることが要求されていないため、実施が容易で、考案後すぐに製品化されるものが多く、権利の早期保護が望まれる（無審査主義を採用すれば、審査をしない分だけ出願から登録までの期間が短縮化でき、権利の早期保護要請にこたえることができる）。

② 無審査主義の下での審査

　無審査主義であっても、以下のような最低限の審査は行われる。

(a) 登録の基礎的要件についての審査（6条の2）

　無審査主義ではあっても、考案が物品の形状、構造または組み合わせに係るものであること、公益に反しないこと、書類が所定の形式で記載されていることについても審査がなされる。

(b) 方式審査

　出願手続が法律の定めに沿っているかという審査は行われる（2条の2第4項）。方式審査では、出願書類が揃っているか、手数料を納めているかが審査される。

③ 不備があった場合の出願人の対応

　方式審査と基礎的要件の審査において不備が見つかると、補正命令が下され、出願人は補正書を提出して対応することになる（6条の2）。早期権利保護の見地から、補正ができるのは出願から1か月間および補正命令で指定された期間内のみとされている。

　実体審査がないため、審査請求制度はない。

(3) 国内優先権制度

R02-08

　特許法参照のこと（8条）。

(4) 分割出願

　特許法参照のこと。

(5) 出願変更

　特許出願および意匠登録出願は、その出願日から9年6箇月以内であれば、実用新案登録出願に変更することができる。ただし、出願について最初の拒絶査定謄本の送達日から3箇月を経過した場合は実用新案登録出願に変更することはできない（10条1項、2項）。

　商標登録出願から実用新案登録出願に変更することはできない。

(6) 登録

　通常は4〜5か月で設定登録され、登録によって実用新案権が成立する。出願後ただちに実用新案公報が発行されるため、出願公開制度はない。登録後10週間ほどで実用新案公報に掲載される。登録料は、特許権の登録料よりも廉価に設定されている。

　登録要件がないにもかかわらず登録された実用新案に対しては、第三者は無効審判を請求して、実用新案の無効を主張できる（37条）。

(7) 訂正

　実用新案権者は、実用新案権に無効事由があると考えたときは、権利が無効とされることを回避するために、明細書、実用新案登録請求の範囲または図面の訂正を1回に限りすることができる（14条の2第1項）。その他、実用新案権の請求項を削除するための訂正が認められている（14条の2第7項）。

4 実用新案権の効力

(1) 実用新案権の効力

　実用新案権者は、原則として、業として登録実用新案の実施をする権利を専有する。ただし、その実用新案権について専用実施権を設定したときは、専用実施権者

がその登録実用新案の実施をする権利を専有する範囲については、この限りでない（16条）。

(2) 実用新案権の効力の限界

実用新案権は独占排他的権利であるが、特許権同様、一定の場合にはその効力が制限される。前述した実施権の存在する場合もその一例である。

① 権利の限界による絶対的制限

特許法に準じる（26条、特許法69条）。

② 他人との関係による相対的制限

　(a) 実施権が存在する場合（16条但、18条、19～23条、45条1項）

　(b) 他人の権利を利用する場合・他人の権利に抵触する場合（17条）

H30-10

(3) 実用新案権侵害に対する救済手段

実用新案権が制限される場合を除き、実用新案権の存続中に、正当な権原のない第三者が、登録実用新案を許可なく実施すると、実用新案権侵害が成立する。この場合、権利者は裁判所に民事的救済を求めることができる。また、実用新案権侵害は犯罪となり、刑事罰が科せられる場合もある。その他特許法を参照のこと。

なお、特許法とは異なり、過失の推定規定はない。

R02-12
H30-10
H28-06
H21-08

(4) 実用新案技術評価制度

① 概要

制度の趣旨は、実用新案は無審査で登録され、登録要件を満たさない権利行使により、第三者が不当な損害を被るおそれがあるため、実用新案権者の権利行使に関しては、なんらかの制限が必要であるというものである。

実用新案権者・専用実施権者は、その登録実用新案に係る実用新案技術評価書を提示して警告をした後でなければ、自己の実用新案権・専用実施権の侵害者等に対し、その権利を行使することができない（29条の2）。

② 技術評価書（実用新案技術評価書）

技術評価書（実用新案技術評価書）とは、実用新案登録出願に係る考案、または登録実用新案が登録に足りる条件を備え有効かについて評価したものである。実用新案権の有効性の判断は、当事者に委ねられているが、特許庁ではその有効性を判断する材料として実用新案技術評価書を作成している。

　(a) 請求

技術評価書は、実用新案権者・専用実施権者だけでなく第三者も請求でき、2以上の請求項にかかる実用新案登録出願または実用新案登録については、請求項ごとに請求することができる（12条1項）。また、実用新案権の消滅後においても請求することができる。ただし、無効審判により無効にされた後や実用新案登録に基づく特許出願がされた後は請求できない（12条2項・3項）。

実用新案技術評価の請求は、取り下げることができない（12条6項）。

128　第1部　テキスト

(b) 利用目的

技術評価書の利用目的としては、以下の3つが考えられる。

- 実用新案権者等が、権利侵害を主張できるか否かを判断する
- 相手方は、実用新案権者等からの請求に応じるべきか否かを判断する
- 実施権取得を考えている者が、当該考案の価値を判断する

(5) 損害額の推定

特許法参照のこと (29条)。

(6) 実用新案権の利用

特許法参照のこと。

IV 意匠法

1 意匠法概論

(1) 意匠法の目的と意義

意匠法は、意匠の保護および利用を図ることにより、意匠の創作を奨励し、これにより産業の発達に寄与することを目的としている（1条）。意匠は、物品のより美しい外観、より使い心地のよい外観を追求するものである。

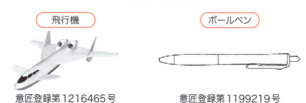

【 意匠の登録例 】

出典：『平成24年度知的財産権制度説明会(初心者向け)テキスト』 特許庁

意匠制度の意義は、創作者の保護と産業の発達の調整との両立にあり、特許法と同様の意義である。

① 創作者の保護
新しく創作した意匠を創作者の財産として保護する。

② 産業の発達
意匠の創作を奨励し、産業の発達に寄与する。

意匠法の保護対象である意匠は、特許法における発明や実用新案法における考案と同じく抽象的な創作であり、この3法は創作保護法である点で類似している。しかし、発明・考案が自然法則を利用した技術的思想の創作であり、特許法・実用新案法はその側面から保護しているのに対し、意匠法は、美感の面から創作を把握し、保護している点で異なる。

(2) 意匠権

① 意匠権の定義

意匠権とは、産業財産権の1つで、意匠登録を受けた意匠（登録意匠）およびこれに類似する意匠を業として独占的に実施しうる排他的な権利である（23条）。意匠権は、意匠法によって保護される。

② 意匠権の存続期間

原則として意匠権（関連意匠を除く）の存続期間は、出願の日から25年をもって終了する（21条1項）。関連意匠の意匠権の存続期間は、その基礎意匠登録出願の

日から25年をもって終了する（21条2項）。

2 意匠登録を受けるための要件

特許や実用新案と同様に、意匠登録を受けるためにもいくつかの要件がある。これらをすべて満たしている意匠は、意匠登録を受けることができる。

【 意匠登録を受けるための要件 】

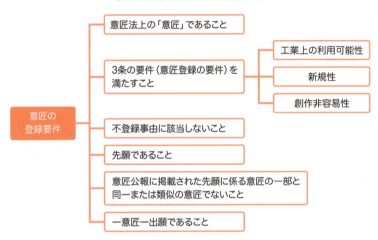

(1) 意匠法上の「意匠」であること

① 意匠と登録意匠
意匠とは、以下のものである（2条1項）。
　(a) 物品（物品の部分を含む）の形状等であって、視覚を通じて美感を起こさせるもの
　(b) 建築物（建築物の部分を含む）の形状等であって、視覚を通じて美感を起こさせるもの
　(c) 画像（機器の操作の用に供されるものまたは機器がその機能を発揮した結果として表示されるものに限り、画像の部分を含む）であって、視覚を通じて美感を起こさせるもの

ここで、「形状等」とは、形状、模様もしくは色彩もしくはこれらの結合をいう。登録意匠とは、意匠登録を受けている意匠をいう（2条3項）。

② 物品の意匠の要件
物品の意匠には以下のような4つの要件がある。すべて満たしている場合に物品の意匠は成り立つ。

　(a) 物品性
　　物品性とは、物品に係るものであること（物品を離れて存在しないこと）である。物品とは、原則として物品の部分を含む（2条1項）。物品の成立条件は、有体動

産であり、定形性、視覚性、取引性、工業性を備えたものと解されている。

　例 道路、花壇は物品ではない（不動産である）が、組立家屋は物品である（動産である）。

(b) 視覚性

視覚性とは、視覚を通じて把握されるものであることである。

　例 甘さや香水の香りは意匠にはならない（視覚で把握できない）。

(c) 美感性

美感性とは、なんらかの美感を起こさせるものである。高尚な美が要求されるわけではなく、なんらかの美感を起こすものであればよいと解されている。

　例 工具のドライバーには機能美があるため意匠となりうる。

(d) 形態性

形態性とは、形状・模様・色彩またはこれらの結合であることである。

・形状

物体が空間を仕切る輪郭をいう。

　例 ネクタイの結び目は意匠として保護されない（物品としての形状を持たない）。

　例 アイスクリームは、取引時に固定した形態を有しているため、登録の対象となる

・模様

物品の形状の表面に現された線図、色分け、ぼかしをいう。

　例 玉虫色の模様（色彩ではなく模様であると解されている）。

・色彩

受けた光のうち反射する光により人間の眼の網膜を刺激する物体の性質をいう。

・結合

形状、模様、または色彩の3つの構成要素が自由に組み合わされたものをいう。

令和元年改正では、「形状、模様もしくは色彩もしくはこれらの結合」が「形状等」と定義される（2条1項）。

③ 文字の取扱い

文字とは、言葉を視覚的な記号で表したものである。文字を含む意匠に独占権を与えると、文字の持つ意味に対して独占権が与えられたという誤解を生じるおそれがあり、従来、文字はきわめて限定的な場合においてしか登録意匠として認められることはなかった。しかし、物品に表される文字のデザインの重要性が増してきたため、審査基準の変更で、意匠を構成すると認める文字の範囲が拡大されている。

④ 建築物の意匠

意匠法上の建築物の要件は、以下の通りである。

(a) 土地の定着物であること。

土地：平面、斜面等の地形を問わず、海底、湖底等の水底を含む。

定着物：継続的に土地に固定して使用されるものをいう。

(b) 人工構造物であること。土木構造物を含む。

構造物：意匠登録の対象とするものは、建築基準法の定義等における用語の意味よりも広く、建設される物体を指し、土木構造物を含む。通常の使

用状態において、内部の形状等が視認されるものについては、内部の形状等も含む。内部の形状には、建築物の内部の一部のみを意匠登録を受けようとする部分としたものも含まれる。ただし、通常の使用状態において、視認することのない範囲を除く。

＜意匠法上の建築物に該当するものの例＞
商業用建築物、住宅、学校、病院、工場、競技場、橋りょう、電波塔　など

＜意匠法における建築物に該当しないもの＞
(a) 土地の定着物であることの要件を満たさないもの
例 庭園灯（土地に定着させ得るが、動産として取引される）。
　　仮設テント（一時的に設営される仮設のもの）
　　船舶、航空機、キャンピングカー（不動産等の登記の対象となり得るが、動産として取引される）

(b) 人工構造物であることの要件を満たさないもの
例 自然の山、自然の岩、自然の樹木、自然の河川、自然の滝、自然の砂浜（人工的なものでない）
　　スキーゲレンデ、ゴルフコース（人の手が加えられているものの、自然物や地形等を意匠の主たる要素としているもの）
　　土地そのもの、または土地を造成したにすぎないもの

⑤ **画像を含む意匠**
令和元年の意匠法改正以降、画像を含む意匠について意匠登録を受ける方法には、以下の２通りがある。

(a) **画像意匠（物品から離れた画像自体）として保護を受ける方法**
画像意匠とは、その画像を表示する物品や建築物を特定することなく、画像それ自体を意匠法による保護対象とする意匠のことをいう。意匠法上の意匠となる画像は、以下のいずれかである。
（ⅰ）機器の操作の用に供される画像（操作画像）

操作画像に該当する画像の例

「商品購入用画像」（ウェブサイトの画像）　　「アイコン用画像」
（クリックするとソフトウェアが立ち上がる操作ボタン）

出典：『意匠審査基準　第Ⅳ部第１章　画像を含む意匠』特許庁

第２章　知的財産法　　133

(ⅱ) 機器がその機能を発揮した結果として表示される画像（表示画像）

表示画像に該当する画像の例

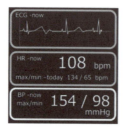
「医療用測定結果表示画像」

「時刻表示画像」（壁に投影された画像）

出典：『意匠審査基準　第Ⅳ部第１章　画像を含む意匠』特許庁

＜画像意匠ではないものの例＞
映画やゲーム等のコンテンツ

(b) 物品または建築物の部分としての画像を含む意匠として保護を受ける方法
物品の部分としての画像を含む意匠を構成するものは、物品に記録され、物品の表示部に表示された、以下のいずれかである。

(ⅰ) 画像を表示する物品の機能を発揮できる状態にするための操作の用に供されるもの（物品の機能を発揮するための操作画像）

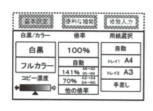
例 「複写機」の表示部に表示される、複写のための各種設定を行うための画像

例 「音楽再生機能付き電子計算機」の表示部に表示される、選曲方法を選択するための画像

(ⅱ) 画像を表示する物品の機能を果たすために必要な表示を行うもの（物品の機能にとって必要な表示画像）

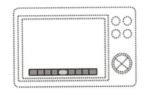

例「電子メトロノーム」の表示窓部に表示されるテンポを表す画像

例「デジタルカメラ」の表示部に表示される、水準器機能を発揮する画像

出典：『意匠審査基準　第Ⅳ部第1章　画像を含む意匠』特許庁

建築物の部分としての画像を含む意匠を構成するものは、建築物に記録され、建築物の表示部に表示された、以下のいずれかである。
（ⅰ）画像を表示する建築物の機能を発揮できる状態にするための操作の用に供されるもの（建築物の機能を発揮するための操作画像）
（ⅱ）画像を表示する建築物の機能を果たすために必要な表示を行うもの（建築物の機能にとって必要な表示画像）

(2) 3条の要件（意匠登録の要件）を満たすこと　H30-08

① 工業上の利用可能性

特許法・実用新案法では、「産業上の利用可能性」が登録要件であったが、意匠法では、「工業上の利用可能性」となっている点に注意する必要がある。

意匠に意匠権が付与されるためには、「工業上利用することができる意匠」でなければならない（3条1項柱書）。工業とは、狭義の工業を意味する。特許法の産業とは異なり、農業・商業等の産業全体を含むものではないと解されている。工業上の利用可能性とは、工業的（機械的、手工業的）生産過程を経て反復生産され、量産されるデザインである必要があるということである。以下のものは工業上利用できないので登録の対象にはならない。
　(a) **自然物等を意匠の主体に使用したもので量産できないもの**
　　例　自然石をそのまま置物としたもの、打ち上げ花火のせん光等
　(b) **純粋美術の分野に属する著作物**
　　例　絵・彫刻等

② 新規性

新規性とは、当該意匠がいまだ社会に知られていないものであることをいう。
　(a) **新規性の審査**
　　意匠法は、次のような3つの新規性の喪失事由に該当する意匠を除き、その意匠について意匠登録を受けることができるとしている（3条1項1号～3号）。3つの事由のうち、どれか1つに該当すれば、新規性は喪失する。新規性の判断は、

日本・外国にかかわらず考慮されるものである（世界基準）。
- 公知

意匠登録出願前に日本国内または外国において公然知られた意匠は新規性を喪失する（3条1項1号）。公然知られた意匠とは、不特定の者に秘密でないものとして、現実にその内容が知られた意匠をいう。
- 刊行物記載または電気通信回線による公衆利用可能性（文献公知）

意匠登録出願前に日本国内または外国において、頒布された刊行物に記載された意匠または電気通信回線を通じて公衆に利用可能となった意匠は新規性を喪失する（3条1項2号）。
- 上記意匠に類似する意匠（3条1項3号）

これは特許法にはない意匠法特有の規定である。特許の場合、「類似する発明」には特許権の効力が及ばないが、意匠の場合、「類似する意匠」にまで意匠権の効力が及ぶためである。

(b) 新規性喪失事由の例外

意匠法は、新規性喪失事由の例外として次のような場合を認めている（4条）。ただし、例外による救済を受けるためには、新規性喪失後1年以内に意匠登録出願しなければならない（4条1項・2項）。
- 意に反する公知（4条1項）

例 詐欺・強迫による出願、産業スパイによる冒認出願、代理人等の故意または過失による意匠の漏洩があった場合等
- 行為に起因する公知（4条2項）

例 試験、学術発表、博覧会出品、販売・展示・カタログ配布等の行為

③ 創作非容易性

創作非容易性とは、意匠登録出願前に、当業者（通常の知識を有する者）（3条2項）が日本国内または外国において公然知られ、頒布された刊行物に記載され、または電気通信回線を通じて公衆に利用可能となった形状等または画像に基づいて、容易に意匠の創作ができない程度の困難性をいう。

【 創作非容易性 】

エッフェル塔

エッフェル塔の置物

単にエッフェル塔のデザインを模倣しただけの置物は、意匠登録を受けることができない

出典：『平成24年度知的財産権制度説明会(初心者向け)テキスト』 特許庁

(3) 不登録事由に該当しないこと

意匠法上の「意匠」に該当し、3条の「意匠登録の要件」を満たしていても、以下の不登録事由に該当する意匠は、意匠登録を受けることができない（5条）。

① 公序良俗を害するおそれがある意匠
② 他人の業務に係る物品、建築物または画像と混同を生ずるおそれがある意匠
③ 物品の機能を確保するために不可欠な形状もしくは建築物の用途にとって不可欠な形状のみからなる意匠、または画像の用途にとって不可欠な表示のみからなる意匠

(4) 先願

H30-08

先願主義とは、2つ以上の同一・類似の意匠が競合した場合、最先の出願人に登録を認める考え方である。意匠法では先願主義を採用している（9条）。

同一または類似の意匠について異なった日に二以上の意匠登録出願があったときは、最先の意匠登録出願人のみがその意匠について意匠登録を受けることができる（9条1項）。

同一または類似の意匠について同日に二以上の意匠登録出願があったときは、意匠登録出願人の協議により定めた一の意匠登録出願人のみがその意匠について意匠登録を受けることができる。協議が成立せず、または協議をすることができないときは、いずれも、その意匠について意匠登録を受けることができない（9条2項）。

これらは、特許法における先願主義と同様の規定である。

(5) 先願意匠の一部と同一または類似の後願意匠の保護除外

原則として、意匠出願に係る意匠が、その出願の日前の他の意匠出願であって、その意匠出願後に意匠公報に掲載された意匠の一部と同一または類似であるときは、たとえ新規性があっても意匠登録できない（3条の2）。

ただし、例外として、先願意匠の一部と同一または類似の後願意匠であっても、先願意匠の出願の日の翌日からその意匠公報発行の日前までに同一出願人が出願した場合は、拒絶されない（3条の2但）。

(6) 一意匠一出願

意匠は物品の美的形態であり（2条1項）、物品と切り離すことはできない。物品が異なれば意匠も異なる。一意匠一出願の原則とは、意匠は、原則として物品ごとに出願しなければならないということである。

なお、令和元年改正法の施行後は、複数の意匠に係る出願を一の願書により行うことができるように、令和3年5月17日までに経済産業省令で規定される予定である。

第2章 知的財産法 137

3 意匠権の主体

(1) 意匠登録を受ける権利

意匠登録を受ける権利とは、意匠登録前に創作者が有する権利である。

① 権利の発生

意匠登録を受ける権利は、意匠登録前に創作者が有する権利であり、創作の完成と同時に発生し、自然人である創作者に原始的に帰属する（3条1項柱書）。その他特許を受ける権利とほぼ同様である。

② 権利の移転 (承継)

特許法の規定を準用する（15条2項、特許法33条、特許法34条）。

③ 冒認出願

意匠法における冒認出願についての規定は、特許法と類似している。意匠登録を受ける権利を有していない者による出願（冒認出願）は、拒絶査定の事由となる（17条4号）。

④ 質権の設定

特許法の規定を準用する（15条2項、特許法33条2項）。

⑤ 意匠登録出願をすることができる者 (出願資格者)

創作者または意匠登録を受ける権利の譲渡を受けた承継人である。法人も承継人としてであれば出願できる。

⑥ 共同創作における意匠登録を受ける権利

特許法の規定を準用する（15条1項、特許法38条）。

(2) 職務創作

特許法における職務発明に該当する概念が、意匠法における**職務創作**である。企業の従業者が創作した意匠は、その意匠が職務創作に基づくものであろうとなかろうと、意匠登録を受ける権利は創作した従業者に帰属する。職務創作については、特許法における職務発明についての規定を準用する（15条3項、特許法35条）。

重要なのは、以下の2点である。

① 使用者と従業者との権利関係のバランスを図るため、従業者に相当の対価の支払いを受ける権利を留保させつつ、使用者等に意匠登録を受ける権利等を承継させる。

② 意匠登録させるときには使用者に通常実施権を認める。

138　第1部　テキスト

4 意匠権の登録手続

(1) 出願

① 意匠登録出願

原則として、意匠登録を受けようとする者は、以下の事項を記載した願書に意匠登録を受けようとする意匠を記載した図面を添付して特許庁長官に提出しなければならない（6条1項）。

- (a) 意匠登録出願人の氏名または名称・住所等（1号）
- (b) 創作者の氏名・住所等（2号）
- (c) 意匠に係る物品（具体的な物品名）（3号）

ただし、例外として、一定の場合には、図面の代わりに、写真・ひな形・見本を提出することができる（6条2項）。

② 共同出願

特許法の規定を準用する（15条1項、特許法38条）。

③ 出願公開制度・補償金制度

規定がない。特許法との相違点である。

(2) 出願変更

R01-15

特許出願および実用新案登録出願は、意匠登録出願に変更することができる（13条1項、2項）。ただし、特許出願についての最初の拒絶査定謄本の送達日から3箇月を経過した場合は意匠登録出願に変更することはできない。

商標登録出願から意匠登録出願に変更することはできない。

(3) 審査・査定・登録

① 審査主義

特許庁長官は、審査官に意匠登録出願を審査させなければならない（審査官による審査）（16条）。

② 方式審査

特許法に準じる。

③ 実体審査

意匠法では、特許法のように出願審査請求制度（特許法48条の2）を採用していない。そのため、意匠登録出願について出願審査の請求を待つことなく、方式審査により形式的要件を満たしたすべての出願について、登録要件を具備するかどうかについての実体審査が行われる。

④ 査定

審査官は、意匠登録出願について拒絶の理由を発見しないときは、登録査定をしなければならない（18条）。審査官は、原則として、拒絶査定をしようとするときは、意匠登録出願人に対し、拒絶理由を通知し、相当の期間を指定して、意見書を提出する機会を与えなければならない（19条、特許法50条）。

第2章　知的財産法　　**139**

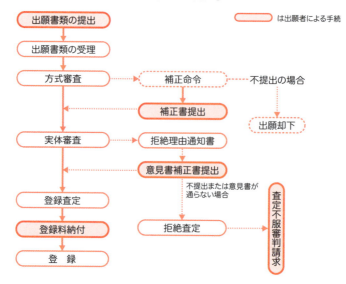

【 登録までの流れ 】

⑤ 登録

意匠権は、設定の登録により発生する(20条1項)。第1年分の登録料の納付によって、意匠権の設定の登録をする(20条2項)。特許法では3年分(第1年から第3年)の登録料の納付が必要であったのと異なる規定である。登録があったときは、第三者に公開するために、意匠公報に掲載される(20条3項)。

H26-07 (4) 意匠登録無効審判と審決取消訴訟

① 意匠登録無効審判

意匠登録が以下のいずれかに該当するときは、その意匠登録を無効にすることについて意匠登録無効審判を請求することができる(48条1項各号)。

(a) 工業上利用することができない意匠について意匠登録された場合(3条1項柱書)
(b) 新規性、創造性を有しない意匠について意匠登録された場合(3条1項、2項)
(c) 意匠公報に掲載された先願意匠の一部と同一または類似の後願意匠が意匠登録をされた場合(3条の2)
(d) 公益的な理由に基づく不登録事由に違反して意匠登録された場合(5条)
(e) 先願でない意匠登録出願に意匠登録がされた場合(9条)
(f) 本意匠の意匠権に既に専用実施権が設定されているのにもかかわらず本意匠に係る関連意匠について意匠登録がされた場合(10条6項)
(g) 共同出願違反の場合(15条1項で準用する特許法38条)
(h) 権利の享有能力のない外国人に対して意匠登録がされた場合(意匠法68条3項で準用する特許法25条)

(i) 意匠登録が条約に違反する場合（意匠法48条1項2号）
(j) その意匠について意匠登録を受ける権利を有しない者の意匠登録出願に対してその意匠登録がされたとき（48条1項3号）
(k) 意匠登録がされた後において、その意匠権者が権利の享有能力のない外国人となった場合、またはその意匠登録が条約に違反することとなったとき（（48条1項4号）

意匠登録無効審判は、原則として何人も請求することができる（48条2項）。

② 審決取消訴訟

意匠登録無効審判の審決に不服のある当事者、参加人等は、東京高等裁判所に審決取消訴訟を提起することができる（59条1項・2項）。

(5) 国際登録出願

国際登録出願とは、「意匠の国際登録に関するハーグ協定のジュネーブ改正協定」に基づき、1つの国際出願手続により国際登録を受けることによって、複数の指定締約国における保護を一括で可能とする制度である。一般的に、外国に出願する方法は次の3つがある。

① 通常出願

出願人は国ごとに出願しなければならず、国ごとに異なる言語や方式にて出願する必要がある。

② パリ条約による優先権を利用した出願

第一国出願に基づいて、優先期間（意匠は6か月）内に他の同盟国に通常出願した場合、優先権を主張できる制度である。

③ 国際登録出願

締約国の官庁（日本では特許庁）を通じて、世界知的所有権機関（WIPO）の国際事務局に国際出願をすることができる。国際出願は、出願人が指定する締約国において、国際登録の日にされた意匠登録出願として扱われる。1つの国際出願により、複数国において複数（最大100まで）の意匠権を取得することができる。

5　意匠権の効力

(1) 意匠権の効力

原則として、意匠権者は、業として登録意匠およびこれに類似する意匠の実施をする権利を専有する（23条）。「業として」とあるのは、個人的・家庭的な実施を除く趣旨であり、営利性・反復性は問われない。

① 意匠権の効力の発生

意匠権は、設定の登録により発生する（20条1項）。登録査定がなされても、登録料が納付されなければ、設定登録されず、意匠権が発生しない点は要注意である。

② 意匠権の効力の特徴

意匠権は、業として登録意匠の実施をする権利を専有する独占排他的権利である。

③ 意匠の実施

意匠の実施とは、以下の行為をいう（令和元年改正後の２条２項）。

- (a) 意匠に係る物品の製造、使用、譲渡、貸し渡し、輸出、輸入、譲渡もしくは貸し渡しの申し出（譲渡もしくは貸し渡しのための展示を含む）をする行為
- (b) 意匠に係る建築物の建築、使用、譲渡、貸し渡し、譲渡もしくは貸し渡しの申し出（譲渡もしくは貸し渡しのための展示を含む）をする行為
- (c) 意匠に係る画像（その画像を表示する機能を有するプログラム等を含む）について、その画像の作成、使用または電気通信回線を通じた提供もしくはその申し出（提供のための展示を含む）をする行為
- (d) 意匠に係る画像を記録した記録媒体等の譲渡、貸し渡し、輸出、輸入、譲渡もしくは貸し渡しの申し出をする行為

(2) 意匠権の効力の制限

意匠権は独占排他的権利であるが、特許権同様に一定の場合にはその効力が制限される。

① 権利の限界による絶対的制限

特許法の規定を準用する（36条、特許法69条）。

② 他人との関係による相対的制限

- (a) 実施権が存在する場合（23条但、27条〜33条、56条）
- (b) 他人の権利を利用する場合・他人の権利に抵触する場合（26条）

(3) 意匠の同一・類似

① 意匠の同一性

意匠の同一性とは、同一物品等について同一形状等であることをいう。

意匠の同一性は、物品等の同一性と形状等の同一性の両方から判断されなくてはならない。物品等が異なればたとえ形状等が同一であっても、意匠の同一性を保つことはできないからである。

② 物品等の同一性

物品等の同一性とは、物品等が同一か、類似か、非類似かという視点である。

- (a) 同一物品等

用途および機能が同一である物品等である。

- (b) 類似物品等

用途および機能に共通性がある物品等である。

- (c) 非類似物品等

用途および機能に共通性がない物品等である。

　例 人形という物品の区分においては、フランス人形も博多人形も同一物品となる。

建築物同士、建築物と物品の同一性については、両意匠の使用の目的、使用の状態等に基づき用途および機能を認定する。両意匠の使用の目的、使用の状態等に基づく用途および機能に共通性があれば、両意匠の用途および機能が類似すると判断

する。

　＜用途および機能が類似する例＞

　（ⅰ）住宅、病院、レストラン、オフィス

　これらはいずれも、人がその内部に入り、一定時間を過ごすために用いられるものであるという点で、用途および機能に共通性がある。

　（ⅱ）住宅（建築物）と組立家屋（物品）

　人が居住するために用いるものである点で、その用途および機能に共通性がある。

　（ⅲ）鉄道橋と道路橋

　＜用途および機能が類似しない例＞

　（ⅰ）ガスタンクとホテル

　（ⅱ）橋りょうと灯台

③ 形状等の同一性

形状等の同一性とは、形状・模様・色彩またはこれらの結合が同一か、類似か、非類似かという視点である。意匠権の効力は、同一の意匠、類似の意匠に及ぶ。

【 物品に係る意匠の同一・類似 】

		物品の同一性（用途・機能の共通性）		
		同　一	類　似	非類似
形状等の同一性	同　一	同一の意匠	類似の意匠	非類似の意匠
	類　似	類似の意匠	類似の意匠	非類似の意匠
	非類似	非類似の意匠	非類似の意匠	非類似の意匠

※太枠内が意匠権の効力が及ぶ範囲である。

⑷ 意匠権侵害に対する救済手段

　意匠権の侵害は、直接侵害と間接侵害（みなし侵害）に分類できる。直接侵害とは、正当な権原のない第三者が、登録意匠およびこれに類似する意匠を業として実施することをいう（23条）。一方、間接侵害（みなし侵害）とは、実施に該当しない一定の行為のうち侵害とみなされる行為のことであり、意匠法は、侵害の確率が高い予備的行為を禁止している（38条）。

⑸ 意匠権の利用

　意匠権者は意匠を実施できるだけでなく、さまざまな形で経済的に利用することが許されている。

① 意匠権の移転

特許法の規定を準用する（36条、特許法98条）。

② 実施権

設定できる（23条但、27条〜33条、56条、特許法98条1項2号、特許法99条）。

③ 質権の設定

設定できる（35条、特許法96条、特許法98条1項3号）。

第2章　知的財産法　　143

6 特殊な意匠

意匠法は、保護対象である意匠の特質に応じた保護をする必要があり、部分意匠、組物の意匠、関連意匠、秘密意匠、動的意匠といった特殊な意匠制度を設けてきた。ここでは、それぞれの制度についての定義と概要を確認していく。

(1) 部分意匠

部分意匠とは、物品の形状等、建築物全体の形状等または画像の中で、他の意匠との対比の対象となりうる一定の範囲を占める部分を保護するための意匠である（2条1項括弧）。

例 ボールペンのグリップ部分、オートバイの本体部分、乗用自動車のフロントノーズ部分

(2) 組物の意匠

「組物」とは、同時に使用される2以上の物品、建築物または画像であって経済産業省令で定めるものをいう。「組物の意匠」とは、組物を構成する物品、建築物または画像に係る意匠であって、組物全体として統一があるものをいう（令和元年改正後の8条）。

組物の意匠の効力は組物全体に及び、各構成物品には及ばない。

例 五段飾りの雛人形、ナイフ・フォークのセット

【 組物の意匠の例 】

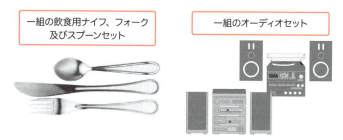

出典：『平成24年度知的財産権制度説明会(初心者向け)テキスト』 特許庁

なお、令和元年改正後は、組物の意匠についても部分意匠の登録が認められる。

一組の飲食用ナイフ、フォークおよびスプーンセット（部分意匠）

(3) 内装の意匠

　店舗、事務所その他の施設の内部の設備および装飾を「内装」という。「内装の意匠」とは、内装を構成する物品、建築物または画像に係る意匠であって、内装全体として統一的な美感を起こさせるものをいう（8条の2　※令和元年改正により新設）。

改正後

レストランの内装

渡り廊下の内装

出典：『令和元年度特許法等改正説明会テキスト』特許庁

例 内装デザインによるブランド構築

（au ショップ池袋西口駅前店）

特徴的な形状のテーブルやカウンター等を用い、それらの特徴が際立つ形で、全体的にオレンジと白の2色のみによる効果的な色彩を施し、統一感を実現している。

出典：『特許法等の一部を改正する法律の概要（参考資料）』特許庁、令和元年5月17日

第2章　知的財産法　　**145**

(4) 関連意匠（令和元年改正）

一貫したコンセプトに基づき開発されたデザインを保護する制度である。

先願主義（9条）の原則では、互いに類似する意匠については先願意匠のみしか登録が認められないため、バリエーションのあるデザインを全て保護することができない。このため、自己の登録意匠出願に係る意匠または自己の登録意匠のうちから選択した1つの意匠（本意匠）に類似する意匠（関連意匠）については、本意匠の出願日後、本意匠の出願日から10年以内に出願した場合に限り、本意匠により拒絶されない（10条1項、2項）。

ただし、関連意匠の設定登録時に、本意匠が既に消滅している場合には、関連意匠の登録は認められない。

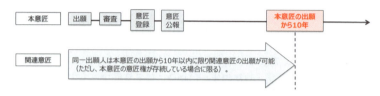

出典：『令和元年度特許法等改正説明会テキスト』特許庁

なお、令和元年改正前は、本意匠に類似せず関連意匠にのみ類似する意匠については登録が認められなかった。しかし、令和元年改正後は、本意匠に類似せず関連意匠にのみ類似する意匠についても、その類似する関連意匠によって拒絶されないこととなった（同条4項、5項、7項、8項）。このため、長期にわたり、一貫したコンセプトに基づき開発されたデザインを保護することができる。

例 自動車のモデルチェンジ

出典：『特許法等の一部を改正する法律の概要（参考資料）』特許庁、令和元年5月17日

例えば、2010年に出願された本意匠に類似する意匠を関連意匠Aとして2011年に出願したとする。この場合、意匠Aに類似するが本意匠には類似しない意匠Bについては、意匠Aを本意匠とする関連意匠として出願することができる。ただし、関連意匠Bの設定登録時に、関連意匠Aが既に消滅している場合には、関連意匠Bの登録は認められない。

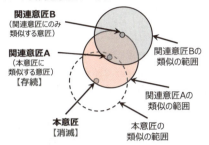

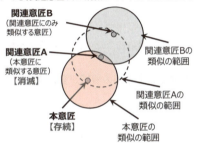

出典:『令和元年度特許法等改正説明会テキスト』特許庁

① 専用実施権の設定による例外
本意匠の意匠権について専用実施権が設定されているときは、その本意匠に係る関連意匠については意匠登録を受けることができない(同条6項)。

② 存続期間
関連意匠の存続期間は、その「基礎意匠」の意匠登録出願日から25年である(21条2項)。なお、関連意匠に係る最初に選択した1つの意匠(最初の本意匠)を「基礎意匠」という。

例えば、2010年に出願された最初の本意匠(基礎意匠)に類似する意匠を関連意匠Aとして2011年に出願し、関連意匠Aに類似するが基礎意匠には類似しない意匠について、関連意匠Aを本意匠とする関連意匠Bとして2012年に出願した場合、関連意匠Bについての存続期間は、基礎意匠の出願日から25年となる。

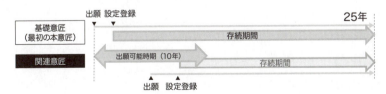

出典:『令和元年度特許法等改正説明会テキスト』特許庁

第2章 知的財産法　147

③ 移転の制限

基礎意匠およびその関連意匠の意匠権は、分離して移転することができない(22条1項)。

H28-09
H27-12
H23-07

(5) 秘密意匠

秘密意匠とは、意匠が登録され意匠権が発生しても、意匠登録出願人の意思により一定期間これを秘密にしておく意匠である。意匠登録出願人は、意匠権の設定の登録の日から3年以内の期間を指定して、その期間その意匠を秘密にすることを請求することができる(14条)。

公然知られて新規性を喪失した意匠であっても、秘密にすることができる。また、本意匠と関連意匠のうち、本意匠のみを秘密にすることを請求している場合、関連意匠については公開される。

(6) 動的意匠

動的意匠とは、物品の形状、模様もしくは色彩、建築物の形状、模様もしくは色彩、または画像がその物品、建築物または画像の有する機能に基づいて変化する意匠である。

　　例 巻き込み笛、回すことで表面の模様が変化するこま、びっくり箱

V 商標法

1 商標法概論

(1) 商標法の目的と意義

商標法は、昭和34年に制定された産業財産権法の1つで、商標を保護することにより、商標の使用をする者の業務上の信用の維持を図り、これにより産業の発達に寄与し、あわせて需要者の利益を保護することを目的としている (1条)。

商標法とそれ以外の産業財産権3法 (特許法・実用新案法・意匠法) を比較すると、産業の発達に寄与することを目的としている点は共通しているが、使用者の業務上の信用維持、消費者等の需要者の利益保護を目的として掲げている点が、創作を保護するとしている他の3法と異なっている。

(2) 商標権

① 商標権の定義

商標権は、産業財産権の1つで、商標登録を受けた商標 (登録商標) の使用を排他的・独占的になしうる権利である (25条)。商標権は、商標法によって保護される。

② 商標権の存続期間

商標権の存続期間は、設定の登録の日から10年をもって終了する (19条1項)。

商標権の存続期間は、商標権者の更新登録の申請により更新することができる (19条2項)。更新は何回でも可能である。

2 商標登録を受けるための要件

商標の登録にはいくつかの要件がある。これらをすべて満たしている標章は、商標登録を受けることができる。

(1) 商標法上の「商標」であること

① 標章・商標・登録商標

(a) 標章 (マーク)

標章とは、人の知覚によって認識することができるもののうち、文字、図形、記号、立体的形状もしくは色彩またはこれらの結合、音その他政令で定めるものである (2条1項)。

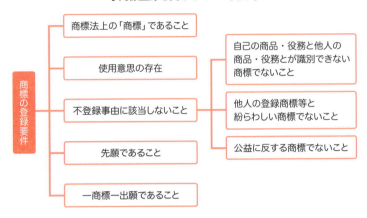

【商標登録を受けるための要件】

H23-09 (b) **商標（トレード・マーク）**
商標とは、標章であって、次に掲げるものである（2条1項）。一般にはトレード・マークと呼ばれている。
- 業として商品を生産し、証明し、または譲渡する者がその商品について使用をするもの（2条1項1号）
- 業として役務を提供し、または証明する者がその役務について使用をするもの（2条1項1号に掲げるものを除く）（2条1項2号）

「商品」とは、商取引の目的たり得るべき物、特に動産をいう。
「役務」とは、他人のために行う労務または便益であって、独立して商取引の目的たり得るべきものをいう。また、役務には、小売および卸売の業務において行われる顧客に対する便益の提供が含まれる（2条2項）。

(c) **登録商標**
登録商標とは、商標登録を受けている商標（2条5項）のことである。

② **商標の種類**
わが国において保護を受けることができる商標は、次に掲げるような構成からなるものでなければならない（2条1項）。

(a) **文字商標**
文字商標とは、文字のみからなる商標である。
例 ソニー、トヨタ、NTTドコモ、パナソニック、WALKMAN、アリナミン

(b) **図形商標**
図形商標とは、図形のみからなる商標である。
例 クロネコヤマトのクロネコマーク

(c) **記号商標**
記号商標とは、記号からなる商標である。
例 住友グループのマーク、日立製作所の社章、ルイ・ヴィトンのLVをモチーフとしたマーク

(d) 立体商標

立体商標とは、立体的形状からなる商標である。

例 不二家のペコちゃん人形、日本ビクターの犬の人形

(e) 色彩商標

色彩商標とは、色彩のみからなる商標である。

例 青・白・黒のトリコロールからなるトンボ鉛筆の商標

(f) 結合商標

結合商標とは、文字・図形・記号・立体的形状等を組み合わせた商標である。

例 円形の図形とNTTの文字を組み合わせた商標

(g) 音の商標

音の商標とは、音のみからなる商標である。

例 久光製薬のサウンドロゴ

(h) 動き商標

文字や図形等が時間の経過に伴って変化する商標である。

例 テレビやコンピューター画面等に映し出される変化する文字や図形など

(i) ホログラム商標

文字や図形等がホログラフィーその他の方法により変化する商標である。

例 見る角度によって変化して見える文字や図形など

(j) 位置商標

文字や図形等の標章を商品等に付す位置が特定される商標である。

③ 商標の機能

商標は、本来的には、自己の商品・役務と他人の商品・役務とを区別する機能（自他商品・役務の識別機能）を持っている。この機能から派生して、出所表示機能・品質保証機能・広告宣伝機能も生じる。

(a) 自他商品・役務の識別機能

個性化された一群の商品・役務を他の商品群等から識別する機能（商品の同一性を示す機能）である。商標の本来的な機能である。

(b) 出所表示機能

同一の商標を付した商品・役務は、常に同一の出所から流出したものであることを示す機能である。自他商品・役務の識別機能から派生した機能である。

(c) 品質保証機能

同一の商標を付した商品・役務は同一の品質を有することを示す機能である。自他商品・役務の識別機能から派生した機能である。

(d) 広告宣伝機能

商標を付した商品等の宣伝広告の効果を高める機能である。自他商品・役務の識別機能から派生した機能である。また、他の機能とは異なり、主に売主（企業）側にメリットをもたらす機能である。

④ 特殊な商標

H27-11
H25-09

(a) 団体商標

事業者を構成員に有する一定の団体（一般社団法人その他の社団（法人格を有

しないものおよび会社を除く。) もしくは事業協同組合その他の特別の法律により設立された組合またはこれらに相当する外国の法人) が、その構成員に使用させるための商標について団体商標として登録を受けることができる (7条)。たとえば、燕市の洋食器団体のツバメ印は、団体商標である。

(b) 地域団体商標 (地域ブランド)

事業協同組合その他の特別の法律により設立された組合、商工会、商工会議所もしくは特定非営利活動法人またはこれに相当する外国の法人 (組合等) は、その構成員に使用をさせる商標であって、一定の範囲で周知性を獲得した地域ブランドについて、地域団体商標として登録することができる (7条の2)。地域団体構成員は、当該組合等の定めるところにより、指定商品または指定役務について地域団体商標に係る登録商標の使用をする権利を有し、この権利は移転することができない (31条の2)。地域団体商標の主な特徴は下記の通りである。

- 地域団体商標として登録を受けることができる商標は、「地域名称」+「商品 (役務) の普通名称」、「地域名称」+「商品 (役務) の慣用名称」、「地域名称」+「商品 (役務) の普通名称または慣用名称」+「産地等表示する際に付される文字として慣用される文字」のいずれかに該当する必要がある (7条の2第1項各号)。
- 地域団体商標に係る商標権は、譲渡することができない (24条の2)。
- 地域団体商標に係る商標権者は、専用使用権を許諾することはできない (30条1項)。商標権の場合、「実施権」ではなく「使用権」という用語を用いる。

(c) 防護標章登録

防護標章登録は、著名な登録商標についてあらかじめ商品・役務の出所の混同を生ずる範囲を明確にし、他人が商標登録を受ける危険を防止し、使用した場合には商標権侵害とみなして迅速な救済を図る制度である (4条1項12号、67条)。

H24-11
H21-09

(2) 使用意思の存在

① 商標法上の「使用」の定義

商標法で標章についての「**使用**」とは、次に掲げる行為をいう (2条3項)。

- (a) 商品または商品の包装に標章を付する行為
- (b) 商品または商品の包装に標章を付したものを譲渡し、引き渡し、譲渡もしくは引渡しのために展示し、輸出し、輸入し、または電気通信回線を通じて提供する行為
- (c) 役務の提供に当たりその提供を受ける者の利用に供する物 (譲渡し、または貸し渡す物を含む。以下同じ。) に標章を付する行為
- (d) 役務の提供に当たりその提供を受ける者の利用に供する物に標章を付したものを用いて役務を提供する行為
- (e) 役務の提供の用に供する物 (役務の提供に当たりその提供を受ける者の利用に供する物を含む。以下同じ。) に標章を付したものを役務の提供のために展示する行為
- (f) 役務の提供に当たりその提供を受ける者の当該役務の提供に係る物に標章

を付する行為

(g) 電磁的方法 (電子的方法、磁気的方法その他の人の知覚によつて認識することができない方法をいう。) により行う映像面を介した役務の提供に当たりその映像面に標章を表示して役務を提供する行為

(h) 商品もしくは役務に関する広告、価格表もしくは取引書類に標章を付して展示し、もしくは頒布し、またはこれらを内容とする情報に標章を付して電磁的方法により提供する行為

(i) 商品の譲渡、引渡しまたは役務の提供のために音の商標を発する行為

(j) その他政令で定める行為

② 使用意思の存在に関する考え方

自己の業務に係る商品・役務について使用をする商標については、一定の場合を除き、原則として商標登録を受けることができる (3条1項)。法は使用意思の存在を求めているが、権利の安定性の見地から、商標の使用事実を判断することなく登録を認める登録主義を採用している (18条)。

ただし、出願人の業務と願書に記載された指定商品等との間に、使用の関係が認められないことが明らかな場合、商標登録を受けることはできない。たとえば、銀行は商品の製造や販売を業として行うことを禁止されている (銀行法12条) ため、自ら商標を商品について使用する意思があると認められず、商標の登録を受けることはできない (役務については商標の登録を受けることができる)。

(3) 不登録事由に該当しないこと

H22-10
H20-07

商標法上の「商標」に該当し、「使用意思の存在」が認められても、一定の商標は、不登録事由 (商標登録を受けることができない商標) に該当するため、商標登録を受けることができない (3条、4条)。

不登録事由に該当する商標は、次の3つに大別される。

① 自己の商品・役務と他人の商品・役務とが識別できない商標

H30-12
H29-10

(a) 普通名称

その商品・役務の普通名称を普通に用いられる方法で表示する標章のみからなる商標は、登録を受けることができない (3条1項1号)。たとえば、指定商品が住宅である場合、「ハウス」は登録を受けることができない (住宅の場合、「ハウス」は普通名称に該当する) が、指定商品が加工食料品である場合、「ハウス」は登録を受けることができる (加工食料品の場合、「ハウス」は普通名称に該当しない)。

(b) 慣用表示

その商品・役務について慣用されている商標は、登録を受けることができない (3条1項2号)。たとえば指定商品がホテルである場合、「観光ホテル」は商標登録できない。

(c) 品質効能の通常表示

商品の産地、販売地、品質、原材料、効能、用途、形状 (包装の形状を含む)、生産もしくは使用の方法もしくは時期その他の特徴、数量もしくは価格またはその役務の提供の場所、質、提供の用に供する物、効能、用途、態様、提供の方

第2章 知的財産法 　153

法もしくは時期その他の特徴、数量もしくは価格を普通に用いられる方法で表示する標章のみからなる商標は、登録を受けることができない (3条1項3号)。たとえば、靴を指定商品とする「登山」(商品の用途)、乾電池を指定商品とする「KYOTO」(商品の産地)、預金を指定役務とする「定期」(役務の質)、飲食物の提供を指定役務とする「中華料理」(サービスの質)、「バイクによる輸送」を指定役務とする「関東一円」(サービスの提供場所)は登録を受けることはできない。

(d) ありふれた氏・名称

ありふれた氏・名称は、登録を受けることができない。氏名は多くは識別力があるとされている。なお、名称とは法人の表示をいう (3条1項4号)。たとえば、「田中」「太郎」「コバヤシ商店」「鈴木製作所」等は登録を受けることができない。

(e) 簡単かつありふれた商標

簡単かつありふれた商標は、登録を受けることができない (3条1項5号)。たとえば、「UI」「15」「百」、ハートマーク、三角形等は登録を受けることができない (「商標審査基準」等による)。

(f) その他識別力がない商標

需要者が何人かの業務に係る商品・役務であることを認識することができない商標は、登録を受けることができない (3条1項6号)。たとえば、標語、キャッチフレーズ、スローガンは登録を受けることができない (「商標審査基準」等による)。

(g) 使用による識別性の例外

c、d、e (3条1項3〜5号) に該当する商標であっても、特定の者によって長期にわたり、使用をされた結果、需要者が何人かの業務に係る商品・役務であることを認識することができるものについては、商標登録を受けることができる (3条2項)。たとえば、HONDA (4号の例外)、JR (5号の例外) は、商標登録を受けている。

② 他人の登録商標等と紛らわしい商標 (相対的不登録事由)

(a) 周知表示の類似商品・役務への使用

他人の業務に係る商品・役務を表示するものとして需要者の間に広く認識されている商標 (周知表示)、あるいはこれに類似する商標であって、同一・類似する商品・役務について使用をするものは、登録を受けることができない (4条1項10号)。

(b) 混同のおそれのある商標

他人の業務にかかる商品・役務と混同を生ずるおそれがある商標は登録を受けることができない (4条1項15号)。たとえば、蓄音機に耳を傾けている猫の図形からなる商標は、日本ビクターの著名商標 (犬の人形) と出所混同を生じる。

(c) 周知表示の不正目的使用

他人の周知表示と同一・類似の商標であって、不正目的 (不正の利益を得る目的、他人に損害を加える目的その他の不正の目的) のために使用をするものは、登録を受けることができない (4条1項19号)。

(d) 他人氏名等表示

他人の肖像・氏名・名称・著名な雅号・芸名・筆名・著名な略称を含む商標は、登録を受けることができない (4条1項8号)。肖像・氏名・名称は著名でなくて

も登録が拒絶されるが、芸名・略称は著名の場合のみ登録が拒絶される。ただし、その他人の承諾を得ているものを除く（4条1項8号括弧）。

(e) 後願商標

先願登録商標と同一・類似の商標であって、指定商品・指定役務が先願登録商標と同一・類似のものは、登録を受けることができない（4条1項11号）。先願登録商標の商標権者の承諾が得られている場合であっても、出願人が同一でなければ拒絶される。

③ 公益に反する商標（絶対的不登録事由）

H30-12
H28-10
H26-08
H22-10

(a) 公的標章

わが国の国旗・菊花紋章・勲章・褒章、外国の国旗、赤十字の標章と同一・類似の商標は、登録を受けることができない（4条1項1、2、4号）。また、国際機関の標章と同一・類似の商標であって周知のものやその国際機関と関係があると誤認を生じさせるものは、登録を受けることができない（4条1項3号）。国、地方公共団体やこれらの機関、公益非営利団体や公益非営利事業を表示する標章であって著名なものと同一・類似の商標は、国、地方公共団体やこれらの機関、公益非営利団体や公益非営利事業が自ら出願した場合を除き、登録を受けることができない（4条1項6号、2項）。

(b) 公序良俗違反商標

以下のような商標は、登録を受けることができない（4条1項7号）。たとえば、きょう激、卑わいな文字・図形を用いた商標は、登録を受けることができない。

(c) 種苗法で登録された品種の名称

品種登録を受けた品種の名称と同一または類似の商標であって、その品種の種苗またはこれに類似する商品等について使用をするものについては、登録を受けることができない（4条1項14号）。

(d) 品質誤認誘導商標

商品の品質・役務の質について、誤認を生じるおそれのある商標は、登録を受けることができない（4条1項16号）。たとえば、紅茶ではなくウーロン茶を指定商品とする「Earl Gray」は、登録を受けることができない。

(e) 商品等が当然に備える特徴

商品等（商品もしくは商品の包装または役務をいう）が当然に備える立体的形状、色彩または音のみからなる商標は、登録を受けることができない（4条1項18号、商標法施行令1条）。たとえば、自転車の形自体は、立体商標として登録を受けることができない。このような立体商標の登録を認めると、当該商品自体の製造の独占を認めることになるからである。

(4) 先願

商標の登録要件には、特許同様、「先願であること」が含まれている。商標法における先願の規定は、特許法における先願の規定と類似している。

① 先願主義

先願主義とは、2つ以上の同一・類似の商標が競合した場合、最先の出願人に登

第2章　知的財産法　**155**

録を認める考え方である。特許法・実用新案法・意匠法と同様に、商標法では先願主義を採用している（8条）。

② 商標法における先願

同一・類似の商品・役務について使用をする同一・類似の商標について異なった日に2つ以上の商標登録出願があったときは、最先の商標登録出願人のみがその商標について商標登録を受けることができる（8条1項）。

R01-15

③ 出願時の特例

所定の博覧会に出品した商品または出展した役務について使用をした商標について、その商標の使用をした商品を出品した者または役務を出展した者がその出品または出展の日から6箇月以内にその商品または役務を指定商品または指定役務として商標登録出願をしたときは、その商標登録出願は、その出品または出展の時にしたものとみなされる（9条1項）。パリ条約11条、TRIPS協定2条1項および商標法条約15条の規定を遵守するものである。

博覧会の種類は以下のとおりである。

(a) 政府等が開設する博覧会

(b) 政府等以外の者が開設する博覧会であって特許庁長官の定める基準に適合するもの

(c) パリ条約の同盟国、世界貿易機関の加盟国もしくは商標法条約の締約国の領域内でその政府等もしくはその許可を受けた者が開設する国際的な博覧会

(d) その他の国の領域内でその政府等もしくはその許可を受けた者が開設する国際的な博覧会であって特許庁長官の定める基準に適合するもの

なお、商標法では出願日が出品または出展の時に遡及するため、特許法、実用新案法または意匠法のような新規性喪失の例外規定はない。

H22-09
(5) 一商標一出願

商標登録を受けるための要件の最後は、「一商標一出願」である。先願とならび商標登録の手続き上の要件である。特許法・実用新案法・意匠法にはない、商標法独自の規定である。

① 一商標一出願の原則

商標登録出願は、商標の使用をする1つまたは2つ以上の商品・役務を指定して、商標ごとにしなければならない（6条1項）。

② 一出願多区分制

商標登録出願の際の商品・役務の指定は、政令で定める商品・役務の区分に従ってしなければならない（6条2項）。

3 商標権の登録手続

実際に商標登録を受けるためには、出願し、審査を経て、登録査定を受け、登録料を納付して、設定登録されることが必要である。

【登録までの流れ】

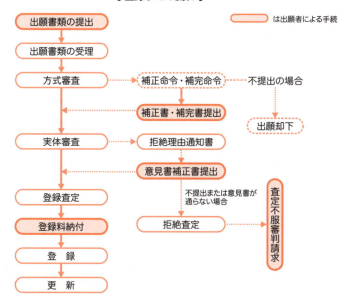

(1) 出願

① 商標登録出願

商標登録を受けようとする者は、以下の事項を記載した願書に必要な書面を添付して特許庁長官に提出しなければならない（5条1項）。

 (a) 商標登録出願人の氏名または名称・住所等（1号）
 (b) 商標登録を受けようとする商標（2号）
 (c) 指定商品・指定役務並びに政令で定める商品・役務の区分（3号、6条2項）
  例 日本通運のペリカン便のマークについての商標登録では、指定役務は「貨物自動車による輸送・軽車両による輸送」とされている。

立体商標について商標登録を受けようとするときは、その旨を願書に記載しなければならない（5条2項）。

② 共同出願

共同出願に関する直接の規定はないが、共同出願は可能と解されている（77条2項、特許法14条）。

③ 出願公開制度

特許庁長官は、商標登録出願があったときは、出願公開をしなければならない（12条の2第1項）。出願公開は、原則として、商標公報に掲載することにより行う（12条の2第2項）。

④ 設定登録前の金銭的請求権

商標法では、出願公開にかかわらず、出願人には一定額の業務上の損失を補填するために設定登録前の金銭的請求権が認められている（13条の2第1項）。商標権

第 2 章　知的財産法　157

は設定登録して初めて発生するため、第三者が設定登録前の出願商標を指定商品等に使用することによって生ずる出願人の業務上の損失を補填する必要から認められた制度である。

【金銭的請求権】

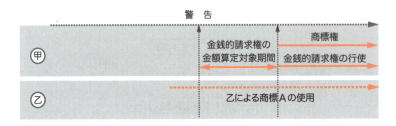

(2) 出願変更

通常の商標登録出願、団体商標の商標登録出願、地域団体商標の商標登録出願は相互に変更することができる（11条1～3項）。

防護標章登録出願は、商標登録出願（通常の商標登録出願、団体商標の商標登録出願、地域団体商標の商標登録出願）に変更することができる（12条）。

特許出願、実用新案登録出願、意匠登録出願を商標登録出願や防護標章登録出願に変更することはできない。

(3) 審査・査定・登録

① 審査主義

特許庁長官は、審査官に商標登録出願を審査させなければならない（審査官による審査）（14条）。

② 方式審査

特許法と同様である。

③ 実体審査

商標法では、特許法のように出願審査請求制度（特許法48条の2）を採用していない。そのため、商標登録出願について出願審査の請求を待つことなく、方式審査により形式的要件を満たしたすべての出願について、登録要件を具備するかどうかについての実体審査が行われる。

④ 査定

審査官は、商標登録出願について拒絶の理由を発見しないときは、登録査定をしなければならない（16条）。審査官は、原則として、拒絶査定をしようとするときは、商標登録出願人に対し、拒絶理由を通知し、相当の期間を指定して、意見書を提出する機会を与えなければならない（15条の2）。

⑤ 登録

商標権は、設定の登録により発生する（18条1項）。登録料の一時納付または分

割納付により、商標権の設定の登録をする（18条2項）。登録があったときは、第三者に公開するために、商標公報に掲載される（18条3項）。

⑥ 更新

商標権の存続期間は、設定の登録の日から10年をもって終了する（19条1項）。商標権の存続期間は、商標権者の更新登録の申請により更新することができる（同条2項）。更新登録の申請と同時に登録料の納付があったときは、商標権の存続期間を更新した旨の登録がされる（23条1項）。商標権の存続期間を更新した旨の登録があったときは、存続期間は、その満了の時に更新される（19条3項）。したがって、更新登録の申請の際には、審査官による実体審査はなされない。

(4) 商標登録異議申立て、商標登録無効審判と商標登録取消審判

① 商標登録異議申立て

何人も、一定の場合、商標掲載公報の発行の日から2か月以内に、商標登録の異議申立てをすることができる（43条の2）。

② 商標登録無効審判

一定の場合、商標登録を無効にすることについて審判を請求することができる（46条1項）。商標登録無効審判は、利害関係人のみが請求することができる。

③ 商標登録取消審判の請求

(a) 不使用取消審判

継続して3年以上日本国内において商標権者、専用使用権者または通常使用権者のいずれもが指定商品・指定役務についての登録商標の使用をしていないときは、何人も、その指定商品・指定役務に係る商標登録を取り消すことについて審判を請求することができる（50条1項）。取消審決が確定したときは、商標権は審判請求の登録日に消滅したものとみなされる（54条2項）。

(b) 不正使用取消審判

商標権者が故意に指定商品もしくは指定役務についての登録商標に類似する商標の使用または指定商品もしくは指定役務に類似する商品もしくは役務についての登録商標もしくはこれに類似する商標の使用をして商品の品質・役務の質の誤認または他人の業務に係る商品・役務と混同を生ずるものをしたときは、何人も、その商標登録を取り消すことについて審判を請求することができる（51条1項）。

また、専用使用権者または通常使用権者が指定商品・指定役務またはこれらに類似する商品・役務についての登録商標またはこれに類似する商標の使用をして商品の品質・役務の質の誤認または他人の業務に係る商品もしくは役務と混同を生ずるものをしたときは、何人も、当該商標登録を取り消すことについて審判を請求することができる（53条1項）。取消審決が確定したときは、商標権はその後消滅する（54条1項）。

(c) その他の取消審判

- 商標権移転の結果の混同使用による取消審判（52条の2）
- 代理人等の不当登録取消審判（53条の2）

第2章 知的財産法 **159**

H30-14 **(5) 国際登録出願**

　国際登録出願とは、「標章の国際登録に関するマドリッド協定の議定書」に基づき、議定書のいずれかの締約国（本国）に登録または出願されている商標を基礎に、本国の官庁を通じて国際登録を受けることによって、複数の指定国に直接出願したのと同一の効果を得られる制度である。一般的に、外国に出願する方法は次の3つがある。

① 通常出願

　出願人は国ごとに出願しなければならず、国ごとに異なる言語や方式にて出願する必要がある。

② パリ条約による優先権を利用した出願

　第一国出願に基づいて、優先期間（商標は6か月）内に他の同盟国に通常出願した場合、優先権を主張できる制度である。

③ 国際登録出願

　本国官庁（日本では特許庁）を通じて、世界知的所有権機関（WIPO）の国際事務局に国際出願をすることができる。国際登録の存続期間は、国際登録日（出願日）から10年である。国際事務局に対して更新手続を行うことで、全ての指定国について更新の効果が生じるため、各国における商標を一括管理することができる。

　なお、マドリッド協定議定書（マドプロ）の締約国で商標を登録する際は、特許庁に係属している自己の商標登録出願または防護標章登録出願、自己の商標登録または防護標章登録を基礎とした国際登録出願（いわゆるマドプロ出願）をすることができる（68条の2第1項）。マドプロ出願をする商標と、基礎となる商標または標章は同一でなければならない（68条の3第2項、マドリッド協定議定書3条（1））。

H19-06

4 商標権の効力

R02-10
H27-08
H24-07

(1) 商標権の効力

　原則として、商標権者は、指定商品・指定役務について登録商標の使用をする権利を専有する（25条）。ただし、例外として、その商標権について専用使用権を設定したときは、専用使用権者がその登録商標の使用をする権利を専有する範囲については、商標権者は登録商標を使用する権利を持たない（25条但）。

① 商標権の効力の発生

　商標権は、設定の登録により発生する（18条1項）。

② 商標権の効力の分類

　商標権の効力は専用権と禁止権に大別される。商標権はその性質上、特許権等よりもはるかに容易に侵害される。そこで、商標権者には、登録商標を占有する権利である専用権のほかにも、指定商品・役務について、類似の商標を使用された場合、指定商品・役務に類似する商品・役務について、登録商標を使用された場合に、禁止権も認められている。禁止権の範囲では、使用権を設定、許諾できない。

160　第1部　テキスト

⒜ 専用権

商標権の本来的な効力であり、登録商標を指定商品・指定役務について独占排他的に使用できる権利である（25条）

⒝ 禁止権

商標権の派生的な効力であり、他人が自己の商標権のうち類似範囲の商標の使用を禁止または排除する権利である（37条1号）。

【 専用権と禁止権の範囲 】

		商品・役務	
		指定商品・指定役務と 同一	指定商品・指定役務と 類似
商標	登録商標と 同一	専用権	禁止権
	登録商標と 類似	禁止権	禁止権

③ 商標権の効力がおよばない範囲

以下の商標には、商標権の効力はおよばない（26条1項）。

⒜ 自己の肖像、自己の氏名、名称、著名な雅号、芸名、筆名、これらの著名な略称を普通に用いられる方法で表示する商標（同条1項1号）

⒝ 商品や役務の品質効能等を普通に用いられる方法で表示する商標（同項2号、3号）

⒞ 慣用商標（同項4号）

⒟ 商品等が当然に備える立体的形状、色彩または音のみからなる商標（同項5号、商標法施行令1条）

⒠ その他、識別力を発揮する態様により使用されていない商標（同項6号）

以下の行為には、商標権の効力はおよばない（26条3項）。

⒜ 地理的表示保護制度で保護される「地理的表示」を商品や商品の包装に付する行為（同項1号）

⒝ 商品や商品の包装に「地理的表示」を付したものの譲渡等をする行為（同項2号）

⒞ 商品に関する送り状に「地理的表示」を付して展示する行為（同項3号）

※「地理的表示」とは、地域で育まれた伝統と特性を有する農林水産物・食品のうち、品質等の特性が産地と結び付いている産品について、その産品がその産地のものであることを特定するものである。TRIPS協定22条で保護され、わが国では「特定農林水産物等の名称の保護に関する法律（地理的表示法）」に基づく保護制度が平成27年6月1日から運用を開始した。地理的表示は、例えば「夕張メロン」など、「地名＋産品名」からなる。登録された地理的表示は地域共有の財産となるため、独占排他的な使用はできなくなる。

H19-10 **(2) 商品・役務の類似性と商標の類似性**

商品・役務の類似性と商標の類似性の両者は、商標登録がなされるか否か、あるいは、商標権侵害が成立するか否かを決定する基準となる重要な判断要素である。

① 商品・役務の類似性

商品の類似に関し、最高裁判所は具体的な出所混同で判断しているが、特許庁の実務は、商標審査基準、類似商品・役務審査基準に基づいて行われている。これによれば、以下のような判断基準により、総合的に判断される。

(a) 商品の類似

- 生産部門・販売部門が一致するか
- 原材料・品質が一致するか
- 用途が一致するか
- 需要者の範囲が一致するか
- 完成品と部品の関係にあるか

例 清酒と焼酎、石鹸と化粧品、握り寿司と弁当は各々類似する。

(b) 役務の類似

- 提供の手段、目的または場所が一致するか
- 提供に関連する物品が一致するか
- 需要者の範囲が一致するか
- 業種が同じか
- 当該役務に関する業務や事業を規制する法律は同じか
- 同一の事業者が提供するものか

例 「電報による通信」と「電話による通信」は類似する（目的の一致）。

(c) 商品と役務の類似

- 商品の製造・販売と役務の提供が同一事業者によるのが一般的か
- 商品と役務の用途が一致するか
- 商品の販売場所が役務の提供場所と一致するか
- 需要者の範囲が一致するか

例 「分譲マンション」と「土地の売買、建物の売買」は類似する。

H28-10 **② 商標の類似性**

商標の類似性は、出所識別機能保護の観点から、各商標を付した商品・役務が出所混同を生じるおそれがあるほどに紛らわしいか否かによって判断される。具体的には、商標の有する外観・称呼・観念の各判断要素を総合的に考察して商標の類似性が判断される。

(a) 外観

見た目が紛らわしいことである。

(b) 称呼

発音が紛らわしいことである。

例 「ライオン」と「マイオン」

(c) 観念

意味が似ていて同じものを連想させることである。

例「ライオン」と「獅子」

(3) 商標権侵害に対する救済手段

商標権が制限される場合を除き、商標権の存続中に、正当な権原のない第三者が、登録商標を許可なく使用すると、商標権侵害が成立する。この場合、権利者は裁判所に民事的救済を求めることができる。また、商標権侵害は犯罪となり、刑事罰が科せられる場合もある。

商標権の侵害は、直接侵害と間接侵害（みなし侵害）に分類できる。

① 直接侵害

R02-11

他人の登録商標と同一または類似の商標を、指定商品・指定役務または指定商品・指定役務に類似する商品・役務に使用する行為を**直接侵害**という（25条、37条1号）。ただし、専用使用権（30条）、通常使用権（31条）、先使用権（32条）など正当な権原がある場合はその範囲内の行為は商標権の侵害にはならない。

② 間接侵害

直接侵害につながる一定の予備的行為も侵害とみなされる（37条2〜8号）。

③ 商標権侵害に対する救済手段

特許権侵害に対する救済手段と同様である。

(a) 民事的手段

- 差止請求（36条1項）
- 侵害物廃棄請求（36条2項）
- 損害賠償請求（民法709条）、過失の推定（39条で準用する特許法103条）
- 不当利得返還請求（民法703条、704条）
- 信用回復措置請求（39条で準用する特許法106条）

(b) 刑事的手段

- 商標権侵害罪（78条）
- 両罰規定（82条）

(4) 商標権の利用

商標権者は商標を使用できるだけでなく、さまざまな形で経済的に利用することが許されている。

① 商標権の分割

H29-06

商標権の分割とは、1個の商標権を商標権者の意思で指定商品（役務）ごとに分けて、独立の商標権とすることをいう（24条1項）。商標法条約7条(2)に対応させるため、商標権の移転を前提とせずに分割が可能となっている。異議申立てや審判請求があった場合でも、権利の有効性に争いがある指定商品（役務）と争いがない指定商品（役務）とに分割し、円滑に対応することができる。

② 商標権の移転

商標権は地域団体商標を除き、営業と分離して、自由に売買その他の手段によっ

第2章　知的財産法　**163**

て移転することが認められている（営業権の自由譲渡）（24条の2）。特定承継による商標権の移転は、登録が効力要件となる（35条、特許法98条1項1号）。

③ 使用権の設定

設定できる（25条但、30条〜33条の2、特許法98条1項2号、特許法99条）。商標権の場合は、特許権などと異なり、「実施許諾」という用語は用いず、「使用許諾」という用語を用いる。

④ 質権の設定

設定できる（34条1項・2項・3項、特許法96条、特許法98条1項3号）。

R01-14 (5) 先使用による商標の使用をする権利

他人の商標登録出願前から、日本国内において、不正競争の目的でなく、その商標登録出願に係る指定商品等またはこれらに類似する商品等についてその商標またはこれに類似する商標の使用をしていた結果、その商標登録出願の際現にその商標が自己の業務に係る商品等を表示するものとして需要者の間に広く認識されているときは、その者は、継続してその商品等についてその商標の使用をする権利を有する（32条）。

未登録周知商標を保護するものである。本来、未登録周知商標と同一または類似の商標について同一または類似の商品等について出願した場合、4条1項10号により拒絶され、あるいは無効となるが、誤って登録された場合に、あえて無効審判を請求するまでもなく、その未登録周知商標の使用を認めるものである。

なお、4条1項10号を理由とする無効審判は商標権の設定の登録の日から5年を経過した後は請求できない（47条1項）。これを除斥期間という。このため、除斥期間の経過後に未登録周知商標の使用を認めることに特に意義がある。

先使用による商標の使用をする権利は、業務とともにする場合を除き、移転することはできない。

商標権者または専用使用権者は、先使用による商標の使用をする権利を有する者に対し、その者の業務に係る商品等と自己の業務に係る商品等との混同を防ぐのに適当な表示を付すべきことを請求することができる（32条2項）。

VI 著作権法

1 著作権法概論

(1) 著作権法の目的

著作権法は、著作物並びに実演、レコード、放送および有線放送に関し著作者の権利およびこれに隣接する権利（著作隣接権）を定め、これらの文化的所産の公正な利用に留意しつつ、著作者等の権利の保護を図り、もって文化の発展に寄与することを目的としている（1条）。

特許法と著作権法は、いずれも知的財産法に分類されるが、目的と対象に大きな違いがある。特許法は産業の発達を目的としているが、著作権法は文化の発展を目的としている。また、特許法はアイデア（発明）を保護の対象としているが、著作権法は表現（著作物）を保護の対象としている。

(2) 著作権の定義

著作権とは、知的財産権の1つで、著作者がその著作物を排他的・独占的に利用できる権利である（17条1項）。著作権は、著作権法によって保護される。

① 最広義の著作権
著作財産権・著作者人格権・著作隣接権の総称である。

② 広義の著作権
著作財産権・著作者人格権の総称である。

③ 狭義の著作権
著作財産権の別名である。

【 著作権の体系 】

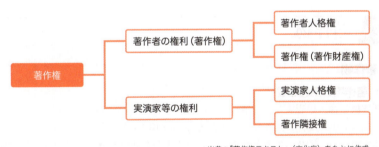

出典：『著作権テキスト』（文化庁）をもとに作成

(3) 著作権の保護期間

著作権には一定の保護期間があり、これを過ぎると著作権は消滅し、利用は自由

になる。

　著作権の存続期間は、著作物の創作の時に始まる（51条1項）。著作者人格権および著作権の享有には、いかなる方式の履行をも要しない（無方式主義）（17条2項）。これに対し、産業財産権法は登録を必要とする方式主義（登録主義）を採用している。なお、著作権法にも登録制度が規定されているが、登録は著作権の成立要件ではなく、第三者対抗要件である（75〜78条の2）。

　著作権は、原則として、著作者の死後（共同著作物の場合は、最終に死亡した著作者の死後）70年を経過するまでの間、存続する（51条2項）。ただし、以下の例外がある。

著作物の種類	保護期間	根拠条文
無名・変名の著作物 （周知の変名は除く）	公表後70年（死後70年経過が明らかであれば、その時点まで）	52条
団体名義の著作物 （著作者が法人か個人かは問わない）	公表後70年（創作後70年以内に公表されなかったときは、創作後70年）	53条
映画の著作物	公表後70年（創作後70年以内に公表されなかったときは、創作後70年）	54条

出典：『著作権テキスト』文化庁に加筆

H29-12 （4）保護期間の計算方法

　著作者の死後70年、または著作物の公表後70年もしくは創作後70年の終期は、著作者が死亡した日または著作物が公表されもしくは創作された日のそれぞれ属する年の翌年から起算する（57条）。

　例えば、自然人である小説の著作者が1970年6月1日に死亡していた場合、死後70年の終期は、著作者が死亡した日の属する年（1970年）の翌年である1971年1月1日から起算するため、保護期間の終期は1971年1月1日から70年後の2040年12月31日となる。

2 　著作物

H28-08 （1）著作物

① 著作物の定義と要件

　著作物とは、思想または感情を創作的に表現したものであって、文芸、学術、美術または音楽の範囲に属するものである（2条1項1号）。

　著作物として認められるためには、以下のような要件を満たしていなければならない。

　　（a）思想または感情の表現であること

　　例「わが国の倒産件数が15,000件を超えた」というデータ、「1600年に関ヶ原の戦いがあった」という史実の記載は、著作物とはいえない。

166　第1部　テキスト

ⓑ 表現に創作性があること
囲 他人の作品の模倣や盗用は著作物に該当しない
ⓒ 外部に表現されていること
ⓓ 文芸、学術、美術または音楽の範囲に属するものであること
囲 応用美術（実用品・量産品等）は、創作性がある著作物として認められる場合がある（博多人形事件、仏壇彫刻事件）。

【 著作物 】

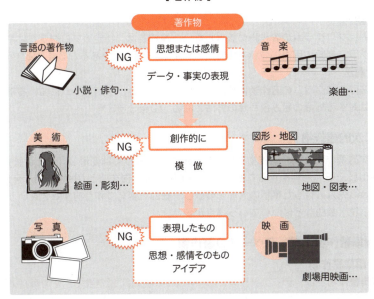

② **著作物の例示**

著作権法における著作物を例示すると、おおむね次のとおりである（10条1項）。

　ⓐ 小説、脚本、論文、講演その他の言語の著作物（1号）
　ⓑ 音楽の著作物（2号）
　ⓒ 舞踊または無言劇の著作物（3号）
　ⓓ 絵画、版画、彫刻その他の美術の著作物（4号）
　ⓔ 建築の著作物（5号）
　ⓕ 地図または学術的な性質を有する図面、図表、模型その他の図形の著作物（6号）
　ⓖ 映画の著作物（7号）
　ⓗ 写真の著作物（8号）
　ⓘ プログラムの著作物（9号）

(2) プログラムの著作物

ここでは、10条1項9号に例示された「プログラムの著作物」について詳述する。

プログラムとは、コンピュータを動かす具体的な指令のことで、通常プログラム言語で記述されているものである。著作権法では、「電子計算機を機能させて一の結果を得ることができるようにこれに対する指令を組み合わせたものとして表現したものをいう。」(2条1項10号の2)と定義されている。

① プログラム言語

プログラム言語はプログラムの著作物に該当しない。プログラム言語とは、プログラムを表現する手段としての文字その他の記号およびその体系である(10条3項1号)。

② 規約

規約はプログラムの著作物に該当しない。規約とは、特定のプログラムにおけるプログラム言語の用法についての特別の約束(取り決め)である(10条3項2号)。

③ 解法

解法はプログラムの著作物に該当しない。解法とは、プログラムにおける電子計算機に対する指令の組み合わせの方法である(10条3項3号)。

(3) 二次的著作物

二次的著作物とは、著作物を翻訳し、編曲し、もしくは変形し、または脚色し、映画化し、その他翻案することにより創作した著作物をいう(2条1項11号)。翻案とは、先人の行った事柄の大筋を模倣し、細部を変えて作り直すことをいう。特に、小説・戯曲などについていう場合が多い。

(4) 編集著作物・データベースの著作物

① 編集著作物

編集著作物とは、データベースに該当するものを除く編集物で、その素材の選択または配列によって創作性を有するものである(12条1項)。

> 例 独自の職業分類体系による職業別電話帳は、素材の選択または配列によって創作性を有しており、著作物性が認められる(判例:NTTタウンページデータベース事件)。

② データベースの著作物

データベースとは、論文、数値、図形その他の情報の集合物であって、それらの情報を電子計算機を用いて検索することができるように体系的に構成したものである(2条1項10号の3)。

H30-18 (5) 共同著作物

共同著作物とは、2人以上の者が共同して創作した著作物であって、各人の寄与を分離して個別的に利用することができないものである(例 座談会、討論会形式の著作物 等)(2条1項12号)。

共同著作物の著作権その他共有に係る著作権(共有著作権)については、特許権の場合と同様に、各共有者は、他の共有者の同意を得なければ、その持分を譲渡し、または質権の目的とすることができない(65条1項)。また、共有著作権は、その

168 　第1部　テキスト

共有者全員の合意によらなければ、行使することができない（65条2項）。この「行使」とは、第三者による利用許諾および各共有者自身による利用（複製、公衆送信等）を意味する。この点は、各共有者が他の共有者の同意を得ないで特許発明の実施をすることができる特許法の場合とは異なる。

3 著作者

(1) 著作者

著作者とは、著作物を創作する者のことである（2条1項2号）。著作権法は**無方式主義**を採用しているので、著作者は著作物を創作した時点で、原始的に著作権を取得する。企画発案者・著作物創作のための資金提供者・監修者等は、著作者とはならない。

(2) 職務上作成する著作物の著作者 (職務著作・法人著作)

`R02-09` `H30-18` `H27-14` `H19-12`

職務上の著作物の著作者は、一定の要件の下で法人となる場合がある。法人が著作者となる場合を職務著作・法人著作という。

① 職務上作成する著作物の著作者 (職務著作・法人著作)

法人その他使用者（法人等）の発意に基づきその法人等の業務に従事する者が職務上作成する著作物（プログラムの著作物を除く）で、その法人等が自己の著作の名義の下に公表するものの著作者は、その作成の時における契約、勤務規則その他に別段の定めがない限り、その法人等となる（15条1項）。これは、特許法における職務発明についての特許を受ける権利が原則として従業者等に帰属するのとは異なる規定である。

また、法人等の発意に基づきその法人等の業務に従事する者が職務上作成するプログラムの著作物の著作者は、その作成の時における契約、勤務規則その他に別段の定めがない限り、その法人等となる（15条2項）。

② 職務著作・法人著作の要件

職務著作・法人著作が認められるためには、以下のような要件を満たしていなければならない（15条1項）。

- (a) 法人等の発意に基づくものであること
- (b) 法人等の業務に従事する者が職務上作成するものであること
- (c) 法人等が自己の著作の名義の下に公表するものであること
- (d) 契約、勤務規則その他に別段の定めがないこと

4 著作権

`H27-07` `H27-14` `H26-10` `H25-12` `H21-12`

(1) 著作者人格権

著作者人格権とは、広義の著作権のうちの1つで、著作物について著作者が持っ

ている人格を守る権利である（18条1項、19条1項、20条1項）。

　著作物は著作者の思想、感情の表現物であり、勝手に著作物を公表されたり、内容を変えたりして利用される場合は、著作者の人格的利益が損なわれるため、著作者人格権が認められている。

R01-09
H29-11
　著作者人格権は、著作者の一身に専属する（**一身専属権**）ため、譲渡することができず、著作者が死亡（法人の場合は解散）すると権利が消滅する（59条）。ただし、著作者の死後（法人の解散後）も著作者人格権を侵害することは、原則として禁止される（60条）。

　共同著作物の著作者人格権は、著作者全員の合意によらなければ、行使することができない（64条1項）。

　著作者人格権は、公表権・氏名表示権・同一性保持権に大別される（18条1項、19条1項、20条1項）。

① 公表権
　著作者は、その著作物でまだ公表されていないものを公衆に提供し、または提示する権利（公表権）を有する（18条1項）。

② 氏名表示権
　著作者は、その著作物の原作品に、またはその著作物の公衆への提供・提示に際し、実名・変名を著作者名として表示し、または著作者名を表示しないこととする権利（氏名表示権）を有する（19条1項）。

H27-07
③ 同一性保持権
　著作者は、その著作物およびその題号の同一性を保持する権利（同一性保持権）を有し、著作者の意に反してこれらの変更、切除その他の改変を受けない（20条1項）。ただし、学校教育の目的上やむを得ないと認められる改変等については、この限りではない（20条2項）。

H27-07
H26-10
H20-11
(2) 著作財産権 (狭義の著作権)
　著作財産権とは、広義の著作権のうちの1つで、著作者が、その財産的利益を確保するために与えられた、著作物を排他的・独占的に利用できる権利である。著作者の死後も一定期間存続する。

① 複製権
　著作者は、その著作物を複製する権利を専有する（21条）。

② 上演権・演奏権
　著作者は、その著作物を、公衆に直接見せまたは聞かせることを目的として（「公に」）上演し、または演奏する権利を専有する（22条）。

③ 上映権
　著作者は、その著作物を公に上映する権利を専有する（22条の2）。

④ 公衆送信権等
　著作者は、その著作物について、公衆送信（自動公衆送信の場合にあっては、送信可能化を含む）を行う権利を専有し（23条1項）、公衆送信されるその著作物を受信装置を用いて公に伝達する権利を専有する（23条2項）。

⑤ 口述権

著作者は、その言語の著作物を公に口述する権利を専有する（24条）。

⑥ 展示権

著作者は、その美術の著作物またはまだ発行されていない写真の著作物をこれらの原作品により公に展示する権利を専有する（25条）。

⑦ 頒布権

著作者は、その映画の著作物をその複製物により頒布する権利を専有し（26条1項）、映画の著作物において複製されているその著作物を当該映画の著作物の複製物により頒布する権利を専有する（26条2項）。

> 例 映画を収録したVTRやDVDのレンタル・販売

⑧ 譲渡権

著作者は、その著作物（映画の著作物を除く）をその原作品または複製物の譲渡により公衆に提供する権利を専有する（26条の2）。

⑨ 貸与権

著作者は、その著作物（映画の著作物を除く）をその複製物の貸与により公衆に提供する権利を専有する（26条の3）。

⑩ 翻訳権、翻案権等

著作者は、その著作物を翻訳し、編曲し、もしくは変形し、または脚色し、映画化し、その他翻案する権利を専有する（27条）。

> 例 小説を映画化する。

⑪ 二次的著作物の利用に関する原著作者の権利

H27-07

二次的著作物の原著作物の著作者は、当該二次的著作物の利用に関し、当該二次的著作物の著作者が有するものと同等の権利を専有する（28条）。

> 例 二次的著作物を利用しようとしている第三者甲は、二次的著作物の著作者乙の許諾と、原著作者丙の許諾の両方を得る必要がある。

第2章 知的財産法　　171

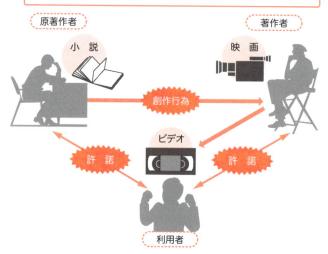

(3) 著作隣接権

著作者の権利とは別個独立に (90条)、実演家・レコード製作者・放送事業者・有線放送事業者に付与される権利である (89条)。

① 実演家の著作隣接権

実演家とは、俳優、舞踊家、演奏家、歌手、その他実演を行う者および実演を指揮し、または演出する者である (2条1項4号)。

実演家は、実演家人格権 (氏名表示権、同一性保持権)、実演の録音権、放送権、有線放送権、送信可能化権、商業用レコードの二次使用料請求権、譲渡権、貸与報酬請求権、私的録音録画補償金請求権を有する (89条1項)。

② レコード製作者の著作隣接権

レコード製作者とは、蓄音機用音盤、録音テープその他の物に固定されている音を最初に固定した者である (2条1項5号・6号)。

レコード製作者は、レコードの複製権、レコードの送信可能化権、商業用レコードの二次使用料請求権、譲渡権、貸与報酬請求権、私的録音録画補償金請求権を有する (89条2項)。

③ 放送事業者の著作隣接権

放送事業者とは、公衆送信のうち、公衆によって同一の内容の送信が同時に受信されることを目的として行う無線通信の送信 (放送) を業として行う者である (2条1項8号・9号)。

放送事業者は、放送の複製権、再放送権、有線放送権、送信可能化権、テレビジョン放送の伝達権を有する (89条3項)。

④ 有線放送事業者の著作隣接権

有線放送事業者とは、公衆送信のうち、公衆によって同一の内容の送信が同時に受信されることを目的として行う有線電気通信の送信（有線放送）を業として行う者である（2条1項9号の2、9号の3）。

有線放送事業者は、有線放送の複製権、放送権、再有線放送権、送信可能化権、有線テレビジョン放送の伝達権を有する（89条4項）。

【 著作隣接権 】

5 著作権の制限

H27-13

著作権法は、一定の場合に、著作権者の権利を制限して、著作権者の許諾を得ることなく、著作物を**自由利用**できる場合を定めている（30条〜50条）。これは、文化的所産である著作物の公正かつ円滑な利用の観点から認められているものである。以下、試験対策上、特に重要な事項について説明する。

(1) 私的使用のための複製

H25-12

著作物は、個人的にまたは家庭内その他これに準ずる限られた範囲内において使用すること（私的使用）を目的とするときは、一定の場合を除き、その使用する者が複製することができる（30条1項）。

(2) 写り込み

H25-12

複製伝達行為において本来の対象以外の著作物が付随して対象となる、いわゆる「写り込み」については著作権の侵害にはならない（30条の2）。

複製伝達行為とは、写真の撮影、録音、録画、放送その他これらと同様に事物の影像または音を複製し、または複製を伴うことなく伝達する行為をいう。

(3) 著作物に表現された思想または感情の享受を目的としない利用

著作物は、以下の場合や、その他の当該著作物に表現された思想または感情を自ら享受または他人に享受させることを目的としない場合は、必要と認められる限度において、利用することができる（30条の4）。

① 技術の開発等のための試験の用に供する場合
② 情報解析の用に供する場合
③ 人の知覚による認識を伴うことなく電子計算機による情報処理の過程におけ

る利用等に供する場合

例 人工知能（AI）の開発のための学習用データとして著作物をデータベースに記録する行為

R02-15 **(4) 引用**

引用とは、自分が行う説明に際して他の文章、事例、故事等を引くことである。公正な慣行に合致するものであり、かつ、報道、批評、研究その他の引用の目的上正当な範囲内で行われるものであれば、公表された著作物は、引用して利用することができる（32条1項）。ただし、引用に際しては、引用されて利用される著作物の出所（例 著作物の題号、著作者名、出版社名、掲載雑誌名 等）を、その複製または利用の態様に応じ合理的と認められる方法および程度により、明示しなければならない（48条1項柱書・1号）。引用に該当する場合には、翻訳して利用することもできる（47条の6第1項2号）。

(5) 公共の著作物の転載

国・地方公共団体の機関・独立行政法人等が一般に周知させることを目的として作成・公表する広報資料・調査統計資料等の著作物は、説明の材料として新聞紙、雑誌その他の刊行物に転載することができる（32条2項）。ただし、これを禁止する旨の表示がある場合は、この限りではない。

H20-11 **(6) プログラムの著作物の複製物の所有者による複製等**

プログラムの著作物の複製物の所有者は、原則として、自ら当該著作物を電子計算機において実行するために必要と認められる限度において、当該著作物を複製することができる（47条の3第1項）。

(7) 電子計算機における著作物の利用に付随する利用等

電子計算機における利用に供される著作物は、以下の場合は、必要と認められる限度において、利用することができる（47条の4）。
① 当該利用を円滑または効率的に行うために当該利用に付随する利用に供することを目的とする場合
② 電子計算機における利用を行うことができる状態を維持し、または当該状態に回復することを目的とする場合

例 ネットワークを通じた情報通信の処理の高速化を行うためにキャッシュを作成する行為、メモリ内蔵型携帯音楽プレイヤーを交換する際に一時的にメモリ内の音楽ファイルを他の記録媒体に複製する行為

(8) 電子計算機による情報処理及びその結果の提供に付随する軽微利用等

電子計算機を用いて、情報を検索しまたは情報解析を行い、およびその結果を提供する者は、公表された著作物または送信可能化された著作物について、その行為の目的上必要と認められる限度において、当該行為に付随して、軽微な利用を行う

こと等ができる（47条の5）。

例 特定のキーワードを含む書籍を検索し、その書誌情報や所在に関する情報と併せて、書籍中の当該キーワードを含む文章の一部分を提供する行為（書籍検索サービス）、大量の論文や書籍等をデジタル化して検索可能とした上で、検証したい論文について、他の論文等からの剽窃の有無や剽窃率、剽窃箇所に対応するオリジナルの論文等の本文の一部分を表示する行為（論文剽窃検証サービス）

【 著作物の自由利用 】

- 私的使用のための複製（30条）
- 付随対象著作物の利用（30条の2）
- 検討の過程における利用（30条の3）
- 著作物に表現された思想または感情の享受を目的としない利用（30条の4）
- 図書館等における複製等（31条）
- 引用（32条）
- 教育を目的とした使用（33〜36条）
- 視覚障害者等のための複製等（37条）
- 聴覚障害者等のための複製等（37条の2）
- 営利を目的としない上演等（38条）
- 時事問題に関する論説の転載等（39条）
- 政治上の演説等の利用（40条）
- 時事の事件の報道のための利用（41条）
- 裁判手続等における複製（42条）
- 行政機関情報公開法等による開示のための利用（42条の2）
- 公文書管理法等による保存等のための利用（42条の3）
- 国立国会図書館法によるインターネット資料およびオンライン資料の収集のための複製（43条）
- 放送事業者等による一時的固定（44条）
- 美術の著作物等の原作品の所有者による展示（45条）
- 公開の美術の著作物等の利用（46条）
- 美術の著作物等の展示に伴う複製等（47条）
- 美術の著作物等の譲渡等の申出に伴う複製等（47条の2）
- プログラムの著作物の複製物の所有者による複製等（47条の3）
- 電子計算機における著作物の利用に付随する利用等（47条の4）
- 電子計算機による情報処理およびその結果の提供に付随する軽微利用等（47条の5）
- 翻訳、翻案等による利用（47条の6）
- 複製権の制限により作成された複製物の譲渡（47条の7）

第2章　知的財産法　175

H22-11 | **6** 著作権の侵害

(1) 著作権等の侵害

　著作権法上、いかなる行為が著作権等（著作者人格権、著作財産権、出版権、実演家人格権、著作隣接権）の侵害になるかについては、明確な定義規定が置かれていないが、正当な権原のない第三者が、権利の目的物を利用する行為が著作権等の直接侵害であると解されている。これに対し、一定の行為を、著作権等を侵害する行為とみなすみなし侵害については、定義規定が置かれており、具体的には、いわゆる海賊版の輸入行為等が該当する（113条）。

H20-11 ## (2) 著作権侵害に対する救済手段

　著作権が制限される場合を除き、著作権の存続中に、正当な権原のない第三者が、著作物を許可なく利用すると、著作権侵害が成立する。この場合、権利者は裁判所に民事的救済を求めることができる。また、著作権侵害は犯罪となり、刑事罰が科せられる場合もある。

① 差止請求

　著作権者等（著作者・著作権者・出版権者・実演家・著作隣接権者）は、権利を侵害する者または侵害するおそれがある者に対し、その侵害の停止・予防を請求することができる（112条1項）。

② 損害賠償請求

　著作権者は、著作権を侵害した者の故意または過失を要件に、その不法行為によって生じた損害の賠償を請求できる（民法709条）。

　侵害者の過失の推定規定はない。特許法等との相違点である。したがって、損害賠償の請求者が著作権侵害者の故意・過失を立証しなければならない。

H27-13
H25-12 ## (3) 違法ダウンロードについての規定

　私的使用の目的であっても、違法にアップロードされたものと知りながら、権利者に無断で、音楽、映像をダウンロード（録音・録画）する行為は違法となる（30条1項3号）。違法にアップロードされた有償著作物等について、違法にアップロードされたものと知りながらダウンロードを行った場合には、「2年以下の懲役もしくは200万円以下の罰金、またはこれらの併科」という刑事罰が科される（119条3項1号）。

　なお、令和2年改正法（令和3年1月1日施行）により、音楽、映像以外の著作物全般についても、同様の規定が導入されている。ただし、これら音楽、映像以外の著作物については、①漫画の1コマ〜数コマなど軽微なもの、②二次創作・パロディ、③著作権者の利益を害しないと認められる場合については規制対象外である（30条1項4号、119条3項2号）。また、音楽、映像以外の著作物については、規制対象となる場合であっても、継続的にまたは反復して行う場合を除いては刑事罰の対象とはならない。

176　第1部　テキスト

⑷ 著作権等の技術的保護手段に係る規定

H25-12

私的使用の目的であっても、DVD等のコピー防止機能を解除して自分のパソコンに取り込む行為（リッピング）は違法となる（30条1項2号）。本行為は私的使用の目的であれば刑事罰の対象ではないが、差止請求や損害賠償請求によって民事責任を問われる可能性がある（113条6項）。また、コピー防止機能を解除するプログラム等を譲渡または貸与の目的をもって作成したり、実際にそれをほかの人に譲渡または貸与したりする場合は刑事罰の対象となる（30条1項2号、120条の2第1号）。

⑸ 技術的利用制限手段に係る規定

技術的利用制限手段（アクセスコントロール機能）（2条1項21号）を権原なく回避する行為については、著作権者等の利益を不当に害しない場合を除き、著作権等を侵害する行為とみなして民事上の責任を問いうる（113条6項）。また、技術的利用制限手段の回避を行う装置やプログラムの公衆への譲渡等の行為は刑事罰の対象となる（120条の2第1号）。

⑹ 不正なシリアルコードの提供等に係る規定

令和2年改正法（令和3年1月1日施行）により、不正なシリアルコードの提供等についても、著作権等を侵害する行為として民事上の責任を問いうる（113条7項）とともに、刑事罰の対象ともなる（120条の2第4号）旨の規定が導入されている。

⑺ リーチサイト・リーチアプリに係る規定

違法にアップロードされた著作物（侵害コンテンツ）へのリンク情報を集約した「リーチサイト」「リーチアプリ」によって、海賊版被害が深刻化していることから、令和2年改正法（同10月1日施行）により、①リーチサイト・リーチアプリにおいて侵害コンテンツへのリンクを提供する行為、②リーチサイト運営行為・リーチアプリ提供行為を規制する規定が導入されている（113条2項〜4項、119条2項4号・5号、120条の2第3号）。

⑻ 非親告罪となる著作権等侵害罪

著作権等侵害罪は、原則として告訴がなければ公訴を提起することができない親告罪である（123条1項）。ただし、以下の全ての要件に該当する場合は非親告罪となり、著作権者等の告訴がなくとも公訴を提起することができる（同条2項）。

⒜ 侵害者が、侵害行為の対価として財産上の利益を得る目的または有償著作物等（権利者が有償で公衆に提供・提示している著作物等）の販売等により権利者の得ることが見込まれる利益を害する目的を有していること

⒝ 有償著作物等を「原作のまま」公衆譲渡もしくは公衆送信する侵害行為またはこれらの行為のために有償著作物等を複製する侵害行為であること

⒞ 有償著作物等の提供または提示により権利者の得ることが見込まれる「利益が

第2章　知的財産法　**177**

不当に害されることとなる場合」であること
- 例 コミックマーケットにおける同人誌等の二次創作活動については「原作のまま」ではないため、親告罪となる。一方、販売中の漫画や小説の海賊版を販売する行為や、映画の海賊版をネット配信する行為等については、上記(a)〜(c)の全ての要件に該当すると非親告罪となる。

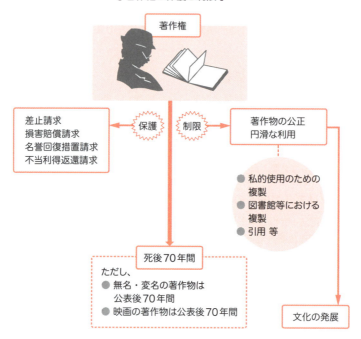

【 著作権の保護と制限 】

7 著作権の利用

(1) 著作物の利用の許諾

　著作物の利用の許諾とは、著作権者がロイヤルティ（対価）と引換えに第三者に対し当該著作物の利用を認めることをいう。産業財産権法との大きな違いは、専用実施権（専用使用権）にあたる許諾方法がないことである。

① 利用許諾の内容

　被許諾者は、その許諾に係る利用方法および条件の範囲内において、その許諾に係る著作物を利用することができる権利（利用権）を有する（63条2項）。「その許諾に係る利用方法および条件の範囲内において」とあるため、著作権のすべてについて不行使を約することも、一定の行為に限って許諾することも可能である。

- 例 著作権者AはBに自らの著作物の複製権を許諾したが、Bは複製行為のみならず翻案行為を行った。この場合、BはAの著作権を侵害したことになる。

例 著作権者AはBに自らの著作物の文庫本での出版を許諾したが、Bは文庫本ではなく新書で出版した。この場合、BはAの著作権を侵害したことになる。

② 利用許諾の分類

利用許諾は、独占的利用許諾と非独占的利用許諾に大別できる。これは、特許法における独占的通常実施権と非独占的通常実施権に近い概念である。

(a) 独占的利用許諾

独占的利用許諾とは、著作権者は被許諾者以外の者には重ねて許諾しないことを約する許諾方法である。

(b) 非独占的利用許諾

非独占的利用許諾とは、第三者に単に著作物の利用を許諾することを約する許諾方法である。

③ 利用権の対抗力（令和2年改正、同10月1日施行）

利用権は、当該利用権に係る著作物の著作権を取得した者その他の第三者に対抗することができる（63条の2新設）。

(2) 出版権

H27-14

① 出版権の設定

出版権とは、出版者に対して、出版の目的のために著作物の直接支配を許す権利である。著作者から許諾を受ければ被許諾者は当該著作物を出版することができるが、著作者との間に出版権を設定する契約を結ぶことにより初めて、出版者は、独占的・排他的に出版する権利を取得することができる（80条1項）。

② 出版権の内容

出版権者は、設定行為で定めるところにより、その出版権の目的である著作物について、次に掲げる権利の全部または一部を専有する（80条1項）。

(a) 頒布の目的をもって、文書または図画として複製する権利（記録媒体に記録された電磁的記録として複製する権利を含む）

(b) 記録媒体に記録された著作物の複製物を用いてインターネット送信を行う権利

③ 出版権者の義務

出版権者は、出版権の内容に応じて、以下の義務を負う。ただし、設定行為に別段の定めがある場合は、この限りでない（81条）。

(a) 原稿の引渡し等を受けてから6か月以内に出版行為またはインターネット送信行為を行う義務

(b) 慣行に従い継続して出版行為またはインターネット送信行為を行う義務

④ 出版権の存続期間

出版権の存続期間は、設定行為（出版権設定契約）で任意に定めることができる（83条1項）。出版権は、存続期間の定めがないときは、その設定後最初の出版行為等があった日から3年を経過した日において消滅する（83条2項）。

R01-09 (3) **著作物の譲渡・質権の設定**

① 著作物の譲渡

　著作権は、その全部または一部を譲渡することができる（61条1項）（例 複製権のみを一部譲渡することができる）。

　著作権を譲渡する契約において、翻訳権、翻案権等（27条）、または二次的著作物の利用に関する原著作者の権利（28条）が譲渡の目的として特掲されていないときは、これらの権利は、譲渡した者に留保されたものと推定される（61条2項）。これらの権利を譲渡の対象とする場合には、その旨を契約書に明記しておく必要がある。

② 質権の設定

　著作権は、これを目的として質権を設定した場合においても、設定行為に別段の定めがない限り、著作権者が行使するものとする（66条1項）。

8 著作権等に関する契約・関連法規

(1) 音楽・キャラクター等のライセンス契約

① 音楽の著作権

　音楽の著作権は、利用の許諾を得ることが多岐にわたるため、その多くはJASRAC（日本音楽著作権協会）が、音楽の著作権者から権利の委託を受け、音楽著作権を管理している。したがってJASRACの許諾を受けて使用料を払うことで利用契約が成立する。

② キャラクターのライセンス契約

　キャラクターは、著作権法、意匠法、商標法、不正競争防止法、民法、独占禁止法などさまざまな法規制を受けるため、その使用には権利者との間でライセンス契約を結ぶ必要がある。

H30-13 ## (2) パブリシティ権

　人の氏名、肖像等は個人の人格の象徴であり、当該個人は、人格権に由来するものとしてこれをみだりに利用されない権利を有する。また、人の氏名や肖像等は、商品の販売等を促進する顧客吸引力を有する場合があり、このような顧客吸引力を排他的に利用する権利をパブリシティ権という（平成24年2月2日最高裁判決「ピンク・レディー事件」）。

　なお、物のパブリシティ権（例 ゲームソフトに名称を使用された競争馬についてのパブリシティ権）を認めることはできないとされている（平成16年2月13日最高裁判決「ギャロップレーサー事件」）。

(3) ソフトウェアのライセンス契約等

　ソフトウェアには、著作権の保護を受けているものと、特許権の保護を受けてい

180　第1部　テキスト

るものが存在する。通常はコンピュータへのセットアップにより利用されるが、供給方法も多様化している。パソコンのソフトの場合は、料金の支払いやパソコンへのセットアップの際、利用条件が画面上に表示され、利用者がこれに同意することによりソフトウェアの利用権が許諾される方法がとられている。無償で供給される「フリーウェア」も、有償で供給される「シェアウェア」も、著作権は開発者に帰属し、利用者は利用権を得るだけとなる。

⑷ 著作権等管理事業法

H21-12

　著作権等管理事業法は、「著作権および著作隣接権を管理する事業を行う者について登録制度を実施し、管理委託契約約款および使用料規程の届出および公示を義務付ける等その業務の適正な運営を確保するための措置を講ずることにより、著作権および著作隣接権の管理を委託する者を保護するとともに、著作物、実演、レコード、放送および有線放送の利用を円滑にし、もって文化の発展に寄与することを目的」としている（著作権等管理事業法1条）。

　文化庁長官は、この法律の施行に必要な限度において、著作権等管理事業者に対し、その業務もしくは財産の状況に関し報告させ、またはその職員に、著作権等管理事業者の事業所に立ち入り、業務の状況もしくは帳簿、書類その他の物件を検査させ、もしくは関係者に質問させることができる（著作権等管理事業法19条1項）。立入検査をする職員は、その身分を示す証明書を携帯し、関係者に提示しなければならない（著作権等管理事業法19条2項）。

第2章　知的財産法　　**181**

VII 不正競争防止法

1 不正競争防止法概論

(1) 不正競争防止法の目的と意義

　企業に認められている営業の自由や競争の自由は市場の発展のために与えられるものであり、経済秩序を乱す不公正な行為は許されない。そこで、経済秩序を乱す不公正な行為を政策的に規制し、営業・競争の公正を確保するために、不正競業法と呼ばれる法分野が必要になる。**不正競争防止法**は、不正競業法の代表例であり、民法の不法行為規定（民法709条）の特別法にあたる法律である。また、産業財産権法とは異なり、一定の行為を不正競争として規制を行う行為規制法である。

`H30-11`
`H26-06`
(2) 商品等表示

　不正競争防止法における**商品等表示**とは、①氏名、②商号、③商標、④標章、⑤商品の容器もしくは包装、⑥その他の商品または営業を表示するものをいう（2条1項1号）。

`H27-09`
2 不正競争行為の類型

不正競争防止法は、不正競争を10の類型に分類して規定している。

`R02-11`
`R01-10`
`H28-11`
`H24-10`
(1) 混同惹起行為（周知表示混同惹起行為）

① 定義

　混同惹起行為（周知表示混同惹起行為）とは、他人の商品等表示として需要者の間に広く認識されているもの（周知）と同一・類似の商品等表示を使用し、他人の商品・営業と混同を生じさせる行為をいう（2条1項1号）。

　　例 「マンパワー・ジャパン株式会社」の表示に対して「日本ウーマン・パワー株式会社」は混同惹起行為に該当するとされた（判例：日本ウーマン・パワー事件）。

　　例 iMac事件

【 iMac事件の原告商品と被告商品 】

原告商品　　　　　　　　被告商品

出典：『不正競争防止法の概要』経済産業省知的財産政策室

【 不正競争防止法で定める不正競争行為 】

不正競争行為の名称	不正競争行為の定義	根拠条文
混同惹起行為 （周知表示混同惹起行為）	他人の商品等表示として需要者の間に広く認識されているもの（周知）と同一・類似の商品等表示を使用し、他人の商品・営業と混同を生じさせる行為	2条1項 1号
著名表示冒用行為	他人の商品等表示として著名なものを、自己の商品等表示として使用等する行為	2条1項 2号
形態模倣行為 （商品形態模倣行為）	他人の商品の形態を模倣した商品を譲渡・貸し渡し・展示・輸出・輸入する行為	2条1項 3号
営業秘密に係る不正行為	不正競争防止法で規制する6つの営業秘密にかかる不正行為およびこれらの行為によって生じたもの（営業秘密侵害品）の譲渡・輸出入	2条1項 4号～10号
限定提供データに係る不正行為	ID・パスワード等により管理しつつ、相手方を限定して提供するデータ（限定提供データ）を不正に取得・使用・提供する行為	2条1項 11号～16号
技術的制限手段無効化装置等提供行為	影像・音の視聴やプログラムの実行もしくは情報の処理または影像・音・プログラムその他の情報の記録が営業上の技術手段で制限されているときに、その技術手段を無効にして視聴・実行・処理・記録を可能とするような装置、プログラム、指令符号や役務を提供等する行為	2条1項 17号・18号
ドメイン名不正登録等行為	不正の利益を得る目的で、または他人に損害を与える目的（図利加害目的）で、他人の商品・役務の表示と同一・類似のドメイン名を使用する権利を取得・保有またはそのドメイン名を使用する行為	2条1項 19号
誤認惹起行為 （原産地等誤認惹起行為）	商品、役務やその広告等に、その原産地、内容等について誤認させるような表示をする行為	2条1項 20号
信用毀損行為 （営業誹謗行為）	競争関係にある他人の信用を害する虚偽の事実を告知し、または流布する行為	2条1項 21号
代理人等の商標冒用行為	パリ条約の同盟国等において商標権を有する者の代理人等が、正当な理由なく、その商標を使用等する行為	2条1項 22号

② 要件
混同惹起行為に該当するためには、以下のような要件が求められる。

(a) 周知性
周知性とは、「需要者の間に広く認識されている」ことであり、類似表示の使用者の営業地域において商品等主体を示す表示として取引者や需要者の間で知られていれば足りると解されている。

(b) 類似性
当該取引の実情のもとで取引者や需要者が外観、称呼、観念に基づく印象、記憶、連想等から両者を全体として類似のものと受け取るおそれがあるか否かで判断する(判例：日本ウーマン・パワー事件、最高裁による「類似」の判断基準)。

(c) 混同のおそれ
「混同を生じさせる行為」とは、商品や営業が同一の出所と混同する場合(狭義の混同)だけでなく、別個の出所があるが関連する事業者(例 グループ企業)が提供していると誤信する場合(広義の混同)を含むとする(判例：スナックシャネル事件)。

(2) 著名表示冒用行為

① 定義
著名表示冒用行為とは、自己の商品等表示として他人の著名な商品等表示と同一・類似のものを使用等する行為である(2条1項2号)。

例 アリナビッグ事件

【 アリナビッグ事件の原告商品と被告商品 】

出典：『不正競争防止法の概要』経済産業省知的財産政策室

② 目的
著名表示冒用行為防止の目的は、以下の行為の防止が該当するとされるが、条文上はこれらに限られるものではない。

(a) 顧客誘引力や良質感にただ乗りする行為(free ride)の防止
(b) 出所表示機能や良質感を希釈化する行為(dilution)の防止
(c) 良質感を汚染する行為(pollution)の防止

③ 意義
著名表示冒用行為防止の意義は、登録を要さずして非類似の商品・役務の類似の商品等表示に対して保護を及ぼすことができる点にある。

④ 要件

著名表示冒用行為に該当するためには、次のような要件が求められる。
(a) **著名性**
独占を保護する程度に顕著な表示で、需要者層（例 20代の男性）や営業地域（例 横浜市内）を越えて広範囲に知名度を有することで、「混同のおそれ」は要件としないので、容易に著名表示を想起させる程度の「類似」があれば足りるとされる。
(b) **営業の利益の侵害があったこと**
(c) **自己の商品等表示としての使用**
　例 他人の著名表示を自己の商品の宣伝にはめ込んで高級感を演出する場合（判例：香りのタイプ事件）

【 混同惹起行為と著名表示冒用行為の構成要件の比較 】

	混同惹起行為	著名表示冒用行為
商品等表示の知名度・認知度	需要者の間で広く知られている＜周知＞	全国的に需要者以外にも広く知られている＜著名＞
商品等表示の範囲	同一または類似	
混同の要否	他人の商品または営業と混同を生じさせる	（混同は必要ない）
不正とされる行為の態様	―	自己の商品等表示として
	使用、使用した商品を譲渡、引き渡し、譲渡または引き渡しのために展示、輸出、輸入、電気通信回線を通じて提供	

出典：『不正競争防止法の概要（平成27年度版）』経済産業省を一部修正

(3) 形態模倣行為（商品形態模倣行為）

H30-11
H23-10

① 定義

形態模倣行為（商品形態模倣行為）とは、他人の商品の形態を模倣した商品を譲渡等する行為をいう（2条1項3号）。
　例 ヒット商品となっていたキーホルダー型液晶ゲーム機のデザインを模倣した商品を輸入・販売した業者に対し、商品の輸入・販売の差止め、商品の廃棄および損害賠償が認められた事件（判例：たまごっち事件）

【 たまごっち事件の原告商品と被告商品 】

原告商品　　　　被告商品

出典：『不正競争防止法の概要』経済産業省知的財産政策室

② 趣旨

他者は先行者の商品のデッド・コピー（そっくりな製品、酷似した製品）をつくることにより商品化のための時間を節約できる結果、市場先行の期間が短縮化され

るため、先行者の市場先行利益の保護が必要になる。先行者と模倣者の商品の同一性のみを判断し、それ以上に商品の創作的要素を問うまでもなく模倣を禁止する制度であれば、手続きも不要であり、裁判所の司法判断も迅速に行うことができる。

③ 要件

形態模倣行為の要件は以下のとおりであり、商品の創作性・周知性は問わず、産業財産権として権利化の対象とならない知的資産も対象に含まれる。

- (a) 商品形態の模倣
- (b) 模倣商品の譲渡等
- (c) 保護期間内の侵害であること

ただし、商品の機能を確保するために不可欠な形態を模倣する行為は含まれない（2条1項3号括弧書き）。

- 例 接続用コードのプラグの本体とかみあう部分の形態
- 例 コップの形態のうち、側面と底面を有している部分（コップの縁の形状や側面の模様が特徴的である場合、このような部分は不可欠な形態ではない）

R02-14
H30-11
H28-12
H23-14
H19-11

(4) 営業秘密に係る不正行為

① 趣旨

営業秘密に係る不正行為は、国際的な潮流のなかで、秘密管理体制を突破しようという行為を禁止するために、平成2年改正で導入された。国際的な潮流とは、TRIPS協定への対応である。TRIPS協定とは知的所有権の貿易関連の側面に関する協定である。

② 定義

営業秘密に係る不正行為とは、窃取等の不正の手段によって営業秘密を取得し、自ら使用し、もしくは第三者に開示する行為等をいう。

③ 営業秘密の要件

不正競争防止法において、営業秘密として保護を受けるには、以下の要件をすべて満たしていなければならない（2条6項）。

- (a) 秘密管理性
- (b) 有用性
- (c) 非公知性

④ 行為類型

不正競争防止法では営業秘密に係る不正行為として次の6つの行為を規制する（2条1項4号～9号）。また、これらの行為のうち、技術上の秘密を使用する行為によって生じたもの（営業秘密侵害品）の譲渡・輸出入等も規制の対象となる（2条1項10号）。

- (a) 営業秘密の不正取得等（例 窃取、詐欺、強迫）（2条1項4号）
- (b) 不正取得された営業秘密の悪意重過失使用等（2条1項5号）
- (c) 不正取得された営業秘密の善意無重過失取得後の悪意重過失使用等（2条1項6号）
- (d) 正当に開示された営業秘密の不正目的使用等（2条1項7号）

⒠ 不正開示された営業秘密の悪意重過失使用等（2条1項8号）
⒡ 不正開示された営業秘密の善意無重過失取得後の悪意重過失使用等（2条1項9号）

【営業秘密に係る不正行為（2条1項4～9号）】

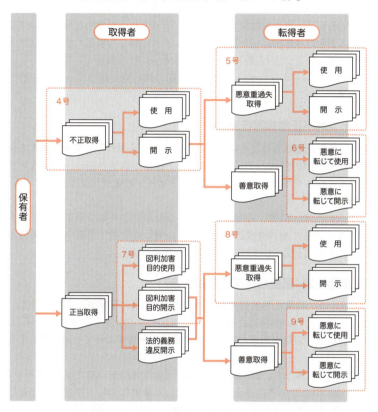

⒢ 4号～9号に掲げる技術上の秘密を使用する行為（不正使用行為）により生じた物の譲渡・輸出入等（2条1項10号）

⑸ 限定提供データに係る不正行為

限定提供データとは、業として特定のものに提供する情報として電磁的方法により相当量程度蓄積され、および管理されている技術上または営業上の情報（秘密として管理されているものを除く。）をいう（2条7項）。

限定提供データに係る不正行為とは、窃取等の不正の手段によって限定提供データを取得し、自ら使用し、もしくは第三者に開示する行為等をいう（2条1項11号～16号）。

⑹ 技術的制限手段の効果を妨げる装置等を譲渡等する行為

技術的制限手段の効果を妨げる装置等とは、影像の視聴等（影像もしくは音の視聴、プログラムの実行もしくは情報の処理、または影像、音、プログラムその他の情報の記録）をさせないように、営業上用いられている技術的制限手段の効果を妨げる機能を有する装置、当該機能を有するプログラムもしくは指令符号、当該プログラムもしくは指令符号を記録した記録媒体もしくは記録した機器、技術的制限手段の効果を妨げる役務をいう（2条1項17号、18号、8項、9項）。

> 例 コピーガードキャンセラーや衛星放送の無許諾受信デコーダーを販売する行為

⑺ ドメイン名不正登録等行為

ドメイン名不正登録等行為とは、不正の利益を得る目的で、または他人に損害を与える目的（図利加害目的）で、他人の商品・役務の表示と同一・類似のドメイン名を使用する権利を取得・保有またはそのドメイン名を使用する行為である（2条1項19号、10項）。

> 例 他人の氏名、商標、商号等と同一・類似の文字列について、先にドメイン名を申請して登録を受け、その他人に対して高額での買い取りを持ちかけて困らせる行為（サイバー・スクワッティング）

⑻ 誤認惹起行為（原産地等誤認惹起行為）

誤認惹起行為（原産地等誤認惹起行為）とは、商品、役務やその広告等に、その原産地、内容等について誤認させるような表示をする行為をいう（2条1項20号）。これらの行為は、消費者保護の観点から、景品表示法によっても規制される場合がある。

> 例 酒税法上「みりん」とは認められない液体調味料を、あたかも「本みりん」であるかのような商品表示を行い販売した業者に対し、損害賠償が命じられた（判例：本みりんタイプ調味料事件）。

⑼ 信用毀損行為（営業誹謗行為）

信用毀損行為（営業誹謗行為）とは、競争関係にある他人の信用を害する虚偽の事実を告知し、または流布する行為をいう（2条1項21号）。

> 例 競業者の米国内取引先に権利侵害に関する告知をした特許権者に対し、非侵害が明らかであるとして、虚偽事実の告知・流布の差止めと損害賠償請求が命じられた（判例：サンゴ化石粉体事件）。

⑽ 代理人等の商標冒用行為

代理人等の商標冒用行為とは、パリ条約の同盟国等において商標権を有する者の代理人等が、正当な理由なく、その商標を使用等する行為をいう（2条1項22号）。

3 適用除外と救済手段

(1) 適用除外

2条1項に規定される「不正競争」に形式上該当するものであっても、以下の場合には、差止請求権、罰則等の規定が適用されない(適用除外となる)。

① 商品および営業の普通名称・慣用表示の使用
普通名称や慣用表示を普通の方法で使う限りは、適用除外となる(19条1項1号)。

② 自己の氏名の使用
自己の氏名を、不正目的でなく使用する行為は、適用除外となる(19条1項2号)が、周知表示の主体は、自己の氏名を使用する者に対して、混同防止表示付加を請求できる(19条2項1号)。

> 例「A社製品は、当社製品とまったく関係ありません」という表示を請求することはできる。

③ 表示の先使用
他人の商品等表示が周知性・著名性を獲得する以前から、それと同一・類似の表示等をしていた場合は、不正目的でない限り、適用除外となる(19条1項3号・4号)が、これにより営業上の利益を侵害された者は、先使用者に対して、混同防止表示付加を請求できる(19条2項2号)。

④ 形態模倣行為の適用除外
以下の行為は適用除外となる。

(a) 日本国内において最初に販売された日から起算して3年を経過した商品について、その商品の形態を模倣した商品を譲渡等する行為(19条1項5号イ)

(b) 善意・無重過失で他人の商品の形態を模倣した商品(模倣品)を譲り受けた者がその模倣品を譲渡等する行為(19条1項5号ロ)

⑤ 取引によって営業秘密を取得した者がその取引によって取得した権原の範囲内においてその営業秘密を使用または開示する行為は、その取得した時に善意無重過失である場合に限り、適用除外となる(19条1項6号)

⑥ 不正の手段により取得した技術上の秘密を使用する行為に対する差止請求権が時効によって消滅した後に、当該使用行為に基づいて生じた物を譲渡等する行為は、適用除外となる(19条1項7号)。

⑦ 限定提供データに係る不正行為の適用除外
以下の行為は適用除外となる。

(a) 取引によって限定提供データを入手した者がその取引によって取得した権原の範囲内においてその限定提供データを開示する行為(その取得した時に善意である場合に限る)(19条1項8号イ)

(b) 相当量蓄積されている情報が無償で公衆に利用可能となっている情報と同一である限定提供データを取得・使用・開示する行為(19条1項8号ロ)

⑧ 技術的制限手段の効果を妨げる装置等を譲渡等する行為は、技術的制限手段の試験または研究のために用いられる場合に限り、適用除外となる(19条1項9号)。

第2章 知的財産法 **189**

H24-10 **(2) 不正競争行為に対する救済手段**

不正競争行為に対する救済手段は、他の知的財産法同様に、差止請求・損害賠償請求等の民事的手段と刑事的手段に大別される。

① 民事的手段

(a) 差止請求

不正競争によって営業上の利益を侵害され、または侵害されるおそれがある者は、その営業上の利益を侵害する者または侵害するおそれがある者に対して、その侵害の停止・予防を請求すること、および侵害の行為を組成した物の廃棄等を請求することができる（3条）。

営業秘密にかかる不正行為には3年の時効と20年の除斥期間（法律関係を速やかに確定させるため、一定期間の経過によって権利を消滅させる制度）が定められており（15条）、差止請求権消滅後は損害賠償請求権も発生しない（4条但書）。

(b) 損害賠償請求

故意または過失により不正競争を行って他人の営業上の利益を侵害した者に対しては、損害賠償を請求することができる（4条、民法709条）。

特許法等とは異なり、侵害者の過失の推定はないため、原則として、損害賠償の請求者が不正競争の行為者の故意・過失を立証しなければならない。ただし、侵害者が生産方法等の営業秘密を不正取得したこと、および侵害者がその生産方法を使って生産することができる製品を生産していることを損害賠償の請求者が立証した場合に限り、侵害者が当該営業秘密を使用して製品を生産したものと推定される（5条の2）。

また、不正競争行為関連訴訟では、侵害内容が確定できても損害額の立証は困難であるため、損害額の算定については、不正競争防止法に推定規定が設けられている（5条）。

② 刑事的手段

平成27年不正競争防止法改正により、営業秘密侵害行為に対する抑止力の向上等を図るため、処罰範囲の整備、罰金の引上げおよび海外重課、犯罪収益の没収、非親告罪化等の措置が講じられた。

190 第1部 テキスト

厳選!! 必須テーマ［○・×］チェック ──第2章──

過去20年間（平成13～令和2年度）本試験出題の必須テーマから厳選！

■■■ 問題編 ■■■　　　　Check!!

問1 (H29-7)　　　　　　　　　　　　　　　　　　　　　　　［○・×］
特許権の存続期間は登録日から20年である。

問2 (R02-10)　　　　　　　　　　　　　　　　　　　　　　　［○・×］
特許および商標に認められる優先権は12か月であり、実用新案および意匠に認められる優先権は6か月である。

問3 (R01-15)　　　　　　　　　　　　　　　　　　　　　　　［○・×］
実用新案法には、審査請求制度が規定されている。

問4 (H29-7)　　　　　　　　　　　　　　　　　　　　　　　［○・×］
商標権の存続期間は登録日から10年である。

問5 (H26-13 (設問2))　　　　　　　　　　　　　　　　　　　［○・×］
商標権の存続期間は延長することができる。

問6 (R01-15)　　　　　　　　　　　　　　　　　　　　　　　［○・×］
商標法には、新規性喪失の例外規定が規定されている。

問7 (H27-7)　　　　　　　　　　　　　　　　　　　　　　　［○・×］
作家Xが文芸作品を制作した場合、その作品の著作権は著作権の設定登録の時に発生する。

問8 (H28-08)　　　　　　　　　　　　　　　　　　　　　　　［○・×］
斬新な形態の仏壇のデザインは著作権により保護されることがある。

問9 (R02-15)　　　　　　　　　　　　　　　　　　　　　　　［○・×］
引用に該当する場合には、当該著作物を翻訳して利用することができる。

問10 (H30-11)　　　　　　　　　　　　　　　　　　　　　　［○・×］
真正品が外国で最初に販売された日から3年を経過すれば、不正競争法防止法第2条第1項第3号に規定する、いわゆるデッドコピー行為の規定は適用されない。

第2章　知的財産法　　191

■■■ **解答・解説編** ■■■

問1　×：出願日から20年である。

問2　×：特許および実用新案に認められる優先権は12か月であり、意匠および商標に認められる優先権は6か月である。

問3　×：無審査主義のため審査請求制度はない。

問4　○：登録日から10年である。

問5　×：商標権の存続期間は、更新登録申請により更新することができる。

問6　×：博覧会への出品・出展時に出願をしたものとみなされる規定があるが、新規性喪失の例外規定はない。

問7　×：著作権の存続期間は、著作物の創作の時に始まる。

問8　○：応用美術（実用品・量産品等）は、創作性がある著作物として認められる場合がある。

問9　○：翻訳して利用することはできるが、翻案（要約等）して利用することはできない。

問10　×：不正競争防止法第2条第1項第3号に規定するデッドコピー行為の適用除外となるのは、真正品が日本国内で最初に販売された日から3年を経過した場合である。

本章の体系図

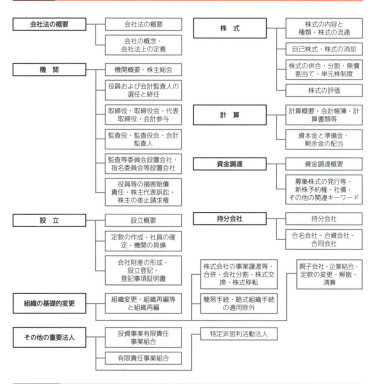

本章のポイント

- 会社法の概要について理解する
- 株式では、株式の役割・種類・発行手続について理解する
- 機関では、機関設計ルール、詳細機能の順に理解する
- 計算では、概要を理解し、計算方法を習得する
- 設立では、定款の作成から設立登記までの流れを理解し、例外を押さえる
- 資金調達では、多様化する資金調達方法と手続を理解する
- 組織の基礎的変更では、組織再編等を理解する
- 持分会社では、株式会社や有限責任事業組合との違いを中心に理解する

第3章

会社法

I 会社法の概要

II 株式

III 機関

IV 計算

V 設立

VI 資金調達

VII 組織の基礎的変更

VIII 持分会社

IX その他の重要法人

I 会社法の概要

1 会社法の概要

(1) 会社法の概要
会社法とは、会社について規定する日本の法律をいい、商事法の1つである。

(2) 会社法の条文の根源
法源とは、法の「根源」のことで、法の解釈・適用にあたって引用することができる法形式のことである。成文法と不文法に大別される。会社法の主要な法源を優先順位の高い順に並べると、以下のようになる。

【 会社法の主要な法源 】

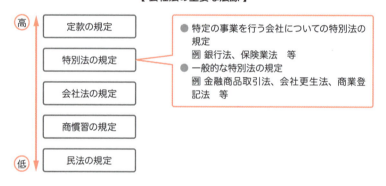

2 会社の概念

(1) 共同企業

① 企業と共同企業
会社は企業の一形態である。企業とは、営利活動に向けられた財産の集合体（物的要素）と経営活動を行う者とその補助者（人的要素）の結合体である。企業には、個人企業と共同企業がある。共同企業とは、複数の出資者が共同して企業を営むもので、資本と労力を結合し、危険を分散することが可能となる点に特徴がある。

【 企業の種類 】

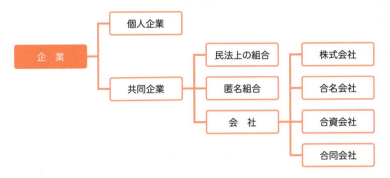

② **民法上の組合**

　民法上の組合とは、数人が出資をして共同の事業を営む契約（民法667条以下）である。出資は、金銭その他の財産、あるいは労務でもよい。事業は、営利を目的とするものでも、親睦を目的とするものでもよい。その団体性は社団ほど強くはなく、普通は法人格を持たない。組合財産は総組合員の共有とされ、組合の業務執行は組合員の過半数で決める。

③ **匿名組合**

　匿名組合とは、当事者の一方（匿名組合員）が相手方（営業者）の営業のために出資をし、相手方がその営業から生ずる利益を分配することを約束する契約である（商法535条）。外部には営業者だけが権利義務の主体として現れ、匿名組合員は、営業者に対して出資の義務を負うが、第三者に対して権利義務を持たない。

④ **会社**

　会社とは、営利を目的とする社団法人である。会社法上は、株式会社、合名会社、合資会社または合同会社をいう（2条1号）

(2) 会社の性質

　会社には次のような3つの性質がある。これらの性質をすべて持ち合わせているのが、会社である。

① **法人性**

　会社は法人とされ、法人格を持つ（3条）。法人格が認められることにより、団体自身の名において権利を有し義務を負うことが認められ、権利義務関係の処理が簡単になる。

② **営利性**

　会社は事業を行い、それによって得た利益を出資者である構成員に分配することを目的とする団体であるため、営利法人である。公益法人や一般法人と異なり、構成員の私的利益を図ることを目的とし、利益の構成員への分配は剰余金の配当または残余財産の分配という形をとる。

③ 社団性

社団とは、一定の目的をもって組織された自然人の団体で、その団体自身が個々の構成員から独立した単一体としての存在を有するものである。

(3) 会社の類型と種類

ここでは、会社の類型と種類について確認する。

① 会社法上の会社

会社法上の会社には、株式会社と持分会社の2つの類型がある。持分会社には合名会社・合資会社・合同会社の3つの種類がある。

【 会社法上の会社 】

株式会社		社員の地位が均等に細分化された株式の形をとり、社員（株主）が会社に対し各自の有する株式の引受価額を限度とする出資義務（株主有限責任）を負うのみで（104条）、出資額を超えて会社債権者に対して何ら責任を負わない会社である。
持分会社	合名会社	無限責任社員のみからなる持分会社である（576条2項）。
	合資会社	無限責任社員と有限責任社員の両方からなる持分会社である（576条3項）。
	合同会社	有限責任社員のみからなる持分会社である（576条4項）。

② 特別法上の会社

会社法のほかに特別法の規定が適用される会社がある。例えば、銀行法や保険業法による適用を受ける会社である。また、特定の会社だけのために特別の法律が存在する場合もある。NTT（日本電信電話株式会社法に基づく日本電信電話株式会社）がその典型である。

H22-05
③ 有限会社の廃止

会社法の施行に伴い、有限会社は廃止された。新たに有限会社を設立することはできず、株式会社から有限会社に組織変更することもできない。既存の有限会社は特例有限会社と称する会社法上の一種の株式会社として存続する（会社法の施行に伴う関係法律の整備等に関する法律（以下「整備法」）2条1項、3条2項）。

特例有限会社も会社法上の株式会社である以上、基本的には会社法が適用されるが、会社法を全面適用すると負担や混乱が生じるため、整備法により特例が定められている（整備法2条〜46条）。このため、実質的には会社法施行後も従前のとおり運営することが可能で、特に積極的な対応が必要になるわけではない。特例有限会社の会社名には、「有限会社」という文字を使用しなければならず、「株式会社」という文字は使用できない（整備法3条1項）。特例有限会社は、通常の株式会社へ移行することも可能である。移行する場合には、定款を変更し（整備法45条）、従来の有限会社について解散の登記を行い、新しい商号の株式会社を設立登記することが必要である（整備法46条）。

(4) 株式会社の特徴

株式会社には次のような特徴がある。これらすべての特徴を兼ね備えた会社法上の会社は、株式会社だけである。

【 株式会社の特徴 】

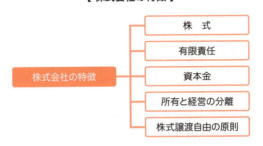

① 株式
株式とは、細分化された均質な割合的単位の形をとる株式会社の社員としての地位である。株主とは、株式会社の社員のことであり、実質的には株式会社の共同出資者であり、さまざまな株主権が認められている。

② 有限責任
有限責任とは、債務の履行について、一定額を限度として、または特定の財産だけを債務の引当てとなす場合の責任のことであり、**有限責任社員**とは、会社債務に対し出資額の限度においてのみ責任を負う社員のことである。株主は、出資額を超えて会社の債務について会社債権者に対して責任を負わない有限責任社員である（株主有限責任の原則）（104条）。

③ 資本金
資本金とは、会社の財産を確保するための基準となる一定の計算上の額である。

④ 所有と経営の分離
株式会社には、1人または2人以上の**取締役**を置かなければならない（326条1項）。株式会社は、定款の定めによって、取締役会、会計参与、監査役、監査役会、会計監査人、監査等委員会または指名委員会等を置くことができる（326条2項）。これによって、株主（実質的な会社の共同所有者）が業務を執行する者（取締役等）を選任し、例外的な場合を除いて、この業務執行者が経営上の意思決定をし、執行することができる。これを株式会社における**所有と経営の分離**と呼ぶ。

⑤ 株式譲渡自由の原則
株主にとって、会社の解散や剰余金の分配等の場合を除き、株式を譲渡する以外に投下資本を回収する方法がないので、**株式の自由譲渡性**が認められている（127条）。ただし、現在の会社法では、さまざまな理由により株式会社が自社の株式の譲渡を制限する場合が広く認められており、非常に例外の多い原則になっている。

3 会社法上の定義

(1) 定義について

会社法では、多くの用語が定義されている（2条）。これらの用語は会社法を学ぶうえで必要不可欠な知識である。

(2) 用語の定義

①会社の区分に関する用語

会社	株式会社、合名会社、合資会社または合同会社をいう（2条1号）。
外国会社	外国の法令に準拠して設立された法人その他の外国の団体であって、会社と同種のものまたは会社に類似するものをいう。（2条2号）。
子会社	会社がその総株主の議決権の過半数を有する株式会社その他の当該会社がその経営を支配している法人として法務省令で定めるものをいう（2条3号）（子会社に外国会社を含め、実質的な支配の概念を導入した）。
親会社	株式会社を子会社とする会社その他の当該株式会社の経営を支配している法人として法務省令で定めるものをいう（2条4号）。
公開会社	その発行する全部または一部の株式の内容として譲渡による当該株式の取得について株式会社の承認を要する旨の定款の定めを設けていない株式会社をいう（2条5号）。
大会社	次に掲げる要件のいずれかに該当する株式会社をいう（2条6号）。 •最終事業年度に係る貸借対照表に資本金として計上した額が5億円以上である。 •最終事業年度に係る貸借対照表の負債の部に計上した額の合計額が200億円以上である。
取締役会設置会社	取締役会を置く株式会社またはこの法律の規定により取締役会を置かなければならない株式会社をいう（2条7号）。
会計参与設置会社	会計参与を置く株式会社をいう（2条8号）。
監査役設置会社	監査役を置く株式会社（その監査役の監査の範囲を会計に関するものに限定する旨の定款の定めがあるものを除く）またはこの法律の規定により監査役を置かなければならない株式会社をいう（2条9号）。
監査役会設置会社	監査役会を置く株式会社またはこの法律の規定により監査役会を置かなければならない株式会社をいう（2条10号）。
会計監査人設置会社	会計監査人を置く株式会社またはこの法律の規定により会計監査人を置かなければならない株式会社をいう（2条11号）。
監査等委員会設置会社	監査等委員会を置く株式会社をいう（2条11の2号）。
指名委員会等設置会社	指名委員会、監査委員会および報酬委員会を置く株式会社をいう（2条12号）。
種類株式発行会社	剰余金の配当その他の事項について内容の異なる2以上の種類の株式を発行する株式会社をいう（2条13号）。

② 機関に関する用語

種類株主総会	種類株主（種類株式発行会社におけるある種類の株式の株主をいう）の総会をいう（2条14号）。
社外取締役	株式会社の取締役であって、次の要件のいずれにも該当するものをいう（2条15号）。 • 自社または子会社の業務執行取締役（(a) 代表取締役、(b) 取締役会の決議で業務を執行する取締役として選定されたもの、(c) 自社の業務を執行したその他の取締役をいう）もしくは執行役または支配人その他の使用人（以下「業務執行取締役等」という）でなく、かつ、その就任の前10年間自社または子会社の業務執行取締役等であったことがないこと。 • その就任の前10年内のいずれかの時において自社または子会社の取締役、会計参与（法人であるときは、その職務を行うべき社員）または監査役であったことがある者（業務執行取締役等であったことがあるものを除く）にあっては、当該取締役、会計参与または監査役への就任の前10年間自社または子会社の業務執行取締役等であったことがないこと。 • 自社の親会社等（自然人に限る）または親会社等の取締役もしくは執行役もしくは支配人その他の使用人でないこと。 • 自社の親会社等の子会社等（自社およびその子会社を除く）の業務執行取締役等でないこと。 • 自社の取締役もしくは執行役もしくは支配人その他の重要な使用人または親会社等（自然人に限る）の配偶者または2親等内の親族でないこと。
社外監査役	株式会社の監査役であって、次の要件のいずれにも該当するものをいう（2条16号）。 • その就任の前10年間自社または子会社の取締役、会計参与（法人であるときは、その職務を行うべき社員）もしくは執行役または支配人その他の使用人であったことがないこと。 • その就任の前10年内のいずれかの時において自社または子会社の監査役であったことがある者にあっては、当該監査役への就任の前10年間自社または子会社の取締役、会計参与（法人であるときは、その職務を行うべき社員）もしくは執行役または支配人その他の使用人であったことがないこと。 • 自社の親会社等（自然人に限る）または親会社等の取締役、監査役もしくは執行役もしくは支配人その他の使用人でないこと。 • 自社の親会社等の子会社等（自社およびその子会社を除く）の業務執行取締役等でないこと。 • 自社の取締役もしくは支配人その他の重要な使用人または親会社等（自然人に限る）の配偶者または2親等内の親族でないこと。

H27-01

第3章　会社法　**201**

【社外取締役になれない者】

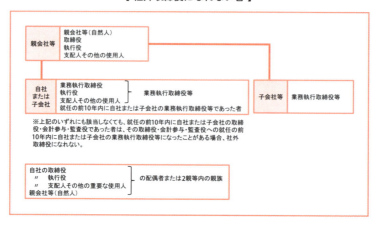

③ 株式・社債・配当財産に関する用語

譲渡制限株式	株式会社がその発行する全部または一部の株式の内容として譲渡による当該株式の取得について当該株式会社の承認を要する旨の定めを設けている場合における当該株式をいう (2条17号)。
取得請求権付株式	株式会社がその発行する全部または一部の株式の内容として株主が当該株式会社に対して当該株式の取得を請求することができる旨の定めを設けている場合における当該株式をいう (2条18号)。
取得条項付株式	株式会社がその発行する全部または一部の株式の内容として当該株式会社が一定の事由が生じたことを条件として当該株式を取得することができる旨の定めを設けている場合における当該株式をいう (2条19号)。
単元株式数	株式会社がその発行する株式について、一定の数の株式をもって株主が株主総会または種類株主総会において1個の議決権を行使することができる1単元の株式とする旨の定款の定めを設けている場合における当該一定の数をいう (2条20号)。
新株予約権	株式会社に対して行使することにより当該株式会社の株式の交付を受けることができる権利をいう (2条21号)。
新株予約権付社債	新株予約権を付した社債をいう (2条22号)。
社債	同法の規定により会社が行う割当てにより発生する当該会社を債務者とする金銭債権であって、同法に掲げる事項についての定めに従い償還されるものをいう (2条23号)。
最終事業年度	各事業年度に係る計算書類 (435条2項に規定) につき承認 (438条2項に規定、439条前段に規定する場合にあっては、436条3項の承認) を受けた場合における当該各事業年度のうち最も遅いものをいう (2条24号)。
配当財産	株式会社が剰余金の配当をする場合における配当する財産をいう (2条25号)。

④ 組織変更・組織再編に関する用語

組織変更	株式会社がその組織を変更することにより合名会社、合資会社または合同会社となること、または、合名会社、合資会社または合同会社がその組織を変更することにより株式会社となることをいう (2条26号)。
吸収合併	会社が他の会社とする合併であって、合併により消滅する会社の権利義務の全部を合併後存続する会社に承継させるものをいう (2条27号)。
新設合併	2以上の会社がする合併であって、合併により消滅する会社の権利義務の全部を合併により設立する会社に承継させるものをいう (2条28号)。
吸収分割	株式会社または合同会社がその事業に関して有する権利義務の全部または一部を分割後他の会社に承継させることをいう (2条29号)。
新設分割	1または2以上の株式会社または合同会社がその事業に関して有する権利義務の全部または一部を分割により設立する会社に承継させることをいう (2条30号)。
株式交換	株式会社がその発行済株式の全部を他の株式会社または合同会社に取得させることをいう (2条31号)。
株式移転	1または2以上の株式会社がその発行済株式の全部を新たに設立する株式会社に取得させることをいう (2条32号)。

H19-05
H23-02
H24-04
H20-04
H19-05
H19-16

⑤ 公告に関する用語

公告方法	会社 (外国会社を含む) が公告 (この法律または他の法律の規定により官報に掲載する方法によりしなければならないとされているものを除く) をする方法をいう (2条33号)。
電子公告	公告方法のうち、電磁的方法 (電子情報処理組織を使用する方法その他の情報通信の技術を利用する方法であって法務省令で定めるものをいう) により不特定多数の者が公告すべき内容である情報の提供を受けることができる状態に置く措置であって法務省令で定めるものをとる方法をいう (2条34号)。

第3章 会社法　203

(3) 公開会社と譲渡制限会社（非公開会社）

公開会社以外の会社は、**非公開会社**あるいは**譲渡制限会社**といわれるが、一言でいえば、「発行する株式がすべて譲渡制限株式である会社」とまとめることができる。裏返せば、**公開会社**とは、1株でも譲渡制限のない株式を発行している株式会社の総称ということになる。

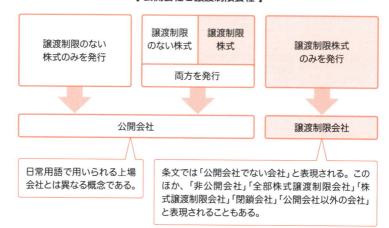

【 公開会社と譲渡制限会社 】

II 株式

1 株式

(1) 株式

株式とは、株式会社における出資者である社員の地位を細分化して割合的地位の形にしたものをいう。必ずしも、株券を発行しなければいけないということはない。株式会社の持分を示す抽象的な概念である。それゆえ、以下のような特徴がある。

① 株式の特徴

株式は均一性を有する（株式の均一性）。また、株式は1株未満に分割することはできない（株式の不可分性）。かつては端株という概念が存在したが現在は廃止されている。

② 株式と資本金の額との関係

(a) 原則

株式会社の資本金の額は、設立または株式の発行に際して株主となる者が当該株式会社に対して払込みまたは給付をした財産の全額とする（445条1項）。これが原則である。

(b) 例外

ただし、株式発行の際に、払込みまたは給付に係る額の2分の1までの額（払込剰余金）を資本金に組み入れずに、資本準備金とすることができる（445条2項・3項）。

(2) 株主の会社に対する義務

株主はその有する株式の引受価額を限度とする出資義務を負うが（104条）、それ以外の義務や責任はない（**株主有限責任**）。万一、自分が出資していた会社が倒産しても、自分の出資分をあきらめる以外には責任をとらなくてもよいから、人は安心して株式に出資することができる。

(3) 株主の会社に対する権利

株主の会社に対する権利は、自益権と共益権、単独株主権と少数株主権とに分けることができる。

① 自益権と共益権

【 自益権と共益権 】

	定義	例
自益権	会社から直接経済的な利益を受けることを目的とする権利	剰余金配当請求権（105条1項1号） 残余財産分配請求権（105条1項2号） 株式買取請求権（116〜119条等）
共益権	会社の経営に参与することを目的とする権利	株主総会における議決権（105条1項3号） 監督是正権（会社運営を監督是正する権利） 株主提案権（303条1項、305条1項） 会計帳簿閲覧権（433条1項）

② 単独株主権と少数株主権

	定義	例
単独株主権	1株の株主でも行使できる権利（自益権はすべて単独株主権であり、共益権のうち、議決権などは単独株主権である）	取締役・執行役の違法行為差止請求権（360条、422条）
少数株主権	総株主の議決権の一定割合以上または一定数以上を有する株主のみが行使できる権利	会計帳簿閲覧権（433条1項）

(4) 授権株式制度（授権資本制度）

　授権株式制度（授権資本制度）とは、会社が将来発行する予定の株式の数（発行可能株式総数）を定款で定めておき、その授権の範囲内で取締役会決議等により適宜株式を発行することを認める制度である（37条1項・2項・3項）。

　公開会社では、設立時には授権株式数の少なくとも4分の1以上は株式を発行しなければならず、また、定款の変更により既存の授権株式数を増加する場合にも、発行済株式総数の4倍までしか増加できない（37条3項、113条3項1号）。譲渡制限会社には、このような制約はない（37条3項但、113条3項1号）。

(5) 株式買取請求権

　一定の場合、株主総会決議に反対した株主等に株式買取請求権が認められる（116～119条等）。

(6) 株主平等の原則

　株式会社は、株主を、その有する株式の内容および数に応じて、平等に取り扱わなければならない（109条1項）。これを株主平等の原則という。

　株主平等の原則の根源は、株式の平等性・均等性にある。この均等内容を有する株式の保有数に比例して平等取扱いをされるのが原則である。均等性に対する例外として、種類株式や単元未満株式がある。ただ同一の種類株式の中では、やはり原則としてその株式保有数に従い、比例的平等の取扱いがなされる。

(7) 利益供与の禁止

　会社は、誰に対してでも、株主の権利の行使に関し、自社または子会社の計算で財産上の利益の供与をしてはならない（120条1項）。

　これに違反した場合には、次のような効果が生じる。

　① 財産上の利益の供与を受けた者の返還義務（120条3項）

　② 取締役・執行役の支払義務（120条4項）

　③ 責任追及等の訴え（代表訴訟）（847条以下）

H26-03
H24-06
H23-17

【 主な株主の権利の行使要件 】

	主な株主権の種類	議決権数または株式数の要件	6か月間の保有要件
単独株主権	設立無効等の訴え (828条2項1号等)	なし	なし
	累積投票請求権 (342条1項)	なし	なし
	募集株式発行差止請求権 (210条)	なし	なし
	合併等の通常の組織再編等に対する差止請求権 (784条の2、796条の2、805条の2)	なし	なし
	全部取得条項付種類株式の取得、株式併合に対する差止請求権 (171条の3、182条の3)	なし	なし
	代表訴訟提訴権 (847条以下)	なし	あり
	取締役・執行役の違法行為差止請求権 (360条、422条)	なし	あり
少数株主権	株主提案権 (303条1項・2項・3項、305条1項・2項)	議決権数の1/100以上または議決権300個以上	あり
	総会検査役選任請求権 (306条)	議決権数の1/100以上	あり
	会計帳簿閲覧権 (433条1項)	議決権数の3/100以上または発行済株式総数の3/100以上	なし
	検査役選任請求権 (358条1項)	議決権数の3/100以上または発行済株式総数の3/100以上	なし
	取締役等の責任軽減の異議権 (426条7項)	議決権数の3/100以上	なし
	取締役等の解任請求権 (854条1項・2項、479条2項・3項)	議決権数の3/100以上または発行済株式総数の3/100以上	あり
	総会招集権 (297条1項・2項)	議決権数の3/100以上	あり
	会社解散請求権 (833条1項)	議決権数の1/10以上または発行済株式総数の1/10以上	なし
	簡易合併等への反対権 (796条3項)	法務省令で定める以上の議決権数	なし

※発行済株式総数は、自己株式を除く。
※譲渡制限会社においては、6か月間の保有要件は不要である。
※少数株主権については、すべての会社において、定款で要件の緩和や単独株主権化が可能である
　（「簡易合併等への反対権」については法務省令による）。
※提案権については、取締役会非設置会社では単独株主権であり、保有期間の要件も必要ない。

⑻ 共有者による権利の行使

H30-03

　共同相続の場合には、株式の共有が生じる。株式の共有者は、当該株式について
の権利行使者を1人定め、株式会社にその者の氏名または名称を通知しなければ、

第3章　会社法　　207

当該株式についての権利を行使できない。ただし、株式会社が同意すれば、株式の共有者は、権利行使者の指定・通知をしなくても、権利を行使できる(106条)。

権利行使者を定めるに当たっては、共有者の持分の過半数で決定することができる(最判平成9年1月28日)。権利行使者は、自己の判断で株主権を行使することができ、たとえ共有者内部における合意に反していたとしても、その権利行使は有効とされる(最判昭和53年4月14日)。

株式会社が株主に対してする通知または催告は、共有者の通知がない場合には、共有者のうちの1人に対してすれば足りる(126条4項)。

2 株式の内容と種類

(1) 概要

会社法は、各株式の権利の内容は同一であることを原則としている。例外として、一定の範囲と条件のもとで、以下のような株式を発行することができる。

① 特別な内容の株式

特別な内容の株式とは、発行するすべての株式の内容として特別な事項を定めることである(107条)。

② 種類株式

種類株式とは、権利の内容の異なる複数の種類の株式である(108条)。

【 株式の内容と種類 】

(2) 発行手続

特別な内容の株式の発行手続は、定款で法の規定する事項を定めなければならない(107条2項)。譲渡制限株式の場合は、株券にも記載が必要である(216条3号)。種類株式の発行手続は、原則として、各種類の株式の発行可能種類株式総数と内容について法の規定する事項を定款で定めなければならない(108条2項)。標準となる普通株式は除く。

(3) 特別な内容の株式

株式会社が、権利の内容が異なる1種類の株式を発行した場合、その株式を特別

な内容の株式と呼ぶ（107条）。なお、会社法では、株式を取得した場合に、社債等を対価とすることもできるようになった（107条2項2号・3号）。

① 譲渡制限株式

譲渡制限株式とは、発行する全部の株式の内容として、譲渡による取得について株式会社の承認を要する旨の定めを設けている場合における当該株式（2条17号、107条1項1号）である。一般に大規模な会社では株主の個性は問題とならず、株式の譲渡を制限する需要はないが、同族会社のように株主の個性が問題となる会社の需要にこたえたものである。

② 取得請求権付株式

取得請求権付株式とは、発行する全部の株式の内容として、株主が株式会社に対して取得（買い取り）を請求することができる旨の定めを設けている株式である（2条18号、107条1項2号）。

③ 取得条項付株式

取得条項付株式とは、発行する全部の株式の内容として、株式会社が一定の事由が生じたことを条件として取得（買い取り）することができる旨の定めを設けている株式である（2条19号、107条1項3号）。

(4) 種類株式

株式会社が、権利の内容が異なる2種類以上の株式を発行した場合、その株式を**種類株式**と呼ぶ（108条）。なお、会社法では、株式を取得した場合に、社債等を対価とすることもできるようになった（108条2項5号・6号）。会社法の条文上は種類株式を9種類認めている（108条1項1号〜9号）が、本書では、配当についての種類株式（108条1項1号）と残余財産分配についての種類株式（108条1項2号）をまとめているため8種類となっている。

① 配当・残余財産分配についての種類株式

剰余金の配当・残余財産の分配またはその双方について、他の種類の株式より優先的な地位が与えられる株式を**優先株式**、劣後的な地位が与えられる株式を**劣後株式**、標準となる株式を**普通株式**という（108条1項1号・2号）。剰余金の配当については優先するが、残余財産の分配については劣後するというような混合株式の発行も可能である。

優先株式・劣後株式以外の例として、トラッキング・ストックがある。トラッキング・ストックとは、会社が有する特定の完全子会社・事業部門などの業績にのみ価値が連動するよう設計された株式のことである。

② 議決権制限種類株式

議決権制限種類株式とは、発行する一部の株式の内容として、定款の定めにより、株主総会の全部または一部の事項について議決権を行使することができない種類株式である（108条1項3号）。

議決権制限種類株式の発行限度は、公開会社の場合、発行済株式総数の2分の1を超えてはならない。超えた場合には直ちに2分の1以下にするために必要な措置をとらなければならない（115条）。譲渡制限会社には、この規定はない。

③ 譲渡制限種類株式

譲渡制限種類株式とは、発行する一部の株式の内容として、譲渡による取得について株式会社の承認を要する旨の定めを設けている場合における当該種類株式である（2条17号、108条1項4号）。

④ 取得請求権付種類株式

取得請求権付種類株式とは、発行する一部の株式の内容として、株主が株式会社に対して取得（買い取り）を請求することができる旨の定めを設けている種類株式である（2条18号、108条1項5号）。

　取得請求権付種類株式を発行する場合は、その取得の対価等を定款で定めなければならない。

⑤ 取得条項付種類株式

取得条項付種類株式とは、発行する一部の株式の内容として、株式会社が一定の事由が生じたことを条件として、取得（買い取り）することができる旨の定めを設けている種類株式である（2条19号、108条1項6号）。

　「一定の事由」とは、たとえば、「敵対的買収の意思のある者が株主になった場合」などが考えられる。その場合、会社はその者から取得条項付種類株式を取得し、対価として議決権制限種類株式を付与すれば、買収防止策になると考えられる。

⑥ 全部取得条項付種類株式

全部取得条項付種類株式とは、発行する一部の株式の内容として、株主総会の特別決議により、会社がその全部を取得することができるような種類株式である（108条1項7号）。全部取得条項付種類株式が設けられた背景には、100%減資（既存の株式のすべてを消却し、会社再建のために新たに株主を入れ替える手法）を円滑に行うという目的がある。

　取得条項付種類株式は、一定の事由が生じた場合に株式会社が株主の同意なしにその株式を取得することができるが、全部取得条項付種類株式の取得には、株主総会の特別決議が必要となる点が異なる。

　全部取得条項付種類株式の取得が法令または定款に違反する場合、株主が不利益を受けるおそれがあるときは、株主は株式会社に対し、取得をやめることを請求することができる（171条の3）。

⑦ 拒否権付種類株式

拒否権付種類株式とは、発行する一部の株式の内容として、当該種類株式の株主に拒否権を認める種類株式である（108条1項8号）。一般に**黄金株**とも呼ばれている種類株式である。この株式がある場合、株主総会決議のほかに、拒否権付種類株式の株主を構成員とする種類株主総会の決議が必要になる。

⑧ 選解任種類株式

選解任種類株式とは、指名委員会等設置会社ではない譲渡制限会社に認められている、取締役または監査役の選解任について議決権を行使できる種類株式である（108条1項但、1項9号、347条）。

⑸ 種類株主総会

会社が数種の株式を発行した場合には、異なる種類の株主の間で各種の権利の調整が必要となる場合が生じるため、種類株主総会制度が設けられている（321〜325条）。

具体的には、種類株式を発行している会社で、主に次のような行為を行った結果、ある種類株式の株主に損害を及ぼすおそれがあるときは、全体の株主総会の特別決議の他に、その種類株式の株主を構成員とする種類株主総会の特別決議が必要とされる（322条、324条）。

① 株式の種類追加など一定の事項に関する定款変更
② 株主割当による新株発行等
③ 合併等の組織再編

ただし、あらかじめ定款で種類株主総会の決議を必要としない旨を定めることも可能である。

【 特別な内容の株式と種類株式 】

	株式の特徴	特別な内容の株式としての発行	種類株式としての発行
①	配当・残余財産分配に関する取扱いが異なる	－	配当・残余財産分配についての種類株式（108条1項1号・2号）
②	議決権が制限される	－	議決権制限種類株式（108条1項3号）
③	譲渡が制限される	譲渡制限株式（2条17号、107条1項1号）	譲渡制限種類株式（2条17号、108条1項4号）
④	株主が会社に取得を請求できる権利が付与されている	取得請求権付株式（2条18号、107条1項2号）	取得請求権付種類株式（2条18号、108条1項5号）
⑤	会社が株主に取得を請求できる取得条項が付与されている	取得条項付株式（2条19号、107条1項3号）	取得条項付種類株式（2条19号、108条1項6号）
⑥	会社がその全部を取得することができる全部取得条項が付与されている	－	全部取得条項付種類株式（108条1項7号）
⑦	拒否権が付与されている	－	拒否権付種類株式（108条1項8号）
⑧	取締役・監査役の選解任権が付与されている	－	選解任種類株式（108条1項但、1項9号、347条）

⑹ ベンチャーファイナンスにおける種類株式

種類株式は、効果的に組み合わせることによって、起業家や投資家の権利・リスク等の調整を行い、大規模な資金調達やガバナンスの実効性を高めることができる

第3章　会社法　　211

ことから、ベンチャーの成長可能性を高めることができる有効なファイナンス手段の1つと位置付けられる。

ベンチャー企業に対する投資において、かつては投資資金の回収（以下、Exitという）の方法は投資先の発行する株式が金融商品取引所へ上場すること（以下、IPOという）が主なものであったが、昨今ではIPO以外にM&AによるExitを企図する場合も増えている。

① 起業家側の意義：株式の希薄化を抑えた大規模資金調達

経済的権利を付与することにより1株あたりの価値が高い種類株式（優先株式）と普通株式の価格差を利用することによって、起業家の株式持分の希薄化を一定程度に抑えつつ大規模な資金調達を行うことができる。

なお、優先株式における剰余金の配当と残余財産の分配には、次の方式がある。

【 優先株式の配当方式 】

優先配当	累積型	特定の事業年度において種類株式に対して支払われる配当金額が優先配当金額に達しない場合、当該不足分が翌事業年度以降も繰り越されていく方式
	非累積型	当該不足分が翌事業年度以降には繰り越されない方式
残余財産分配の優先	参加型	優先株主が優先分配される金額を受領後、さらに残余の分配可能額から追加して配当または分配を受け取ることができる方法
	非参加型	追加して受け取ることができない方法

②投資家側の意義

(a) みなし清算条項によるダウンサイドリスク低減

みなし清算条項とは、種類株式発行会社（以下、発行会社という）にM&Aが生じた場合に、発行会社を清算したものとみなして投資家に対する分配を行うことをいう。種類株式における残余財産の優先分配権は、発行会社が清算した場合には効力を生じるものの、M&Aが生じた場合には効力が及ばないため、この条項が設定される。

投資家側は、残余財産の優先分配権とみなし清算条項が付与された種類株式で出資を行うことにより、ダウンサイドリスクを低減することができる。

(b) ガバナンスの強化

ガバナンスの強化を図るための取締役選任権や拒否権等を、種類株式（優先株式）や株主間契約等に織り込むことによって、企業価値の向上を図るベンチャー投資の実効性を高めることができる。

M&AによるExitに関し、ドラッグ・アロング・ライトとは、多数の投資家の賛成等の任意に設定された一定の要件を満たした場合、発行会社、創業株主に限らず他の株主に対しても株式の売却に応じるべきことを請求することができる権利である。ドラッグ・アロング・ライトには、発行会社のM&Aに対する株主合意形成機能があり、当該機能によりM&Aを促進させることができる。投資家側

のみならず起業家側にとっても有益な権利となり得る。

ベンチャー投資の際に交わされる契約は複雑化しており、複数の契約により構成されている。複数の契約に分けられている主な理由は、契約当事者の範囲と契約の目的が異なることにある。ベンチャー投資に関する主な契約は、①投資契約、②株主間契約、③財産分配契約に分けることができる。

【 ベンチャー投資に関する契約の構造 】

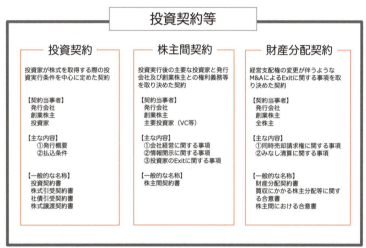

出典:『我が国における健全なベンチャー投資に係る契約の主たる留意事項』経済産業省

3 株式の流通

(1) 株券

原則として、会社は、株券を不発行とする。例外として、株券の発行を定款で定めた場合に限り、会社は株券を発行できる(214条)。株券発行会社は、原則として、株式を発行した日以後遅滞なく、当該株式に係る株券を発行しなければならない(215条1項)。ただし、譲渡制限会社では、株主からの請求がある時までは、株券を発行しなくてもよい(215条4項)。

(2) 株式譲渡の制限

株式譲渡自由の原則にはいくつかの例外が存在し、次のような場合、株式の譲渡は制限される。

① **法律による株式譲渡の制限**
　(a) **時期による制限**
　　・権利株譲渡制限
　会社成立前または新株発行前の株式引受人の地位 (権利株) の譲渡は、当事者間では有効であるが、会社には対抗できない (35条、50条2項、63条2項、208条4項)。
　　・株券発行前譲渡制限
　株券発行会社では、会社成立後または新株発行後でも株券発行前における株式の譲渡は、当事者間では有効であるが、会社との関係では効力を生じない (128条2項)。
　(b) **自己株式の取得制限**
　自己株式を取得する場合、一定の制限が設けられている (155条)。
　(c) **子会社による親会社株式の取得制限**
　原則として、子会社は親会社株式を取得してはならない (135条1項)。ただし、以下のような例外がある。例外的に取得した株式は相当の時期に処分しなければならず (135条3項)、原則として議決権を有しない (308条2項)。
　　・他の会社の事業の全部を譲り受ける場合で当該他の会社の有する親会社株式を譲り受ける場合、合併後消滅する会社から親会社株式を承継する場合、吸収分割により他の会社から親会社株式を承継する場合、新設分割により他の会社から親会社株式を承継する場合、その他法務省令で定める場合に、親会社株式を取得することが認められる (135条2項)。
　　・吸収合併の場合の消滅会社の株主または社員、吸収分割会社、株式交換の完全子会社の株主に対して、存続会社等の親会社の株式を交付することが認められ、その場合には、その存続会社等は、交付する親会社株式の総数を超えない範囲において、親会社株式を取得することが認められる (800条1項・2項)。
　(d) **親会社による子会社の株式等の譲渡**
　親会社が子会社の株式を譲渡するときは、その効力が生ずる日の前日までに、株主総会の承認を得なければならない (467条1項2号の2)。
② **定款による株式譲渡の制限**
　定款で定めることを条件として、すべての株式または一部の種類株式の譲渡について、会社の承認を必要とするという制限をすることができる (譲渡制限株式・譲渡制限種類株式) (107条1項1号、108条1項4号)。
③ **契約による株式譲渡の制限**
　判例によれば、会社を当事者としない契約による譲渡制限は当事者間では有効であると解されている。

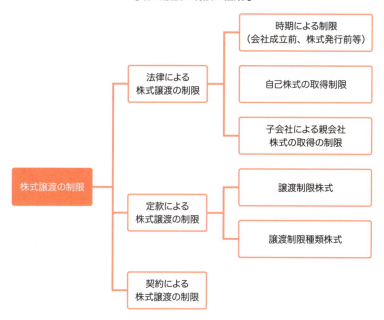

(3) 株主名簿

　会社法は、株券が発行されている場合であっても、会社に対する権利行使のしくみとして、**株主名簿制度**を採用している（121条）。株主名簿管理人を置く旨を定款で定め、当該事務作業を委託できる（123条）。

① 株券不発行会社

　株券不発行会社では、当事者間では意思表示によって株式を譲渡できる（権利移転要件）が、譲受者にとって、株主名簿上の名義書換が会社および第三者への対抗要件となる（130条1項）。

② 株券発行会社

　株券発行会社では、当事者間では株券の交付によって株式を譲渡できる（権利移転要件）が、譲受者にとって、株主名簿上の名義書換が会社への対抗要件となる（128条1項、130条1項・2項）。

【 株式の譲渡における権利移転要件と対抗要件 】

	権利移転要件	対抗要件	
		会社への対抗要件	第三者への対抗要件
株券不発行会社	意思表示	株主名簿上の名義書換	株主名簿上の名義書換
株券発行会社	株券の交付	株主名簿上の名義書換	株券の交付

第3章　会社法　215

(4) 譲渡制限株式の譲渡に係る承認手続
① 譲渡等承認請求
(a) 株主または株式取得者からの承認の請求
譲渡制限株式を譲渡しようとする株主は、会社に対し、他人が取得することについて承認するか否かの決定をするよう請求することができる（136条）。会社の承認を得ないまま譲渡制限株式を譲り受けた者（株式取得者）も、取得の承認を請求することができるが、原則として株主名簿上の株主と共同で請求しなければならない（137条）。請求は、次の事項を明らかにして行わなくてはならない（138条）。

- 株式の数（種類株式発行会社においては株式の種類・数）
- 株式取得者の氏名または名称
- 承認しない場合には、会社または会社の指定する者（指定買取人）が株式を買い取ることを請求する旨

(b) 承認の可否の通知
会社は株主総会（取締役会設置会社においては取締役会）の決議によって承認の可否を決定し、決定の内容を通知しなければならない（139条）。請求の日から2週間（定款で短縮することは可能）以内に会社が通知をしなかった場合には、会社と株主または株式取得者（以下、譲渡等承認請求者という）との合意による別段の定めがない限り、会社が譲渡を承認する旨の決定をしたものとみなされる（145条1号）。

② 会社が譲渡を承認しない場合
承認しない場合に、株式を買い取るよう請求を受けていたときは、会社は自ら株式を買い取るか、買取人を指定しなければならない（140条1項・4項）。

(a) 会社が買い取るとき
株主総会の特別決議が必要である（140条2項、309条2項1号）。譲渡等承認請求者は、議決権を行使できない（140条3項）。会社は、承認の可否を通知した日から40日以内に、買取りの通知をしなければならない（141条、145条2号）。通知をしなかった場合には、会社が譲渡を承認する旨の決定をしたものとみなされる。

(b) 指定買取人が買い取るとき
株主総会の特別決議（取締役会設置会社においては取締役会の決議）が必要である（定款で別段の定めをすることも可能）（140条5項、309条2項1号）。指定買取人は、会社が承認の可否を通知した日から10日以内に、買取りの通知をしなければならない（142条、145条2号）。通知をしなかった場合には、会社が譲渡を承認する旨の決定をしたものとみなされる。

【 譲渡等承認請求の流れ 】

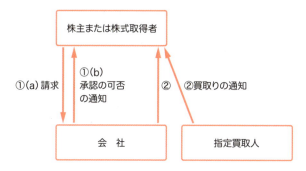

(5) 特別支配株主の株式等売渡請求
① 概要
　株式会社の特別支配株主（総株主の議決権の10分の9以上を有する株主）が、他の少数株主全員に対し、その有する当該株式会社の株式の全部を売り渡すことを請求することができる。新株予約権者に対しても同様の請求ができる（179条）。
　この制度により、特別支配株主は、株主総会決議を必要とせずに、キャッシュ・アウト（金銭を対価として、少数株主の有する株式の全部を取得すること）を行うことができるようになった。
② 手続き
　(a) **特別支配株主からの請求**
　　特別支配株主は当該株式等の取得日と価格を定めて対象会社へ通知する。請求には、対象会社の承認（取締役会設置会社では取締役会の決議）が必要である（179条の2、179条の3）。
　(b) **対象会社の承認および通知**
　　対象会社は、株式等売渡請求の承認をしたときは、取得日の20日前までに売渡請求を承認した旨と内容を売渡株主へ通知することにより、対象会社の売渡株主全員に対して売渡請求がされたものとみなされる（179条の4）。
　(c) **売渡株式等の取得**
　　株式等売渡請求をした特別支配株主は、金銭を対価として、取得日に売渡株式等の全部を取得する（179条の9第1項）。
③ 売渡株主の救済方法
売渡株主を救済するため、次の方法が定められている。
- 売渡によって不利益を受けるおそれがあるときは、特別支配株主に対し、売渡株式等の全部の取得の差止請求をすることができる（179条の7）。
- 取得日の20日前から前日までの間に、裁判所に売買価格決定の申し立てをすることができる（179条の8）。
- 取得日から6か月以内（対象会社が譲渡制限会社である場合は1年以内）に売渡

株式等の取得の無効の訴えを提起することができる（846条の2）。

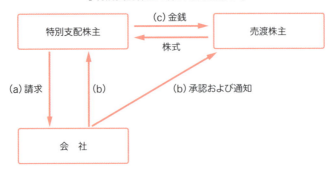

【 特別支配株主の株式等売渡請求 】

4 自己株式

(1) 概要

自己株式とは、株式会社が有する自己の株式である（113条4項）。現在、一定の手続規制・財源規制のもとで、広く自己株式の取得および保有が認められている（155条以下）。

(2) 自己株式取得に関する規制

① 規制の趣旨

自己株式取得に関する規制の趣旨は次のとおりである。
  (a) 会社債権者の保護（会社財産の流出防止・維持）
  (b) 株主間の公平性確保（特定株主からの取得の場合、特別決議を要求）
  (c) 会社支配権をめぐる不公正な株式取引の禁止（議決権の禁止）
  (d) 不公正な株式取引の禁止（相場操縦・インサイダー取引等の規制）

② 規制の内容

自己株式取得に関する規制は、取得手続の規制と財源の規制に大別できる。

(a) **取得手続の規制**

取得手続の規制については、原則として株主総会決議が必要とされる。
  ・すべての株主に申込み機会を与えて行う取得
取締役会設置会社でも、株主総会の普通決議が必要である（156条1項）。
  ・特定の株主からの取得
取締役会設置会社でも、株主総会の特別決議が必要である（160条1項）。
  ・子会社からの取得
取締役会設置会社では、取締役会決議で足りる（163条）。株主総会で行う場合は定款の定めが必要で、この場合普通決議で足りる。

・市場取引・公開買付け等による取得

株主総会の普通決議で足りる（165条1項）。取締役会設置会社では、定款で定めれば取締役会の決議で足りる（165条2項）。

・株主への通知

株主総会（取締役会設置会社においては取締役会）で、取得する株式の数、株式一株を取得するのと引換えに交付する金銭等の内容およびその総額を決定し、株主（種類株式発行会社にあっては、取得する株式の種類の種類株主）に対し、通知しなければならない（158条1項）。

公開会社においては、公告をもってこれに代えることができる（158条2項）。

(b) 財源の規制

・剰余金の分配可能額規制

自己株式の取得により株主に対して交付する金銭等（その株式会社の株式を除く）の帳簿価額の総額は、取得の効力発生日における分配可能額を超えてはならない（461条1項）。

・業務執行者の期末の欠損塡補義務

一定の株主買取請求権に応じるために、会社が株式を取得し、支払った金銭の額が当該支払の日における分配可能額を超えるときは、その株式の取得に関する職務を行った業務執行者は、会社に対し、連帯して、その超過額を支払う義務を負う（464条1項）。ただし、その者がその職務を行うについて注意を怠らなかったことを証明した場合は、この限りでない（過失責任）（464条1項但）。また、この義務は、総株主の同意がなければ、免除することができない（464条2項）。

(3) 自己株式の保有

自己株式は期間の定めなく保有できる（保有期間の撤廃）。この場合、会計上、自己株式は純資産の部に控除項目として計上される。

ただし、自己株式の株主権には次のような制限がある。

① 議決権を有しない（308条2項）。その他の共益権も有しないと解されている。

② 剰余金配当請求権（453条）・残余財産分配請求権（504条3項）を有しない。

③ 募集株式の割当てを受ける権利（202条2項）、株式無償割当てを受ける権利（186条2項）等も有しない。

④ ただし、株式併合・株式分割を受ける権利は有する（182条、184条1項）。

(4) 自己株式の消却と処分

R02-07

会社は自己株式をいつでも消却し、または、処分することができる。

消却とは、会社存続中に特定の株式を絶対的に消滅させることである。消却の場合、取締役会設置会社では、取締役会決議が必要である（178条）。

処分とは、通常、売却のことであり、消却することではない。処分の場合、募集株式の発行等として、新株発行と同じルールに従う（199条以下）。

第3章 会社法　219

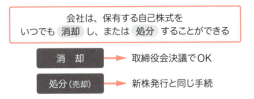

H21-18 (5) 特定株主からの取得

会社は、株主総会の特別決議によって、特定の株主に対してだけ取得申込みの通知をする旨を定めることができる（160条）。

この取扱いをする場合は、株主平等の原則から、株主総会の決議に際し、取得の対象となる特定の株主に、自己を加えることを請求する権利が認められている（160条）。これを売主追加請求権という。ただしこれには例外があり、譲渡制限会社について相続人など一般承継人から取得する場合には、売主追加請求権はない（162条）。また、売主追加請求権をあらかじめ定款で排除できる（164条）。

5 株式の消却

(1) 定義

株式の消却とは、会社存続中に特定の株式を絶対的に消滅させることである。

会社法では、保有する自己株式を消却する場合だけが株式の消却である（「株式の消却＝自己株式の消却」）と定義され、資本減少の場合、定款に基づき配当可能利益による消却をする場合などにおける自己株式以外の株式の消却については、いったん自己株式の取得をしてから消却するとものとされた（178条1項）。

(2) 手続き

取締役会設置会社では、取締役会決議で、消却する自己株式の数を定めなければならない（178条1項・2項）。

(3) 効果

株式の消却により、次のような効果が生じる。
① 資本金の額は当然には減少しない
② 発行済株式総数は減少する
③ 発行可能株式総数（授権株式総数）は減少しない

6 株式の併合・分割・無償割当て

(1) 株式の併合

株式の併合とは、複数の株式を合わせて、少数の株式とすることである（180条1項）。たとえば、2株を1株に、3株を2株にする手続きである。

株式の併合は、株主の利益に重大な影響を与えるため、株主総会の特別決議が必要である（180条2項・3項、309条2項4号）。「影響を与える」とは、①単位が大きくなるので、流通させにくくなる、②1株に満たない端数が生じた場合には、競売しなければならなくなり、株主としての地位を失うおそれがある、という点で株主の利益を損なう可能性が生じるという意味である。

株式の併合が法令または定款に違反する場合、株主が不利益を受けるおそれがあるときは、株主は、会社に対し、当該株式の併合をやめることを請求できる（182条の3）。

(2) 株式の分割

株式の分割とは、株式を細分化して、多数の株式とすることであるが、会社法では、同一の種類の株式について一定の割合で一律にその数を増加させることである（183条1項）。たとえば、1株を2株に、2株を3株に増加させることである。株式の分割は、株価を引き下げ、株式の市場性を高めるために行われることが多い。

株式の分割は、次のような手続きに従い、行われる。
① 新株が無償で発行されることになるので、既存の株主に対してその持株数に応じて交付されなければならない。
② 既存株主の利益に実質的な影響はないので、株主総会の普通決議（取締役会設置会社では取締役会決議）によって実施することができる（183条2項）。

単位が小さくなることで、株式を譲渡しやすくなり、市場性が高まり、株価の上昇も予想されるため、既存株主の利益に実質的な影響はないと考える。

(3) 株式の無償割当て

株式の無償割当てとは、株主（または種類株主）にその有する株式数に応じて、新たに払い込みをさせないで、株式を無償で割り当てることである（185条、186条2項）。たとえば、A種類株式の株主に、A種類株式1株に対してB種類株式2株を、無償割当てするような場合である。自己株式については割当てが生じない（186条2項）。

株式の無償割当ては、定款に別段の定めがある場合を除き、株主総会（取締役会設置会社では取締役会）の決議によって決定しなければならない（186条3項）。

第3章　会社法　221

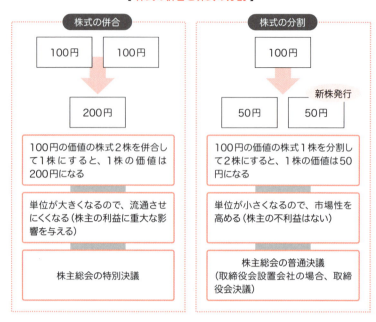

【 株式の分割と株式の無償割当て 】

	株式の分割	株式の無償割当て
交付される種類の株式	対象となる株式と同種の株式のみ交付可能	対象となる株式と異なる種類の株式も交付可能
対象となる株式	自己株式も対象	自己株式は対象外
自己株式からの交付	不可 (自己株式を交付できない)	可能 (自己株式を交付できる)

7 単元株制度

(1) 定義
株式の一定数をまとめたものを1単元とし、株主の議決権は1単元に1個とする制度（**1単元1議決権**）である。株主管理コストの低減が趣旨である。

(2) 手続
会社は定款で、一定の数の株式を1単元の株式と定めることができる（188条1項）。

(3) 株主の議決権
単元株制度を採用した会社では、株主は1単元について1個の議決権を有する（1単元1議決権）（308条1項但）。

単元未満株式については、議決権を行使することができない（189条1項）が、原則として他の株主権はすべて有する。ただし、この権利を定款で制限することは可能である（189条2項）。

【 単元株制度 】

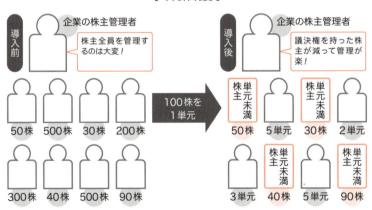

8 株式の評価

(1) 株式の評価目的と評価アプローチ
株式の権利内容は、剰余金配当請求権や残余財産分配請求権のように、会社のキャッシュ・フローの分配を受ける権利（自益権）と、株主総会における議決権のような会社のコントロールに関する権利（共益権）とに大別される。本来これらの価値を総体で評価するはずであるが、会社のコントロールに関する権利の金銭評価

には著しい困難をともなうため、キャッシュ・フローに対する権利に着目して株式の評価が行われる。

株式の評価は、株式買取請求された株式の買取価格の決定や、譲渡制限株式の売買価格の決定、募集株式の発行、会社法上の組織再編など、さまざまな目的で行われる。株式を評価する目的によって適切と思われる評価方法は異なることから、次の3つの評価アプローチが使われている。

【 評価アプローチ 】

インカム・アプローチ	評価対象会社から期待される利益、ないしキャッシュ・フローに基づいて価値を評価する方法
マーケット・アプローチ	上場している同業他社や、評価対象会社で行われた類似取引事例など、類似する会社、事業、ないし取引事例と比較することによって相対的な価値を評価する方法
ネットアセット・アプローチ（コスト・アプローチ）	主として評価対象会社の貸借対照表記載の純資産に着目して価値を評価する方法

⑵ 株式の評価方法

3つの評価アプローチにはさまざまな評価方法があり、これらを用いて評価対象会社を多面的に分析し、評価結果を比較・検討しながら総合評価するのが一般的であるが、ある評価方法からの評価結果を単独で適用するのが妥当な状況もある。裁判例においても、評価方法を複数併用して、株式の価値を評価することが多い。

【 主な株式の評価方法 】

評価アプローチ	評価方法の名称	評価方法
インカム・アプローチ	ディスカウント・キャッシュ・フロー法(DCF法)	将来のフリー・キャッシュ・フローを一定の資本コストで割り引いた現在価値によって評価する方法
	配当還元方式	将来受け取る配当の予測額に基づいて評価する方法（このうち過去の配当実績を用いて評価する方法を実際配当還元方式という）
	ゴードン・モデル方式	配当還元方式のうち、将来の配当額が一定割合で増加していく仮定を置いて評価する方法
マーケット・アプローチ	市場株価方式	上場会社の市場価格を基準に評価する方法
	類似会社比準方式	事業内容等において類似する上場会社の株価と比較して株主価値を算定する方法
ネットアセット・アプローチ	簿価純資産方式	貸借対照表の純資産の簿価を株主価値とする方法
	時価純資産方式	貸借対照表の資産負債を時価に評価し直して株主価値を算定する方法

III 機関

1 機関概要

(1) 株式会社の機関

会社は法人であるから、自ら意思を有し行為をすることはできないため、一定の自然人または機関の有する意思決定や一定の自然人のする行為を会社の意思や行為とすることが必要となる。

会社法では、最低限度の機関設計だけを要求しており、一定のルールのもとで、それぞれの会社が、任意に各機関（取締役会、監査役・監査役会、会計参与、会計監査人、監査等委員会、指名委員会等・執行役）を設置することができる。

(2) 機関設計に関するルール

H24-18
H23-18
H22-02
H19-04

会社法に関する基本的なルールは以下のとおりである（326〜328条）。

① 株主総会の設置義務

すべての株式会社には、株主総会を置かなければならない。

② 株主総会以外の機関の設置

すべての株式会社には、1人または2人以上の取締役を置かなければならない（取締役の設置義務）（326条1項）。株式会社は、定款の定めによって、取締役会、会計参与、監査役、監査役会、会計監査人、監査等委員会または指名委員会等を置くことができる（326条2項）。

③ 取締役会の設置義務

公開会社・監査役会設置会社・監査等委員会設置会社・指名委員会等設置会社は、取締役会を置かなければならない（327条1項）。

④ 監査役の設置義務

取締役会設置会社（監査等委員会設置会社および指名委員会等設置会社を除く。）は、監査役を置かなければならない。ただし、譲渡制限会社で、会計参与設置会社である会社についてはこの限りでない（327条2項）。会計監査人設置会社（監査等委員会設置会社および指名委員会等設置会社を除く。）は監査役を置かなければならない（327条3項）。

⑤ 監査等委員会設置会社および指名委員会等設置会社の機関設計

監査等委員会設置会社および指名委員会等設置会社は、監査役を置いてはならない（327条4項）。監査等委員会設置会社および指名委員会等設置会社は、会計監査人を置かなければならない（327条5項）。指名委員会等設置会社は、監査等委員会を置いてはならない（327条6項）。

⑥ 社外取締役を置いていない場合の理由の開示

監査役会設置会社（公開会社かつ大会社に限る。）で金融商品取引法24条の規定

第3章 会社法 **225**

により発行株式について有価証券報告書を内閣総理大臣に提出しなければならないものが社外取締役を置いていない場合には、取締役は、定時株主総会において社外取締役を置くことが相当でない理由を説明しなければならない（327条の2）。

令和元年12月11日公布の会社法改正によって当該監査役会設置会社は社外取締役を置くことを義務付けた（改正後の327条の2）。施行は公布日から1年6月以内を予定。

⑦ 大会社における監査役会等の設置義務

大会社（譲渡制限会社、監査等委員会設置会社および指名委員会等設置会社を除く。）は、監査役会および会計監査人を置かなければならない。譲渡制限会社である大会社は、会計監査人を置かなければならない（328条）。

(3) 機関設計の登記

選択した機関設計は定款で定め、登記する（911条3項15号〜22号）。

【 機関設計のパターン 】

機関設計のパターン (※1)		譲渡制限会社		公開会社	
		中小会社	大会社	中小会社	大会社
①	取締役	○			
②	取締役＋監査役	○ (※2)			
③	取締役＋監査役＋会計監査人	○	○		
④	取締役会＋会計参与	○			
⑤	取締役会＋監査役	○ (※2)		○	
⑥	取締役会＋監査役会	○		○	
⑦	取締役会＋監査役＋会計監査人	○	○	○	
⑧	取締役会＋監査役会＋会計監査人	○	○	○	○
⑨	取締役会＋監査等委員会＋会計監査人	○	○	○	○
⑩	取締役会＋指名委員会等＋会計監査人	○	○	○	○

※1 表中では24通りのパターンを示しているが、④以外の9つのパターンの機関設計の場合には、いずれも会計参与は任意設置が可能である。よって、機関設計のパターンは、全部で47通りになる。
※2 定款により、監査役の権限を会計に関する事項に限定することができる。

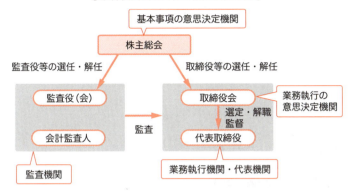

2 株主総会

(1) 概要

株主総会は、株主の総意によって会社の意思を決定する意思決定機関である。

① 取締役会非設置会社の場合

取締役会非設置会社の場合、株主総会が万能の機関として、法律や定款に定められていない事項も決議でき、取締役への監視機能を果たす（295条1項）。株主には単独で株主総会における議題提案権が認められ（303条1項）、招集通知は電話や口頭でもよく（299条2項）、議題の明示も不要である。

② 取締役会設置会社の場合

取締役会設置会社の場合、株主総会は、基本事項だけを決定する機関である（295条2項・3項）。

(2) 権限

株主総会の権限は、会社の意思決定に限られ、執行行為をすることはできない。

① 取締役会非設置会社における株主総会の法定権限

取締役会非設置会社における株主総会は、一切の事項について決議できる万能の機関である（295条1項）。

② 取締役会設置会社における株主総会の権限

(a) 法定権限

株主総会の意思決定の権限は、取締役会設置会社では、原則として次のような法定事項に限られる（295条2項・3項）。なお、株主総会の法定権限について、取締役会その他の株主総会以外の機関が決定できるという内容の定款の定めは無効である（295条3項）。

- 取締役・監査役などの機関の選任・解任に関する事項
- 会社の基礎的変更に関する事項（定款変更、合併・分割等、解散等）

第3章 会社法 **227**

- 株主の重要な利益に関する事項（剰余金配当、株式併合等）
- 取締役に委ねたのでは株主の利益が害されるおそれが高いと考えられる事項（取締役の報酬の決定等）

(b) 定款権限

原則として、法定権限以外の権限は、取締役会に委ねられるが、例外として、定款で定められた事項（定款権限）を株主総会権限とすることもできる（295条2項）。

R01-06
H27-02
H26-03

(3) 招集

① 招集時期

定時株主総会（定時総会）は、決算期ごとに定時に開催しなければならない（296条1項）。**臨時株主総会（臨時総会）**は、臨時の必要がある場合に開催する（296条2項）。

② 招集権者

原則として、取締役会（取締役会非設置会社では取締役）が招集を決定する（296条3項、298条1項・4項）。代表取締役等がこの決定を執行して株主総会を招集するのが普通である。例外として、少数株主は、取締役に招集を請求し、招集手続がとられないときには、裁判所の許可を得て自ら招集することができる（297条）。ここでいう少数株主とは、総株主の議決権の100分の3（定款で緩和可）以上の議決権を6か月（定款で緩和可）前から引き続き有する株主である。

③ 招集通知

株主に出席の機会と準備の期間を与えるため、開催の日時・場所・議題などを記載した招集通知を株主に対して総会の日の2週間前までに発送しなければならない（299条1〜4項）。譲渡制限会社では原則1週間前まで認められている。取締役会非設置会社では定款でさらに短縮が可能である。ただし、書面投票制度・電子投票制度による決議ができる旨を定めた場合には、2週間前までとなる。電磁的方法での通知も可能である。

④ 招集手続の省略

議決権を行使できる株主全員が同意した場合には、招集手続なしで開催できる（300条）。

⑤ 株主提案権

株主提案権とは、会社が招集する機会を利用して、株主が一定の事項を株主総会の目的（議題）とすることを求めたり、提案したりする権利で、議題提案権、議案提出権、議案要領通知請求権がある。

【 株主提案権 】

議題提案権	●株主は、取締役に対し、一定の事項（当該株主が議決権を行使できる事項に限る）を株主総会の目的（議題）とすることを請求できる（303条1項）。 ●ただし、取締役会設置会社では、請求できるのは少数株主に限られ、請求は株主総会の日の8週間（定款で短縮可）前までにしなければならない（303条2項）。
議案提出権	株主は、株主総会の議題について、自らが発案する議案を提出することができる（304条）。
議案要領通知請求権	●株主は、取締役に対し、株主総会の日の8週間（定款で短縮可）前までに、株主総会の議題について当該株主が提出しようとする議案の要領を株主に通知することを請求できる（305条1項）。 ●ただし、取締役会設置会社では、請求できるのは少数株主に限られる（305条1項）。

　ここでいう少数株主とは、総株主の議決権の100分の1（定款で緩和可）以上の議決権または300個（定款で緩和可）以上の議決権を、6か月（定款で緩和可）前から引き続き有する株主である（303条2項、305条1項）。なお、譲渡制限会社では、6か月の保有要件はない（303条3項、305条2項）。

　議題について議案を提出することは、当該議題について議決権を行使できる株主であれば可能であるが、当該議案が法令や定款に違反する場合または実質的に同一の議案につき株主総会において総株主（当該議案について議決権を行使できない株主を除く）の議決権の10分の1（定款で緩和可）以上の賛成を得られなかった日から3年を経過していない場合、株主は議案を提出することができない（304条但書）。議案の要領を株主に通知することを請求することもできない（305条4項）。

　令和元年12月11日公布の会社法改正によって一人の株主が提案することができる議案の数を10までとする上限を設けた（改正後の305条4項・5項）。施行は公布日から1年6月以内を予定。

⑷ 議決権

① 1株1議決権の原則

個々の株主の株主総会における議決権の数は、原則、1株について1個の議決権である（**1株1議決権の原則**）（308条1項）。

② 1株1議決権の原則の例外

1株1議決権の原則の例外は、法が定めた次の場合にだけ認められる。

⒜ 単元未満株式

単元株制度が採用されている場合、1単元の株式につき1個の議決権を与えられ（1単元1議決権）、単元未満株式は議決権を有しない（308条1項但）。

⒝ 議決権制限種類株式

制限された事項につき議決権を行使することができない（108条1項3号）。

⒞ 選解任種類株式

選解任種類株式がある場合には、取締役・監査役の選解任は株主総会では行わ

れず、種類株主総会で行われる（108条1項9号、347条）。
　(d) **自己株式**
　　会社が保有する自己株式は議決権を有しない（308条2項）。
　(e) **相互保有株式**
　　4分の1以上の議決権を有するなどその経営を実質的に支配することが可能な関係にある会社は議決権を行使することはできない（相互保有株式の規制）（308条1項）。
　(f) **特別利害関係を有する株主が有する株式**
　　会社が自己株式を取得する場合は、自己株式取得を承認する株主総会決議において、取得の相手方となる株主は議決権を行使することはできない（140条3項、160条4項、175条2項）。
　(g) **基準日後に発行された株式**
　　基準日後に発行された株式は、その株主総会での議決権を有さない（124条1項）。

(5) 議決権の行使方法

株主自身が総会に出席してその議決権を行使することが原則である。議決権の行使方法の特例には、次のようなものがある。

① 代理行使
株主は代理人により議決権を行使することができる（310条1項）。

② 書面による行使（書面投票制度）（298条1項3号・2項）
議決権を有する株主の数が1,000人以上の会社では、法律上強制されている（298条2項）。

③ 電磁的方法による行使（電子投票制度）（298条1項4号、299条2項1号・3項）
制度の採用は招集者の選択に委ねられており、議決権を有する株主の数が1,000人以上の会社でも強制されているわけではない。

④ 不統一行使
株主が2個以上の議決権を有する場合、一部で賛成し残りで反対することも認められている（313条1項・3項）。

(6) 決議

決議は多数決によって行われるが、その要件は決議事項により異なる。

① 普通決議
特別の要件が法律または定款で定められていない場合の決議で、議決権を行使することができる株主の議決権の過半数を有する株主が出席し（**定足数**）、その出席株主の議決権の過半数で決定する（309条1項）。

定足数は定款で軽減・排除することができるが、取締役・会計参与・監査役の選任、取締役・会計参与の解任の決議については、定足数の定款による引下げは議決権を行使することができる株主の議決権の3分の1までしかできない（341条）。多くの会社では定足数を完全に排除し、単に出席株主の議決権の過半数で決めている。決議要件を定款で引き上げることは認められている。

② 特別決議

一定の重要な事項（309条2項に列挙される事項は、自己株式取得、株式の発行、新株予約権、他の機関（監査役の解任等）、会社の基礎的変更等に関連する事項である）の決議は議決権を行使することができる株主の議決権の過半数を有する株主が出席し（定足数）、その出席株主の議決権の3分の2以上の多数で決定する（309条2項）。

定足数は、定款で3分の1まで軽減することができ、他方、決議要件である3分の2基準は定款で引き上げることが認められるうえ、一定数以上の株主の賛成を要する等を定款で定めてもよい（309条2項）。

③ 特殊の決議

特別決議以上に厳重な要件の決議である。

(a) 議決権を行使することができる株主数の半数以上で、かつ、当該株主の議決権の3分の2以上の賛成が必要な場合（309条3項）。これを上回る定足数および決議要件の割合を定款で定めることも可能である。

例 全部の株式につき譲渡制限をする旨の定款変更（309条3項1号）

(b) 総株主数の半数以上で、かつ、総株主の議決権の4分の3以上の賛成が必要な場合（309条4項）。これを上回る定足数および決議要件の割合を定款で定めることも可能である。

例 譲渡制限会社が、剰余金の配当、残余財産の分配、および議決権につき、株主ごとに異なる取扱いをする旨を定款で定める場合（109条2項）

(7) 議事録

R02-03

法務省令で定めるところにより株主総会の開催日時、場所、議事要領およびその結果、出席した役員等の氏名または名称等を記載し、本店では議事録を10年間、支店では議事録の写しを5年間備え置く（318条2項・3項）。電磁的記録でもよい。

株主および債権者は、株式会社の営業時間内は、いつでも閲覧または謄写の請求をすることができる（318条4項）。

(8) 株主総会開催の省略

総会の決議事項について、書面または電磁的記録により、議決権を行使できる株主全員が取締役または株主の提案内容とその提案に同意する旨を示した場合には、その提案を可決した総会決議があったものとみなし、総会の開催を省略することができる（319条1項・5項）。

⑼ 総会検査役制度

　経営権に関する争いがあり、総会の混乱が予想される場合等に、総会の招集手続と決議方法の公正を調査し、決議の成否についての証拠を保全するために認められた制度である。

　会社または少数株主は、総会の招集の手続と決議の方法を調査させるため、株主総会前にあらかじめ検査役の選任を裁判所に請求することができる（306条）。

　検査役は調査の結果を裁判所に報告し、裁判所は必要があれば改めて取締役に総会を招集させることができ、この総会で前の総会手続の瑕疵が是正され、また、調査結果を株主に通知させることもできる（307条）。

⑽ 多数決の限界と修正

　多数決は株主総会の決議の基本であるが、株主平等の原則に違反したり、固有権（学問上、株主総会の多数決によって奪うことができない権利）を侵害する決議をしたりすることはできないと解されている。その他、一定の場合には、著しく不当な決議も違法な決議となる（831条1項3号）。

　後述する反対株主の株式買取請求制度、累積投票制度（342条）、取締役等の解任権（339条1項、854条1項・3項）等には、多数決を修正する機能がある。

⑾ 決議の瑕疵

　株主総会の決議に手続上または内容上の瑕疵がある場合には、そのような決議は違法であり、決議の効力をそのまま認めることはできない。

　会社法は、決議取消しの訴え（831条）と決議の不存在・無効確認の訴え（830条）の制度を用意し、決議の取消しまたは不存在・無効確認の判決には対世効（第三者に対する効力）を認めている。また、決議取消しの訴えについては、提訴権者（株主等）と提訴期間（3か月間）を制限している。

3　役員および会計監査人の選任と終任

`H20-01`
⑴ 選任

① 原則

　役員とは、取締役、会計参与および監査役をいう。役員および会計監査人の選任は、株主総会の普通決議で行う（329条1項）。役員の選任決議（普通決議）の場合、定足数として、少なくとも議決権を行使することができる株主の3分の1以上必要である（341条、343条4項）。

`H26-02`
② 累積投票制度

　同じ総会で2人以上の取締役を選任する場合には、その取締役全員を一括し、その代わりに各株主に1株（単元株制度採用会社では1単元）につき選任される取締役の数と同数の議決権を認め、各株主にはその議決権を全部1人に集中して投票する

か、または数人に分散して投票するかの自由を認め、投票の結果最多数を得た者から順次その員数までを当選者とする方法である（342条）。定款で累積投票の方法を採用しないことを定めることもできる（342条）。

【累積投票制度】

累積投票のイメージ

③ 監査等委員である取締役

監査等委員会設置会社においては、取締役の選任は、監査等委員である取締役とそれ以外の取締役とを区別しなければならない（329条2項）。取締役は、監査等委員である取締役の選任に関する議案を株主総会に提出するには、監査等委員会の同意を得なければならない（344条の2第1項）。

(2) 終任

① 終任事由

役員および会計監査人と会社との関係は委任の規定に従う（330条）ため、役員と会計監査人はいつでも辞任することができる（民法651条）。

② 解任

株主総会は、その普通決議で、いつでも、理由を問わず、役員および会計監査人を解任することができる（339条1項）。「正当な理由」なく解任した場合は、会社は損害賠償をしなければならない（339条2項）。会社の賠償すべき損害の範囲は、取締役が解任されなければ残存任期中および任期満了時に得られた利益の額であり、具体的には、取締役の報酬、賞与、退職慰労金が含まれるが、慰謝料、弁護士費用は含まれない。

定款で定めれば、定足数は3分の1まで軽減することができるが、決議要件は基準を引き上げることはできても、軽減することはできない（341条）。

監査役、累積投票で選任された取締役および監査等委員である取締役の解任は特別決議事項である（341条、309条2項7号、342条6項、343条4項）。監査役（または監査役会・監査等委員会・監査委員会）は、一定の場合に、会計監査人を解任することができる（340条）。

③ 欠員の場合の処理

終任により法定または定款所定の役員に欠員が生じた場合には、後任の役員を選任しなければならない（976条22号）。

⑶ 株主総会での意見陳述権等

　監査等委員である取締役・会計参与・監査役・会計監査人は、それぞれ、株主総会において、監査等委員である取締役・会計参与・監査役・会計監査人の選任・解任・辞任（会計監査人の場合は不再任も含む）について株主総会に出席して意見を述べることができる（342条の2第1項、345条1項・4項・5項）。

　監査等委員である取締役・会計参与・監査役・会計監査人を辞任した者、会計監査人を解任された者は、それぞれ、辞任後または解任後最初に招集される株主総会に出席して、辞任した旨およびその理由または解任についての意見を述べることができる（342条の2第2項、345条2項・4項・5項）。

⑷ 選解任種類株式がある場合の特例

　取締役・監査役の選任について内容の異なる株式（選解任種類株式）がある場合には（108条1項9号）、以上の原則は適用されず、そのような種類株式についての定款の定めにしたがって取締役・監査役の選解任などが行われる（347条）。

4　取締役・取締役会・代表取締役

⑴ 会社の業務執行と代表

① 取締役会非設置会社の場合

　取締役が業務を執行するのが原則であるが、2人以上いる場合は過半数で業務を決定する（348条1〜4項）。

　各取締役が単独で会社を代表するのが原則であるが、代表取締役その他株式会社を代表する者を定めることができ、その場合は、その者が会社を代表する（各自代表の原則）（349条1項・2項）。代表取締役を定める場合は、定款・定款の定めに基づく取締役の互選または株主総会の決議によって、取締役の中から代表取締役を定める（349条3項）。

② 取締役会設置会社の場合

　個々の取締役がそのまま会社の機関になるわけではなく、取締役はその全員で取締役会を構成し、取締役会が会社の業務執行その他株主総会の権限以外の事項について会社の意思を決定する。取締役は取締役会の構成員であるにすぎない。

　取締役会は取締役の中から代表取締役を選定し（362条2項3号・3項）、代表取締役が、業務執行し、対外的に会社を代表する。

③ 指名委員会等設置会社の場合

　取締役は、法令に特段の定めがある場合を除いて、取締役の資格では業務執行をすることができない（415条）。これは、監督と執行を制度的に分離する趣旨に基づくものである。ただし、取締役と執行役が兼任することは認められる。

　取締役会は基本的事項の決定と業務執行の監督を行い、執行役が業務執行し、代表執行役が会社を代表する（416条1項、418条2号、420条3項、349条4項）。

④ **監査等委員会設置会社の場合**

業務執行は、代表取締役または業務執行取締役が行う（363条1項）。執行役は置かない（402条1項）。

⑤ **会社・取締役間の訴訟における会社代表者**

原則として、会社・取締役間の訴訟において会社を代表する者は、株主総会で定める（353条）。これに関する例外は次のとおりである。

　(a) 取締役会設置会社では、株主総会で定めたときを除いて取締役会決議で定めることができる（364条）

　(b) 監査役設置会社では監査役が代表する（386条1項）

　(c) 監査等委員会設置会社では、監査等委員会が選定する監査等委員または取締役会が定める者が代表する（399条の7第1項・2項）。

　(d) 指名委員会等設置会社では、監査委員会が選定する監査委員または取締役会が定める者が代表する（408条1項・2項）。

(2) 取締役

① 定義

取締役会非設置会社の場合、取締役は、会社の業務を執行し、原則として会社を代表することを任務とし、常時活動の状態にある独任制（各自が独立して権限を行使する性質）の法定の必要的機関である。取締役会設置会社の場合、取締役は、取締役会の構成員である（各取締役は会社の機関ではない）。

② 資格

取締役の資格要件は次のとおりである。

　(a) 取締役は自然人でなければならない（331条1項1号）。

　(b) 法定の欠格者は取締役になれない（331条1項）。破産者については、欠格事由から除外し、法律上は取締役就任を可能としている。また、金融商品取引法違反などで罰金刑を受けた者や執行猶予中の者は取締役就任が認められず、刑の執行が終了しても、その後2年間は取締役となることができない（331条1項3号）。

　(c) 定款で資格を制限することはできるが、公開会社では、資格を株主に限定することはできない。譲渡制限会社においては、定款により取締役の資格を株主に限定することができる（331条2項）。

③ 員数

R02-06

取締役会設置会社では3人以上必要であるが（331条5項）、取締役会非設置会社では1人以上で足りる。定款で最低数を高め、また、最高数を定めることもできる。

④ 任期

H28-01

原則として、2年（選任後2年以内の最終の決算期に関する定時株主総会の終結の時まで。）である（332条1項）。これに関する例外は次のとおりである。

　(a) 譲渡制限会社（監査等委員会設置会社および指名委員会等設置会社を除く。）については、定款で任期を最長選任後10年以内の最終の決算期に関する定時株主総会の終結の時まで伸長できる（332条2項・7項）。

第3章　会社法　　**235**

(b) 監査等委員会設置会社の取締役（監査等委員を除く。）は、1年である（332条3項）。監査等委員である取締役は、2年（短縮不可）である（332条4項・7項）。ただし、定款によって、任期満了前に退任した監査等委員である取締役の補欠として選任された監査等委員である取締役の任期を、前任者の任期満了時までとすることが認められる（332条5項）。
(c) 指名委員会等設置会社の取締役は1年である（332条6項・7項）。
(d) 会計監査人設置会社で剰余金配当等の権限を取締役会に与えた場合は1年である（監査等委員会設置会社での監査委員である取締役を除く。）（459条1項）。

⑤ 権限

会社法が「取締役の権限」として規定を置く場合でも、取締役会設置会社では、執行する性質のものは「代表取締役または業務執行取締役の権限」であることに注意する必要がある。

(3) 取締役会

① 定義

取締役3名以上、かつ取締役全員で構成し、その会議により会社の業務執行に関する意思決定をするとともに取締役の職務執行を監督する機関である。

② 権限

取締役会はすべての取締役で組織し（362条1項）、次に掲げる業務を行う。

(a) 業務執行に関する意思決定

取締役会は業務執行を決定する（362条2項1号）が、法令または定款で株主総会の権限とされている事項は決定できない。

取締役会で意思決定した事項は、代表取締役等の業務執行取締役が執行（業務執行）する（363条1項）。会社法上の業務執行取締役とは、①代表取締役、②代表取締役以外の取締役であって、取締役会の決議によって取締役会設置会社の業務を執行する取締役として選定されたもの（選定業務執行取締役）、③業務を執行したその他の取締役をいう。原則として、以下の法定事項は必ず取締役会で決定しなければならず、定款によってもその決定を取締役にゆだねることはできない（362条4項）。特別取締役による取締役会決議の例外がある（373条）。

【 取締役会が取締役に委任できない重要な業務執行の例 】

取締役に委任できない重要な業務執行	①重要な財産の処分および譲受け（362条4項1号） ②多額の借財（362条4項2号） ③支配人その他の重要な使用人の選任および解任（362条4項3号） ④支店その他の重要な組織の設置、変更および廃止（362条4項4号） ⑤社債の募集に関する重要な事項（362条4項5号） ⑥内部統制システム（リスク管理体制）の構築（362条4項6号） ⑦定款の定めに基づく取締役等の責任の一部免除（362条4項7号）

(b) 職務執行の監督

代表取締役等の業務の執行を監督する（362条2項2号）。取締役会の監督機能の実効性を確保するために、代表取締役および選定業務執行取締役は、3か月に1回以上職務執行の状況を取締役会に報告しなければならない（363条2項、372条2項）。

(c) 代表取締役の選定・解職

取締役会は、取締役の中から代表取締役を選定しなければならない（362条2項3号・3項）。取締役会はその決議で取締役を解任することはできないが、代表取締役を解職することはできる（362条2項3号）。

ここで、業務と職務の違いについてまとめておく。職務とは、取締役等がその地位に応じて担当する会社の事務全般を指す。業務（業務執行）とは、企業を経営する行為、すなわち企業に関する諸般の事務を処理することを指す。職務と業務の関係を図示すると以下のようになる。

業務執行取締役（代表取締役、選定業務執行取締役等）は職務を持ち、業務を執行する。社外取締役は職務を持つが、業務は執行しない。取締役会は業務執行について意思決定を行い、取締役の職務執行を監督する機関である。

【 業務と職務 】

社外取締役は職務を持つが業務は執行しない

③ 招集

取締役会は常設の機関ではなく、必要に応じて開催される。

原則として招集権者（各取締役等）が各取締役・各監査役に通知して招集するが（366条1項、368条1項）、その全員が同意すれば招集手続なしで開催できる（368条2項）。

④ 決議

「議決に加わることができる取締役」の過半数が出席し、その出席取締役の過半数で決定する（369条1項）。定款で、この要件を加重することはできるが、軽減することはできない（369条1項）。

定款で定めれば、議決に加わることができる取締役全員が書面により議案である提案に同意する意思表示をした場合には、その提案を可決した取締役会決議があったものとみなし、取締役会の開催を省略することができる（370条）。監査役が異議を述べた場合は省略できない。

取締役会への報告事項は、取締役・監査役の全員に通知した場合は、報告を省略できる（372条）。3か月ごとの報告（363条2項）は省略できない（372条2項）。よって、最低でも3か月に1回は取締役会を開催しなければいけないことになる。

取締役は1人1議決権を認められ、他人に委任して代理行使することはできない。

決議について特別の利害関係を有する取締役は議決に加わることはできない（369条2項）。

⑤ 特別取締役による取締役会決議

取締役会であらかじめ3人以上の特別取締役を選定し、取締役会で決定すべき事項のうちで迅速な意思決定が必要と考えられる重要な財産の処分・譲受けと多額の借財（362条4項1号・2号）について特別取締役により議決し、それを取締役会決議とすることを認める制度である（373条1項・2項）。取締役の数が6人以上の会社かつ、1人以上の社外取締役がいる会社に限定して認められる（ただし、特別取締役は社外取締役である必要はない）（373条1項）。

⑥ 議事録

法務省令で定めるところにより、議事録を作成し、出席した取締役・監査役は署名または記名押印し、議事録は10年間本店に備え置く（369条3項・4項、371条1項）。電磁的記録でもよい。

株主は、その権利を行使するため必要があるときは、株式会社の営業時間内は、いつでも閲覧または謄写の請求をすることができる。ただし、監査役設置会社、監査等委員会設置会社または指名委員会等設置会社においては、裁判所の許可を得る必要がある（371条2項・3項）。

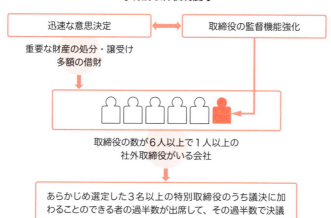

【 特別取締役制度 】

(4) 代表取締役

① 定義

業務を執行し、対外的に会社を代表する常設の機関であり（指名委員会等設置会社は別）、取締役会の下部機関として位置づけられ、取締役会の指揮・監督に服す

る（47条1項、363条1項1号）。

② 員数

1人でも複数でもよい。

③ 終任

代表取締役が取締役の地位を失えば、代表取締役の地位も失う。

取締役会はその決議で取締役を解任することはできないが、代表取締役を解職することはできる（362条2項3号）。代表取締役が取締役にとどまりながら代表取締役を辞任することもできる。

④ 権限

(a) 代表権

会社の業務に関する一切の裁判上・裁判外の行為に及ぶ包括的なものであり（349条4項）、これを制限しても善意の第三者には対抗できない（349条5項）。表見代表取締役の行為については善意の第三者に対して会社が責任を負う（354条）。

表見代表取締役とは、社長など会社を代表する権限を有するものと認められる名称が付いているにも関わらず、代表権がない取締役をいう。

例外として、会社と取締役との間の訴訟については代表取締役に代表権はない（353条、364条、386条1項、408条1項・2項）。

(b) 業務執行

執行機関として内部的・対外的な業務執行権限を有し（363条1項1号）、株主総会・取締役会の決議事項を執行するほか、取締役会から委譲された事項を意思決定し、執行する。

(5) 取締役の義務・責任

① 取締役の一般的な義務

(a) 善管注意義務

会社と取締役との法律関係は委任の規定が適用される（330条）ため、取締役が取締役会の構成員として、また代表取締役として職務を行うに際しては、善良な管理者の注意義務（善管注意義務）を負う（民法644条）。

(b) 忠実義務

取締役は、法令・定款の定めと株主総会の決議を遵守し、会社のため忠実にその職務を遂行する義務を負う（355条）。

(c) 監視義務

取締役は、他の取締役の行為が法令（善管注意義務・忠実義務の一般的規定を含む）・定款を遵守し、適法かつ適正になされていることを監視する義務を負うと解されている（判例）。

(d) 内部統制システム（リスク管理体制）の構築義務

取締役会で決定できる（362条4項6号）ため、取締役はその取締役会の構成員として、また、代表取締役または業務執行取締役として、リスク管理体制を構築する義務を負い、さらに代表取締役と業務執行取締役がリスク管理体制を構

築すべき義務を履行しているか否かを監視する義務を負う（判例）。大会社・監査等委員会設置会社・指名委員会等設置会社に義務づけられる（348条3項4号、348条4項、362条5項、399条の13第1項1号ハ、399条の13第2項、416条1項1号ホ、416条2項）。

H21-05

② 会社と取締役との利益相反行為の規制

(a) 競業取引

取締役が、自己または第三者の利益のために会社の事業の部類に属する取引（競業取引）を自由にできるとすると、会社の取引先を奪うなど会社の利益を害するおそれが大きい。

取締役会設置会社では、取締役が競業取引を行う場合には、その取引について重要な事実を開示して取締役会の事前の承認を得なければならない（356条1項1号、365条1項）。取締役会非設置会社では、株主総会の普通決議による承認を得なければならない（356条1項1号）。

違反した場合、その取締役は会社に対して損害賠償責任を負い（過失責任）（423条1項・2項）、また、解任の正当事由になりうる（339条）。

(b) 利益相反取引（取締役・会社間の取引）

取締役が、自ら当事者として、または他人の代理人・代表者として会社と取引する場合には、その取締役が自ら会社を代表するときはもちろん、他の取締役が会社を代表するときであっても、会社の利益を害するおそれがある。

利益相反取引をする場合には、その取引について重要な事実を開示して取締役会の事前の承認を得なければならない（356条1項2号、365条1項）。判例では、会社が取締役より何らの負担のない無償贈与を受けるような取引は、承認を要する取引に含まれないとしている（大判昭13・9.28民集17巻20号1985項）。また、利益相反取引をした取締役は、遅滞なくその取引につき重要な事実を取締役会に報告しなければならない（365条2項）。違反した場合、解任の正当事由になりうる。

(6) 業務執行の社外取締役への委託（令和元年12月11日公布の会社法改正、施行は公布日から1年6月以内を予定）

株式会社が社外取締役を置いている場合において、株式会社と取締役（指名委員会設置会社では執行役）とが利益相反状況にあるとき、その他取締役（指名委員会設置会社では執行役）が当該株式会社の業務を執行することにより株主の利益を損なうおそれがあるときは、当該株式会社は、その都度、取締役会の決議（取締役会非設置の場合は取締役の決定）によって業務の執行を社外取締役に依頼することができる（改正後の348条の2第1・2項）。

(7) 取締役の報酬等

報酬等とは、報酬、賞与その他の職務執行の対価として受け取る財産上の利益である（361条1項）。

取締役の報酬等の決定は業務執行に関する意思決定の1つであるが、その額の決

定を取締役会に任せると私利の弊害（お手盛りの弊害）があるので、定款または株主総会の決議で定めなければならない（361条1項）。

監査等委員会設置会社では、報酬を定める際、監査等委員である取締役とそれ以外の取締役とを区別しなければならない（361条2項）。監査等委員である各取締役の報酬等について、定款の定めまたは株主総会決議がないときは、取締役報酬等に関する株主総会決議の範囲内で、監査等委員である取締役の協議によって定める（361条3項）。指名委員会等設置会社では、報酬委員会が決定する（404条3項）。

株主総会では、各取締役の支給額を決める必要はなく、取締役全員に対する報酬の総額または最高限度額を定めることで足りると解されている。

(8) 取締役の報酬の見直し（令和元年12月11日公布の会社法改正、施行は公布日から1年6月以内を予定）

① 取締役の個人別報酬等

監査役会設置会社（公開会社かつ大会社に限る）で金融証券取引法24条による発行株式についての有価証券報告書提出会社と監査等委員会設置会社は、取締役（監査委員である取締役を除く）の報酬等について、取締役の個人別報酬等の内容を定款または株主総会の決議で定めていない場合、決定方針を取締役会で定め、その概要等を開示しなければならない（改正後の361条7項）。

② 株式等による報酬

取締役の報酬として募集株式・新株予約権を付与する場合は、当該募集株式・新株予約権の数の上限その他法務省令で定める事項を株主総会の決議で定めなければならない（改正後の361条1項3号・4号）。

(9) 役員等への会社補償等（令和元年12月11日公布の会社法改正、施行は公布日から1年6月以内を予定）

① 会社補償

役員等の責任を追及する訴えが提起された場合等に株式会社が費用や賠償金を補償すること（会社補償）について必要な手続きや補償等の範囲を新たに規定した（改正後の430条の2）。株式会社が補償契約の内容を決定するには、株主総会（取締役会設置会社では取締役会）の決議によるが、補償契約を締結している場合でも、費用のうち通常要する額を超える部分、役員等の任務懈怠等の責任部分、役員等がその職務を行うにつき悪意または重大な過失等により第三者責任を負う場合等については、補償することができない。

② 役員等賠償責任保険契約

株式会社が役員等を被保険者とする会社役員等責任賠償保険（D&O保険）に必要な手続きを新たに規定した（改正後の430条の3）。株式会社が保険契約内容を決定するには、株主総会（取締役会設置会社では取締役会）の決議による。

H23-18
H19-04

5 会計参与

(1) 定義

　会計参与とは、取締役（指名委員会等設置会社では執行役）と共同して、計算書類等を作成する者で、任意で設置される（326条2項、374条1項・6項）。定款で会計参与を設置する旨を定めることができ、株主総会で選任する。会計監査人と会計参与の両者が並存することも可能である。

(2) 資格

　会計参与は、公認会計士・監査法人または税理士・税理士法人でなければならない（333条1項）。また、法定の欠格者は会計参与または職務を行うべき社員になれない（333条3項）。株式会社またはその子会社の取締役、執行役、監査役、会計監査人、支配人、その他の使用人との兼任はできない（333条3項1号）。

(3) 選任

　員数については、とくに規制はない。任期は、取締役と同じである（334条1項・2項）。役員には、欠員が生じたときにはじめて役員に就任する、補欠の役員が認められている（329条3項）。

(4) 権限

　会計参与は、次のような権限を持つ。

① 計算書類等の作成

　取締役（指名委員会等設置会社では執行役）と共同して、計算書類とその附属明細書（435条2項）、臨時計算書類（441条1項）ならびに連結計算書類（444条1項）を作成する（374条1項・6項）。会計参与は、計算書類の作成を行う会社の内部機関である。これに対し、会計監査人は、作成された計算書類が会計基準等に則って正確に作成されているかをチェック（監査）する外部機関である。

② 会計参与報告

　計算書類等を作成する場合には、法務省令で定めるところにより、会計参与報告を作成しなければならない（374条1項）。

③ 会計帳簿の閲覧等

　いつでも会計帳簿等の閲覧または謄写を行うことができ、取締役（指名委員会等設置会社では取締役・執行役）・支配人その他の使用人に会計に関する報告を求めることができる（374条2項・6項）。

④ 子会社調査権

　職務を行うため必要があるときは、子会社に対して会計に関する報告を求め、または、会社またはその子会社の業務および財産の状況の調査をすることができる（374条3項）。

⑸ 義務

会計参与は、次のような義務を持つ。

① 取締役の不正行為の報告（375条）

② 一定の場合に、取締役会への出席（376条1項、436条3項、444条5項）

③ 株主総会への出席（314条）、意見陳述（377条）

④ 計算書類等の備置き・閲覧

　⒜ 計算書類等の備置き（378条1項）

計算書類等は会社とは別に、会計参与が定めた場所に、5年間備え置かなければならない。

　⒝ 株主・会社債権者による閲覧（378条2項）

⑹ 報酬・費用等の請求

会計参与の報酬等（報酬、賞与その他の職務執行の対価として株式会社から受ける財産上の利益）は、定款または株主総会の決議で定める（379条1項）。また、会計参与はその職務の執行について会社に対して費用等を請求することができる（380条）。

6 監査役・監査役会

⑴ 監査役

① 定義

監査役とは、取締役（および会計参与があるときは会計参与）の職務執行を監査する機関であり、その職務と権限は、会計の監査を含む会社の業務全般の監査に及ぶ（381条1項）。監査役は任意の機関とされているが、取締役会設置会社（譲渡制限会社である会計参与設置会社を除く）または会計監査人設置会社であってかつ監査等委員会設置会社および指名委員会等設置会社以外の会社では必要的機関である。一方、監査等委員会設置会社および指名委員会等設置会社では、監査役を置くことはできない。

すべての株式会社において、監査役は、原則として業務監査権限と会計監査権限を有する。ただし、譲渡制限会社である株式会社（監査役会設置会社および会計監査人設置会社を除く）は、その監査役の監査の範囲を会計に関するものに限定する旨を定款で定めることができる（389条）。

② 資格

　⒜ 取締役の資格等の規定は、監査役について準用する（335条1項）。

　⒝ 株式会社もしくはその子会社の取締役もしくは支配人その他の使用人または当該子会社の会計参与（法人であるときは、その職務を行うべき社員）もしくは執行役を兼ねることができない（兼任禁止規制）（335条2項）。それまで取締役であった者が営業年度の途中で監査役に選任されることは認められている（横すべり監査役）（判例）。

③ 員数等

監査役会設置会社では3人以上で、かつ、その半数以上（過半数ではない）は、社外監査役でなければならない（335条3項）。

H28-01
④ 任期

原則として、選任後4年以内に終了する事業年度のうち最終のものに関する定時株主総会の終結のときまでである（336条1項）。定款等で短縮することはできない。ただし、次のような例外がある。

- (a) 譲渡制限会社は、取締役と同様、定款により10年まで伸長できる（336条2項）。
- (b) 補欠監査役の任期は、定款によって、退任した監査役の任期の満了するときまでとすることが認められる（336条3項・4項）。補欠監査役とは、任期の満了前に退任した監査役の補欠として選任された監査役である（336条3項）。

⑤ 権限

監査役は次のような権限を持つ。

(a) 業務監査

原則として、取締役（会計参与設置会社では会計参与を含む）の職務の執行を監査する（381条1項）。数人の監査役がいる場合、各自が独立して監査権限を行使し（独任制）、監査役会が置かれる場合であってもこの原則は変わらない。ただし、例外として、譲渡制限会社（監査役会設置会社または会計監査人設置会社を除く）では、定款で、監査役の監査権限の範囲を会計監査に限定することが認められる（389条1項）。監査役の権限を会計監査に限定している会社は、監査役設置会社の定義に当たらない。

(b) 監査報告

業務監査について、法務省令で定めるところにより、監査報告を作成しなければならない（381条1項）。

(c) 調査権

いつでも、取締役および会計参与並びに支配人その他の使用人に対して、事業の報告を求め、または自ら監査役設置会社の業務および財産の状況の調査をすることができる（381条2項）。

(d) 子会社調査権

職務を行うため必要があるときは、子会社に対して事業の報告を求め、またはその子会社の業務および財産の状況の調査をすることができる（381条3項）。

H20-01
⑥ 義務

監査役は次のような義務を持つ。

- (a) 取締役の不正行為の報告（382条）
- (b) 取締役会への出席（383条1項、373条1項、383条1項但）。監査役は、取締役会の招集権者に対して取締役会の招集を求め、招集されないときは自ら招集することもできる（383条2項・3項・4項）。会計監査に限定された監査役の取締役会への出席義務はない（389条7項）
- (c) 株主総会への出席（314条）、報告（384条）

244　第1部　テキスト

⑦ 差止請求

取締役が監査役設置会社の目的の範囲外の行為その他法令もしくは定款に違反する行為をし、またはこれらの行為をするおそれがある場合、その行為によって当該監査役設置会社に著しい損害が生ずるおそれがあるときは、その取締役に対し、当該行為の差止めを請求することができる（385条1項）。

⑧ 会社代表

次の場合には、会社（監査役設置会社）を代表する。

(a) 取締役と会社（監査役設置会社）間の訴訟の場合（386条1項）

(b) 取締役の責任を追及する訴えの提起の請求（株主代表訴訟の前段階の請求）を受ける場合（386条2項1号）

(c) 株主代表訴訟の訴訟告知および和解に関する通知・催告を受ける場合（386条2項2号）

⑨ 報酬・費用等の請求

監査役の報酬等は、定款または株主総会の決議で定める（387条1項）。また、監査役は、職務の執行について会社に対して費用等を請求することができる（388条）。

(2) 監査役会

① 概要

公開会社で大会社（監査等委員会設置会社および指名委員会等設置会社を除く。）は監査役会を置かなければならない（328条1項）。監査役会は、すべての監査役で組織する（390条1項）。監査役会設置会社では、監査役は3人以上で、かつ、その半数以上は、社外監査役でなければならない（335条3項）。会計監査に限定された監査役（389条1項）および会計参与は、監査役会の構成員にはなれない（390条1項）。

② 権限

監査役会は以下の権限を持ち、業務を行う（390条2項）。

(a) 監査報告の作成（390条2項1号）

(b) 常勤の監査役の選定および解職（390条2項2号）。監査役会は、監査役の中から常勤監査役を選定しなければならない（390条3項）。

(c) 監査の方針、監査役会設置会社の業務および財産の状況の調査の方法その他の監査役の職務の執行に関する事項の決定（390条2項3号）。各監査役の権限の行使を妨げることはできない（独任制）。

③ 運営

(a) 招集

監査役会は非常設的機関であり、必要に応じて開催される。原則として招集権者が各監査役に通知して招集するが、その全員が同意すれば招集手続なしで開催できる（392条1項・2項）。招集権は原則として各監査役にある（391条）。

(b) 決議

監査役の過半数で決定する（393条1項）。監査役は1人1議決権が認められるので、他人に委任して議決権を代理行使することはできない。

(c) **議事録**

法務省令で定めるところにより、議事録を作成し、出席した監査役は署名または記名押印し、議事録は10年間本店に備え置く(393条2項・3項、394条1項)。電磁的記録でもよい。

株主は、その権利を行使するため必要があるときは、裁判所の許可を得て、議事録の閲覧または謄写を請求することができる(394条2項)。

7 会計監査人

(1) 概要

会計監査人とは、計算書類等の監査(会計監査)をする者である。会計監査人は役員ではないと解釈される(329条1項)。

大会社、監査等委員会設置会社および指名委員会等設置会社は会計監査人を設置しなければならない(327条5項、328条2項)。それ以外の会社も、任意で会計監査人を設置することができる(326条2項)。

(2) 資格

会計監査人は、公認会計士または監査法人でなければならない(337条1項)。会計監査人に選任された監査法人は、その社員の中から会計監査人の職務を行うべき者を選定し、株式会社に通知しなければならない(337条2項)。この場合、株式会社の子会社もしくはその取締役、会計参与、監査役もしくは執行役から公認会計士もしくは監査法人の業務以外の業務により継続的な報酬を受けている者またはその配偶者は会計監査人の職務を行うべき監査法人の社員になれない(337条3項2号)。

(3) 選任

員数については、とくに規制はない。任期は、選任後1年以内に終了する事業年度のうち最終のものに関する定時株主総会の終結のときまでである(338条1項)。

株主総会に提出する会計監査人の選任・解任および会計監査人の不再任に関する議案の内容は、監査役(監査役会設置会社では監査役会、監査等委員会設置会社では監査等委員会、指名委員会等設置会社では監査委員会)が決定する(344条、399条の2第3項2号、404条2項2号)。

(4) 権限

会計監査人は次のような権限を持つ。

① 計算書類等の監査

会社の計算書類およびその附属明細書(435条2項)、臨時計算書類(441条1項)・連結計算書類(444条1項)を監査する(396条1項)。

② 会計監査報告

計算書類等の監査について、法務省令で定めるところにより、会計監査報告を作成しなければならない（396条1項）。

③ 会計帳簿の閲覧等

いつでも、会計帳簿またはこれに関する資料の閲覧および謄写をし、または取締役（または執行役）および会計参与ならびに支配人その他の使用人に対し、会計に関する報告を求めることができる（396条2項・6項）。

④ 子会社調査権

職務を行うため必要があるときは、子会社に対して会計に関する報告を求め、また、会社またはその子会社の業務および財産の状況の調査をすることができる（396条3項）。

⑸ 義務

会計監査人は次のような義務を持つ。

① 不正行為の報告

取締役の職務の執行に関し不正の行為または法令・定款に違反する重大な事実があることを発見したときは、遅滞なく、監査役（監査役会設置会社では監査役会、監査等委員会設置会社では監査等委員会、指名委員会等設置会社では監査委員会）に報告しなければならない（397条）。

② 定時株主総会での意見陳述

計算書類等が法令または定款に適合するかどうかについて監査役もしくは監査役会もしくは監査等委員会または監査委員会と意見を異にするときは、定時株主総会に出席して意見を述べることができる（398条1項・3項・4項・5項）。

⑹ 報酬等

会計監査人の報酬等は、会社が定めるが、取締役は、会計監査人の報酬等を定める場合に、監査役の同意を得なければならない（399条1項）。監査役会設置会社では監査役会の同意、監査等委員会設置会社では監査等委員会の同意、指名委員会等設置会社では監査委員会の同意が必要である（399条2項・3項・4項）。以上の監査役等の同意は、対象者が2人以上ある場合は過半数の同意を得なければならない。

8 監査等委員会設置会社

⑴ 概要

監査等委員会設置会社は、監査役を置かない一方、**監査等委員会**を置く株式会社である。監査等委員会は、規模にかかわらず株式会社が定款の定めにより置くことができる取締役会の1組織である（2条11の2号）。この制度は、監査等委員会が取締役等の職務執行の監査を担うとともに、業務執行者を含む取締役の人事に関し

第3章 会社法 **247**

て株主総会における意見陳述権を有するものである。業務執行取締役が置かれ、執行役は設置されない。

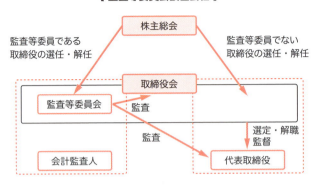

【監査等委員会設置会社】

(2) 取締役会

　監査等委員会設置会社の取締役会は、取締役会設置会社の取締役会と同様の働きをする（399条の13）。

　取締役会は、重要な財産の処分、多額の借財等に相当する事項その他の重要な業務執行の決定を取締役に委任することはできない（399条の13第4項）。しかし、取締役の過半数が社外取締役である場合には、取締役会の決議によって、一定の重要な業務執行の決定を取締役に委任することができる（399条の13第5項）。

(3) 監査等委員会

① 構成

　監査等委員会は、すべての監査等委員で組織し、監査等委員は取締役でなければならない（399条の2第1項・2項）。監査等委員である取締役は、3人以上で、その過半数は社外取締役でなければならない（331条6項）。

　監査等委員である取締役は、監査等委員会設置会社もしくはその子会社の業務執行取締役もしくは支配人その他の使用人または当該子会社の会計参与（法人であるときは、その職務を行うべき社員）もしくは執行役を兼ねることができない（331条3項）。

② 権限等

(a) 業務監査および意見陳述

　取締役（および会計参与）の職務の執行の監査および監査報告書の作成、株主総会において述べる監査等委員以外の取締役の選任、解任、辞任および報酬等についての意見を決定する（399条の2第3項）。

(b) 調査

　監査等委員会が選定する監査等委員は、いつでも取締役（および会計参与）および支配人その他の使用人に対し、その職務の執行に関する事項の報告を求め、

または監査等委員会設置会社および子会社の業務および財産の状況の調査をすることができる（399条の3第1項・2項）。

(c) 報告

監査等委員は、取締役が不正行為をし、もしくはその行為をするおそれがあるとき、または法令違反等の事実があると認めるときは、遅滞なく、その旨を取締役会に報告しなければならない（399条の4）。また、取締役が株主総会に提出しようとする議案等について法令違反等の不当な事項が認められるときは、その旨を株主総会に報告しなければならない（399条の5）。

(d) 取締役の行為の差止請求

監査等委員は、取締役が監査等委員会設置会社の目的の範囲外の行為その他法令もしくは定款に違反する行為をし、またはこれらの行為をするおそれがある場合において、その行為によって当該会社に著しい損害が生ずるおそれがあるときは、その取締役に対し、当該行為の差止めを請求することができる（399条の6）。

(e) 取締役会の招集

監査等委員会が選定する監査等委員は、取締役会を招集することができる（399条の14）。

③ 運営

(a) 招集

監査等委員会は、各監査等委員が招集する（399条の8）。監査等委員は、各監査等委員に通知して招集するが、その全員が同意すれば招集手続きなしで開催できる（399条の9第1項・2項）。取締役（および会計参与）は、監査等委員会の要求があったときは、監査等委員会に出席し、監査等委員会が求めた事項について説明をしなければならない（399条の9第3項）。

(b) 決議

議決に加わることができる監査等委員の過半数が出席し、その過半数をもって決議する（399条の10第1項）。決議について特別の利害関係を有する監査等委員は議決に加わることができない（399条の10第2項）。

(c) 議事録

法務省令で定めるところにより、議事録を作成し、出席した監査等委員は署名または記名押印し、10年間本店に備え置く（399条の10第3項、399条の11第1項）。電磁的記録でもよい。

株主は、その権利を行使するため必要があるときは、裁判所の許可を得て、議事録の閲覧または謄写を請求することができる（399条の11第2項）。

9 指名委員会等設置会社

(1) 概要

指名委員会等設置会社とは、**指名委員会、監査委員会**および**報酬委員会**を置く株式会社である（2条12号）。取締役会と会計監査人を置く会社は、定款により指名

委員会等設置会社となることを選択することができる。

指名委員会等設置会社の取締役会の役割は、基本事項の決定と委員会の委員および執行役の選任等の監督機能が中心となり、指名委員会・監査委員会・報酬委員会の3つの委員会が監査・監督というガバナンスの重要な位置を占める。

監督と執行が制度的に分離され、業務執行は執行役が担当し、会社を代表する者も代表執行役となるほか、業務の意思決定も大幅に執行役にゆだねられる。

(2) 取締役

任期は、就任後1年以内の最終の決算期に関する定時総会の終結の時までである（332条6項）。法令に別段の定めがある場合を除いて、取締役の資格では業務執行はできない（415条）。取締役が使用人を兼務することもできない（331条4項）。

(3) 取締役会

取締役会の権限は、基本事項の決定（416条1項1号・2号）、各委員会委員の選定解職（400条2項、401条1項）、執行役の選任監督（402条2項）等に限定される。

法定の基本事項を除いて、業務決定権限を執行役に委任することができる（416条4項）。業務執行権限を取締役に委任することはできない。

執行役は、3か月に1回以上、自己の職務の執行の状況を取締役会に報告しなければならない（417条4項）。

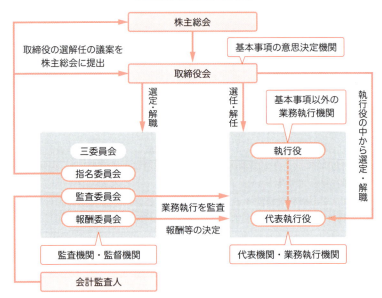

【 指名委員会等設置会社 】

⑷ 三委員会

① 権限

(a) 指名委員会

株主総会に提出する取締役（および会計参与）の選任・解任に関する議案の内容を決定する（404条1項）。

(b) 監査委員会

執行役等（執行役・取締役・会計参与）の職務の執行の監査および監査報告を作成する（404条2項）。

執行役（または取締役）が指名委員会等設置会社の目的の範囲外の行為その他法令もしくは定款に違反する行為をし、またはこれらの行為をするおそれがある場合において、その行為によって当該指名委員会等設置会社に著しい損害が生ずるおそれがあるときは、その執行役（取締役）に対し、当該行為の差止めを請求することができる（407条）。

(c) 報酬委員会

執行役等の個人別の報酬等の内容を決定する（404条3項）。

② 構成

各委員会は委員3人以上で組織され、各委員会の委員は取締役の中から取締役会の決議によって選任される（400条1項・2項）。

各委員会の委員の過半数は社外取締役でなければならない（400条3項）。同じ取締役が複数の委員会の委員を兼ねることができる。

監査委員会の委員（監査委員）は、会社・子会社の執行役・業務執行取締役、または子会社の会計参与（法人であるときは職務を行うべき社員）・支配人その他の使用人を兼ねることができない（400条4項）。使用人とは、雇用契約に基づいて労務に服する者を指す。一般的には従業員と呼ばれることが多い。

⑸ 執行役

`H23-05`

指名委員会等設置会社には、1人または2人以上の執行役を置かなければならない（402条1項）。なお、執行役と執行役員は異なり、執行役員は会社法上の機関ではない。

① 選任・解任

執行役は、取締役会の決議により選任される（402条2項）。会社とは委任の関係にある（402条3項）。取締役が兼任することができる（402条6項）。

任期は、選任後1年以内の最終の決算期に関する定時株主総会が終結した後最初に開催される取締役会の終結の時までである（402条7項）。いつでも取締役会の決議で解任できる（403条1項）。

② 権限

執行役は、取締役会の決議により委任を受けた業務の執行を決定し、業務を執行する（418条）。

第3章 会社法 **251**

③ 監査委員への報告義務

執行役は、会社に著しい損害を及ぼすおそれのある事実を発見したときは、ただちに、その事実を監査委員に報告しなければならない（419条1項）。

④ 取締役の規定に関する準用

その職務権限の類似性から、取締役の規定に関する多くの規定が準用されている。

例 執行役の欠格事由（402条4項、331条1項）、執行役の忠実義務（419条2項、355条）、競業避止義務および利益相反取引の禁止（419条2項、356条）、損害賠償責任（423条以下）。

⑹ 代表執行役

① 選定・解職

取締役会は、執行役の中から代表執行役を選定しなければならない（420条1項）。執行役が1人のときは、その者が代表執行役に選定されたものとされる（420条1項）。

いつでも取締役会の決議で解職できる（420条2項）。

② 権限

代表権の範囲などについては、代表取締役に関する規定が準用される（420条3項）。表見代表執行役の行為については善意の第三者に対して会社が責任を負う（421条）。

10 役員等の損害賠償責任

⑴ 役員等の会社に対する損害賠償責任

① 任務懈怠

取締役・監査役・会計参与・会計監査人・執行役は、その任務を怠ったときは、会社に対し、これによって生じた損害を賠償する責任を負う（423条1項）。原則は過失責任である。

⒜ 競業取引における損害額の推定

競業取引により取締役・執行役が得た利益の額は会社に生じた損害の額と推定する（423条2項）。

⒝ 利益相反取引における任務懈怠の推定

利益相反取引をした場合は、取締役・執行役について任務懈怠責任を推定する（423条3項）。ただし、取締役（監査等委員であるものを除く。）が、当該取引につき監査等委員会の承認を受けたときは適用せず、その場合に取締役会での承認決議に賛成した取締役（監査等委員であるものを除く。）にも適用しない（423条4項）。

⒞ 利益相反取引における無過失責任

自己のために利益相反取引の直接取引をした取締役・執行役の責任は、無過失責任である（428条1項）。取締役会の承認を得てした場合でも損害賠償責任（無過失責任）を負う。「自己のために」とあるので「第三者のために」した利益相反取

252 第1部 テキスト

引は該当しない（この場合は過失責任）。

② **利益供与**

(a) **利益供与に関与した取締役・執行役の責任**

無過失を立証しないかぎり、会社に対して、連帯して、供与した利益の価額に相当する額を支払う義務を負う（過失責任）（120条4項）。

(b) **利益供与の行為をした取締役・執行役の責任**

無過失を立証しても、支払義務を免れない（無過失責任）（120条4項但）。

③ **違法な剰余金分配**

分配可能額を超えて剰余金分配がなされた場合には、業務執行者（業務執行取締役・執行役）は、分配された額を会社に支払う義務を負う（過失責任）（462条1項・2項）。

(2) 責任の態様

原則として、責任追及の対象となる行為をした取締役等は過失責任を負う（423条1項）。ただし、例外として、以下の場合には、無過失責任となる。

① 自己のために利益相反取引の直接取引をした取締役・執行役の責任（428条1項）

② 利益供与の行為をした取締役・執行役の責任（120条4項但）

対象行為が取締役会等の決議に基づいてなされた場合には、その決議に賛成した者も、それについて任務懈怠がある場合には、同一の責任を負う。利益相反取引の場合には、決議に賛成した取締役は、任務懈怠が推定される。

責任を負う取締役等が複数いる場合には連帯責任となる（430条）。

(3) 役員等の責任の免除

総株主の同意があれば、任務懈怠、利益供与、過剰な剰余金分配の役員等の責任を免除することができる（424条、120条5項、462条3項）。会社債権者保護のため、免除できるのは分配可能額までの額に限られる。

(4) 役員等の責任の軽減（一部免除）

① **株主総会決議による事後の軽減**

法令・定款に違反した役員等が、善意で重過失がない場合、株主総会の特別決議により、賠償責任額を通常次の範囲（最低責任限度額）に制限することができる（425条1項、309条2項8号）。

(a) 代表取締役（代表執行役）…報酬等の6年分

(b) 代表取締役以外の取締役（代表執行役以外の執行役）…報酬等の4年分

(c) 社外取締役、会計参与、監査役、会計監査人…報酬等の2年分

上記の責任軽減の議案を株主総会に提出するには、監査役（監査等委員会設置会社では監査等委員、指名委員会等設置会社では監査委員）全員の同意を得なければならない（425条3項）。

② **取締役会決議に基づく軽減**

監査役設置会社（取締役が2人以上ある場合に限る）、監査等委員会設置会社また

は指名委員会等設置会社は、①と同じ責任について、①の場合と同じ主観的要件・軽減の範囲で、一定の場合において、定款において取締役会決議により責任を軽減することができる旨を定めることができる（426条1項、911条3項24号）。

③ 責任限定契約に基づく事前の軽減

取締役（業務執行取締役等であるものを除く。）、会計参与、監査役または会計監査人が善意で重過失がない場合、定款で定めた額の範囲内であらかじめ会社が定めた額と最低責任限度額とのいずれか高い額を限度として賠償責任を負う旨を、事前に契約（責任限定契約）で定めることができる（427条1項）。

(5) 役員等の第三者に対する損害賠償責任

役員等（取締役・執行役・会計参与・監査役・監査委員・会計監査人）が職務を行うにあたり、悪意または重過失があった場合は、その役員等は、これによって第三者に生じた損害賠償責任を負う（429条1項）。責任を負うべき役員等が複数いる場合は連帯責任となる（430条）。

取締役・執行役、会計参与、監査役・監査委員・会計監査人が、特定の書類や登記・公告等に虚偽の記載・記録を行うなど一定の行為をした場合には、その無過失を立証しないかぎり、損害賠償責任を負う（429条2項）。

11 株主代表訴訟

(1) 趣旨・概要

取締役等の責任は本来は会社自身が追及すべきものであるが、取締役間の同僚意識などからその責任追及が行われない可能性があり、その結果、会社すなわち株主の利害が害されるおそれがある。

個々の株主は、自ら会社のために取締役等に対する会社の権利を行使し訴えを提起することができる（**株主代表訴訟**）（847条1項・3項）。

【 株主代表訴訟 】

(2) 対象

以下の3つが対象となる（847条1項）。

① 責任の追及

発起人・設立時取締役・設立時監査役・役員等（取締役・執行役・会計参与・監査役・監査委員・会計監査人）・清算人の責任追及（847条1項）。

② 利益の返還

違法な利益供与がなされた場合の利益供与を受けた者からの利益の返還（120条3項、847条1項）。

③ 差額の支払

不公正価額での株式・新株予約権引受けの場合の出資者からの差額支払（212条1項、285条1項、847条1項）。

⑶ 提訴権者

① 原告適格

提訴権者は、6か月前から引き続き株式を有する株主である（847条1項）。定款で短縮可能であるが、譲渡制限会社では6か月要件はない（847条2項）。

旧株主については、株式交換もしくは株式移転または吸収合併の効力が生じた6か月前（譲渡制限会社では6か月要件はない。）から引き続き株式会社の株主であった場合、株式交換等によって当該株式会社の株主でなくなっても、その株式交換等によって当該株式会社等の完全親会社（当該株式会社の発行済株式の全部を所有する会社その他これと同等のもの。）の株式を取得したときは、当該会社または吸収合併存続会社に対し、責任追及の訴えを提起できる（847条の2）。

② 原告適格の継続

代表訴訟を提起した株主または共同訴訟人として参加した株主がその訴訟の継続中に株主でなくなった場合でも、次の場合には、引き続き訴訟を追行することができる（851条1項）。

- ⒜ 当該株式会社の株式交換または株式移転により、当該株式会社の完全親会社の株式を取得したとき
- ⒝ 当該株式会社の合併により、設立する株式会社（設立会社）または合併後存続する株式会社（存続会社）もしくはその完全親会社の株式を取得したとき

⑷ 請求できない場合

株主による訴えが、その株主もしくは第三者の不正な利益を図り、また当該株式会社に損害を加えることを目的とする場合には請求できない（847条1項）。

⑸ 訴えの提起

株主は、会社に対し、書面その他の法務省令で定める方法により、会社が、取締役等に責任追及の訴えを提起するように請求する（847条1項）。

会社が請求の日から60日以内に責任追及等の訴えを提起しないときは、その請求をした株主は、会社のために、責任追及等の訴えを提起することができる（847条3項）。

⑹ 判決の効果

会社に及ぶ（民事訴訟法115条1項2号）。株主自身への給付は要求できないが、必要費用と弁護士報酬のうちの相当額の支払を会社に請求することができる（852

条1項・3項）。

(7) 馴合訴訟の防止

会社が取締役を訴える場合でも、株主が代表訴訟で取締役等を訴える場合でも、馴合訴訟となる弊害に対処するため、訴訟参加（849条）や再審の訴え（853条）の規定がある。

(8) 多重代表訴訟

6か月前（公開会社の場合）から引き続き、株式会社の最終完全親会社等（当該株式会社の株式のすべてを所有し、かつその完全親会社がない会社）の100分の1以上の議決権を有する株主または発行済株式の100分の1以上の数の株式を有する株主は、当該株式会社に対し、重要な子会社の役員等の責任（特定責任）を追及する株主代表訴訟を提起できる（847条の3）。重要な子会社の条件とは、発起人等の責任の原因となった事実が生じた日において、当該株式会社（完全子会社）の株式の帳簿価額が当該最終完全親会社等の総資産の額の5分の1を超える場合をいう。

12 株主の差止請求権

H27-19 **(1) 概要**

個々の株主に、一定の要件のもとで、会社のため取締役（または執行役）の行為を差止めをする権利（差止請求権）が認められる（360条、422条）。取締役または執行役が法令または定款に違反する行為をした場合には会社に対する損害賠償責任を負うが、その行為がなされる前にそれを事前に防止できることが望ましいためである。

(2) 要件

取締役（または執行役）が株式会社の目的の範囲外の行為その他法令・定款違反の行為をし、またはこれらの行為をするおそれがある場合で、その行為によってその株式会社に著しい損害が生じるおそれがあるときは、6か月前から引き続き株式を有する株主は、その取締役（または執行役）に対して、当該行為の差止めを請求することができる（360条1項・2項、422条1項・2項）。譲渡制限会社では6か月要件はない。6か月は定款で短縮することができる。単元未満株式の株主については定款で権利行使できないと定めることができる。

256　第1部　テキスト

IV 計算

1 計算概要

⑴ 株式会社が会計を会社法で規制する理由

① 株主と会社債権者への情報提供

所有と経営の制度的分離を前提として、会社の状況（経営成績と財政状態）についての情報を株主に提供し、また、会社財産だけが担保である会社債権者にも情報を提供するためである。

② 剰余金分配の規制

株主と会社関係者との利害調整のための剰余金分配を規制するためである。

⑵ 会計の原則

株式会社の会計は、一般に公正妥当と認められる企業会計の慣行に従うものとする（431条）。「一般に公正妥当と認められる企業会計の慣行」とは、主として企業会計審議会が定めた企業会計原則その他の会計基準を意味するが、これに限られるわけではない。

2 会計帳簿

⑴ 定義

会計帳簿とは、一定時期における会社の財産およびその価額ならびに取引その他財産に影響を及ぼすべき事項を記載または記録する帳簿をいう。

⑵ 作成・保存義務

株式会社は、法務省令で定めるところにより、適時に、正確な会計帳簿を作成しなければならない（432条1項）。

株式会社は、会計帳簿の閉鎖の時から10年間、その会計帳簿およびその事業に関する重要な資料を保存しなければならない（432条2項）。

⑶ 株主の会計帳簿閲覧・謄写請求権

少数株主は、株式会社の営業時間内は、いつでも、会計帳簿またはこれに関する資料の閲覧・謄写を請求することができる（433条1項）。ここでいう少数株主とは、総株主の議決権の100分の3（定款で要件を緩和できる）以上の議決権を有する株主または発行済株式（自己株式を除く）の100分の3（定款で要件を緩和できる）以上の数の株式を有する株主である。

第3章 会社法　257

3 計算書類等

(1) 計算書類等の内容・様式

計算書類等の内容・様式は法務省令で定められており、以下のとおりである。(435条2項、会社計算規則)

【 計算書類等の内容・様式 】

①貸借対照表	一定の時点（事業年度の末日）における企業の財政状態を明らかにする。
②損益計算書	一定の期間（事業年度）に企業が獲得した利益または被った損失を算定する過程を収益と費用に示して、計算表示するもので、企業の経営成績を明らかにする。
③事業報告	一定の事業年度中における会社または会社およびその子会社からなる企業集団の事業状況の概要を文章の形で記載する。
④附属明細書	計算書類および事業報告の記載を補足する重要な事項の詳細を記載する。
⑤株主資本等変動計算書	期首と期末における純資産の期中の増減変化の状況を明らかにする。
⑥注記表	改正前商法の計算書類の内部において、その一部となされてきた注記を、会社法では独立させた。

(2) 計算書類等の作成

株式会社は、法務省令で定めるところにより、各事業年度に関する計算書類等（計算書類・事業報告・附属明細書）を作成しなければならない（435条2項）。計算書類等は、電磁的記録をもって作成することができる（435条3項）。

【 計算書類等の作成から保存までの手順の原則 】

作成 → 監査 → 取締役会の承認 → 事前の開示 → 株主総会の承認 → 事後の公開（決算公告） → 保存

⑶ 計算書類等の監査

① 監査役設置会社

計算書類等（計算書類・事業報告・附属明細書）は、法務省令で定めるところにより、監査役の監査を受けなければならない（436条1項）。

② 会計監査人設置会社（436条2項）

計算書類とその附属明細書については、監査役（監査等委員会設置会社では監査等委員会、指名委員会等設置会社では監査委員会）と会計監査人の両方の監査を受ける（436条2項1号）。事業報告とその附属明細書については、監査役（監査等委員会設置会社では監査等委員会、指名委員会等設置会社では監査委員会）の監査を受ける（436条2項2号）。

⑷ 取締役会の承認

取締役会設置会社では、計算書類等（計算書類・事業報告・附属明細書）（上記で監査を受ける場合は監査を受けたもの）は、取締役会の承認を受けなければならない（436条3項）。取締役会を設置していない場合は、定時株主総会のみの承認となる（438条）。

⑸ 計算書類等の事前の開示

① 直接開示

取締役会設置会社では、取締役会の承認を受けた計算書類と事業報告は、法務省令で定めるところにより、定時株主総会の招集通知に際して株主に提供する（437条）。

② 間接開示

附属明細書は招集通知時に提供する必要はないが、計算書類・事業報告・監査報告・会計監査報告とともに、定時株主総会の日の原則として2週間前（取締役会非設置会社は1週間前）から、本店に5年間、写しを支店に3年間備え置き、株主・会社債権者・親会社社員の閲覧・謄写に役立つようにする（442条）。

⑹ 株主総会の承認

原則として、取締役は、監査を受けた計算書類・事業報告を定時株主総会に提出して、事業報告についてはその内容の報告で足りるが、計算書類については株主総会の承認を受ける必要がある（438条1項〜3項）。

ただし、例外として、会計監査人設置会社では、計算書類が法令・定款に従い会社財産および損益の状況を正しく表示しているものとして法務省令で定める要件に該当する場合には、株主総会の承認を求める必要はなく、取締役会の承認で確定することができ、その場合には定時株主総会に計算書類を提出してその内容を報告すればよい（439条）。

⑺ 計算書類等の事後の公開（決算公告）

定時株主総会の終結後遅滞なく、会社は法務省令で定めるところにより、貸借対

照表 (大会社では貸借対照表および損益計算書) を公告しなければならない (440条1項)。

① 定款で公告方法を官報または日刊新聞紙と定めている会社

貸借対照表の要旨を公告すればよい (440条2項、939条1項1号・2号)。法務省令で定めるところにより、貸借対照表の内容である情報を、定時株主総会の終結の日から5年間、継続して電磁的方法により不特定多数の者が提供を受けることができる状態に置く措置をとることができる (電磁的公開) (440条3項)。

② 定款で公告方法を電子公告と定めている会社

貸借対照表の全部を公告しなければならない。定時株主総会の終結の日から5年を経過するまで継続して公告しなければならない (940条1項2号)。

③ 金融商品取引法上の有価証券報告書提出会社

決算公告が免除される (440条4項)。

`H24-20` ### (8) 計算書類等の保存

株式会社は、計算書類を作成した時から10年間、当該計算書類とその附属明細書を保存しなければならない (435条4項)。

(9) 臨時計算書類

事業年度中の臨時決算日における会社の財産の状況を把握するための計算書類で、以下のものが含まれる (441条1項)。

① 臨時決算日における貸借対照表 (441条1項1号)
② 臨時決算日の属する事業年度の初日から臨時決算日までの期間の損益計算書 (441条1項2号)

一定の会社では、監査を必要とすること、取締役会の承認を必要とすること、総会の承認を必要とすること (その例外が認められること) 等は、通常の決算の場合と同様である (441条2項〜4項)。

臨時決算をすれば、臨時決算日までの損益を剰余金配当等の分配可能額に含めることができる (461条2項2号)。

(10) 連結計算書類

連結計算書類とは、その会社およびその子会社からなる企業集団の財産および損益状況を示すために必要かつ適当なものとして法務省令で定めるものである (444条1項、会社計算規則)。

会計監査人設置会社は、法務省令で定めるところにより、各事業年度に関する連結計算書類を作成することができる。

連結計算書類の作成が義務づけられるのは、事業年度の末日において大会社であって、かつ、金融商品取引法上の有価証券報告書提出会社に限られる (444条1項・2項・3項)。

4 資本金と準備金

(1) 資本金と準備金の概要

資本金は、会社債権者の保護、あるいは株主と会社債権者との利害調整のために設けられた制度である。

株式会社では、株主有限責任のため会社財産のほかに財産的基礎がないので、資本金を基準として、さらに準備金を設け、これらに対応する会社財産を維持することを求め、原則としてそれを超える部分に限って剰余金として株主に配当することができる。資本金と準備金は、剰余金配当規制との関係で意味を持つ制度である。

【 資本金・準備金・剰余金の概念 】

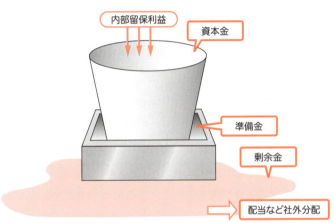

(2) 資本金

資本金とは、会社の財産を確保するための基準となる一定の計算上の数額である。

資本金の額の算定は、原則として、株式の実際の払込額（現物出資の場合は給付額）の総額であるが（445条1項）、株式発行の際にその2分の1までの額は、資本金としないことが認められる（445条2項）。その場合には、資本金としない額を資本準備金としなければならない（445条3項）。

(3) 準備金

準備金は、資本金額に相当する会社財産に加えて準備金額に相当する会社財産を確保しないかぎり、剰余金の配当を許さないことによって、会社財産の変動に対する緩衝の役割を果たす。準備金には、**資本準備金**と**利益準備金**がある（445条4項）。

株式の発行に際して会社に払込みまたは給付された財産の額の2分の1を超えない額については、資本金として計上せず、資本準備金として計上することができる（払込剰余金）（445条2項・3項）。

剰余金を配当する場合には、法務省令で定めるところにより、配当により減少する剰余金の額の10分の1を準備金（資本準備金または利益準備金）として積み立てなければならない（445条4項）。

例外として、合併・吸収分割・新設分割・株式交換または株式移転に際して資本金または準備金として計上すべき額は、法務省令で定められる（445条5項）。

(4) 資本金・準備金の公示・公開

算定された資本金・準備金の額は、定款には記載しないが、登記と貸借対照表により公示・公開される（911条3項5号）。

H30-07 (5) 資本金の額の減少（減資）

資本金の額の減少（減資）とは、会社債権者の担保として社内に留保されるべき会社財産の基準額である資本金の額を引き下げることをいう。この場合、減少した額だけ、資本準備金またはその他資本剰余金の額を増加する（447条、会社計算規則25条2項、26条1項1号、27条1項1号）。資本金の額を減少して、利益準備金またはその他利益剰余金の額を増加することはできない。これは、資本と利益の峻別という会計の基本原則（企業会計原則第一・3）の現れである。

株主および会社債権者保護の観点から、原則として、株主総会の特別決議（447条1項、309条2項9号）と会社債権者保護手続（449条）が必要である。

H30-07 (6) 準備金の額の減少

準備金の額は、以下の場合に使用されることにより減少する。
① 資本の欠損を填補する場合
② 資本に組み入れる場合

準備金の額を減少させるためには、原則として、株主総会の決議（448条1項、309条1項、減資と異なり普通決議で足りる）と会社債権者保護手続（449条）が必要となる。ただし、減少する準備金の額の全部を資本金とする場合、会社債権者保護手続は不要となる（449条1項）。

262　第1部　テキスト

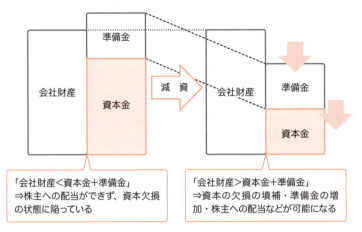

⑺ 資本金の額の増加

会社は、株主総会の決議により、剰余金の額を減少して、資本金の額を増加することができる (450条1項・2項、309条1項、減資と異なり普通決議で足りる)。
ただし、剰余金をマイナスにすることはできない (450条3項)。

⑻ 準備金の額の増加

会社は、株主総会の決議により、剰余金の額を減少して、準備金の額を増加することができる (451条1項・2項、309条1項、減資と異なり普通決議で足りる)。
ただし、剰余金をマイナスにすることはできない (451条3項)。

⑼ 任意積立金

会社が定款または株主総会決議で自発的に積み立てる積立金のことをいい、利益準備金を積み立てた残りの財源として積み立てるものである (452条)。
目的が特定されたものと特定されないものとがある。その使用も、それぞれ定款または株主総会の決議により自発的に行うことができる (452条)。

⑽ 資本金額による法律上の適用の相違点

資本金は、大きいほど資金面でみれば有利にみえる。しかし、資本金額によっては各種の法律上の適用が異なる。

① 最終事業年度に係る貸借対照表に計上した資本金が5億円以上の会社は大会社となり、会計監査人を置かなければならない (328条1項)
② 株式会社の設立登記時に納める登録免許税は、資本金の額に1,000分の7を乗じた金額となる。ただし、その金額が15万円に満たないときは、15万円となる (登録免許税法17条の2)
③ 消費税課税の基準期間における売上高が1千万円以下の事業者は、納税義務

が免除されている（消費税法9条1項）。この基準期間とは前々事業年度が該当するため、新規に開業した事業者は基準期間の課税売上高がないので、原則として免税事業者になる。ただし、資本金1千万円以上の会社は、この免税事業者とはされない（同法12条の2）

④ 法人事業税では各事業年度終了の日において資本金の額が1億円を超える法人は外形標準課税が適用され、所得のほか、付加価値額と資本金等の額に応じて課税される（地方税法72条の2）

5 剰余金の配当

H22-20

(1) 概要

会社は、出資者である株主には、一定の期間ごとに利益その他の剰余金の配当を行わなくてはならない。会社債権者保護手続を経ずに、いつでも期中何回でも、剰余金分配をすることができる。

分配可能額については、原則として、分配時までの実際の剰余金の変動を考慮に入れ、かつ、臨時決算をした場合には期間損益も考慮に入れる。

(2) 剰余金の定義

概念的には貸借対照表上の純資産額から資本金と準備金を差引いた額となるが、実際は決算日後の配当による剰余金の変動も考慮する必要があるため、会社法では、剰余金が定義されている（446条）。

会社法における剰余金とは、446条1号～4号に掲げる額の合計額から5号～7号に掲げる額の合計額を減じて得た額をいう。

(3) 剰余金の配当手続

H19-02

剰余金の配当は、原則として、株主総会の普通決議により、配当財産（2条25号）の種類および帳簿価額の総額、株主に対する配当財産の割当てに関する事項、剰余金の配当効力発生日を定めて行う（454条1項）。当該会社の株式等（株式・社債・新株予約権）は配当できない。

ただし、次のような例外がある。

① **株主総会特別決議が必要な場合**

　(a) 配当財産が金銭以外の財産（現物配当）であり、かつ、株主に対して金銭分配請求権を与えない場合（454条4項、309条2項10号）

　(b) 市場取引および公開買付以外の方法によって特定のものから自己株式を有償取得することで、株主に剰余金を配当する場合（156条1項、160条1項、309条2項2号）

② **取締役会決議によって可能な配当手続**

以下の場合、定款に定めることにより、剰余金配当を取締役会の権限とすることができる。

(a) 中間配当

　取締役会設置会社は、1事業年度の途中において1回だけ、取締役会決議によって剰余金を配当することができる旨の定款を定めることができる（454条5項）。

(b) 定款による取締役会への授権（分配特則規定）

　会計監査人設置会社で、取締役の任期が1年を超えず（監査等委員会設置会社で監査等委員である取締役を除く）、監査役会設置会社もしくは監査等委員会設置会社または指名委員会等設置会社であるという3つの条件を満たす会社は、剰余金の配当に関する事項を取締役会で決定できる旨を定款で定めることができる（459条1項4号）。ただし、配当財産が金銭以外の財産であり、かつ、株主に対して金銭分配請求権を与えないこととする場合を除く（459条1項4号但）。

(4) 剰余金の配当要件

会社の純資産額が300万円を下回る場合には、配当できない（458条）。

　配当をする場合には、法務省令の定めるところにより、配当により減少する剰余金の額の10分の1を準備金（資本準備金または利益準備金）として積み立てなければならない（445条4項）。

　剰余金の分配は、分配可能額の範囲内でなされなければならない（分配可能額を算出し、その限度内でのみ株主への配当およびその他の剰余金分配が認められている）（461条1項）。分配可能額とは、461条2項1号・2号に掲げる額の合計額から3号から6号までに掲げる額の合計額を減じて得た額をいう。なお、事業年度の一定の日を臨時決算日と定め、臨時計算書類を作成して取締役会および株主総会で承認を受けた場合には、臨時決算日までの損益も分配可能額に含まれる（461条2項2号、441条）。

(5) 違法な剰余金の配当

　株主・取締役をはじめとする関係者は、法定の特別の責任を負う（462条1項）。

① 株主の義務

　(a) 会社に対する支払義務（無過失責任）（462条1項・2項）

　(b) 会社債権者からの支払請求（463条2項）

② 取締役・執行役の責任

　(a) 会社に対する責任（過失責任）（462条1項、462条2項）。総株主の同意があっても免除されない（462条3項）。債権者保護のためである。

　(b) 第三者に対する責任（429条、430条）

　(c) 悪意の株主に対する求償（463条1項）

③ 会計参与・監査役の責任

　(a) 会社に対する責任（過失責任）（423条1項）

　(b) 第三者に対する責任（429条）

V 設立

1 設立概要

(1) 設立の意義

株式会社を設立するには、実体形成要件と法人格取得要件を満たさなければならない。株式会社の設立とは、株式会社という団体の実体を形成し、株式会社が法人格を取得し、法律上の人格者（法人）となることである。実体形成要件は4つに分かれるから、株式会社の設立要件は全部で5つあるとも考えられる。

【 株式会社の設立要件 】

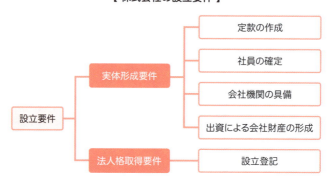

(2) 設立の方法

① 発起設立

発起設立とは、発起人が設立時発行株式の全部を引き受ける方法である（25条1項1号）。

② 募集設立

募集設立とは、発起人が設立時発行株式の一部を引き受けるほか、設立時発行株式を引き受ける者の募集を行い、発起人以外の者が残りの株式を引き受ける方法である（25条1項2号）。

(3) 資本金　〈H20-16〉

1円での創業が可能であるが、定款に記載する設立に際して出資される財産の価額または最低額を下回ることはできない（27条4項）。

(4) 類似商号　〈H20-16〉

同一の商号を同一の住所に登記することはできない。

【 設立の手続の流れ 】

発起設立	募集設立

定款の作成・公証人の認証（26条・30条1項）

設立時発行株式に関する事項の決定（32条）

発起人による引受け（25条2項）

発起人による出資の履行（34条）

変態設立事項についての検査役の調査等および裁判所による変更（33条）

発起人による設立時募集株式に関する
事項の決定（57条・58条）

設立時募集株式を
引き受けようとする
者に対する通知
（59条1項）

設立時募集株式の
総数引受契約の
締結（61条）

引受けの申込み
（59条3項・4項）

設立時募集株式の
割当て（60条）

設立時募集株式の引受人の確定（62条）

設立時募集株式の引受人による払込み
（63条1項）

創立総会の招集（65条）

創立総会における発起人の報告
（67条1項、87条）

発起人による
設立時取締役等の選任
（38条～41条）

創立総会による設立時取締役等の選任（88条）

設立時取締役等による調査（46条1項、93条1項）

後の創立総会への報告（93条2項）

設立登記（49条）

第3章 会社法　267

2 定款の作成

(1) 定款

株式会社における**定款**とは、株式会社の組織と活動に関する根本規則をいう。

発起人は、定款を実質的に確定し、形式的に書面に記載するか、または電磁的記録として作成する（26条2項）。

定款を書面で作成するときは、発起人が署名または記名押印（電子署名含む）しなければならない（26条1項・2項）。書面で作成された定款が効力を生じるには、公証人の認証が必要である（30条1項・2項）。この認証は、定款の内容を明確にして後日の不正行為を防止するためであるが、会社の成立後に定款を変更する場合には認証は必要ない。

(2) 発起人

発起人とは、会社の設立の企画者として定款に署名または記名押印（電子署名を含む）した者をいう。

員数は1人でもよい。自然人のみならず、法人でもよい。発起人には、設立時株式引受け義務があり、1株以上引き受けなければならない（25条2項）。

H20-16 (3) 定款の内容

定款の内容（記載事項）は次のように分類できる。

① 絶対的記載事項

定款に必ず記載しなければならない事項で、その記載がないと定款全体が無効となる事項をいう（27条）。目的、商号、本店の所在地、設立に際して出資される財産の価額またはその最低額、発起人の氏名または名称および住所、発行可能株式総数が該当する（27条1〜5号、37条、98条）。

② 相対的記載事項

定款に記載しなくても、定款自体の効力は有効であるが、定款で定めないかぎりその効力が認められないような事項をいう（28条）。事項ごとに条文上定められている（28条各号、107条2項、108条2項・3項、214条等）。

例 変態設立事項（28条1〜4号）、公告方法（次のいずれかを定めることができる。①官報に掲載する方法、②時事に関する事項を掲載する日刊新聞紙に掲載する方法、③電子公告（939条1項）。）

③ 任意的記載事項

定款に記載しなくても定款の効力自体には影響がなく、かつ、定款外において定めても当事者を拘束する事項をいう（29条）。定時総会の招集時期、総会の議長、取締役の員数などが該当する。

会社法の規定に反しない限り定款に規定することができる（29条）。定款外で定めても効力があるが、定款で定めると明確性が高まる。定款変更手続（466条）によらなければ変更できない。

⑷ 変態設立事項

H23-01

変態設立事項とは、定款の相対的記載事項の1つで、会社の財産的基礎（資本充実）を危うくする事項である。会社設立時の定款（原始定款）に記載しなければ効力が認められない（28条）。

① 手続

原則として、裁判所の選任する検査役の調査を受けなければならない（33条4項）。

調査の結果、内容が不当と認められたときは、裁判所は当該事項を変更する決定をしなければならず（33条7項）、募集設立においては創立総会で変更される（96条）。

② 該当する事項（28条）

(a) 現物出資

金銭以外の財産（動産・不動産・債権・知的財産権等）をもってする出資である（28条1号）。会社設立時の現物出資は発起人に限定されているが（28条1項、34条1項、63条1項）、設立後の募集株式発行の場合は対象者が限定されないため、誰でも現物出資できる（199条1項3号、200条1項、201条1項）。

(b) 財産引受け

発起人が会社のために会社の成立を条件として、株式会社の成立後に特定の者から一定の財産を譲り受けることを約する契約である（28条2号）。

(c) 発起人の報酬・特別な利益

株式会社の成立により発起人が受ける報酬その他の特別の利益である（28条3号）。

(d) 設立費用

発起人が支出した会社設立のために必要な費用である（28条4号）。定款の作成費、株主募集の広告費、創立事務所の賃借料等が該当する。

【 現物出資 】

第3章　会社法　　**269**

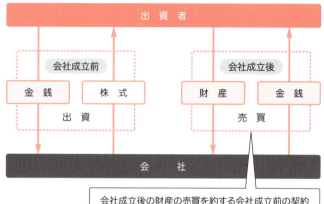

3 社員の確定

(1) 株式発行事項の決定

設立時の株式に関する事項のうち、設立に際して出資される財産の価額またはその最低額は定款で定める必要がある（27条4号）。

それ以外の事項は、定款外で適宜決定してもよく、原則として発起人の多数決で決定できる（民法670条）。

(2) 株式の引受け

① 発起設立の場合

発起人は、株式会社の成立の時に、出資の履行をした設立時発行株式の株主となる（50条1項）。

② 募集設立の場合

(a) 発起人の引受け

設立時発行株式の一部を発起人が引き受ける（要件等は発起設立の場合と同様）。

(b) 株主の募集

残りの株式については、発起人が株主を募集する（57条、58条）。

(c) 申込み・割当て・引受け・払込み

募集に対して申込みがあると、割当てがなされ引受けが確定し、引受人は払込みをすると会社設立時に株主となる（59条、60条、62条、63条1項、102条2項）。募集設立にあたって、どの申込者に対して何株を割り当てるのかについての決定は発起人の自由とされ（60条）、これを「割り当て自由の原則」という。

【株式の募集から払込みまでの流れ（募集設立）】

4 機関の具備

(1) 設立時に選任すべき役員等

　発起設立の場合、発起人は、原則として1株（または1単元）につき1議決権を有し、その議決権の過半数で設立時取締役・監査役等を選任する（38条1項・2項、40条1項・2項）。ただし、会社が取締役等の選任について内容の異なる株式（選解任種類株式）を発行する場合には制約を受ける（40条3項・5項、41条、45条）。

　募集設立の場合、創立総会の決議で設立時取締役・監査役等を選任する（88条）。

(2) 設立時取締役が選任・選定すべき役員等

　設立時取締役は、設立時代表取締役等を選任・選定する（47条1項、48条1項等）。

5 会社財産の形成

(1) 出資の履行

　発起人の場合、原則として、引受け後遅滞なく、引き受けた設立時発行株式について発行価額全額を払込み、また、現物出資の場合はその全部を給付しなければならない（34条1項）。

　募集設立における募集株式の引受人の場合、発起人が定めた払込期日または払込期間内に、それぞれの引き受けた設立時発行株式について発行価額全額を払い込まなければならない（63条1項）。

【出資の履行】

	発起人	募集設立における 募集株式の引受人
履行の時期	遅滞なく	払込期日または払込期間内
金銭出資の場合	全額払込み	全額払込み
現物出資の場合	全部給付	不可

⑵ 失権

発起人や募集株式の引受人が期日までに出資の履行をしない場合は、株主となる権利を失う（36条3項、63条3項）。

一部の株式が失権しても、発起人の払込み・給付が全部履行され、かつ、「設立に際して出資される財産の価額またはその最低額」（27条4号）以上の出資がされているときは、そのまま設立することができる（打切発行の許容）。

H20-16 ⑶ 払込取扱機関と払込保管証明

① 払込取扱機関

発起人の不正行為を防止し、払込みを確実にするため、払込みは銀行・信託会社等の払込取扱場所にしなければならない（34条2項、63条1項）。

② 払込保管証明

商業登記法では、設立登記の際に、銀行口座の残高証明等の方法を求めている（商業登記法47条2項5号）。募集設立の場合のみ、払込取扱機関による払込保管証明（64条1項）が必要であり（商業登記法47条2項5号）、発起設立の場合は不要である。

⑷ 仮装の払込み

① 預合い

発起人が払込取扱機関から借入れをしてそれを設立中の会社の預金に振り替えて払込みにあてるが、この借入れを弁済するまでは会社の預金を引き出さないことを約束する行為をいう。帳簿上の操作に過ぎず、無効であると解されている。

② 見せ金

発起人が払込取扱機関以外の者から借り入れた金銭を株式の払込みにあて、会社の成立後にこれを引き出して借入金の返済にあてることをいう。効力には争いがあるが、無効であると解するのが妥当である。

H23-01 H21-03 ⑸ 変態設立事項の調査

原則として、変態設立事項がある場合には、発起人の請求に基づいて裁判所が選任した検査役の調査を必要とする（33条1項）。

例外として、現物出資と財産引受けについては、次の場合は、検査役の調査は不要である（33条10項1～3号、46条1項1号・2号、93条1項1号・2号、94条）。

① その対象となる財産の価額が少額の場合（500万円以下の場合）

② その対象となる財産が市場価格のある有価証券の場合（定款記載の価額がその市場価格（法務省令）を超えないときに限る）

③ 現物出資・財産引受けが相当であることについて、弁護士・弁護士法人・公認会計士・監査法人・税理士または税理士法人の証明を受けた場合（不動産の場合には不動産鑑定士の鑑定評価も必要）

272　第1部　テキスト

⑹ 調査結果が不当な場合の定款変更

　原則として、裁判所が検査役の調査結果を不当と認めたときは、定款の定めを変更する（33条7項）。ただし、例外として、募集設立の場合、設立時取締役等の報告に加えて、検査役の報告等が創立総会に提出され、創立総会が不当と考えたときは定款を変更することができる（93条1項・2項、87条2項、96条）。

⑺ 設立経過の調査

① 発起設立の場合

　設立時取締役等は出資の履行が完了したかどうか、設立手続に法令・定款違反がないかを調査する（46条1項3号・4号）。調査の結果、法令・定款違反または不当な事項があった場合、各発起人に通知し（46条2項・3項）、発起人が善処する。

② 創立総会（募集設立の場合）

(a) 定義

設立時に株主となる株式引受人からなる議決機関である。

(b) 招集

払込期日または期間が経過すると、遅滞なく創立総会が招集される（65条1項・2項）。

(c) 権限

　以下に規定する事項および株式会社の設立の廃止、創立総会の終結その他株式会社の設立に関する事項に限り、決議をすることができる（66条）。

- 発起人が設立の経過を報告する（87条）
- 設立時取締役等を選任する（88条）
- 選任された設立時取締役等は、変態設立事項その他を調査し（93条1項、94条）、その後の創立総会で調査結果を報告しなければならない（93条2項）
- 設立時取締役等による調査結果の報告があり、変態設立事項に関する検査役の報告や弁護士等の証明および鑑定を記載した書面が提出される（87条2項・93条2項）
- 創立総会が変態設立事項を不当と考えたときは、定款を変更することができ（96条）、その変更に反対した出資者は、株式引受けを取り消すことができる（97条）
- 招集通知に記載がなくても、定款変更・設立廃止を決議することができる（73条4項但）

(d) 決議方法

　創立総会において議決権を行使することができる設立時株主の議決権の過半数であって、出席した当該設立時株主の議決権の3分の2以上にあたる多数をもって行う（73条1項・2項・3項）。

⑻ 現物出資・財産引受けの不足額填補責任

R02-02

　現物出資または財産引受けの価額が定款で定めた価額に著しく不足する場合には、

第3章　会社法　273

発起人と設立時取締役は株式会社に対して連帯して不足額を支払う義務を負う（52条1項）。

ただし、その現物出資または財産引受け事項について検査役の調査を経たときは、現物出資者または財産の譲渡人である場合を除き、当該責任を負わない（52条2項）。

6 設立登記

(1) 登記手続

代表者が所定の期間内に、本店所在地の登記所において、登記申請書に所定の添付書類を添えて申請する（911条1項・2項）。

(2) 登記事項

911条3項1号〜29号に規定されている。

(3) 登記の効果

設立中であった会社は法人格を取得し、会社が成立する（49条）。

(4) 登録免許税

H29-04
H20-16

株式会社の設立登記時に納める登録免許税は、資本金の額に1,000分の7を乗じた金額、またはその金額が15万円に満たないときは15万円（登録免許税法別表）。

7 登記事項証明書

H24-19
H19-02

登記事項証明書とは、会社の商号や事業目的、役員構成など、登記されている事項について有効であることを登記官が証明する書類である。登記所において申請することで発行される。全部事項証明書と一部事項証明書とがある。

(1) 現在事項証明書

現在効力を有する登記事項のみを証明したものである（商業登記規則30条1項1号）。
① 現に効力を有する登記事項
② 会社成立の年月日
③ 役員等の就任の年月日
④ 会社の商号および本店の登記の変更に係る事項で現に効力を有するものの直前のもの

(2) 履歴事項証明書

現在事項証明書で証明される事項に加え、請求日から3年前に属する1月1日までの間に抹消、変更された現に効力を有しない登記事項を証明したものである（同

規則30条1項2号）。

① 現在事項証明書で証明される事項
② 基準日から請求日までの間に抹消をする記号を記録された登記事項
③ 基準日から請求日までの間に登記された事項で現に効力を有しないもの

VI 資金調達

1 資金調達概要

(1) 株式会社の資金調達の体系

株式会社の資金調達には、次のような方法がある。

【 株式会社の資金調達の体系 】

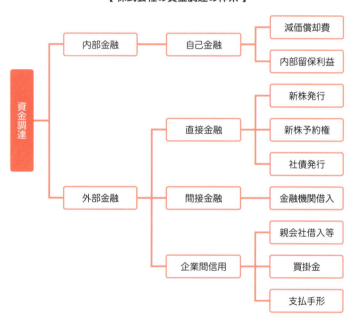

特に会社法では、株式・新株予約権・社債といった直接金融についてルールを定めている。

(2) 新株発行の分類

新株発行には次のような場合がある。

【新株発行の分類】

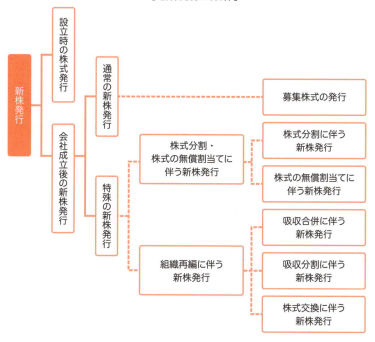

2 募集株式の発行等

(1) 定義
① 募集株式
募集株式とは、募集に応じて株式会社が発行する株式（新株）または株式会社の処分する自己株式の引受けの申込みをした者に対して割り当てる株式をいう（199条1項）。
② 募集株式の発行等
新株発行（通常の新株発行）や自己株式処分を行うことである。持分会社においては、出資者としての法的地位は持分であるため、株式の発行はできない。

(2) 留意点
既存株主の保護と機動的な資金調達の両立が問題となる。
① 既存株主の保護
持株比率の低下と株式の経済的価値の下落に対する保護が必要になる。
　例 有利発行時の株主総会特別決議（199条3項、201条1項）
② 機動的な資金調達
企業が競争に勝つために迅速性が要求される。

例 公開会社の授権資本制度（37条1項・2項・3項、113条3項）

【 募集株式発行等のプロセス 】

(3) 募集事項の決定と公示（公開会社における株主割当て以外の場合）

① 募集事項の決定
募集に応じて株式の引受けの申込みをした者に対して割り当てる株式（募集株式）の発行をするためには、取締役会決議で、募集株式数、募集株式の払込金額等を決定しなければならない（199条、201条）。

【 募集新株の募集事項の決定（株主割当て以外の場合）】

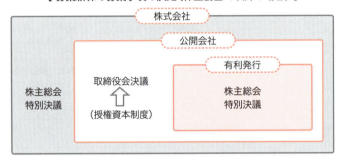

② 募集事項の公示
原則として、既存株主に差止めの機会を与えるため、払込期日または払込期間初日の2週間前までに募集事項を公告または株主に通知しなければならない（201条3項・4項）。ただし、例外として、金融商品取引法に基づく届出をしている場合は、通知・公告は不要である（201条5項）。

③ 有利発行
既存株主の保護のため、株主以外の者に対して募集株式を「**特に有利な払込金額**」で発行する場合は、原則として、株主総会の特別決議が必要となる（199条2項・3項、201条1項、309条2項5号）。

④ 支配株主の異動を伴う募集株式の発行等
公開会社は、新株発行によって引受人が新たに議決権の2分の1を超えて株式を所有することになる場合（特定引受人となる。）、払込期日の2週間前までに株主に対し特定引受人の情報を通知または公告しなければならない（206条の2第1項・2項）。通知・公告から2週間以内に、10%以上の議決権を有する株主が特定引受人の募集株式の引受けに反対した場合、原則とし払込期日前日までに、株主総会決議（普通）の承認を受けなければならない（206条の2第4項・5項）。

⑤ **公開会社による譲渡制限株式 (譲渡制限種類株式) を追加発行**

公開会社が譲渡制限株式 (譲渡制限種類株式) を追加発行する場合は、譲渡制限会社における募集の場合と同様である。

⑷ **募集事項の決定と公示 (譲渡制限会社における株主割当て以外の場合)**

募集事項は、株主総会の特別決議で決定する点以外は、公開会社の株式募集手続とほぼ同様である (199条1項〜3項・5項、309条2項5号)。株主総会で決議できるので募集事項の公示は不要である (201条3項・4項)。資金調達の便宜を図るため、株主総会の特別決議により、取締役会 (取締役会非設置会社では取締役) に一定範囲で募集事項の決定を委任できる (200条1〜3項、309条2項5号)。

会社法では、譲渡制限会社における有利発行の手続と第三者割当て (株主以外の特定の者に募集株式を割当てて資金を調達する方法) の手続が一本化された (199条、200条)。

⑸ **募集事項の決定と公示 (株主割当ての場合)**

① **株主割当て**

会社は、募集株式の募集において、株主に株式 (自己株式を除く) の割当てを受ける権利を与えることができる (202条1項)。定款にその旨の規定がある場合を除いて、会社が、個々の募集株式の発行等に際して、割当てを受ける権利を与えるか否かを定める。株主は、募集株式の発行等にあたって割当てを受ける権利を当然には有していない。株主割当てを行う場合、199条1項の募集事項に加えて、次の事項をも決定する (202条1項)。

　(a) 株主に対し、申込みをすることにより募集株主の割当てを受ける権利を与える旨

　(b) 募集株式の引受けの申込みの期日

② **株主割当ての意思決定**

この決定は、公開会社では取締役会決議、譲渡制限会社は株主総会特別決議が原則であるが、定款で取締役会決議 (取締役会非設置会社の場合は取締役の決定) と定めることができ、それ以外の規制は受けない (202条3項・5項)。

⑹ **募集株式の申込み・割当て・引受け**

① **申込み**

原則として、会社は、募集株式の申込みをしようとする者に対して、法が定める事項を通知し、申込みをする者は一定事項を記載した書面で申し込む (203条1項・5項〜7項)。

ただし、例外として、以下の場合は、この手続は不要である。

　(a) 金融商品取引法に基づく目論見書 (有価証券の募集や売出しのために相手方に提供する、有価証券発行者の事業等を説明した文書) を交付した場合等 (203条4項)

　(b) 総株式の引受けの場合 (205条)

② 割当てと引受け

株式の申込みがあると、会社はこれに対して割当てをし、申込者は割当てを受けた株式について株式引受人となる（204条1項〜3項、206条1号）。

⑺ 現物出資

会社法では、募集株式発行等における現物出資を、取締役会等の決定事項としている（199条1項3号、200条1項、201条1項）。募集株式の発行の際に、設立時のように定款に定めを要求すると、株主総会の開催が必要となり、授権資本制度の趣旨に反するためである。設立時に比べ、会社設立後の募集株式の発行はリスクが小さいため、規制が緩やかになっている。現物出資に関する取締役の責任は、過失責任である（213条2項）。設立後の募集株式発行等の場合、現物出資者の資格に制限はない（208条2項）。

設立時と同様、原則として裁判所が選任した検査役による調査が必要であり、調査結果が不当な場合は、裁判所が変更する（207条1項〜8項）。

ただし、例外として、以下の場合には、検査役の調査は不要である（207条9項）。

① 募集株式の引受人に割り当てる株式の総数が少数の場合（発行済株式の総数の10分の1を超えない場合）

② その対象となる財産の価額が少額の場合（500万円を超えない場合）

③ その対象となる財産が市場価格のある有価証券の場合（定款記載の価額が市場価格（法務省令）を超えないときに限る）

④ 現物出資・財産引受けが相当であることについて、弁護士・弁護士法人・公認会計士・監査法人・税理士または税理士法人の証明を受けた場合（不動産の場合には不動産鑑定士の鑑定評価も必要）

⑤ 現物出資財産が株式会社に対する金銭債権（弁済期が到来しているものにかぎる）であって、その金銭債権について定められた出資価額（199条1項）が当該金銭債権にかかる負債の帳簿価額を超えない場合である（207条9項5号）。これにより、いわゆるデット・エクイティ・スワップ（DES）を、より簡易な方法で行うことが可能になる。DESについては後述する。

⑻ 出資の履行

募集株式の引受人は、払込期日または払込期間内に、払込取扱場所で、払込金額の全額の払込みをし、現物出資全部の給付をしなければならない（208条1項・2項）。設立後の募集株式発行の場合、誰でも現物出資できる。

⑼ 募集株式発行等の効力発生

払込期日までに払込みがあった募集株式については、払込期日に募集株式発行等の効力が生じ、募集株式引受人はその日から株主となる（209条）。募集株式の発行等予定の株式すべてに払込みがなくても、払込みのあった分についてだけ募集株式の発行等は成立する。株主となる時期を統一し、会社の事務処理上の便宜を図るという趣旨である。

効力を生じると、会社の発行済株式総数に変更が生じ、資本金の額が増加するので、変更登記しなければならない（445条1項〜3項、911条3項5号・9号、915条1項・2項）。

⑽ 募集株式発行等の瑕疵

募集株式発行等の瑕疵とは、会社が法令・定款に違反し、または、著しく不公正な方法で新株を発行し、これにより株主が損害を受けるおそれがある場合のことである。

募集株式発行等の瑕疵に対する制度としては、次のようなものがある。

① 差止請求

募集株式発行等が効力を生じるまでの間は、瑕疵のある募集株式発行等の差止めを請求できる（210条）。

② 無効の訴え

募集株式発行等が効力を生じた後は、募集株式発行等の無効を訴えることができる（828条1項2号・3号）。

3 新株予約権

⑴ 概要

新株予約権とは、株式会社に対してそれを行使することにより、会社から株式の交付を受けることができる権利をいう（行使されると会社は新株予約権者に対して新株を発行し、または会社の有する自己株式を交付する義務を負う）。

通常、あらかじめ定めた一定期間内にあらかじめ定めた一定の金額の払込みをすることによって行使する（236条1項4号、280条1項2号）。

有償で発行するのが通常だが、無償で発行することもできる（新株予約権無償割当て）（277条）。

⑵ 発行手続

会社は、個々の新株予約権を発行する際に、新株予約権の募集事項（新株予約権の内容・数等）を定めなければならない（238条1項）。

① 公開会社の場合

原則として、取締役会等で募集事項を定めて行う（238〜240条、248条、309条2項6号）。ただし、例外として、以下の場合には、株主総会の特別決議が必要である（有利発行）（238条3項、240条1項、309条2項6号、239条2項）。

　⒜ 無償で発行し、それが新株予約権を引き受ける者に「特に有利な条件」である場合。代表的な例は、ストック・オプションである。

　⒝ 払込み金額が、新株予約権を引き受ける者に「特に有利な金額」である場合

② 譲渡制限会社の場合

株主総会特別決議で募集事項を定めて行う（238条2項、309条2項6号）。

第3章　会社法　**281**

③ 株主割当ての場合

会社が個々の新株予約権の発行の際に、割当てを受ける権利を与えるか否かを定めなければならない。

【 新株予約権の発行手続 】

	公開会社	譲渡制限会社
通常の発行	取締役会決議	株主総会特別決議
有利発行	株主総会特別決議	

H29-03 **(3) ストック・オプション**

① 定義

ストック・オプションとは、会社が取締役や従業員に対して、あらかじめ設定した価額（権利行使価額）で自社の株式を購入する権利を付与する制度である。

② 報酬制度としての位置づけ

取締役や従業員は将来、株価が上昇した時点で権利行使を行い、会社の株式を取得し、売却することにより、株価上昇分の報酬が得られるため、一種の報酬制度と位置づけられる。報酬額が企業の業績向上による株価の上昇と直接連動することから、権利を付与された取締役や従業員の株価に対する意識は高まり、業績向上のインセンティブとなる。

③ 金融商品取引法上の発行手続

新株予約権は金融商品取引法上の有価証券に該当するため（金融商品取引法2条1項9号）、発行が募集に該当する（私募に該当しない）場合、有価証券届出書等の提出を要する場合がある（金融商品取引法4条1項）。ただし、ストック・オプションに譲渡が禁止される旨の制限が付されており、かつ発行会社または100%子会社の取締役・会計参与・監査役・執行役または使用人を相手方として勧誘が行われる場合には、提出義務が免除される（金融商品取引法施行令2条の12、企業内容等の開示に関する内閣府令2条1項・2項）。

④ ストック・オプション税制

ストック・オプションは原則として、権利を行使した時点で行使時の時価が権利行使価額を上回っている部分について給与所得として課税がされ、また当該株式を売却した時点で、譲渡価額と権利行使時の時価との差額部分について譲渡所得として課税がされる（所得税法36条1項・2項、所得税法施行令84条等）。ただし、税制適格ストック・オプションの場合、権利行使時の課税は繰り延べられ、株式売却時に売却価額と権利行使価額との差額に対して譲渡所得として課税がされる（租税特別措置法29条の2）。

| R01-05 |
| H27-19 |
| H23-19 |
| H19-03 |

4 社債

(1) 定義

会社法の規定により、会社が行う割当てにより発生する当該会社を債務者とする金銭債権であって、募集事項の定めに従い償還されるものである（2条23号）。株式会社、合名会社、合資会社および合同会社のいずれも社債を発行でき、株式会社である特例有限会社も発行できる（676条）。

(2) 発行手続

原則として社債管理者を設置し、社債権者のために、弁済の受領、債権の保全その他の社債の管理を委託しなければならない（702条）。社債管理者については、後述する。

例外として、各社債の金額が1億円以上である場合その他、社債権者の保護に欠けるおそれがないものとして、法務省令で定める場合には、社債管理者の設置は不要である（702条但）。各社債の総額が1億円以上である場合には、社債権者は相当程度の規模の資産を有する者であり、自衛能力があると考えられるためである。

① 募集事項の決定

会社が社債を引き受ける者を募集するためには、募集社債の総額、各募集社債の金額等の募集社債に関する事項を定めなければならない（676条）。

② 募集事項の決定権限

取締役会非設置会社では、株主総会普通決議によって決定できる（295条1項・309条1項）ほか、取締役限りで決定することもできる。

これに対して取締役会設置会社では、募集社債の総額（676条1号）その他の社債を引き受ける者の募集に関する重要な事項として法務省令で定める事項（会社法施行規則99条）を、取締役会で決定しなければならない（362条4項5号）。ただし、監査等委員会設置会社では、取締役の過半数が社外取締役である場合または定款でその旨を定めた場合、募集事項の決定を取締役に委任することができる（399条の13第5項・6項）。指名委員会等設置会社では、募集事項の決定を執行役に委任することができる（416条4項）。

③ 社債の成立

社債の引受けは、原則として、法定事項を通知して引受けの募集をし、申込みがあった者に対して割当てをする（677条、678条）。ただし、例外として、総額引受けの場合には適用しない（679条）。

割当てがあると、申込者は社債権者となる（680条）。

社債の応募額が発行予定総額に至らなかった場合でも、現実の応募額を総額として社債は成立する（打切発行）のが原則であるが、発行予定総額に至らなかった場合は社債全部が成立しないこととすることを募集事項に定めておくこともできる（676条11号）。

第3章 会社法 **283**

⑶ 社債権者の権利

　社債権者は社債の期限が到来した時に償還（社債の元本の返済）を受け、それまでの間は発行時に定められた内容の利息の支払を受ける権利を有する。

　償還の期限・方法・金額、利息支払の時期・方法・利率等の社債の権利内容は、募集事項に定められ（676条）、社債券および社債原簿に記載される（681条、697条1項）。

⑷ 社債券の発行

　募集事項で社債券の発行を定めた場合には（676条6号）、会社は、社債発行日以降遅滞なく社債券を発行しなければならない（696条）。

　有価証券のペーパーレス化を規定する振替制度による社債（振替社債）については、社債券は発行できない（社債、株式等の振替に関する法律66条、67条1項）。この場合、社債譲渡の効力を会社その他の第三者に対抗するためには、社債原簿の書き換えが必要となる（688条1項）。

⑸ 社債管理者と社債権者集会

　社債が多数の公衆の有する債権であることを想定して、社債権者が共同の利益のために団体的行動をとることを認め、社債管理者制度と社債権者集会制度が設けられている。

① 社債管理者

　社債の発行会社から社債の管理の委託を受けて、社債権者のためにこれを行う者である（702条）。社債管理者に就任できる者は銀行・信託会社・会社法施行規則170条で定める者（703条）であり、証券会社は社債管理者にはなれない（金融商品取引法36条の4）。

② 社債権者集会

　社債権者の利害に重大な関係がある事項について社債権者の総意を決定するため、社債の種類ごとに組織される集会である（715条）。

⑹ 社債管理補助者制度（令和元年12月11日公布の会社法改正、施行は公布日から1年6月以内を予定）

　社債権者において自ら社債を管理できる場合（各社債の金額が1億円以上の場合等）を対象として、社債管理補助者に社債の管理の補助を委託することができる制度を新たに設けた（改正後の676条8号の2、714条の2~7）。設置は任意で、社債発行会社が社債管理補助者になる者に委託する。社債管理補助者の資格は、銀行や信託会社といった社債管理者に就任できる者に認められる（714条の3・703条）ほか、弁護士や弁護士法人等にも認める内容の法務省令を定める方向で議論されている。

284　第1部　テキスト

⑺ 新株予約権付社債

　新株予約権付社債とは、新株予約権を付した社債である（2条22号）。社債権者に対して発行会社の株式のコール・オプション（市場価格に関係なく、あらかじめ定めた特定の価格で購入する権利）を社債発行と同時に付与するものである。

　新株予約権付社債権者は、社債保有者として安定的な地位を享受することができるとともに、会社の業績が上がれば新株予約権を行使して株主となることができる。

　新株予約権付社債の発行については、新株予約権の規定が適用される（248条）。また、新株予約権のみ、もしくは社債のみを譲渡することはできない（254条2項・3項）。

5　その他の関連キーワード

⑴ デットファイナンス

　デットファイナンスとは借入金を用いた資金調達のことである。負債として扱われ原則として返済義務のある資金調達方法である。具体的には、銀行借入や社債発行、シンジケートローン、私募債発行などが挙げられる。

⑵ エクイティファイナンス

　エクイティファイナンスとは、株式発行など自己資本を拡充させることを目的とした資金調達のことである。純資産に計上され返済義務のない資金調達手法である。具体的には、株式発行や転換社債、新株予約権、利益留保などが挙げられる。

⑶ ベンチャーキャピタル (VC)　　　　　　　　　　　　　　H30-06

　ベンチャーキャピタルとは、主に未上場企業に対して投資を行い、投資先企業が株式公開した際にキャピタルゲインを得ることを目的としている企業や団体などをいう。自己資金を投資する場合と、ベンチャーファンドを作成し、投資家から出資を受けそのファンドから投資する場合がある。

　投資先に企業価値を高めるために出資するだけでなく、経営コンサルティングの実施や、取締役の派遣など経営に参画し、企業価値を高める場合もある。

⑷ 少人数私募債　　　　　　　　　　　　　　　　　　　　　H23-19

　少人数私募債とは、会社が親族や得意先などの身近な少数の者から事業資金を募るために無担保で発行出来る社債である。発行のためには、勧誘の相手方が50人未満、社債権者に適格機関投資家がいないなどの条件がある。

⑸ DES (Debt Equity Swap：デット・エクイティ・スワップ)　H22-19

　デット・エクイティ・スワップとは、借入金を株式に転換することである。再生を図る企業にとっては、支払利息の消滅と財務体質の向上をもたらし、金融機関にとっては株式を取得することで経営に関与し、企業の健全化を促進する効果が期待できる。

VII 組織の基礎的変更

1 組織変更

(1) 概要

組織変更とは、会社が法人格の同一性を保ちつつ別な類型の会社になることであり、以下の2つがある。
① 株式会社から持分会社（合名会社・合資会社・合同会社）への変更
② 持分会社（合名会社・合資会社・合同会社）から株式会社への変更

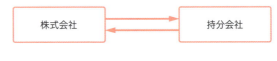

【 会社の組織変更 】

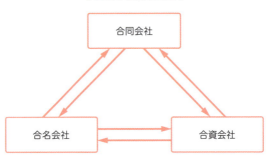

【 会社の種類の変更 】

合名会社・合資会社・合同会社間での変更は、持分会社の種類の変更にすぎず、組織変更にはあたらない。変更には定款の変更が必要となる（638条）。

(2) 手続

組織変更は次のような手続を要する。
① 法定事項を定めた組織変更計画を作成する（743条、744条1項、746条）
② 組織変更計画の内容と法務省令事項を事前に開示し、株主および会社債権者の閲覧に役立てる（775条1項・3項）
③ 組織変更計画で定めた効力発生日の前日までに組織変更計画について総株主の同意（株式会社）または総社員の同意（持分会社）を得る（776条1項、781条1項）
④ 会社債権者保護手続を行う（779条、781条2項）

⑤ 組織変更計画で定めた効力発生日に、組織変更の効力が発生する（定款変更をしたものとみなされる）(745条1項・2項、747条1項・2項、780条、781条2項)
⑥ 組織変更の登記をする(920条)

(3) 組織変更の無効の訴え

用意されている(828条1項6号・2項6号、835条～839条)。

2 組織再編等と組織再編

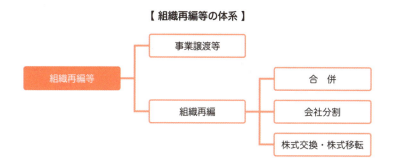

【組織再編等の体系】

(1) 定義

合併、会社分割、株式交換・株式移転の総称として**組織再編**という。組織再編に事業譲渡等（事業譲渡と事業の譲受けの総称）を加えたものを組織再編等と呼ぶ。

(2) 組織再編における債権者保護手続

　組織再編の際に、債権者保護手続の対象となる債権者がいる場合には、各当事会社は、その債権者に対し、①組織再編に関する事項（異議のある債権者は一定の期間内に述べるべき旨等）を官報に公告し、かつ、②「知れている債権者」には個別に催告しなければならない(789条1項・2項、799条1項・2項、810条1項・2項)。

　ただし、官報公告に加えて日刊新聞紙による公告または電子公告をも行った場合には、「知れている債権者」に対する個別催告は不要である(789条3項、799条3項、810条3項)。期間内に異議を述べなかった債権者は合併を承認したものとみなされる(789条4項、799条4項、810条4項)。

　事業譲渡または会社分割において、恣意的に債権者を選別し、譲受会社または承継会社に優良事業や資産を承継させ、承継されない債権者（残存債権者）が債務の弁済を受けることができない等のケースを、詐害的事業譲渡または詐害的会社分割という。譲受会社または承継会社・設立会社に承継されない債権者を害することを知って事業譲渡または会社分割をした場合には、残存債権者は譲受会社または承継会社・設立会社に対して当該債務の履行を請求することができる(23条の2、759条4項～7項、761条4項～7項、764条4項～7項、766条4項～7項)。

3 株式会社の事業譲渡等

(1) 概要

会社の事業を移転するには、その事業の全部または重要な一部を譲渡する方法がある (467条)。移転する財産の内容は契約により定まる。

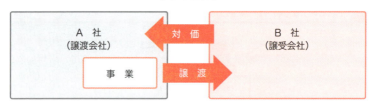

【 事業譲渡 】

(2) 手続

① 譲渡会社

取締役会設置会社の場合、重要な財産の処分には原則として取締役会決議が必要である (362条4項1号)。取締役会設置会社において、事業の全部の譲渡および事業の重要な一部の譲渡の場合には、取締役会決議に加えて、株主総会の特別決議が必要である (467条1項1号・2号、309条2項11号)。事業譲渡の対価については、金銭でなければならないという定めはない (467条)。

反対株主には株式買取請求権が認められる (469条、470条)。

② 譲受会社

取締役会設置会社の場合、重要な財産の譲受けには原則として取締役会決議が必要である (362条4項1号)。すべての株式会社において、他の会社の事業の全部の譲受けの場合には、原則として、株主総会の特別決議が必要である (467条1項3号、467条2項、309条2項11号)。

反対株主には株式買取請求権が認められる (469条、470条)。

【 取締役会設置会社における事業譲渡の手続 】

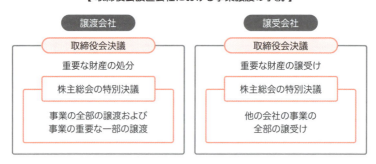

(3) 略式手続・簡易手続等

株主総会の決議が不要な手続として、略式手続と簡易手続が定められている。

① 略式手続
(a) 譲受会社が特別支配会社（総株主の議決権の90％以上を保有）である場合（468条1項）、事業譲渡の譲渡会社では、株主総会の決議が不要である。
(b) 譲渡会社が特別支配会社である場合（468条1項）、事業譲渡の譲受会社では、株主総会の決議が不要である。

② 簡易手続
(a) 事業の重要な一部を譲渡する場合で、譲渡資産の帳簿価額が総資産額の5分の1以下の場合（467条1項2号）、株主総会の決議が不要である。
(b) 譲受会社が支払または交付する譲受けの対価の額（帳簿価額）が譲受会社の純資産額の5分の1以下の場合（468条2項）、株主総会の決議が不要である。

譲受会社の反対株主には、株式買取請求権は認められない（469条1項2号）。

(4) 個々の財産の移転手続

事業の属する個々の資産については個別に移転手続をする必要がある。

債務を移転する場合、免責的債務引受けとするためには、民法の一般原則に従って債権者の承諾が必要である。譲受会社にとっては、財務諸表に計上されていない偶発債務を切り離すことができるというメリットがある。

(5) 事後設立

原則として、通常の発起設立または募集設立手続により設立した会社が、成立後2年以内に、その成立前から存在する財産であってその事業のために継続して使用するものを取得する場合には、事業の譲受けにあたらなくても、株主総会の決議が必要である（467条1項5号、309条2項11号）。検査役調査は不要である。

【 事後設立 】

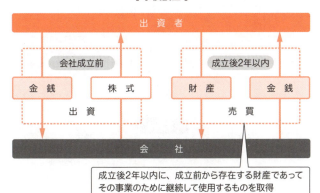

ただし、例外として、当該財産の対価として交付する財産の帳簿価額の合計額が譲受会社の純資産額の5分の1を超えない場合は、特別決議は不要である（467条1項5号但）。定款で基準を厳格化できる。

(6) 無効の訴え

用意されていない。

4 合併

(1) 定義

合併とは、2つ以上の会社が契約によって1つの会社に合体することである。合併には、**吸収合併**と**新設合併**がある。

(2) 合併の特徴

すべての種類の会社間で合併できる。

吸収合併の存続会社には、株式会社・持分会社いずれもなれる。新設合併の存続会社にも、株式会社・持分会社いずれもなれる。

(3) 吸収合併と新設合併

吸収合併とは、当事会社の1つが存続して他の消滅する会社を吸収する方法である（2条27号）。新設合併とは、当事会社のすべてが消滅して新しい会社を設立する方法である（2条28号）。

【 合併（吸収合併）】

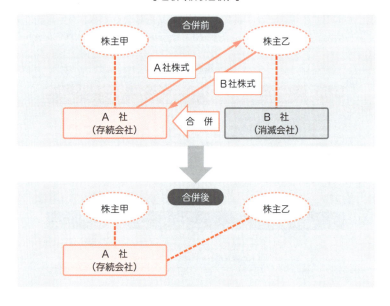

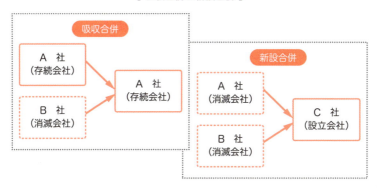

【 事業譲渡と合併の比較 】

	事業譲渡	合　併
財産移転	取引上の契約ゆえ、契約で決めた範囲の財産が個別移転する（個々の財産の移転手続が必要）	消滅会社の全財産が包括移転する（個々の財産の移転手続が不要）
債務移転	譲渡会社の債務は、免責的債務引受けをさせないかぎり、移転しない	消滅会社の債務は当然に存続会社または設立会社に移転する
解　散	全部譲渡の場合でも、譲渡会社は当然には解散しない	消滅会社は当然に解散する（消滅する）
契　約	会社法上、不要。個別に検討	会社法上、合併契約の作成が必要
差止請求	会社法上、用意されていない	会社法上、用意されている
無効の訴え	会社法上、用意されていない	会社法上、用意されている

(4) 効果

合併には次のような効果がある。

① 吸収合併の場合、当事会社の一部が解散し、新設合併の場合、当事会社の全部が解散する（消滅会社）。
② 吸収合併の場合、通常存続会社の新株が発行され、新設合併の場合、設立会社が成立する。
③ 消滅会社の株主は、持ち株数に応じて存続会社の株式等または設立会社の株式等の交付を受け、存続会社または設立会社の株主となる。割当ての比率（合併比率）を定めて消滅会社の株主に存続会社または設立会社の株式が交付されるのが通常である。合併比率とは、消滅会社の株式何株に対し、存続会社の株式が何株割り当てられるのかを示したものである。
④ 存続会社または設立会社は、消滅会社の権利義務を包括的に承継する（750条1項、752条1項、754条1項、756条1項）。個別の権利義務について個別の移転行為は不要である。逆に、契約によりその一部について移転を留保することはできない。

R02-05
H21-01
(5) 手続

合併には次のような手続が必要である。

① 合併契約の締結

当事会社間で法定事項を定めた合併契約を締結する（748条、749条、751条、753条）。

合併契約書は、原則として、合併の承認を受ける株主総会の日の2週間前から、合併の効力発生日後6か月を経過する日まで本店に備え置く（782条）。

② 事前の開示

各当事会社において、合併契約の内容とその他法務省令で定める事項を事前に開示し、株主および会社債権者の閲覧に役立てる（782条、791条、794条、801条、803条）。

③ 株主総会による承認

合併契約で定めた効力発生日の前日までに、各当事会社において、株主総会の特別決議による承認を得なければならない（反対株主への株式買取請求権あり）（309条2項12号、783条、795条、804条）。

④ 会社債権者保護手続

各当事会社において、会社債権者保護手続を行う（789条、799条、810条）。

⑤ 登記

吸収合併・新設合併の登記をする（921条、922条）。

(a) 新設合併の場合

通常の設立手続の規定の適用はなく、設立会社の定款は消滅会社が作成し（814条1項・2項）、新設合併の場合は設立会社の成立日（設立登記の日）に効力が発生する（754条1項）。

(b) 吸収合併の場合

合併契約で定めた効力発生日に効力が発生する（750条1項）。

消滅会社の解散は、吸収合併の登記がなされるまでは、第三者に対抗することができない（750条2項）。

⑥ 事後の開示

効力発生日後、遅滞なく、法務省令事項を開示し、株主および会社債権者の閲覧に役立てる（801条、815条）。

H30-02 **(6) 略式手続・簡易手続**

① 略式手続

次の2つの場合、株主総会の決議は原則として不要である。

(a) 存続会社が特別支配会社である場合の、吸収合併の消滅会社（784条1項）

(b) 消滅会社が特別支配会社である場合の、吸収合併の存続会社（796条1項）

② 簡易手続

吸収合併の存続会社において、合併の対価の額（帳簿価額）が存続会社の純資産額の5分の1以下の場合は、株主総会の決議は原則として不要である（796条2項）。

定款で基準を厳格化できる。
　存続会社の反対株主には、株式買取請求権は認められない（797条1項但書）。
　一方、吸収合併の消滅会社には簡易手続がなく、株主総会の特別決議が必要となる。

(7) 対価の柔軟化

　吸収合併の場合、消滅会社の株主に対して、存続会社の株式を交付せず、金銭その他の財産を交付することができる（749条1項2号、751条1項3号）。
　　例　現金のみを対価とする合併（交付金合併）、存続会社の親会社株式を対価とする合併（三角合併）

(8) 差止請求

　合併が法令または定款に違反する場合、その会社の株主が不利益を受けるおそれがあるとき、合併の事前差止めを請求できる（784条の2、796条の2、805条の2）。ただし、簡易組織再編の差止請求については認められない（796条の2但書）。

(9) 無効の訴え

　用意されている（828条1項7号・8号、828条2項7号・8号、838条、839条等）。

(10) 三角合併

　前述のとおり会社法では、吸収合併において存続会社株式以外の財物を合併の対価として消滅会社株主に交付することが認められている（749条1項2号）。存続会社の親会社の株式を交付する場合、消滅会社株主は存続会社の株主ではなく、存続会社の親会社の株主になるため、この場合を特に**三角合併**と呼んでいる。
　一方、後述の株式交換は、存続会社の株式を完全子会社となる株主に交付する手続である。三角合併と株式交換とは、合併の対価として交付する株式の違いである。

【 交付金合併（キャッシュアウト・マージャー） 】

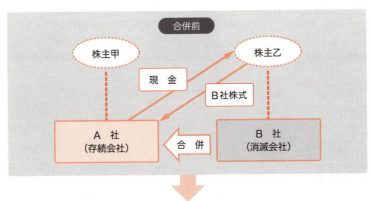

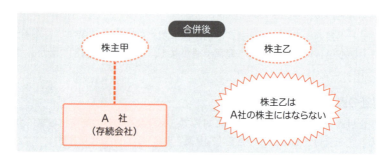

【 三角合併 】

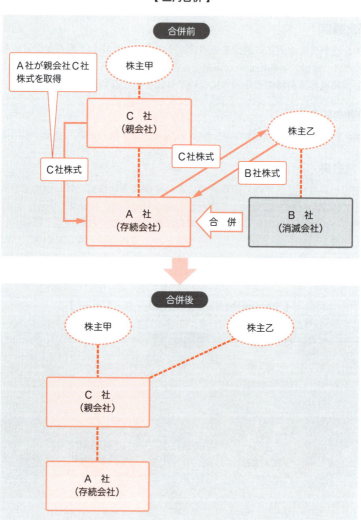

5 会社分割

(1) 定義

会社分割とは、1つの会社を2つ以上の会社に分けることをいう。事業の再編・事業の売却（買収）・企業の提携手段として活用される手法の1つである。会社分割には、**吸収分割**と**新設分割**がある。

(2) 会社分割の特徴

株式会社・合同会社は分割会社となれるが、合名会社・合資会社は分割会社にはなれない（757条、762条1項）。承継会社には、4種類すべての会社がなれる。

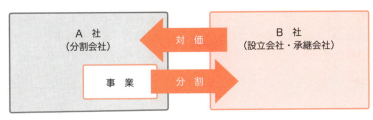

【 会社分割 】

(3) 吸収分割と新設分割

① 吸収分割

分割会社が、その事業に関して有する権利義務の全部または一部を、既存の会社（承継会社）に承継させることをいう（2条29号）。

② 新設分割

分割する会社（分割会社）が、その事業に関して有する権利義務の全部または一部を、新しく設立する会社（設立会社）に承継させることをいう（2条30号）。

(4) 物的分割と人的分割

会社分割の対価となる株式等が分割会社に交付される場合を、**物的分割（分社型分割）**という。会社分割の対価となる株式等が分割会社の株主に交付される場合を、**人的分割**という。

両者を混合して、分割の対価の一部を分割会社に、残りを分割会社の株主に交付することもできる。

会社法のもとでは、物的分割のみが会社分割として定められている。対価となる株式等が分割会社の株主に交付される場合でも、対価はいったん分割会社に交付され、改めて分割会社からその株主に剰余金配当（金銭以外の場合は現物配当）されるためである。

(5) 効果

会社分割には次のような効果が生じる。
① 分割会社は分割後も存続し、分割により解散することはない。
② 吸収分割の場合、承継会社の新株その他の財産が分割会社に交付され、新設分割の場合は新会社が成立する。
③ 分割会社は、承継会社の株主または設立会社の株主となる。
④ 承継される資産（債務を含む）との関係で分割により交付される対価が定められ（分割比率）、それに応じて分割会社に承継会社または設立会社の株式等が交付される。
⑤ 承継会社または設立会社は、分割の対象となる「事業に関して有する権利の全部または一部」を承継する。
⑥ 債務も原則として債権者の同意なくして免責的に承継会社または設立会社に移転する。分割の対象となる事業に関する権利義務の全部または一部（債務を含む）が包括的に承継会社または設立会社に移転する点では合併と類似するが、合併と異なり、包括承継は部分的なものであるということができる。

(6) 手続

会社分割は次のような手続を要する。
① 吸収分割契約の締結（吸収分割の場合）(757条、758条) または新設分割計画の作成（新設分割の場合）(762条、763条)
② 事前の開示（内容等を記載した書面または電磁的記録を本店に一定期間備え置く必要がある）(782条、794条、803条)
③ 株主総会の特別決議による承認（反対株主への株式買取請求権あり）(309条2項12号、783条、795条、804条)
④ 会社債権者保護手続(789条、799条、810条)と労働者異議申出手続
（会社分割の場合、異議を述べることができる債権者は、分割後に分割会社に対して債務の履行を請求できない債権者、および分割の効力発生日前から承継会社の債権者であった者に限られるのが原則である。）
⑤ 登記(923条、924条)
⑥ 事後の開示(791条、801条、811条、815条)

(7) 労働者の異議申出手続

事業譲渡に伴って譲渡会社から譲受会社に労働者が移籍する場合には労働者本人に同意を得る必要がある（民法625条1項）が、会社分割の場合は分割をした会社の権利義務が分割によって、承継する会社または新規に設立する会社に包括的に承継されることになる。分割の対象となる事業に主として従事していた労働者も承継の対象となる。そこで労働者保護の観点から、労働契約の承継等についての特例を定めるために会社分割に伴う労働契約の承継等に関する法律（労働契約承継法）が制定され、適用されている。

労働契約承継法では、会社は会社分割に際して労働者への書面による事前通知が必要であると定めている（労働契約承継法2条）。また、一定の労働者には、次のような異議申出権が認められている。

① 承継事業の主要従事労働者であるのに分割契約・計画に氏名の記載がない場合には、異議申出は可能であり、事業とともに承継される（同法4条）。

② 承継事業の非主要従事労働者であるのに分割契約・計画に氏名の記載がある場合には、異議申出は可能であり、事業とともに承継されない（同法5条）。

⑻ 略式手続・簡易手続

H30-02
H21-02

株主総会の決議が不要な手続として、略式手続と簡易手続が定められている。

① 略式手続

(a) 承継会社が特別支配会社である場合、吸収分割の分割会社では、株主総会の決議は不要である（784条1項）。

(b) 分割会社が特別支配会社である場合、吸収分割の承継会社では、株主総会の決議は不要である（796条1項）。ただし、分割会社の株主に対して交付する金銭等の全部または一部が承継会社の譲渡制限株式であり、承継会社が譲渡制限会社である場合は、株主総会の決議は省略できない（796条1項但）。

② 簡易手続

(a) 承継される資産の額（帳簿価額）が分割会社の総資産額の5分の1以下の場合、分割会社において、株主総会の決議は不要である（784条2項、805条）。定款で基準を厳格化できる。

(b) 吸収分割の対価の額（帳簿価額）が承継会社の純資産額の5分の1以下の場合、吸収分割の承継会社において、株主総会の決議は不要である（796条2項）。ただし、①差損が生じるような場合、②分割会社の株主に対して交付する金銭等の全部または一部が承継会社の譲渡制限株式であり、承継会社が譲渡制限会社である場合は、株主総会の決議は省略できない（796条2項但）。定款で基準を厳格化できる。承継会社の反対株主には、株式買取請求権は認められない（797条1項但書）。

⑼ 対価の柔軟化

H29-02

吸収分割の場合、分割会社の株主に対して、承継会社等の株式を交付せず、金銭その他の財産を交付することができる（758条4号、760条5号）。

⑽ 差止請求

会社分割が法令または定款に違反する場合、その会社の株主が不利益を受けるおそれがあるとき、会社分割の事前差止めを請求できる（784条の2、796条の2、805条の2）。ただし、簡易組織再編の差止請求については認められない（784条の2但書、796条の2但書、805条の2但書）。

第3章　会社法　297

H28-14 ⑾ **詐害的な会社分割における債権者保護**

分割会社が分割設立株式会社に承継されない債務の債権者を害することを知って会社分割をした場合、当該債権者は、その分割設立株式会社に対し、承継した財産の価額を限度として、当該債務の履行を請求できる（759条4項、761条4項、764条4項、766条4項）。

⑿ **無効の訴え**

用意されている（828条2項9号・10号、828条1項9号・10号、838条、839条等）。

【 会社分割と合併の比較 】

	会社分割	合　併
権利義務の移転	分離・独立する事業に関する権利義務の全部または一部が包括的に承継会社または設立会社に移転する	消滅会社の権利義務の全部が存続会社または設立会社に移転する
解　散	分割会社は分割後も存続し、分割により解散することはない	消滅会社は合併により当然に解散する

【 吸収分割と事業譲渡の比較 】

	吸収分割	事業譲渡
債務移転	原則として分割会社から承継会社に自動的に移転する	個別に債権者に同意を得る必要がある
会社債権者保護手続	必要	詐害的事業譲渡の場合には、債務の履行を請求できる
労働者の同意	不要 ※労働者に同意を得る必要はないが、会社に対しては労働者への通知義務が課され、労働者に対しては異議申出権が認められている。	必要 ※労働者も含めて譲渡する場合、個別の労働者に対して同意を得る必要がある。

H19-05
H19-16

6 株式交換・株式移転

⑴ 定義

株式交換・株式移転は、いずれも、ある株式会社がその株主総会の特別決議の承認等により他の株式会社の100％子会社となる取引である。たとえば、B社の株主はB社の株式をA社に移転し、A社の株式の割当てを受ける場合である。

⑵ 株式交換・株式移転の特徴

株式会社・合同会社は株式交換の完全親会社になれるが、合名会社・合資会社は株式交換の完全親会社にはなれない（767条、770条）。

株式会社は株式移転の完全親会社となる設立会社にはなれるが、持分会社（合名

会社・合資会社・合同会社）は株式移転の完全親会社となる設立会社にはなれない（772条）。

① 株式交換

株式会社がその発行済株式の全部を他の株式会社または合同会社に取得させることをいう（2条31号）。

② 株式移転

1または2以上の株式会社がその発行済株式の全部を新たに設立する株式会社に取得させることをいう（2条32号）。

(3) 効果

株式交換・株式移転には、次のような効果が生じる。

① 完全親子会社関係がもたらされる。

② 消滅する会社はない。

③ 各当事会社の財産は原則として変動しない（株主が変動するにとどまる）。したがって、原則として債権者保護手続は不要である。

(4) 手続

株式交換・株式移転は、次のような手続を要する。

① 株式交換契約の締結（767条、768条）または株式移転計画の作成（772条、773条）。株式移転計画には、株式移転により設立する完全親会社の目的、商号、本店の所在地、発行可能株式総数、完全親会社の設立時取締役の氏名等を定めなければならない（773条）。なお、2以上の株式会社が共同して株式移転を行うためには、当該株式会社は株式移転計画を共同して作成しなければならない（772条2項）。

② 事前の開示（782条、794条、803条）

③ 株主総会の特別決議による承認（反対株主への株式買取請求権あり）（309条2項12号、783条、795条、804条）

④ 会社債権者保護手続（一定の場合のみ）。株式交換・株式移転による当事会社の財産に変動はないので、原則として会社債権者保護手続は必要ない。ただし、例外として、完全親会社になる会社の株式以外のものを対価として交付することができる場合（対価の柔軟化）など、一定の場合には、債権者保護手続が必要になる。

⑤ 登記（株式移転のみ）（925条）

⑥ 事後の開示（791条、801条、811条、815条）

(5) 株式の取得日

株式交換の場合は、株式交換契約で定めた効力発生日に、株式交換完全子会社の発行済株式（株式交換完全親株式会社の有する株式交換完全子会社の株式を除く）の全部を取得する（769条）。株式移転の場合は、その新会社設立の日に株式移転完全子会社の発行済み株式の全部を取得する（774条）。

第3章 会社法　299

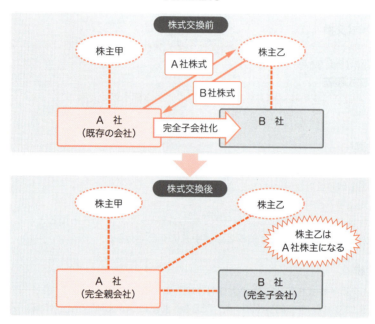

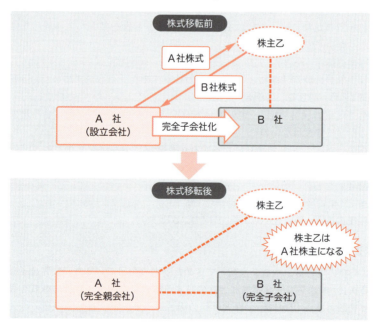

(6) 略式手続・簡易手続

① 略式手続

次の2つの場合、株主総会の決議は不要である。

(a) 完全親会社となる会社が特別支配会社である場合の、株式交換の完全子会社となる会社（784条1項）。

(b) 完全子会社となる会社が特別支配会社である場合の、株式交換の完全親会社となる会社（796条1項）。

② 簡易手続

株式交換の完全親会社となる会社において、株式交換の対価の額（帳簿価額）がその会社の純資産額の5分の1以下の場合は、株主総会の決議は不要である（796条2項）。定款で基準を厳格化できる。

株式交換完全親会社の反対株主には、株式買取請求権が認められない（797条1項但書）。

(7) 対価の柔軟化

株式交換の場合、完全子会社になる会社の株主に対して、完全親会社となる会社等の株式を交付せず、金銭その他の財産を交付することができる（768条1項2号、770条1項3号）。この場合は、例外的に債権者保護が必要である。

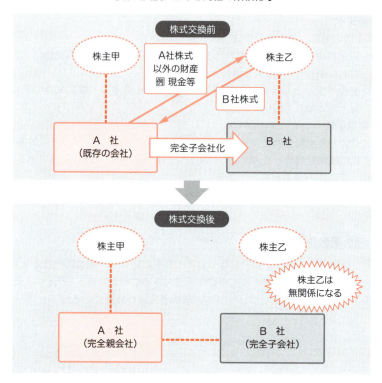

【株式交換における対価の柔軟化】

(8) 差止請求

　株式交換・株式移転が法令または定款に違反する場合、その会社の株主が不利益を受けるおそれがあるとき、事前差止めを請求できる（784条の2、796条の2、805条の2）。ただし、簡易組織再編の差止請求については認められない（796条の2但書）。

(9) 無効の訴え

　用意されている（828条2項11号・12号、828条1項11号・12号、838条、839条等）。

(10) 株式交付（令和元年12月11日公布の会社法改正、施行は公布日から1年6月以内を予定）

① 概要

　組織再編において、企業買収の手続きの合理化を目的として、株式交付制度を創設した。完全子会社とすることを予定していない場合であっても株式会社（株式交付親会社）が他の株式会社（株式交付子会社）を子会社にするため、その株主から株

式を譲り受け、対価として自社の株式を交付することができる（改正後の774条の2~774条の11、816条の2~816条の10）。

② 株式交付親会社の手続

株式交付は、部分的な株式交換の性質を有し、株式交付親会社は株式交換と類似した手続を要する。

(a) 株式交付計画の作成（改正後の774条の2）

(b) 事前の開示（改正後の816条の2）

(c) 株主総会の特別決議による承認（反対株主の株式買取請求権あり）（309条2項12号、改正後の816条の3）

(d) 会社債権者保護手続は、株式交換と同様に、株式交付親会社の株式以外のものを対価として交付する場合など、一定の場合には必要となる（改正後の816条の8）

(e) 事後の開示（改正後の816条の10）

なお、株式交換同様、株式交付の対価の額（帳簿価額）が株式交付親会社の純資産額の5分の1以下の場合は、株主総会の決議は不要である（改正後の816条の4）。この簡易手続に関する基準は定款で厳格化できる。簡易手続の場合、株式交付親会社の反対株主には、株式買取請求権は認められない（改正後の816条6）。また、株式移転と同様の簡易手続適用除外基準（株式交付親会社が公開会社でない場合等）が設けられている。

③ 株式交付子会社の手続

株式交付子会社の株主は、任意の判断で譲渡人となり、株式交付親会社と個別の合意に基づき株式を取得する。そのため株式交付子会社は手続を要しない。

④ 対価の柔軟化

株式交付親会社は、株式交付子会社の株主から株式と併せて新株予約権等を譲り受けることもでき、株式に加えて株式以外の金銭等を交付することもできる。

⑤ 差止請求

株式交付が法令または定款に違反する場合、株式交付親会社の株主が不利益を受けるおそれがあるときは、株式交付親会社の株主は、事前差止めを請求できる。ただし、簡易組織再編の差止請求については認められていない（改正後の816条の5）。

⑥ 無効の訴え

株式交付についても無効の訴えが用意されている（838条、839条、改正後の828条1項13号・2項13号）。

⑦ 資本金または準備金

株式交付に際して資本金または準備金として計上すべき額は、株式交換と同様に法務省令で定められる（改正後の445条5項）。

7 簡易手続・略式組織手続の適用除外

合併、会社分割、株式交換における簡易手続や略式組織手続の要件に当てはまる場合でも、株主総会の承認が省略できないケースとして次のものがある。

⑴ 吸収合併の存続会社等に差損が生じる場合

差損が生じる場合として、債務超過会社を合併する場合や交付する対価が承継する純資産額を超える場合がある（795条2項各号、796条2項但）。

⑵ 譲渡制限株式を対価として組織再編を行う場合

譲渡制限のない株式を所有している場合には、株主にとって機動性のない資産に変わってしまうからである（796条1項但、796条2項但）。

⑶ 一定数の株式を有する株主が反対する旨の通知をした場合

たとえば、決議要件に定款の別段の定めがない場合に、吸収合併に対し、議決権総数の3分の1以上の反対があったときである（796条3項）。

8 親子会社・企業結合

⑴ 親子会社

子会社とは、会社がその総株主の議決権の過半数を有する株式会社その他の当該会社がその経営を支配している法人として法務省令で定めるものをいう（2条3号）。会社法では、子会社に外国会社を含め、実質的な支配の概念を導入した。親会社とは、株式会社を子会社とする会社その他の当該株式会社の経営を支配している法人として法務省令で定めるものをいう（2条4号）。親会社が子会社の議決権のすべてを有している場合を完全親子会社という。

⑵ 親子会社・企業結合における主要な規定

会社法が改正前商法を引き継いで特別に規定を設けている主な事項は、次のとおりである。

① 子会社による親会社株式取得の制限（135条）
② 株式相互保有規制（相互保有株式の規制）（308条1項）

4分の1以上の議決権を保有されるなどその経営を実質的に支配することが可能な関係にある会社は議決権を行使することはできない。

③ 株主の権利行使に関する利益供与の禁止（120条1項）
④ 会計参与・監査役

　⒜ 子会社の取締役・執行役・使用人との兼任の禁止（333条3項、335条2項）

　⒝ 子会社調査権（374条3項、381条3項）

⑤ 情報開示

会社法では、会社法上のすべての法律関係との関係で親会社・子会社の概念を実質基準で定義する（法務省令で定められる）。

⑥ 親会社株主等の情報収集権

親会社の株主等は、権利を行使するために必要なときは、裁判所の許可を得て子

会社の次の書類を閲覧・謄写することができる。

- (a) **少数株主権**
  - 会計の帳簿・資料の閲覧・謄写（433条3項）
- (b) **単独株主権**
  - 取締役会の議事録の閲覧・謄写（371条5項）
  - 定款・株主名簿・新株予約権原簿・社債原簿の閲覧・謄写（31条3項、125条4項、252条4項、684条4項）
  - 株主総会の議事録の閲覧・謄写（318条5項）
  - 計算書類等の閲覧・謄写（442条4項）

9 定款の変更

(1) 原則

株主総会の特別決議で変更することができる（466条、309条2項11号）。

(2) 例外

取締役会決議等で変更できる場合がある（184条2項、195条1項等）。

10 解散・清算

R01-03

(1) 解散と (通常) 清算

　会社の法人格の消滅をもたらす原因となる事実を解散という。解散に続いて法律関係を後始末する手続を清算という。会社の法人格は、合併の場合を除いて、解散によって直ちに消滅せず、会社は清算手続に入り、その結了によって消滅する。清算の目的は会社のすべての権利義務を処理して残余財産を株主に分配することにある。したがって、会社は事業を継続することはできず、事業を前提とする諸制度や諸規定は適用されなくなる。

　清算中の会社は、清算の目的の範囲内において、清算が結了するまで存続するものとみなされる（476条）。株主総会は存続するが、株主総会以外の機関については、清算開始前とは設計が異なる。清算株式会社は、1人以上の清算人を置かなければならず（477条1項）、定款の定めによって清算人会、監査役または監査役会を置くことができる（477条2項）が、会計参与・会計監査人・指名委員会等の各委員会・監査等委員会を置くことはできない。

　原則として取締役が清算人となり（478条1項1号）、清算人は現務の結了、債権の取立ておよび債務の弁済、残余財産の分配といった職務を行う（481条）。

　残余財産の分配は株主の有する株式の数に応じてなされる（504条3項）。残余財産が金銭以外の財産であるときは、株主に金銭分配請求権（当該残余財産に代えて金銭を交付することを清算株式会社に対して請求する権利）を与えなければなら

第3章　会社法　　**305**

ない（505条1項）。

　以上の清算手続は、次に説明する特別清算との対比で通常清算ともいう。

(2) 特別清算

　清算の特別手続として、清算株式会社について、清算の遂行に著しい支障を来すべき事情があるときや債務超過の疑いがあるときには、申立てによって裁判所が開始を命ずる、特別清算という手続が設けられている（510条以下）。

　特別清算に関する特別の規定（510条～574条）がない事項については、特別清算にも、通常清算に関する規定（475条～509条）が一般規定として適用される。

【 清算と特別清算の比較 】

	清算	特別清算
裁判所の監督	服さない（475条）	服する（510条）
清算人の義務	清算株式会社と委任関係にあり、善管注意義務や忠実義務を負う（478条8項・330条、482条4項・355条）	清算人は、債権者、清算株式会社および株主に対し、公平かつ誠実に清算事務を行う義務を負う（523条）
債務の弁済	●一定期間内に債権を申し出るよう官報への公告や個別の催告をし、期間経過後に申し出をした債権者および知れている債権者に弁済する（499条～502条） ●それ以外の債権者は清算から除斥され、まだ分配されていない残余財産に対してのみ弁済を請求できる（503条）	●原則として債権額の割合に応じて弁済する（537条1項） ●債権者集会で可決され裁判所の認可を受けた協定は、清算株式会社およびすべての債権者に対して効力を有する（571条）
認められる会社の類型	株式会社だけでなく、持分会社にも同様の手続がある（644条以下）	株式会社のみに認められている

VIII 持分会社

1 持分会社

(1) 概要

　会社法では、すべての社員が有限責任社員である合同会社（日本版LLC：Limited Liability Company）を定め、合名会社・合資会社・合同会社を**持分会社**という1つの類型に整理している。

　合同会社についての規制の大部分は合資会社と合名会社にも当てはまる。よく似た制度に有限責任事業組合（LLP：Limited Liability Partnership）がある。

(2) 特徴

　持分会社には、以下のような特徴がある。持分会社に対する規制は株式会社に対する規制と比較すると弱く、かなりの自由度が確保されている。
　① 内部関係（社員間および社員・会社間）の規律については定款自治が認められ、設計が自由である。
　② 機関について株式会社のような規制がない。
　③ 社員の議決権は原則として1人1議決権である。
　④ 持分の譲渡には原則として他の社員全員の承諾が必要である（585条1項）。
　⑤ 原則として、社員全員が会社を代表し、社員全員が業務執行を行う（590条1項、599条1項）。

(3) 設立

　1人以上の社員になろうとする者が定款を作成し（575条）、設立登記をすると（912条、913条、914条）、持分会社は成立する（579条）。法人も社員になることができる（598条）。

　持分会社の定款には、次の事項を記載または記録しなければならない（絶対的記載事項）。①目的、②商号、③本店の所在地、④社員の氏名または名称および住所、⑤社員が有限責任社員または無限責任社員のいずれであるかの別、⑥社員の出資の目的およびその価額または評価の標準（576条1項）。社員に関する事項④⑤⑥を定款で定めなければならない点が、株式会社との大きな相違である。

(4) 業務執行

　各社員が業務を執行するのが原則であるが、定款で定めれば一部の社員のみを業務執行社員とすることができる（590条1項）。業務執行の決定は、社員（定款で定めた場合には業務執行社員）が2人以上ある場合には、定款に別段の定めがある場合を除き、社員（定款で定めた場合には業務執行社員）の過半数をもって決定する

（590条2項、591条1項）。業務執行社員を定款で定めた場合、業務を執行しない社員は、持分会社の業務および財産状況の調査権を有する（592条1項）。

　業務を執行する社員は、原則として、各自、持分会社を代表する（599条1項・2項）。ただし、定款または定款の定めに基づく社員の互選によって、業務を執行する社員の中から代表社員を定めることができる（599条3項）。

⑸ 社員の加入および退社

　持分会社は、新たに社員を加入させることができる（604条1項）。この場合、定款に、新たに加入する社員の氏名または名称および住所、社員が有限責任社員または無限責任社員のいずれであるかの別、社員の出資の目的およびその価額または評価の標準（576条1項4号〜6号）を定めなければならない。定款の変更となるため、原則として総社員の同意が必要である（637条）。持分会社の成立後に加入した社員は、加入前に生じた持分会社の債務についても弁済する責任を負う（605条）。

　社員は、定款で定めた事由の発生、総社員の同意等の事由が生じると退社する（法定退社、607条）が、他の社員の意思にかかわらず、やむを得ない事由があるときは、いつでも退社することができる（任意退社、606条）。社員が退社した場合には、当該社員に係る定款の定めを廃止する定款の変更をしたものとみなされる（610条）。退社した社員は、原則として持分の払戻しを受けることができる（611条）。退社した社員は、その登記をする前に生じた持分会社の債務について、従前の責任の範囲内で弁済する責任を負う（612条1項）。ただし、この責任は、当該登記後2年以内に請求または請求の予告をしない会社債権者に対しては消滅する（612条2項）。

⑹ 会社の終了
`R01-03`

　持分会社は、総社員の同意等の解散事由によって解散し（641条〜643条）、清算をしなければならない（644条〜675条）。株式会社でいう通常清算に相当する清算手続（法定清算）が原則であり、株式会社でいう特別清算に相当する手続はないが、合名会社と合資会社は、一定の条件の下で任意清算（債務の弁済手続をとらないで社員に会社財産を分配する）を利用することもできる（668条〜671条）。また、持分会社間での会社の種類の変更は定款変更（総社員の同意）によりすることができる（637条、638条1項、640条1項）。

2　合名会社
`R01-01` `H22-06`

⑴ 概要

　合名会社とは、無限責任社員のみからなる持分会社である（576条2項）。

⑵ 社員の地位

　すべての社員が出資義務を負うが、その種類と程度は定款で定める（576条1項6号）。無限責任社員の出資は有限責任社員と異なり、財産のほか労務・信用も可である。

合名会社では、すべての社員が無限責任社員であるため、会社債権者に対して、直接に、連帯して、無限の責任を負う（直接無限責任）(580条1項)。ただし、債権者にまず会社資産から弁済を受けるように求めることができる (580条1項2号)。

社員が無限責任を負うため、株式会社や合同会社の場合のように会社債権者保護は不要であり、利益の分配は会社の自由に委ねられる。

3 合資会社

R01-01
H22-06

(1) 概要

合資会社は、無限責任社員と有限責任社員の両方からなる持分会社である (576条3項)。

(2) 社員の地位

無限責任社員は合名会社の社員と同じく直接無限責任を負う (576条1項5号、580条1項)。一方、有限責任社員は、その出資の価額を限度として、会社債権者に対して債務を弁済する責任を負う (580条2項)。有限責任社員の出資は金銭等（金銭その他の財産）に限定される (576条1項6号、913条7号)。労務・信用の出資は不可である。会社債権者に対して、直接の責任を負う点で、合同会社や株式会社と異なる (580条2項)。

業務を執行する有限責任社員の持分譲渡については、他の社員全員の承諾が必要である (585条1項)。業務を執行しない有限責任社員の持分の譲渡については、業務執行社員全員の承諾のみで足りる (585条2項・3項)。

4 合同会社

R01-01
H30-01
H26-17
H22-06

(1) 概要

合同会社は、株式会社のように出資の比率で配当等を決めるのではなく、高い技術を持っている社員に厚く配当することができるようにするなど、柔軟な経営が可能な有限責任の法人制度である。

出資者の全員が有限責任社員であり (576条4項)、民法上の組合と同様の組合的規定（原則として社員全員の一致でなければ定款変更その他の会社のあり方を決定できず、社員自ら会社の執行にあたる）が適用される会社である。多くの事項について合名会社と同様の規定が適用される。

(2) 社員の地位

社員の出資は金銭等（金銭その他の財産）に限定される (576条1項6号)。労務・信用の出資は不可である。会社債権者に対して間接の責任を負うが、その限度は有限で出資額に限定される（間接有限責任）(580条2項)。社員（有限責任社員）は、

第3章 会社法 **309**

原則として、会社設立前に、出資額を払い込むか、出資する財産の全部を給付しなければならない（全額払込主義・全額払込制度）（578条）。

　業務を執行する社員の持分譲渡については、他の社員全員の承諾が必要（585条1項）。業務を執行しない社員の持分の譲渡については、業務執行社員全員の承諾で足りる（585条2項・3項）。

(3) 他の持分会社にはない合同会社特有の主な規制

　前述のとおり合同会社の社員は、原則として、会社設立前に、出資額を払い込むか、出資する財産の全部を給付しなければならない（全額払込主義・全額払込制度）（578条）。したがって、合同会社の社員の会社債権者に対する弁済については間接責任となる。この点で、合資会社の有限責任社員と異なる。

　合同会社に、株式会社と同じような全額払込主義が採用されているのは、無限責任社員が存在しないため、会社財産を確保し、債権者を保護する必要性があるためである。

　全額払込制度の採用や社員が間接有限責任であることの他、合同会社は、計算等に関する以下のような規定がある。

　① 計算書類の作成と閲覧

　　　合同会社は、株式会社と同様の計算書類の作成義務（617条1項・2項、会社計算規則70条・71条1項2号）と、社員だけでなく、会社債権者に対しても計算書類を開示する義務がある（618条、625条）。ただし、株式会社と異なり、貸借対照表の公告義務はない。

　② 資本金の減少（626条〜627条）

　③ 利益の配当（628条〜631条）

　④ 出資の払戻し（632条〜636条）

【 持分会社と株式会社 】

	持分会社			株式会社
	合名会社	合資会社	合同会社	
根拠法規	会社法	会社法	会社法	会社法
出資者	社員	社員	社員	株主
出資者数	1人以上	無限責任社員 1人以上 有限責任社員 1人以上	1人以上	1人以上
出資者の責任	直接無限責任	直接無限責任 (無限責任社員) 直接有限責任 (有限責任社員)	間接有限責任	間接有限責任
出資分の譲渡	他の社員全員の承諾が必要	原則として、他の社員全員の承諾が必要 ※1	原則として、他の社員全員の承諾が必要 ※2	原則自由

※1　ただし、業務を執行しない有限責任社員の持分の譲渡には業務執行社員全員の承諾のみで可能
※2　ただし、業務を執行しない社員の持分の譲渡には業務執行社員全員の承諾のみで可能

IX その他の重要法人

1 投資事業有限責任事業組合

　「投資事業有限責任組合契約に関する法律」に基づいた契約によって成立した組合（ベンチャー企業を中心に投資するファンド）のことであり、無限責任組合員と有限責任組合員で構成される。投資対象は未公開の中小企業だけでなく、上場企業、中堅・大企業にも投資できる。

2 有限責任事業組合

H21-16

　有限責任事業組合（LLP：Limited Liability Partnership）は、有限責任事業組合契約に関する法律に基づいた、契約によって成立した組合である。ベンチャー企業や中小企業、大学など、その技術力やノウハウを最大限に活かして、大企業と対等の立場で連携できる柔軟な組織の実現を可能とする。
　有限責任事業組合の特色は、有限責任、内部自治の原則、共同事業性の確保、構成員課税である。
　有限責任とは、出資額の範囲の責任のみしか構成員が負わないことである。内部自治の原則では、出資者間の損益や権限の配分は出資者の労務や知的財産、ノウハウの提供などを反映して、出資比率と異なる配分が可能である。また、取締役や監査役などの監視機関の設置は強制せず、有限責任事業組合の経営者に対する監視のあり方は、出資者間で柔軟に決めることが可能である。共同事業性の確保とは、意思決定は原則として出資者全員が経営と業務執行に参加する。また、組合段階では課税されず、出資者に直接課税する仕組みが取られる（構成員課税）。

【 合同会社と有限責任事業組合の比較 】

	合同会社（日本版LLC）	有限責任事業組合（LLP）
法人格の有無	あり	なし
登記の有無	あり（579条）	あり　※第三者対抗要件 （有限責任事業組合契約に関する 法律8条）
構成員が1名となった場合の組織の存続の可否	存続可能（575条）	存続不可能 （有限責任事業組合契約に関する 法律37条2号）
課税の対象	合同会社（法人課税）	組合の構成員（構成員課税）
特許出願	合同会社名義で出願できる	LLP名義で出願できない
組織変更	できる	できない

第3章　会社法　311

H21-16

3 特定非営利活動法人

(1) 概要

特定非営利活動法人 (NPO法人) とは、ボランティア活動などの社会貢献活動を行う、営利を目的としない団体の総称である。特定非営利活動促進法に基づき法人格を取得した団体をいう。

NPO法人制度は、特定非営利活動を促進することを目的に、簡易な手続きで法人格を取得できる仕組みである。自由な法人運営を尊重し、情報公開を通じた市民の選択・監視を前提に、所轄庁 (事務所がある都道府県の知事である。ただし、2以上の都道府県の区域内に事務所がある場合は、内閣総理大臣) の関与が極力抑制された制度となっている。

(2) 設立要件

特定非営利活動法人の設立要件は次のとおりである。

① 特定非営利活動を行うことを主たる目的とすること (特定非営利活動促進法2条2項柱書)
② 営利を目的としないものであること (2条2項1号)
③ 社員の資格の得喪に関して、不当な条件を付さないこと (2条2項1号イ)
④ 役員のうち報酬を受ける者の数が、役員総数の3分の1以下であること (2条2項1号ロ)
⑤ 宗教活動や政治活動を主たる目的とするものでないこと (2条2項イ、ロ)
⑥ 特定の公職者 (候補者を含む) または政党を推薦、支持、反対することを目的とするものでないこと (2条2項1号ハ)
⑦ 10人以上の社員を有するものであること (12条1項4号)
⑧ 役員として理事3名以上および監事1名以上を置くこと (15条)

(3) 留意点

① 特定非営利活動を目的としなければならないが、特定非営利活動の事業に支障のない範囲で、その他の事業を行うことができる (5条1項)。
② 毎事業年度初めの3か月以内に、前事業年度の事業報告書等を作成し、役員名簿ならびに定款等とともに、その社員その他の利害関係人が閲覧できるようその事務所に備え置かなければならない (28条)。

厳選!! 必須テーマ［〇・×］チェック —第3章—

過去20年間（平成13〜令和2年度）本試験出題の必須テーマから厳選！

■■■ 問題編 ■■■　　　　　　Check!!

問1 (H24-18)　　　　　　　　　　　　　　　　　　［〇・×］
　株式会社が指名委員会等設置会社の場合は、監査役を設置することはできない。

問2 (H27-2 (設問2) 改題)　　　　　　　　　　　　　　［〇・×］
　株主総会の招集手続において、公開会社ではなく、取締役会設置会社である会社は、書面または電磁的方法による議決権行使を認めないことを前提とすると、総会の日の2週間前までに招集通知を発送しなければならない。なお、定款に特段の定めはない。

問3 (H23-18 (設問1))　　　　　　　　　　　　　　　　［〇・×］
　会計参与の任期は、監査役と同様であり、原則として選任後4年以内に終了する事業年度の定時株主総会の終結の時までである。

問4 (H20-16 (設問2))　　　　　　　　　　　　　　　　［〇・×］
　会社法では、最終事業年度に係る貸借対照表に計上した資本金が5億円以上の会社は大会社となり、会計監査人を置かなければならない。

問5 (H20-03、H24-20)　　　　　　　　　　　　　　　　［〇・×］
　取締役会および監査役を置く株式会社では、計算書類等の本店での備え置きを開始する日は、定時株主総会の日の2週間前の日である。

問6 (H20-16改題)　　　　　　　　　　　　　　　　　　［〇・×］
　資本金1円での会社設立が可能であるため、会社設立に際して出資される財産の価額または最低額を定款に記載する必要はない。

問7 (R02-07)　　　　　　　　　　　　　　　　　　　　［〇・×］
　株式会社は、その保有する自己株式について、剰余金の配当をすることができる。

問8 (H26-18)　　　　　　　　　　　　　　　　　　　　［〇・×］
　会社分割（吸収分割を前提とする）では分割会社が取得している許認可は承継することができない。

問9 (H29-1)　　　　　　　　　　　　　　　　　　　　［〇・×］
　株式無償割当てにより、株式の分割の目的を達成することはできない。

第3章　会社法　**313**

■■■ **解答・解説編** ■■■

問1　○：指名委員会等設置会社は、監査役を置いてはならない。

問2　×：公開会社ではない会社（譲渡制限会社）では、招集通知の発送は、原則1週間前まで認められている。

問3　×：会計参与の任期は、取締役と同様であり、原則として選任後2年以内に終了する事業年度の定時株主総会の終結の時までである。

問4　○：会社法上の大会社の定義および機関設計のルールとして、適切である。

問5　○：会社法442条に規定されている。

問6　×：定款の絶対的記載事項であるため、記載する必要がある。

問7　×：株式会社は、その株主が当該株式会社である場合、剰余金の配当をすることができない。

問8　×：吸収分割では、分割会社がその事業に関して有する権利義務の全部または一部を既存の会社に承継させることができるため、許認可も承継可能である。

問9　×：株式無償割当ての場合、自己株式については割当てが生じないものの、同一の種類の株式を、一定の割合で一律に割り当てることにより、株式の分割の目的を達成することは可能である。

本章の体系図

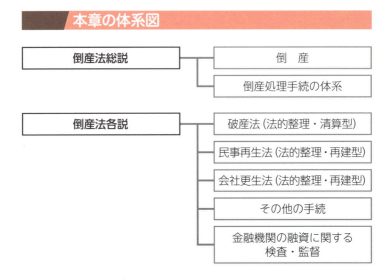

本章のポイント

- 倒産制度の概要を理解する
- 法的手続きの基本法的な役割である破産法について理解する
- 民事再生法、会社更生法について理解する

第4章

倒産法

I 倒産法総説

II 倒産法各説

I 倒産法総説

1 倒産

　経営が破綻し、債権者に対して弁済をなし得ない状態に陥った時、会社は倒産する。債務超過でも、経営的に回復の見込みがある場合には、倒産とはならない。「倒産」は法律用語ではない。なんらかの法定倒産手続の申立てがなされた時点、または不渡手形・小切手の発生による銀行取引停止処分を受けた時点で企業は倒産したとみなされる。

2 倒産処理手続の体系

(1) 法的整理

① 清算型
　その事業を解体し、資産のすべてを売却し、得られた資金で債権者に支払えるだけ弁済し、会社を消滅させてしまう方法である。

② 再建型
　債権者の権利内容を調整したうえで、会社事業の継続を実現し、継続した事業から得られる収益を通じて会社債権者に弁済する方法である。会社の倒産は、無形の価値（無形の技術、ノウハウなど）が失われるほか、多くの雇用が失われ、社会的にも影響が大きい。債権者からみても事業解体によりわずかの弁済を得るよりは、多少時間をかけても、継続事業からの収益によって弁済を得る方が有利なケースが多い。

(2) 私的整理（任意整理）

　法定の倒産手続によることなく、会社の債権者と経営者との任意の協議を通じて会社の事業や財産関係を整理し、会社事業の清算または再建を図ることである。通常は、債権者が集まり、債権者集会を開いたうえで、数名の債権者委員を選任する。債権者委員と会社の経営者との協議によって、会社の整理の方針が決定される。

【 倒産処理手続の体系 】

II 倒産法各説

1 破産法（法的整理・清算型）

(1) 破産手続

破産手続とは、債務者が総債務を完済する見込みがない場合に、裁判所の監督のもとに破産管財人が債務者の財産を強制的に換価して、総債権者に平等の割合で分配し、清算することを目的とする裁判上の手続である。自然人・法人とも破産手続の対象となる。

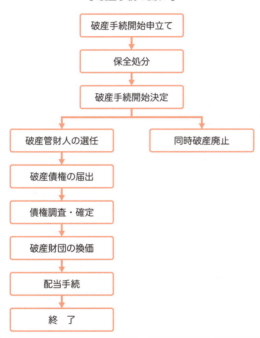

【 破産手続の流れ 】

出典：『ビジネス実務法務検定2級公式テキスト』東京商工会議所編　東京商工会議所検定センター

(2) 破産手続開始の申立て

① 破産原因

(a) 支払不能

支払不能とは、債務者が支払能力を欠くために、その債務のうち弁済期にあるものにつき、一般的かつ継続的に弁済することができない状態をいう（2条11項）。

なお、債務者が支払を停止したときは、支払不能にあるものと推定する（15条2項）。

(b) 債務超過

債務超過とは、債務者が、その債務につき、その財産をもって完済することができない状態をいう（16条1項）。

② 申立権者

債権者または債務者は、破産手続開始の申立てができる（18条1項）。債務者による申立てを**自己破産**という。

H22-07
H22-03
(3) 破産財団

破産財団とは、破産者の財産または相続財産もしくは信託財産であって、破産手続において破産管財人にその管理および処分をする権利が専属するものである（2条14項）。

(4) 自由財産

自由財産とは、個人の破産において、破産財団に属さない破産者の財産のことである（34条3項）。これらは破産者が自由に処分することができる。

H22-07
(5) 債権の区分

債権者の持つ債権は、発生時期や特性、重要度により区分される。

① 財団債権

破産手続によらず破産財団から随時弁済を受けることができる債権である（2条7項、151条）。主に以下が財団債権に該当する（148条・149条）。

(a) 破産管財人や破産財団の管理に関する費用

破産管財人の報酬や手続費用、財団管理費用等の破産債権者の共同の利益のために必要な費用である。

(b) 租税債権

破産手続開始前の原因に基づいて生じた租税等の請求権（97条5号に掲げる請求権を除く）であって、破産手続開始当時、まだ納期限の到来していないもの、または納期限から1年（その期間中に包括的禁止命令が発せられたことにより国税滞納処分をすることができない期間がある場合には、当該期間を除く）を経過していないものが該当する。

(c) 労働債権（未払給料）

労働債権のうち、ⅰ.未払給料債権については、破産手続開始前3か月間に生じたものを、ⅱ.退職手当の請求権については、原則として退職前3か月間の給料の総額に相当する額を財団債権とする。

② 破産債権

破産手続開始前の原因に基づいて生じた債権である（2条5項）。原則として破産財団から配当手続により配当を受け、債権回収を図る。債権の重要度順に以下に区分される。

	優先的破産債権 (98条1項)	破産財団に属する財産につき一般の先取特権 その他一般の優先権がある破産債権
高 ↑ 優先度 ↓ 低	一般破産債権 (97条)	破産手続開始前の原因に基づいて生じた財産上の債権
	劣後的破産債権 (99条1項)	破産手続開始後の利息の請求権や破産手続参加の費用の請求権など
	約定劣後破産債権 (99条2項)	破産債権者と破産者との間において、破産手続における配当の順位が劣後的破産債権に後れる旨の合意がされた債権

(6) 弁済・配当

　債権区分の優先度により順位が決まっており、順位の高い順に破産財団から弁済・配当を受ける。

　まず、財団債権が破産手続によることなく弁済を受けることができる（2条7項、151条）。財団債権への弁済を行い、財団に余剰がある場合には、破産手続により破産債権について配当がなされる。

　破産債権への配当は、債権の重要度から、①優先的破産債権、②一般破産債権、③劣後的破産債権、④約定劣後破産債権の順となる。配当は順位の高い区分ごとに実施され（194条1項）、財団に余剰がなくなった段階で下位区分への配当は実施されなくなる。

(7) 別除権

H22-07

　破産者の特定の財産に抵当権等の担保権を有する債権者は、破産手続に関係なくこれを実行して債権の回収を図ることができる（65条1項）。このような担保権者の権利を**別除権**という。一定の要件が充たされる場合、破産管財人は、担保権を有する財産の売得金の一部を裁判所に納付して別除権を消滅させることが可能である（担保権消滅請求制度、186条）。

(8) 否認権

H28-05

　否認権とは、破産手続開始決定前に破産者のなした一定の行為につき破産管財人が破産財団との関係でその効力を否認し、減少した財産を破産財団のために回復させることができる権利である（160条〜176条）。

(9) 相殺権の行使と制限

　債権者が他方で破産者に対して債務を負っている場合には、破産手続によらず**相殺権**を行使して債権を優先的に回収することができる（67条）。相殺の担保的機能の現れである。しかし破産債権者が、債務者（破産者）が経済的破綻に瀕していることを知りながら取得した債権や負担した債務をもって相殺することは制限されている（71〜72条）。

第4章　倒産法　　321

2 民事再生法(法的整理・再建型)

(1) 民事再生手続

　民事再生手続とは、経済的に窮境にある債務者の事業または経済生活の再生を図ることを目的とする手続である(1条)。民事再生法では、株式会社以外の法人や自然人も対象となり、債務者が個人の場合であっても民事再生手続を申立てることができる。民事再生法では、原則として再生手続開始後も、債務者が自ら業務を行い、財産の管理を行う。ただし、管理命令が出た場合には、管財人が選任され、債務者は業務執行や財産管理権限を奪われる。

【民事再生手続の流れ】

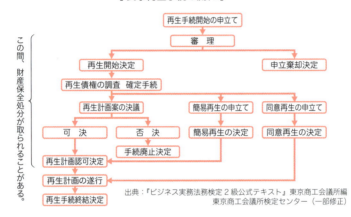

出典:『ビジネス実務法務検定2級公式テキスト』東京商工会議所編
東京商工会議所検定センター(一部修正)

(2) 民事再生の開始

① 申立原因

　民事再生手続は、再生手続開始原因となる事実、すなわち、ⅰ.破産の原因となる事実が生ずるおそれがある場合、ⅱ.弁済期にある債務を弁済することとすれば、その事業の継続に著しい支障をきたすおそれがある場合に申立てることができる(21条1項)。

② 申立権者

　民事再生手続の申立権者は、原則として債務者自身であるが、申立原因ⅰ.の場合には、債権者も申立てることができる(21条2項)。

(3) 再生計画の作成の決議

　債務者は、原則として再生債権の一般調査期間の末日から2か月以内の裁判所の定める期間内に再生計画案を作成し、裁判所に提出しなければならない(163条1項)。

　再生計画により負担しまたは猶予される債務の期限については、原則として再生計画認可の決定の確定から10年を超えない範囲でその期限を定めるものとされて

いる（155条）。

再生計画の可決には、債権者集会を開催する場合は、出席者の過半数かつ議決権を行使できる債権者の議決権総額の2分の1以上の同意が必要である（172条の3）。

⑷ 別除権

H22-03

抵当権や質権などの担保権を有する債権者は、再生手続に関係なくこれを実行して債権の回収を図ることができる（53条）。しかし担保権が実行されると再生手続がその目的とする債務者の事業再生が不可能になることが想定される場合、担保権を一定期間禁止する担保権実行中止命令制度や担保権消滅請求制度が定められている（31条、148条〜153条）。

⑸ 否認権

H28-05

民事再生手続においても、否認権は認められている（127条〜141条）。

⑹ 債権の区分

H22-07

① 再生債権

民事再生手続開始前の原因に基づいて生じた債権である。原則として再生計画に従って弁済を受ける（85条1項）。

② 共益債権

民事再生手続によらないで随時弁済を受けることができる債権である。再生手続開始後に発生した債権などがこれに該当する。（119条、121条1項）

⑺ 相殺権の行使と制限

債権者が他方で再生債務者に対して債務を負っている場合には、一定の要件を満たしている限り相殺することが認められる。ただし相殺を行う場合には、再生債権届出期間末日までに相殺しなければならない（92条）。また債権者が再生手続開始後に負担し、あるいは支払停止などを知って負担した債務と再生債権とを、相殺することはできない（93条）。

⑻ 監督委員

監督委員とは、再生債務者の行う行為に対する監督を行う後見的な機関である。監督委員は、再生手続の申立てがあった場合において、裁判所が必要と認めるときに選任することができる（54条1項）。監督委員が選任された場合でも、監督委員は後見機関にすぎないため、取引の相手方にはなれない。

第4章　倒産法　　323

3 会社更生法（法的整理・再建型）

(1) 会社更生手続

会社更生手続とは、経済的に窮境にある株式会社について、債権者、株主その他の利害関係人の利害を適切に調整しながら、当該株式会社の事業の維持更生を図る手続である（1条）。会社更生法では、手続開始後は、裁判所により選任された管財人に事業経営や会社財産の管理処分権が移行する。更生手続中の担保権の実行は禁止され、担保権者であっても更生手続に参加しなければ担保権を実行できない。

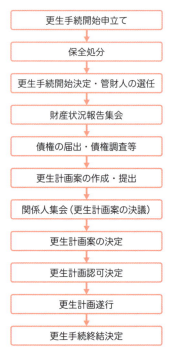

【 更生手続の流れ 】

更生手続開始申立て
↓
保全処分
↓
更生手続開始決定・管財人の選任
↓
財産状況報告集会
↓
債権の届出・債権調査等
↓
更生計画案の作成・提出
↓
関係人集会（更生計画案の決議）
↓
更生計画案の決定
↓
更生計画認可決定
↓
更生計画遂行
↓
更生手続終結決定

出典：『ビジネス実務法務検定2級公式テキスト』東京商工会議所編　東京商工会議所検定センター

(2) 会社更生手続の開始

① 申立原因

会社更生手続は、株式会社に更生手続開始の原因となる事実、すなわち、i.破産手続開始の原因となる事実が生ずるおそれがある場合（17条1項1号）、ii.弁済期にある債務を弁済することとすれば、その事業の継続に著しい支障をきたすおそれがある場合（17条1項2号）に申立てることができる。

② 申立権者

会社更生法は、株式会社自身の他、上記申立原因のi.の場合には、その債権者（17

条2項1号）や株主（17条2項2号）も申立てることができる。

⑶ 管財人

　更生手続開始決定が出される場合、決定と同時に管財人が選任される（42条1項）。管財人には、役員等責任査定決定の処分を受けるおそれがあると認められる者は選任できない（67条）。しかしこの要件に該当しなければ、旧経営陣であっても管財人に選任することは可能とされている。更生手続開始決定が出されると、更生債権への弁済は禁止され、更生会社の事業経営権や財産処分権はすべて管財人に帰属する（72条）。

⑷ 更生計画の作成と決議

　管財人は原則として債権届出期間の満了後、裁判所の定める期間内に更生計画案を作成し、裁判所に提出しなければならない（184条）。
　更生計画により負担または猶予される債務の期限は、原則として更生計画認可の決定から15年を超えない範囲でその期限を定めるべきとされている（168条5項）。

⑸ 更生計画案の可決要件 　　　　　　　　　　　　　　　　　H23-04

① 更生債権者の組
議決権総額の2分の1超の賛成（196条5項1号）
② 更生担保権者の組
更生計画の内容により異なる。内容は以下の通りである（196条5項2号）。
　(a) 更生担保権の期限の猶予の定めをする場合…議決権総額の3分の2以上
　(b) 更生担保権の減免等の場合…議決権総額の4分の3以上
　(c) 更生会社の事業の全部を廃止とする場合…議決権総額の10分の9以上
③ 株主の組（更生会社が債務超過である場合は議決権をもたない）
議決権総数の過半数（196条5項3号）

⑹ 担保権の取り扱い 　　　　　　　　　　　　　　　　　　　H28-05

　更生会社の財産につき存する担保権の被担保債権であって、更生手続開始前の原因に基づいて生じたもの等を更生担保権という（2条10項）。更生担保権は会社更生手続に取り込まれ、担保権を個別に行使することはできず、更生手続に参加しなければ担保権を実行できない（47条1項）。

⑺ 否認権 　　　　　　　　　　　　　　　　　　　　　　　　H28-05

　会社更生手続においても、否認権は認められている（86条〜98条）。

⑻ 債権の区分 　　　　　　　　　　　　　　　　　　　　　　H22-07

① 更生債権
　会社更生手続開始前の原因に基づいて生じた債権等であって、更生担保権または共益債権に該当しないものである（2条8項柱書）。原則として更生計画に従って弁

第4章　倒産法　　325

済を受ける（47条1項）。

② 共益債権

　会社更生手続によらないで随時弁済を受けることができる債権である。会社更生手続開始後に発生した債権などがこれに該当する（127条、132条1項）。

(9) 相殺権の行使と制限

　債権者が他方で更生会社に対して債務を負っている場合には、一定の要件を満たしている限り相殺することが認められる（48条1項）。ただし相殺を行う場合には、更生債権届出期間末日までに相殺しなければならない（48条1項）。また更生債権者が更生手続開始後に負担した場合（49条1項1号）、支払不能であることを知って債務を負担した場合（49条1項2号）、支払停止があったことを知って債務を負担した場合（49条1項3号）、更生手続開始の申立て等があったことを知って更生手続開始の申立て等があった後に債務を負担した場合（49条1項4号）には、債務と更生債権とを相殺することはできない。

【破産法・民事再生法・会社更生法の比較】

	破産手続	民事再生手続	会社更生手続
法律	破産法	民事再生法	会社更生法
目的	債務者の財産等の清算	事業又は経済生活の再生	事業の維持更生
概要	清算型手続	再建型手続	再建型手続
対象	限定なし（相続財産も対象となる）	限定なし（事業又は経済生活の主体となり得る者）	株式会社のみ
財産の管理権者	破産管財人	債務者 ※監督委員による監督の制度がある ※事業の再生のために特に必要があるときは、管財人による管理が裁判所により命ぜられる	管財人
開始原因	(1)支払不能 (2)債務者が法人である場合には支払不能のほか債務超過もまた開始原因となる	(1)破産の原因となる事実の生ずるおそれがあるとき (2)事業の継続に著しい支障を来すことなく弁済期にある債務を弁済することができないとき	(1)破産の原因となる事実の生ずるおそれがあるとき (2)弁済期にある債務を弁済することとすれば、その事業の継続に著しい支障を来すおそれがあるとき
債権の区分	(1)破産債権（配当を通じてのみ権利行使可） (2)財団債権（随時弁済する）	(1)再生債権（再生計画によって弁済等可） (2)一般優先債権（一般の先取特権その他の優先権のある債権（随時弁済する）） (3)共益債権（随時弁済する） (4)開始後債権	(1)更生債権（更生計画によってのみ弁済等可） (2)更生担保権（更生会社の財産につき存する担保権によって担保される債権。更生計画によってのみ弁済等可） (3)共益債権（随時弁済する） (4)開始後債権
担保権の取扱い	破産手続によらずに行使することができる（別除権）。破産手続において破産債権として行使できるのは、被担保債権のうち担保権の行使によって弁済を受けることができない債権の部分の額に限られる。	再生手続によらずに行使する（別除権）。再生手続において行使できるのは、被担保債権のうち担保権の行使によって弁済を受けることができない債権の部分に限られる。	更生手続中は行使することができない。更生会社の財産につき存する担保権によって担保される債権で、担保目的財産の価額に相当する部分は、更生担保権として、更生債権より優先的に扱われる。担保権の実行により、更生計画によらず満足を受けることはできない。

4 その他の手続

H21-04

(1) 特別清算 (法的整理・清算型)

H28-05

特別清算とは、清算中の株式会社につき、清算の遂行に著しい支障をきたす事情があるか、または債務超過の疑いがあるとき、裁判所の命令によって開始される特別の清算の手続である。債権者、清算人、監査役、株主の申立てによって開始される (会社法510条)。手続きは関係人の自治的な要素が強く、債権確定の手続きや否認権の制度がない。親会社が債務超過の子会社を整理するにつき、清算所得に関する税務上の恩典 (特別清算の協定による債務免除は損金に算入できるなど) が受けられる、などの特徴がある。

(2) 事業再生ADR

事業再生ADRとは、事業再生の専門家が、中立的な立場から債務者 (過剰債務を抱える企業) と債権者 (主に金融債権者) 間の調整を行うこと等により、企業の事業再生の円滑化を図ることを目的とする制度である。ADR (Alternative Dispute Resolution) は「裁判外紛争解決手続」の略称で、訴訟手続によらずに民事上の紛争の解決をしようとする当事者のため、公正な第三者が関与してその解決を図る制度のことである。事業再生ADR制度は「裁判外紛争解決手続の利用の促進に関する法律」に基づく認証ADR制度に立脚し、「産業競争力強化法」において規定されている。

事業再生ADRを活用するメリットは次のような点である。

① 基本的に金融債権者 (金融機関等) だけを相手方として調整を進める手続であり、事業債権・売掛債権の債権者 (取引先等) を巻き込む必要はないため、商取引を円滑に進めることができる

② 専門的知識を有する実務家の監督の下で進められる手続のため、信頼できる

③ つなぎ融資 (一時的な資金繰り融資) に対する債務保証および法的整理に移行した際のつなぎ融資に対する優先弁済を設定している

④ 裁判所もADRの調整結果を尊重する

⑤ 原則として、債権放棄による損失の無税償却が認められる

5 金融機関の融資に関する検査・監督

H25-19

金融庁の行う金融機関の検査・監督では、融資に際して適切な自己査定・償却・引当を行っているかどうかも対象となる。金融庁は金融機関のために検査・監督の考え方と進め方を公表しているが、中小企業にとっても、中小企業向け融資に対する検査のポイントを知ることは、融資交渉の際に役立つ。

(1) 金融検査マニュアルに基づく現状の実務

金融庁が金融機関を検査する際の手引書とされてきた**金融検査マニュアル** (令和

第4章 倒産法　**327**

元年12月18日付で廃止）では、金融機関は債権の査定に当たり、原則として、信用格付を行い、信用格付に基づき債務者区分を行った上で、債権の資金使途等の内容を個別に検討し、担保や保証等の状況を勘案のうえ、債権の回収の危険性または価値の毀損の危険性の度合いに応じて、分類を行うと定めている。

債務者区分には、「正常先」、「要注意先」、「破綻懸念先」、「実質破綻先」、「破綻先」があり、債務者の実態的な財務内容、資金繰り、収益力等により、その返済能力を検討し、債務者に対する貸出条件およびその履行状況を確認の上、業種等の特性を踏まえ、事業の継続性と収益性の見通し、キャッシュフローによる債務償還能力、経営改善計画等の妥当性、金融機関等の支援状況等を総合的に勘案し判断するとされている。

特に中小・零細企業等については、当該企業の財務状況のみならず、技術力、販売力や成長性、代表者等の役員に対する報酬の支払状況、代表者等の収入状況や資産内容、保証状況と保証能力等を総合的に勘案し、経営実態を踏まえて判断するとされ、中小企業向け融資に焦点を当てた金融検査マニュアル別冊〔中小企業融資編〕が、判断の検証ポイントや運用例を定めている。

(2) 検査マニュアル廃止後の融資に関する検査・監督の考え方と進め方

金融庁は、金融行政改革の一環として、金融検査・監督の考え方と進め方（検査・監督基本方針）を公表し、「最近の検査・監督に当たっては、別冊に示された考え方を更に進め、事業の将来性等、企業の実態のより深度ある把握を促すことに重点を置いている」と述べた上で、平成30年度終了後（平成31年4月1日以降）を目途に、金融検査マニュアルを廃止する方針を示した。

その後、金融庁は、関係者や有識者からなる研究会での議論とパブリックコメントを踏まえて、令和元年12月18日付で金融検査マニュアルを廃止するとともに、「検査マニュアル廃止後の融資に関する検査・監督の考え方と進め方」を公表した。

同文書は、別紙に現状の実務の概要として金融検査マニュアルに基づく債務者区分等を記載しているが、現在の債務者区分を出発点に、現行の会計基準に沿って、金融機関が自らの融資方針や債務者の実態等を踏まえ、認識している信用リスクをより的確に引当に反映するための見積りの道筋を示している。

具体的には、正常先および要注意先（要管理先を含む）を対象とする一般貸倒引当金の見積りにあたっての視点や、破綻懸念先、実質破綻先、破綻先を対象とする個別貸倒引当金の見積りにあたっての視点を示している。

328　第1部　テキスト

厳選!! 必須テーマ［○・×］チェック ─第4章─

過去20年間（平成13～令和2年度）本試験出題の必須テーマから厳選！

■■■ 問題編 ■■■　　　Check!!

問1 (H22-03改題)　　　　　　　　　　　　　　　　　　　［○・×］
　破産手続、民事再生手続および会社更生手続の目指す結果は同じである。

問2 (H22-03)　　　　　　　　　　　　　　　　　　　　　［○・×］
　破産手続では、債務者の再建を図りながら弁済を行う。

問3 (H22-03)　　　　　　　　　　　　　　　　　　　　　［○・×］
　破産手続は、破産者が破産手続開始決定時に保有する全ての資産を金銭に換価して配当に充てる。

問4 (H22-07 (設問1))　　　　　　　　　　　　　　　　　　［○・×］
　破産手続では、まず、破産財団から財団債権に対する配当を行う。

問5 (H22-03)　　　　　　　　　　　　　　　　　　　　　［○・×］
　民事再生手続は、法人・自然人を問わず、全ての人に適用される。

問6 (H22-03)　　　　　　　　　　　　　　　　　　　　　［○・×］
　民事再生手続では、管財人という制度が法律上存在しないため、債務者自身が主体となって手続を遂行する。

問7 (H22-03)　　　　　　　　　　　　　　　　　　　　　［○・×］
　民事再生手続では、担保権者は手続外で担保権を実行することが可能である。

問8 (H22-03)　　　　　　　　　　　　　　　　　　　　　［○・×］
　会社更生手続は、会社法上に規定がある会社のみに適用される。

問9 (H22-03)　　　　　　　　　　　　　　　　　　　　　［○・×］
　会社更生手続においては、担保権は更生担保権となり、手続外での実行は禁止される。

問10 (H23-04改題)　　　　　　　　　　　　　　　　　　　［○・×］
　会社更生手続による更生計画案について、更生債権者の組の可決要件は、議決権総額の2分の1以上の同意である。

第4章　倒産法　　**329**

■■■ 解答・解説編 ■■■

問1 ×：破産手続は清算を目指すが、民事再生手続および会社更生手続は再建を目指す。

問2 ×：債務者の再建を図りながら弁済を行うのは、民事再生手続および会社更生手続である。

問3 ×：個人の破産においては、破産財団に属さない自由財産が認められる。

問4 ○：財団債権に対して優先的に配当を行う。

問5 ○：株式会社以外の法人や自然人も対象となる。

問6 ×：原則として債務者が手続を遂行するが、裁判所が必要と認めた場合は、管財人を選任できる。

問7 ○：担保権者は、再生手続に関係なく担保権を実行して債権の回収を図ることができる。

問8 ×：会社法に規定のある持分会社には適用されない。

問9 ○：更生担保権は会社更生手続に取り込まれ、更生手続に参加しなければ担保権を実行できない。

問10 ×：2分の1超の同意が必要である。

本章の体系図

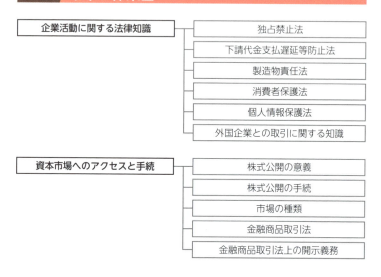

本章のポイント

- 独占禁止法、下請代金支払遅延等防止法、製造物責任法、消費者保護法、個人情報保護法など、企業活動に関するさまざまな法律知識を確認する
- 金融商品取引法、資本市場、株式公開など、資本市場へのアクセスと手続について学ぶ

第 5 章

その他の法務知識

I 企業活動に関する法律知識

II 資本市場へのアクセスと手続

I 企業活動に関する法律知識

1 独占禁止法

独占禁止法は、一般的には独禁法と略称されているが、正式名称は「私的独占の禁止及び公正取引の確保に関する法律」である。

独占禁止法の目的は、公正かつ自由な競争を促進し、一般消費者の利益を確保すると共に、国民経済の民主的で健全な発達を促進することである。独占禁止法の管轄は、公正取引委員会である。独占禁止法では、主に「私的独占」「不当な取引制限」「不公正な取引方法」の3つの行為を禁止している。

(1) 私的独占の禁止

「**私的独占**」とは、有力な企業が他の企業を排除したり、支配したりすることによって、適正な競争ができなくなる状態をつくりだすことである。

(2) 不当な取引制限の禁止

「**不当な取引制限**」とは、複数の同業者が共同して、生産量や価格について協定や合意を結び、競争の制限や市場の支配を企てることである。不当な取引制限と認定された場合は、行政処分(違法行為の差止め、課徴金の徴収など)を始め、損害賠償を請求されたり、刑事事件とされたりすることがある。不当な取引制限には、次の種類がある。

① 価格カルテル
価格の同調的な値上げ、価格維持などである。

② 数量カルテル
供給数量制限を行う場合である。

③ 取引先制限カルテル
競争者との共同ボイコット、共同の顧客獲得競争などである。

④ 入札談合
公共事業における談合である(入札談合等関与行為防止法(官製談合防止法))。

(3) 不公正な取引方法の禁止

「**不公正な取引方法**」とは、私的独占や不当な取引制限には該当しないものの、競争に悪影響を与える行為のことである。流通やマーケティングに関連する行為類型が多く含まれる。

不公正な取引方法については、優越的地位の濫用(取引上の地位が優位な者が、取引の相手方に対し、その地位を利用して正常な商慣習に照らして不当に不利益を与えること)等の独占禁止法の規定によるもののほか、公正取引委員会が告示によってその内容を指定しているが、この指定には次の2つがある。

334 第1部 テキスト

① 特殊指定

特定の業種にだけ適用される。現在、大規模小売業、新聞業、トラック運送事業の3業種に指定が行われている。

② 一般指定

すべての業種に適用される。取引拒絶、排他条件付取引、拘束条件付取引、再販売価格維持行為、欺瞞的顧客誘引、不当廉売などがある。

(4) 企業結合規制

一定の取引分野における競争を実質的に制限することとなる、株式の取得、合併、吸収分割、共同株式移転、事業譲受けといった企業結合は、独占禁止法により禁止されている。独占禁止法が禁止する企業結合に該当するかを判断する数値として、企業結合後のハーフィンダール・ハーシュマン指数（HHI）があげられる。HHIが一定基準を満たす場合には、通常、独占禁止法に違反しないと考えられている。

なお、一定規模以上の企業結合については、公正取引委員会に届出・報告をする必要がある。

【 企業結合規制の基本的な考え方 】

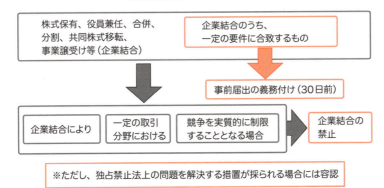

出典：公正取引委員会ホームページ

(5) 公正取引委員会による行政上の措置

公正取引委員会は、独占禁止法に違反する行為について、行政上の措置として、警告、排除措置命令、課徴金納付命令等を行うことができる。

(6) 課徴金減免制度

課徴金減免制度は、談合やカルテル等が密室で行われ、発見・解明が困難であることを踏まえ、違反事実を自ら報告してきた事業者に対して課徴金を減免することにより、談合・カルテルの摘発、事案の真相究明、違法状態の解消および違反行為の防止を図るものである（独占禁止法7条の2第10項～13項）。

課徴金減免制度は、談合、カルテルなどの不当な取引制限のみが対象であり、私的独占や不公正な取引方法は対象ではない。

令和2年12月25日に改正法（令和元年6月26日公布）が施行され、減免申請による課徴金の減免に加えて、新たに事業者が事件の解明に資する資料の提出等をした場合に、公正取引委員会が課徴金の額を減額する仕組み（調査協力減算制度）が導入されるとともに、減額対象事業者数の上限が廃止される。

● 改正後

調査開始	申請順位	申請順位に応じた減免率	協力度合いに応じた減算率
前	1位	全額免除	
	2位	20%	+最大40%
	3～5位	10%	
	6位以下	5%	
後	最大3社（注）	10%	+最大20%
	上記以下	5%	

> 申請順位に応じた減免率に、事業者の実態解明への協力度合い（事業者が自主的に提出した証拠の価値）に応じた減算率を付加
> 申請者数の上限を撤廃（全ての調査対象事業者に自主的な調査協力の機会あり）
> 事業者による協力の内容と公正取引委員会による減算率の付加について両者間で協議

【参考】現行制度

調査開始	申請順位	申請順位に応じた減免率
前	1位	全額免除
	2位	50%
	3～5位	30%
	6位以下	
後	最大3社（注）	30%
	上記以下	

> 減免率は、申請順位に応じて決定（固定値）。減免率に、事業者の実態解明への協力度合いは反映されない。
> 申請者数は最大5社までに限定

（注）調査開始日前と合わせて5位以内である場合に適用

出典：『独占禁止法の一部改正法案（概要）～課徴金制度等の見直し方針～』、平成31年3月　公正取引委員会

(7) フランチャイズ契約

フランチャイズ・システムとは、一般的には、**本部が加盟者に対して、特定の商標、商号等を使用する権利を与えるとともに、加盟者の事業・経営について、統一的な方法で統制、指導、援助を行い、これらの対価として加盟者が本部に金銭を支払う事業形態**である。

【 フランチャイズ・システムの概要 】

出典：『フランチャイズ・システムと独占禁止法』公正取引委員会

本部と加盟者は、あたかも通常の企業における本店と支店であるかのような外観を呈して事業を行っているものが多いが、加盟者は法律的には本部から独立した事業者であることから、本部と加盟者との取引については、独占禁止法が適用される。

　公正取引委員会では独占禁止法に基づき「フランチャイズ・システムに関する独占禁止法上の考え方について」を公示し、契約前に開示することが望ましい項目を示している。

　なお、小売および飲食のフランチャイズチェーンについては、中小小売商業振興法において、一定の事項について書面による情報開示・説明が義務付けられている。

　また、フランチャイズ契約または本部の行為が、加盟者に対して正常な商慣習に照らして不当に不利益を与える場合には、独占禁止法上の優越的地位の濫用に該当することがある。

2　下請代金支払遅延等防止法

　親事業者と下請事業者の公正な取引を目指し、立場の弱い下請事業者の利益保護を図っているのが、独占禁止法の特別法として制定された**下請代金支払遅延等防止法（下請法）**である。

　親事業者が下請事業者に物品の製造、修理、情報成果物（ソフトウェアなど）の作成または役務（運送、情報処理、ビルメンテナンスなど）の提供を委託したときに適用される。親事業者・下請事業者は、それぞれの資本金額によって決まる。

【 下請代金支払遅延等防止法の適用範囲 】

①物品の製造、修理委託及び政令で定める情報成果物・役務提供委託の場合

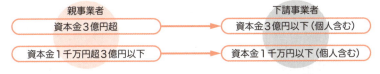

②情報成果物の作成、役務提供委託の場合（①の情報成果物・役務提供委託を除く）

出典：公正取引委員会ホームページ

【 親事業者の義務 】

義務	概要
書面の交付義務 （3条）	発注の際は、直ちに必要記載事項を記載している書面を交付する。
支払期日を定める義務 （2条の2）	給付を受領した日から60日以内のできる限り短い期間内で、下請代金の支払期日を定める。
書類の作成・保存義務 （5条）	下請取引の内容を記載した書類を作成し、2年間保存する。
遅延利息の支払義務 （4条の2）	支払期日までに支払わなかったときは、遅延利息を支払う。

出典：『下請取引適正化推進講習会テキスト』公正取引委員会を元に作成

【 親事業者の禁止行為 】

禁止事項	概要
受領拒否 （4条1項1号）	注文した物品等の受領を拒むこと。
下請代金の支払遅延 （4条1項2号）	給付を受領した日から60日以内に定められた支払期日までに支払わないこと。
下請代金の減額 （4条1項3号）	あらかじめ定めた下請代金を減額すること。
返品（4条1項4号）	受け取った物を返品すること。
買いたたき （4条1項5号）	類似品等の価格または市価に比べて著しく低い下請代金を不当に定めること。
購入・利用強制 （4条1項6号）	親事業者が指定する物・役務を強制的に購入・利用させること。
報復措置 （4条1項7号）	下請事業者が親事業者の不公正な行為を公正取引委員会または中小企業庁に知らせたことを理由として、その下請事業者に対して、取引数量の削減・取引停止等の不利益な取扱いをすること。
有償支給原材料等の対価の早期決済 （4条2項1号）	有償で支給した原材料等の対価を、当該原材料等を用いた給付に係る下請代金の支払期日より早い時期に相殺したり支払わせたりすること。
割引困難な手形の交付 （4条2項2号）	一般の金融機関で割引を受けることが困難であると認められる手形を交付すること。
不当な経済上の利益の提供要請 （4条2項3号）	下請事業者から金銭、労務の提供等をさせること。
不当な給付内容の変更および不当なやり直し （4条2項4号）	費用を負担せずに注文内容を変更し、または受領後にやり直しをさせること。

出典：『下請取引適正化推進講習会テキスト』公正取引委員会を一部修正

3 製造物責任法

(1) 製造物責任法

製造物責任法とは、製品の欠陥によって生命、身体または財産に損害を被ったこと（拡大損害）を証明した場合に、被害者は製造会社等に対して損害賠償を求めることができるとする法律である。故意または過失を責任要件とする不法行為の特則として欠陥を責任要件とする損害賠償責任を規定するものであり、円滑かつ適切な被害の救済に効果がある。

(2) 製造物責任法の詳細

① 製造物責任法の対象物

製造物責任法では製造物を「製造または加工された動産」と定義している（2条1項）。つまり、同法は、一般的には大量生産・大量消費される工業製品を中心とした、人為的な操作や処理がなされ引き渡された動産を対象としている。

② 製造物責任法における「欠陥」

製造物責任法でいう「欠陥」とは、当該製造物に関するいろいろな事情（判断要素）を総合的に考慮して、「製造物が通常有すべき安全性を欠いていること」である（同条2項）。

③ 損害賠償の請求権

製造物責任法による損害賠償の請求権が認められるのは、製造物の欠陥によって、人の生命、身体に被害をもたらした場合や、欠陥のある製造物以外の財産に損害が発生した場合（つまり「拡大損害」が生じたとき）に限定される（3条）。したがって、欠陥による被害が、その製造物自体の損害に留まった場合であれば、製造物責任法の対象にならない（同条但）。このような損害については、従来どおり、民法に基づく債務不履行責任等による救済が考えられる。

④ 製品関連事故による被害の損害賠償

製造物責任法に基づいて損害賠償を受けるためには、被害者が、以下の3つの事実を明らかにすることが原則となる。

　(a) 製造物に欠陥が存在していたこと
　(b) 損害が発生したこと
　(c) 損害が製造物の欠陥により生じたこと

⑤ 損害賠償の請求先

損害賠償を求める場合の請求先としては、その製品の製造業者、輸入業者、製造物に氏名等を表示した事業者が該当する（2条3項）。単なる販売業者は原則として対象にならない。

⑥ 免責事由

製造業者等は、以下の事項を証明したときは、賠償責任を免じられる。

　(a) 製造物をその製造業者等が引き渡した時期における科学・技術のレベルでは、欠陥があることを認識することができなかったこと（4条1号）

第5章　その他の法務知識　　**339**

(b) 製造物が他の製造物の部品や原材料として使用された場合に、その欠陥が他の製造物（つまり完成品）の製造業者が行った設計に関する指示に従ったために生じ、かつ、その欠陥が生じたことにつき過失がないこと（同条2号）

⑦ **期間の制限（時効）**

製造物責任法に関する損害賠償の請求権は、以下の場合に時効によって消滅する。

(a) 被害者またはその法定代理人が損害および賠償義務者を知った時から3年間（人の生命または身体を侵害した場合においては5年間）行使しないとき（5条1項1号、2項）。これは、不法行為責任の消滅時効と同様である。

(b) その製造業者等が当該製造物を引き渡した時から10年を経過したとき（同条1項2号）。こちらについては、不法行為責任の消滅時効（20年）より短縮されている。なお、「身体に蓄積した場合に人の健康を害することとなる物質による損害」または「一定の潜伏期間が経過した後に症状が現れる損害」については、その損害が生じた時点から起算される（同条3項）。医薬品等の場合、これが適用される。

H22-14

4 消費者保護法

(1) 消費者保護法

消費者の利益を保護する目的で、企業と消費者の取引に干渉し、企業活動を規制する内容の法律を一般に消費者保護法という。消費者基本法、消費者契約法、特定商取引法などがある。

(2) 消費者基本法

消費者基本法の目的は、消費者の利益の擁護および増進に対する総合的な施策の推進を図り、これによって国民の消費生活の安定および向上を確保することにある。

H29-19 **(3) 消費者契約法**

消費者契約法は、契約の取消権や不当な条項の無効を主張できる権利を消費者に認め、消費者契約から生ずるトラブルや被害を抑制することを目的とする。

消費者契約法は、消費者と事業者との間で締結されるあらゆる契約に適用される。

消費者契約法では、消費者が事業者の行為を通じて消費者の意思表示に瑕疵をもたらすような不適切な勧誘方法により締結してしまった契約を取り消せるものとした。取消権は、「だまされた」などと気づいてから1年間、契約成立後は5年間以内であれば行使できる。

平成29年6月3日に施行された改正法では、過量販売への対応として、事業者が、契約締結の勧誘をするに際し、消費契約の目的となるものの分量等が当該消費者にとっての通常の分量等を著しく超えるものであることを知っていた場合において、その勧誘により、契約を締結させたときは消費者に取消権を認めることとした。

また、令和元年6月15日施行の改正法では、事業者が、①社会生活上の経験不

足の不当な利用（不安をあおる告知、恋愛関係等に乗じた人間関係の濫用）、②加齢等による判断力の低下の不当な利用、③霊感等による知見を用いた告知、④契約締結前に債務の内容を実施等した場合において、その勧誘により、契約を締結させたときは消費者に取消権を認めることとした。

このほか、消費者契約法では、消費者が一方的に不利益となる契約条項については、その全部または一部を無効としている。例えば、①事業者の債務不履行時において消費者に生じた損害を賠償する責任の全部（事業者に故意・重過失がある場合は一部）を免除する条項、②事業者の不法行為によって消費者に生じた損害を賠償する責任の全部（事業者に故意・重過失がある場合は一部）を免除する条項、③遅延損害金の利率を年率14.6％超とする条項などである。

また、令和元年6月15日施行の改正法では、④消費者の後見等を理由とする解除条項、⑤事業者が自分の責任を自ら決める条項、が無効となる不当な契約条項として追加された。

⑷ 特定商取引法

特定商取引法では、点検商法等、販売目的を隠しての勧誘に関連するトラブルを防止する観点から、勧誘に先立っての勧誘目的の告知義務、重要事項の明確化と不実告知・故意の不告知の禁止とその場合の契約の意思表示の取消が認められている。連鎖販売取引においては、中途解約制度、返品制度という新しい民事ルールも導入された。広告についての合理的根拠を示す資料の提出義務も導入されている。

平成29年12月1日施行の改正特定商取引法では、悪質事業者への対応として、業務停止を命ぜられた法人の取締役やこれと同等の支配力を有すると認められるもの等が、新たに法人を設立して業務を継続すること等を禁止することができるようになった。

また、過量販売への対応として、電話勧誘販売において、消費者が日常生活において通常必要とされる分量を著しく超える商品の売買契約等について、行政処分（指示等）の対象となるとともに、申込みの撤回または解除を行うことができるようになった。

さらに、取消権の行使期間が6月から1年に伸長するとともに、業務停止命令の期間が最長1年から2年に延長された。

第5章　その他の法務知識　　**341**

【 特定商取引法の主な規制の内容 】

名称	概要	クーリングオフ期間
訪問販売	店舗や営業所以外の場所での取引・契約	8日以内
通信販売	郵便、新聞等のメディア広告、インターネットによる指定商品等の販売	なし※
電話勧誘販売	電話による勧誘を受けて行われる取引・契約	8日以内
連鎖販売取引	マルチ商法	20日以内
業務提供誘引販売取引	内職・モニター商法	20日以内
特定継続的役務提供	一定の期間や金額以上のサービスを継続的に行う契約	8日以内
訪問購入	事業者が一般消費者の自宅等へ訪問して、物品の購入を行う取引	8日以内

※広告に「返品制度はない」等の明示がない場合には、商品等を受け取った日から8日以内であれば返品・契約解除が可能である。

H30-23 ## (5) 特定電子メール法

特定電子メールの送信の適正化等に関する法律（特定電子メール法）では、原則としてあらかじめ同意した者に対してのみ広告宣伝メールの送信が認められる「オプトイン方式」が導入されている。

ただし、例外として以下の場合には、同意なしに送信することができる。

- ●取引関係にある者に送信する場合[1]
- ●名刺などの書面により自己の電子メールアドレスを通知した者に対して送信する場合[1]
- ●自己の電子メールアドレスを通知した者に対して、以下の広告宣伝メールを送る場合
  - 同意の確認をするための電子メール
  - 契約や取引の履行に関する事項を通知する電子メールであって、付随的に広告宣伝が行われているもの
  - フリーメールサービスを用いた電子メールであって、付随的に広告宣伝が行われているもの
- ●自己の電子メールアドレスをインターネットで公表している者（個人の場合は、営業を営む場合の個人に限る。）に送信する場合[2]
  - [1] 送信される電子メールが通信販売などの電子メール広告の場合には、特定商取引法が適用されるため、請求・承諾なしに送信することはできない。
  - [2] 自己の電子メールアドレスの公表と併せて、広告宣伝メールの送信をしないように求める旨が公表されている場合は、同意なく送信することはできない。

(6) 景品表示法

不当景品類及び不当表示防止法（景品表示法）は、不当な表示や過大な景品類の提供による顧客の誘引を防止するため、一般消費者の自主的かつ合理的な選択を阻害するおそれのある行為を禁止するなどにより、消費者の利益を保護することを目的としている。

【 景品表示法による規制内容 】

不当表示の禁止	景品類の制限および禁止
● 優良誤認表示の禁止 ● 有利誤認表示の禁止 ● その他 誤認されるおそれがある表示の禁止	● 一般懸賞による景品類の提供制限（最高額・総額） ● 共同懸賞による景品類の提供制限（最高額・総額） ● 総付景品の提供制限（最高額）

消費者庁長官は、優良誤認表示に該当するか否か判断するため必要があると認めるときは、期間を定めて、事業者に表示の裏付けとなる合理的な根拠を示す資料の提出を求めることができる。事業者が求められた資料を期間内に提出しない場合や提出された資料が表示の裏付けとなる合理的な根拠を示すものと認められない場合は、不当表示とみなされる。

なお、平成28年4月1日に施行された改正法では、不当な表示を行った事業者に対する課徴金制度を導入するとともに、被害回復を促進する観点から返金による課徴金額の減額等の措置が講じられている。

5 個人情報保護法

(1) 個人情報保護法

個人情報の保護に関する法律（個人情報保護法）は、高度情報通信社会の進展に伴い個人情報の利用が著しく拡大していることに鑑み、個人情報の適正な取扱いに関し、基本理念および政府による基本方針の作成その他の個人情報の保護に関する施策の基本となる事項を定め、国および地方公共団体の責務等を明らかにするとともに、個人情報を取り扱う事業者の遵守すべき義務等を定めることにより、個人情報の適正かつ効果的な活用が新たな産業の創出並びに活力ある経済社会および豊かな国民生活の実現に資するものであることその他の個人情報の有用性に配慮しつつ、個人の権利利益を保護することを目的としている。

従来、「その取り扱う個人情報の量および利用方法からみて個人の権利利益を害するおそれが少ないものとして政令で定める者」については個人情報取扱事業者には含めない旨の規定が置かれており、取り扱う個人情報の数が5,000以下の小規模取扱事業者は個人情報取扱事業者には含めないものとされていたが、平成29年5月30日に全面施行された改正法では、この規定は削除されている。

(2) マイナンバー法

マイナンバーとは、日本に住民票を有するすべての者が持つ12桁の番号であり、利用目的の範囲は、税・社会保障・災害対策に限定されている。

「行政手続における特定の個人を識別するための番号の利用等に関する法律」（マイナンバー法）では、マイナンバーをその内容に含む個人情報を「特定個人情報」と定義しており、マイナンバー法で個人情報保護法と異なる定めがされている場合は、マイナンバー法が優先的に適用される。

6 外国企業との取引に関する知識

H22-13

(1) 国際法務の重要性

経済がグローバル化する中で、ビジネスにおいては国境の壁を越えた国際取引の比重がますます高くなっている。それに伴い、国際取引に関する紛争が増加傾向にある。各国の文化・法制度が異なるため、いったん問題が発生すると、取扱いのルールが定まっていない場合、解決に時間がかかることが多い。

国際取引紛争の防止とその円滑な処理のためには、国際取引特有の法的問題を的確に把握し、手順を踏んだ対応をする必要がある。

(2) 紛争の解決手段

国際取引により発生した紛争の解決手段としては、次のようなものがある。

【 紛争の解決手段 】

段 階	方 法	内 容	留意点
Step1	調 停	話し合いによる解決	和解契約書の締結
Step2	仲 裁	第三者機関を入れて判断を仰ぎ解決する（簡易裁判）	
Step3	訴 訟	法律にのみ基づいて解決	裁判管轄・準拠法

(3) 訴訟時の問題と対応

H22-13

各国の訴訟手続は一定しておらず、国際的な訴訟手続などの存在もない。したがって、以下の2点が特に問題になる。

① 裁判管轄

どこの裁判所に対して訴訟を提起するかという問題である。

② 準拠法

どこの国の法律を適用して裁判を行うかという問題である。

(4) 準拠法の決定基準

R02-16
H25-16
H22-13

準拠法の決定基準を定めるのが「国際私法」といわれるものである。国際私法は

344 第1部 テキスト

国によってまちまちであるので、準拠法は同じになるとは限らない。わが国の場合、「法の適用に関する通則法（適用通則法）」という法律が国際私法にあたる。したがって、わが国で法的手段をとる必要が生じた場合には、同法が定める基準に従って準拠法が定まることになる。同法が定める準拠法の決定基準は下記のとおりである。

① 当事者による選択があれば当事者の意思に委ねる（当事者自治の原則）
② 当事者による選択がない場合、法律行為に最も密接に関係する地の法律（最密接関係地法）となる

(5) 貿易契約 (FOB、CIF等)

インコタームズとは、国際的民間経済団体である国際商業会議所 (ICC) が制定した貿易取引条件とその解釈に関する国際規則 (International Commercial Termsの略) である。

インコタームズの規則は、売主・買主間の物品の引渡しに関する危険の移転の分岐点、役割や費用（運送の手配と運賃の支払い、保険の手配と保険料の支払い、通関手続きと費用の負担等）の負担区分などそれぞれの規則の下で売主・買主が行うべき義務を設定している。

最新の2011年1月1日発効の「インコタームズ2010」では、11種類の標準的な取引が定められている。その中の主な取引は以下のとおりである。

① FOB (Free on Board：本船渡)

売主が買主の指定した本船上に貨物を置いたところで費用の負担と貨物のリスク負担が買主に移転する。本船に積込む前に貨物が壊れた場合、売主の責任となり、本船に積込み後の損害は買主の責任となる。また、運賃や保険料等は買主が負担する。

② CFR (Cost and Freight：運賃込)

売主が貨物の船積費用と仕向け港まで運送するための運賃を支払うが、手配した本船の積出港における本船上に貨物を置いたところで貨物のリスク負担が買主に移る。本船に積込み後の貨物のリスク負担は買主に移転しているため、保険は買主が負担する必要がある。

③ CIF (Cost, Insurance and Freight：運賃保険料込)

売主が貨物の船積費用と仕向け港まで運送するための運賃だけでなく運送中の貨物のリスクに対する海上保険契約の保険料を負担する。

④ CIP (Carriage and Insurance Paid To：輸送費保険料込)

輸送費のほかに輸入者が指定した場所または地点までの保険料を、輸出者が支払う。輸出者の費用負担は輸入者の指定場所までで、危険負担の限界は運送者に引き渡した時点となる。

⑤ DDP (Delivered Duty Paid：関税込・持込渡)

売主は、指定された目的地まで商品を送り届けるまでの輸入関税などを含むすべてのコストとリスクを負担する。

⑥ EXW (Ex Works：工場渡)

買主は売主の施設からの物品の引取りにかかる一切の費用とリスクを負担すると

いう条件である。

(6) ウィーン売買条約（国際物品売買契約に関する国際連合条約）

① 定義

ウィーン売買条約とは、国際物品売買契約の成立およびそれから生ずる当事者間の権利義務等を規律する統一準則について定めた国際条約である。

② 特徴

(a) 国際物品売買契約に関し、契約の成立および当事者（売主・買主）の権利義務を規定する。
(b) 主に、異なる締約国に営業所を有する企業間の物品売買契約に適用され、消費者取引等には適用されない。
(c) 任意規定であり、特約があればそちらが優先する。
(d)「契約の成立」について、詳細に規定している。

- 契約成立時を承諾の到達時としている。
- 申込みと承諾の軽微な相違による契約の不成立を回避するために、申込みに対する承諾の内容が申込みの内容と異なる場合であっても、その相違が実質的でない場合には、契約の成立を認める。
- 「当事者の権利義務」について、契約の尊重の観点から、契約の解除を重大な契約違反がある場合に限定している。また、債務者による契約違反が予想される場合について、債権者保護のために、契約の履行期日前の契約解除といった予防的な救済方法を規定している。

(7) 外国会社の日本における営業活動

外国会社は、外国会社の登記をするまでは、日本において取引を継続してすること（営業活動）ができない（会社法818条1項）。また、外国会社は、日本において取引を継続してしようとするときは、日本における代表者を定めなければならず、その日本における代表者のうち1人以上は、日本に住所を有する者でなければならない（会社法817条1項）。さらに、日本における代表者の氏名および住所は登記事項である（会社法933条2項2号）。

外国法人が日本国内に支店を持っている場合は、日本で行った事業からの所得に対して課税が行われる。支店のような事業を行う一定の場所を、PE（Permanent Establishment、恒久的施設）という。

(8) 国際税務と租税条約

多くの国で外国（非居住者および外国法人）への所得の支払いに源泉徴収税（Withholding Tax）が課税されるが、租税条約の締結により課税を軽減または免除される場合がある。

租税条約は、国際的な二重課税を可能な限り回避または排除し、資本・技術および人的な国際交流の円滑化に資することを目的とした2国間条約をいう。租税条約には、我が国を含むOECD加盟国を中心に、租税条約を締結する際のひな型と

なる「OECDモデル租税条約」があり、我が国もこれに沿った規定を採用している。租税条約と国内法に異なる定めがある場合、租税条約は国内法に優先する（所得税法162条、法人税法139条）。

　なお、税率の低い国や地域を租税回避地（Tax Haven）として利用する行為は、節税目的以外の経済合理性が認められない場合、税務当局から租税回避行為と認定されるおそれがあるため、注意が必要である。

II 資本市場へのアクセスと手続

1 株式公開の意義

企業がその株式を公開することは、特定少数の株主が所有していた株式を、証券取引所に上場させ、不特定多数の投資者から広く資金を調達することである。人々が会社に参加することで、企業が社会的存在(パブリックカンパニー)になることでもある。株式公開をゴーイング・パブリックやIPO(Initial Public Offering)ともいう。

(1) 企業のメリット

① 経営目標として、全社共通の明確な目標となる
② 社内体制が整備され、経営体質の改善・強化が図れる
③ 資金調達力の増大が図れ、財務体質が強化される
④ 知名度が向上する
⑤ 人材獲得面での優位性が向上する
⑥ 従業員の士気が向上する

(2) 従業員のメリット

① 従業員持ち株会やストック・オプションなどにより資産形成が図れる
② 企業の信用力増大とともに、従業員個々人の社会的信用力も増大する

(3) 株主のメリット

① 保有株式の売却機会の実現による創業者利潤の実現が可能になる
② 保有株式の流動性が増大する
③ 保有株式の公正な価格が形成され、評価が容易になる
④ 保有株式の資産価値が未公開時に比べ増大する

(4) 企業のデメリット

① 株主総会の運営対策が必要になる
② 株式の買い占め対策が必要になる
③ 企業内容の開示義務が増大する

2 株式公開の手続

(1) 公開準備手続

① 公開意思決定と事前の相談

経営者が株式公開の意思を決定した後に、銀行や証券会社などの支援機関との事前相談により、公開スケジュールなどを決定する。

② 公開プロジェクトチームの結成

多くの企業の場合、社内管理体制の整備や資本政策など、企業経営に関する諸制度の全般的な改革が必要であり、通常は「上場準備委員会」などの名称で、プロジェクトチームを結成する場合が多い。

③ 外部機関の利用

株式公開に際して利用する外部機関には、証券会社、監査法人などがある。

(a) 証券会社

幹事証券会社が中心となって、申請書類の作成や、公開のスケジュール立案、社内体制整備の方法などについて、詳細なアドバイスをする。また、上場に関する事前審査も行う。

(b) 監査法人 (公認会計士)

株式公開には、「金融商品取引法監査」に準ずる監査が必要であり、監査法人の会計監査を受ける必要がある。また、監査法人は、着手時の予備調査報告書やその後の定期的な監査報告書により、社内体制の整備などに対するアドバイスも行う。

第5章 その他の法務知識 **349**

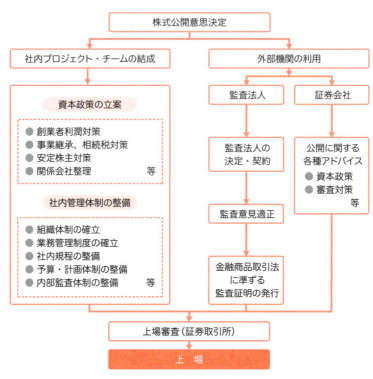

(2) 資本政策

　資本政策とは、株式数や株主構成の現状を把握し、これに第三者割当増資や、株式の移動等の適切な措置を施すことによって、将来の公開後の理想的な株式数や株主構成を実現することである。

　公開にあたって、最も有利な状況を作るための事前準備のうち、最重要項目のひとつである。

① 公開規則上の規制

　株式の公開に伴うインサイダー取引などの不正行為を防止するために、証券取引所および日本証券業協会では、一定期間の株式の移動について規制を設けている。

　対象は、公開前の株式の移動、第三者割当増資、その変形である新株予約権付社債の発行などで、株式公開前の一定期間その実施や発行が禁止される。

　新規上場申請会社の大株主上位10名などの特別利害関係者等が、上場申請日の直前事業年度の末日の2年前の日から上場日の前日までの期間において、申請会社の発行する株式、新株予約権の譲受けや譲渡を行っている場合には、当該株式等の移動の状況と譲渡価格の算定根拠を「上場申請のための有価証券報告書」に記載する（有価証券上場規程施行規則253条）。

② キャピタルゲイン課税

有価証券の売買益（キャピタルゲイン）は、所得として課税対象になる。

③ 創業者利潤対策

オーナー企業においては、創業者利潤に対する対策は非常に重要な意味合いを持つ。この対策の目的は、オーナーなどの特別利害関係者の持ち株数、持ち株比率を増加させて、公開時に売却や保有によるキャピタルゲインをより多く確保することにある。

④ 事業継承・相続税対策

オーナー企業にとって、創業者利潤対策と同様に、事業継承、相続税対策は重要である。後継者が事業を継承するにあたり、必要な持ち株比率を確保するとともに、相続税を軽減することが目的である。

⑤ 安定株主対策

多くの企業にとって、仕手筋などの投機的な投資家グループなどによる買占めやM&Aを防ぎ、安定株主の確保と経営権の維持を図るために安定株主対策も重要となる。

⑥ 関係会社整理

投資者保護の観点から、証券取引所や日本証券業協会では、関係会社を利用した決算操作や、株主・役員などの不当な利得行為が行われていないことを求めている。このため、必然性のない関係会社等は整理する必要があり、合併や関係会社株式の譲渡などの対策がとられる。

(3) 社内体制の整備

株式を公開する企業にとって、投資者の信頼を得るために、経営管理、組織体制、ディスクロージャーなど、社内体制を整備することが必要となる。

① 組織体制の確立

株式を公開すれば、従来以上に知名度が上がり、通常業務における顧客に加えて、一般の投資者の利害も発生することになる。バランスの良い管理システムの再構築により、顧客の要望に適切に応じられる体制も必要となる。

② 社内規程の整備

社内規程は社員が守るべきルール等を明確化したもので、経営活動の標準化、円滑化、統合などを目的としている。公開審査では内部管理体制の評価の尺度として、会社諸規程の内容とその運用状況が詳細にわたってチェックされる。

③ 予算・計画体制の整備

公開企業が、将来にわたって投資者の信頼を得るためには、自社の将来進むべき方向性や、達成すべき目標などが明確に示されていることが重要となる。そのために、SWOT分析等に基づいて中長期の経営計画を立案し、公表する必要がある。

④ 内部監査体制の整備

株式公開にあたって整備した各組織体制が、有効に機能するためには、それが当初予想したとおりに運営され、機能しているかどうかをチェックする必要がある。内部監査は、公認会計士などが行う外部監査を補完する機能として必要不可欠であ

る。

⑷ 上場審査

　企業が株式を公開するには、各市場に設けられている上場基準を満たさなければ
ならない。企業が上場基準を満たしているか否かは、証券取引所等の審査によって
判断されるが、事前に幹事証券会社が、上場基準を満たしているかどうかを審査す
るのが通例になっている。

　株式を公開しようとする企業は、各証券取引所等の上場基準に関して審査を受け
なければならない。上場の審査基準には形式審査と実質審査がある。

　審査の結果、形式基準を満たし、かつ、「不受理事由・受理取消事由」に該当し
ない企業が上場申請を行うことができ、実質基準を満たしていると認められれば、
上場が許可される。

⑸ 株式上場時の公開価格の決定手続き

　証券取引所は、株式公開の公平性を確保する観点から、「上場前の公募又は売出
し等に関する規則」により一定の規制を行っている。これは、上場の時期等の情報
を知り得る立場にある一部特定の者が、上場に際して短期的に利益を得ることを防
止することを目的としている。上場前の公募等を行う場合には、「ブックビルディ
ング方式」か「一般競争入札」のいずれかを行わなければならないと定めている。

　ブックビルディング方式とは、証券会社が、投資家から事前に希望購入価格など
を聞き公募価格を決定する方法である。需要積上げ方式ともいい、現在はブックビ
ルディング方式が主流である。

3 　市場の種類

⑴ 株式公開と資本市場

　株式公開とは、株式を証券取引所に上場して、誰でも自由に売買できるようにす
ることである。

　証券取引所への上場とは、株券を売買の対象として証券取引所に出すことである。
現在、わが国には東京証券取引所（東証）、名古屋証券取引所（名証）、福岡証券取
引所（福証）、札幌証券取引所（札証）がある。

(2) 新興企業向け市場

① マザーズ

マザーズ(Mothers：Market Of The High－growth and Emerging Stock)は、新興企業向けの株式市場である。上場基準が、一部や二部より大幅に緩いため、起業して間もない企業や、成長性は見込めるものの先行投資等により赤字決算の企業も新規に上場している。

② JASDAQ（ジャスダック）

JASDAQは、一定の事業規模と実績を有し、事業の拡大が見込まれる企業を対象とした「JASDAQスタンダード」と、特色ある技術やビジネスモデルを有し将来の成長可能性に富んだ企業を対象とした「JASDAQグロース」の2つに区分されている。幅広い業種での上場と、全国各地域に上場会社が分布している特徴がある。

【 スタンダードとグロース 】

JASDAQスタンダード	JASDAQグロース
一定の事業規模と実績を有し、事業の拡大が見込まれる企業群を対象	特色ある技術やビジネスモデルを有し将来の成長可能性に富んだ企業群を対象

出典：日本取引所グループホームページをもとに作成

| R01-22 |
| H29-21 |
| H19-17 |

(3) 証券取引所への上場基準

各証券取引所では独自の上場基準を持ち、その基準をクリアした会社の株式のみ上場を認めている。

① 形式基準(要件)

形式基準とは、当該市場に上場するにあたり一定の数値や事実の有無などを満たしているかを問う形式的な基準である。形式基準は各証券取引所にて独自に定めている。

【 マザーズおよび本則市場(東京証券取引所)の主な形式基準 】

2014年3月31日現在

審査項目	有価証券上場規程 (マザーズ形式要件)	有価証券上場規程 (市場第二部形式要件)	新規上場に係る 市場一部銘柄への指定 (市場第一部に 直接上場する要件)
1 株主数 (上場時見込み)	200人以上(上場時までに500単位以上の公募を行うこと)	800人以上	2,200人以上
2 流通株式 (上場時見込み)	a.流通株式数 2,000単位以上 b.流通株式時価総額 5億円以上 c.流通株式数(比率) 上場株券等の25%以上	a.流通株式数 4,000単位以上 b.流通株式時価総額 10億円以上 c.流通株式数(比率) 上場株券等の30%以上	a.流通株式数 2万単位以上 b.流通株式数(比率) 上場株券等の35%以上
3 時価総額 (上場時見込み)	10億円以上	20億円以上	250億円以上
4 事業継続年数	新規上場申請日から起算して、1年前以前から取締役会を設置して継続的に事業活動をしていること	新規上場申請日の直前事業年度の末日から起算して、3か年以上前から取締役会を設置して、継続的に事業活動をしていること	同左
5 純資産の額 (上場時見込み)	－	連結純資産の額が10億円以上(かつ、単体純資産の額が負でないこと)	同左
6 利益の額または時価総額 (利益の額については、連結経常利益金額)	－	次のaまたはbに適合すること a.最近2年間の利益の額の総額が5億円以上であること b.時価総額が500億円以上 (最近1年間における売上高が100億円未満である場合を除く)	同左

出典:『上場審査基準(マザーズ)』 日本取引所グループホームページをもとに作成

【 JASDAQの主な形式基準 】

2014年3月31日現在

審査項目	スタンダード	グロース
純資産の額	2億円以上（直前期末）	正（直前期末）
利益の額	次のaまたはbに適合すること a.最近1年間の利益の額が1億円以上であること b.時価総額が50億円以上	―
公開株式数	公募または売出し株式数が上場株式数の10%または1,000単位のいずれか多い株式数以上（上場時見込み）	
株主数	200人以上（上場時見込み）	
浮動株時価総額	5億円以上（上場時見込み）	

出典：『上場審査基準（JASDAQ）』 日本取引所グループホームページをもとに作成

② 実質基準

H24-17

実質基準とは申請した会社が上場企業としてふさわしいか、証券取引所等があらゆる角度から検討する基準である。

(a) マザーズの実質基準

- 企業内容、リスク情報等の開示の適切性
- 企業経営の健全性
- 企業のコーポレートガバナンスおよび内部管理体制の有効性
- 事業計画の合理性
- その他公益または投資者保護の観点から東証が必要と認める事項

(b) JASDAQの実質基準

2013年7月16日現在

スタンダード	グロース
(1) 企業の存続性 事業活動の存続に支障を来す状況にないこと	**(1) 企業の成長可能性** 成長可能性を有していること
(2) 健全な企業統治および有効な内部管理体制の確立 企業規模に応じた企業統治および内部管理体制が確立し、有効に機能していること	**(2) 成長の段階に応じた健全な企業統治および有効な内部管理体制の確立** 成長の段階に応じた企業統治および有効な内部管理体制を確立していること
(3) 企業行動の信頼性 市場を混乱させる企業行動を起こす見込みのないこと	同左
(4) 企業内容等の開示の適正性 企業内容等の開示を適正に行うことができる状況にあること	同左
(5) その他公益または投資者保護の観点から東証が必要と認める事項	同左

出典：『新規上場基本情報』日本取引所グループホームページ

第5章　その他の法務知識　　**355**

(4) TOKYO PRO Market

① TOKYO PRO Marketとは
TOKYO PRO Marketは、主に投資家として投資に関する知識や経験があり自らの判断で投資行動を行えるプロ（特定投資家）を対象としている。

上場する企業に対して、J-Adviser（上場を目指す企業に助言等を行うアドバイザー）を確保することを要件としている。一方、マザーズやJASDAQに設けられている数値基準が設けられていないのが大きな特徴である。

② J-Adviser
J-Adviserとは東京証券取引所の承認を受けたアドバイザーである。J-Adviserの主な役割は以下のとおりである。

(a) 上場を希望する企業の上場適格性の評価
(b) 企業が上場するまでの過程における助言・指導
(c) 企業が上場した後の規則遵守や情報開示のサポート

【 TOKYO PRO Marketとマザーズとの比較 】

	TOKYO PRO Market	マザーズ
開示言語	英語または日本語	日本語
上場基準	数値基準なし	株主数、時価総額等に関する数値基準あり
上場申請から上場承認までの期間	10営業日 （上場申請前にJ-Adviserによる意向表明手続きあり）	2ヵ月（標準審査期間）
上場前の監査機関	最近1年間	最近2年間
内部統制報告書	任意	必須
四半期開示	任意	必須
主な投資家	特定投資家等 （いわゆる「プロ投資家」）	制限なし

出典：日本取引所グループホームページをもとに作成

4 金融商品取引法

(1) 金融商品取引法の概要

上場会社等においては、証券市場を常に健全で活発な状態に保っておくことが、会社にとっても、株主にとっても、また投資者（潜在的株主）にとっても重要である。そのような役割を担っているのが金融商品取引法である。

金融商品取引法の目的は、「企業内容等の開示の制度を整備するとともに、金融商品取引業を行う者に関し必要な事項を定め、金融商品取引所の適切な運営を確保すること等により、有価証券の発行および金融商品等の取引等を公正にし、有価証券の流通を円滑にするほか、資本市場の機能の十分な発揮による金融商品等の公正

な価格形成等を図り、もって国民経済の健全な発展および投資者の保護に資すること」である（1条）。

(2) 平成26年5月30日の金融商品取引法の改正

H27-18

金融資産を成長マネーに振り向けるための施策を整備した。

① 成長戦略を金融面から加速・強化

(a) 投資型クラウドファンディングの利用促進

(b) 新たな非上場株式の取引制度

(c) 金商業者の事業年度規制の見直し

② 新規上場の促進や資金調達の円滑化等

(a) 新規上場に伴う負担の軽減。新規上場後一定期間に限り、内部統制報告書に対する公認会計士監査の免除を選択可能

(b) 上場企業の資金調達の円滑化等。虚偽の開示を行った上場企業が流通市場の投資家に負う損害賠償責任を見直し。処分者も損害賠償請求可能

③ 市場の信頼性確保

(a) ファンド販売業者に対する規制の見直し

(b) 金融指標に係る規制の導入

(c) 電子化された株券等の没収手続の整備

(3) 平成27年6月3日の金融商品取引法の改正

投資者被害を適切に防止することでファンドへの信頼を確保し、成長資金を円滑に供給することを目的としている。

① 届出者の要件等：欠格事由の導入、届出書の内容の拡充・公表等

② 適格機関投資家：範囲や要件を設定

③ 行為規制の拡充：適合性の原則（顧客の知識・経験等に照らし不適当な勧誘の禁止）、リスク等の説明義務等

④ 問題業者への行政対応等：業務改善・停止・廃止命令、罰則の強化等

(4) 金融商品取引法と会社法の比較

金融商品取引法と会社法を比較すると、主に3点の相違がある。

① 会社法は株主と債権者の保護および両者の利害調整を目的としているが、金融商品取引法は投資者保護を第1の目的としている。

② 会社法はすべての会社に適用されるが、金融商品取引法は上場会社等に対して適用される。

③ 金融商品取引法の規制は、主として情報開示（ディスクロージャー）を促進するという形で行われる。

(5) 金融商品取引法の主な内容

H20-18

① 上場会社等のディスクロージャー

金融商品取引法では、投資者保護の観点から、有価証券報告書を内閣総理大臣（金

第5章　その他の法務知識　　357

融庁長官）に提出することを定めている。有価証券報告書は、財務局、証券取引所、提出会社の本支店等で閲覧することができる。有価証券報告書、四半期報告書、臨時報告書の開示手続は、EDINET（開示用電子情報処理組織）を使用することが義務付けられている（27条の30の3第1項）。

② インサイダー取引の規制

金融商品取引法は、取締役等会社の内部者が未公開の重要情報を知って株取引などを行う内部者取引（インサイダー取引）を罰則で禁止している。

③ 損失補填の禁止

損失補填とは、証券取引で生じた損失や予定利益と現実利益の差などを証券会社が穴埋めすることである。

④ 証券取引等監視委員会の設置

証券取引等監視委員会によって市場を常時監視しており、不正行為が発生した場合には強制捜査権をもって調査し、違法行為があれば検察当局などに告発したり、行政処分を勧告したりできるようになっている。

(6) 内部統制

企業会計審議会が公表した「財務報告に係る内部統制の評価及び監査の基準」で次のように述べている。

内部統制とは、基本的に、①業務の有効性および効率性、②財務報告の信頼性、③事業活動にかかわる法令等の遵守ならびに④資産の保全の4つの目的が達成されているとの合理的な保証を得るために、業務に組み込まれ、組織内のすべてのものによって遂行されるプロセスをいい、①統制環境、②リスクの評価と対応、③統制活動、④情報と伝達、⑤モニタリング（監視活動）および⑥IT（情報技術）への対応の6つの基本的要素から構成される。

(7) 確認書制度

確認書制度とは、財務報告に係る内部統制の強化を目的に、有価証券報告書等に記載された内容の適正性について経営者自らが確認し、その旨を記載した確認書を有価証券報告書等に添付することを義務付けるものである（24条の4の2第1項）。

(8) 内部統制報告制度

内部統制報告制度とは、企業内容の開示内容の適正性を確保するため、その前提となる内部統制の強化を図るものである。

① 内部統制報告書

(a) 内部統制報告書とは、財務計算に関する書類その他の情報の適正性を確保するための体制を評価した報告書のことである（24条の4の4第1項）。

(b) 内部統制報告書は、有価証券報告書と併せて内閣総理大臣に提出しなければならない（24条の4の4第1項）。受理した日から5年間、公衆の縦覧に供しなければならない（25条1項6号）。

(c) 内部統制報告書において経営者は内部統制の有効性の評価結果として「有

効」、「重大な欠陥があり有効でない」等を記載する（財務計算に関する書類その他の情報の適正性を確保するための体制に関する内閣府令4条1項1号様式1号）

(d) 内部統制報告書には、公認会計士または監査法人の監査証明を受けなければならない。新規上場後3年間は、免除を選択できる（193条の2第2項）

5 金融商品取引法上の開示義務

R01-08
H20-18

(1) 発行開示義務

H30-22

発行開示とは、有価証券の募集または売出し時に行う情報開示のことである。

発行（売出し）価額の総額等が1億円以上の場合、原則として、発行者は有価証券届出書を内閣総理大臣に提出する必要があり（4条1項、5条1項）、相手方（投資家）に対しては、発行者の事業その他の事項に関する説明を記載した目論見書を交付する必要がある（13条1項、15条2項）。なお、発行（売出し）価額の総額等が1千万円超～1億円未満の場合、原則として、発行者は有価証券通知書を内閣総理大臣に提出する必要がある（4条6項、企業内容等の開示に関する内閣府令4条5項、特定有価証券の内容等の開示に関する内閣府令5条4項）。

(2) 継続開示義務

継続開示とは、有価証券の発行者による流通市場に向けた継続的な情報開示のことである。

① 対象

(a) 上場証券発行者

(b) 過去に募集売出しを行った証券の発行者

(c) 資本金が5億円以上・株主1,000名以上の株式会社等

② 開示の形式

(a) **有価証券報告書**（24条）

- 開示内容
  - ・企業の概況
  - ・事業の状況
  - ・設備の状況
  - ・提出会社の状況
  - ・経理の状況
  - ・株式事務の概要
  - ・提出会社の参考情報等
- 事業年度ごとに、その終了後3か月以内にEDINETにより内閣総理大臣に提出しなければならない（24条1項）
- 財務に関する書類については公認会計士・監査法人の監査を受けなければならない（193条の2第1項）

第5章 その他の法務知識 **359**

(b) **半期報告書**（24条の5）
- 開示内容
  - ・事業年度開始から6か月間の営業および経営状況を開示する
  - ・有価証券報告書に比べ簡素化されている
- 6か月後3か月以内に内閣総理大臣に提出しなければならない（24条の5第1項）
- 財務に関する書類については公認会計士・監査法人の監査を受けなければならない（193条の2第1項）
- 四半期報告書提出会社は提出不要

(c) **四半期報告書**（24条の4の7）
- 開示内容
  - ・3か月毎に経営成績および財政状況を開示する
  - ・財政状態、経営成績、企業・事業の状況、株式の状況等
- 四半期終了後45日以内に提出しなければならない
- 財務に関する書類については公認会計士・監査法人の監査を受けなければならない
- 上場会社のみが必須

(d) 臨時報告書（24条の5第4項）
以下の事象などが発生した場合には遅滞なく開示しなければならない。
- 外国での株券等の募集・売出し
- 1億円以上の株券等の私募
- 親会社・特定子会社の異動
- 主要株主の異動
- 重要な災害や損害賠償訴訟
- 合併等の組織再編手続等

H30-22 **(3) 有価証券報告書**

　金融商品取引法では、投資者保護の観点から、上場企業などの公開会社に対してその事業年度ごとに有価証券報告書を作成し、当該事業年度終了から3か月以内に内閣総理大臣（金融庁長官）に提出することを定めている。内閣総理大臣が受理した日から5年間、公衆の縦覧に供しなければならない（25条1項4号）。有価証券報告書は、財務局、証券取引所、提出会社の本支店等で閲覧することができる。

　なお、内閣総理大臣は、この法律による権限を金融庁長官に委任しており、さらにこの関連業務は金融庁長官から委任を受けて財務局が行うこととされているので、実際の提出先は各地方財務局等になる。

H27-18 **(4) 適時開示**

　上場会社に義務付けられている「重要な会社情報の開示」のことである。公正な株価等の形成と投資者保護を目的とし、上場会社の重要な情報を投資者に対して適時、適切に開示するための制度である。適時開示情報は東京証券取引所のTDnet

等で開示される。

　なお、平成29年5月17日に成立した改正法では、企業が、未公表の決算情報などの重要な情報を証券アナリストなどに提供した場合、速やかに他の投資家にも公平に情報提供することを求めるものとされた（フェア・ディスクロージャー・ルール）。

⑸ 有価証券報告書等虚偽記載による罰則　　　　　　　　　　　H27-18

① 刑事罰

有価証券報告書や四半期報告書について、「重要な事項につき虚偽の記載のあるもの」を提出した者に対しては、次のような刑事罰が科される（197条1項1号、197条の2第6号）。

- 有価証券報告書：10年以下の懲役もしくは1,000万円以下の罰金に処し、またはこれらを併科する。
- 四半期報告書：5年以下の懲役もしくは500万円以下の罰金に処し、またはこれらを併科する。

　法人等の代表者・代理人・使用人などが、その法人等の業務・財産に関し、有価証券報告書等の虚偽記載を行った場合、その違反者だけではなく、法人等に対しても次のような罰則が科される（207条1項）。

- 有価証券報告書：7億円以下の罰金
- 四半期報告書：5億円以下の罰金

② 課徴金

発行者が、「重要な事項につき虚偽の記載があり、または記載すべき重要な事項の記載が欠けている」有価証券報告書等を提出した場合、課徴金納付命令が下され、600万円または発行する株券等の市場価額の総額×10万分の6（0.006%）のうち大きい金額（有価証券報告書の場合、四半期報告書の場合は半額）の課徴金を国庫に納付することが命じられる（172条の4第1項）。

【 金融商品取引法上の情報開示 】

	有価証券報告書	半期報告書	四半期報告書	臨時報告書	内部統制報告書
提出先	内閣総理大臣	内閣総理大臣	内閣総理大臣	内閣総理大臣	内閣総理大臣
提出期限	3か月以内	3か月以内	45日以内	遅滞なく	3か月以内
縦覧期間	5年間	3年間	3年間	1年間	5年間

第5章　その他の法務知識　　**361**

必須テーマ [○・×] チェック ──第5章──

過去20年間(平成13～令和2年度)本試験出題の必須テーマから厳選!

■■ 問題編 ■■ Check!!

問1 (H27-3 (設問1))　　　　　　　　　　　　　　　　　　　　　[○・×]
『買主は、売主が指定した価格で商品を小売業者に転売するものとする。』という条項を定めることは、不当な取引制限のうちの再販売価格の拘束に当たる。

問2 (H27-3 (設問2))　　　　　　　　　　　　　　　　　　　　　[○・×]
不公正な取引方法に該当すると、公正取引委員会から罰金刑を受ける場合がある。

問3 (H25-11改題)　　　　　　　　　　　　　　　　　　　　　　[○・×]
製造物責任法による損害賠償請求権は、損害および賠償義務者を知った時から5年間行使しないときは、時効により消滅する。

問4 (H22-14改題)　　　　　　　　　　　　　　　　　　　　　　[○・×]
インターネット販売にはクーリング・オフ規定の適用はないが、ショッピングサイト上に返品の可否および条件を記載していない場合、顧客の都合により契約を解除されることがある。

問5 (R02-16 (設問2))　　　　　　　　　　　　　　　　　　　　　[○・×]
裁判管轄が決まれば、必然的に準拠法が決まる。

問6 (H20-18)　　　　　　　　　　　　　　　　　　　　　　　　[○・×]
会社は、事業年度ごとに有価証券報告書を当該事業年度経過後3か月以内に提出しなければならない。

問7 (H27-18 (設問2) 改題)　　　　　　　　　　　　　　　　　　[○・×]
有価証券報告書に虚偽記載があった場合、有価証券報告書の発行者である会社は課徴金を証券取引所に納めなければならない。

問8 (H20-17 (設問1) 改題)　　　　　　　　　　　　　　　　　　[○・×]
確認書は、有価証券報告書や半期報告書、四半期報告書と併せて提出しなければならない。

問9 (H27-18 (設問2) 改題)　　　　　　　　　　　　　　　　　　[○・×]
新規上場企業は、四半期報告書に対する監査の免除を受けられる。

■■■ **解答・解説編** ■■■

問1 ×：不公正な取引方法の再販売価格維持行為に当たる。

問2 ×：不公正な取引方法については刑事罰の適用はないが、公正取引委員会は行政上の措置として、警告、排除措置命令、課徴金納付命令等を行うことができる。

問3 ×：製造物責任法による損害賠償請求権の消滅時効は3年である。

問4 ○：通信販売では、広告に「返品制度はない」等の明示がない場合には、商品等を受け取った日から8日以内であれば返品・契約解除が可能である。

問5 ×：裁判管轄と準拠法は別個独立した問題である。

問6 ○：有価証券報告書の提出期限として、適切である。

問7 ×：課徴金を国庫に納めなければならない。

問8 ○：確認書は、有価証券報告書等に添付することが義務付けられている。

問9 ×：四半期報告書ではなく、内部統制報告書であれば、新規上場後3年間は監査の免除を受けられる。

■ 出題マップ：経営法務

第1章：経営法務の概要と民法		令和2年度	令和元年度
I	試験で問われる法律と民法総則の知識	01-意思と表示の不一致・瑕疵ある意思表示、18-時効	
II	物権法	17-所有権	17-共有、18-担保物権
III	債権総則	01-法定利率・保証債務、19-詐害行為取消権、20-保証債務	19-保証、20-債権譲渡
IV	契約	21-定型約款、22-請負・委任	
V	相続	04-相続の手続	04-特別受益や寄与分があるときの相続分の算定、21-遺言
第2章：知的財産法			
I	知的財産権概論	10-パリ優先期間	13-特許権の存続期間
II	特許法	08-国内優先権、出願公開、訂正審判、12-存続期間、審査請求、保護対象、13-先使用権、公然実施	13-侵害の推定、共有、特許権の効力、15-特許異議申立、出願公開制度、新規性喪失の例外
III	実用新案法	12-実用新案登録技術評価書、存続期間、保護対象	15-無審査登録制度
IV	意匠法		10-意匠権の効力、12-新規性喪失の例外
V	商標法	08-出願公開、存続期間の更新、11-商標権の侵害	10-立体商標、出願変更、14-先使用による商標の使用をする権利
VI	著作権法	09-職務上作成する著作物の著作者（職務著作・法人著作）、15-引用	09-著作権の譲渡、著作者人格権、11-著作権の保護期間
VII	不正競争防止法	11-混同惹起行為（周知表示混同惹起行為）、14-形態模倣行為（商品形態模倣行為）、営業秘密に係る不正行為、限定提供データに係る不正行為	10-商品等表示混同惹起行為
第3章：会社法			
I	会社法の概要		
II	株式	07-自己株式の保有・消却	05-株式と社債の比較
III	機関	03-株主総会および取締役会の議事録 06 (1)-取締役会員数、06 (2)-監査役の権限	06 (1)-株主総会の招集通知、06 (2)-株主提案権
IV	計算		
V	設立	02-現物出資の不足額填補責任	
VI	資金調達		05-株式と社債の比較
VII	組織の基礎的変更	05-吸収合併の登記	02-事業譲渡、03-会社の清算・特別清算
VIII	持分会社		01-合同会社・合名会社・合資会社
IX	その他の重要法人		
第4章：倒産法			
I	倒産法総説		
II	倒産法各説		
第5章：その他の法務知識			
I	企業活動に関する法律知識	16-紛争の解決手段	07-下請代金支払遅延等防止法、16-貿易契約
II	資本市場へのアクセスと手続		08-金融商品取引法上の情報開示、22-証券取引所への上場基準
その他			

364　第1部　テキスト

平成30年度	平成29年度	平成28年度
16-時効	14-制限行為能力者、17-時効	13-到達主義と発信主義
	16-民法上の留置権と商事留置権	17-共有
17-保証債務、19-相殺		14-詐害行為取消権、16-債務不履行
		13-契約の成立時期、16-売主の瑕疵担保責任、請負、委任
20-相続の手続	05-経営承継円滑化法による遺留分特例	04-財産の分け方、17-遺産分割
	07-産業財産権の存続期間	07-特許法条約
09-特許発明の実施、18(1)-職務発明、18(2)-共有	06(2)-特許権、特許を受ける権利の移転	07-職務発明
10-特許と実用新案の対比		06-実用新案登録技術評価
08-意匠の類似	09-部分意匠、関連意匠	08-意匠の定義、09-秘密意匠制度
12-立体商標の登録要件、14-マドプロ出願	06(1)-商標権の分割移転、06(2)-商標権の移転、08-過失の推定、10-立体商標の登録要件	10-先願主義、商標の類否判断、17-商標権の共有
13-パブリシティ権、18-共同著作物、職務上作成する著作物の著作者(職務著作・法人著作)	11-著作者人格権、12-保護期間の計算方法	08-著作物
11-商品等表示、著名表示冒用行為、形態模倣行為(商品形態模倣行為)、営業秘密に係る不正行為	13-適用除外	11-混同惹起行為(周知表示混同惹起行為)、著名表示冒用行為、12-営業秘密に係る不正行為
03-共有者による議決権の行使、05-株価の算定方法、06-ベンチャーファイナンスにおける種類株式	01-株式の併合・分割・無償割当て、04-株式と資本金の額との関係	01-役員の任期と終任、02-譲渡制限株式の譲渡に係る承認手続
21-上場企業が採用している機関設計の割合	04-会計監査人	
07-資本金・準備金の増減と債権者異議手続	04-資本金と準備金	
	04-登録免許税	
04-有利発行	03-ストック・オプション	
02-合併・会社分割における簡易手続・略式手続	02-会社分割における債権者異議手続	03-会社分割の効果、14-詐害的な会社分割における債権者保護
01-合同会社		
		05-破産法(法的整理・清算型)、民事再生法(法的整理・清算型)、会社更生法(法的整理・再建型)、特別清算(法的整理・清算型)
23-特定電子メール法	04-下請代金支払遅延等防止法、個人情報保護法、18-製造物責任法、19-消費者契約法、20-景品表示法	03-企業結合規制、15-国際税務と租税条約
22-発行開示義務、有価証券報告書	21-証券取引所への上場基準	18-資本政策

参考・引用文献

- 『新・民法（財産権）入門』竹永亮編　同友館
- 『新・知的財産法入門』竹永亮著　同友館
- 『新・会社法入門』竹永亮著　同友館
- 『ビジネス実務法務検定試験1級公式テキスト』東京商工会議所編　中央経済社
- 『ビジネス実務法務検定試験2級公式テキスト』東京商工会議所編　中央経済社
- 『ビジネス実務法務検定試験2級完全対策』竹原健・松本格・武藤啓司著　自由国民社
- 『ビジネス実務法務検定試験3級公式テキスト』東京商工会議所編　中央経済社
- 『ビジネス実務法務検定試験3級完全対策』塩島武徳・竹原健・畑中和人著　自由国民社
- 『実例から身につく企業・ビジネス法務』高橋孝志著　青林書院
- 『ジュリスト』有斐閣
- 『ビジネス法務』中央経済社
- 『ポケット六法』青山善充・菅野和夫編　有斐閣
- 『(はじめての) 債権各論 (3日でわかる法律入門)』尾崎哲夫著　自由国民社
- 『(はじめての) 債権総論 (3日でわかる法律入門)』尾崎哲夫著　自由国民社
- 『(はじめての) 物権法 (3日でわかる法律入門)』尾崎哲夫著　自由国民社
- 『(はじめての) 民法総則 (3日でわかる法律入門)』尾崎哲夫著　自由国民社
- 『ゼロから始める民法入門』高橋裕次郎著　三修社
- 『はじめての契約法』笠井修・鹿野菜穂子・滝沢昌彦・野澤正充著　有斐閣
- 『ファーストステップ民法』長瀬範彦著　東洋経済新報社
- 『伊藤真 試験対策講座1 民法総則』伊藤真著　弘文堂
- 『伊藤真の民法入門』伊藤真著　日本評論社
- 『口語六法全書 口語民法』高梨公之監修　自由国民社
- 『入門 民法 (第3版)』森泉章編　有斐閣
- 『不動産の法律知識』鎌野邦樹著　日本経済新聞社
- 『物権法講義』鈴木禄弥著　創文社
- 『法律学講座双書 民法総則』四宮和夫・能見善久著　弘文堂
- 『民法 (2) 債権法 第3版』我妻栄・有泉亨・川井健著　勁草書房
- 『民法I 総則・物権総論』内田貴著　東京大学出版会
- 『民法II 債権各論』内田貴著　東京大学出版会
- 『民法III 債権総論・担保物権』内田貴著　東京大学出版会
- 『民法IV 親族・相続』内田貴著　東京大学出版会
- 『民法案内1 私法の道しるべ』我妻榮・遠藤浩・川井健著　勁草書房
- 『民法案内2 民法総則』我妻榮・幾代通・川井健著　勁草書房
- 『民法案内3 物権法 (上)』我妻榮・幾代通・川井健著　勁草書房
- 『民法案内4 物権法 (下)』我妻榮・幾代通・川井健著　勁草書房
- 『民法① 総則・物権法』我妻榮・有泉亨・川井健著　勁草書房
- 『民法② 債権法』我妻榮・有泉亨・川井健著　勁草書房
- 『民法③ 親族法・相続法』我妻榮・有泉亨・遠藤浩・川井健著　勁草書房
- 『民法講義I 民法総則』近江幸治著　成文堂
- 『民法講義II 物権法』近江幸治著　成文堂
- 『民法総合3 担保物権法』平野裕之著　信山社
- 『民法入門』川井健著　有斐閣
- 『有斐閣Sシリーズ 民法I 総則』山田卓生他著　有斐閣
- 『有斐閣Sシリーズ 民法II 物権』淡路剛久他著　有斐閣
- 『有斐閣Sシリーズ 民法III 債権総論』野村豊弘他著　有斐閣
- 『有斐閣Sシリーズ 民法IV 債権各論』藤岡康宏他著　有斐閣
- 『有斐閣Sシリーズ 民法V 親族・相続』佐藤義彦他著　有斐閣

- 『有斐閣双書 民法 (2) 物権』遠藤浩他編　有斐閣
- 『有斐閣双書 民法 (5) 契約総論』遠藤浩他編　有斐閣
- 『有斐閣双書 民法 (6) 契約各論』遠藤浩他編　有斐閣
- 『意匠』高田忠著　有斐閣
- 『意匠法概説 (補訂版)』斎藤瞭二著　有斐閣
- 『商標審査基準』特許庁商標課編　発明推進協会
- 『商標法概説』小野昌延著　有斐閣
- 『知っておきたい特許法 (19訂版)』工業所有権法研究グループ編　朝陽会
- 『知的財産権の知識』寒河江孝充著　日本経済新聞社
- 『知的財産権法文集』発明推進協会
- 『知的財産法 (第5版)』角田政芳・辰巳直彦著　有斐閣
- 『知的財産法』伊藤塾著　弘文堂
- 『知的財産法務ガイドブック』経営法友会・法務ガイドブック等作成委員会編　商事法務
- 『逐条解説 不正競争防止法』経済産業省知的財産政策室編著　有斐閣
- 『中小企業の知的財産活用戦略』中小企業診断協会
- 『著作権法入門 (2012－2013)』文化庁編著　著作権情報センター
- 『著作権テキスト』文化庁ホームページ
- 『特許法概説〔第13版〕』吉藤幸朔著　有斐閣
- 『独占禁止法入門 (第7版)』厚谷襄児著　日本経済新聞社
- 『標準 特許法』高林龍著　有斐閣
- 『特許法等の一部改正 産業財産権法の解説』
  特許庁総務部総務課制度改正審議室編　（一社）発明推進協会
- 『特許法概説〔第13版〕』吉藤幸朔著　有斐閣
- 『不正競争防止法の概要』経済産業省知的財産政策室
- 『スピード解説 新会社法がわかる』浜辺陽一郎著　東洋経済新報社
- 『ゼロから始める会社法入門』高橋裕次郎著　三修社
- 『なるほど会社法』山本浩司著　中央経済社
- 『はじめての会社法 (第8版)』尾崎哲夫著　自由国民社
- 『ファーストステップ会社法 (第3版)』長瀬範彦著　東洋経済新報社
- 『リーガルマインド会社法 (第13版)』弥永真生著　有斐閣
- 『一問一答 新・会社法』相澤哲編著　商事法務
- 『会社法 (第22版)』神田秀樹著　弘文堂
- 『会社法【机上版】』中央経済社編　中央経済社
- 『会社法現代化―要綱試案と補足説明―』信山社立法資料編集部編　信山社
- 『会社法務入門』堀龍兒著　日本経済新聞社
- 『改正商法のポイント解説』竹内正著　UFJ総合研究所
- 『株式会社の基本』柴田和史著　日本経済新聞社
- 『株式会社の知識』宮島司著　日本経済新聞社
- 『株式会社法』江頭憲治郎著　有斐閣
- 『株式公開の知識』加藤晶春・松野雄一郎著　日本経済新聞社
- 『完全図解 商法抜本改正のすべて』太田達也著　中央経済社
- 『試験対策講座 会社法』伊藤真著　弘文堂
- 『商法改正の変遷とその要点』秋坂朝則著　一橋出版
- 『新・会社法 旧新対照条文』相澤哲著　商事法務
- 『新・会社法案の内容と実務への影響』税務経理協会編　税務経理協会
- 『新会社法全条文』前田雅弘・北村雅史編　三省堂
- 『図解 株式公開のしくみ』三菱信託銀行証券代行部IPO支援室編　東洋経済新報社
- 『図解でわかる会社法』中島成著　日本実業出版社
- 『図解による会社法商法のしくみ』神田将著　自由国民社

- 『誰でもわかる会社法』蓮見正純・六川浩明著　エクスメディア
- 『超図解 会社法Q&A』六川浩明著　エクスメディア
- 『非公開会社のための新会社法』鳥飼重和他著　商事法務
- 『平成商法改正ハンドブック平成13年〜15年版』上田栄治編　三省堂
- 『企業再生の基礎知識』高木新二郎著　岩波書店
- 『中小企業の再生支援と倒産防止』中小企業診断協会
- 『証券の基本』熊谷巧著　日本経済新聞社
- 『フランチャイズの法理論』川越憲治著　商事法務
- 『フランチャイズハンドブック』社団法人日本フランチャイズチェーン協会　商業界
- 『現代会社法入門』北村雅史・柴田和史・山田純子著　有斐閣
- 『会社法入門』宍戸善一著　日本経済新聞社
- 『新基本法コンメンタール　会社法1』奥島孝康他編　日本評論社
- 『新基本法コンメンタール　会社法2』奥島孝康他編　日本評論社
- 『意匠審査基準』特許庁ホームページ
- 『特許・実用新案審査基準』特許庁ホームページ
- 『産業財産権について』特許庁ホームページ
- 『工業所有権法（産業財産権法）逐条解説〔第20版〕』特許庁ホームページ
- 『工業所有権法（上）』中山信弘著　弘文堂
- 『部分意匠導入の趣旨』特許庁ホームページ
- 日本取引所グループホームページ
- 『有価証券通知書について（概要）』関東財務局ホームページ
- 『事件の種類と新受件数の推移』裁判所ホームページ
- 『中小企業のための新会社法徹底活用マニュアル』相澤哲・神門剛著　ぎょうせい
- 『一問一答不正競争防止法〈平成17年改正版〉』経済産業省経済産業政策局知的財産政策室著　商事法務
- 『立案担当者による平成26年改正会社法関係法務省令の解説』坂本三郎他編著　商事法務
- 『一問一答・平成26年改正会社法〔第2版〕』坂本三郎著　商事法務
- 『立場別・ステージ別 ストック・オプションの活用と実務』税理士法人AKJパートナーズ編　中央経済社
- 『一問一答　民法（債権関係）改正』筒井健夫・村松秀樹編著　商事法務
- 『一問一答　新しい相続法　平成30年民法等（相続法）改正、遺言書保管法の解説』堂園幹一郎・野口宣大編著　商事法務
- 『民法改正がわかった』田中嗣久・大島一悟著　法学書院
- 『民法（全）第2版』潮見佳男著　有斐閣
- 『新ハイブリッド民法3 債権総論』松尾弘他著　法律文化社
- 『会社法　第2版』田中亘著　東京大学出版会
- 『会社法　第4版』伊藤靖史・大杉謙一・田中亘・松井秀征著　有斐閣
- 『商法II　会社　第7版』落合誠一・神田秀樹・近藤光男著　有斐閣
- 金融庁ホームページ
- 経済産業省ホームページ
- 農林水産省ホームページ
- 公正取引委員会ホームページ
- ジェトロ（日本貿易振興機構）ホームページ
- 消費者庁ホームページ

索 引

【数字】

1株1議決権の原則	229
1単元1議決権	223, 229
三委員会	251

【英字】

CFR	345
CIF	345
CIP	345
DDP	345
DES	285
dilution	184
EXW	345
FOB	345
free ride	184
IPO	348
J-Adviser	356
JASDAQ	353
JASRAC	180
LLC	307, 311
LLP	307, 311
NPO法人	312
PCT	96, 113
pollution	184
Tax Haven	347
TOKYO PRO Market	356
TRIPS協定	97, 102, 156, 186
VC	285
Withholding Tax	346

【あ】

預合い	272
ありふれた氏・名称	154
安定株主	351

【い】

遺言	83
遺産分割	83
意思実現	65
意思主義	15
意思と表示との不一致	18
意思能力	10
意思表示	14, 19, 21
意匠	94, 130, 131
意匠権	130, 136
意匠権の効力	141
意匠権の存続期間	130
意匠登録	131, 135

意匠の実施	142
意匠の同一	142
意匠法	130
一意匠一出願	137
一出願多区分制	155
位置商標	151
一商標一出願	155
一身専属権	170
一般競争入札	352
一般指定	335
一般承継	104, 118
一般破産債権	321
一般法	7
委任	75
違法ダウンロード	176
違約手付	70
遺留分	86
遺留分特例	87
インコタームズ	345
インサイダー取引	350, 358
引用	174

【う】

ウィーン売買条約	346
請負	74
動き商標	151
内金	69
写り込み	173
売主追加請求権	220

【え】

営業誹謗行為	183, 188
営業秘密	183, 186, 189
営業標識	94
英米法	7
営利性	197
役務の類似	162
エクイティファイナンス	285
演奏権	170

【お】

欧州特許条約	96
音の商標	151
親会社	200, 304
親子会社	304
音楽の著作権	180

【か】

会計監査人設置会社	200, 259
会計監査人	246
会計監査報告	247
会計参与	242
会計参与設置会社	200
会計参与報告	242
会計帳簿	257
会計帳簿閲覧権	205
会計帳簿の閲覧等	242, 247
会計の原則	257
外国会社	200, 346
解散	305
会社	196, 197, 198
会社解散請求権	207
会社更生手続	324
会社更生法	324
会社債権者保護手続	262, 264, 286, 292, 298
会社財産の形成	271
会社代表	245
会社分割	287, 295
会社法	196
解除条件	26
解任	233, 251
解法	168
解約告知	66
解約手付	69
解約予告期間	74
価格カルテル	334
各自代表の原則	234
拡大先願	103
隔地者	16, 64
確定期限	26, 40
確認書制度	358
瑕疵ある意思表示	21
過失	8
仮装の払込み	272
家族法	79
課徴金	335, 361
合併	290
株券	213
株券発行会社	215
株券発行前譲渡制限	214
株券不発行会社	215
株式	199, 205
株式移転	203, 298
株式会社	198, 199, 205, 208, 225
株式会社の機関	225
株式買取請求権	206, 288, 289, 292, 296, 297, 299, 301
株式公開	348
株式交換	203, 298
株式交付	303
株式譲渡	213, 214, 215
株式譲渡自由の原則	199
株式相互保有規制	304
株式の消却	220
株式の分割	221
株式の併合	221
株式の無償割当て	221
株式発行事項	270
株主資本等変動計算書	258
株主総会	227, 259, 292
株主代表訴訟	254
株主提案権	207, 228
株主の差止請求権	256
株主平等の原則	206
株主名簿	215
株主割当て	279, 282
仮専用実施権	121
仮通常実施権	121
カルテル	335
簡易合併等への反対権	207
簡易手続	289, 292, 297, 301, 303
関係会社整理	351
監査委員会	249, 251
管財人	325
監査等委員会設置会社	200, 235, 246
監査報告	244
監査法人	349
監査役	199, 225, 243
監査役会	243, 245
監査役会設置会社	200
監査役設置会社	200, 259
監視義務	239
間接開示	259
間接侵害	115, 143, 163
間接訴権	42
間接有限責任	309
完全親子会社	304
簡単かつありふれた商標	154
監督委員	323
監督是正権	205
慣用表示	153, 189
関連意匠	146

【き】

議案提出権	228
議案要領通知請求権	228
機関	225, 271

機関の具備	271
企業	196
企業結合	304, 335
議決権	229
議決権制限種類株式	209, 229
期限	26
危険負担	65
記号商標	150
技術的思想	99
技術的制限手段無効化装置等	183
技術評価書	128
議事録	238, 246, 249
議題提案権	228
寄託	76
規約	168
キャッシュ・アウト	217
キャッシュアウト・マージャー	293
キャピタルゲイン課税	351
吸収合併	203, 290
吸収分割	203, 295
求償権	50
給付	38
共益権	205, 223
共益債権	323, 326
競業取引	240
強行規定	14
強行法	14
強制履行	41
共同企業	196
共同事業性の確保	311
共同出願	108, 117, 157
共同著作物	168, 170
共同発明	104
共同保証	53
強迫	21
業務監査	244
業務執行取締役等	201
業務提供誘引販売取引	342
業務と職務	237
業務発明	105
享有	9
共有	35
虚偽表示	19
許諾通常実施権	119
拒否権付種類株式	210
寄与分	82
禁止権	161
金銭的請求権	156
金融検査マニュアル	327
金融商品取引法	356

【く】

口約束	13
組合	77, 197
組合せ	123, 124
組物の意匠	144

【け】

経営承継円滑化法	87
計算	257
計算書類等	259
計算書類等の監査	246, 259
計算書類等の作成	242, 258
形式基準	354
形状	123, 124, 131, 132
継続開示義務	359
形態性	132
形態模倣行為	183, 185
契約	13, 15, 16, 22, 26, 38, 62
契約自由の原則	62
契約の解除	66
契約の成立	64
契約の成立要件	15
契約の当事者	9
契約の申込の撤回	64
契約の有効要件	16
欠陥	339
決議	230, 237, 245
決議の瑕疵	232
結合	132
結合商標	151
決算公告	259
欠損填補義務	219
原告適格	255
現在事項証明書	274
検査役	272
検査役選任請求権	207
原産地等誤認惹起行為	183, 188
減資	262
原始定款	269
原始的不能	41
源泉徴収税	346
原著作者	171
限定承認	79, 80
限定提供データ	187, 189
兼任禁止規制	243
現物出資	269, 271, 280
顕名	24
権利移転要件	215
権利株譲渡制限	214
権利能力	10

権利の客体 …………………… 9
権利の主体 …………………… 9
権利の目的 …………………… 9

【こ】

故意 ……………………………… 8
考案 …………………………… 123
合意 ………………… 13, 38, 62
行為能力 ……………………… 10
更改 ………………………… 46, 60
公開会社 …………… 200, 204
効果意思 …………… 15, 19, 21
公開準備手続 ……………… 349
交換 …………………………… 77
後願商標 …………………… 155
公告方法 …………… 203, 260
公示 …………………… 16, 262
合資会社 ……… 198, 286, 309
公衆送信権 ………………… 170
公衆利用可能性 …… 101, 136
口述権 ……………………… 171
公序良俗 …………… 14, 137
構成員課税 ………………… 311
更生計画 …………………… 325
更生債権 …………………… 325
更生担保権 ………………… 325
公正取引委員会 …………… 335
構造 …………………… 123, 124
公知 ………… 101, 102, 136
公知の擬制 ………………… 103
公的標章 …………………… 155
合同会社 ……… 198, 286, 309
合同行為 …………………… 13
高度性 ………………………… 99
公認会計士 ………………… 349
公表権 ……………………… 170
交付金合併 ………………… 293
抗弁権 ………………… 50, 65
公法 …………………………… 7
合名会社 ……… 198, 286, 308
公用 ………………………… 101
ゴーイング・パブリック …… 348
子会社 …………… 200, 304
子会社調査権 …… 242, 244, 247
子会社による親会社株式の取得制限…214, 304
国際私法 …………………… 344
国際登録出願 ……… 141, 160
国際特許出願 ……………… 113
国際物品売買契約に関する国際連合条約…346
国内優先権制度 …………… 109

個人企業 …………………… 196
固定合意 …………………… 87
誤認惹起行為 ……… 183, 188
固有権 ……………………… 232
雇用 …………………………… 77
混同惹起行為 ……… 182, 183
混同のおそれ ……… 154, 172

【さ】

債権 ……………………… 9, 38
再建型 ……………………… 318
債権契約（債権行為）………… 62
債権者委員 ………………… 318
債権者集会 ………………… 318
債権者主義 ………………… 65
債権者代位権 ……………… 42
債権者遅滞 ………………… 41
債権者保護手続 …………… 287
債権譲渡 …………………… 56
債権総則 …………………… 38
財源の規制 ………………… 219
催告解除 …………………… 66
財産引受け ………………… 269
最終事業年度 ……… 202, 263
再生計画 …………………… 322
再生債権 …………………… 323
財団債権 …………………… 320
最低責任限度額 …………… 253
裁定通常実施権 …………… 120
裁判管轄 …………………… 344
債務者主義 ………………… 65
債務者遅滞 ………………… 40
債務超過 …………………… 320
債務不履行 ………………… 40
詐害行為 …………………… 43
詐害行為取消権 …………… 43
差額の支払 ………………… 255
詐欺 …………………………… 21
先使用権 …………………… 120
先取特権 …………… 32, 36
錯誤 …………………………… 19
差止請求 …… 116, 176, 190, 245
札幌証券取引所 …………… 352
査定 …………… 112, 139, 158
三角合併 …………………… 293
産業財産権 ………………… 95

【し】

自益権 …………… 205, 223
視覚性 ……………………… 132

色彩	132	社外監査役	201
色彩商標	151	社外取締役	201
事業継承	351	社債	202, 283
事業再生 ADR	327	社団性	198
事業譲渡	288, 291	重過失	8, 20
事業報告	259	自由財産	320
資金調達	276	終身定期金	78
私権	9	周知性	184
時効	27	周知表示	154, 177
時効の完成猶予	29	周知表示混同惹起行為	182
時効の更新	29	終任	233, 239
自己株式	218, 219, 230	自由発明	105
自己契約	25	受寄者	77
事後設立	289	熟慮期間	79
市場の種類	352	授権株式制度	206
自然人	9	授権行為	24
自然法則	99, 123	出願	108
下請代金支払遅延等防止法	337	出願公開制度	108, 139, 157
質権	32, 36, 118, 180	出願審査請求制度	111, 139, 158
実演家	172	出資の履行	271
失権	272	出版権	176, 179
執行役	251	取得条項付株式	202, 209
実施権	118	取得請求権付株式	202, 209
実質基準	355	取得手続の規制	218
実体形成要件	266	受任者	75
実体審査	111, 139, 158	受領遅滞	41
実用新案技術評価制度	128	種類株式	208, 209
実用新案権	123	種類株式発行会社	200
実用新案権侵害	128	種類株主総会	201, 211
実用新案権の存続期間	123	種類債権	39
実用新案登録に基づく特許出願	110	種類物	39
実用新案法	123	準拠法	344
指定相続分	81	準備金	261
私的自治の原則	8	使用	152
私的使用	173	使用意思の存在	152
私的整理	318	上映権	170
私的独占の禁止	334	上演権	170
支払停止	323	消却	219
支払不能	319	消極財産	79
四半期報告書	360	承継会社	295
私法	7	使用権	152
資本金	199, 205, 261, 262	条件	26
資本準備金	205, 261	証券会社	349
資本政策	350	証券取引等監視委員会	358
事務管理	38	招集	228, 237, 245, 273
指名委員会	251	上場審査	352
指名委員会等設置会社	200, 234, 249	消尽	115
氏名表示権	170, 172	少数株主権	206
持戻し	82	使用貸借	62, 77
社員の確定	270	譲渡会社	288

譲渡権	171
譲渡制限会社	204
譲渡制限株式	202, 209
譲渡担保	104
譲渡等承認請求	216
少人数私募債	285
消費者保護法	340
消費貸借	72
商標	150
商標権	94, 149, 156
商標権侵害	163
商標権の移転	163
商標権の存続期間	149, 159
商標公報	157, 159
商標登録出願	156
商標登録取消審判	159
商標登録無効審判	159
商標の類似性	162
商標法	149
商標法条約	96
商品形態模倣行為	182, 185
商品等表示	182
商品の類似	162
情報収集権	304
消滅会社	291
条約	96
証約手付	69
剰余金	261, 264
除外合意	87
職務執行の監督	237
職務創作	138
職務著作	169
職務発明	105
所有権	33
処分	219
書面投票制度	228, 230
所有と経営の分離	199
真意	15
新株発行	276
新株予約権	202, 281
新株予約権付社債	202, 285
新株予約権無償割当て	281
シンガポール条約	96
新規性	99, 101, 135
信義則	9
審決取消訴訟	140, 141
審査主義	139, 158
新設合併	203, 290
新設分割	203, 295
人的分割	295

進歩性	99, 102, 124
信用毀損行為	183, 188
心裡留保	19

【す】

随伴性	36, 50
数量カルテル	334
図形商標	150
ストック・オプション	281, 282

【せ】

請求項	114
制限行為能力者	10
清算	305
清算型	318
製造物責任法	339
成年	10
成年被後見人	10
責任限定契約	254
責任財産	41
責任の軽減	253
責任の追及	254
責任の免除	253
積極財産	79
絶対的記載事項	268
絶対的制限	115, 128, 142
絶対的独占権	94
絶対的不登録事由	155
設立	266
設立会社	255, 295
設立登記	274
設立費用	269
設立無効等の訴え	207
善意取得	12, 187
善意の第三者	19, 22, 239
選解任種類株式	210, 229, 234
全額払込主義	310
先願	103, 125, 137, 155
先願意匠	137
善管注意義務	75, 77, 239
先行技術文献開示制度	110
選任	232, 242, 246, 251
全部取得条項付種類株式	207, 210
専用権	161
専用実施権	119

【そ】

総会検査役制度	232
総会検査役選任請求権	207
総会招集権	207

創業者利潤	351
相互保有株式	230, 304
相殺権	321, 323, 326
創作性	99, 124, 167
創作非容易性	136
相続	79
相続税	351
相続分	81
相続放棄	79, 80
相対的記載事項	268
相対的制限	115, 128, 142
相対的独占権	94
相対的不登録事由	154
双務契約	63
贈与	77
創立総会	273
相隣関係	33, 34
遡及効	17
組織再編等	287
組織の基礎的変更	286
組織変更	203, 286
訴訟	344
租税債権	320
租税条約	346
損益計算書	259, 260
損害額の推定	116, 252
損害賠償請求	116, 176
損害賠償責任	240, 252
損失補填	358
存続会社	255, 290

【た】

代位行使	42
大会社	200
対価の柔軟化	293, 297, 301
貸借対照表	259
対世効	232
代表権	239
代表執行役	252
代表訴訟提訴権	207
代表取締役	234, 238
貸与権	171
代理	22
大陸法	7
代理行為	23
代理行使	230
代理人	22
代理人等の商標冒用行為	183, 188
代理の成立要件	23
諾成契約	13, 62, 69, 74, 75

諾成的消費貸借	72
多数決	232
他人氏名等表示	154
単元株式数	202
単元株制度	223
単元未満株式	206, 223
単純承認	79
団体商標	151
単独株主権	206, 305
単独虚偽表示	19
単独行為	13
担保権	321, 325
担保物権	36

【ち】

地域団体商標（地域ブランド）	152
知的財産	94
知的財産権	94
中間配当	265
注記表	259
忠実義務	239
中小小売商業振興法	337
調査権	244
調停	83
直接開示	259
直接侵害	115, 143, 163
直接無限責任	309, 310
直接有限責任	310
著作権	165, 169
著作権等管理事業法	181
著作権等の侵害	176
著作権の存続期間	166
著作権法	165
著作財産権	170
著作者	169
著作者人格権	169, 176
著作物	166, 173, 178
著作隣接権	165, 172, 176
著名性	185
著名表示冒用行為	183, 184
賃貸借	72

【つ】

追認	17
通常実施権	119
通常出願	113, 141, 160
通信販売	342
通謀虚偽表示	19

【て】

定款	12, 288
定款権限	228
定款の変更	305
定型約款	68
定時株主総会	228, 235, 244, 247
停止条件	26
ディスクロージャー	357
訂正	127
提訴権者	255
抵当権	32, 36, 321
適用通則法	345
手付	69
デット・エクイティ・スワップ	285
デッド・コピー	185
デットファイナンス	285
典型契約	62
展示権	171
電子公告	203, 260
電子投票制度	230
転貸	73
電話勧誘販売	342

【と】

同一性保持権	170, 172
登記事項証明書	274
動機の錯誤	19, 20
東京証券取引所	352
倒産	318
動産	12
倒産法	318
投資事業有限責任事業組合	311
当事者自治の原則	345
謄写請求権	257
到達主義	15, 65
動的意匠	148
登録	107, 112, 119, 127, 158
登録意匠	131
登録商標	150
登録免許税	274
特殊指定	335
特殊な意匠	144
特殊の決議	231
独占禁止法	334
独占的通常実施権	120
独占的利用許諾	179
特定継続的役務提供	342
特定承継	104, 118
特定商取引法	341
特定非営利活動法人	312

特定物	39
特定物債権	39
独任制	235
特別決議	231
特別支配会社	297
特別支配株主	217
特別受益者	82
特別清算	327
特別取締役	238
特別な内容の株式	208, 211
特別な利益	269
特別法	7
特別法上の会社	198
匿名組合	197
特例有限会社	198
特許協力条約	96, 113
特許権	94, 98
特許権の移転	118
特許権の共有	117
特許権の効力	113
特許権の消滅	114
特許権の侵害	115
特許権の存続期間	98, 114
特許権の利用	118
特許公報	103, 124
特許発明	99
特許法	98
特許法条約	96
特許無効審判	112, 114
特許を受ける権利	103
ドメイン名不正登録等行為	183, 188
トラッキング・ストック	209
取消し	17
取消権者	17
取締役	199, 235, 238
取締役・執行役の違法行為差止請求権	206, 207
取締役会	199, 225, 236, 248
取締役会決議	238, 253, 264, 278
取締役会設置会社	200, 227
取締役等の解任請求権	207
取締役等の責任軽減の異議権	207
取引先制限カルテル	334
トレード・マーク	150

【な】

内部監査体制	351
内部自治の原則	311
内部統制	358
内部統制システムの構築義務	239
名古屋証券取引所	352

【に】

二次的著作物	168, 171
入札談合	334
任意規定	14
任意整理	318
任意代理	23
任意積立金	263
任意的記載事項	268
任意法	14
任務懈怠	252

【ね】

根保証契約	54

【の】

能力	10

【は】

ハーグ協定のジュネーブ改正協定	96
配偶者居住権	85
配偶者短期居住権	86
背信的悪意者	33
配当	261, 264
配当・残余財産分配についての種類株式	209
配当財産	202
売買	69
破産管財人	319
破産原因	319
破産債権	320
破産財団	320
破産手続	319
破産法	319
発行開示	359
発行可能株式総数	206, 220
発行手続	208, 281, 282
発信主義	15, 65
発明	98
発明の実施	114
払込み	270, 272
払込剰余金	205
パリ条約	96
半期報告書	360
頒布権	171

【ひ】

美感性	132
引受け	270, 279
非公開会社	204
非公知性	186
非典型契約	62

人	9
非独占的通常実施権	120
非独占的利用許諾	179
否認権	321, 323, 325
被保佐人	10
被補助人	10
秘密意匠	148
秘密管理性	186
表意者	15, 19, 20
表見代理	24
表示意思	15
表示行為	15, 18, 19, 21
表示主義	15
表示の錯誤	19, 20
標章	149
品質効能の通常表示	153
品質誤認誘導商標	155

【ふ】

不確定期限	26, 40
不可分債権	45
不可分債務	46
不可分性	36
不完全履行	40
福岡証券取引所	352
複製権	170
複製伝達行為	173
不公正な取引方法の禁止	334
付従性	36, 50
不使用取消審判	159
不正競争行為	182, 183, 190
不正競争防止法	182
不正使用取消審判	159
附属明細書	259
普通決議	230
普通名称	153, 189
物権	32
物権契約（物権行為）	62
物権総則	32
物権変動	33
物上代位性	36
物的分割	295
物品	123, 124
物品性	131
不統一行使	230
不動産	12
不当な取引制限の禁止	334
不当利得	38
不登録事由	125, 137, 153
不特定物	39

索引 **377**

不特許事由……………………102
部分意匠……………………144
不法行為……………………38
フランチャイズ契約………336
分割会社……………………295
分割債権……………………45
分割債務……………………46
分割出願……………………109
分割比率……………………296
紛争の解決手段……………344
分配特則規定………………265

【へ】
併存的債務引受……………57
別除権…………………321, 323
ベルヌ条約…………………97
弁済…………………………38
弁済の提供…………………40
変態設立事項…………269, 272
ベンチャーキャピタル……285
片務契約……………………63

【ほ】
貿易契約……………………345
包括承継………………104, 118
法源…………………………196
報告義務……………………75
防護標章登録………………152
方式審査…………110, 126, 139
報酬委員会……………251, 249
法人…………………………12
法人格取得要件……………266
法人性………………………197
法人著作……………………169
放送事業者…………………172
法定解除権…………………66
法定権限……………………227
法定相続人…………………81
法定相続分…………………81
法定代理……………………24
法定代理人……………10, 24
法定通常実施権……………120
法定利率……………………39
冒認出願………………104, 138
法の適用に関する通則法…345
訪問販売……………………342
法律行為……………………13
法令…………………………14
補欠監査役…………………244
募集…………………………270

募集株式……………………277
募集株式発行差止請求権…207
補充性………………………50
募集設立………………266, 270
補償金請求権………………108
保証債務……………………49
保証人………………………50
補正……………………110, 111
保全処分………………319, 324
発起設立………………266, 270
発起人………………………268
ホログラム商標……………151
翻案権………………………171
翻訳権………………………171

【ま】
マーク………………………149
マザーズ……………………353
マドリッド協定議定書……96

【み】
未成年者……………………10
見せ金………………………272
みなし侵害……115, 143, 163, 176
未払給料……………………320
身分契約（身分行為）……62
民事再生手続………………322
民事再生法…………………322
民法…………………………7
民法総則……………………9

【む】
無限責任……………………309
無限責任社員………………308
無権代理……………………24
無効…………………………16
無催告解除…………………67
無償契約……………………63
無審査主義………………125, 126
無方式主義………………166, 169
無名契約……………………62

【め】
免責的債務引受……………57

【も】
申込み…………………270, 279
文字商標……………………150
持分会社………………198, 307
物……………………………12

模様 ································ 132

【や】

役員 ································ 232
約定劣後破産債権 ················ 321

【ゆ】

遺言 ································ 83
優越的地位の濫用 ··········· 334, 337
有価証券 ···························· 61
有価証券報告書 ··········· 358, 359
有限会社 ···························· 198
有限責任 ·············· 198, 199, 309
有限責任事業組合 ················ 311
有限責任社員 ················ 199, 309
有償契約 ···························· 63
優先株式 ···························· 209
優先的破産債権 ·················· 321
有体物 ····························· 12
有名契約 ··························· 62
有用性 ····························· 186
有利発行 ··························· 278
譲受会社 ··························· 288

【よ】

要物契約 ····················· 13, 62, 63
予約 ······························· 69
予約承継 ··························· 104

【ら】

ライセンサー ······················ 120
ライセンシー ······················ 120
ライセンス契約 ··················· 180

【り】

利益供与 ····················· 206, 253
利益準備金 ······················· 261
利益相反取引 ················ 240, 252
利益の返還 ······················· 255
履行 ······························· 38
履行請求権 ······················· 41
履行遅滞 ··························· 40
履行の提供 ······················· 40
履行不能 ······················ 40, 41
リスク管理体制 ··················· 239
立証責任の転換 ·················· 116
立体商標 ··························· 151
略式手続 ············ 289, 292, 297, 301
留置権 ························· 32, 36
利用可能性 ················ 101, 124

履歴事項証明書 ·················· 274
臨時株主総会 ···················· 228
臨時計算書類 ···················· 260
臨時報告書 ······················· 360

【る】

類似商号 ··························· 266
類似性 ····························· 184
累積投票請求権 ·················· 207
累積投票制度 ···················· 232

【れ】

レコード製作者 ··················· 172
劣後的破産債権 ·················· 321
連結計算書類 ···················· 260
連鎖販売取引 ···················· 342
連帯債権 ··························· 46
連帯債務 ··························· 47
連帯保証債務 ····················· 53

【ろ】

労働債権 ··························· 320
労働者の異議申出手続 ··········· 296

【わ】

和解 ······························· 78
割当て ······················· 270, 279

2021年版 TBC中小企業診断士試験シリーズ

速修 **テキスト**

5 経営法務

第2部

テーマ別 1次 過去問題集

テーマ別1次過去問題集
5 経営法務

問題編

第1章	民法	384
第2章	知的財産法	408
第3章	会社法	455
第4章	倒産法	497
第5章	その他の法務知識	501

第1章 問題 民法

Ⅰ 民法総則

平成26年度 第11問 ※ウを改題

　次のうち、その法的主張が認められるためにはその主張者が無過失であることが必要な場合として、最も適切なものはどれか。

ア　相手方と通謀の上、不動産を仮装譲渡したところ、仮装の事実を知らずに相手方から当該不動産の転売を受けた第三者が当該不動産の所有権を主張する場合

イ　第三者から強迫行為を受けて契約させられた者に対して、強迫の事実を知らなかった契約の相手方が契約の有効性を主張する場合

ウ　錯誤により真意と異なる意思表示をし、その錯誤が法律行為の目的および取引上の社会通念に照らして重要なものであることから、意思表示の取消しを表意者が主張する場合

エ　無権代理人（成人）による契約と知らずに契約した相手方が、無権代理人に対して当該契約の履行責任を主張する場合

平成29年度 第17問

　消滅時効に関する記述として、最も適切なものはどれか。

ア　主債務者が時効の利益を放棄した場合でも、その保証人は時効を援用することができる。

イ　時効の完成後に債務を承認したとしても、時効完成の事実を知らなかった場合には、時効を援用することができる。

ウ　内容証明郵便による請求をすれば時効の完成が6か月猶予されることになり、当該6か月が経過する直前に再度内容証明郵便による請求をすれば、さらに時効の完成が6か月猶予される。

エ　平成29年1月15日に機械を売却し、その代金の弁済期を平成29年2月28日とした場合、代金債権の時効は平成29年1月15日から進行する。

II 物権法

令和元年度 第17問

　共有に関する記述として、最も適切なものはどれか。なお、別段の意思表示はないものとする。

ア　共有不動産の所有権確認の訴えを提起するには、各共有者の持分の価格に従い、その過半数で決しなければならない。

イ　共有不動産の不法占有者に引渡を請求する場合、各共有者がそれぞれ単独でできる。

ウ　共有不動産を妨害する者に損害賠償を請求する場合、他の共有者の持分についてもすることができる。

エ　共有不動産を目的とする賃貸借契約の解除をするには、他の共有者全員の同意を得なければならない。

平成28年度 第17問

　共有に関する記述として、最も適切なものはどれか。

ア　共同相続された金融商品のうち、株式は共同相続人らの共有となるが、委託者指図型投資信託の受益権は相続分に応じて分割債権として各共同相続人に単独で承継取得される。

イ　共有に係る商標権の共有者は、他の共有者の同意を得なくてもその持分を譲渡することができるが、その商標権に係る通常使用権を他人に許諾することについては、共有者の持分価格の過半数によって決する必要がある。

ウ　共有不動産の共有者の1人の持分を競売により取得した買受人は、他の共有者との間で協議が調わなければ、その共有不動産全部について単独で所有権を取得することができない。

エ　不動産の共有者の1人は、共有不動産について全く実体上の権利を有しないのに持分移転登記を経由している者に対し、単独でその持分移転登記の抹消登記手続を請求することができる。

問題編　385

平成26年度 第4問

　取引先の信用状態が悪化した場合における債権回収に関する以下の会話は、中小企業診断士であるあなたとX株式会社の代表取締役甲氏との間で行われたものである。この会話を読んで、下記の設問に答えよ。

甲　氏：「Y社が振り出した手形が不渡りになったという情報を聞きました。Y社に対しては、売掛債権が1億円もあるんです。これを回収できないとなると当社の経営に大きな打撃となってしまいます。」

あなた：「何か担保は取っていなかったのですか。」

甲　氏：「何も取れませんでした。」

あなた：「その売掛債権の内容はどうなっていますか。」

甲　氏：「Y社は、卸売業者です。当社は、取引基本契約書を締結して、Y社に対して当社の製品を販売し、Y社は、これを小売業者に転売しています。当社がY社に対して有する売掛債権は、当社の製品をY社に販売して発生したものです。」

あなた：「その売掛債権について、支払期限は、もう来ているのですか。」

甲　氏：「いや、まだ来ていません。」

あなた：「では、取引基本契約書に、　　A　　として、手形の不渡りが定められていますか。」

甲　氏：「いや、ちょっと分かりません。」

あなた：「ちょっと契約書を見せてもらえますか。」

甲　氏：「どうぞ、これです。」

あなた：「どれどれ。ああ、ここに定められていますね。　　B　　を行使するには支払期限が到来している必要があるのですが、ここに　　A　　として手形の不渡りが定められているので、いますぐ　　B　　を主張できるかもしれません。　　B　　を主張できれば、甲さんの会社がY社に販売した製品について、他の債権者に先立って弁済を受ける権利、つまり、優先弁済権が認められます。」

甲　氏：「でも、Y社は、既に、当社から購入した製品を転売して、買い受けた第三者がその製品の引渡しを受けてしまっているようです。それでも優先弁

386　第2部　テーマ別1次過去問集

済権が認められるのですか。」

あなた：「その場合でも、Ｙ社が第三者から転売代金の支払を受けていなければ、
その転売代金債権について　　Ｂ　　を行使できることになっています。
これを　　Ｃ　　といいます。」

甲　氏：「そんなことができるのですか。」

あなた：「ただ、この　　Ｃ　　もＹ社が第三者から転売代金の支払を受けてしま
っていると行使することができません。」

甲　氏：「手続はどうすればいいのでしょうか。」

あなた：「Ｙ社が転売代金を受け取る前に裁判所に申し立てる必要があるので、弁
護士さんに依頼するのがよいと思います。とにかく時間がないので、早く
顧問弁護士の先生のところに相談に行きましょう。」

（設問１）

会話の中の空欄Ａに入る語句として最も適切なものはどれか。

ア　危険の移転事由

イ　期限の利益喪失事由

ウ　契約の解除事由

エ　契約の取消事由

（設問２）

会話の中の空欄Ｂ及びＣに入る語句の組み合わせとして最も適切なものはどれ
か。

ア　Ｂ：先取特権　　　Ｃ：物上代位

イ　Ｂ：先取特権　　　Ｃ：物上保証

ウ　Ｂ：抵当権　　　　Ｃ：物上代位

エ　Ｂ：抵当権　　　　Ｃ：物上保証

III 債権総則

平成22年度 第12問

　ホテル業を営むA会社は、新しくホテルを建設することとし、B設計建築会社（以下「B会社」という。）との間で工事請負契約を締結した。予定どおり竣工し、A会社は、当該契約に基づいてこのホテルの引渡を受け営業を開始した。

　しかし、このホテルは、B会社から構造設計の委託を受けた一級建築士Cが、建築基準法令で定められた耐震強度を満たしたかのように偽装したものであった。なお、このホテルの建築に関し、D会社による確認審査、E会社による構造計算適合性判定においては、それぞれ建築基準関係規定に適合しているとされていた。

　その後、同地域を襲った地震により、このホテルの耐震強度偽装が発覚した。その結果、行政当局の指導を受け、このホテルを休業および補修し、A会社は多額の損害を被った。

　これらの状況を前提に、以下の選択肢ア～エのうち最も適切なものはどれか。

ア　A会社は、B会社に請求する損害賠償とは関係なく、建築士Cに対してもB会社を債権者代位して契約上の義務に違反するとして損害賠償請求をすることができる。

イ　A会社は、偽装を見抜けなかったD会社・E会社に対しても、自己に生じた損害について無過失責任を追及することができる。

ウ　A会社は、不完全履行があるとして、B会社に対して、補修に要した相当額の不当利得返還請求をすることができる。

エ　A会社は、補修および休業したことにより生じた損害について、B会社に対し、債務不履行責任に基づく損害賠償請求をすることができる。

平成24年度 第3問

　いわゆる濫用的会社分割に関する以下の会話は、中小企業診断士であるあなたと、顧客であるX株式会社の代表取締役甲氏との間で行われたものである。X株式会社がA設備株式会社に対して売掛金を請求する場合の法的根拠として、最も適切なものを下記の解答群から選べ。なお、以下の会話中、A社とはA株式会社のことをいう。

388　第2部　テーマ別1次過去問集

甲　氏：「取引先のＡ社から、支払いがなくなったんですよ。それであわてて、Ａ
　　　　社の本社に行ってみたら、Ａ社という会社の看板はなくなっていて、代
　　　　わりに、Ａ社と全く同じ設備、同じ人で、名前だけがＡ設備株式会社と
　　　　いう名前になって、同じ営業をしていたんです。それでどういうことだと
　　　　思って話を聞いてみたら、会社分割という方法を使って、今度からはＡ
　　　　設備株式会社がここで営業をする、と言うんですよ。
　　　　　それなので、うちの売掛金も払ってもらえるもんだと思って話をしてみた
　　　　ら、Ａ設備株式会社は、Ａ社とは別の会社だから支払えない、Ａ社は閉
　　　　めてしまった、と言うんです。」

あなた：「それはやられましたね。濫用的会社分割などと言われているものだと思
　　　　います。」

甲　氏：「濫用的会社分割…。それはどういったものですか。」

あなた：「資産を別会社に移して、従来の負債はそのまま元の会社に残しておいて、
　　　　実質的に債務を免れるものです。」

甲　氏：「どうしてそんなことができるんですか。債権者に連絡したりしないとい
　　　　けないんじゃないですか。」

あなた：「元の会社が負債の全部の支払を引き受けるときには、元の会社の債権者へ
　　　　の連絡はいらないんですよ。今回の場合も、Ａ社が全部の債務を負うとい
　　　　うことにしていれば、何の連絡もなく、会社分割ができてしまうんですよ。」

甲　氏：「そうすると、彼らの言うとおり、もうＡ設備株式会社には請求ができな
　　　　いということですか。」

あなた：「いえ、必ずしもそうではありません。何か方法があるはずです。知り合
　　　　いの弁護士を紹介しますから相談してみてください。」

〔解答群〕

　　ア　債権者代位

　　イ　詐害行為取消権

　　ウ　併存的債務引受

　　エ　連帯保証

平成28年度 第14問

債務者による詐害的な行為に対する債権者からの権利行使に関する記述として、最も適切なものはどれか。

ア　債務者が債権者を害することを知ってした5年前の法律行為を債権者が知ってから2年が経過するまでは、債権者は詐害行為取消請求に係る訴えを提起することができる。

イ　債務者が第三者に対して有する債権をもって債権者の一部の者に代物弁済した場合、代物弁済に供した債権額が消滅した債務額を超過していなければ、他の債権者に対して詐害行為とはならない。

ウ　詐害行為によって譲渡された不動産が受益者から転得者へ譲渡され、詐害行為について受益者は悪意であるが転得者は善意である場合、債権者は詐害行為取消権を行使することができない。

エ　新設分割会社が新設分割設立株式会社に承継されない債務の債権者を害することを知って新設分割をした場合、当該債権者は、その新設分割設立株式会社に対し、承継しなかった財産の価額を限度として、当該債務の履行を請求できる。

平成23年度 第12問

ウェブシステムの開発・販売、保守運用等の事業を営んでいるX社は、自社で開発したインターネット受発注システム（以下「本件システム」という。）を、企業向けウェブシステムの販売、コンサルティング等の事業を営んでいるY社に販売して納品した。Y社は、X社から販売・納品を受けた本件システムを自社のエンドユーザーである顧客向けに転売・納品すると同時に、転売・納品した本件システムの保守運用業務をX社に委託した。

X 社から Y 社に販売した本件システムの販売代金については、発注時に 3 分の 1、X 社による納品・Y 社の検収時に 3 分の 1、納品・検収から 2 か月後に残り 3 分の 1 の金額を支払うとの約定であったところ、Y 社は、発注時、納品・検収時の分割金はそれぞれ支払ったものの、残り 3 分の 1 の金額については支払期限が経過しても支払おうとしない。他方、本件システムの保守運用業務の業務委託料については、客先での本件システムの稼働開始から 3 か月後に 1 回目の業務委託料を支払うものとの X 社・Y 社間の約定があり、いまだ支払期限は到来していない。

　この事例において考えられる X 社の Y 社に対する債権回収の手段・方法に関する記述として、<u>最も不適切なものはどれか</u>。

ア　X 社が Y 社に本件システムを販売した際に、Y 社代表者 A が個人として販売代金の支払について連帯保証する旨 X 社代表者に対して発言し、X 社代表者が口頭で A の個人保証を承諾していた場合、X 社は、A 個人に対して保証債務の履行として残代金の支払を請求することができる。

イ　X 社が Y 社に本件システムを販売した際に、Y 社代表者 A が個人としても販売代金の支払について保証する旨の電子メールを X 社代表者に送信し、X 社代表者が A の個人保証を承諾する旨の電子メールを A に返信していた場合、X 社は、Y 社に対して本件システムの販売残代金の支払を求めることなく、A 個人に対して保証債務の履行を請求できる。

ウ　Y 社が取引先企業に対する売掛債権を有している場合、X 社の Y 社に対する本件システムの販売残代金債権を保全する方法として、Y 社が有する売掛債権に対する仮差押命令の申立てが考えられる。

エ　Y 社の資産状況が著しく悪化した状況にある場合には、いまだ支払期限の到来していない本件システムの保守運用業務の業務委託料の支払が得られない危険があることを理由として、X 社が、Y 社顧客の下で稼働中の本件システムに関する保守運用業務を一方的に停止することが許される場合もある。

令和元年度　第19問

　民法に基づく保証に関する記述として、最も適切なものはどれか。なお、別段の意思表示はなく、商法は適用されないものとする。

ア　主たる債務者の意思に反して保証をした者は、求償権を有しない。

イ　数人の保証人がある場合には、それらの保証人が各別の行為により単純保証したときは、全員が当該債務全部の弁済義務を負う。

ウ　保証人が主たる債務者の委託を受けて保証をした場合において、主たる債務者が弁済をしたことを保証人に通知することを怠ったため、保証人が善意で弁済をしたときは、その保証人は、自己の弁済を有効であったものとみなすことができる。

エ　保証人は、主たる債務者の委託を受けないで保証をした場合において、債務が弁済期にあるときは、主たる債務者に対して、あらかじめ、求償権を行使することができる。

令和2年度　第20問

事業のために負担した貸金等債務を主たる債務とする保証契約に関する記述として、最も適切なものはどれか。

なお、「民法の一部を改正する法律」(平成29年法律第44号)により改正された民法が適用されるものとし、附則に定める経過措置及び特約は考慮しないものとする。

ア　個人事業主の配偶者であって、当該事業に現に従事していない者が、主たる債務者である当該個人事業主の保証人になろうとする場合、保証債務を履行する意思を公正証書により表示する必要がある。

イ　自然人が保証人となる場合、保証契約の締結の日前14日以内に作成された公正証書で保証債務を履行する意思を表示していなければ、その効力を生じない。

ウ　主たる債務者が法人である場合のその取締役が保証人になろうとする場合、保証債務を履行する意思を公正証書により表示する必要がある。

エ　法人が保証人となる場合には、保証契約は書面で行う必要はない。

平成22年度　第16問

X社の代表取締役甲の母親乙は、不動産等の資産を有しており、X社が自社工場建設などの事業資金を必要とした10年前に、X社のY銀行からの11億円の借り入れについて、乙所有の不動産に抵当権を設定して、物上保証人兼連帯保証人となった。甲はこの借り入れについて、連帯保証人となっている。X社は10年間は

返済を毎月履行してきたが、最近、業績悪化のため返済が滞りがちである。

これらの状況を前提に、以下の選択肢ア～エのうち最も適切なものはどれか。

ア　Y銀行が、月々の返済について11年目になって初めて乙に支払うよう請求してきた場合、乙は自らの保証債務に関する消滅時効を援用して、Y銀行の請求を拒否することができる。

イ　Y銀行から乙が支払わないと乙の不動産の競売をする旨の通知を受けた場合、乙は、X社の有する工場等の資産に対する執行を完了するまで、Y銀行の請求を拒絶することができる。

ウ　Y銀行から請求を受けた際には、甲乙間で2分の1ずつ負担をする取り決めが甲と乙の話し合いによりなされている場合、乙はY銀行からの支払いの請求に対して2分の1の部分のみに応ずればよい。

エ　Y銀行に対する支払債務を乙が履行する場合、乙が有する不動産を売却又は競売してその金員をもってY銀行に返済した上で、さらに債務の残額があるときには、この残額も支払う義務がある。

令和元年度　第20問

債権譲渡に関する記述として、最も適切なものはどれか。なお、別段の意思表示はないものとする。

ア　AがBに対する指名債権を二重譲渡した場合において、Cへの債権譲渡に係る通知の確定日付が2019年7月23日、Dへの債権譲渡に係る通知の確定日付が同月24日であり、債務者であるBに当該通知が到達したのが、前者は同月26日、後者は同月25日であったときは、債務者Bは、Cに対して弁済をする必要がある。

イ　指名債権の譲渡の対抗要件としての債務者の承諾は、譲渡人又は譲受人のどちらに対してしても、有効である。

ウ　指名債権の譲渡の通知以前に、弁済期の到来している反対債権を有していた場合でも、譲渡の通知後においては相殺することができない。

エ　指名債権の譲渡は、譲受人が譲渡人に代位して債務者に通知をすることによっても、債務者に対抗することができる。

問題編　　393

| 平成**30**年度 | 第**19**問 |

　相殺に関する記述として、最も適切なものはどれか。なお、別段の意思表示はないものとする。

ア　時効によって消滅した自働債権がその消滅以前に相殺に適するようになっていたとしても、相殺の意思表示をしたのが時効消滅後である場合は、相殺することはできない。

イ　相殺の意思表示は、双方の債務が互いに相殺に適するようになった時にさかのぼってその効力を生ずる。

ウ　二人が互いに同種の目的を有する債務を負担する場合で、受働債権が弁済期にあれば、自働債権の弁済期が到来しなくても、相殺することができる。

エ　不法行為から生じた債権を自働債権として相殺することはできない。

Ⅳ　契約

| 平成**28**年度 | 第**13**問 |

　契約の成立に関する記述として、最も適切なものはどれか。

ア　A市内の会社からB市内の会社に対して有効期間を明記した注文書を郵送で発送した場合、注文書に注文は撤回可能である旨の記載があっても、注文者は注文を撤回することができない。

イ　インターネットショッピングでEC（電子商取引）事業者が顧客からの購買申込みを承諾する通知を電子メールで送信したが、顧客から購買申込みを撤回する電子メールによる通知がされた場合、契約の成否は承諾の通知の発信と申込撤回の通知の到達の先後により決せられる。

ウ　隔地者に対する契約の申込みは、申込みの発信後その到達前に申込者が死亡した場合でも有効であるが、その申込みの相手方が承諾の発信前に申込者の死亡を知った場合には、申込みは効力を失う。

エ　株式会社の代表者同士の対面交渉において承諾期間を定めずに契約の申込みがされた場合、相手方が直ちに承諾しなくても、申込みの効力は有効に存続する。

394　第2部　テーマ別1次過去問集

| 平成**17**年度 | 第**12**問 |

契約当事者の双方に債務が発生する契約を、「双務契約」という。民法上の典型契約について、契約の名称と各当事者が負う債務の組み合わせとして、最も不適切なものはどれか。

ア　請負契約

　　(請負人)労務の提供　　　　　　　　　(注文者)報酬の支払

イ　賃貸借契約

　　(賃貸人)目的物を使用収益させること　　(賃借人)賃料の支払

ウ　売買契約

　　(売　主)財産権の移転　　　　　　　　(買　主)代金の支払

エ　有償委任契約・有償準委任契約

　　(受任者)法律行為や事務の処理　　　　(委任者)報酬の支払

| 平成**25**年度 | 第**2**問 |

以下の会話は、中小企業診断士であるあなたとX株式会社(以下「X社」という。)の代表取締役甲氏との間で行われたものである。現在、X社は、Y株式会社(以下「Y社」という。)との間で、Y社の完全子会社であるZ株式会社(以下「Z社」という。)の全株式の買取りに向けた交渉を行っている。この会話を読んで、下記の設問に答えよ。

甲　氏：「今、わが社によるZ社株式の買取りについての契約書を読んでいるのですが、見慣れない用語が飛び交っていて正直よく分かりません。」

あなた：「確かに、株式譲渡契約は、売買、賃貸、請負といった、企業間の商取引とは異なる構造になっているので、慣れないと難しいですよね。これらの契約には、　 A 　や　 B 　事項といった　 C 　系の概念が用いられており、　 D 　系に属する日本にはなじみにくいところがあります。」

甲　氏：「まず、クロージングとは何でしょうか。」

あなた：「取引の実行のことですね。通常、契約書を締結してから、取引を実行するまでに間隔が空くので、クロージングという概念がでてきます。株式譲渡の場合でいうと、売主から買主への株主権の移転と買主から売主への株式譲渡代金の支払ということになります。」

問題編　　**395**

甲　氏：「なるほど。　　A　　とはどういうことでしょうか。」

あなた：「株式譲渡の場合だと、契約の一方当事者が、相手方当事者に対し、株式
　　　　やその株式を発行している株式会社の状況などについて、契約書締結時や
　　　　クロージング時などの一定の時点において、一定の事項が真実かつ正確で
　　　　あることを　　A　　するものです。今回の契約書ですと、Ｙ社が御社
　　　　に対して、Ｚ社において未払い残業代がないことなどを　　A　　してい
　　　　ます。」

甲　氏：「難しいですねえ。　　B　　事項とは何でしょうか。」

あなた：「契約の一方当事者が、相手方当事者に対し、一定の行為を行う、又は行
　　　　わないことを約束し、又はその義務を負うことです。大きく分けてクロー
　　　　ジング前のものとクロージング後のものがあります。今回の契約書です
　　　　と、Ｙ社がクロージングまで、Ｚ社を適切に経営していくことなどがこれ
　　　　に該当します。」

甲　氏：「やっぱり、難しいですねえ。」

あなた：「うまく説明できなくてすみません。これらを理解するには、　　A　　
　　　　や　　B　　事項に違反した場合にどういう効果が発生するのかを考える
　　　　と分かりやすいかもしれません。まず、クロージング前に　　A　　違反
　　　　や　　B　　事項違反が発覚した場合には、一方当事者が違反した当事者
　　　　に対し、①取引の実行拒否、②契約の解除及び③損害の補償請求を求める
　　　　ことができると契約書に定めることが多いです。他方、クロージング後に
　　　　違反が発覚した場合については、①から③までのうち、　　E　　のみ認
　　　　められると契約書に定めることが多いです。」

甲　氏：「なるほど。ようやく理解できました。買主である当社としては、契約締
　　　　結後に取引を取り止めたい事由や契約を解除したい事由、Ｙ社に損害を
　　　　補償してもらいたいと考えるケースについてＹ社の　　A　　や
　　　　B　　事項として契約書に定めておけばいいわけですね。」

あなた：「そのとおりです。」

（設問１）

　　会話の中の空欄Ａ、Ｂ及びＥに入る語句の組み合わせとして最も適切なものは
どれか。

ア　Ａ：誓約　　　　　Ｂ：表明・保証　　　Ｅ：②契約の解除

イ　Ａ：誓約　　　　　Ｂ：表明・保証　　　Ｅ：③損害の補償請求

396　第2部　テーマ別1次過去問集

ウ　A：表明・保証　　B：誓約　　　　E：①取引の実行拒否

エ　A：表明・保証　　B：誓約　　　　E：③損害の補償請求

（設問2）

　会話の中の空欄C及びDに入る語句の組み合わせとして最も適切なものはどれか。

ア　C：英米法　　D：大陸法

イ　C：国際法　　D：国内法

ウ　C：私法　　　D：公法

エ　C：手続法　　D：実体法

令和**2**年度　第**21**問

　以下の会話は、株式会社Zの代表取締役甲氏と、中小企業診断士であるあなたとの間で行われたものである。この会話を読んで、下記の設問に答えよ。

　なお、「民法の一部を改正する法律」（平成29年法律第44号）により改正された民法が適用されるものとし、附則に定める経過措置は考慮しないものとする。

甲　氏：「インターネットを使ったBtoCの新しいサービスを始める予定です。そのサービスを利用してもらうに当たっては、ルールを作って、そのサービスの利用者に守ってもらいたいと考えているのですが、どのようにすればよろしいでしょうか。」

あなた：「そのルールは、定型約款に該当し得ることになります。定型約款を御社とサービス利用者との間の合意内容とするためには、サービス利用者の利益を一方的に害するような内容でないこと等を前提として、その定型取引を行うことを合意した上で、御社が　　A　　。」

甲　氏：「ありがとうございます。他に対応しなければならないことはありますか。」

あなた：「一時的な通信障害が発生した場合等を除き、　　B　　。」

甲　氏：「分かりました。途中でその定型約款の内容を変更しようと思ったときには、変更は可能なのでしょうか。」

あなた：「　　C　　。その定型約款は慎重に作成する必要がありますので、私の

問題編　　**397**

知り合いの弁護士を紹介しますよ。」

甲　氏：「よろしくお願いいたします。」

（設問1）

　　会話の中の空欄AとBに入る記述の組み合わせとして、最も適切なものはどれか。

　　ア　A：あらかじめその定型約款を契約の内容とする旨をサービス利用者に表示していれば足ります

　　　　B：定型取引を行うことの合意前においてサービス利用者から請求があった場合にその定型約款の内容を示さないと、定型約款は契約内容となりません

　　イ　A：あらかじめその定型約款を契約の内容とする旨をサービス利用者に表示していれば足ります

　　　　B：定型取引を行うことの合意前においてサービス利用者から請求があった場合にその定型約款の内容を示さないと、定型約款は契約内容となりません。これは、合意後に請求があった場合も同様です

　　ウ　A：サービス利用者との間で定型約款を契約の内容とする旨の個別の合意をするしかありません

　　　　B：定型取引を行うことの合意前においてサービス利用者から請求があった場合にその定型約款の内容を示さないと、定型約款は契約内容となりません

　　エ　A：サービス利用者との間で定型約款を契約の内容とする旨の個別の合意をするしかありません

　　　　B：定型取引を行うことの合意前においてサービス利用者から請求があった場合にその定型約款の内容を示さないと、定型約款は契約内容となりません。これは、合意後に請求があった場合も同様です

（設問2）

　　会話の中の空欄Cに入る記述として、最も不適切なものはどれか。

ア　定型約款の中に、民法と異なる変更要件に係る特約を規定すれば、いかなる特約であっても、当該特約に従って自由に変更ができます

イ　定型約款の変更は、効力発生時期が到来するまでに周知しないと、その効力を生じないことがあります

ウ　定型約款の変更をするときは、効力発生時期を定め、かつ、変更する旨及び変更後の内容並びにその効力発生時期を周知しなければなりません

エ　変更がサービス利用者の一般の利益に適合するときは、個別にサービス利用者と合意をすることなく、契約の内容を変更することができます

平成21年度　第13問

　X社は商品の物流を担っている株式会社であるが、ソフトウェアの開発を専門とする株式会社であるY社に対して、事業に使用するシステムに組み込むソフトウェアの開発をしてほしいと考えている。

　そこで、X社は、自社の事業所内の一部を作業場所として提供し、Y社の従業員でソフトウェア技術者であるZ氏に、その作業場所を利用して、システム開発およびその保守の作業にあたらせることを予定している。

　次は中小企業診断士のあなたとX社の総務担当部長の会話であるが、会話中の空欄A〜Cに入る用語の組み合わせとして最も適切なものを下記の解答群から選べ。

部　長：「Z氏を推薦してきたY社に『早急に新しいシステムがほしいので、来月から始めたいね』と言ったら、すぐに　　A　　書を持ってきたよ。でもね、すべて先方の責任として、だけれども当社の指示はきちんと守るように、うちの社員と同様に使えるよう、交渉したいなぁと思うのだけど。」

あなた：「それは、　　B　　書ではないのですか。」

部　長：「違うね。何かまずいの。」

あなた：「Y社は派遣業者として届出や許可がある業者なのですか。」

部　長：「うーん、わからないねー。」

あなた：「Y社に届出や許可がないのであれば、Y社との契約は　　C　　などであることが必要ですから、相手方に一定の裁量を与えなければダメです

問題編　**399**

よ。」

部　　長：「どうして。」

あなた：「　　B　　は法律で労働者を保護するためにさまざまな規制がありま
　　　　　　す。これを脱法するために　　C　　書にして対応しようとする企業があ
　　　　　　ります。この契約書のタイトルは『　　A　　書』になることもあります。
　　　　　　ただ、これらは偽装請負や偽装委託などといって、違法な行為になりま
　　　　　　す。」

部　　長：「ああ、聞いたことがある言葉だね。そんな悪いことをする会社に思えな
　　　　　　かったけど。」

あなた：「　　C　　といえるためには、Z氏がその作業を遂行するにあたり、そ
　　　　　　の遂行方法に関する指示その他の管理をY社が行い、Y社が自らの責任
　　　　　　で御社に仕事完成物を納品することが必要となります。ですから、契約書
　　　　　　もY社に管理権限があることになっているのでしょうし、実態もそうで
　　　　　　なくてはなりません。就業場所が御社ということですと、就業規則なども
　　　　　　他の社員と同じように守ってもらいたいでしょうし、なかなか難しそうで
　　　　　　すね。」

部　　長：「それでは、このままだと当社は基本的にわざわざY社を通じてZ氏を管
　　　　　　理しなくてはならないということなんだね。」

あなた：「そのとおりです。ですから、御社がパート社員のようにZ氏を使いたい
　　　　　　のであれば、Y社が届出や許可を受けている派遣業者か確認しなければな
　　　　　　らないと思います。」

部　　長：「適法な派遣業者か確認して、　　B　　の関係にしてもらうほうがよい
　　　　　　ということですね。」

あなた：「その方がコンプライアンスにかなうと思いますよ。」

〔解答群〕

　　ア　A：業務委託契約　　　　B：雇用契約　　　　　　C：準委任契約

　　イ　A：業務委託契約　　　　B：労働者派遣契約　　　C：請負契約

　　ウ　A：準委任契約　　　　　B：雇用契約　　　　　　C：請負契約

　　エ　A：準委任契約　　　　　B：労働者派遣契約　　　C：業務委託契約

V 相続

令和元年度 第4問

Aは、X株式会社の代表取締役であったが、昨年（2018年）12月30日に死亡した。Aには配偶者B、嫡出子C、D、Eがいる（下図参照）。

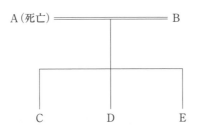

Aの遺産の額は1億4,000万円であり、配偶者Bには特別受益として400万円の生前贈与、子Eには特別受益として200万円の生前贈与があり、子Dには寄与分が500万円あった。この場合の相続分（取得額）に関する記述として、最も適切なものはどれか。

なお、相続人の中で、相続欠格者、相続廃除者、相続放棄者はおらず、また、遺産分割協議は成立していない。

ア　Bの相続分（取得額）は6,650万円となる。
イ　Cの相続分（取得額）は3,500万円となる。
ウ　Dの相続分（取得額）は2,350万円となる。
エ　Eの相続分（取得額）は2,550万円となる。

平成20年度 第2問

平成20年8月1日、中小企業診断士であるあなたは、顧客から以下の相談を受けた。

このときのあなたの回答として最も適切なものを下記の解答群から選べ。

【相談概要】

　平成 20 年 6 月 10 日、父親が死去した。父親は事業(個人事業)を行っていたが、その事業は長男が継ぐことになっている。父の事業は必ずしもうまくいっているわけではなく、若干だが、資産よりも負債の方が多いようだ。次男である私は独自で生計を立てているので、父の負債を一切相続しないようにしたい。

〔解答群〕

　ア　あなただけがお父様の負債を相続しないようにするには、家庭裁判所で相続放棄の手続をとらなければいけません。相続放棄の期間は、原則として、相続開始があったことを知ってから 3 か月以内ですから、急いだ方がよいと思います。

　イ　お父様がお亡くなりになってから、100 日以内に家庭裁判所で限定承認の手続をとれば、資産があったときだけ返済すればよいことになりますから、他の相続人の方が反対しても、お一人でその手続をとられた方がよいでしょう。

　ウ　現時点で、あなたはお父様の事業には何も関与されていませんから、お父様の負債を負うことは法律上あり得ません。どうしても、気になるのであれば、念のため、お父様の負債だけ放棄する手続を家庭裁判所でとればよいと思います。

　エ　相続人全員で遺産分割協議を行って、ご長男が全部相続することにすれば、法律上負債も当然にご長男が相続されたことになって、あなたがお父様の負債を負うことはありませんので、これからゆっくり遺産分割協議を行えばよいと思います。

平成24年度　第5問

　中小企業診断士であるあなたと、顧客である甲氏との間の遺産分割に関する以下の会話を読んで、あなたの回答として空欄に当てはまる最も適切なものを下記の解答群から選べ。

甲　氏：「実は、私の友人の A さんに私の会社から 300 万円貸していたんですよ。ところが、その A さんは、1 年ほど前に亡くなってしまって…。

　　　　　A さんの奥さんはもうお亡くなりになっているんですが、息子さんが

２人いるんです。それで、たまたま、次男のほうは、大きな会社に勤める人で知っていたものですから、Ａさんに貸したお金を返して欲しいという話を３か月くらい前にしに行ったんですよ。

そうしたら、その次男が言うには、去年の夏に、長男と次男で、遺産分割協議をして、全部長男が相続することになった、だから、自分は支払う必要はないはずだ、って言うんですよ。それで、その次男からは、司法書士に作ってもらったという遺産分割協議書も見せられたんですが、確かに、長男と次男の連名で実印も押してあって、長男が全部相続して次男は何も相続しないことになっていたんです。

ですので、先日、長男の家を訪ねたのですが、長男はリストラにあってしまって、お金がないので、返したくても返せないと言うんですよ。

次男は、大きな会社に勤めているので、返す能力はあると思うのですが、次男に請求することはできないんでしょうかね…。」

あなた：「◯◯◯◯◯◯◯。弁護士を紹介しますからご相談されてはいかがですか。」

〔解答群〕

ア　遺産分割されてしまったのであれば、仕方がありませんから、長男から300万円返してもらえるか、何かいい方法がないか考えた方がいいと思います

イ　次男に請求することも可能ですが、請求した場合、次男としてはそれから30日以内に相続放棄の手続をとれば相続放棄が認められますから、結局は次男からは回収できないこととなってしまうと思います

ウ　次男は遺産分割協議書を作成していたとしても相続放棄をしたことにはなりませんから、法定相続分に従って、150万円の返済を次男に求めることはできるはずですよ

エ　負債があるのに１人にだけ資産を全部集中させる内容の遺産分割は無効ですから、次男に300万円請求することはできるはずですよ

問題編　　**403**

令和元年度 第21問

遺言に関する記述として、最も適切なものはどれか。

ア 遺言者が、遺言において、「この遺言を撤回しない」と意思表示しても、遺言者は、いつでも、遺言の方式に従って、その遺言を撤回することができる。

イ 遺言は、20歳に達しなければできない。

ウ 検認を経ないで、家庭裁判所外において開封された自筆証書遺言は、検認を経なかったことをもって無効となる。

エ 自筆証書によって遺言をする場合、日付及び氏名を自署し、これに印を押せば、全文はパソコンで作成することができる。

平成28年度 第4問 ※改題

X株式会社（以下「X社」という。）は、中小企業における経営の承継の円滑化に関する法律に定める特例中小会社である。

以下の事実関係の下で、平成29年4月の時点で、CがAから生前贈与を受けたX社の発行済株式の全てについて除外合意が有効に成立していた場合と固定合意が有効に成立していた場合におけるDに係る遺留分侵害額の組み合わせとして、最も適切なものを下記の解答群から選べ。

なお、平成28年8月以降、X社の発行済株式総数は、2,400株のまま変化しておらず、Aの家族構成にも変わりなく、A以外に亡くなった者はおらず、廃除された相続人もいない。また、下記以外に、寄与分及び特別受益は存在せず、Aが保有している財産はない。

平成28年8月　　　Aは、X社の代表取締役社長を務め、X社の発行済株式の全て（2,400株）を保有していた。Aの家族構成は、図1のとおりであった。Aの家族のうち、X社の経営に興味があったのがCのみであったことから、Aの家族の間では、CがAの後継者としてX社の経営を引き継ぐことは共通認識であり、Cは、X社の代表取締役専務として、X社の業務に従事しており、他方、B、D、E及びFは、X社の経営にも業務にも関与していなかった。

平成29年4月	Aは、引退を決意し、保有するX社の発行済株式の全てをCに生前贈与し、代表取締役を退任し、CがX社の代表取締役社長に就任した。同月時点におけるAが保有する財産及びその金額は、図2のとおりであった。
平成29年4月以降	Cは、社長就任後、社業に邁進し、そのおかげもあって、X社は、業績を順調に伸ばし、企業価値を向上させた。
平成33年8月	Aは死亡した。この時までにX社の1株当たりの株式の価値は、20万円に上昇し、その他の財産（自宅不動産及び預貯金）の金額は、平成29年4月時点から変わりはなかった。Aは、図3のとおりに財産を相続させることを内容とする有効な遺言書を残していた。

図1　Aの家族関係

A ══ 妻B

子C　　　子D　　　子E　　　子F

図2　平成29年4月時点でAが保有していた財産

財産	金額
X社株式2,400株（1株10万円）	2億4,000万円
自宅不動産	8,000万円
預貯金	6,000万円
負債	なし

図3　Aの遺言の内容

相続人	相続する財産
B	自宅不動産8,000万円
D	預貯金2,000万円
E	預貯金2,000万円
F	預貯金2,000万円

問題編　405

〔解答群〕

　　ア　除外合意：　　　0円　　　固定合意：　　375万円

　　イ　除外合意：　　　0円　　　固定合意：1,875万円

　　ウ　除外合意：875万円　　　固定合意：　　375万円

　　エ　除外合意：875万円　　　固定合意：1,875万円

平成27年度　第5問　※改題

　中小企業における経営の承継の円滑化に関する法律に定められた遺留分に関する民法の特例に関する記述として、最も適切なものはどれか。

ア　会社事業後継者が旧代表者から贈与により取得した財産のうち、一部を除外合意の対象とし、残りの一部を固定合意の対象とすることができる。

イ　除外合意や固定合意の効力を生じさせるためには、経済産業大臣の許可を受ける必要がある。

ウ　除外合意や固定合意の効力を生じさせるためには、会社事業後継者以外の旧代表者の推定相続人も家庭裁判所の許可を受ける必要がある。

エ　除外合意や固定合意の対象となる株式を除いた会社事業後継者が所有する株式に係る議決権の数が総株主の議決権の50％を超える場合であっても、除外合意や固定合意をすることができる。

平成24年度　第12問　※改題のうえ（設問1）のみ掲載

　中小企業における経営の承継の円滑化に関する法律（平成20年法律第33号）においては、中小企業における経営の承継の円滑化を図るため、遺留分に関する民法の特例（以下「遺留分特例」といい、遺留分特例の適用対象となる会社を「特例中小会社」、遺留分特例の適用対象となる個人事業者を「旧個人事業者」という。）を定めている。

　これに関連した下記の設問に答えよ。

（設問1）

　　民法の遺留分に関する原則の記述として最も適切なものはどれか。

ア 遺留分侵害額に相当する金銭の支払を請求することができるのは、遺留分権利者本人に限られ、その承継人は請求することができない。

イ 遺留分侵害額請求権の消滅時効期間は、遺留分権利者が、相続の開始及び遺留分を侵害する贈与又は遺贈があったことを知った時から1年間である。

ウ 兄弟姉妹のみが相続人である場合の遺留分の割合は、被相続人の財産の3分の1である。

エ 相続の開始前における遺留分の放棄は、推定相続人の単独の意思表示により、その効力を生ずる。

第2章 問題 知的財産法

I 知的財産権概論

令和2年度 第8問

産業財産権に関する記述として、最も適切なものはどれか。

ア 国内優先権制度は、特許法及び意匠法には存在するが、実用新案法及び商標法には存在しない。

イ 出願公開制度は、特許法及び商標法には存在するが、実用新案法及び意匠法には存在しない。

ウ 存続期間の更新制度は、意匠法及び商標法には存在するが、特許法及び実用新案法には存在しない。

エ 訂正審判制度は、意匠法及び商標法には存在するが、特許法及び実用新案法には存在しない。

平成27年度 第6問

以下の記述は、ある条約に関するものである。この内容を定める条約として、最も適切なものを下記の解答群から選べ。

1883年に成立したこの条約が適用される国は、工業所有権の保護のための同盟を形成する。各同盟国の国民は、工業所有権の保護に関し、この条約で特に定める権利を害されることなく、他のすべての同盟国において、当該他の同盟国の法令が内国民に対し現在与えており又は将来与えることがある利益を享受する。すなわち、同盟国の国民は、内国民に課される条件及び手続に従う限り、内国民と同一の保護を受け、かつ、自己の権利の侵害に対し内国民と同一の法律上の救済を与えられる。

〔解答群〕

ア シンガポール条約

イ　特許協力条約

ウ　パリ条約

エ　マドリッド協定

II 特許法

平成**30**年度　第**9**問

特許発明の「実施」として、<u>最も不適切なもの</u>はどれか。

ア　特許発明がレンズの生産方法であって、同特許発明の技術的範囲に属する方法
　　を使用してレンズを製造する行為。

イ　特許発明がレンズの生産方法であって、同特許発明の技術的範囲に属する方法
　　により生産されたレンズを販売する行為。

ウ　特許発明がレンズの生産方法ではなく、その製造装置であって、同特許発明の
　　技術的範囲に属する製造装置により製造されたレンズを販売する行為。

エ　特許発明がレンズの研磨プログラムであって、同特許発明の技術的範囲に属す
　　るプログラムを電気通信回線を通じて提供する行為。

令和**2**年度　第**13**問

　以下の会話は、中小企業診断士であるあなたと、E株式会社の代表取締役甲氏と
の間で行われたものである。

　会話の中の空欄AとBに入る記述の組み合わせとして、最も適切なものを下記の
解答群から選べ。

あなた：「御社の紙製ストローの販売が好調のようですね。」

甲　氏：「おかげさまで、タピオカミルクティー用の紙製ストローが、プラスチッ
　　　　ク製ストローの代替製品として好評です。しかし、好事魔多しです。おと
　　　　とい、同業者であるF社からこの紙製ストローが同社の最近登録された特
　　　　許権を侵害するとの警告書が来ました。どうしたらよいでしょうか。」

あなた：「一般的には、①特許発明の技術的範囲に属していないと反論する、②相

問題編　**409**

手の特許権に対抗する正当権限を主張する、③相手の特許権自体を無効に
する、④対抗することが難しい場合はライセンス交渉や設計変更を考え
る、といった選択肢があります。」

甲　氏：「正当権限とはどのようなものですか。」

あなた：「最も一般的なのは先使用権です。この権利を主張するためには、
　　　　　　| A |　の際、現に、日本国内においてその発明の実施である事業をし
ている者又はその事業の準備をしている者である必要があるので、しっか
りした証拠を集めないといけません。」

甲　氏：「当社は、ずいぶん前から、大口顧客に試作品を提供して意見を聞いてい
ましたから、証拠はそろえられると思います。ああ、そうだ、このように
当社の試作品が早いのですから、相手方の特許発明はすでに新規性がな
かったとして特許権を無効とすることはできませんか。」

あなた：「その顧客が店頭で試験的に使用していた可能性もありますね。いずれに
しろ、新規性を喪失しているかどうかは、御社試作品の実施の事実が
　　　　　　| B |　かどうかが問題となります。」

甲　氏：「なるほど。」

あなた：「いずれにしろ、警告書に対する回答書を出さなければならないでしょう。
よろしければ、特許紛争に強い弁護士を紹介します。」

甲　氏：「ぜひ、よろしくお願いします。」

〔解答群〕

　ア　A：特許の出願
　　　B：公然の実施に当たる

　イ　A：特許の出願
　　　B：多数に対する実施に当たる

　ウ　A：特許の登録
　　　B：公然の実施に当たる

　エ　A：特許の登録
　　　B：多数に対する実施に当たる

平成29年度 第6問

　以下の会話は、中小企業診断士であるあなたとX株式会社の代表取締役甲氏との間で行われたものである。この会話を読んで、下記の設問に答えよ。

甲　　氏：「ある会社が有している知的財産権、具体的には、特許権、特許を受ける
　　　　　権利、商標権、著作権の譲渡を受けたいと考えているのですが、分割移転
　　　　　は可能でしょうか。」

あなた：「分割移転について、まず、特許権を請求項ごとに分割して移転すること
　　　　　は　　A　　。次に、商標権を指定商品又は指定役務ごとに分割して移転
　　　　　することは　　B　　。」

甲　　氏：「知的財産権を移転するためには、登録が必要だと聞いたことがあるので
　　　　　すが、その手続はどうすればいいのでしょうか。」

あなた：「特許権、特許を受ける権利、商標権の移転登録は特許庁が、著作権の移
　　　　　転登録は文化庁が扱っています。もっとも、それらの中には、移転登録が
　　　　　効力発生要件となっているものと、対抗要件となっているものがあります
　　　　　ので、注意が必要です。具体的には、　　C　　については効力発生要件
　　　　　となっています。」

（設問1）

　会話の中の空欄AとBに入る語句の組み合わせとして、最も適切なものはどれか。

ア　A：できます　　　B：できます

イ　A：できます　　　B：できません

ウ　A：できません　　B：できます

エ　A：できません　　B：できません

（設問2）

　会話の中の空欄Cに入る語句として、最も適切なものはどれか。

ア　特許権及び商標権

問題編　**411**

イ 特許権、特許出願後の特許を受ける権利及び商標権

ウ 特許権、特許出願前の特許を受ける権利及び商標権

エ 特許権、特許出願前の特許を受ける権利、特許出願後の特許を受ける権利及び商標権

平成25年度 第6問

特許権の侵害に関する記述として最も適切なものはどれか。

ア 特許権者は、自己の特許権を侵害するおそれがある者に対し、その侵害の予防を請求することができる。

イ 特許権を侵害した者が、特許権者に対し、その侵害の行為によって受けた利益の額を超えて、損害を賠償すべき場合はない。

ウ 物を生産する方法の発明において、その発明により生産された物を輸入する行為は、当該発明に係る特許権の侵害とはならない。

エ 物を生産する方法の発明についての特許権の侵害訴訟において、その物が特許出願前に日本国内において公然と知られた物であるときは、その物と同一の物はその方法により生産したものと推定される。

平成24年度 第8問

特許権の共有に関し、法律上最も不適切なものはどれか。

ア 特許権の共有者は、契約で別段の定めをしていない場合には他の共有者と共にでなくとも、単独で、特許発明の実施をすることができる。

イ 特許権の共有者は、他の共有者と共にでなくとも、単独で、共有持分を放棄することができる。

ウ 特許権の共有者は、他の共有者と共にでなくとも、他の共有者の同意を得たうえで単独で、共有持分を譲渡することができる。

エ 特許権の共有者は、他の共有者と共にでなくとも、単独で、特許を無効とする審決に対する審決取消訴訟を提起することができる。

平成28年度　第7問

　以下の文章は、特許法等の一部を改正する法律(平成27年7月10日法律第55号)のうち、主に職務発明に関するものである。

　文中の空欄A～Cに入る語句の組み合わせとして、最も適切なものを下記の解答群から選べ。

　グローバル競争が激化する中、わが国のイノベーションを促進するためには、研究者の研究開発活動に対するインセンティブの確保と、企業の競争力強化を共に実現するための環境整備が重要である。このような事情に鑑み、知的財産の適切な保護及び活用を実現するための制度を整備し、わが国のイノベーションを促進することを目的として、まず、職務発明制度の見直し、次に、特許料等の改定、さらには、　| A |　及び商標に関するシンガポール条約の実施のための規定の整備を行うこととした。

　なお、従来の職務発明制度の柱は、まず、特許を受ける権利は　| B |　に帰属し、　| C |　が特許出願をするには、その権利を譲り受ける形となる点、及び、　| B |　は、特許を受ける権利を　| C |　に承継させた場合、その対価を請求することができる(いわゆる「対価請求権」)というものであった。

　また、従来の職務発明制度では、異なる　| C |　における共同発明者甲及び乙が存在する場合、　| C |　が、自社の発明者(甲)から特許を受ける権利を承継する場合、他社の発明者(乙)の同意も得る必要があるため、権利の承継に係る手続負担が課題となっていた。また、例えば共同研究の途中で、従業者(共同発明者)の人事異動が発生した場合は、再度、当該従業者から同意を取り直す等、権利の承継に係る手続がより複雑化していた。これらは、昨今共同研究の必要性が高まる中、企業のスピーディーな知財戦略実施の阻害要因のひとつとなっていた。

　そこで、特許を受ける権利を初めから　| C |　に帰属させることにより、この問題を解決することとした。

〔解答群〕

　ア　A：特許協力条約　　B：使用者等　　C：発明者

　イ　A：特許協力条約　　B：発明者　　　C：使用者等

　ウ　A：特許法条約　　　B：使用者等　　C：発明者

エ　A：特許法条約　　　B：発明者　　　C：使用者等

平成25年度　第7問

特許を受ける権利に関する記述として最も適切なものはどれか。

ア　産業上利用することができる発明をした場合であっても、その発明について特許出願がなされなければ、発明者に特許を受ける権利が発生しない。

イ　特許を受ける権利がAとBの共有に係る場合、AとBは、それぞれ他の共有者の同意を得ずに、自己の持分について譲渡することができる。

ウ　特許を受ける権利は、譲渡により移転することができる。

エ　特許を受ける権利は、抵当権の目的とすることができる。

平成19年度　第9問

A社、B社、C社およびD社は、中小企業診断士であるあなたの顧問先である。

A社は、売れ行き好調な自社製品(せんべいの製造装置)について特許権があるからうちは安心だと言っており、一方、B社は、X社の製品(おもちゃ)が売れ行き好調のようなので、B社でも作りたいが、特許権があるということなので、手をこまねいているようである。

また、C社は、Y社で今度発売された商品(自動按摩機)は、C社の特許製品をまねた商品で、しかも、C社の商品よりも、かなり安く発売されているので、Y社に製造販売をやめるように要求すると言っている。

さらに、D社では、このたび、D社で新しく開発した商品(家具転倒防止器具)は、まだ世の中になく、どこにも発売されていないものなので、早速量産して大々的に売り出すと言っている。

A社、B社、C社およびD社に対するあなたのアドバイスとして、<u>最も不適切なものはどれか。</u>

ア　A社に対しては、特許権があるといっても、その特許権がA社の製品を本当に保護しているかどうかは別の問題ですから、本当に保護されているかどうかを検討しておいたほうがよいですよ、とアドバイスする。

414　第2部　テーマ別1次過去問集

イ　B社に対しては、X社の特許権があるといっても、その特許権を侵害しないように作ることができる場合があるようですから、X社の特許権の特許公報を取り寄せて、検討してみたらどうでしょうか、とアドバイスする。

ウ　C社に対しては、それは大変なことなので、早速C社の取引先はもちろんのこと、Y社の取引先にも、Y社の商品はC社の権利侵害品であるとの文書を送りつけるように、とアドバイスする。

エ　D社には、その商品が世の中に見当たらないといっても、第三者が特許権等を持っている場合もありますから、D社の新商品が権利範囲に入る有効な特許権や実用新案権、意匠権等がないかどうか調べておいたほうがよいですよ、とアドバイスする。

平成24年度　第9問

　以下の記述は、ある条約に関するものである。この条約の名称として最も適切なものを下記の解答群から選べ。

　この条約について日本は1978年7月1日に加入書を寄託しており、同年10月1日付で日本について効力を発生した。

　この条約に基づく国際出願とは、ひとつの出願書類をその規則に従って提出することにより、加盟国であるすべての国（2011年9月1日現在144ヵ国）に同時に出願したことと同じ効果が得られる。しかし、出願人が特許を取得したい国を指定国として願書に記載をするのが通例である。

　ある発明に対して特許権を付与するか否かの判断は、各国がそれぞれの特許法に基づいて行う。従って、特定の国で特許を取得するためには、その国に対して直接、特許出願を行うことが必要となる。

　経済と技術のボーダレス化を背景として、多くの国で製品を販売したい、模倣品から自社製品を保護したい、等の理由から特許を取得したい国の数は増加する傾向にある。特許を取得したいすべての国に対して個々に特許出願を行うことはとても煩雑であり、更に先願主義のもと、特許出願は一日でも早く行うことが重要である。たとえ、出願日を早く確保しようとしても、すべての国に対して同日に、それぞれ異なった言語を用いて異なった出願書類を提出することは、ほぼ不可能といえる。

この条約による国際出願では、国際的に統一された出願書類を加盟国である自国の特許庁に対して1通だけ提出すれば、その国際出願はすべての加盟国に対して「国内出願」を出願したことと同じ扱いを得ることができる。しかしながら、この条約では、あくまでも出願手続きを簡素化したものに過ぎず、特許要件の審査は、各国毎の特許法により行われるものであり、いわゆる「世界特許」ではないことに注意を要する。

〔解答群〕

ア　国連ウィーン条約　　イ　特許協力条約　　ウ　パリ条約

エ　ヘーグ条約

平成25年度　第8問

特許権及び実施権に関する記述として、最も不適切なものはどれか。

ア　特許権者Aが保有する特許権について、Bに専用実施権の設定の登録がなされた。この場合、当該設定行為で定めた範囲内において、特許権者Aと専用実施権者Bとは、当該特許発明の実施をする権利を共有する。

イ　特許権者Cから専用実施権の設定の登録を受けたDは、当該特許権を侵害する者に対して、差止請求権を行使することができる。

ウ　特許権者は、専用実施権者があるときは、当該専用実施権者の承諾を得た場合に限り、その特許権を放棄することができる。

エ　日本国内において、特許権の設定の登録の日から継続して3年以上、その特許発明の実施が適当にされていないとき、その特許発明の実施をしようとする者は、特許権者又は専用実施権者に対し通常実施権の許諾について協議を求めることができる。ただし、その特許発明に係る特許出願の日から4年を経過しているものとする。

平成30年度　第10問

特許と実用新案に関する記述として、最も適切なものはどれか。

ア　権利侵害に基づく差止請求権を行使する場合、特許権は事前に相手方に警告を

行わなければならないが、実用新案権はその際、さらに技術評価書を提示しなければならない。

イ　他人の特許権又は実用新案権を侵害した者は、その侵害の行為について過失があったものと推定する。

ウ　特許権の存続期間の起算日は出願日であるが、実用新案権の存続期間の起算日は登録日である。

エ　方法の発明は特許を受けることができるが、方法の考案は実用新案登録を受けることができない。

平成**23**年度　第**7**問

特許・意匠登録・商標登録制度に関する記述として、最も不適切なものはどれか。

ア　意匠登録出願人は、特許出願人と異なり、意匠権設定の登録の日から3年以内の期間を指定して、その期間その意匠を秘密にするよう請求することができる。

イ　特許権の存続期間の始期は、意匠権及び商標権と同様に設定登録の日から起算される点で共通し、設定登録の日から20年をもって終了する。

ウ　特許出願は、意匠登録出願及び商標登録出願と異なり、出願審査の請求を待って審査官により特許を受けることができる発明であるかについて審査が行われる。

エ　特許出願は、意匠登録出願と異なり、特許出願の日から1年6月を経過したときは特許掲載公報の発行したものを除き、願書に記載した事項及び願書に添付した明細書等に記載した事項並びに図面の内容等が出願公開される。

平成**24**年度　第**13**問

特許権を取得した会社の専務取締役甲氏と、中小企業診断士であるあなたとの間の、特許権のライセンスに関する以下の会話を読んで、下記の設問に答えよ。

甲　氏：「知財担当の主任から聞きましたが、平成24年4月から特許法の改正法が施

問題編　**417**

　　　　　行されて、特許権のライセンスについて登録制度が変更されたそうですね。」

あなた：「はい。特許権の　　A　　の設定を受けたライセンシーが、特許権を譲
　　　　　り受けた第三者に自らの権利を対抗するため、これまでは特許庁にその権
　　　　　利の登録をする必要がありました。今後、ライセンシーは登録なしで
　　　　　　A　　を特許権の譲受人に対して当然に対抗できることになります。」

甲　氏：「当社はライセンシー側でもありますが、登録制度を利用していませんで
　　　　　した。」

あなた：「また、破産手続のことを考えると、破産管財人は破産手続開始時点で
　　　　　　B　　である破産者・第三者間の双務契約を解除できるのが原則です
　　　　　が、ライセンス契約においては、たとえ　　C　　が破産しても
　　　　　　A　　について対抗要件が備わっていれば、破産管財人は　　A
　　　　　の設定契約を解除できません。今回の特許法改正により、特許権者から
　　　　　　A　　の設定を受けたライセンシーはその後特許権者が破産しても、
　　　　　破産管財人に当然に対抗できます。ライセンスを受けた技術を安心して利
　　　　　用し続けられますし、特許権のライセンスビジネスでの活用の幅も広がり
　　　　　ます。」

甲　氏：「だけど、せっかく第三者が特許権を買い取っても、特許庁の登録を見て
　　　　　も分からないライセンシーへのライセンスを打ち切れないわけですよね。
　　　　　それって特許権を活用したファイナンスとかM＆Aの妨げになりません
　　　　　か。」

あなた：「企業買収の際には、買収企業側が被買収企業側にデュー・ディリジェン
　　　　　スを実施し、被買収企業側からの『開示したライセンシーがすべてであり、
　　　　　開示されないライセンシーは存在しない』という　　D　　条項をおけば、
　　　　　買収側としては一応のリスク回避が可能です。ただ、おっしゃるとおり、
　　　　　隠れたライセンシーの存在やライセンス日付のバックデートの可能性が、
　　　　　特許権を活用した資金調達のマイナス要因になりかねないという指摘はあ
　　　　　ります。」

甲　氏：「それに、特許権の譲渡後に譲渡人が新たなライセンシーとライセンス契
　　　　　約を結んでしまったりした場合、ライセンシーは　　A　　を特許権の譲
　　　　　受人に主張できますか。」

あなた：「特許法の条文上は、ライセンシーは　　E　　後に特許権を取得した第

三者にその権利の効力を主張できますから、 F が特許権の移転登録より先であれば、 A の方が優先します。」

（設問1）

会話中の空欄A〜Cに入る語句の組み合わせとして最も適切なものはどれか。

ア　A：専用実施権　　　B：双方未履行　　　C：ライセンシー

イ　A：専用実施権　　　B：双方履行済み　　C：ライセンサー

ウ　A：通常使用権　　　B：一方履行済み　　C：ライセンシー

エ　A：通常実施権　　　B：双方未履行　　　C：ライセンサー

（設問2）

会話中の空欄D〜Fに入る語句の組み合わせとして最も適切なものはどれか。

ア　D：瑕疵担保責任　　　　　　　　　E：特許発明の実施
　　F：ライセンス契約締結

イ　D：実績補償　　　　　　　　　　　E：特許発明の実施
　　F：ライセンス対象技術の実際の利用

ウ　D：損失補償　　　　　　　　　　　E：通常実施権の発生
　　F：ライセンス対象技術の実際の利用

エ　D：表明・保証　　　　　　　　　　E：通常実施権の発生
　　F：ライセンス契約締結

令和元年度 第13問

特許権に関する記述として、最も適切なものはどれか。

ア　他人の特許権又は専用実施権を侵害しても、その侵害の行為について過失があったものと推定されない。

イ　特許権が共有に係るときは、各共有者は、契約で別段の定めをした場合を除き、他の共有者の同意を得なければ、特許発明の実施をすることができない。

ウ　特許権について専用実施権を設定した場合には、特許権者は専用実施権者が専有する範囲について業として特許発明の実施をすることができない。

問題編　419

エ　特許権の存続期間は、登録の日から 20 年をもって終了する。

平成 **27** 年度　第 **15** 問

　外国企業への生産委託に関する以下の文章の空欄 A と B に入る語句の組み合わせとして、最も適切なものを下記の解答群から選べ。

　国内の中小製造業者がアジア諸国等の現地企業に生産委託を行う場合、現地法人や現地工場を確保する場合と比較して、生産コスト面や労務管理面での負担軽減、海外販路の確保、ハイテク製品とローテク製品の生産のすみ分け等といった利点が挙げられる。その一方、技術流出や秘密漏洩のリスクがあるほか、品質管理やブランド管理に困難を伴うといった問題点もある。

　受託者（現地企業）に開示する技術情報についての秘密保持義務を生産委託契約で規定することは、受託者への義務付けを通して技術流出の未然防止が期待できるが、いったん技術情報が流出してしまえば、第三者による技術利用を拘束する効力はない。このような第三者による重要な生産技術の利用を防ぐ上で、受託者の本拠地国での　　A　　は一定の効果があるが、他方で権利を取得する前に生産方法の公開により技術的なノウハウが広く全世界に流出してしまうリスクも生じさせるので、慎重に検討する必要がある。

　生産委託の形態として採用される手法のひとつが、委託者（国内企業）が製品の設計から制作・組立図面に至るまで受託者へ支給し（場合によっては技術指導も行う。）、委託者のブランドで製品を生産する OEM である。委託者にとっては、製品市場の導入期や成長期におけるブランドの知名度向上、生産能力不足のカバーといったメリットが大きい。この生産委託の形態をさらに進化させたのが、製品の設計段階から製品開発、場合によってはマーケティングに至るまで受託者が一貫して提供する　　B　　であり、受託者の技術レベルが委託者と同水準以上にあることが基本的な特徴である。

〔解答群〕

　　ア　A：意匠権の取得　　　　B：FMS

　　イ　A：オープンソース化　　B：EMS

　　ウ　A：商標権の取得　　　　B：ODF

　　エ　A：特許権の取得　　　　B：ODM

420　　第 2 部　テーマ別 1 次過去問集

III 実用新案法

平成21年度 第8問

X社の代表取締役社長からの次の質問に対する回答として、<u>最も不適切なもの</u>を下記の解答群から選べ。

【X社の代表取締役社長からの質問】

「当社は、以前からその製造・販売に係る特殊な構造を有するシャープペンシルについて実用新案権を保有していますが、競争会社Y社が最近同一の構造を有すると思われるシャープペンシルを製造・販売するようになりました。この製造・販売を止めさせたいと思いますが、どのようにすればよいでしょうか。」

〔解答群〕

ア　御社の実用新案権に係る登録実用新案と競争会社Y社の製造・販売に係るシャープペンシルの構造が同一であるか調べる必要があります。

イ　実用新案権の存続期間は、特許権の存続期間より短く、実用新案登録出願の日から10年で終了するので、実用新案登録出願の日がいつだったかを確認することが必要です。

ウ　実用新案権は、特許権と同様に排他的独占権の性質を有しているので、特許庁の審査官が作成した実用新案技術評価書を提示しなくても、競争会社Y社の製造・販売の中止を求めることはできます。

エ　当初3年間分の登録料は、実用新案登録出願時に一時に納付されていますが、実用新案権は、第4年分以降の各年分の登録料を特許庁に納付しないと消滅しますから、確認が必要です。

平成28年度 第6問

実用新案登録技術評価に関する記述として、最も適切なものはどれか。

ア　実用新案法には、2以上の請求項に係る実用新案登録出願については、実用新

案技術評価の請求は、請求項ごとにすることができない旨が規定されている。

イ　実用新案法には、実用新案技術評価の請求をした後においては、実用新案登録
　　出願を取り下げることができない旨が規定されている。

ウ　実用新案法には、実用新案権の消滅後においても、常に当該実用新案技術評価
　　の請求をすることが可能である旨が規定されている。

エ　実用新案法によれば、実用新案権者は、その登録実用新案に係る実用新案技術
　　評価書を提示して警告をした後でなければ、自己の実用新案権の侵害者等に対
　　し、その権利を行使することができない。

Ⅳ　意匠法

令和元年度　**第12問**

　以下の会話は、中小企業診断士であるあなたと、玩具メーカーのX株式会社の代
表取締役甲氏との間で本年8月に行われたものである。会話の中の空欄AとBに入
る語句の組み合わせとして、最も適切なものを下記の解答群から選べ。

あなた：「先月の業界誌で、御社の新製品が好評との記事を読みました。」

甲　氏：「はい、6月に大規模展示施設の展示会で発表したのですが、おかげさま
　　　　　で、クリスマス商戦に向けて引き合いがたくさん来ています。」

あなた：「この製品、外観がとてもユニークですが、意匠登録出願はされましたか。」

甲　氏：「実をいうと、こんなに売れるとは思っていなかったので、意匠登録出願
　　　　　に費用をかけなかったんです。こんなに好評なら、模倣品対策のため、発
　　　　　表前に出願しておけばよかったです。」

あなた：「　　A　　の規定を用いれば、意匠登録出願することができる場合があ
　　　　　りますよ。」

甲　氏：「本当ですか。どのくらいの期間認められているのでしょう。」

あなた：「今回の場合は、展示会に出品した日が起算日になると思いますが、その
　　　　　日から　　B　　間です。」

甲　氏：「よかった、まだ間に合いそうです。急いで特許事務所に相談してみます。」

422　第2部　テーマ別1次過去問集

〔解答群〕

　　ア　A：国内優先権

　　　　B：6 か月

　　イ　A：国内優先権

　　　　B：1 年

　　ウ　A：新規性喪失の例外

　　　　B：6 か月

　　エ　A：新規性喪失の例外

　　　　B：1 年

平成29年度　第9問

　以下の会話は、中小企業診断士であるあなたとX株式会社の代表取締役甲氏との間で行われたものである。

　会話の中の空欄AとBに入る語句の組み合わせとして、最も適切なものを下記の解答群から選べ。

あなた：「意匠制度には特殊な出願制度があります。下図は　　A　　意匠制度と、　　B　　意匠制度について、全体の意匠出願中の利用率を示した特許庁の統計です。」

甲　氏：「それぞれ、どのような制度なのかな。」

あなた：「　　A　　意匠制度は図面の一部に破線を用いるなどして余分な限定を排除する制度で、　　B　　意匠制度は互いに類似する複数の意匠を重ねて登録することでより広い権利範囲を特定する制度です。いずれも、より強い意匠権を獲得できるメリットがあります。」

甲　氏：「　　A　　意匠制度は利用率が 40 ％にも達していて、人気があるようだね。次回、意匠登録出願をする場合は、検討してみよう。」

　　　　　　A　　意匠、　　B　　意匠の出願件数及び出願件数割合の推移

問題編　**423**

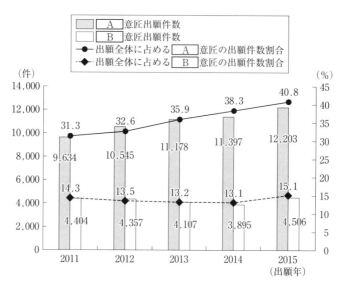

特許行政年次報告書2016年度版　図1-1-66から作成

〔解答群〕

　ア　A：秘密　　B：関連
　イ　A：秘密　　B：組物の
　ウ　A：部分　　B：関連
　エ　A：部分　　B：組物の

平成16年度　第8問

　玩具を製造販売する会社X（以下「玩具会社X」という）は、クリスマス商戦向けに、特色のあるデザインをしたおもちゃのクリスマスツリーの意匠権Aを自社で取得し、室内に飾るおもちゃのクリスマスツリーaを売り出した。このおもちゃのクリスマスツリーaは、売り上げを飛躍的に伸ばし、需要者の間で、クリスマスツリーaを見れば、そのデザインから、おもちゃメーカーである玩具会社Xのものであるとの認識を得るほど有名になっている。

　洋菓子を専門に製造販売する会社Y（以下「製菓会社Y」という）は、クリスマスツリーのモチーフのチョコレートを販売することとし、玩具会社Xのおもちゃのクリ

スマスツリー a より小さくし、クリスマスツリー a のモチーフと同じモチーフにして、チョコレートで作ったクリスマスツリー b を製作した。そして、このチョコレートのクリスマスツリー b を販売するのに、小さなもみの木の苗木に飾り付けて作ったクリスマスツリー c をプレゼント品として付けて販売開始したところ、爆発的な売り上げを示した。

そこで、玩具会社 X から「製菓会社 Y のチョコレートのクリスマスツリー b は、わが社のおもちゃのクリスマスツリー a のデザインを真似しているのだから、何とかならないだろうか」という相談を受けた。

この場合のアドバイスとして、最も適切なものはどれか。

ア　玩具会社 X のおもちゃのクリスマスツリー a は、おもちゃのクリスマスツリー a を見ただけで、玩具会社 X のものであると認識することができるほど有名になっており、製菓会社 Y の販売しているチョコレートのモチーフが、玩具会社 X のクリスマスツリーのモチーフと同じであるので、不正競争防止法の形態模倣禁止の規定に基づいて、製菓会社 Y のチョコレートのクリスマスツリー b の販売を止めさせることができます。

イ　玩具会社 X は玩具を製造販売する会社で、一方、製菓会社 Y はお菓子を製造販売する会社であり、玩具会社 X と製菓会社 Y の販売行為は販売商品を別々にしているので、製菓会社 Y のチョコレート販売行為は玩具会社 X が保有している意匠権 A の侵害を構成しません。

ウ　製菓会社 Y がクリスマスツリー b のチョコレートを販売することは、問題ありませんが、小さな苗木のクリスマスツリー c は、玩具会社 X のおもちゃのクリスマスツリー a と類似する物品ですから、玩具会社 X が保有している意匠権 A の侵害を構成しております。

エ　製菓会社 Y の販売しているチョコレートのクリスマスツリー b のモチーフは、商品が別であっても玩具会社 X のおもちゃのクリスマスツリー a のモチーフと同じですから、製菓会社 Y がクリスマスツリー b のチョコレートを販売することは、玩具会社 X が保有している意匠権 A の侵害を構成しております。

問題編　**425**

平成**25**年度 第**10**問

意匠権に関する記述として最も適切なものはどれか。

ア　Aは組物の意匠として一組の飲食用ナイフ、スプーン及びフォークのセットの意匠登録を受けた。Aの当該意匠権の効力は、ナイフのみの意匠には及ばない。

イ　意匠権の効力は、商標権の効力とは異なり、登録意匠に類似する意匠には及ばない。

ウ　関連意匠の意匠権の存続期間は、関連意匠の意匠権の設定の登録の日から20年をもって終了する。

エ　業として登録意匠に係る物品を輸出する行為は、意匠権の侵害とはならない。

平成**26**年度 第**7**問

意匠制度に関する記述として最も適切なものはどれか。

ア　意匠登録出願人は、意匠権の設定の登録の日から3年以内の期間を指定して、その期間その意匠を秘密にすることを請求することができる。

イ　関連意匠の意匠登録を受けた意匠が本意匠に類似しないものであることを理由として、その関連意匠の意匠登録に対して意匠登録無効審判を請求することができる。

ウ　組物を構成する物品に係る意匠としてなされた意匠登録出願に対して、組物全体として統一性がないことを理由として意匠登録無効審判を請求することができる。

エ　「乗用自動車」の意匠が公然知られている場合に、その乗用自動車と形状の類似する「自動車おもちゃ」について意匠登録出願したときは、その出願は新規性がないとして拒絶される。

平成**28**年度 第**9**問

意匠法に規定される秘密意匠制度は、意匠登録出願人が、意匠権の設定の登録の日から3年以内の期間を指定して、その期間その意匠を秘密にすることを請求する

426　第2部　テーマ別1次過去問集

ことができる制度である(意匠法第14条)。これは、先願により意匠権を確保しておく必要があるものの、直ちに当該意匠の実施を行わない場合に意匠公報が発行されることによる第三者の模倣を防止しようとする趣旨によるものである。

このような秘密意匠制度に関する記述として、最も適切なものはどれか。

ア 甲は、出願公開された特許出願を意匠登録出願に変更した。この場合、当該変更出願に係る意匠はすでに新規性を失っている。したがって、これを秘密にすべき利益を失っているため、甲は、その意匠登録出願について秘密にすることを請求することができない。

イ 乙は、本意匠Aとそれに類似する関連意匠Bを同日に意匠登録出願した。この意匠登録出願の際、乙は、Aのみを秘密にすることを請求していた。この場合、その期間が経過するまで、Bについても秘密にすべき利益を保護する必要が生じる。したがって、Bに係る意匠登録出願の願書に添付した図面の内容が意匠公報に掲載されることはない。

ウ 丙は、意匠登録出願前に意匠が記載されたカタログを重要顧客に頒布した場合であっても、その意匠を秘密にすることを請求することができる。

エ 丁は、パリ条約の同盟国において意匠登録出願をした。その意匠が公報に掲載された後に、丁が日本国においてこの意匠登録出願に基づきパリ条約による優先権主張を伴う意匠登録出願をするときは、既に当該意匠を秘密にすべき利益を失っている。したがって、丁は、その意匠を秘密にすることを請求することができない。

Ⅴ 商標法

平成**26**年度 第**8**問

商標登録の要件に関する記述として、最も不適切なものはどれか。

ア 外国の国旗と同一又は類似の商標は商標登録されることはない。

イ 菊花紋章と同一又は類似の商標は商標登録されることはない。

ウ 市町村を表示する標章と同一又は類似の商標は商標登録されることはない。

エ 赤十字の標章又は名称と同一又は類似の商標は商標登録されることはない。

問題編　**427**

平成30年度 第12問

　以下の会話は、中小企業診断士であるあなたと、地元の民芸品を扱う事業協同組合Xの理事である甲氏との間で行われたものである。会話の中の空欄に入る語句として、最も適切なものを下記の解答群から選べ。

甲　氏：「うちの民芸品は全国的にも有名だと思うのですが、知的財産権で保護することができないでしょうか。」

あなた：「そうですね。意匠や実用新案は新規性が要求されますから難しいでしょう。でも、商標には立体商標という制度があります。実際、飛騨地方の『さるぼぼ』や太宰府天満宮の『うそ』が、『キーホルダー』を指定商品とした立体商標として商標登録を受けているんですよ。」

甲　氏：「へぇ、立体の商標ですか。」

あなた：「そうです。　　　　　　の立体商標は、『使用をされた結果需要者が何人かの業務に係る商品又は役務であることを認識することができるもの』ならば、商標登録を受けることができますから、長年使用されている民芸品は立体商標の登録を比較的受け易いのです。」

甲　氏：「なるほど。長年使っているからこそ登録を得られる商標があるのですね。」

あなた：「地元の弁理士さんを紹介しますので、相談してみてはいかがでしょう。」

甲　氏：「よろしくお願いします。」

〔解答群〕

ア　その商品の形状等を普通に用いられる方法で表示する標章のみからなる商標

イ　その商品又は役務について慣用されている商標

ウ　その商品又は役務の普通名称を普通に用いられる方法で表示する標章のみからなる商標

エ　他人の業務に係る商品又は役務と混同を生ずるおそれがある商標

平成27年度 第11問

　中小企業診断士のあなたと顧客の経営者X氏との以下の会話を読んで、下記の設問に答えよ。なお、実在するキャラクターや特産品を考慮する必要はない。

X 氏：「当社の本社はC県のAB市にあり、私は地元の経済団体の役職にも就いているのですが、最近、AB市で盛り上がっているのが、AB市内の漁港で水揚げされた海老のすり身を煎餅の生地に練り込んで焼いた特産品の『ABせんべい』をもっと全国的に売り出そうという企画なんです。確か、地域の特産品の名称を保護するような商標がありましたよね。」

あなた：「地域団体商標のことですか。正確なことは専門家に聞いた方がいいと思いますが、地域団体商標が認められるには、結構要件が厳しかったはずですよ。権利の主体は、事業協同組合等のほか、平成26年に施行された法改正で新たにNPO法人や ① 等にも広げられました。しかし、『ABせんべい』という名称を使用しているだけでは難しくて、例えば『ああ、あのAB市特産の、海老を原材料にした煎餅だな』と消費者や事業者が広く認識する程度の周知性が必要です。」

X 氏：「地域的にどの程度まで周知ならいいのですか。」

あなた：「一般的には、 ② に及ぶ程度の周知性が必要とされています。」

X 氏：「なるほど、そう簡単なわけでもなさそうですね。実は、AB市の公募で採用された『ABせん兵衛くん』という、いわゆるゆるキャラが『ABせんべい』の知名度向上に一役買っているのですが、最近、地元のイベントで『ABせん兵衛くん』の偽物が現れましてね。よく似た着ぐるみを着て、『海老みそブシューッ！』と叫びながらエビ反りになってのたうち回るなんてギャグをやったりして、子供にはうけますが、下品だと言って嫌う人もいます。こういったゆるキャラの権利を知的財産で守るような法的手段はないのでしょうか。」

あなた：「キャラクターのデザインや絵柄の創作を保護するなら、やはり ③ で守るというのが最も素直でしょう。広告宣伝用であれば、平面だけでなく立体的な構成も ④ 、あるいは ⑤ で保護が可能ですが、広告宣伝の対象となる商品やサービスを特定する必要がありますし、 ④ は登録の手続が、 ⑤ は権利行使のために周知性の立証が必要です。また、ぬいぐるみの量産品であれば ⑥ で保護される可能性も出てきますが、一方でそのような物品が ③ による保護の対象になるか、という問題も出てきます。結局、場面に応じた個別的な法的保護の組み合わせでキャラクターの利益を守るしかないのが現状

問題編　**429**

です。」

（設問 1 ）

会話の中の空欄①と②に入る語句の組み合わせとして最も適切なものはどれか。

ア　①：一般社団法人　　　　②：全国

イ　①：商工会議所　　　　　②：隣接都道府県

ウ　①：中小企業団体中央会　②：近隣市町村

エ　①：公益社団法人　　　　②：全国 8 地方区分の同一区分

（設問 2 ）

会話の中の空欄③～⑥に入る語句の組み合わせとして最も適切なものはどれか。

ア　③：商品化権　　④：不正競争防止法　　⑤：商標権
　　⑥：意匠権

イ　③：著作権　　　④：商標権　　　　　　⑤：景品表示法
　　⑥：パブリシティ権

ウ　③：著作権　　　④：商標権　　　　　　⑤：不正競争防止法
　　⑥：意匠権

エ　③：意匠権　　　④：不正競争防止法　　⑤：商標権
　　⑥：著作権

平成29年度　第10問

以下の会話は、中小企業診断士であるあなたとX株式会社の代表取締役甲氏との間で行われたものである。

会話の中の空欄に入る語句として、最も適切なものを下記の解答群から選べ。

甲　氏：「立体商標というものがあると聞きました。うちの商品の容器の形状は他社とは違う独特の形をしていますから、登録を受けられると思うのですが。」

あなた：「通常の商標は、識別性を有していれば登録される可能性があり、これは通常の立体商標も同じです。しかし、商標法は『商品の形状（包装の形状を含む）を普通に用いられる方法で表示する標章のみからなる商標』については、原則として登録を認めないと規定しているので、商品の容器の形状自体を立体商標として登録するのはハードルが高いようです。」

甲　氏：「しかし、ある清涼飲料水や乳酸菌飲料の容器の形状は立体商標として登録されている、と新聞で読みましたよ。」

あなた：「そのようですね。　　　　　　　　と認められれば、例外的に登録が認められるようです。おつきあいのある弁理士に相談してみたらどうでしょう。」

甲　氏：「なるほど。それでは、早速担当部署に対応を取らせましょう。」

〔解答群〕

ア　容器の形状等が創作性を有し、需要者が何人かの業務に係る商品であると認識できるに至った

イ　容器の形状等が創作性を有し、同業者が何人かの業務に係る商品であると認識できるに至った

ウ　容器を使用した結果、需要者が何人かの業務に係る商品であると認識できるに至った

エ　容器を使用した結果、同業者が何人かの業務に係る商品であると認識できるに至った

平成27年度 第8問

商標制度に関する記述として最も適切なものはどれか。

ア　自己の氏名を普通に用いられる方法で表示する商標であっても、先に登録された商標と同一であれば商標権の侵害となる。

イ　商標の更新登録の申請の際には、審査官による実体審査はなされない。

ウ　テレビやコンピュータ画面等に映し出される変化する文字や図形は商標登録される場合はない。

エ　文字や図形等の標章を商品等に付す位置が特定される商標が商標登録される場合はない。

平成19年度 第6問

　Y市で古くから製麺業を営むA製麺所は、4年ほど前からその材料と製法に工夫を凝らした生麺を「○○○」という商品名で売り出し、A製麺所の店先や、Y市のスーパーで販売をしていたが、商標「○○○」については商標登録出願をしていなかった。A製麺所の生麺「○○○」は、今年に入って、ようやくY市でも味と食感に優れたおいしい生麺として人に知られるところとなり、売れ行きも好調になってきていた。

　そのような矢先突然、株式会社B製麺所（以下、「B製麺所」という。）というところから、A製麺所のものと同じ商標「○○○」で商品区分・第30類について商標権を取得したので、A製麺所の商標「○○○」の使用を直ちに中止して欲しい旨の内容証明が送られてきた。

　そこで、A製麺所から相談を受けたあなたが商標公報を見たところ、確かにB製麺所は生麺、生そばを含む商品区分・第30類について商標「○○○」について商標権を取得しているが、出願日はA製麺所が生麺を商標「○○○」で売り出した日から2年後であることが判明した。

　A製麺所に対するアドバイスとして最も適切なものはどれか。

ア　A製麺所が、商標「○○○」をB製麺所の登録出願日よりも先に使用を開始していたといっても、わが国は先願主義によっており、先に出願され、商標権が取得された以上、B製麺所の登録商標と同一のA製麺所の商標使用は中止せざるを得ないと思います。

イ　A製麺所の商標「○○○」を付した生麺は、味と食感に優れているということで、今ではY市で知られた存在となっていることから、周知商標として保護され、そのまま使用できるはずです。

ウ　A製麺所は、B製麺所の商標登録出願日よりも前に商標「○○○」の使用を開始していたのですから、B製麺所の登録商標「○○○」は当然無効であるので、商標登録無効審判を提起できるはずです。

エ　A製麺所は、B製麺所の商標登録出願日よりも前に商標「○○○」の使用を開始していたのである以上、当然使用する権利があるはずですから、その旨の回答をしたらよいでしょう。

平成24年度　第7問

商標権の効力に関する記述として最も適切なものはどれか。

ア　指定商品「菓子」についての登録商標「恋人」の商標権者は、「菓子」と「パン」は相互に類似する商品と見なされているとしても、他人に「パン」について登録商標「恋人」を使用する権利を許諾することはできない。

イ　他人の商品「おもちゃ」に係る商標「スター」についての商標登録出願前から、商標「スター」を周知性を得られないまま善意で商品「おもちゃ」について使用していた者は、たとえその商標登録出願が商標登録された後でも商標「スター」を商品「おもちゃ」について継続的に使用することができる。

ウ　他人の著名な漫画の主人公の図柄について商標登録した場合でも、商標権者は、他人の承諾を受けることなく、漫画の主人公の図柄から成る登録商標をいずれの指定商品についても使用することができる。

エ　他人の登録商標と同一であっても、自己の氏名であれば、商標として使用することができる。

平成24年度　第11問

商標の使用に関する記述として最も適切なものはどれか。

ア　家庭用テレビゲーム機用プログラムを記憶させた CD-ROM に標章を付して販売する行為は、役務についての商標の使用にあたる。

イ　商標は、業として商品を生産し、証明し、又は譲渡する者がその商品について使用するものであるため、商品の生産準備中に、使用予定の商標を雑誌などに広告することは商標の使用にあたらない。

ウ　電気通信回線を通じて提供されるダウンロード可能な「電子出版物」のデータに標章を付して販売する行為は、商品についての商標の使用にあたる。

エ　標章を付した商品をわが国から輸出する行為は、その商品は輸出先国での販売が予定されているので、わが国での商標の使用にあたらない。

問題編　**433**

平成25年度 第9問

地域団体商標に関する記述として最も適切なものはどれか。

ア　地域団体商標に係る商標権者は、その商標権について、「地域団体商標に係る商標権を有する組合等の構成員」(地域団体構成員)以外の他人に専用使用権を許諾することができる。

イ　地域団体商標に係る商標権は譲渡することができる。

ウ　「地域団体商標に係る商標権を有する組合等の構成員」(地域団体構成員)は、当該地域団体商標に係る登録商標の使用をする権利を移転することができない。

エ　地域の名称のみからなる商標も、地域団体商標として登録を受けることができる。

平成28年度 第10問

甲が商標Aについて商標登録出願を行ったところ、他人乙の先願先登録商標Bが、商標Aに類似する商標として引用され、拒絶理由通知が発せられた。この場合に関する記述として、最も適切なものはどれか。

ア　商標Aと商標Bの類否は、それぞれの商標が同一又は類似の商品に使用された場合に、商品の出所につき誤認混同を生ずるおそれがあるか否かによって決せられる。

イ　商標Aと商標Bの類否は、まず、それぞれの商標の要部を抽出し、その後、商標Aと商標Bの要部のみを対比することにより、判断しなければならない。

ウ　商標Aの登録を乙が承諾している旨を示す証拠が提出された場合、乙の利益が害されることはないため、審査官は当該証拠を資料として参酌して登録する義務がある。

エ　商標Aは立体商標であり、その指定商品は有体物である。一方、商標Bは平面商標であり、その指定役務は、無体物である。この場合、商標Aと商標Bとは互いに類似とされることはないため、甲は意見書を提出して審査官の判断を覆すべきである。

434　第2部　テーマ別1次過去問集

令和元年度 第14問

　以下の会話は、中小企業診断士であるあなたと、県内で複数の和菓子店を展開する甲株式会社の代表取締役A氏との間で行われたものである。会話の中の空欄に入る記述として、最も適切なものを下記の解答群から選べ。

A　氏：「おととい、東京にある乙株式会社から警告書が送られてきて驚いています。」

あなた：「どのような内容ですか。」

A　氏：「うちで販売するどら焼きの名前が、昨年、乙株式会社が「菓子・パン」について登録した商標と類似するそうで、直ちに販売を中止しなさい、という内容です。どうしたらいいでしょう。」

あなた：「確か、御社のどら焼きは昭和の時代から販売している名物商品ですよね。それであれば、先使用権を主張できるかもしれませんよ。」

A　氏：「その先使用権とはどういうものですか。」

あなた：「不正競争の目的でなく、　　　　　　、継続してその商標の使用をする権利を有する、という商標法上の規定です。」

A　氏：「ということは、うちのどら焼きの販売を中止する必要はないのですね。」

あなた：「そうです。知的財産権に詳しい弁護士さんを紹介しますので、相談されてはいかがですか。」

A　氏：「よろしくお願いします。」

〔解答群〕

　ア　乙株式会社の商標登録出願前から、御社がどら焼きについて御社商標を使用し、または使用する準備をしているときは

　イ　乙株式会社の商標登録出願前から、御社がどら焼きについて御社商標を使用していた結果、乙株式会社の商標登録出願の際、現に御社商標が御社の業務に係るどら焼きを表示するものとして、需要者の間に広く認識されているときは

　ウ　乙株式会社の商標登録前から、御社がどら焼きについて御社商標を使用し、または使用する準備をしているときは

　エ　乙株式会社の商標登録前から、御社がどら焼きについて御社商標を使用して

問題編　435

いた結果、乙株式会社の商標登録の際、現に御社商標が御社の業務に係るどら焼きを表示するものとして、需要者の間に広く認識されているときは

平成 **19** 年度　第 **10** 問

外国法人のＡ社が持つ、指定商品が「Ｘ」で「○○○」というローマ字の大文字で書した先願既登録商標に対し、Ｂ社は同じく指定商品を「Ｘ」とし、「○○○ CLUB」という字句を同書、同大、同間隔、かつ一連に書して商標登録出願したところ、商標権を取得できた。

その後、Ａ社は自社の登録商標「○○○」を付した商品の大々的な広告宣伝活動を開始した。

その結果、Ａ社の登録商標は、Ｂ社の商標が登録された後ではあったが、Ａ社の商品を表示するものとして日本国内において広く人に知られる存在となった。その後、Ｂ社は自社の登録商標「○○○ CLUB」のうち「○○○」と「CLUB」の間を１文字離して使用したところ、Ａ社から警告書が送られて来た。

この場合のＢ社の対応について、<u>最も不適切なもの</u>はどれか。

ア　１文字も離すと、「○○○」と「CLUB」との間に、それぞれ別の意味が生じてくる可能性があることから、Ｂ社の登録商標「○○○ CLUB」の使用とはいえない場合が生じてくるので使用を中止する。

イ　「○○○」と「CLUB」の間を１文字離して使用する場合、Ｂ社の方に信用のただ乗り (Free ride) 意思があるとして、Ｂ社の登録商標は不正使用取消審判の対象となり得るので対策を考える。

ウ　商標「○ ○ ○」と「CLUB」の間を１文字離した程度では、商標「○ ○ ○」と「CLUB」の間の一体性は損なわれていないので、Ｂ社の登録商標「○○○ CLUB」の使用であるとして使用を中止しない。

エ　たとえ１文字離した程度であったとしても、Ａ社の登録商標「○○○」が既に周知著名商標となっていることを考慮すると、Ａ社の商品との間に出所の混同を生ずるとされる恐れがあるので、使用を中止する。

平成22年度 第9問

商標登録出願に関する記述として、最も不適切なものはどれか。

ア　商標登録出願人は、二つ以上の商品又は役務を指定商品又は指定役務とする商標登録出願の一部を一つ又は二つ以上の新たな商標登録出願とすることができ、その新たな商標登録出願は、もとの商標登録出願の時にしたものとみなされる。

イ　商標登録出願人は、自己の業務に係る商品又は役務について使用をする商標について商標登録を受けることができる。団体商標にあってはその使用者は団体の構成員であるため、商標登録出願は団体の構成員の全員の名前により行う必要がある。

ウ　商標登録出願人は、登録料の納付と同時に、商標登録出願に係る区分の数を減ずる補正をすることができる。

エ　商標登録出願は、商標ごとに、商標の使用をする一つのみの指定商品又は指定役務を指定して行うことができ、また、複数の商品又は役務の区分に所属する複数の指定商品又は指定役務を指定して行うこともできる。

平成30年度 第14問

　以下の会話は、中小企業診断士であるあなたと、酒造会社Ⅹ社の代表取締役甲氏との間で行われたものである。会話の中の空欄ＡとＢに入る語句の組み合わせとして、最も適切なものを下記の解答群から選べ。

甲　氏：「うちの醸造所で、フルーティーな味わいを目指した『本／PPONN』という銘柄を売り出すんですよ。日本での商標登録出願も、このとおり済ませました。」

あなた：「漢字『本』とアルファベット『PPONN』を二段表記した商標ですね。」

甲　氏：「インバウンドの効果もあって日本酒は外国でも人気です。海外販路も開拓したいと思っているので、外国でも商標登録出願を行おうと思っています。」

あなた：「日本の商標を基礎に、多数の国を指定して日本の特許庁に一括して商標登録出願ができる、マドリッド協定による国際商標登録出願、いわゆるマ

問題編　**437**

ドプロ出願という制度があるようですよ。」

甲　　氏：「そのマドプロ出願は、今すぐ使えるのでしょうか。」

あなた：「マドプロ出願は、　　A　　。」

甲　　氏：「なるほど。それと、商標に漢字が入ったままで大丈夫でしょうか。」

あなた：「漢字が入っていても出願できます。　　B　　。」

〔解答群〕

ア　A：日本の商標登録出願を基礎にできますから、もう利用できますよ
　　B：そもそも、商標を変更することはできません

イ　A：日本の商標登録出願を基礎にできますから、もう利用できますよ
　　B：ただ、同一性のある範囲なら、商標を変更することができます

ウ　A：日本の商標登録を基礎にしますから、出願中の現在は、まだ利用はできません
　　B：そもそも、商標を変更することはできません

エ　A：日本の商標登録を基礎にしますから、出願中の現在は、まだ利用はできません
　　B：ただ、同一性のある範囲なら、商標を変更することができます

平成27年度　第10問

　中小企業診断士のあなたは、顧問先より以下の内容の質問を受けた。この質問に対する回答として、最も不適切なものを下記の解答群から選べ。

　当社に対してライバルのX社より、同社が5年前に登録した商標Bについて、「あなたの会社が使用している商標Aは、わが社が5年前に登録した商標Bの商標権を侵害しているため、当該商標Aの使用を即刻中止するよう求める」との内容の警告状が送られてきました。当社が取りうる対応としては、どのようなものがあるか教えてください。

〔解答群〕

ア　商標 A が商標 B の商標権の効力の範囲内に含まれるか否かについて、特許
　　庁に判定を求める。

イ　商標 B が商標 B の指定商品について、継続して 3 年以上不使用の状態では
　　ないかを調べる。

ウ　商標 B に商標法で定める不登録事由がないかを調べ、あれば特許庁に対し
　　て異議申立てを行う。

エ　ライバルの X 社が実際に商標 B の登録を所有しているか否かを、商標登録
　　原簿で調べる。

VI 著作権法

令和元年度　第11問

　著作権の保護期間に関する記述として、最も適切なものはどれか。なお、各記述
の自然人の死亡年は、それぞれの著作物の公表年より遅いものとする。

ア　2000 年 8 月 4 日に公表された、映画の著作権の存続期間は、2090 年 12 月 31 日
　　までである。

イ　2000 年 8 月 4 日に公表された、株式会社の従業員が職務著作として制作した同
　　社マスコットキャラクターの著作権の存続期間は、2070 年 12 月 31 日までである。

ウ　2000 年 8 月 4 日に公表された、写真家（自然人）に帰属する写真の著作権の存続
　　期間は、2050 年 12 月 31 日までである。

エ　2000 年 8 月 4 日に公表された、マンガ家（自然人）のアシスタントが職務著作と
　　して描いた絵の著作権の存続期間は、2070 年 12 月 31 日までである。

平成25年度　第12問

　次の a ～ e の著作物の利用行為のうち、著作権者の許諾なしに行った場合、著作
権法の下で、①「刑事罰の対象となることもあり得るもの」、②「刑事罰はないが民
事上違法となり得るもの」、③「適法なもの」の組み合わせとして最も適切なものを、
下記の解答群から選べ。

a　個人的に視聴する目的で、映画 DVD のアクセスガードを解除して内容をコピーする行為

b　企業活動の PR に使用されている動物をデフォルメした「ゆるキャラ」の顔のデザインは変えないままで、その体中の毛をむしり取られて丸裸にされているという状況を表現した画像を、企業としての事業活動とは無関係な当該企業の社長の個人的活動を批判する目的で、自分のブログにアップロードする行為

c　有料音楽ファイルのコピーを違法にアップロードしたサイトと知りながら、当該サイトから個人的に楽しむ目的で音楽ファイルをダウンロードする行為

d　企業における研究開発業務の参考資料として新聞や書籍、雑誌をコピーした PDF ファイルを、すべての事業所の従業員がアクセスし、閲覧できるサーバーコンピューターに保存する行為

e　クールビズの時期に撮影した従業員の集合写真で、うち 1 人が着た T シャツにプリントされた漫画キャラクターが小さく写り込んでいるものを、画像処理をしないまま当該企業の職場紹介のホームページにアップロードする行為

〔解答群〕

ア	①：a	②：bとc	③：dとe
イ	①：aとdとe	②：c	③：b
ウ	①：bとc	②：aとe	③：d
エ	①：bとcとd	②：a	③：e

平成 **19** 年度　第 **12** 問

　A社は、平成 18 年 6 月にA社の従業員Bが職務上創作した動物キャラクター「ぽかぽかうさぎ」について、これを商品化し、名称「ぽかぽかうさぎ」を付したキャラクター商品として平成 19 年度秋頃から日本国内で販売することを企画している。最も適切なものはどれか。

ア　A社が、動物キャラクター「ぽかぽかうさぎ」に関する権利について著作権法に基づき保護を受けるためには、Bから権利の譲渡を受け、「ぽかぽかうさぎ」に関する権利の譲渡を受けたことについて文化庁に「著作権の移転等の登録」の手続をしなければならない。

イ　A社は、動物キャラクター「ぽかぽかうさぎ」について、第三者C社にキャラク
　ター商品の製造および販売の委託をする際には、C社に対して独占的に動物キャ
　ラクター「ぽかぽかうさぎ」に関する著作権の使用許諾をしなければならない。

ウ　第三者Dが指定商品を「おもちゃ、人形」とし、「ぽかぽかうさぎ」との文字から
　構成される登録商標を有する場合でも、A社が動物キャラクター「ぽかぽかうさ
　ぎ」を立体化して作成したぬいぐるみのタグに「ぽかぽかうさぎ」というキャラク
　ター名称を小さく表示するのであれば、Dの商標権を侵害しない。

エ　動物キャラクター「ぽかぽかうさぎ」と外観の類似したキャラクターが、世間に
　名の知られていない、海外において出版された絵本の中に第三者Eにより描かれ
　ている事実が判明した場合にも、動物キャラクター「ぽかぽかうさぎ」創作時にB
　を含めたA社の従業員がこのような事実を全く知らなかったときは、キャラク
　ター商品の販売を中止しなくともよい。

平成**26**年度　第**10**問

著作権法に関する記述として最も適切なものはどれか。

ア　ゴーストライターが自らの創作に係る著作物を他人名義で出版することに同意
　した場合、そのゴーストライターは、その著作物の著作者とはならない。

イ　小学校の教科書に小説を掲載する際に、難解な漢字をひらがな表記に変更する
　行為は、同一性保持権の侵害となる。

ウ　著作権者の許諾なく、スーパーマーケットで、BGMとしてCDの音楽を流す
　ことは、演奏権の侵害となる。

エ　著作者人格権は、その全部又は一部を譲渡することができる。

平成**27**年度　第**14**問　※エを改題

著作権及び著作者人格権に関する記述として、<u>最も不適切なもの</u>はどれか。

ア　契約によって「著作権の全部を譲渡する」旨の条項を定めることにより、著作権
　を構成する複製権等の支分権を個別に特定しなくても、支分権の全てが譲渡人か
　ら譲受人に移転する。

問題編　**441**

イ 著作権法上、職務上作成する著作物の著作者は、雇用契約等で別途規定しない
限り使用者であるから、使用者が法人であっても著作者人格権に基づき当該著作
物の改変行為の差止めを請求できる。

ウ 電子書籍の出版権者は、電子書籍の公衆送信権のみを専有するにとどまるが、
海賊版業者が違法配信目的で電子書籍の複製を行う行為の差止めを請求できる。

エ わが国の著作権法上、サイバーセキュリティ確保等のためのソフトウェアの調
査解析は、原則として当該ソフトウェアの著作権を侵害しない。

平成30年度　第18問　※（設問1）ウ・エを改題

　以下の会話は、中小企業診断士であるあなたと、X株式会社の代表取締役甲氏と
の間で行われたものである。この会話を読んで、下記の設問に答えよ。

甲　氏：「当社が労務管理のソフトウエアを開発している会社であることはご存知
　　　　かと思いますが、新たに採用管理のソフトウエアの開発を検討しておりま
　　　　す。他社にまねをされないよう、どうにかして保護することはできないで
　　　　しょうか。」

あなた：「ソフトウエアであれば、著作権により保護される可能性があります。ま
　　　　た、特許権による保護もあり得ます。」

甲　氏：「著作権とか特許権というのは聞いたことがあります。開発をするのは、
　　　　当社のソフトウエア開発の部署の従業員なのですが、著作権や特許権は当
　　　　社に帰属しますか。」

あなた：「そうだとすると、いわゆる職務著作や職務発明に該当する可能性があり
　　　　ます。その場合、著作権と特許権では、取り扱いが異なります。　A
　　　　を最初から貴社に帰属させるためには、あらかじめ契約、勤務規則その他
　　　　の定めにおいて、その旨を定めなければなりません。　B　。」

甲　氏：「なるほど。ソフトウエアの開発にあたっては、Y株式会社との共同開発
　　　　も視野に入れているのですが、その場合の権利の帰属はどうなりますか。」

あなた：「Y株式会社とその従業員との契約等によりますが、著作権も特許権も、
　　　　貴社とY株式会社の共有になる可能性があります。」

甲　氏：「その場合、当社は、当該ソフトウエアを、販売したり、作って販売する
　　　　ことを第三者に許諾したり、または、自らの権利の持分を譲渡したりする

　　　　ときに、Y株式会社の承諾が必要になるのでしょうか。」

あなた：「Y株式会社との間で別段の定めをせず、著作権と特許権の双方で保護さ

　　　　れることを前提とします。まず、貴社が作って販売することは承諾が

　　　　　　　C　　　。次に、作って販売することを第三者に許諾することは承諾が

　　　　　　　D　　　。従業員との契約、勤務規則などの資料を持って、弁護士に相

　　　　談に行きましょう。」

（設問1）

　　会話の中の空欄AとBに入る語句の組み合わせとして、最も適切なものはどれ
か。

ア　A：著作権

　　B：しかも、定めていない場合には、当該ソフトウエアを販売することもで
　　　きません

イ　A：著作権

　　B：ただし、定めていない場合でも、当該ソフトウエアを販売することはで
　　　きます

ウ　A：特許を受ける権利

　　B：しかも、定めていない場合には、当該ソフトウエアを販売することもで
　　　きません

エ　A：特許を受ける権利

　　B：ただし、定めていない場合でも、当該ソフトウエアを販売することはで
　　　きます

（設問2）

　　会話の中の空欄CとDに入る語句の組み合わせとして、最も適切なものはどれ
か。

ア　C：ない場合、できません　　　D：ない場合、できません

イ　C：ない場合、できません　　　D：なくても可能です

ウ　C：なくても可能です　　　　　D：ない場合、できません

エ　C：なくても可能です　　　　　D：なくても可能です

問題編　**443**

平成25年度　第14問　※改題

　中小企業診断士であるあなたと、顧客であるSNS(ソーシャル・ネットワーキング・サービス)運営会社の社長甲氏との以下の会話を読んで、下記の設問に答えよ。

甲　氏：「今度、当社のSNS事業を、乙社に譲渡することになりました。」

あなた：「やはり、最近外資系のSNSサイトや無料通話アプリに押され気味でしたものね。」

甲　氏：「これからいろいろ面倒な手続があるみたいですけど。」

あなた：「そうですね、譲渡資産の帳簿価額が御社の総資産額の　A　であれば、株主総会の　B　による事業譲渡契約の承認が必要ですし、従業員の雇用の引継ぎについても、　C　が適用されるのは　D　の場合ですから、事業譲渡では原則に戻って労働者から個別に乙社への移籍について同意を得る必要があります。」

甲　氏：「知的財産の権利関係はどうなりますか。当社は独自開発したSNSの機能について特許を複数取得しており、その一部はSNSの運用ソフトウェアやデザインの著作権とまとめてライセンスに出しているんですが。」

あなた：「特許については登録をしなくてもライセンシーが乙社に通常実施権を対抗できます。著作権については、ライセンシーから乙社に対して利用権を対抗するには、　E　。」

(設問1)

　会話の中の空欄A～Dに入る語句の組み合わせとして最も適切なものはどれか。

ア　A：15％超　　　　B：普通決議　　　C：労働契約法
　　D：会社整理

イ　A：20％超　　　　B：特別決議　　　C：労働契約法
　　D：合併

ウ　A：20％超　　　　B：特別決議　　　C：労働契約承継法
　　D：会社分割

エ　A：30％超　　　　B：普通決議　　　C：労働契約承継法

D：支配株主の変更

（設問2）

会話の中の空欄Eに入る説明として最も適切なものはどれか。

ア　利用権の登録が必要です

イ　乙社の許諾が必要です

ウ　御社とライセンシー間の利用許諾契約への特掲が必要です

エ　利用権の登録も乙社の許諾も不要です

令和元年度　第9問

　以下の会話は、中小企業診断士であるあなたと、X株式会社の代表取締役α氏との間で行われたものである。この会話を読んで、下記の設問に答えよ。

α　氏：「今度、人気マンガ家のYさんに、当社の企業キャラクターを創ってもらうことになりました。将来的には着ぐるみやアニメを作って活用する予定です。Yさんからその著作権の譲渡を受けるために、次の契約書を作ってみたのですがどうでしょうか。」

＊＊＊＊＊＊＊＊＊＊＊＊＊＊＊＊＊＊＊＊＊＊＊＊＊＊＊＊＊＊＊＊＊＊

　　　Y（以下「甲」という。）とX株式会社（以下「乙」という。）とは、キャラクターの絵柄作成業務の委託に関し、以下のとおり契約を締結する。

　第1条　（委託）

　乙は、甲に対し、以下をテーマとするキャラクターの絵柄（以下「本著作物」という。）の作成を委託し、甲はこれを受託した。

　テーマ：乙が広告に使用するマスコットキャラクター

　第2条　（納入）

⑴　甲は乙に対し、本著作物をJPEGデータの形式により、2019年10月末日までに納入する。

⑵　乙は、前項の納入を受けた後速やかに納入物を検査し、納入物が契約内容に適合しない場合や乙の企画意図に合致しない場合はその旨甲に通知し、当該通知を受けた甲は速やかに乙の指示に従った対応をする。

問題編　**445**

第3条　(著作権の帰属)

　本著作物の著作権は、対価の完済により乙に移転する。

第4条　(著作者人格権の帰属)

　本著作物の著作者人格権は、対価の完済により乙に移転する。

第5条　(保証)

　甲は、乙に対し、本著作物が第三者の著作権を侵害しないものであることを保証する。

第6条　(対価)

　乙は甲に対し、本著作物の著作権譲渡の対価、その他本契約に基づく一切の対価として、金1,500,000円(消費税別途)を、2019年11月末日までに支払う。

　本契約締結の証として、本契約書2通を作成し、甲乙記名押印の上、各自1通を保持する。

2019年　　月　　日

甲　Ｙ　　　　印

乙　Ｘ株式会社代表取締役　　α　　印

＊＊＊＊＊＊＊＊＊＊＊＊＊＊＊＊＊＊＊＊＊＊＊＊＊＊＊＊＊＊＊

あなた：「そうですね。まず第3条については　　Ａ　　、検討が必要です。また、第4条については　　Ｂ　　。詳細は弁護士に確認した方がよいと思いますので、もしよろしければ、著作権に詳しい弁護士を紹介しますよ。」

α　氏：「著作権の契約はなかなか難しいですね。よろしくお願いします。」

(設問1)

　会話の中の空欄Aに入る記述として、最も適切なものはどれか。

　なお、著作権法の第21条、第27条及び第28条において規定される権利は次のとおりである。

　第21条：複製権

　第27条：翻訳、翻案等する権利

　第28条：二次的著作物の利用に関する原著作者の権利

446　第2部　テーマ別1次過去問集

ア　著作権は著作者の一身に専属し、譲渡することができませんから

イ　著作権法第21条から第28条の権利は、そもそも対価を支払った者に自動的に移転しますから

ウ　著作権法第21条から第28条の全ての権利を特掲しないと、特掲されなかった権利は譲渡した者に留保されたと推定されますから

エ　著作権法第27条と第28条の権利は特掲しないと、これらの権利は譲渡した者に留保されたと推定されますから

（設問2）

　　会話の中の空欄Bに入る記述として、最も適切なものはどれか。

ア　著作者人格権は移転できますが、職務著作の場合に限られますから修正が必要です

イ　著作者人格権は移転できますが、著作者が法人である場合に限られますから修正が必要です

ウ　著作者人格権は移転できませんが、特約があれば移転についてはオーバーライドすることができる任意規定ですから、このままでよいでしょう

エ　著作者人格権は移転できませんし、特約があっても移転についてはオーバーライドできない強行規定ですから、修正が必要です

VII　不正競争防止法

平成24年度　第10問

　不正競争防止法の不正競争に該当する商品等表示（人の業務に係る氏名、商号、商標、標章、商品の容器若しくは包装その他の商品又は営業を表示するものをいう。以下同じ。）に関する記述として最も適切なものはどれか。

ア　外国でのみ著名な商品等表示の使用を第三者に許諾している甲は、その商品等表示と類似の商品等表示である標章を付した商品を譲渡して、当該第三者の商品と混同を生じさせる行為を行った乙に対して、その標章を付した商品の引き渡し

問題編　**447**

及び損害賠償を請求することができる。

イ　関西地方の需要者の間に広く認識されている商品等表示の使用を第三者に許諾している甲は、その商品等表示と同一の商品等表示である標章を付した商品を譲渡して、当該第三者の商品と混同を生じるおそれがある行為を行った乙に対して、その標章を付した商品の廃棄及び標章を製造する装置の除却を請求することができる。

ウ　関東地方の需要者の間に広く認識されている商品等表示を使用している甲は、その商品等表示と非類似の商品等表示である看板を使用した商品を譲渡した乙に対して、その看板の廃棄と謝罪広告を請求することができる。

エ　世界中の需要者に広く認識されている商品等表示を使用している甲は、その商品等表示と非類似の商品等表示である看板を使用して営業を行った乙に対して、不当利得の返還及びその看板の廃棄を請求することができる。

平成26年度　第6問

不正競争防止法の商品等表示に、含まれないものはどれか。

ア　学校法人の名称

イ　化粧品について、「尿素」「ヒアルロン酸」等の成分表示

ウ　商品の包装

エ　俳優の芸名

平成28年度　第11問

不正競争防止法(以下、「法」という。)に規定する商品等表示に関する記述として、最も適切なものはどれか。なお、各選択肢中の「周知表示混同惹起行為」とは法第2条第1項第1号に規定する行為をいい、「著名表示冒用行為」とは同第2号に掲げる行為をいう。

ア　高級車ブランドとして知られるA社の著名な自動車に関する商品表示を、Aと無関係の者であるBがサングラスに付して販売している。この場合、Bの行為は、著名表示冒用行為となると考えられるが、周知表示混同惹起行為となるこ

とはない。

イ　製菓メーカーC社のポテトチップスの表示甲が普通名称化し、取引者・需要者間で普通名称として用いられるようになった場合、この普通名称化の前に既に表示甲がポテトチップスを表示するものとして著名であるときは、当該表示を普通に用いられる方法で使用する行為は、著名表示冒用行為となる。

ウ　ピザの宅配業者であるDの営業表示乙は、現在、ある地域で周知である。表示乙が周知化する前から、Dと同一地域でピザの宅配業者Eが表示乙と類似の表示である丙を使用しているという事実がある。この場合、Dは、Eによる丙の使用に不正の目的がある場合でも、Eによる丙の使用を差し止めることができない。

エ　ヨーロッパの世界的アパレル・ブランドである企業Fの著名な商品表示を、スナックGがわが国の地方都市の郊外において商号として一店舗のみの看板などに用いている。この場合、FG間に競争関係はないものの、周知表示混同惹起行為となることがある。

平成**27**年度　第**9**問

不正競争防止法に定める不正競争行為に該当しないものとして、最も適切なものはどれか。

ア　広告に商品の原産地について誤認させるような表示をする行為。

イ　他人の商品の形態を模倣したものであるが、その商品の機能を確保するために不可欠な形態を採用した商品を譲渡する行為。

ウ　他人の商品又は営業と混同を生じさせることなく、他人の商品表示として需要者の間に広く認識されているものと同一の商品表示を使用する行為。

エ　ライバル会社の営業上の信用を害する虚偽の事実を流布する行為。

平成**23**年度　第**10**問　※改題

次の文章は、不正競争防止法の解説である。空欄A～Dに入る語句の組み合わせとして最も適切なものを下記の解答群から選べ。

問題編　**449**

不正競争防止法第2条第1項第3号は、商品の形態を模倣から保護する規定である。その形態が意匠法における登録の要件を｜　A　｜。ただし、その形態が｜　B　｜形態である場合には、保護を受けることができない。また、保護を受けることができる期間は、日本国内における最初の｜　C　｜の日から｜　D　｜である。

〔解答群〕

　ア　A：満たさなくてもよい　　B：商品の通常有する　　C：販売　D：3年間
　イ　A：満たさなくてもよい　　B：新規性のない　　　　C：製造　D：3年間
　ウ　A：満たす必要がある　　　B：商品の通常有する　　C：販売　D：5年間
　エ　A：満たす必要がある　　　B：新規性のない　　　　C：製造　D：5年間

平成19年度　第11問

　企業甲は、社長乙氏が代表取締役となり設立された携帯電話用のソフトウェアのプログラムを開発する株式会社であり、開発部門の部長丙氏を含む20名の従業員が就業している。

　社長乙氏が中小企業診断士のあなたに、従業員にかかわる企業甲の営業秘密の保護の仕方について相談している。

　下記の設問に答えよ。

社長乙：「うちの営業を担当していた従業員が辞めるらしくてね。うちでもそろそろ、企業秘密について何か対策を取らなくてはならないと考えているところなんだ。この従業員からは辞めるに際して、守秘義務をうたった誓約書を取ったら十分かな。」

あなた：「もちろん、誓約書はあった方がいいですね。でも、誓約書を退職時に取るだけでは不十分ですよ。就業中から秘密情報は企業の重要な財産の一つとして守っていくべきですから、御社で企業秘密としたいものを、ちゃんと、法律によって保護される「営業秘密」という形にした方がよいと思いますよ。」

社長乙：「営業秘密管理などといわれているものですか。マル秘マークを付けて、

450　第2部　テーマ別1次過去問集

文書を保存したりするんでしょう。うちでも、重要な文書については「CONFIDENTIAL」というハンコを押してますよ。でも、実のところ、我が社の場合、一番重要な情報はプログラムなどのデジタルデータでしょう。パソコンの中に入っているものまでは、ハンコは押せなくて…。」

あなた：「ハンコを押すかどうかということは、営業秘密であることを示す一つの事情にすぎないんです。「営業秘密」と認められる情報といえるためには、もっとたくさんのことをする必要があります。判例や経済産業省による指針などで示されている3要件を満たさなければなりません。」

社長乙：「何ですか。それは。」

あなた：「　A　、　B　、　C　の3つになります。」

社長乙：「最初は　A　ですか。それは当然ではないですか。」

あなた：「そうですが、実はこの点が認められないために、営業秘密には該当しないとして、情報漏洩（ろうえい）された会社側が負けている判決が結構多いんですよ。」

社長乙：「判決っていうぐらいだと、会社の方は、当然、営業秘密になるんだと思って訴えているんでしょう。　A　について詳しく教えてもらいたいですね。」

あなた：「まず、　A　があると認められるためには、さらに　D　と　E　という要件が要求されています。先ほどのハンコの話は、文書情報に接した者にそれが秘密であると認識できるようになっているので、文書については　E　の要件を満たすということがいえますね。ただ、御社は、デジタルデータについては何もしていないということになるかもしれません。」

社長乙：「どうすればよいですか。」

あなた：「まず、情報に接することのできる人を制限するなど、　D　の要件を満たすことができるような社内体制を整えること、それについてマニュアルを作成し、社内で周知徹底することなど、物理的管理や技術的管理を行い、これと並行して人的管理を行います。具体的には、就業規則で明示して、従業員や新入社員から秘密保持誓約書を取りつける。そのほか、従業員教育を行い、それぞれの責務を明確にすることです。」

社長乙：「営業秘密とすべき情報自体は、どのようなものでなければならないので

問題編　**451**

すか。」

あなた：「　　B　　の要件があります。情報自体が、客観的に事業活動に利用されていたり、利用されることによって、経費の節約、経営効率の改善等に役立つものでなければなりません。御社で開発したプログラムはもちろん、営業活動に資する顧客情報なども含まれることがあります。」

社長乙：「そういうものを、営業秘密として他の雑多な情報と区別して管理しなければいけないということですね。」

あなた：「そのとおりです。最後に　　C　　という要件も満たしていなければなりません。これも、秘密というくらいですから一般に入手できない情報であることが必要となります。当たり前といえば、当たり前ですね。」

社長乙：「いろいろ大変そうですけど、情報は我が社の生命線ですから、早速、取りかからないといけないですね。」

（設問１）

　文中の下線部の法律においては、営業秘密の定義およびこれに関連して損害賠償請求や刑事罰などの規定がある。この法律の名称として最も適切なものはどれか。

ア　個人情報の保護に関する法律

イ　商法

ウ　不正アクセス行為の禁止等に関する法律

エ　不正競争防止法

（設問２）

　文中の空欄A、B、Cのいずれにも、当てはまらないものはどれか。

ア　認識可能性(情報が秘密であると認識できること)

イ　非公知性(公然と知られていないこと)

ウ　秘密管理性(秘密として管理されていること)

エ　有用性(有用な情報であること)

452　第2部　テーマ別1次過去問集

（設問3）

　企業甲における営業秘密について、文中の空欄B～Eに関連した説明として最も適切なものはどれか。

ア　　　B　　：企業甲が脱税をしている事実を記載している情報について、これを秘匿していることが企業甲の利益につながることから、企業甲の営業秘密として　　B　　の要件を満たすことができる。

イ　　　C　　：一般に公表されている取引先の企業名やその住所について、これが当該企業のその他の情報と一体となって管理されている場合であっても、企業甲の営業秘密としては　　C　　の要件を満たすことができない。

ウ　　　D　　：部長丙氏自らが職務上創作した情報について、これが社長乙氏のみがアクセスできるものとして　　D　　の要件を満たし、企業甲の営業秘密として管理されている場合でも、部長丙氏が第三者に開示することができる。

エ　　　E　　：デジタルデータは、パスワードを設定してこれを知る人を限定するなど情報・人の管理の対象を明確化し、デジタルデータが保存されているデータベースを外部ネットワークから遮断すること等により、　　E　　の要件を満たすことができる。

令和2年度　第14問

　不正競争防止法に関する記述として、最も適切なものはどれか。

ア　不正競争防止法第2条第1項第3号に規定するいわゆるデッドコピー規制による保護期間は、日本国内において最初に販売された日から起算して5年を経過するまでである。

イ　不正競争防止法第2条第1項第4号乃至第10号で規定される営業秘密とは営業上の情報のみならず、技術上の情報を含む。

ウ　不正競争防止法第2条第1項第4号乃至第10号で保護される営業秘密となるためには、秘密管理性、有用性、創作性が認められる必要がある。

エ　不正競争防止法第2条第1項第4号乃至第10号で保護される営業秘密は、条件を満たせば不正競争防止法第2条第1項第11号乃至第16号で保護される限定提供データにもなる。

第3章 問題 会社法

I 会社法の概要

平成27年度 第1問

以下の者のうち、X株式会社において、社外取締役の要件を満たさない者はどれか。なお、経過規定については考慮しないものとする。

ア　15年前まで、X株式会社に勤務していた者
イ　X株式会社の親会社の業務執行取締役
ウ　X株式会社の業務執行取締役の甥
エ　X株式会社の主要な取引先の業務執行取締役

II 株式

平成30年度 第3問

Aは、X株式会社（以下「X社」という。）が発行する普通株式4万株（以下「本件株式」という。）を保有する株主であった。その後、Aは死亡し、B、C、Dの3名のみが相続人としてAの財産を相続した。Bは、Aの配偶者である。C及びDは、Aの子である（下図参照）。

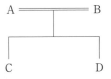

この場合、本件株式に係る権利行使及び通知に関する記述として、最も適切なものはどれか。

なお、遺言はなく、遺産分割協議も整っておらず、相続人はいずれも廃除されていないものとし、寄与分及び特別受益についても考慮しないものとする。

ア　Bは、C及びDが反対していても、自らを本件株式についての権利を行使する
　　者として指定し、自らの氏名をX社に通知した上で、X社の同意を得た場合、株
　　主総会において、本件株式について議決権を行使することができる。

イ　Cは、その指定に参加する機会をDに与えた上で、Bの同意を得て、自らを本
　　件株式についての権利を行使する者として指定し、自らの氏名をX社に通知した
　　場合、本件株式について議決権を行使することができる。

ウ　Cは、自らを本件株式のうち1万株についての権利を行使する者として指定
　　し、それをBとDに通知した上で、X社の同意を得た場合、X社の株主総会にお
　　いて、その1万株について単独で議決権を行使することができる。

エ　X社は、B、C、Dのいずれからも通知又は催告を受領する者の通知を受けて
　　いない場合において、株主総会を開催するときは、B、C、Dの3名全員に招集
　　通知を発しなければならない。

平成24年度　第2問

　株主管理のコストに関する以下の会話は、中小企業診断士であるあなたと、顧客
である株式会社の代表取締役甲氏との間で、平成24年6月6日に行われたものであ
る。その前提で、会話中の空欄に当てはまる語の組み合わせとして、最も適切な
ものを下記の解答群から選べ。

甲　氏：「実は、当社では、株主管理のためのコストが問題となっていまして…。」

あなた：「御社の株主の状況はどうなっていましたっけ。」

甲　氏：「この書面のとおりです。」

あなた：「ええっ、本当ですか…。この1株ずつ持っている500名はどういった人
　　　　　ですか。」

甲　氏：「取引先の経営者かその関係者です。何十年も前に、取引先にも株を持っ
　　　　　てもらおうということで、先代の社長が実施しまして、当社は資本金が
　　　　　5,000万円しかないのに、株主は約500名という形になりました。これで
　　　　　も当初は取引先とも関係がよくなるなどメリットは多かったのですが、そ
　　　　　の後の長い間に取引先も代替わりや廃業などがあって、現在では、メリッ
　　　　　トは失われ、毎年の株主総会の招集通知を送るコストだけでもばかになら
　　　　　ないよという話になってきまして。」

456　第2部　テーマ別1次過去問集

あなた：「なるほど。そうしますと、　A　　あるいは　B　　を利用することが考えられると思います。」

甲　氏：「そうするとどうなるのですか。」

あなた：「どちらでも、例えば、今の10株を1つのまとまりにしてしまう、といったことができます。そうすると、その他500名の方に、株主総会の招集通知を送る必要がなくなります。」

甲　氏：「2つの方法では何が違うのですか。」

あなた：「　A　　の場合、これらの500名の方は、最終的には、お金が支払われ、御社の株主ではなくなります。　B　　の場合は、買取請求をされたりした場合には株主でなくなりますが、そうでなければ、これらの500名の方も株主であり続けます。」

甲　氏：「今年の招集通知を送らなくても済む方法を使いたいのですが。」

あなた：「残念ながら、どちらの方法も、株主総会での特別決議がないと実施できないので、最短でも、今回の総会で承認決議をしてからということになります。」

【甲氏が持参した書面】

当社株式　　　　合計1万株

（内訳）

甲	6,200株
X氏	2,200株
Y氏	1,000株
Z氏	100株
その他500名	各1株

〔解答群〕

ア　A：株式分割　　　B：単位株制度

イ　A：株式併合　　　B：単元株制度

ウ　A：単位株制度　　B：株式併合

エ　A：単元株制度　　B：株式分割

問題編　457

平成25年度 第4問

　事業承継に関する以下の会話は、中小企業診断士であるあなたとX株式会社(以下「X社」という。)の代表取締役であり、かつ、X社の全株式を保有する甲氏との間で行われたものである。この会話を読んで、下記の設問に答えよ。なお、X社は、取締役会設置会社である。

甲　　氏：「私ももう70歳です。そろそろ第一線から退いて、後継者と考えている長男の乙に株式をすべて譲り、私は、取締役相談役といった形で経営にかかわっていきたいと考えています。ただ、長男はまだ40歳で、経営者としてはまだ少し若いような気がするので、少し不安が残ります。」

あなた：「それでしたら、甲さんが現在保有している株式はすべて乙さんに譲りつつ、新たに甲さんに　　A　　を発行したらいかがでしょうか。そうすれば、甲さんの賛成がなければ、X社の株主総会決議事項又は取締役会決議事項の全部又は一部を決議できないようにできます。」

甲　　氏：「なるほど。そのような株式を発行することができるのですね。」

あなた：「ただし、この株式を発行した場合、　　B　　ので、注意してくださいね。」

甲　　氏：「分かりました。」

(設問1)

　会話の中の空欄Aに入る語句として最も適切なものはどれか。

　ア　拒否権付株式

　イ　取得条項付株式

　ウ　取得請求権付株式

　エ　役員選任権付株式

458　第2部　テーマ別1次過去問集

（設問２）

会話の中の空欄Bに入る記述として最も適切なものはどれか。

ア　乙さんが経営努力を重ねてX社の株式の価値が上がれば上がるほど、乙さん以外の相続人の遺留分の額が増加してしまうことになる

イ　議決権のない株式を有する株主について、優先的に配当を行うなどの配慮が必要になる

ウ　甲さんが万が一お亡くなりになった場合、乙さん以外の相続人が乙さんに対して遺留分減殺請求を行う可能性が高まる

エ　甲さんと乙さんとの間で株主総会決議事項又は取締役会決議事項について意見が食い違って調整できないときは、何も決められない状態に陥る危険がある

平成23年度　第6問

中小企業診断士であるあなたと、顧客であるX株式会社（以下「X社」という。）の代表取締役の甲氏との会話を読んで、下記の設問に答えよ。なお、X社は、発行する株式の全てが譲渡制限株式であり、取締役会設置会社であるとする。また、定款に特段の定めもないものとする。

甲　氏：「そういえば、こんな書類が昨日来たんだよね。」

あなた：「えーと、Aさんが持っている御社の株式をBさんに譲渡したいから承認して欲しい……。株式の譲渡承認請求の通知ですね。」

甲　氏：「うん。そうなんだよ。この譲渡人って書いてあるAさんは、元々はうちの取引先だったんだけど、20年近く前に店を閉めてしまってね。その後もずっとうちの株を持っていてくれていたんだけど、もうさすがに譲渡したいということのようなんだ。株主が他の人に交代するのは仕方がないかなとは思うけど、ただ、今回来た書類に書いてあるBさんという人は全然知らない人だから、不安なんだよね。」

あなた：「もし、Bさんが株主となるのが、御社では好ましくないとお考えなら、今回の譲渡を拒否することもできるはずですよ。」

甲　氏：「そうなの。どうすればいいの。」

問題編　**459**

あなた：「えーと、確か、拒否するんだったら早いうちに回答をしないといけない
　　　　はずで、回答しないと認めたことになってしまうと思います。私も細かい
　　　　ところまでは分かりませんので、弁護士を紹介しますから、すぐに相談に
　　　　行かれてはいかがですか。」
甲　氏：「ありがとう。早速相談に行ってみるよ。」

（設問1）

　　会社法では、譲渡制限株式の譲渡について、譲渡承認請求がなされた日から一
　定期間内に、会社がその承認の可否に関する決定の通知をしなかった場合には、
　会社がその譲渡を承認したものとみなす旨の定めがある。この場合の一定期間と
　して最も適切なものはどれか。

　　ア　1週間
　　イ　2週間
　　ウ　20日間
　　エ　1か月

（設問2）

　　X社で、本件の譲渡承認請求の可否について決定すべき機関として、最も適切
　なものはどれか。

　　ア　株主総会
　　イ　代表取締役
　　ウ　代表取締役又は株主総会のいずれか
　　エ　取締役会

460　第2部　テーマ別1次過去問集

平成21年度 第18問

　会社法では、株式会社は株主との合意により当該会社の株式（以下「自己株式」という。）を有償で取得することができると定めている。それに関連した以下の設問に答えよ。

　なお、本問で想定している会社は、株式会社で取締役会設置会社であるが、会計監査人設置会社ではない。また、発行する株式には、譲渡制限が付されており、異なる種類の株式はなく、市場価格がないものとする。

（設問1）

　会社法では、株式会社は株主との合意によりすべての株主に申し込み機会を与えて自己株式を有償で取得することができると定めている。

　このような有償取得を行うに当たって、会社法で定められた手続きや方法および財源規制についての説明として、最も不適切なものはどれか。

ア　このような有償取得では、あらかじめ株主総会で株式の取得に関する事項を決議しなければならない。この決議は臨時株主総会でもよいが、取得することができる期間は、次回の定時株主総会の期日を越えることはできない。

イ　このような有償取得では、その都度、取締役会で取得する株式の数、株式1株を取得するのと引換えに交付する金銭等の内容等およびその総額、株式の譲り渡しの申し込みの期日を決定し、株主に通知しなければならない。

ウ　このような有償取得では、当該行為により株主等に対して交付する金銭等の帳簿価額の総額は、当該行為がその効力を生ずる日における分配可能額を超えてはならない。

エ　このような有償取得では、譲り渡しの申し込みの期日において、株主の申込総数が、株式会社が決定した取得総数を超えるときは、取得総数を申込総数で除して得た数に株主が申し込みをした株式の数を乗じて得た数の株式の譲り受けを承諾したものとみなされる。

問題編　461

（設問 2 ）

　会社法では、株式会社は株主との合意により特定の株主から自己株式を有償で取得することができると定めている。

　この場合、特定の株主だけが株式を会社に売却できるのでは、株主平等原則を損なうおそれがある。このため会社法では、他の株主に、当該特定の株主に加えて自己をも売主とするよう請求できる権利（以下「売主追加請求権」という。）を定めている。

　この規定についての説明として、最も不適切なものはどれか。

ア　会社が、株主の相続人からその相続により承継した自己株式を取得する場合には、売主追加請求権の規定は適用されない。ただし、当該相続人が株主総会ですでに議決権を行使した場合はこの限りではない。

イ　会社が、その子会社の有する当該会社（親会社）の株式を取得する場合には、売主追加請求権の規定は適用されない。

ウ　特定の株主から自己株式を有償で取得することについて、売主追加請求権の規定を適用しない旨を定款で定めることができる。この定めをするには、株主総会の特別決議が必要となる。

エ　特定の株主から自己株式を有償で取得するときには、あらかじめ株主総会の特別決議が必要である。この場合には、特定の株主は議決権を行使することができない。ただし、特定の株主以外の株主の全部が議決権を行使することができない場合はこの限りでない。

462　第 2 部　テーマ別 1 次過去問集

平成23年度 第17問

　下表は、株式会社における少数株主からの主な権利行使の決議要件を整理したものである。表の①〜③に入る最も適切なものの組み合わせを下記の解答群から選べ。

　なお、本問での会社は、非公開会社で取締役会設置会社であることを前提としている。

権利の内容	決議要件	
①	総株主の議決権の	1 % 以上または300 個以上
総会検査役選任請求権	総株主の議決権の	1 % 以上
総会招集請求権	総株主の議決権の	3 % 以上
②	総株主の議決権または発行済株式の	3 % 以上
取締役・監査役に対する解任請求権	総株主の議決権または発行済株式の	3 % 以上
③	総株主の議決権または発行済株式の	10 % 以上

〔解答群〕

　ア　①：会計帳簿閲覧請求権　　　②：会社解散請求権
　　　③：株主提案権

　イ　①：会計帳簿閲覧請求権　　　②：株主提案権
　　　③：会社解散請求権

　ウ　①：株主提案権　　　　　　　②：会計帳簿閲覧請求権
　　　③：会社解散請求権

　エ　①：株主提案権　　　　　　　②：会社解散請求権
　　　③：会計帳簿閲覧請求権

III 機関

平成22年度 第2問

中小企業診断士であるあなたは、資本金3,000万円で株式会社を設立しようとしているあなたの友人から、設立する会社の組織をどうしたらよいかについて相談を受けた。あなたの友人の希望は以下のとおりであるが、それを前提に友人の希望に沿う組織形態を、あなたがアドバイスするとすれば、最も適切なものはどれか。下記の解答群から選べ。

【あなたの友人の希望内容】

私を含めて株主は約10名を予定しており、私が1,600万円出資する予定である。会社の運営に当たっては、何でも株主総会で決議できるというのでは支障を来すので、株主総会で決議できる事項を制限し、代表取締役社長の決定で大部分の業務執行を行えるようにしたい。また、当初の役員の人数は必要最小限としたい。

〔解答群〕

ア 取締役1名(うち代表取締役1名)

イ 取締役2名(うち代表取締役1名) 取締役会

ウ 取締役3名(うち代表取締役1名) 監査役1名 会計参与1名

エ 取締役3名(うち代表取締役1名) 取締役会 監査役1名

令和元年度 第6問

X株式会社(以下「X社」という。)は、取締役会及び監査役会を設置している会社(公開会社ではなく、かつ大会社ではない)である。

中小企業診断士であるあなたは、2019年1月に、今年(2019年)の株主総会のスケジュール等について、X社の株主総会担当者の甲氏から相談を受けた。以下の会話は、その相談の際のものである。この会話を読んで、下記の設問に答えよ。

甲 氏:「当社の事業年度は、4月1日から翌年3月31日までです。2019年は6月27日(木)に株主総会を開催したいと考えています。株主総会の招集通知は

いつまでに発送すればよいですか。」

あなた：「御社では、株主総会に出席しない株主に、書面による議決権の行使や、電磁的方法による議決権の行使を認める制度を設けていますか。」

甲　氏：「いいえ。設けていません。」

あなた：「そうすると、御社は、取締役会を設置している会社ですが、公開会社ではありませんし、また、書面による議決権の行使や、電磁的方法による議決権の行使を認める制度を設けていないので、　Ａ　までに招集通知を発送する必要があります。」

甲　氏：「分かりました。ところで、今回の株主総会でも、昨年と同様、３年前まで当社の取締役であった乙氏が、「自分を取締役に選任しろ」という議案を株主提案として提出してくると聞いています。どのような点に注意した方がよいでしょうか。」

あなた：「御社では、定款で株主提案に関する何らかの規定は設けていますか。」

甲　氏：「いいえ。定款では特に規定は設けていません。」

あなた：「　Ｂ　」

（設問１）

会話の中の空欄Ａに入る記述として、最も適切なものはどれか。

ア　株主総会の日の１週間前

イ　株主総会の日の２週間前

ウ　原則として株主総会の日の１週間前ですが、定款で１週間を下回る期間を定めた場合にはその期間の前

エ　原則として株主総会の日の２週間前ですが、定款で２週間を下回る期間を定めた場合にはその期間の前

（設問２）

会話の中の空欄Ｂに入る記述として、最も適切なものはどれか。

ア　御社の場合、株主が、株主提案について、議案の要領を株主に通知することを求めるには、株主総会の日の６週間前までに請求することが必要です。このため、乙氏が株主提案をしてきた場合は、この要件を満たしているのかを確認

してください。

イ　御社の場合、株主が、株主提案について、議案の要領を株主に通知すること
を求めるには、総株主の議決権の100分の3以上の議決権又は300個以上の議
決権を、6か月前から引き続き有していることが要件となります。このため、
乙氏が株主提案をしてきた場合は、この要件を満たしているかを確認してくだ
さい。

ウ　株主の提案する議案が、実質的に同一の議案につき株主総会において総株主
の議決権の10分の1以上の賛成を得られなかった日から3年を経過していな
い場合は、会社は、その株主提案を拒絶することができます。乙氏は、昨年の
株主総会でも同様の株主提案をしてきたとのことですので、乙氏が株主提案を
してきた場合は、まず昨年の賛否の状況を確認してください。

エ　株主の提案する議案が、法令や定款に違反する議案の場合であっても、株主
提案は、株主の基本的な権利ですので、議案の要領を株主に通知する必要があ
ります。このため、乙氏が株主提案をしてきた場合は、その提案が法令に違反
するものであっても、必ず、議案の要領を株主に通知してください。

令和2年度　第3問

　監査役会設置会社において、実際に開催された株主総会及び取締役会の各議事録
の比較に係る会社法（会社法施行規則を含む。）の規定に関する記述として、最も適
切なものはどれか。

　なお、本問においては、いずれの議事録も書面により作成されているものとす
る。

ア　株主総会議事録、取締役会議事録のいずれも、出席した取締役及び監査役の全
員が署名又は記名押印をする必要はない。

イ　株主総会議事録には株主総会が開催された日時及び場所を、取締役会議事録に
は取締役会が開催された日時及び場所を記載しなければならない。

ウ　株主総会議事録は株主総会の日から10年間本店に備え置かなければならない
が、取締役会議事録は取締役会の日から5年間を超えて本店に備え置く義務はな
い。

エ　株主は、株主総会議事録、取締役会議事録のいずれも、裁判所の許可を得るこ

となく、株式会社の営業時間内はいつでも閲覧又は謄写の請求をすることができる。

平成20年度 第1問

　株式会社の機関である、会計参与、監査の範囲を会計に関するものに限定する旨の定款の定めがある監査役及びかかる限定がない監査役について、以下の①から④の点について比較した。この比較結果を記載した表のうち、誤った内容が含まれているものを下記の解答群から選べ。

① 　役員（会社法第329条第1項）に該当するか否か。
② 　株主総会への出席義務があるかないか。
③ 　取締役会への出席義務があるかないか。
④ 　監査役会の構成員となることが可能か否か。

	会計参与	監査役 （会計監査に限定）	監査役 （会計監査に 限定されない）
①	該当する	該当する	該当する
②	あり	あり	あり
③	一定の場合にあり	あり	あり
④	不可能	不可能	可能

〔解答群〕

　ア　①

　イ　②

　ウ　③

　エ　④

平成19年度 第4問

　A、B、C、Dの4人は、4人で共同して、株式会社を設立することを予定しており、4人が役員となるとの前提で設立する会社の機関設計について検討してい

問題編　467

る。このときの4人の会話から結論づけられる株式会社の機関設計として最も適切なものを下記の解答群から選べ。なお、（　Ｉ　）から（　Ⅳ　）には、それぞれ株式会社の異なる機関名が入るが、解答する必要はない。

Ａ：「4人とも（　Ｉ　）になることでどうだろう。」

Ｂ：「それでは、会社の会計責任者が誰なのか、対外的にはっきりしなくなってしまうから、今回は適当でないと思う。Ｄは税理士でもあるのだから、Ｄに（　Ⅱ　）か（　Ⅲ　）になってもらった方がよいのではないか。」

Ｄ：「私も基本的にはＢの意見に賛成だ。ただ、事業が順調に進めば、比較的短い期間で大会社（会社法第2条第6号）となる。そのときに、改めて機関設計をやり直すのでは手間がかかる。改めて設置しなければならない機関をなるべく少なくできるようにした方がよい。」

Ａ、Ｂ、Ｃ：「もっともだ。」

Ｃ：「そうすると、Ｄは、（　Ⅱ　）でも（　Ⅲ　）でも、どちらでもよいのかい。」

Ｄ：「いや。私が（　Ⅱ　）となって、Ａ、Ｂ、Ｃの3人が（　Ｉ　）ということになると、大会社となったときに改めて（　Ⅲ　）を設置しなければならない。それを避けて、（　Ｉ　）を2人として、1人が（　Ⅱ　）となるとすると、今度は（　Ⅳ　）を設置できなくなって、結局、後で、（　Ｉ　）を1人以上増やして（　Ⅳ　）を設置しなければならなくなるから、やはり面倒だ。最初から（　Ⅳ　）も設置して、私が（　Ⅲ　）になる方がよい。」

Ａ、Ｂ、Ｃ：「では、そうしよう。」

〔解答群〕

ア　取締役及び会計参与が設置されている会社

イ　取締役及び監査役が設置されている会社

ウ　取締役、取締役会及び会計参与が設置されている会社

エ　取締役、取締役会及び監査役が設置されている会社

平成24年度　第6問

株主代表訴訟に関する以下の文章中の空欄Ａ～Ｃに入る語句の組み合わせとして、最も適切なものを下記の解答群から選べ。

違法行為があったにもかかわらず、その会社が取締役に対し、その責任の追及をしないとき、株主は、株主代表訴訟を提起することができる。

代表訴訟を提起することができる株主は、　A　以上の株式を、定款に特別の定めがない限り、　B　か月前から引き続き保有している株主である。なお、公開会社以外の会社では、この期間の制限はない。

株主は、まず、当該会社に対し、取締役の責任追及等の訴えを提起するよう請求する。

その請求を行ったにもかかわらず、　C　日以内に、その会社が当該取締役の責任追及の訴えを行わない場合には、株主は、代表訴訟を提起することができる。

〔解答群〕

ア　A：1株　　　　　　　　　　　　　B：3　　C：30

イ　A：1株　　　　　　　　　　　　　B：6　　C：60

ウ　A：発行済み株式総数の３パーセント　B：6　　C：30

エ　A：発行済み株式総数の３パーセント　B：3　　C：60

平成25年度 第5問

監査役の権限が会計に関するものに限定されている取締役会設置会社に関する以下の文章を読んで、下記の設問に答えよ。

会社法の施行に伴う関係法律の整備等に関する法律により、会社法施行直前に　A　であった公開会社でない株式会社については、監査役の監査の範囲を会計に関するものに限定する旨の定款の定めがあるものとみなされる。したがって、定款に監査役の監査の範囲を会計に関するものに限定する旨の定めがないからといって、直ちに監査役の監査の範囲が限定されていないと判断することはできない。

監査役の監査の範囲が会計に関するものに限定されている場合、　B　。

（設問1）

文中の空欄Aに入る語句として最も適切なものはどれか。

問題編　**469**

ア　関連会社　　イ　子会社　　ウ　小会社　　エ　中会社

（設問2）

文中の空欄Bに入る記述として最も適切なものはどれか。

ア　株主総会において、組織、運営、管理その他株式会社に関する一切の事項について決議することができる

イ　監査役は、取締役が提出しようとする会計に関する議案については、調査し、法令若しくは定款に違反し、又は著しく不当な事項がないときでも、その調査の結果を株主総会に報告しなければならない

ウ　定時株主総会の招集通知に際して、株主に対し、計算書類を提供する必要はない

エ　取締役が株式会社の事業の部類に属する取引をしようとする場合には、株主総会において、その承認を受けなければならない

平成20年度　第3問

C株式会社（以下「C社」という。）は、取締役会及び監査役（但し、監査の範囲を会計に関するものに限定する旨の定款の定めがある）を設置している会社（公開会社ではなく、かつ、大会社でもない）である。また、C社の事業年度は毎年4月1日から翌年3月31日までとされている。

C社では、平成21年の定時株主総会までのスケジュールを以下のとおりに定めた。

このとき、会社法第442条に基づき、「計算書類等の本店での備え置きを開始する」日は、いずれの日とするのがよいか。最も適切な日を下記の解答群から選べ。

C社平成21年定時総会スケジュール

3月31日（火）　　基準日

4月24日（金）　　取締役が計算書類及び事業報告を監査役に提出する。

5月14日（木）　　取締役が計算書類及び事業報告の附属明細書を監査役に提出する。

5月20日（水）　　監査役が監査報告の内容を通知する。

5月22日（金）　取締役会開催

計算書類及び事業報告並びにこれらの附属明細書の承

認・株主総会の招集の決定

6月17日（水）　招集通知発送日

6月26日（金）　定時株主総会開催日

〔解答群〕

ア　5月 1 日（金）

イ　5月15日（金）

ウ　6月12日（金）

エ　6月19日（金）

平成21年度　第5問

　中小企業診断士であるあなたは、顧客であるA株式会社（以下「A社」という。）の代表取締役X氏と話をしていた際、以下のアドバイスを行った。そのアドバイスに対応するX氏の話の内容として、最も適切なものを下記の解答群から選べ。なお、A社は、取締役会設置会社であり、株主は30名である。

【あなたのアドバイス】

　「これから作成しようとしている契約書の内容は、会社法に定める自己取引（利益相反取引）に該当しますから、取締役会の承認が必要だと思いますよ。」

〔解答群〕

ア　会社のトラックを1台買い替えることになって、中古車でかなり状態がいいのが見つかったんだけど、20万円だけ予算をオーバーしててね。それで、私が会社に、無利息・無担保で、返済は資金繰りに余裕ができたときという内容で20万円を貸すことになって、今、その契約書を作っているんだ。

イ　会社本社の土地は、私名義の土地で会社に貸していたんだけど、借地料は何十年も据え置きにしていたんだ。でも、その間に、固定資産税額が上がって、借地料だけでは足りなくなったんだ。だから、今回、借地料を固定資産税額の

問題編　471

３倍の金額にすることになって、新しい契約書を作っているんだよ。

ウ　当社支店の土地は、地主から借りていて、その土地に会社で建物を建てて使っていたんだけど、先日、地主からその土地を買ってくれないかと言われたんだ。ただ、会社の資金繰りだと難しいので、私個人でお金を出して私名義で買うということになったから、今、売買契約書を作ってもらっているんだ。

エ　私が代表取締役を兼務しているＢ社は、Ａ社の 100 パーセント子会社で、Ｃ社から機械をリースしていたんだけど、今度、Ｃ社から承諾をもらって、Ａ社でＢ社からリースを受けることにしたんだ。今、Ａ社とＢ社の契約書を作っているんだけど、リース料やリース期間なども含め、Ｂ社とＣ社のリース契約と全く同じ内容にすることになったんだ。

平成 28 年度　第1問

株式会社の役員に関する記述の組み合わせとして、最も適切なものを下記の解答群から選べ。

a　定款で定めれば、株主総会において、議決権を行使することができる株主の議決権の３分の１以上の割合を有する株主が出席し、出席した当該株主の議決権の過半数をもって、監査役を解任することができる。

b　定款で定めれば、増員として選任された監査役の任期を、他の現任監査役の任期の満了する時までとすることができる。

c　公開会社でない株式会社は、監査等委員会設置会社又は指名委員会等設置会社でない限り、取締役の任期について、定款で定めることにより、選任後 10 年以内に終了する事業年度のうち最終のものに関する定時株主総会終結の時まで伸長することができる。

d　正当な理由なく取締役を解任された者は、解任によって生じた損害の賠償を株式会社に対して請求することができる。ここでいう損害には、残存任期中に支給を受けるはずだった取締役の報酬等も含まれる。

〔解答群〕

ア　aとb

イ　aとd

ウ　bとc

エ　cとd

平成22年度　第5問

　中小企業診断士であるあなたは、依頼者であるX有限会社(特例有限会社)の代表取締役である甲に対して、以下のアドバイスを行おうと考えている。このアドバイス案のうちで最も適切なものはどれか。

　なお、X有限会社は、資本金300万円、株主は甲、甲の弟2名、甲の子の計4名、役員は、代表取締役の甲のほか、甲の弟2名がそれぞれ取締役、甲の子が監査役に就任している。

ア　御社の場合、取締役会を設置することはいつでもできますが、設置するメリットはないと思います。

イ　増資を行う場合、誰に割り当てるかは代表取締役のあなたが自由に定めることができますから、あなたに割り当てることにすれば、あなたの持株数を簡単に増やせます。

ウ　特例有限会社から株式会社に組織を変更し、X株式会社という商号を使用するには、定款変更の手続をとって、商号を変更して、それを登記すれば足ります。

エ　特例有限会社の取締役の任期は10年までに制限されていますから、任期が満了するときにはまた取締役を選び、登記をしないといけません。

平成25年度　第18問

　公私混同が激しく株式会社の存続を危うくする代表取締役Aを解職して、代表権をはく奪したい。さらにAを取締役から解任したい。この場合の記述として最も適切なものはどれか。なお、当該株式会社は取締役会設置会社であり定款による別段の定めがないことを前提とする。

ア　代表取締役Aを解職して代表権のない取締役にするには、株主総会において

議決権の過半数を有する株主が出席し、出席した当該株主の議決権の過半数をもって行わなければならない。

イ　代表取締役 A を解職して代表権のない取締役にするには、取締役会において議決に加わることができる取締役の過半数が出席し、出席取締役の過半数の決議によらなければならない。

ウ　取締役 A を解任するには、株主総会において議決権の過半数を有する株主が出席し、出席した当該株主の議決権の 3 分の 2 以上に当たる多数をもって行わなければならない。

エ　取締役 A を解任するには、取締役会において議決に加わることができる全取締役が出席し全員の同意によって行わなければならない。

Ⅳ　計算

平成30年度　第7問

資本の部の計数の増減に関する記述として、最も適切なものはどれか。

ア　資本金の額を減少させ、その減少させた金額と同じ金額だけその他資本剰余金の額を増やすためには、債権者異議手続を行う必要がある。

イ　資本金の額を減少させ、その減少させた金額と同じ金額だけ利益準備金の額を増やすためには、債権者異議手続を行う必要がある。

ウ　資本準備金の額を減少させ、その減少させた金額と同じ金額だけ資本金の額を増やすためには、債権者異議手続を行う必要がある。

エ　その他資本剰余金の額を減少させ、その減少させた金額と同じ金額だけ資本金の額を増やすためには、債権者異議手続を行う必要がある。

平成22年度　第20問

会社法における株式会社の剰余金の配当規定に関連する説明として、最も不適切なものはどれか。なお、本問における株式会社は、取締役会設置会社であるが会計監査人設置会社ではないものとする。

474　第2部　テーマ別1次過去問集

ア　株式会社の純資産額が 300 万円を下回らない限り、株主総会の決議によっていつでも剰余金の配当をすることができる。

イ　株主総会の決議によって、配当財産を金銭以外の財産とする現物配当をすることができる。ただし、当該株式会社の株式等を配当財産とすることはできない。

ウ　事業年度の一定の日を臨時決算日と定め、臨時計算書類を作成して取締役会および株主総会で承認を受けた場合は、臨時決算日までの損益も分配可能額に含まれる。

エ　定款で定めることにより一事業年度の途中において何回でも取締役会の決議によって中間配当をすることができる。ただし、配当財産は金銭に限られる。

平成24年度　第20問

　株式会社が作成する計算書類及び事業報告並びにこれらの附属明細書の取扱いに関する記述として、最も不適切なものはどれか。

　なお、本問の前提となる株式会社は、取締役会および監査役を置くが、会計参与、会計監査人は設置していない。

ア　株式会社は、計算書類を作成した時から 10 年間、当該計算書類とその附属明細書を保存しなければならない。

イ　計算書類及び事業報告については監査役の監査を受けなければならないが、附属明細書は監査役監査の対象とはならない。

ウ　事業報告は、株式会社の状況に関する重要な事項を記載し、定時株主総会の日の 2 週間前の日から 5 年間その本店に備え置かなければならない。

エ　取締役は、計算書類及び事業報告を定時株主総会に提出し、計算書類については承認を受けなければならないが、事業報告については内容の報告で足りる。

第3章 問題

問題編　475

V 設立

平成**22**年度 第**1**問

　甲は、株式会社を設立することとし、設立時発行株式は、発行価額5万円で1,000株を予定している。甲は、発起人として600株を引き受ける予定であるが、残り400株については募集設立の方式を使って募集することとし、申込期間を7月1日から7月30日までとして募集したところ、A～Dの4名から、以下のとおり、申込みがあった。

	申込日時		引受希望株式数
A	7月5日	午前9時	200株
B	7月21日	午前10時	300株
C	7月21日	午後3時	400株
D	7月28日	午前11時	100株

　甲は、引受人及びその引受株式数を決定することとしているが、募集に際し、決定方法は特に定めなかった。甲としては、申込者の4名の中では、今後の取引関係等を考慮すると、BとDに引き受けてもらうのが最も望ましく、他の方法は、法律上やむを得ない場合に実施したいと考えている。かかる前提で、会社法の制約の範囲内で、甲の希望を最大限に実現する割り当て方法として最も適切なものはどれか。

ア　A：　0株　　　B：300株　　　C：　0株　　　D：100株

イ　A：80株　　　B：120株　　　C：160株　　　D：40株

ウ　A：200株　　　B：86株　　　C：114株　　　D：0株

エ　A：200株　　　B：200株　　　C：0株　　　D：0株

令和**2**年度　第**2**問

　株式会社の設立に関する記述として、最も適切なものはどれか。

ア　株式会社を設立するに当たって、株式会社の定款に、発起人の氏名を記載又は
　　記録する必要はない。

イ　発起設立における設立時取締役の選任は、定款に別段の定めがない場合、発起
　　人の全員の同意により決定する。

ウ　発起人が複数いる場合、発起設立の場合には発起人の全員が設立時発行株式を
　　引き受けなければならないが、募集設立の場合には、発起人の一人が設立時発行
　　株式を引き受ければよく、発起人全員が設立時発行株式を引き受ける必要はない。

エ　発起人は、現物出資について裁判所選任の検査役の調査を経た場合、現物出資
　　者又は当該財産の譲渡人である場合を除き、現物出資財産の不足額塡補責任を負
　　わない。

平成**23**年度　第**1**問

　A、B、C、Dの4人は、株式会社を設立することを考えている。4名全員が発
起人となり、資本金額は1,200万円を予定しており、各人の出資内容は以下のとお
りである。また、A、B、Cは取締役となり、Dは監査役となる。Dは税理士であ
る。これに関し、下記の解答群のア～エに示す4人の発言のうち最も適切なものを
選べ。

（出資内容）

　A：現金50万円、X社株式250万円分（X社は東京証券取引所一部上場企業）

　B：商品300万円分

　C：現金200万円、什器備品類100万円分

　D：現金300万円

〔解答群〕

　ア　Aの発言

　　　「私が現物出資するX社株式は、上場企業の株式であるので、定款認証の日

第3章
問題

問題編　　**477**

の 6 か月前から前日までの終値の平均の金額を基準として算定してあれば、検
査役の検査は不要となるはずだ。」

イ　Bの発言

「私が現物出資する商品は、税理士であるDがその金額が相当であることに
ついて証明してくれれば、検査役の検査は不要となるはずだ。」

ウ　Cの発言

「A、Bが現物出資する物について検査役の検査が不要となれば、私が現物
出資する什器備品類だけなら 100 万円分なので、検査役の検査は不要となるは
ずだ。」

エ　Dの発言

「検査役の検査が必要となると面倒だから、Aが出資する株式は 150 万円
分、Bが出資する商品は 250 万円分として、それぞれ現金を増やそう。そうす
れば、現物出資の総額が 500 万円だから、検査役の検査は不要なはずだ。」

平成 **21** 年度　第3問

個人で雑貨の輸入業を営んでいる甲氏とあなたとの間の以下の会話を読んで、会
話中の空欄に入る説明として最も適切なものを下記の解答群から選べ。

甲　氏：「先日、ひょんなことから同業者の乙という方と知り合って、会社組織に
して、一緒に仕事をしようということになったんです。ただ、乙さんも
私も、ノウハウや在庫はあっても、現金はあまり持っておらず、資本金
200 万円くらいにしかなりません。これで会社は設立できるのですか。」

あなた：「今は、資本金 200 万円でも株式会社を設立することはできますよ。」

甲　氏：「そうなんですか。でも、資本金 200 万円だと、取引先の信用が得られな
いような気もするんですよね……。うーん……。」

あなた：「それでしたら、甲さんや乙さんが持っている在庫などを現物出資して、
資本金に組み入れることを検討してはいかがですか。」

甲　氏：「へえ、そういったことができるのですか。私が保有している在庫などは
たぶん 400 万円分くらいありますから、乙さんのもあわせると資本金は
1,000 万円くらいになるかもしれませんね。それなら、取引先からも十分

478　第 2 部　テーマ別 1 次過去問集

に信用を得られそうですね。」

あなた：「 _____ 」

〔解答群〕

ア　800万円を現物出資の金額とすると、裁判所が選任する検査役の調査が必要になりますが、例外として、弁護士や税理士などの証明書があれば、検査役の調査は不要になります。

イ　現金による出資金と現物出資の金額が併せて500万円を超えると、裁判所が選任する検査役の調査が必要となりますから、現物出資の金額は280万円くらいにした方がよいでしょう。

ウ　現物出資の金額が300万円を超えた場合、裁判所が選任する検査役の調査が必要になります。そうすると、費用も時間もかかることになりますから、ご注意下さい。

エ　そうですね。資本金1,000万円程度であれば、現物出資をするうえで何の問題もありませんから、すぐに現物出資して会社を設立しましょう。

VI 資金調達

平成**19**年度　第**3**問

　募集株式と募集社債との比較に関する記述として、最も適切なものはどれか。

ア　募集株式：必ずしも株券を発行する必要はない。

　　募集社債：必ず社債券を発行しなければならない。

イ　募集株式：いかなる場合でも、取締役会の決議だけで発行できる。

　　募集社債：いかなる場合でも、株主総会の特別決議がなければ発行できない。

ウ　募集株式：持分会社は発行できない。

　　募集社債：持分会社も発行することができる。

エ　募集株式：割当てを受ける者が30人を超えた場合は、株式管理者を置かなければならない。

問題編　**479**

募集社債：割当てを受ける者の数や社債の金額を問わず、社債管理者を置かなければならない。

平成23年度 第19問

社債発行に関連する下記の設問に答えよ。

（設問1）

社債の発行に関する記述として、最も不適切なものはどれか。

ア　株式会社が社債を発行するためには、取締役会設置会社では取締役会の決議が必要である。

イ　銀行、信託会社、証券会社は、社債権者の利益保護のために設置される社債管理者となることができる。

ウ　社債券を発行しない社債の発行も認められる。この場合、社債譲渡の効力を会社その他の第三者に対抗するためには社債原簿の書き換えが必要となる。

エ　社債は、株式会社のみならず合名会社、合資会社、合同会社でも発行することができる。

（設問2）

次の文中の空欄に入る記述として最も適切なものを下記の解答群から選べ。

社債の発行は、金融商品取引法の規制の対象となる。これに対して、少人数の縁故者を対象として社債を発行する少人数私募債は、同法に定める有価証券の募集の要件に該当しないため、簡易に社債を発行することができる。

募集の具体的な要件は、新たに発行される社債の　　　　　未満であり、かつ、多数の者に譲渡される恐れが少ないことである。なお、この人数には過去6か月以内に同一種類の社債を発行している場合にはそれも合計しなければならない。

〔解答群〕

ア　最終の取得者の人数が50名

イ　取得勧誘の相手方の人数が5名

ウ　取得勧誘の相手方の人数が50名

エ　取得勧誘の相手方の人数が500名

480　第2部　テーマ別1次過去問集

平成27年度 第19問

会社の社債に関する記述として最も適切なものはどれか。

ア　株主が違法な社債の発行の事前差止めを求めて訴えることはできず、専ら事後的に取締役・執行役の損害賠償責任を追及するしか是正手段がない。

イ　総額1億円未満の少人数私募債については有価証券届出書の提出等の開示義務がなく、届出がないこと等について投資家への告知義務もない。

ウ　取締役会設置会社においては、社債を発行するに当たり、募集事項の決定を代表取締役に委任することができない。

エ　振替社債については、社債券が発行されていないので、投資家保護のための開示規制が適用される有価証券に該当しない。

VII 組織の基礎的変更

平成25年度 第1問

企業買収の手法に関する以下の会話は、中小企業診断士であるあなたとX株式会社の代表取締役甲氏との間で行われたものである。空欄AとBには、下記のa～cの記述のうちいずれかひとつが入る。空欄と記述の組み合わせとして最も適切なものを下記の解答群から選べ。

甲　氏：「私の会社も、将来に向けて海外に展開していかなきゃいけないと考えています。そうしたところ、取引銀行から、私の会社の事業とのシナジー効果が見込めそうな外国会社の事業買収の案件の紹介を受けたので、検討を始めたのですが、どういった手法がよいのか考えがまとまらなくて困っています。株式の譲受け、事業譲受け、吸収分割といった手法が考えられると思うのですが、それぞれどのようなメリット・デメリットがありますか。」

あなた：「そうですね。まず、株式の譲受けについては、特約で禁止されていない限り、買収対象企業が契約を締結している相手方（取引先）の同意を必要としません。次に、事業譲受けの場合、　　A　　。それから、吸収分割の場合、　　B　　。というように、それぞれ、メリット・デメリットがあ

問題編　**481**

りますし、税務的な観点からの検討も必要になります。弁護士や税理士の
先生の協力も得て検討すると良いと思いますよ。」

甲　氏：「なるほど、考えを整理することができました。」

a　相手方が外国会社だと行うことはできないと実務的には考えられているので、
今回のケースでは採用できないと思います

b　財務諸表に計上されていない偶発債務を切り離すことができるメリットがあり
ます

c　取引の相手が消滅してしまうので、後日何か問題があっても取引の相手に責任
を追及できないというデメリットがあります

〔解答群〕
　ア　A：a　B：c　　イ　A：b　B：a　　ウ　A：b　B：c
　エ　A：c　B：a

平成30年度　第2問

　下表は、合併及び会社分割の各手続において、簡易手続及び略式手続の有無を整
理したものである。空欄A～Dに入る記号の組み合わせとして、最も適切なものを
下記の解答群から選べ。

　なお、該当する手続があるものについては「○」、ないものについては「×」を記載
することにしている。

吸収合併	吸収合併存続株式会社		吸収合併消滅株式会社	
	簡易手続	略式手続	簡易手続	略式手続
	○	○	A	B

新設合併			新設合併消滅株式会社	
			簡易手続	略式手続
			×	×

吸収分割	吸収分割承継株式会社		吸収分割株式会社	
	簡易手続	略式手続	簡易手続	略式手続
	○	○	○	○

482　第2部　テーマ別1次過去問集

新設分割		新設分割株式会社	
		簡易手続	略式手続
		C	D

〔解答群〕

ア　A：○　　B：×　　C：×　　D：○

イ　A：○　　B：×　　C：×　　D：×

ウ　A：×　　B：○　　C：○　　D：○

エ　A：×　　B：○　　C：○　　D：×

平成29年度　第2問

　以下の会話は、中小企業診断士であるあなたとX株式会社(以下「X社」という。)の代表取締役甲氏との間で行われたものである。甲氏は、X社の発行済株式の全てを保有している。会話の中の空欄A～Cに入る記述の組み合わせとして、最も適切なものを下記の解答群から選べ。

甲　氏：「会社分割の手続を利用して、当社のα事業を、Y株式会社(以下「Y社」という。)に売却しようと考えているのですが、債権者異議手続の対象となる債権者の範囲を教えてください。まず、吸収分割によりα事業に係る権利義務をY社に直接承継させ、その対価としてX社がY社から現金を受け取る場合にはどうなりますか。」

あなた：「売却ということで、X社は、分割後、α事業に対する支配権を手放すということでしょうから、分割契約において、Y社に承継させる債務に係る債権者は、もうX社に債務の履行を請求できないと定めることになりますよね。そうすると、　　A　　が債権者異議手続の対象になります。」

甲　氏：「では、新設分割によりα事業に係る権利義務を新たに設立したZ株式会社(以下「Z社」という。)に承継させた上で、Z社の株式をY社に譲渡する場合にはどうなりますか。」

あなた：「Z社の株式の譲渡の対価をX社が受け取りたい場合には、新設分割と同時にZ社の株式をX社が保有する物的分割になります。また、分割計画において、Z社に承継させる債務に係る債権者は、やはり、もうX社に債務

問題編　483

の履行を請求できないと定めることになりますよね。そうすると、
　　　　B　　　が債権者異議手続の対象になります。

　他方、Ｚ社の株式の譲渡の対価を甲さんが個人で受け取りたい場合には、新設分割と同時にＺ社の株式を甲さん個人が保有する人的分割になるでしょう。その場合には、　　　　C　　　が債権者異議手続の対象になります。

　事業の売却ということであれば、いろいろな専門家のアドバイスも必要になってくると思いますし、よい方を紹介しますから、一緒に相談に行ってみませんか。」

〔解答群〕

ア　A：Y社に承継させる債務に係る債権者と分割の効力発生日前からY社の債
　　　　権者であった者
　　B：Z社に承継させる債務に係る債権者
　　C：Z社に承継させる債務に係る債権者だけでなく、Z社に承継されない債
　　　　務に係る債権者

イ　A：Y社に承継させる債務に係る債権者と分割の効力発生日前からY社の債
　　　　権者であった者
　　B：Z社に承継させる債務に係る債権者だけでなく、Z社に承継されない債
　　　　務に係る債権者
　　C：Z社に承継させる債務に係る債権者

ウ　A：Y社に承継されない債務に係る債権者とY社に承継させる債務に係る債
　　　　権者と分割の効力発生日前からY社の債権者であった者
　　B：Z社に承継させる債務に係る債権者
　　C：Z社に承継させる債務に係る債権者だけでなく、Z社に承継されない債
　　　　務に係る債権者

エ　A：Y社に承継されない債務に係る債権者とY社に承継させる債務に係る債
　　　　権者と分割の効力発生日前からY社の債権者であった者
　　B：Z社に承継させる債務に係る債権者だけでなく、Z社に承継されない債
　　　　務に係る債権者

C：Z社に承継させる債務に係る債権者

平成24年度 第4問

　あなたの顧客であるX株式会社(以下「X社」という。)の代表取締役甲氏からの、X社の組織再編に関する以下の相談内容を前提に、Y株式会社(以下「Y社」という。)のC部門を独立した1つの会社とする手続きとして最も適切なものを下記の解答群から選べ。

【甲氏の相談内容】

　X社では、100パーセント子会社としてA株式会社(以下「A社」という。)を保有している。

　一方、Y社では、B部門とC部門の2つの事業を行っており、このうち、C部門の事業は、A社の事業と同じである。

　X社としては、事業を拡大するため、Y社のC部門を譲り受けたい。

　譲り受けるにあたっては、A社とY社では、従業員の処遇に違いがあることから、一度に統合することは難しい可能性もある。そのため、C部門をそのまま切り出して、直接1つの独立した会社とした後に、その株式を譲り受け、A社と同様に、X社の100パーセント子会社とすることとしたい。

〔解答群〕

　　ア　吸収合併

　　イ　吸収分割

　　ウ　事業譲渡

　　エ　新設分割

平成21年度 第2問

　A株式会社(以下「A社」という。)は、100パーセント子会社であるB株式会社に対し、A社の事業の一部を分割し、吸収させることを検討している。A社の貸借対照表及び分割を検討している資産等の状況は下記のとおりである。これを前提とした簡易吸収分割(会社法第784条第3項)に関する説明のうち、最も適切なものを下記の解答群から選べ。

問題編　**485**

A社貸借対照表

(単位:百万円)

資　産　の　部		負　債　の　部	
流動資産	1,050	流動負債	250
固定資産	1,350	固定負債	900
		負債合計	1,150
		純　資　産　の　部	
		資本金	480
		利益剰余金	770
		純資産合計	1,250
資産合計	2,400	負債・純資産合計	2,400

A社が分割を検討している資産、負債の項目及び帳簿価額

(単位:百万円)

資　　　産		負　　　債	
流動資産	30	流動負債	100
固定資産	200		
合　　計	230	合　　計	100

〔解答群〕

ア　分割対象となる資産合計額から負債合計額を控除した額は1億3,000万円で、A社の総資産額の5分の1を下回っているが、20分の1を超えるので、簡易吸収分割の規定が適用とならず、A社では、吸収分割契約を承認する株主総会を開催する必要がある。

イ　分割対象となる資産合計額から負債合計額を控除した額は1億3,000万円で、A社の純資産額の5分の1を下回っているので、簡易吸収分割の規定が適用となり、A社では、吸収分割契約を承認する株主総会を開催する必要がない。

ウ　分割対象となる資産額合計は2億3,000万円で、A社の純資産額の5分の1を下回っているが、20分の1を超えるので、簡易吸収分割の規定は適用とな

らず、A社では、吸収分割契約を承認する株主総会を開催する必要がある。

エ　分割対象となる資産額合計は2億3,000万円で、A社の総資産額の5分の1を下回っているので、簡易吸収分割の規定が適用となり、A社では、吸収分割契約を承認する株主総会を開催する必要がない。

平成**19**年度　第**5**問

次の文章を読んで、下記の設問に答えよ。

中小企業診断士である甲氏は、顧問先のX株式会社(以下、「X社」という。)の社長乙氏から、おおむね以下の内容の相談を受けた。それに続くのは甲氏と乙氏との会話である。

なお、本問における会社はすべて日本法人の取締役会・監査役設置会社とし、以下に記載があるほかは、本件手続に支障のある事情はないものとする。また、本件手続は、簡易組織再編行為・略式組織再編行為(会社法第784条・第796条)に該当しないものとする。

［相談内容の概要］

X社では、現在、販売部門の事業拡大を考えているが、X社の製品を販売する子会社であるY株式会社(X社の100％子会社。以下、「Y社」という。)だけでは人員も能力も足りない。

そこで、販売部門が強いZ株式会社(以下、「Z社」という。)を傘下におさめたいが、単純にZ社の発行済株式全部を買い取る方法はX社の都合で難しく、また許認可の問題から事業譲渡の方法も難しいので、これら以外の方法でX社がZ社の発行済株式全部を取得してZ社をX社の傘下におさめることができる方法を知りたい。

その場合、X社の100％子会社でX社の製品を販売する会社が2つになるので、Z社を傘下におさめると同時にZ社をY社に統合することも考えられる。

甲氏：「そうすると、本件でZ社を傘下におさめる方法としては、株式交換による方法と、いわゆる三角合併の方法の2通りが考えられます。」

乙氏：「株式交換というのと、三角合併というのは、何が違うのですか。」

問題編　**487**

甲氏：「｜　　A　　｜」

（設問1）

　本件で想定されている株式交換の説明として最も適切なものはどれか。

ア　X社が保有するX社の株式等と、Z社の発行済株式全部とを交換する方法。
イ　X社が保有するY社の株式等と、Z社が保有するZ社の自己株式とを交換する方法。
ウ　Y社が保有するX社の株式等と、Z社の発行済株式全部とを交換する方法。
エ　Y社が保有するY社の株式等と、Z社が保有するZ社の自己株式とを交換する方法。

（設問2）

　本件で想定されている三角合併の説明として最も適切なものはどれか。

ア　X社が、Z社の株主に対し、X社が保有するX社の株式を交付する方式で、Z社を吸収合併する方法。
イ　Y社が、Z社の株主に対し、Y社が保有するX社の株式を交付する方式で、Z社を吸収合併する方法。
ウ　Z社が、X社に対し、Z社の発行済株式全部を交付する方式で、Y社を吸収合併する方法。
エ　Z社が、Y社に対し、Z社が保有するX社の株式を交付する方式で、Y社を吸収合併する方法。

（設問3）

　株式交換と三角合併の違いに関する説明として、空欄Aに入る最も適切なものはどれか。

ア　株式交換の場合は、X社の株主総会決議による株式交換契約の承認が必要ですが、三角合併の場合は、X社の株主総会決議による合併契約の承認は不要です。

イ　株式交換の場合は、Ｘ社、Ｙ社、Ｚ社、いずれの会社の株主にも株式買取請
　　求権が認められますが、三角合併の場合は、逆にいずれの会社の株主にも株式
　　買取請求権が認められません。

ウ　株式交換の場合は、契約の当事者は、Ｙ社とＺ社の二社だけで足りますが、
　　三角合併の場合は、契約の当事者は、Ｘ社、Ｙ社及びＺ社の三社でなければな
　　らないと会社法上定められています。

エ　株式交換の場合は、交換の対価は株式か現金でなければなりませんが、三角
　　合併の場合は、合併の対価は株式、現金、社債から選択することが認められて
　　います。

平成22年度　第4問

　甲株式会社(以下「甲社」という。)では、営業部門を会社分割の手続を利用して分
社化することとしているが、その中で、従業員Ａ～Ｄの所属について、以下の対応
を検討している。これら従業員のうち、「会社分割に伴う労働契約の承継等に関す
る法律」第2条第1項に基づく通知が必要となる者の組み合わせとして最も適切な
ものを下記の解答群から選べ。なお、分社化により新たに設立される会社を乙株式
会社(以下「乙社」という。)とする。

従業員Ａ：入社以来、営業部門に従事している者であるため、会社分割に際して
　　　　　も、乙社所属とする。

従業員Ｂ：総務部門に従事する者であるが、乙社での総務担当者がおらず、従業員
　　　　　Ｂは過去に営業部門に関連する総務業務も担当していたことがあるた
　　　　　め、会社分割に際しては、乙社所属とする。

従業員Ｃ：経理部門に従事し、営業部門に関連する経理も若干担当していたことは
　　　　　あるものの、会社分割に際しては、甲社所属とする。

従業員Ｄ：一昨年の人事異動で、営業部門に異動となり、その後約2年間その業務
　　　　　に従事していたが、適性の問題もあることから、会社分割に際しては、
　　　　　甲社所属とし、異動前の部署に戻す。

〔解答群〕

ア　Ａ、Ｂ、Ｃ

問題編　**489**

イ　A、B、D

ウ　A、C、D

エ　B、C、D

平成20年度　第4問

　中小企業診断士であるあなたは、X株式会社の全株所有者である甲社長から相談を受けた。以下は、あなたと甲社長との会話の一部である。この会話を読んで、下記の設問に答えよ。

甲社長：「私もだいぶ高齢になったので、そろそろ引退しようと思っているんですが、会社にはどうも適当な後継者がいないんですよ。それで、どうしようかと思っていたら、どうもY株式会社が引き継いでくれそうな感じなんです。

　　　　　私が持っている100パーセントの株式をY株式会社に譲渡しようかと思ったのですが、当社は、若干ですが、不動産の賃貸業もやっていますから、Y株式会社に引き継いでもらうとしても本業だけにして、不動産の賃貸業は残しておこうかと思うんです。

　　　　　賃貸業でもちょっとした収入になりますから、私の生活の足しにもなりますし、私一人でできますから。そういったこともできますかね。」

あなた：「事業譲渡、会社分割の方法で可能になると思いますよ。」

甲社長：「事業譲渡というのは、分かるのですが、会社分割というのを使うとどういう形に進めるわけですか。」

あなた：「　　A　　」

甲社長：「なるほど。事業譲渡と会社分割なら、どちらの方がいいわけですか。」

あなた：「どちらにも一長一短ありますし、Y株式会社の都合にもよりますから、何ともいえません。」

甲社長：「じゃあ、この2つの方法で、何か違うところがあるのですか。」

あなた：「ありますよ。例えば、　　B　　」

（設問1）

　　会話の中の空欄Aに入る文章として最も適切なものはどれか。

490　第2部　テーマ別1次過去問集

ア　不動産業をX株式会社に残して、会社分割の方法によって、本業を行う子会社を作ります。それから、その子会社の株式をY株式会社に譲渡します。

イ　本業をX株式会社に残して、会社分割の方法によって、不動産業を行う子会社を作ります。その子会社設立と同時に、その子会社の株式全部をY株式会社に割り当てます。

ウ　本業をX株式会社に残して、会社分割の方法によって、不動産業を行う子会社を作ります。それから、X株式会社の株式をY株式会社に譲渡します。

エ　本業を分割して、当然にY株式会社の一部門とすることができますから、その結果、甲社長もY株式会社の株主となることができます。

（設問2）

会話の中の空欄Bに入る文章として最も適切なものはどれか。

ア　事業譲渡の場合は、金銭が対価でなければなりませんが、会社分割の場合は、法律上、Y株式会社の株式が対価でなければなりません。Y株式会社にとっては、会社分割の方が、資金手当が必要でない点がメリットとなります。

イ　事業譲渡の場合は、譲渡した部分は、Y株式会社の一部として組み込まれますが、会社分割の場合は、法人格を保ったまま、会社ごと、Y株式会社の子会社になります。

ウ　事業譲渡の場合は、譲渡の対価は当然にY株式会社から甲社長に支払われますが、会社分割の場合は、譲渡の対価は当然にY株式会社からX株式会社に支払われることになります。

エ　事業譲渡の場合は、取引先も従業員も当然にY株式会社に引き継がれますが、会社分割の場合は、取引先や従業員から個別の同意が必要となります。

平成23年度　第3問

A株式会社（以下「A社」という。）とB株式会社（以下「B社」という。）は、A社を吸収合併消滅会社、B社を吸収合併存続会社として、おおむね以下のスケジュールで吸収合併を実施する予定である。その際、A社の吸収合併の手続に関する記述として最も適切なものを下記の解答群から選べ。なお、A社の定款には、関連する事

項について特段の定めはなく、また、A社は、発行する株式の全てが譲渡制限株式であり、かつ、取締役会設置会社であるものとする。

平成 24 年 2 月 20 日(月)　吸収合併契約の調印
平成 24 年 3 月 14 日(水)　吸収合併契約承認の株主総会
平成 24 年 4 月 1 日(日)　吸収合併の効力発生日

〔解答群〕

ア　A社では、吸収合併契約書を本店に備え置く必要があるが、本件の場合、吸収合併契約調印の翌日の平成 24 年 2 月 21 日から備置きを実施しなければ、本件吸収合併は無効となる。

イ　A社の株主に対しては、株主総会の招集通知と株式買取請求権に関する通知をしなければならないが、前者は株主総会の 1 週間前まで、後者は吸収合併の効力発生日の 20 日前までと決まっているので、同時に通知することはできない。

ウ　A社の債権者が 1 社だけの場合であっても、A社では、その債権者に対して本件吸収合併について通知するだけでなく、吸収合併の公告を行わなければならない。

エ　今回の吸収合併の場合、効力発生日が日曜日にあたり、法務局で登記を受け付けてもらえないため、A社の登記上、解散の理由は、実際に登記申請した日に合併した旨記載され、平成 24 年 4 月 1 日に合併した旨は記載されない。

令和元年度　第3問

会社法が定める会社の清算・特別清算に関する記述として、最も適切なものはどれか。

ア　株主は、清算中の会社の残余財産が金銭以外の財産であるときは、当該会社に対し、当該残余財産に代えて金銭を交付することを請求することができる。

イ　清算中の会社の機関設計は、清算開始前の機関設計が維持されるため、指名委員会等設置会社が清算手続に入った場合、指名委員会等の各委員会が設置される。

ウ　清算中の会社は裁判所の監督に属するため、清算人は、裁判所による提出命令がなくても、株主総会で承認を得た財産目録等を裁判所に提出しなければならない。

エ　特別清算は、株式会社だけではなく、合同会社にも適用される。

VIII 持分会社

平成26年度 第17問

合同会社の特徴に関する記述として最も適切なものはどれか。

ア　合同会社では、会社法で規定する機関として社員総会と代表社員の設置が必要であり、日常業務は代表社員が担い、重要な意思決定は社員総会の決議による。

イ　合同会社では、定款に記載することによって、出資額が少ない社員に対する損益分配の割合を増やすように定めることができる。

ウ　合同会社では、定款で業務執行社員を定めて一部の社員を業務執行から除外することができる。逆に社員ではないが経営能力に優れた人を業務執行社員とすることもできる。

エ　合同会社には資本金の概念がない。このため会社設立にあたって必要な設立登記のための登録免許税を納付する必要がない。

平成30年度 第1問

合同会社は、当事者間で最適な利害状況を自由に設定することを可能とすることによって、事業の円滑な実施を図り、法規制による保護ではなく、利害関係者の自己責任による問題解決に委ねるという会社類型である。

株式会社と合同会社を比較した記述として、最も適切なものはどれか。

ア　株式会社の株主は、会社債権者に対して間接有限責任しか負わないが、合同会社の社員は、会社債権者に対して直接無限責任を負う。

イ　株式会社の場合には、資本金を増やさずに出資による資金調達を行うことはできないが、合同会社の場合には、資本金を増やさずに出資による資金調達を行う

ことができる。

ウ　株式会社の場合にも、合同会社の場合にも、純資産額が 300 万円以上でなければ、配当を行うことができない。

エ　株式会社の場合にも、合同会社の場合にも、貸借対照表を公告しなければならない。

IX　その他の重要法人

平成21年度　**第16問**

次の文章を読んで、下記の設問に答えよ。

有限責任制の人的会社制度として、会社法に合同会社制度が創設された。また、有限責任事業組合契約に関する法律により、新たな事業体としての有限責任事業組合の設立が可能となった。

このほか人的資産の活用としては、民間の行う社会貢献活動の健全な発展を促進する目的で特定非営利活動促進法が施行され、特定非営利活動法人を設立することが可能となっている。

（設問 1）

合同会社と有限責任事業組合は共通点も多い。次の説明のうち、<u>最も不適切な</u><u>もの</u>はどれか。

ア　合同会社、有限責任事業組合の債権者は、当該会社または組合の営業時間内は、いつでも、作成した日から 5 年以内の計算書類または財務諸表の閲覧または謄写の請求をすることができる。

イ　合同会社の常務に属する業務以外の業務は、定款に別段の定めがある場合を除き、社員の過半数をもって決定する。有限責任事業組合も重要な財産の処分および譲受けや多額の借財という業務執行を決定するには、総組合員の過半数の同意によらなければならない。

ウ　合同会社の設立手続きは、社員になろうとする者が定款を作成し、設立の登

494　第 2 部　テーマ別 1 次過去問集

記をする時までにその出資の全額を払い込みまたは給付を行う。有限責任事業組合では、各当事者が組合契約書を作成し、それぞれの出資に係る払込みまたは給付の全部を履行する。いずれも、設立時に公証人の定款認証を受ける必要はない。

エ　合同会社は定款、有限責任事業組合は総組合員の同意により、その出資者の損益分配の割合を出資の価額に応じたものと異なる割合に定めることができる。

（設問2）

　合同会社と有限責任事業組合との相違点の説明として、最も不適切なものはどれか。

ア　合同会社は、合同会社名義で特許権の出願ができる。これに対し有限責任事業組合では、有限責任事業組合名義で特許権の出願をすることはできない。

イ　合同会社は、合名会社、合資会社、株式会社に組織変更することができる。これに対して有限責任事業組合は、このような組織変更ができず、当該有限責任事業組合を解散し、新たに会社を設立しなければならない。

ウ　合同会社は社員1名でも設立できる。これに対し有限責任事業組合は、2名以上の個人または法人の組合員が必要となる。ただし、組合員のうち過半数以上は、日本の居住者または内国法人でなければならない。

エ　合同会社は、配当額が当該利益の配当をする日における利益額を超える場合には、当該利益の配当をすることができない。有限責任事業組合の組合財産は、その分配の日における純資産額から組合員の出資の総額と300万円のいずれか小さい額を控除した額を超えて分配することができない。

（設問3）

　特定非営利活動法人の説明として、最も不適切なものはどれか。

ア　特定非営利活動法人の役員として、理事3名以上および監事1名以上を置かなければならない。なお、役員のうち報酬を受ける者の数は役員総数の3分の1以下でなければならない。

イ　特定非営利活動法人は、特定非営利活動を目的としなければならないが、特定非営利活動の事業に支障のない範囲で、その他の事業を行うことができる。

ウ　特定非営利活動法人は、毎事業年度初めの3か月以内に、前事業年度の事業報告書等ならびに役員名簿等を作成し、定款等とともに、その社員その他の利害関係人が閲覧できるよう主たる事務所に備え置かなければならない。

エ　特定非営利活動法人を設立するためには、定款、役員名簿、社員7名以上の名簿、設立趣旨書などの必要書類を添付した申請書を所轄庁に提出して、設立の認証を受けなければならない。

第4章 問題 倒産法

II 倒産法各説

平成**22**年度 第**7**問

　中小企業診断士であるあなたは、顧問先の会社の社長甲から、甲の子が勤務していた会社が倒産したとして相談を受けた。甲の子が勤務していた会社の破産の概要及び甲の子が会社に対して有している債権の内容は以下のとおりである。そのうえで、あなたと甲との会話を踏まえて下記の設問に答えよ。

　　甲　　：「配当はあるのでしょうか。」

　あなた：「破産の場合、配当する順番が決まっているから、それに従うことになります。」

　　甲　　：「具体的にはどうなるのですか。」

　あなた：「まず、破産財団から、　　A　　に対する配当を行います。これには破産管財人の費用その他破産財団の管理・換価及び配当に関する費用などが含まれます。　　A　　に全額配当してもまだ破産財団に余剰があるという場合には　　B　　に対する配当を行います。

　　　　　　　　B　　に全額配当してもまだ破産財団に余剰がある場合には、一般破産債権に対する配当が行われますが、通常は、全額弁済できないので、按分して配当されることになります。」

　　甲　　：「そうすると、今回の場合どうなるのでしょう。」

　あなた：「仮に、現状を前提にして考えると、破産財団1,000万円から、破産管財人の費用その他破産財団の管理・換価及び配当に関する費用200万円がまず支払われます。そして、残りの破産財団800万円から、　　A　　に該当する税金や未払給料への配当など、先ほどお話した順番で配当がされます。ですから、お子さんの場合、配当額は、　　C　　ということになります。ただし、配当額は、破産財団の管理等に要した費用などで大きく変動しますから、詳しくは破産管財人に問い合わせて下さい。また、未払給料については、独立行政法人労働者健康福祉機構で行っている未払賃金の

問題編　**497**

立替払制度もありますから、こちらの利用も検討してもよろしいかと思います。」

【破産した会社の概要】

決算期　　　　　　　　毎年 4 月 1 日～ 3 月 31 日

破産手続開始決定日時　　平成 22 年 1 月 6 日(水)午後 5 時

現在の破産財団　　　　　　　　　　　　　　　　　　　約 1,000 万円

破産管財人の費用その他破産財団の管理・換価及び配当に関する費用(見込額)

　　　　　　　　　　　　　　　　　　　　　　　　　約 200 万円

税金の滞納分　　　　平成 19 年分　　　　約 100 万円

　　　　　　　　　　平成 20 年分　　　　約 150 万円

　　　　　　　　　　平成 21 年分　　　　約 500 万円　　合計約 750 万円

未払給料(甲の子を含む 10 名分)

　　　　　　　　平成 21 年 4 月～ 6 月分　　　約 50 万円

　　　　　　　　平成 21 年 7 月～ 9 月分　　　約 100 万円

　　　　　　　　平成 21 年 10 月分～12 月分　　約 300 万円　　合計約 450 万円

【甲の子が有する債権の概要】

平成 21 年 7 月～ 9 月分の未払給料　　　　　約 15 万円

平成 21 年 10 月～12 月分の未払給料　　　　約 30 万円　　合計約 45 万円

(設問 1)

会話中の空欄Ａ・Ｂに入る語句の組み合わせとして最も適切なものはどれか。

ア　Ａ：共益債権　　　　　　　Ｂ：別除権

イ　Ａ：財団債権　　　　　　　Ｂ：優先的破産債権

ウ　Ａ：別除権　　　　　　　　Ｂ：財団債権

エ　Ａ：優先的破産債権　　　　Ｂ：共益債権

(設問 2)

会話中の空欄Ｃに入る文章として最も適切なものはどれか。

ア　債権額全額の約 45 万円

イ　債権額約 45 万円の 9 分の 1 の約 5 万円

ウ　平成 21 年 10 月から 12 月分の未払給料全額にあたる約 30 万円

エ　平成 21 年 10 月から 12 月分の未払給料約 30 万円の 2 分の 1 の約 15 万円

平成23年度　第4問

　X 株式会社の法的倒産手続 (再建型) に関し、債権者①〜⑪までの債権額及び計画案に対する賛否は以下のとおりである。

　このとき、X 株式会社の法的手続が、民事再生手続であった場合の再生計画案と会社更生手続であった場合の更生計画案それぞれの可決の成否について、最も適切なものを下記の解答群から選べ。なお、①〜⑪の債権はすべて一般債権でかつ債権額が議決権額とし、それ以外の可決要件はすべて充足しているものとする。

債権者番号	債権額	賛　否
①	20 万円	反　対
②	30 万円	反　対
③	50 万円	賛　成
④	100 万円	反　対
⑤	300 万円	反　対
⑥	1,500 万円	賛　成
⑦	3,500 万円	反　対
⑧	4,500 万円	賛　成
⑨	3 億円	反　対
⑩	4 億円	反　対
⑪	10 億円	賛　成
合　計	18 億円	

（賛否の内訳）

　　賛成：人数 4 名、債権額 10 億 6,050 万円

　　反対：人数 7 名、債権額 7 億 3,950 万円

〔解答群〕

　ア　再生計画案の場合も更生計画案の場合も、ともに可決される。

　イ　再生計画案の場合も更生計画案の場合も、ともに否決される。

　ウ　再生計画案の場合は可決されるが、更生計画案の場合は否決される。

　エ　再生計画案の場合は否決されるが、更生計画案の場合は可決される。

平成28年度　第5問

　下表は、各法的倒産手続についてまとめたものである。空欄A〜Dに入る語句の組み合わせとして、最も適切なものを下記の解答群から選べ。

	担保権の原則的な取扱い	否認権行使の可否	相殺権の行使期限
A	倒産手続によらないで行使できる。	できる。	債権届出期間内
B	倒産手続によらなければ行使できない。	できる。	債権届出期間内
C	倒産手続によらないで行使できる。	できる。	債権届出期間後でも可能
D	倒産手続によらないで行使できる。	できない。	債権届出期間後でも可能

〔解答群〕

　ア　A：会社更生手続　B：民事再生手続　C：破産手続　　　D：特別清算手続

　イ　A：破産手続　　　B：会社更生手続　C：民事再生手続　D：特別清算手続

　ウ　A：破産手続　　　B：民事再生手続　C：特別清算手続　D：会社更生手続

　エ　A：民事再生手続　B：会社更生手続　C：破産手続　　　D：特別清算手続

第**5**章 問題 その他の法務知識

I 企業活動に関する法律知識

平成**23**年度 第**13**問

　次の文章は、ゲームソフトの開発・制作等の事業を営んでいる株式会社甲の代表取締役社長(以下「甲社社長」という。)と、中小企業診断士であるあなたとの会話である。この会話の空欄A～Eに入る用語の組み合わせとして最も適切なものを下記の解答群から選べ(※法令名は略称による。)。

甲社社長：「ちょっと、困ったことが起こって。」

あなた　：「どうされたのですか？」

甲社社長：「うちの会社(甲社)は、携帯電話向けSNS(ソーシャル・ネットワーキング・サイト)用のゲームソフトを開発して、大学生や社会人向けのソフトをX社に、中高生向けのソフトをY社にそれぞれ供給しているんだけど、今回、X社との間のゲームソフト制作・開発委託契約を更新する話合いの中で、同業他社に同種のゲームソフトを提供しないことを当社に義務付ける内容の条項を追加するようにX社から要求されているんだ。しかもリーガルチェックの段階で、うち(甲社)がX社の担当者に対してこの新条項に難色を示したら、『この条項の追加を受け入れてもらえなければ、御社(甲社)のゲームソフトを当社(X社)のSNSの会員向けゲームカテゴリーから外すことも考えなければならない。』と言われたんだよ。カテゴリーから外されると、うち(甲社)のゲームは新規会員の獲得ができず、ダウンロード済みの顧客からの課金収入しかなくなってしまうので、死活問題になっちゃうよ。」

あなた　：「ちょっと待ってください、社長。X社は携帯電話向けSNS用のオンラインゲームでは、3割以上のシェアを握っていて業界トップでしょう。そういう会社が社長の言われるような行為をしているとなると、
　　　　　　　　A　に該当する疑いがあり、　　B　で禁止されている
　　　　　　　　C　の問題となる可能性があります。そんな新条項の追加要求に

問題編　**501**

応じる必要はないと思いますよ。」

甲社社長：「確かにそうなんだけど、うちのようなベンチャー企業は、どうしても大手のオンラインゲーム会社の要求をのまざるを得ないんだよなあ。何しろ、Y社が主催しているゲームフェアに参加させてもらったときは、ほとんどうち(甲社)のゲームが来場者の目に触れるようなブースもなかったのに、協賛金を負担するように要請されて支払ったこともあったんだ。」

あなた　：「社長、どこまでお人好しなんですか。そんな御社(甲社)の売上にとって直接的なメリットのない協賛金を負担させていたとなると、Y社の行為は　　D　　に該当する可能性が高いですから、やっぱり　　C　　の問題となりますよ。そういう大手のむちゃな要求ばかりのんで、当面の受注は取れても、長い目で見れば御社(甲社)のためになりませんよ。」

甲社社長：「うーん、そうなるとやっぱりどこかに相談しないと。どこか役所でこういう問題を相談できるところはないの？」

あなた　：「　　B　　では　　C　　に該当する行為の排除措置を命ずる権限が　　E　　に与えられていますし、　　B　　に違反する事実があれば、だれでもその事実を　　E　　に報告して適当な措置をとるように求めることができますから、そこに相談するのが筋だと思います。」

〔解答群〕

ア　A：拘束条件付取引　　　B：独占禁止法　　　　C：不当な取引制限
　　D：共同の取引拒絶　　　E：中小企業庁

イ　A：再販売価格の拘束　　B：下請法　　　　　　C：不公正な取引方法
　　D：差別対価　　　　　　E：公正取引委員会

ウ　A：抱合せ販売等　　　　B：特定商取引法　　　C：不当な取引制限
　　D：優越的地位の濫用　　E：消費者庁

エ　A：排他条件付取引　　　B：独占禁止法　　　　C：不公正な取引方法
　　D：優越的地位の濫用　　E：公正取引委員会

| 平成**25**年度 | 第**3**問 | ※エを改題 |

　違反行為を自主申告した事業者に対し、公正取引委員会が支払を命じる課徴金を減免する課徴金減免制度に関する記述として、最も適切なものはどれか。

ア　課徴金減免制度は、談合、カルテルなどの不当な取引制限のみが対象であり、私的独占や優越的地位の濫用は対象ではない。

イ　公正取引委員会による調査開始後であっても、最初に課徴金減免申請を行った事業者については、課徴金が全額免除される。

ウ　公正取引委員会による調査開始前であっても、公正取引委員会に把握されていない事実を報告しなければ、課徴金の減免を受けることはできない。

エ　調査協力減算制度の対象となるのは、公正取引委員会による調査開始日前と調査開始日以後とで合わせて最大5社（調査開始日以後は最大3社）までである。

| 令和**元**年度 | 第**7**問 |

　下請代金支払遅延等防止法(以下「下請法」という。)に関する記述として、最も不適切なものはどれか。なお、親事業者、下請事業者の範囲を定める取引当事者の資本金の要件は考慮しないものとする。

ア　自社の社内研修をコンサルティング会社に委託することは、下請法の対象となる役務提供委託に該当する。

イ　製造業者が、自社の工場で使用している工具の修理を自社で行っている場合に、その修理の一部を修理業者に委託することは、下請法の対象となる修理委託に該当する。

ウ　大規模小売業者が、自社のプライベート・ブランド商品の製造を食品加工業者に委託することは、下請法の対象となる製造委託に該当する。

エ　放送事業者が、放送するテレビ番組の制作を番組制作業者に委託することは、下請法の対象となる情報成果物の作成委託に該当する。

第5章 問題

問題編　**503**

平成29年度 第19問

消費者契約法に関する記述として、最も適切なものはどれか。

ア　個人事業主が、Ａ株式会社から、ミネラルウォーターを自宅で飲むために購入した場合、当該契約に消費者契約法は適用される。

イ　事業者が消費者の代理人に対し、重要事項について事実と異なることを告げたことにより、当該代理人が、告げられた内容が事実であるとの誤認をし、それにより契約を締結した場合において、当該代理人が事業者に該当するときは、消費者契約法は適用されない。

ウ　住居の賃貸借契約において、事業者である賃貸人の重過失に起因する債務不履行により賃借人に生じた損害を賠償する責任の一部を免除する条項は有効である。

エ　洗濯機の売買契約において、事業者である売主の軽過失に起因する債務不履行により消費者である買主に生じた損害を賠償する責任の全部を免除する条項は有効である。

平成24年度 第15問

フランチャイズ契約に関する記述として、最も適切なものはどれか。

ア　中小小売商業振興法上の特定連鎖化事業に該当する事業を行うフランチャイズ本部には、その本部とフランチャイズ契約を締結しようとする加盟希望者に対し、あらかじめ、加盟に際し徴収する金銭、加盟者に使用させる商標・商号その他フランチャイズ契約の概要等を記載した書面を交付し、その記載事項について説明する義務はない。

イ　フランチャイズ契約解除後、フランチャイズ本部からフランチャイズ・チェーン名称の使用を継続している旧加盟店に対して名称使用の差止請求をするには、その名称の商標登録が必要である。

ウ　フランチャイズ契約において、契約終了後も、フランチャイズ本部が加盟店に対して、特定地域で成立している商権の維持、同本部が加盟店に供与したノウハウの保護等に必要な範囲を超えるような地域、期間又は内容の競業禁止義務を課

504　第2部　テーマ別1次過去問集

す規定をおくことは、優越的地位の濫用に該当する。

エ　フランチャイズ契約における加盟希望者が小売店である場合でも、小売店は消費者とみなされるから、消費者契約法の適用がある。

平成29年度　第4問　※(設問2)のみ掲載

　以下の会話は、中小企業診断士であるあなたと、新株発行による資金調達を行おうとしているX株式会社の代表取締役甲氏との間で行われたものである。この会話を読んで、下記の設問に答えよ。

甲　氏：「新株発行により3,000万円を調達しようと考えています。株式の発行に際して払い込まれた金額は、資本金か資本準備金かのどちらかに計上しなければならないと聞きましたが、具体的にいくらにすればいいのでしょうか。」

あなた：「会社法上の規定により、3,000万円のうち、少なくとも　　A　　円は、資本金として計上しなければならないので、残りの　　B　　円についていくらを資本金にするのかが問題になります。資本金の額が許認可の要件となっている事業を行う場合などを除き、一般的には資本金に計上する金額を少なくした方が有利なことが多いように思います。」

甲　氏：「資本金を増やす特別な理由がないのであれば、資本金に計上する金額は少なくした方がいいみたいですね。今回は、　　B　　円を資本準備金の金額としておきます。」

（設問2）

　会話の中の下線部に関連し、最も適切なものはどれか。

ア　資本金の金額によって、監査役設置会社において会計監査人を設置しなければならないかどうかが影響を受けることはない。

イ　資本金の金額によって、個人情報の保護に関する法律に定める個人情報取扱事業者に該当するかどうかが影響を受けることはない。

ウ　資本金の金額によって、下請代金支払遅延等防止法によって保護される下請

問題編　505

事業者に該当するかどうかが影響を受けることはない。

エ　増える資本金の額が多くなっても、資本金の額の変更に係る登記に要する登録免許税の金額が増えることはない。

平成**25**年度　第**16**問

法の適用に関する通則法の下で、準拠法に関する記述として最も適切なものはどれか。

ア　債権譲渡の債務者その他の第三者に対する効力は、債務者の住所地法が準拠法となる。

イ　日本に事務所のある外国法人と従業員との雇用契約に当該外国法を準拠法とする規定がある場合、当該従業員に日本の労働基準法の規定の適用は認められない。

ウ　日本に事務所のある外国法人と日本の消費者との契約の約款に当該外国法を準拠法とする規定がある場合、日本の消費者に日本の法令によるクーリングオフは認められない。

エ　法律行為の成立及び効力は、当事者による選択がなければ、当該法律行為当時において当該法律行為に最も密接な関係がある地の法が準拠法となる。

令和**元**年度　第**16**問

中小企業診断士であるあなたと株式会社Ｘの代表取締役甲氏との間の以下の会話を読んで、下記の設問に答えよ。

甲　氏：「弊社は、現在、自社ブランド製品について、外国の販売業者と取引を開始しようと考えています。先方から届いた契約書案を検討しているのですが、以下の規定について教えてください。

Title & Risk

Risk of loss of the Products sold by Seller under this Agreement shall pass to Purchaser upon Purchaser's acceptance of delivery of the same at the Designated Delivery Site, and title of the Products shall pass to

506　第2部　テーマ別1次過去問集

Purchaser only upon full payment therefor.」

あなた：「この規定は、危険負担と所有権の移転に関する条項です。このうち、
　　　　　A については、 B に移転するものと定められています。
　　　　　また、 C については、 D に移転するものと定められてい
　　　　　ます。なお、 C については、貿易取引条件の解釈の誤解や行き違
　　　　　いを回避する目的で、国際商業会議所が制定したインコタームズという規
　　　　　則がありますので、それによることも考えられます。」

（設問1）

　　会話の中の空欄A～Dに入る語句の組み合わせとして、最も適切なものはどれ
　か。

ア　A：危険負担　　　B：代金支払時　　　C：所有権　　　　D：引渡時

イ　A：危険負担　　　B：引渡時　　　　　C：所有権　　　　D：代金支払時

ウ　A：所有権　　　　B：代金支払時　　　C：危険負担　　　D：引渡時

エ　A：所有権　　　　B：引渡時　　　　　C：危険負担　　　D：代金支払時

（設問2）

　　会話の中の下線部に関連して制定された「海上および内陸水路輸送のための規
　則」のうち、CIF の説明として、最も適切なものはどれか。

ア　運賃込み

イ　運賃保険料込み

ウ　船側渡し

エ　本船渡し

平成26年度　第16問

　中小企業診断士であるあなたと顧客である会社役員A氏との以下の会話を読ん
で、下記の設問に答えよ。

問題編　　507

Ａ　　氏：「うちの製品は国内での販売は頭打ちなのだが、なぜかＢ国からの注文は
　　　　　結構あってね。」

あなた：「Ｂ国は今まさに工業化が進み、御社の製品はまだまだ必要になりますか
　　　　　らね。」

Ａ　　氏：「それで今までは日本から製品を直接輸出していたのだが、Ｂ国に進出し
　　　　　情報収集や営業のためにうちの若手を送り込みたいと思っているのだよ。」

あなた：「まずは駐在員事務所や支店の設立など、Ｂ国への進出形態による法制度
　　　　　を確かめないといけませんね。」

Ａ　　氏：「それと税制も気になるんだよ。うちがＢ国に支店を作りそこから売上を
　　　　　計上した場合、税金は今と比べてどうなるのかな。」

あなた：「Ｂ国の税制は調べないとわかりませんね。しかし逆に考えて、例えば外
　　　　　国法人が日本で支店を設置し、御社と同じような製品を本国から輸入して
　　　　　日本の顧客に販売して利益を得た場合、どうなると思いますか？」

Ａ　　氏：「日本で稼いだ利益には日本で税金をとってもらわないと不公平だな。」

あなた：「そうなのです。もう少し詳しくいうと、外国法人が日本国内に支店を持
　　　　　っている場合は、日本で行った事業からの所得に対して課税が行われるの
　　　　　です。支店のような事業を行う一定の場所のことを　　　　　　　と呼びま
　　　　　す。Ａさんもお聞きになったことがあると思います。」

Ａ　　氏：「　　　　　　　ね。どこかで聞いたことがあるな。つまり、うちも支店を出
　　　　　せば　　　　　　　とされてＢ国で課税されることになるのかな。」

あなた：「そうなる可能性が高いですね。さらに厄介なのは、実は日本の税制では、
　　　　　海外支店の所得も日本国内の支店の所得も合算して課税されるのです。つ
　　　　　まり、日本で設立された法人は、その法人の世界中の所得を課税の対象と
　　　　　する制度をとっているのです。」

Ａ　　氏：「えっ。それじゃ二重に税金がかかってしまうじゃないか。」

あなた：「そういう問題を解決するために、国家間で租税条約を締結して二重課税
　　　　　を回避する仕組みを構築しているのです。ただ、これはすべての国と締結
　　　　　されているわけではなく、内容もかなり複雑なので具体的には専門家に相
　　　　　談することをお勧めします。」

（設問1）

　会話の中の空欄に入る語句として最も適切なものはどれか。

　ア　PA（Public Address）

　イ　PD（Project Development）

　ウ　PE（Permanent Establishment）

　エ　PR（Public Relations）

（設問2）

　会話の中の下線部の租税条約の特徴に関する記述として最も適切なものはどれか。

　ア　租税条約は国際間の課税実務を調整するため世界各国で共通である。また、国内法と租税条約が異なる場合の適用は国内法が優先する。

　イ　租税条約は国際間の課税実務を調整するため世界各国で共通である。また、国内法と租税条約が異なる場合の適用は租税条約が優先する。

　ウ　租税条約は国家間で締結するので複数の租税条約が存在し、その規定は租税条約ごとに異なる。また、国内法と租税条約が異なる場合の適用は国内法が優先する。

　エ　租税条約は国家間で締結するので複数の租税条約が存在し、その規定は租税条約ごとに異なる。また、国内法と租税条約が異なる場合の適用は租税条約が優先する。

II　資本市場へのアクセスと手続

平成29年度　第21問

　下表は、日本取引所グループが上場市場の種類ごとに上場審査基準をまとめた表の一部を抜粋したものである。空欄A～Cに入る数値の組み合わせとして、最も適切なものを下記の解答群から選べ。なお、表中の「－」とは、その項目に相当する基準が存在しないことを意味する。

問題編　**509**

	東証一部	東証二部	マザーズ	JASDAQ スタンダード
流通株式数 （比率） （上場時見込み）	上場株券等の35％以上	上場株券等の　A　％以上	上場株券等の　B　％以上	－
利益の額又は時価総額（利益の額については、連結経常利益金額に少数株主損益を加減）	次のa又はbに適合すること a．最近2年間の利益の額の総額が5億円以上であること b．時価総額が500億円以上 （最近1年間における売上高が100億円未満である場合を除く。）	同左	－	次のa又はbに適合すること a．最近1年間の利益の額が　C　億円以上であること b．時価総額が50億円以上

〔解答群〕

ア　A：25　　B：20　　C：1

イ　A：25　　B：20　　C：3

ウ　A：30　　B：25　　C：1

エ　A：30　　B：25　　C：3

平成24年度 第17問

　　株式上場にあたり証券取引所が審査を行う基準は形式基準と実質基準の2つから構成される。形式基準は、上場を申請するにあたって最低限クリアしなければならない一定の数値や事実を要件として設定されている。これに対して実質基準は、規則上は定性的な項目を示し、具体的な考え方を「手引き」や「ガイドライン」、「Q＆A」の形で公表している。

　　実質基準に関連する下記の設問に答えよ。

（設問1）

　東京証券取引所の上場審査において、実質基準の「企業経営の健全性」の項目では、新規上場申請者の企業グループとその関連当事者との間に取引が発生している場合に、取引の合理性、取引条件の妥当性、取引の開示の適正性等を確認するとしている。

　新規上場申請会社（以下「会社」という。）と関連当事者との間で行われた取引に関する審査上の判断として、最も適切なものはどれか。

ア　会社が、会社の役員（関連当事者）に対し報酬の支払いを行っていたとしても、その報酬について財務諸表上で関連当事者との取引として開示を行わないことは問題はない。

イ　会社が、会社の役員（関連当事者）の所有する不動産を賃借しているが、直接の契約の相手方は外部の仲介不動産業者であるため、財務諸表上で関連当事者との取引として開示を行わないことは問題はない。

ウ　会社が、会社の役員を退職したオーナー（関連当事者）を顧問に招聘し顧問料を支払う場合は、期待する役割やその達成状況、顧問料の算定根拠について確認できなくても問題はない。

エ　会社が所有するビルの空きスペースを、会社の役員（関連当事者）が個人事業として営む飲食店に無償貸与することは、空きスペースでもあり問題はない。

（設問2）

　JASDAQ グロースの上場審査において下記の『　』書きの事項を確かめるのは、JASDAQ における有価証券上場規程第10条第2項に掲げられている実質基準の主にどの項目に該当するか。最も適切なものを下記の解答群から選べ。

『競争優位性及び事業環境等の外部環境や内部環境の適切な分析を踏まえた、客観性の認められる事業計画（中長期事業計画等）を有しているか。』

〔解答群〕

ア　企業行動の信頼性

イ　企業の成長可能性

問題編　　**511**

ウ 企業の存続性

エ 健全な企業統治及び有効な内部管理体制の確立

令和元年度 第22問

　下表は、マザーズにおける上場審査の形式要件及び上場審査の内容をまとめた表の一部を抜粋したものである。空欄A～Dに入る数値及び語句の組み合わせとして、最も適切なものを下記の解答群から選べ。

（形式要件）

項目		マザーズ形式要件
株主数 （上場時見込み）		A 人以上 （上場時までに 500 単位以上の公募を行うこと）
流通株式 （上場時見込み）	流通株式数	2,000 単位以上
	流通株式時価総額	5 億円以上
	流通株式数（比率）	上場株券等の 25 ％以上
時価総額（上場時見込み）		B 億円以上
事業継続年数		新規上場申請日から起算して、 C 年前以前から取締役会を設置して継続的に事業活動をしていること

（上場審査の内容）

項目	内容
企業内容、リスク情報等の開示の適切性	企業内容、リスク情報等の開示を適切に行うことができる状況にあること
企業経営の健全性	事業を公正かつ忠実に遂行していること
企業のコーポレート・ガバナンス及び内部管理体制の有効性	コーポレート・ガバナンス及び内部管理体制が、企業の規模や成熟度等に応じて整備され、適切に機能していること
D	（記載省略）
その他公益又は投資者保護の観点から東証が必要と認める事項	―

512　第2部　テーマ別1次過去問集

〔解答群〕

　　ア　A：100　　　B：10　　　C：3　　　D：企業の成長可能性

　　イ　A：100　　　B：30　　　C：1　　　D：企業の存続性

　　ウ　A：200　　　B：10　　　C：1　　　D：事業計画の合理性

　　エ　A：200　　　B：30　　　C：3　　　D：企業の継続性および収益性

平成30年度　第22問

　下表は、金融商品取引法に基づき作成が義務付けられる書類の名称とその内容について説明したものである。空欄A～Dに入る語句の組み合わせとして、最も適切なものを下記の解答群から選べ。

名称	内容の説明
A	新たに有価証券を発行する場合、又は、既発行の有価証券の売出しをする場合において、その取得の申込みの勧誘を行う相手方の人数及び発行（売出し）価額の総額等が一定の基準に該当するときに、発行者が内閣総理大臣に提出することが義務付けられる書類
B	発行（売出し）価額の総額等が　　A　　の提出が義務付けられる基準に満たない場合において、新たに有価証券を発行し、又は、既発行の有価証券の売出しをするときに、発行者が内閣総理大臣に提出することが義務付けられる書類
C	有価証券の発行者が、事業年度ごとに、内閣総理大臣に提出することが義務付けられる、事業の内容に関する重要な事項を記載した書類
D	有価証券の募集又は売出しに当たって、その取得の申込みを勧誘する際等に投資家に交付する文書

〔解答群〕

　　ア　A：有価証券通知書　　　B：有価証券届出書
　　　　C：目論見書　　　　　　D：有価証券報告書

　　イ　A：有価証券届出書　　　B：有価証券通知書
　　　　C：目論見書　　　　　　D：有価証券報告書

　　ウ　A：有価証券届出書　　　B：有価証券通知書

    C：有価証券報告書   D：目論見書

 エ A：有価証券報告書 B：有価証券届出書

    C：有価証券通知書   D：目論見書

平成20年度　第18問

　会社がその株式を取引所に上場すると、投資者を保護するため金融商品取引法に定められた種々の開示の義務が発生する。

　企業内容の開示の説明として、<u>最も不適切なもの</u>はどれか。

ア　会社は、公益又は投資者保護のため開示が必要な事象が発生した場合には、その内容を記載した臨時報告書を、遅滞なく提出しなければならない。

イ　会社は、事業年度ごとに有価証券報告書を当該事業年度経過後3か月以内に提出しなければならない。

ウ　会社は、事業年度の期間を3か月ごとに区分した期間ごとに四半期報告書をその各期間経過後2か月以内に提出しなければならない。

エ　有価証券報告書、四半期報告書、臨時報告書の開示手続きは、金融商品取引法第27条の30の2に定義されているEDINET（開示用電子情報処理組織）を使用することが義務付けられている。

平成25年度　第15問

　上場している製薬企業甲社と、医療支援ビジネスを手掛けるベンチャー企業乙社が、包括的な事業提携契約を締結した。次のa～eの者のうち、甲社が上場している証券取引所における事業提携契約の適時開示前に、甲社・乙社間の事業提携契約の締結を知った上で自ら甲社株式の売買をすることにつき、インサイダー取引による規制対象者の範囲に<u>含まれない者（複数の者による共犯関係が成立する場合を除く。）</u>として最も適切な組み合わせを、下記の解答群から選べ。

a　乙社取締役会における承認・報告がないのに事業提携契約を締結したことを、乙社代表取締役から伝えられた社外の第三者から教わった乙社取締役A

514 第2部　テーマ別1次過去問集

b　甲社の代表取締役として事業提携先候補の選定を行った後、半年前に取締役を退任したB

c　甲社取材の際に偶然耳にした役員同士の立ち話から、乙社との事業提携を知った経済誌記者C

d　顧問先である乙社の役員から甲社との事業提携を知らされた中小企業診断士D

e　事業提携について甲社代表取締役から伝えられた証券会社担当者に教わった甲社株主E

〔解答群〕

　ア　aとc

　イ　aとe

　ウ　bとd

　エ　cとe

平成**22**年度　第**18**問

次の文章を読んで、下記の設問に答えよ。

　金融商品取引法により、上場会社は財務報告に係る内部統制報告書の提出が義務づけられている。

　企業会計審議会が公表した「財務報告に係る内部統制の評価及び監査の基準」(以下「本基準」という。)によれば、内部統制とは、基本的に、企業の4つの目的の達成のために企業内のすべての者によって遂行されるプロセスであり、6つの基本的要素から構成されると定義されている。この4つの目的のうち、「財務報告の信頼性」を確保するための内部統制を「財務報告に係る内部統制」と定義し、この有効性について経営者による評価及び公認会計士等による監査についての考え方を示している。

　中小企業においては、上場会社でない限りこのような基準の適用はないが、規模がある程度以上の会社になると、健全な会社経営のために、会社が営む事業の規模・特性等に応じた内部統制を整備することが求められている。

第5章　問題

問題編　515

（設問1）

　本基準で示している内部統制によって企業が達成すべき4つの目的のうち、「財務報告の信頼性」以外の目的として、最も不適切なものはどれか。

　ア　企業統治体制の確立
　イ　業務の有効性及び効率性
　ウ　事業活動に関わる法令等の遵守
　エ　資産の保全

（設問2）

　経営者は、内部統制の目的を達成するために内部統制の基本的要素が組み込まれたプロセスを構築し、それを適切に機能させていくことが求められている。本基準では6つの基本的要素（①統制環境、②リスクの評価と対応、③統制活動、④情報と伝達、⑤モニタリング、⑥ITへの対応）を列挙している。

　このうち、経営者の意向および姿勢のように、組織内のすべての者の統制に対する意識に影響を与えるとともに、他の基本的要素の基礎をなすものとして最も適切なものはどれか。

　ア　統制活動
　イ　統制環境
　ウ　モニタリング
　エ　リスクの評価と対応

令和元年度 第8問

　下表は、金融商品取引法に定める縦覧書類の公衆縦覧期間をまとめたものである。空欄A～Cに入る数値の組み合わせとして、最も適切なものを下記の解答群から選べ。

縦覧書類の名称	公衆縦覧期間		
有価証券報告書	受理した日から	A	年を経過する日まで
半期報告書	受理した日から	B	年を経過する日まで
内部統制報告書	受理した日から	C	年を経過する日まで

〔解答群〕

ア　A：5　　B：3　　C：3

イ　A：5　　B：3　　C：5

ウ　A：7　　B：3　　C：3

エ　A：7　　B：5　　C：5

テーマ別1次過去問題集
5 経営法務

解答・解説編

第1章	民法	520
第2章	知的財産法	544
第3章	会社法	585
第4章	倒産法	621
第5章	その他の法務知識	625

| 第1章 | 民法 | 解答・解説 |

Ⅰ 民法総則

平成26年度 **第11問** ※ウを改題 **解答：エ**

★関連法律……民法

法律行為の意思表示と代理に関する出題である。過失とは、注意を怠ることであり、無過失とは、自分の行為に故意・過失がないことを指す。

ア：不適切である。 本人と相手方があらかじめ示し合わせて、不動産を譲渡するつもりがないのに不動産を譲渡する意思を示すことを虚偽表示といい、無効となる（民法94条1項）。しかし、善意の第三者に対しては、無効とする主張ができない（同法同条2項）。つまり、第三者は当該不動産の所有権を主張することができ、判例上、第三者は無過失でなくてもよいとしている（大審院昭和12年8月10日判決）。

イ：不適切である。 相手方の詐欺や強迫の下になされた本人の意思表示は取り消すことができる（同法96条1項）。しかし、第三者の詐欺により善意（本人が詐欺により契約してしまったことを知らない）かつ無過失の相手方と契約してしまった場合、本人は契約の取り消しを主張することができない（同法同条3項改正）。一方、第三者の強迫により相手方と契約してしまった場合は取り消すことができる（同法同条3項）。強迫を通じた意思表示では、過失・無過失を要件としておらず、相手方が契約の有効性を主張しても、本人の過失・無過失に関わらず、契約を取り消すことができる。

ウ：不適切である。 意思表示は、錯誤に基づくものであって、その錯誤が法律行為の目的および取引上の社会通念に照らして重要なものであるときは、取り消すことができる（同法95条1項改正）。表意者は、重大な過失がなければ意思表示の取消しをすることができ、無過失であることは必要とされていない（同法同条3項改正）。

エ：適切である。 無権代理とは、本人から何の権限も与えられていない、または与えられた権限を越えて代理行為をすることである。無権代理人は、本人が追認しない限り、相手方に対して契約の履行または損害の賠償をしなければならない（同法117条1項）。一方、相手方が無権代理人との契約であることを知っていた、もしくは過失により知らなかった、または当該代理人が行為能力の制限を受けていた場合は、免責される（同法同条2項改正）。よって、相手方が無権代理人に対して契約の履行を主張する場合、相手方は善意・無

520 第2部 テーマ別1次過去問集

過失である必要がある。

平成29年度 第17問 ▶ **解答：ア**

★関連法律……民法

消滅時効に関する出題である。

ア：適切である。時効の利益は、1人が放棄しても他の者には及ばず、他の者は時効を援用することができる。

イ：不適切である。時効の完成後に時効完成の事実を知らずに債務を承認した場合、判例により、時効の利益の放棄があったとはいえないが、信義則上、あらためて時効を援用することはできないとされている（最大判昭和41年4月20日）。

ウ：不適切である。内容証明郵便による請求は、催告（裁判外の請求）にあたる。催告があったときは、その時から6か月を経過するまでの間、時効の完成は猶予される（民法150条1項新設）。催告による時効の完成猶予の間に再度催告をしても、さらに時効の完成が猶予される効力はない（同法同条2項新設）。6か月以内に訴えの提起（裁判上の請求）等の法的手段をとらなければ、時効は完成することになる。

エ：不適切である。消滅時効は、権利を行使することができる時から進行する（同法166条1項）。本問では、権利行使できるのは、代金の弁済期が到来した時からとなる。したがって、代金債権の時効は平成29年2月28日から進行する。

II 物権法

令和元年度 第17問 ▶ **解答：イ**

★関連法律……民法

共有に関する出題である。

ア：不適切である。共有物の所有権確認の訴えは、共有者全員でしなければならず、各共有者が単独ですることはできない（大判大正5年6月13日）。一方、各共有者の持分権の確認であれば、各共有者が単独ですることができる（最判昭和40年5月20日）。なお、各共有者の持分の価格に従い、その過半数で決することとされているのは、共有物の管理（目的物の性質を変えない範囲で利用又は改良をすること）に関する事項である（民法252条本文）。

イ：適切である。共有物の保存行為（目的物の価値を維持する行為）は、各共有

解説編 **521**

者がすることができる（同法252条但書）。共有不動産の不法占有者に引渡しを請求することは保存行為にあたると考えられ、各共有者が単独でできる。

ウ：不適切である。 共有にかかる土地が不法に占有されたことを理由として、共有者の全員又はその一部の者から不法占有者に対してその損害賠償を求める場合には、共有者は、それぞれその共有持分の割合に応じて請求をすべきものであり、その割合を超えて請求をすることは許されない（最判昭和51年9月7日）。

エ：不適切である。 共有不動産を目的とする賃貸借契約の解除は、共有物の管理に関する事項にあたり、各共有者の持分の価格に従い、その過半数で決する（同法252条本文）。なお、他の共有者全員の同意を得なければならないとされているのは、共有物の変更に関する事項である（同法251条）。

平成28年度 第17問 解答：エ

★関連法律……民法、商標法

　共同相続、商標権の共有、不動産の共有、と民法と商標法にまたがって共有関係の規律を問う出題である。

ア：不適切である。 共同相続の場合、金銭債権のような可分債権は相続と同時に法律上当然に分割され各共同相続人がその相続分に応じて権利を承継すると解されている（最判昭和29年4月8日民集8巻4号819頁）。しかし、可分な給付を目的とする権利でないものが含まれている債権については、相続開始と同時に当然に相続分に応じて分割されることはない。判例は、共同相続された株式について、相続開始と同時に当然に相続分に応じて分割されることはないとし（最判昭和45年1月22日民集24巻1号1頁）、共同相続された委託者指図型投資信託の受益権についても、相続開始と同時に当然に相続分に応じて分割されることはないとしている（最判平成26年2月25日民集68巻2号173頁）。

イ：不適切である。 商標権の共有については、特許権の共有に関する条文が準用されている（商標法35条、特許法73条）。商標権が共有に係るときは、各共有者は、他の共有者の同意を得なければ、その持分を譲渡し、又はその持分を目的として質権を設定することができない（商標法35条、特許法73条1項）。専用使用権を設定し、又は通常使用権を許諾することについても、他の共有者の同意を得なければできない（商標法35条、特許法73条3項）。

ウ：不適切である。 共有者の1人がその共有物全部について単独で所有権を取得するために他の共有者から持分の譲渡を受けようとすれば、一般的には、他の共有者との間で協議を整えなければならない。一方、各共有者はいつでも

共有物の分割を請求することができ（民法256条1項）、共有者間で分割の協議が整わないときは分割を裁判所に請求することができる（同法258条1項）。裁判分割においては現物分割が原則である（同法258条2項）が、共有者間の実質的公平を害しないと認められる特段の事情が存するときは、共有物を共有者のうちの一人の単独所有又は数人の共有とし、これらの者から他の共有者に対して持分の価格を賠償させる方法（全面的価格賠償の方法）による分割も許されるとされている（最判平成8年10月31日民集50巻9号2563頁）。したがって、一定の条件のもとに、共有不動産全部について単独で所有権を取得することができる余地があるため、本肢は不適切である。

エ：適切である。 共有不動産について全く実体上の権利を有しないのに持分移転登記を経由している者に対し、不動産の共有者の1人は、単独でその持分移転登記の抹消登記手続を請求することができる（最判平成15年7月11日民集57巻7号787頁）。各共有者が単独ですることができる保存行為（目的物の価値を維持する行為）（民法252条但書）にあたると解されるからである。

平成 **26** 年度　第 **4** 問

★関連法律……民法
契約と担保物権に関する出題である。

［設問1］　解答：イ

ア：不適切である。 目的物の滅失や損傷があったわけではなく、本問では危険の移転は問題となっていない。

イ：適切である。 Ｙ社の側からすれば本来なら支払期限が到来するまでは支払わなくてよい（Ｙ社が期限の利益を有する）にもかかわらず、Ｙ社の信用状態悪化に際してＸ社がＹ社に対する売掛債権を回収したいと考えているのであるから、期限の利益の喪失が問題となっている場面である。債務者が期限の利益を喪失する場合については民法137条が定めているが、実際の取引では、債権回収を図るために期限の利益を喪失する事由について民法よりも広く契約書に定めておくことが多い（期限の利益喪失事由）。

ウ：不適切である。 Ｘ社はＹ社に対して製品を販売して発生した債権の回収をしたいと考えており、契約を解除して問題が解決する場面ではない。

エ：不適切である。 Ｘ社はＹ社に対して製品を販売して発生した債権の回収をしたいと考えており、契約を取り消して問題が解決する場面ではない。

[設問2]　解答：ア

　先取特権とは、法律の定める一定の債権を持つ者が、債務者の一定の財産から、他の債権者に先立って弁済を受けることができる権利（民法303条）である。抵当権とは、債務者又は第三者が占有を移転しないで債務の担保に供した不動産から、原則としてその不動産等を競売して得られた代金により、他の債権者に先立って自己の債権の弁済を受ける権利（同法369条）である。したがって、「X社がY社に販売した製品について、他の債権者に先立って弁済を受ける権利」として空欄Bに入るのは、先取特権である。

　物上代位とは、担保物権の目的物の売却、賃貸、滅失又は損傷によって債務者が受けるべき金銭その他の物に対して担保物権を行使することをいう。物上保証とは、自己の財産を他人の債務の担保に供することをいう。したがって、「Y社がX社から販売を受けた製品を第三者に転売した転売代金債権について担保物権を行使できる」という空欄Cに入るのは、物上代位である。

　以上より、アが適切である。

III　債権総則

平成22年度　第12問　　**解答：エ**

　★関連法律……民法

　民法上の契約に関する出題である。

　仕事の目的物が契約の内容に適合しない場合の請負人の担保責任、債務不履行や不法行為による損害賠償、緊急時の債権回収に関する知識が問われている。

　請負人の担保責任については、売買の担保責任の規定が準用される。注文者は、仕事の目的物が契約内容に適合しない場合、請負人に対して、①修補等の履行の追完請求、②代金減額請求、③損害賠償請求、④契約の解除ができる（民法559条、562条〜564条新設）。

　債権者代位権とは、債権者が自分の債権を保全するために債務者の責任財産を維持することを目的として、債務者に属する権利を代わって行使する権利である（同法423条）。

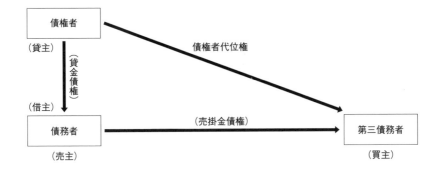

ア：**不適切である。**上記のとおり、債権者代位権を行使するためには、A社が自己の債権を保全する必要があること（【例】B社の無資力）などの一定の条件が必要である。「B株式会社に請求する損害賠償とは関係なく」、行使することは許されない。（同法423条）

イ：**不適切である。**無過失責任を追及できるのは、不法行為責任の中でも、土地の工作物責任（同法717条）など一部に限られる。

ウ：**不適切である。**不完全履行は債務不履行の1つであり、不当利得返還請求ではなく、損害賠償請求とするのが適切である。不当利得返還義務とは、法律上の原因なく他人の財産または労務によって利益を受け、そのために他人に損失を及ぼした者は、その利益の存する限度において、これを返還する義務を負うものである（同法703条）。債務不履行は、「法律上の原因」に該当するため、不当利得返還請求をすることはできない。

エ：**適切である。**損害賠償請求の範囲を、補修および休業したことにより生じた損害としている。通常生ずべき損害として適切である（同法415条改正、416条1項、559条、564条新設）。

◎参考文献
『法律学小辞典第4版』有斐閣

平成24年度　第3問　解答：イ

★関連法律……会社法、民法

濫用的会社分割に対する債権者保護に関する出題である。会社分割の際に、分割会社から承継会社・設立会社に債務が移転しない残存債権者については債権者異議手続の対象とならないため、これを利用し残存債権者を不当に害する会社分割（濫用的会社分割）が行われるようになった。このことから、平成26年改正会社法により、残存債権者を保護する規定が新設された。

本問のように改正会社法施行前に濫用的会社分割が行われた場合、残存債権者が取りえた対応として、①取締役の責任追及（会社法429条1項）や②法人格否認の法理の主張、③詐害行為取消権の行使（民法424条）等があった。

　改正会社法により、残存債権者を害することを知って会社分割が行われた場合、残存債権者は、承継会社・設立会社に対して、承継した財産の価格を限度として債務の履行を請求することができることになった（会社法759条4項～7項、764条4項～7項）。なお、改正会社法が施行された後も、要件を満たせば詐害行為取消の請求は可能である。

ア：不適切である。 債権者代位とは、債権者が債務者の財産の減少を防止し、自己の債権の実現をはかる（債権を保全する）ために、債務者に代わってその権利を行使することをいう（民法423条）。本問で債権者代位を考えた場合、X株式会社が、A社に代わって同社の債権を行使することになり、A設備株式会社に対する売掛金の請求には当たらない。

イ：適切である。 詐害行為取消権とは、債権者が、債務者の財産の減少を回復し、債権の実現をはかる（債権を保全する）ために、債務者の詐害行為を取り消すことができる権利をいう（同法424条）。詐害行為取消権の行使については、受益者であるA設備株式会社を相手方（被告）とすることで足りる。

ウ：不適切である。 併存的債務引受とは、第三者による債務の履行が可能な場合、第三者が債務者の負担する債務と同一の債務を債務者とともに負担することをいう。本問では、A設備株式会社による併存的債務引受は行われていない。

エ：不適切である。 連帯保証については、民法は、保証の特別の形態として規定をおいている（同法454条、458条）。保証は、債権者と保証人との間の保証契約により成立し、書面または電磁的記録でしなければその効力を生じない（同法446条）。本問では、X株式会社とA設備株式会社は連帯保証契約を締結していない。

平成28年度　第14問　解答：ア

★関連法律……会社法、民法

　民法の詐害行為取消請求、会社法の濫用的会社分割等における債権者の保護規定に関する出題である。

ア：適切である。 債権者が詐害行為取消権を行使することができるのは、債務者が債権者を害することを知って行為をしたことを債権者が知った時から2年を経過するまでか、詐害行為の時から10年を経過するまでのいずれか早い時点までである（民法426条改正）。旧民法426条では、債権者が取消しの原因を知った時から2年、または詐害行為の時から20年が詐害行為取消権

の行使期間であったが、この場合でも適切であった。

イ：不適切である。特定の債権者に対する代物弁済は、原則として詐害行為取消請求の対象とならないが、債務者が支払不能の時に代物弁済が行われ、かつ、債務者と受益者が通謀して他の債権者を害する意図で行われた場合には、詐害行為取消請求の対象となる（同法424条の3新設）。したがって、代物弁済に供した債権額が消滅した債務額を超過していない場合でも、424条の3に定める要件に該当すれば、詐害行為となりうる。なお、代物弁済に供した債権額が消滅した債務額を超過していた場合には、424条の4に定める要件とは関係なく、超過した部分については詐害行為取消請求の対象となる（同法424条の4新設）。判例の考え方や破産法の規定などを参考に、改正民法において規定が新設された。

ウ：不適切である。詐害行為取消請求は、受益者または転得者が詐害行為の時において債権者を害することを知らなかったとき（善意）には請求できない（同法424条改正、424条の5新設）。本問の場合、善意の転得者には詐害行為取消権を行使することができないが、悪意の受益者に対しては詐害行為取消権を行使することができるため、不適切となる。もっとも、目的物である不動産は善意の転得者へ逸出しているため、不動産の現物返還を求めることはできず、受益者に価額の償還を求めることになる（同法424条改正、424条の6新設）。改正民法では、転得者に対する詐害行為取消請求の要件の整備や、詐害行為取消権の行使方法等の明確化がされた。

エ：不適切である。平成26年改正会社法により、本問のような濫用的会社分割が行われた場合、新設分割設立株式会社に承継されない債務の債権者は、新設分割設立株式会社が<u>承継した</u>財産の価額を限度として当該債務の履行を請求できることが定められた（会社法764条4項〜7項）。なお、本問のような場合でも、詐害行為取消権の要件を満たせば、詐害行為取消の請求は可能である。

平成23年度 **第12問** **解答：ア**

★関連法律……民法、商法、民事保全法

債権・債務の取扱いについての出題である。選択肢ア、イでは保証契約の効力発生要件について、選択肢ウでは仮差押命令について、選択肢エでは無催告解除の要件についての理解が必要である。

ア：不適切である。保証契約は、書面または電磁的記録でしなければ、その効力を生じない（民法446条）。X社代表者とY社代表者Aは連帯保証の約束を口頭でしているため、保証契約の効力を生じない。

解説編　527

イ：適切である。 保証契約は、書面または電磁的記録（電子的方法など）でしなければ、その効力を生じない。選択肢イでは個人保証の契約を電子メールで行っているが、電子メールは電磁的記録と解される（電磁的記録の定義は、改正民法151条4項に規定）ので、個人保証の契約は有効である。また、主債務が商行為によって生じた場合、保証は連帯保証となる（商法511条2項）。Y社はX社から本件システムを購入し、Y社顧客に転売しているため、X社への販売代金の支払いはY社がその営業のためにする行為であり、「商行為」である（同法503条1項）。よって、代表者Aは連帯保証人となる。連帯保証人は催告の抗弁権および検索の抗弁権を有しない（民法454条）。したがって、X社は主債務者であるY社より先に、A個人に対して保証債務の履行を請求できる。

ウ：適切である。 仮差押命令は、金銭の支払を目的とする債権について、強制執行をすることができなくなるおそれがあるとき、または強制執行をするのに著しい困難を生ずるおそれがあるときに発することができる（民事保全法20条1項）。X社はY社に対して金銭の支払を目的とする債権を有している。Y社は支払期限が経過した債務を支払おうとせず、Y社の資産状況が著しく悪化し強制執行をすることができなくなるおそれがあるので、Y社が有する売掛債権に対する仮差押命令の申立てができると考えられる。

エ：適切である。 双務契約で当事者の一方が先履行の義務を負う場合であっても、相手方の信用不安や財産状況の悪化など反対債務の履行を得られないおそれがある場合に、先履行を拒絶することができる（不安の抗弁権）という考え方が有力に主張されており、下級審裁判例ではこれを認めるものもある（東京地判平成2年12月20日判時1389号79頁）。この考え方によれば、X社が本件システムに関する保守運用業務委託料の支払が得られない危険があることを理由として、保守運用業務を一方的に停止することが許される場合もあると考えられる。なお、不安の抗弁権については、民法改正の過程で明文化することが議論されたが、具体的な要件等についてコンセンサス形成が困難であるとして明文化が見送られた。

令和元年度　第19問　解答：ウ

★関連法律……民法

保証債務に関する出題である。

ア：不適切である。 主たる債務者の意思に反して保証をした者は、主たる債務者が現に利益を受けている限度においてのみ求償権を有する（民法462条2項）。

イ：不適切である。 数人の保証人がある場合には、それらの保証人が各別の行為

により債務を負担したときであっても、分割債権及び分割債務に関する民法427条の規定を適用する（同法456条）。すなわち、共同保証の場合、各共同保証人は、主たる債務を保証人の数で割った額についてのみ弁済義務を負う。

ウ：適切である。 保証人が主たる債務者の委託を受けて保証をした場合において、主たる債務者が債務の消滅行為をしたことを保証人に通知することを怠ったため、その保証人が善意で債務の消滅行為をしたときは、その保証人は、その債務の消滅行為を有効であったものとみなすことができる（同法463条2項改正）。

エ：不適切である。 あらかじめ求償権を行使することができる（事前求償権がある）のは、主たる債務者の委託を受けて保証をした場合である（同法460条）。主たる債務者の委託を受けないで保証をした場合は、あらかじめ求償権を行使することができない。

令和**2**年度　第**20**問　**解答：ア**

★関連法律……民法

保証債務に関する出題である。令和2年4月1日より前に締結された保証契約に係る保証債務については旧法が適用される（改正法附則21条）が、本問ではこの経過措置と特約は考慮しなくてよい。

ア：適切である。 事業のために負担した貸金等債務を主たる債務とする保証契約または主たる債務の範囲に事業のために負担する貸金等債務が含まれる根保証契約は、その契約の締結に先立ち、その締結の日前1か月以内に作成された公正証書で保証人になろうとする者が保証債務を履行する意思を表示していなければ、その効力を生じない（民法465条の6第1項新設）。ただし、主たる債務者の事業の状況を把握することができる立場にあり、リスクを十分に認識せず保証契約を締結するおそれが類型的に低いと考えられる者等については、保証意思宣明公正証書による意思確認の例外とされている（同法465条の9新設）。主たる債務者が個人である場合は、①主たる債務者と共同して事業を行う者、②主たる債務者が行う事業に現に従事している主たる債務者の配偶者、のいずれかに該当すると保証意思宣明公正証書の作成が不要となる（同法465条の9第3号）。主たる債務者である個人事業主の配偶者であっても、主たる債務者が行う事業に現に従事していなければ公証人による意思確認が必要である。

イ：不適切である。 保証意思宣明公正証書は、保証契約締結の日前1か月以内に作成されている必要がある（同465条の6第1項新設）。

解説編　**529**

ウ：不適切である。主たる債務者が法人である場合は、①法人の理事、取締役、執行役等（同法465条の9第1号）、②総株主の議決権の過半数を有する者等（同法465条の9第2号）、のいずれかに該当すると保証意思宣明公正証書の作成が不要となる。

エ：不適切である。保証契約は、書面または電磁的記録でしなければ、その効力を生じない（同法446条2項・3項）。これは保証人が法人であっても同じである。

平成22年度　第16問　解答：エ

★関連法律……民法

保証債務に関する出題である。

　物上保証とは、自己所有の財産を他人の債務の担保に供することをいい、これをした者を物上保証人という。乙は、甲の債務のために、自己所有の不動産に抵当権を設定して物上保証人となっている。物上保証人は一般の保証人とは異なり、債務を履行する責任は負わないが、担保権が実行されると自己所有の財産を失うこととなる。担保権が実行されたとき、または債務者に代わって弁済をしたとき、物上保証人は債務者に対して求償権を有する（民法351条）。

　保証人は、主債務者がその債務を履行しないときに、その履行をする責任を負う（同法446条1項）。保証人には催告の抗弁権（同法452条）および検索の抗弁権（同法453条）が認められる。また、複数の保証人がいる場合には、各保証人はそれぞれ等しい割合で保証義務を負う（同法456条、427条）。これを「分別の利益」という。

　連帯保証人とは、主債務者と連帯して債務を負担する保証人である。連帯保証人は、一般の保証人とは異なり、催告の抗弁権および検索の抗弁権を有しない（同法454条）。また、分別の利益を有しない。

ア：不適切である。保証債務の時効に関する設問である。弁済は債権全体の存在を認めた上の行為であるため、「権利の承認があった」ものとして時効はその時から更新される（同法152条新設）。主債務者が弁済を続けている間は、主債務について時効が更新され、常に最終の弁済時から新たに時効が進行することになる。また、主債務者に対する時効の更新は、保証人に対してもその効力を生ずる（同法457条1項改正）。よって、乙は自らの保証債務に関する消滅時効を援用することはできない。

イ：不適切である。連帯保証人は催告の抗弁権および検索の抗弁権を有しないため、X社の資産に対する執行が完了しないことを理由にY銀行の請求を拒絶することはできない。

ウ：不適切である。甲および乙はいずれもX社の債務についての連帯保証人であ

る。連帯保証人は分別の利益を有しないため、乙は全額の支払い請求に応じなければならない。

エ：適切である。 物上保証人は、担保に供した財産の範囲を超えて債務を履行する責任を負わない。一方、保証人は、主債務者がその債務を履行しないときに、債務を履行する責任を負う。乙は連帯保証人でもあるため、債務の残額も支払う義務がある。

◎参考文献

『法律用語辞典第3版』有斐閣

『法律学小辞典第4版』有斐閣

令和元年度　第20問　解答：イ

★関連法律……民法

債権譲渡に関する出題である。

ア：不適切である。 判例は、債権が二重に譲渡された場合、譲受人相互の間の優劣は、通知又は承諾に付された確定日付の先後によって定めるべきではなく、確定日付のある通知が債務者に到達した日時又は確定日付のある債務者の承諾の日時の先後によって決すべきであるとする（最判昭和49年3月7日）。債務者Bに通知が到達したのが早いのはDであるから、債務者BはDに対して弁済をする必要がある。

イ：適切である。 承諾の相手方は、譲渡人でも譲受人でもよいとされている。

ウ：不適切である。 債務者は、対抗要件具備時より前に取得した譲渡人に対する債権による相殺をもって譲受人に対抗することができる（民法469条1項新設）。それぞれの債権の弁済期の先後も問わない。なお、債務者が対抗要件具備時より後に取得した譲渡人に対する債権であっても、①対抗要件具備時より前の原因に基づいて生じた債権や②譲受人の取得した債権の発生原因である契約に基づいて生じた債権については、相殺をもって譲受人に対抗することができる（同法469条2項新設）。

エ：不適切である。 通知は、譲渡人が債務者に対して行う（同法467条1項）。譲受人が譲渡人に代位して通知しても通知の効力は生じない（大判昭和5年10月10日）。

平成30年度　第19問　解答：イ

★関連法律……民法

相殺に関する出題である。相殺の要件と効果に関する知識を問われている。

ア：不適切である。時効消滅した債権であっても、消滅以前に相殺適状にあれば、自働債権として相殺をすることができる（民法508条）。

イ：適切である。相殺の意思表示をすると、双方の債務が対当額で消滅する（同法505条1項本文）。この意思表示の効果は、相殺適状となった時に遡って生ずる（同法506条2項）。

ウ：不適切である。相殺適状となるには、互いに債務を負担していること、双方の債務が同種の目的を有すること、双方の債務が弁済期にあること、が必要である（同法505条1項本文）。ただし、自働債権が弁済期にあれば、受働債権の弁済期が到来しなくても、期限の利益を放棄できる（同法136条2項）ときは相殺することができる。

エ：不適切である。不法行為により生じた債権を受働債権とする相殺は、悪意（積極的な加害意思）に基づく損害賠償、人の生命や身体に生じた損害に対する損害賠償に限って禁止されている（同法509条改正）。不法行為により生じた債権を自働債権とする相殺は許される（最判昭和42年11月30日）。

Ⅳ 契約

平成 **28**年度　第**13**問　　**解答：ウ**

★関連法律……民法

契約の成立に関する出題である。

ア：不適切である。A市内の会社はB市内の会社へ注文書を郵送で送っていることから、当事者間は「隔地者」であると解釈できる。隔地者に対する契約の申込みは、原則として、承諾期間の定めがある場合には撤回不可であり、承諾期間の定めがない場合には相当期間が経過するまで撤回不可である。しかし、注文書に注文は撤回可能である旨を記載することで撤回権を留保しており、注文者は注文を撤回することが可能である（民法523条1項改正、525条1項改正）。改正民法において、注文者が撤回権を留保したときには、注文を撤回できることが明文化された。

イ：不適切である。改正民法においては、対話者間・隔地者間に関わらず、契約の申込みに対し、承諾の意思が申込者に到達した時点で契約が成立するものとしている（同法97条1項改正、522条新設）。よって、選択肢文の「承諾の通知の発信」が「承諾の通知の到達」であれば適切な記述となる。なお、旧民法では、隔地者に対する意思表示として「到達主義」が原則のところ、契約を迅速に成立させるための例外規定として、隔地者間の契約は承諾の通知を

532　第2部　テーマ別1次過去問集

発信した時に成立するという「発信主義」を採用していた（同法旧526条1項）。その上で、インターネットや電子メール等を利用して電子承諾通知を発する場合には「発信主義」を採用する必然性がないことから「到達主義」とする措置を講じていた（電子消費者契約及び電子承諾通知に関する民法の特例に関する法律（電子契約法）4条）。このため、旧民法でも、選択肢文の「承諾の通知の発信」が「承諾の通知の到達」であれば適切な記述であった。

ウ：適切である。 意思表示は、表意者が通知を発信後に死亡、もしくは意思能力の喪失、または行為能力の制限を受けた場合でも、原則として有効である（民法97条3項改正）。ただし、契約の申込みにおける特例として、申込者が死亡等の事実が生じたとすればその申込みは効力を有しない旨を意思表示していた場合、あるいは、相手方が承諾の発信前に申込者に死亡等の事実が生じたことを知った場合、申込みは効力を失うものとした（同法526条改正）。なお、旧民法では、隔地者に限定して定めていたが（同法旧97条、旧525条）、改正民法では、隔地者に限定する定めは無くなった。

エ：不適切である。 承諾期間を定めずに「対話者」へ契約の申込みがされた場合、対話継続中に申込者が承諾の通知を受けなかったときは、申込みは効力を失う。ただし、申込者が、対話終了後も申込みが効力を失わない旨を表示した場合には、申込みの効力は有効に存続する（同法525条3項新設）。旧民法では、対話者間の契約の申込みの効力について規定していなかったが、商法507条で「商人である対話者の間において契約の申込みを受けた者が直ちに承諾をしなかったときは、その申込みは、その効力を失う。」と定めていた。なお、商法507条は、改正民法の施行と同時に削除されている。

◎参考文献

筒井健夫・村松秀樹編著『一問一答　民法（債権関係）改正』商事法務

平成**17**年度　第**12**問　**解答：ア**

★関連法律……民法

民法上の契約に関する出題である。

ア：不適切である。 請負契約とは、当事者の一方がある仕事の完成を約束し、相手方がその仕事の結果に対してその当事者に報酬を与えることを約束することによって効力を生じる有償・双務契約である（民法632条）。当事者の一方が労務の提供に服することを約束し、相手方がこれに報酬を与えることを約束するのは雇用契約である（同法623条）。

イ：適切である。 賃貸借契約とは、当事者の一方が相手方にある物の使用および収益をさせることを約束し、相手方がこれに一定額の賃料を支払う旨および

解説編　**533**

引渡しを受けた物を契約が終了したときに返還する旨を約束することによって成立する有償・双務契約である（同法601条改正）。

ウ：適切である。売買契約とは、当事者の一方が財産権を移転することを約束し、相手方がこれに対して代金を支払うことを約束する有償・双務契約である（同法555条）。

エ：適切である。委任契約とは、当事者の一方が法律行為をなすことを相手方に委託し、相手方がこれを承諾することによって生じる無償（有償でもよい）、片務（双務もある）契約である（同法643条）。委任の規定は、法律行為以外の事務を委託する準委任にも適用される（同法656条）。有償委任契約・有償準委任契約では、委任者が受任者に対して報酬を支払うため有償・双務契約となる。

平成**25**年度　第**2**問

株式譲渡契約に関する出題である。

［設問1］　解答：エ

　表明・保証とは、一定の時点（契約締結時またはクロージング時）において、当該取引に関する事実について、その事実が真実かつ正確であることを契約の一方当事者が表明し、相手方当事者に対して保証するものである。誓約事項とは、一定の行為を行う、または行わないことを、契約の一方当事者が相手方当事者に対して誓約するものである。表明・保証や誓約事項に違反した場合、クロージング前においては取引の実行拒否、契約解除、損害補償請求が可能であるのに対し、クロージング後においては損害補償請求のみ可能であると契約に定めることが多い。

　以上より、エが適切である。

［設問2］　解答：ア

　表明・保証や誓約事項はもともと英米法において発達した概念であるが、近年では、大陸法系に属する我が国においても、主として企業の合併・買収などの企業間取引にかかる契約実務において活用されている。英米法は判例法を重視し、大陸法は成文の法律を重視するという特徴がある。

　以上より、アが適切である。

◎参考文献

　一般社団法人流動化・証券化協議会 民法改正ワーキング・グループ『「民法（債権関係）の改正に関する中間試案」に対する意見』http://www.sfj.gr.jp/opinion/data/public/130617.pdf

令和**2**年度 第**21**問

第
1
章

解説

★関連法律……民法

　定型約款に関する出題である。定型約款に関する規定は、新法に従うことが合理的かつ当事者の利益に資すると解されるものであり、令和2年4月1日より前に締結されたものでも新法を適用し（民法附則33条1項）、当事者のどちらか一方が令和2年4月1日より前に書面または電磁的記録で反対の意思を表明した場合に限り、旧法を適用する（同法附則33条2項・3項）。ただし、本問ではこの経過措置は考慮しなくてよい。

[設問1] 解答：ア

　空欄Aについて、定型取引を行うことの合意をした上で、①定型約款を契約の内容とする旨の合意をしたとき、②定型約款準備者があらかじめその定型約款を契約の内容とする旨を相手方に表示していたとき、のいずれかに該当すれば、定型約款の個別の条項について合意したものとみなされる（民法548条の2第1項新設）。

　空欄Bについて、定型取引を行い、または行おうとする定型約款準備者は、定型取引合意の前または定型取引合意の後相当の期間内に相手方から請求があった場合は、遅滞なく、相当な方法で定型約款の内容を表示しなければならない。ただし、定型約款準備者が既に相手方に対して定型約款を記載した書面を交付し、またはこれを記録した電磁的記録を提供していたときは、この限りでない（同法548条の3第1項新設）。

　定型約款準備者が定型取引を行う合意の前に相手方から定型約款の内容表示請求を受けていたのに、通信障害など正当な事由なく表示を拒んだときは、定型約款の個別の条項の内容は契約内容とならない（同法548条の3第2項新設）。なお、定型取引合意後に表示請求を受けた場合に正当な事由なく表示を拒んだときについては特段の規定が設けられておらず定型約款の内容が契約内容から除外されるような効果は生じないが、定型約款準備者は約款の内容を表示すべき債務を負っているため、債務不履行の問題になる。

　以上より、アが適切である。

[設問2] 解答：ア

　ア：**不適切である。**定型約款の変更が認められるには、変更内容が合理的なものでなければならない。具体的には、次に掲げる場合に、定型約款の変更をすることにより、変更後の定型約款の条項について合意があったものとみなし、個別に相手方と合意をすることなく契約の内容を変更することができる（民法548条の4第1項）。①定型約款の変更が、相手方の一般の利益に適合す

解説編　**535**

るとき。②定型約款の変更が、契約をした目的に反せず、かつ、変更の必要性、変更後の内容の相当性、この条の規定により定型約款の変更をすることがある旨の定めの有無及びその内容その他の変更に係る事情に照らして合理的なものであるとき。

イ：適切である。民法548条の4第1項に定める合理性的な内容で定款を変更するとして、定型約款準備者は、定型約款の変更の効力発生時期を定め、かつ、定型約款を変更する旨および変更後の定型約款の内容並びにその効力発生時期をインターネットの利用その他の適切な方法により周知しなければならない（民法548条の4第2項新設）。さらに、民法548条の4第1項第2号の規定による変更（定型約款の変更が、契約をした目的に反せず、かつ、変更の必要性、変更後の内容の相当性、この条の規定により定型約款の変更をすることがある旨の定めの有無およびその内容その他の変更に係る事情に照らして合理的なものであるとき）は、効力発生時期が到来するまでに周知をしなければ、その効力を生じない（民法548条の4第3項新設）。

ウ：適切である。民法548条の4第1項に定める合理的な内容で定款を変更するとして、定型約款準備者は、定型約款の変更の効力発生時期を定め、かつ、定型約款を変更する旨および変更後の定型約款の内容並びにその効力発生時期をインターネットの利用その他の適切な方法により周知しなければならない（民法548条の4第2項新設）。

エ：適切である。民法548条の4第1項は、次に掲げる場合に、定型約款の変更をすることにより、変更後の定型約款の条項について合意があったものとみなし、個別に相手方と合意をすることなく契約の内容を変更することができるとする。①定型約款の変更が、相手方の一般の利益に適合するとき。②定型約款の変更が、契約をした目的に反せず、かつ、変更の必要性、変更後の内容の相当性、この条の規定により定型約款の変更をすることがある旨の定めの有無およびその内容その他の変更に係る事情に照らして合理的なものであるとき。

◎参考文献

筒井健夫・村松秀樹編著『一問一答　民法（債権関係）改正』商事法務

平成**21**年度　第**13**問　**解答：イ**

★関連法律……労働者派遣法、民法

労働者派遣と請負についての出題である。解答にあたっての留意点は、民法が定める典型契約のうち、委任・雇用・請負の3つに関する違いと、労働者派遣と請負における、雇用関係と指揮命令関係の理解である。

【労働者派遣事業と請負により行われる事業の差異】

出典：厚生労働省職業安定局「労働者派遣事業関係業務取扱要領」

ア：**不適切である**。B欄：雇用契約、C欄：準委任契約が不適切である。雇用とは、当事者の一方（労務者）が相手方（使用者）に対して、労務に服することを約束し、相手方がこれに報酬を与えることを約束する有償・双務・諾成契約である（民法623条）。設問文のように、当事者の一方が相手方に対し、労働者派遣をすることを約する契約は、労働者派遣契約であるため不適切である。準委任契約は、受任者に法律行為でない事務の処理を委託する契約である。設問文のような組み込みソフトウエアという完成物の納品を目的とする契約は、請負契約とされるため不適切である。

イ：**適切である**。A欄：業務委託契約は、民法上の13種類の典型契約にはないが、主に請負契約（同法632条）、委任・準委任契約（同法643条、656条）に分類される場合が多い契約である。設問文においても、ソフトウエアの開発を目的とする民法上の請負契約を締結するためのものとして記述されているため適切である。B欄：労働者派遣契約、C欄：請負契約については、上記アの解説により適切である。

ウ：**不適切である**。

エ：**不適切である**。

◎参考文献

厚生労働省職業安定局『労働者派遣事業関係業務取扱要領』

V 相続

令和元年度 第4問　解答：ア

★関連法律……民法

相続に関する出題である。

本件では配偶者と子、すなわちB、C、D、Eが法定相続人となる。

まず、現存する遺産の額1億4,000万円に、Bの受けた特別受益400万円とEの受けた特別受益200万円を持ち戻し、Dの寄与分500万円を控除して「みなし相続財産」を算定すると、1億4,100万円となる。

1億4,000万円（現存する遺産の額）
　＋400万円（Bの特別受益）＋200万円（Eの特別受益）－500万円（Dの寄与分）
　＝1億4,100万円（みなし相続財産）

この「みなし相続財産」に法定相続分の割合を乗じて各相続人の「一応の相続分」を計算すると、Bが7,050万円、C、D、Eがそれぞれ2,350万円となる。

B：1億4,100万円（みなし相続財産）$\times \dfrac{1}{2}$＝7,050万円（一応の相続分）

C、D、E：1億4,100万円（みなし相続財産）$\times \dfrac{1}{2} \times \dfrac{1}{3}$＝2,350万円

（一応の相続分）

この「一応の相続分」に、特別受益を受けた者は特別受益の額を控除し、寄与分のある者は寄与分の額を加算すると、それぞれの具体的相続分が求められる。

B：7,050万円（一応の相続分）－400万円（特別受益）＝6,650万円
（具体的相続分）
C：2,350万円（一応の相続分＝具体的相続分）
D：2,350万円（一応の相続分）＋500万円（寄与分）＝2,850万円（具体的相続分）
E：2,350万円（一応の相続分）－200万円（特別受益）＝2,150万円
（具体的相続分）

以上より、アが適切である。

`平成20年度` `第2問` **解答：ア**

★関連法律……民法

相続手続についての出題である。

ア：適切である。 相続人は、相続の開始があったことを知ってから原則として3か月以内に、相続について、承認または放棄をしなければならない（民法915条1項）。相続は、被相続人の死亡により開始し（同法882条）、相続人は、相続開始の時から、被相続人の財産に属した一切の権利義務を承継する（同法896条）。ただし、本問のように被相続人が残した財産が資産よりも負債が多いような場合、一切の権利義務をそのまま相続すると、相続人にとって不利益が生じる。そのため、民法では、相続財産を承継するか否かの決定権を相続人に委ねており、相続人は、①単純承認（無限に被相続人の権利義務

を承継する〔同法920条〕）、②限定承認（相続によって得た財産の限度において のみ債務を弁済し、相続財産では弁済しきれない債務については弁済し ないことを条件に相続の承認をする〔同法922条〕）、③相続放棄（全く相続 しない。その相続に関しては、初めから相続人とならなかったものとみなさ れる〔同法939条〕）、のいずれかを選択することになる。なお、3か月以内 に限定承認や相続放棄の手続を行わなかった場合、単純承認を選択したもの とみなされる（同法921条2号）。

- **イ：不適切である。** 限定承認の手続は相続放棄と同様、3か月以内に行う必要が ある（民法915条1項）。また、相続人が複数いるときは、共同相続人全員 で行う必要があり（同法923条）、選択肢のように他の相続人が反対してい る場合に一人で限定承認の手続を行うことはできない。
- **ウ：不適切である。** 前述のとおり、相続人は、相続開始の時から、被相続人の財 産に属した一切の権利義務を承継する（民法896条）。事業に関与していた か否かは無関係である。また、負債だけを放棄するという手続は認められて いない。
- **エ：不適切である。** 遺産分割の対象となるものは被相続人の有していた積極財産 だけであり、被相続人の負担していた金銭債務等の消極財産は、遺産分割の 対象とはならない（東京高裁昭和37年4月13日決定）。仮に、協議で長男が すべての負債を承継すると決定した場合であっても、それだけでは金融機関 等の債権者に対抗することはできない。また、遺産分割協議が整わず、長引 いた後に相続放棄を行おうとしても相続開始から3か月を経過している場合、 相続放棄の手続はできない（民法921条2号）。

◎参考文献

最高裁判所事務総局編『平成6年3月家庭裁判資料集160号 遺産分割関係裁判例要旨集』

平成**24**年度 第**5**問 **解答：ウ**

★関連法律……民法

遺産分割に関する出題である。遺産の分割の基準については民法で規定されてい る（民法906条）。遺産の共同相続人は、分割を禁止する特別の定めがない限り遺 産分割をすることができる。遺産は、共同相続人の協議が調えば、どのようにでも 分割することができる（同法907条1項）。

ただし、遺産分割の対象となるものは被相続人の有していた積極財産だけであり、 被相続人の負担していた消極財産たる金銭債務は相続開始と同時に共同相続人にそ の相続分に応じて当然分割承継されるものであり、遺産分割によって分配されるも のではない（東京高裁昭和37年4月13日決定）。遺産分割協議を行って、仮に債務

解説編　539

については特定の相続人にだけ負担させるよう約束しても、それを第三者である債権者に対して主張することはできない。

ア：不適切である。 被相続人の金銭債務は共同相続人に当然分割承継される。上記説明の通り、長男と次男の遺産分割協議は相続人間の契約であり、第三者である債権者に対して主張することができない。

イ：不適切である。 相続人は自己のために相続の開始があったことを知った時から3か月以内に、相続について、単純若しくは限定の承認又は放棄をしなければならない（同法915条1項）。請求されてから30日以内に相続放棄の手続をとれば相続放棄が認められるわけではない。

ウ：適切である。 上記の説明のとおりである。配偶者と子の相続分は各2分の1、子が数人いる時は各自の相続分は同一と規定されている（同法900条1項、4項）。配偶者が死亡していることから、法定相続分は長男と次男が各2分の1である。したがって300万円の2分の1、すなわち150万円の返済を次男に求めることができる。

エ：不適切である。 上記説明の通り、遺産は共同相続人の協議が調えば、どのようにでも分割することができるため、負債があっても1人だけに資産を全部集中させる内容が無効になるわけではない。

◎参考文献

伊藤塾著『民法Ⅱ　債権・親族・相続（伊藤真の条文シリーズ2）』弘文堂

令和元年度　第21問　解答：ア

★関連法律……民法

遺言に関する出題である。

ア：適切である。 遺言者は、いつでも、遺言の方式に従って、その遺言の全部又は一部を撤回することができる（民法1022条）。

イ：不適切である。 15歳に達した者は、遺言をすることができる（同法961条）。

ウ：不適切である。 検認は、遺言の方式に関する一切の事実を調査して遺言の状態を確定しその状況を明確にするものであって、遺言書の実体上の効果を判断するものではない（大決大正4年1月16日）。検認を経なかったことをもって遺言が無効になるわけではないし、検認を経たからといって遺言が有効と判断されるわけでもない。

エ：不適切である。 自筆証書によって遺言をするには、遺言者が、その全文、日付及び氏名を自書し、これに印を押さなければならない（同法968条1項）。なお、相続財産の目録を添付する場合には、その目録については、自書することを要しない（パソコンで作成することができる）。この場合、目録の各

頁に署名押印をする必要がある（同法968条2項改正）。

平成28年度　第4問　※改題　**解答：ア**

★関連法律……民法、中小企業における経営の承継の円滑化に関する法律

中小企業における経営の承継の円滑化に関する法律（以下、経営承継円滑化法）の遺留分に関する民法の特例のうち、会社の経営の承継の場合についての出題である。

Aの遺言で指定されているDの相続財産「預貯金2,000万円」よりも、Dの遺留分の金額が大きい場合、その差額が遺留分侵害額となる。よって、本問では、経営承継円滑化法に基づき、除外合意が有効に成立していた場合と固定合意が有効に成立していた場合について、Dの遺留分の金額を計算する必要がある。

まず、各相続人の遺留分の割合を求める。

相続人	遺留分の割合（子C〜Fは一人当たり）
妻B	遺留分算定基礎財産×1/2（遺留分※）×1/2（法定相続分） ＝遺留分算定基礎財産の1/4
子C・D・E・F	遺留分算定基礎財産×1/2（遺留分※）×1/2（法定相続分） ×1/4（人数で均等割り）＝遺留分算定基礎財産の1/16

※（参考）直系尊属のみが相続人である場合には、1/3

次に、以下の計算式を用いて、除外合意の場合と固定合意の場合における遺留分算定基礎財産の価額を求める。

遺留分算定基礎財産の価額＝相続時における被相続人の積極財産の額
　　　　　　　　　　　＋相続人以外に対する生前贈与の額（原則1年以内）
　　　　　　　　　　　＋相続人に対する特別受益の額（原則10年以内）
　　　　　　　　　　　－被相続人の負債の額

※当事者双方が遺留分権利者に損害を加えることを知って贈与をしたときは、相続の1年以上前の生前贈与（相続人以外に対するもの）及び相続の10年以上前の特別受益（相続人に対するもの）も算入される。

なお、問題文から、相続人以外に対する生前贈与、相続人に対する特別受益、被相続人の負債はないことが分かる。また、Cが生前贈与を受けたX社株式2,400株について、除外合意の場合は、遺留分算定基礎財産に算入されないが、固定合意の場合は、固定合意が有効に成立した平成29年4月時点の金額である2億4,000万円が算入される。以上から、遺留分算定基礎財産の価額を求める。

解説編　541

財産	除外合意の場合	固定合意の場合
Ｘ社株式2,400株	除外	2億4,000万円 （1株10万円）
自宅不動産	8,000万円	8,000万円
預貯金	6,000万円	6,000万円
負債	なし	なし
遺留分算定基礎財産の価額	1億4,000万円	3億8,000万円

　次に、遺留分の割合と遺留分算定基礎財産の価額を用いて、Ｄの遺留分の金額を求める。

　　　除外合意の場合：1億4,000万円×1／16＝875万円

　　　固定合意の場合：3億8,000万円×1／16＝2,375万円

　除外合意の場合は、Ｄの相続財産の金額よりも小さいため、遺留分侵害額は「0円」である。固定合意の場合は、Ｄの相続財産の金額よりも大きいため、遺留分侵害額は「2,375万円－2,000万円＝375万円」となる。

◎参考文献

『中小企業経営承継円滑化法 申請マニュアル「民法特例」』中小企業庁財務課

平成27年度　第5問　※改題　**解答：ア**

★関連法律……民法、中小企業における経営の承継の円滑化に関する法律

　中小企業における経営の承継の円滑化に関する法律（以下、経営承継円滑化法）の遺留分に関する民法の特例のうち、会社の経営の承継の場合についての出題である。

ア：適切である。 除外合意、固定合意ともに後継者が取得した株式等の全部又は一部について行うことができる（同法4条1項）。なお、会社の経営の承継の場合、除外合意と固定合意のいずれか一方のみでも双方でも行うことができるが、令和元年改正で追加された個人事業の承継の場合には、除外合意のみを行うことができる（固定合意を行うことはできない）。

イ：不適切である。 経済産業大臣の許可ではなく確認である（「会社の経営の承継の場合」「個人事業の承継の場合」共通）。

ウ：不適切である。 家庭裁判所の許可を受ける必要があるのは、経済産業大臣の確認を受けた後継者のみであり、後継者以外が許可を受けることは必要とされていない（同法8条）（「会社の経営の承継の場合」「個人事業の承継の場合」共通）。なお、遺留分の事前放棄の場合は、推定相続人が個別に家庭裁判所に許可を受ける必要がある（民法1049条）。

エ：不適切である。 特例の適用は、会社事業後継者がこの特例の適用対象となる

先代経営者からの贈与等により取得した自社株式又は持分がなければ、議決権の過半数を確保できない場合に限られる(経営承継円滑化法4条1項但書)。

◎参考文献

『中小企業経営承継円滑化法 申請マニュアル「民法特例」』中小企業庁財務課

平成**24**年度 第**12**問 ※改題のうえ(設問1)のみ掲載

★関連法律……民法

遺留分に関する出題である。

[設問1] 解答:イ

遺留分とは、一定の相続人のために残さなければならない財産の割合を指し(民法1042条)、被相続人の意思によっても奪うことができない相続人固有の権利である。遺留分を主張できるのは、兄弟姉妹以外の法定相続人(配偶者、子、直系尊属)である。

ア:**不適切である。**遺留分権利者及びその承継人は、遺留分侵害額に相当する金銭の支払を請求することができる(同法1046条1項)。

イ:**適切である。**遺留分侵害額の請求権は、遺留分権利者が、相続の開始及び遺留分を侵害する贈与又は遺贈があったことを知った時から1年間行使しないときは、時効によって消滅する(同法1048条)。なお、相続開始の時から10年を経過したときも時効によって消滅する(同法1048条)。

ウ:**不適切である。**兄弟姉妹は遺留分を主張できない。なお、直系尊属のみが相続人の場合、遺留分の割合は遺留分算定基礎財産の3分の1だが、配偶者および子の場合は2分の1である(同法1042条1項)。

エ:**不適切である。**相続の開始前における遺留分の放棄は、家庭裁判所の許可を受けたときに限り、その効力を生ずる(同法1049条1項)。

◎参考文献

伊藤塾著『民法Ⅱ 債権・親族・相続(伊藤真の条文シリーズ2)』弘文堂

解説編 **543**

| 第**2**章 | 知的財産法 | 解答・解説 |

I 知的財産権概論

令和2年度 **第8問** **解答：イ**

★関連法律……特許法、実用新案法、意匠法、商標法

特許法、実用新案法、意匠法、商標法の制度を比較する出題である。

ア：不適切である。 国内優先権制度は、特許法および実用新案法には存在するが（特許法41条、実用新案法8条）、意匠法、商標法には存在しない。

イ：適切である。 出願公開制度は、特許法および商標法には存在するが（特許法64条、商標法12条の2）、実用新案法、意匠法には存在しない。

ウ：不適切である。 存続期間の更新制度は、商標法には存在する（商標法19条2項）が、特許法、実用新案法、意匠法には存在しない。なお、特許法には、存続期間の延長制度がある（特許法67条2項）。

エ：不適切である。 訂正審判制度は、特許法のみに存在する（特許法126条）。なお、実用新案法には、訂正制度が存在する（実用新案法14条の2）。

平成27年度 **第6問** **解答：ウ**

★関連法律……工業所有権の保護に関するパリ条約

工業所有権の保護に関するパリ条約に関する出題である。この条約が適用される国は、工業所有権の保護のための同盟を形成する（パリ条約1条(1)）。記述の第2文は「内国民待遇」について規定するパリ条約2条(1)の条文を引用したものである。

ア：不適切である。 商標法に関するシンガポール条約は、各国の商標等に係る登録の出願および登録に関する手続の一層の国際調和を図るものである。

イ：不適切である。 特許協力条約は、国際特許出願を提出することにより、多くの国々で同時に発明の特許保護を求めることを可能にするものである。

ウ：適切である。

エ：不適切である。 マドリッド協定は、商標の国際的な登録制度を定める条約である。ただし、使用言語がフランス語に限られる等の問題があり、日本は未加盟である。このような問題点を克服し、より多くの国が参加できるような商標の国際登録制度を確立することを目的に、マドリッド協定とは独立した条約として、「マドリッド協定議定書」が採択された。

II 特許法

平成**30**年度 第**9**問 **解答：ウ**

★関連法律……特許法

発明の実施に関する出題である。

ア：適切である。方法の発明にあっては、その方法の使用をする行為が実施に含まれる（特許法2条3項2号）。

イ：適切である。物を生産する方法の発明にあっては、その方法の使用をする行為のほか、その方法により生産した物の使用、譲渡等、輸出もしくは輸入または譲渡等の申出をする行為が実施に含まれる（同条3項3号）。販売は譲渡に相当する。

ウ：不適切である。物の発明にあっては、その物の生産、使用、譲渡等、輸出もしくは輸入または譲渡等の申出をする行為が実施に含まれる（同条3項1号）。しかし、レンズの製造装置により製造されたレンズを販売する行為は、レンズの製造装置の生産、使用、譲渡等、輸出もしくは輸入または譲渡等の申出をする行為のいずれにも該当しない。

エ：適切である。特許法2条3項1号の「物」にはプログラム等が含まれる。また、「譲渡等」には、物がプログラム等である場合には、電気通信回線を通じた提供が含まれる。

令和**2**年度 第**13**問 **解答：ア**

★関連法律……特許法

特許法の先使用権および公然実施に関する出題である。

先使用権が認められる要件は以下の通りである（特許法79条）。

  (1) 特許出願に係る発明の内容を知らないで自らその発明をしたこと、または、特許出願に係る発明の内容を知らないでその発明をした者から知得したこと

  (2) ①特許出願の際現に、②日本国内において、③その発明の実施である事業またはその準備をしていること

なお、先使用権が認められる範囲は、その実施または準備をしている発明および事業の目的の範囲内である。

よって、空欄Aは「特許の出願」が適切である。

特許出願前に日本国内または外国において、①公然知られた発明、②公然実施をされた発明、③頒布された刊行物に記載された発明または電気通信回線を通じて公衆に利用可能となった発明、については、新規性がない発明（同法29条1項各号）

解説編　545

として無効にすることができる (同法123条2号)。

　「公然」とは、必ずしも多数の者ということを意味しない。すなわち、極めて少数の者が知っている場合であっても、これらの者が秘密を保つ義務を有しない者である場合は公然ということを妨げない。一方、多数の者が知っているということは必ずしも公然であるということにはならない。すなわち、その多数の者が、秘密を保つべき義務のある特許庁の職員、工場の従業員のような場合は公然ではない。

　よって、空欄Bは「公然の実施に当たる」が適切である。

　したがって、アが最も適切である。

◎参考文献

　『工業所有権法 (産業財産権法) 逐条解説 〔第21版〕』特許庁総務部総務課制度審議室　編集、一般社団法人発明推進協会発行

　https://www.jpo.go.jp/system/laws/rule/kaisetu/kogyoshoyu/chikujokaisetsu21.html

平成29年度　第6問

[設問1]　解答：ウ

　★関連法律……特許法、商標法

　分割移転に関する設問である。

　商標権の移転は、その指定商品または指定役務が2以上あるときは、指定商品または指定役務ごとに分割してすることができる (商標法24条の2第1項)。一方、特許法上、特許出願の分割は可能であるが (特許法44条1項)、特許権の分割はできない。よってAは「できません」、Bは「できます」となり、ウが適切である。

[設問2]　解答：ア

　★関連法律……特許法、商標法、著作権法

　知的財産権の移転と効力発生要件に関する設問である。

　特許出願前における特許を受ける権利の承継は、特許出願をすることが第三者対抗要件である (特許法34条1項)。一方、特許出願後における特許を受ける権利の承継は、相続その他の一般承継の場合を除き、特許庁長官に「届け出る」ことが効力発生要件である (同条4項)。

　特許権の移転 (相続その他の一般承継によるものを除く) は、登録が効力発生要件である (同法98条1項1号)。

　商標権の移転 (相続その他の一般承継によるものを除く) は、登録が効力発生要件である (商標法35条で準用する特許法98条1項1号)。

　著作権の移転 (相続その他の一般承継によるものを除く) は、登録が第三者対抗

546　第2部　テーマ別1次過去問集

要件である（著作権法77条1号）。

　設問では、ある会社の知的財産権のみの譲渡を受けると考えられる。このため、登録が効力発生要件となるのは特許権および商標権のみである。

　よって、アが最も適切である。

　なお、ある会社がX株式会社に合併される場合には、一般承継となるため、登録は効力発生要件とはならない。

平成25年度　第6問　解答：ア

★関連法律……特許法、民法
特許権の侵害に関する出題である。

ア：適切である。特許権者又は専用実施権者は、自己の特許権又は専用実施権を侵害する者又は侵害するおそれがある者に対し、その侵害の停止又は予防を請求することができる（特許法100条）。したがって、差し止め請求ができるのは、現実に権利侵害が生じている場合に加え、侵害するおそれのある場合である。権原なき第三者が、現実に生産や販売を行っていなくても、侵害のおそれが認められる場合には、将来の侵害の予防に必要な行為として、侵害の予防の請求が認められている。

イ：不適切である。特許権が侵害された場合の損害賠償請求権は、民法上認められている。「故意又は過失によって他人の権利又は法律上保護される利益を侵害した者は、これによって生じた損害を賠償する責任を負う」（民法709条）。そして、特許権が侵害された場合の損害額は、①侵害者が侵害の行為を組成した物を譲渡した数量に、特許権者がその侵害の行為がなければ販売することができた物の単位数量当たりの利益の額を乗じて得た額を損害の額と推定することもできるし（特許法102条1項）、②侵害者が侵害の行為により利益を受けているときは、その利益の額が、特許権者が受けた損害の額と推定することもできる（同法同条2項）。したがって、特許法102条2項により推定された損害の額より、特許法102条1項により推定された損害の額が大きければ、特許権者は、特許法102条1項により推定された額を損害の額とする場合がある。そのため、特許権の侵害者は、特許権者に対し、その侵害行為によって受けた利益の額を超えて、損害を賠償する場合がある。

ウ：不適切である。権原なき第三者が特許発明を業として実施すると、権利侵害を構成する。ここで、発明の「実施」とは、物を生産する方法の発明にあっては、その方法により生産した物の使用、譲渡等、輸出若しくは輸入又は譲渡等の申出をする行為を含む（同法2条3項3号）。そのため、輸入する行為は当該発明に係る特許権の侵害となる。例えば、特許権に係る発明が、「靴下の生

解説編　547

産方法」である場合、その特許権の権利範囲は、「靴下の生産方法」のみならず、その「靴下の生産方法」を用いて生産された「靴下」にまで及ぶ。

エ：不適切である。物を生産する方法の発明について特許がされている場合において、その物が特許出願前に日本国内において公然知られた物でないときは、その物と同一の物は、その方法により生産したものと推定する（同法104条）。したがって、その物が特許出願前に日本国内において公然知られた物であるときは、その物と同一の物は、その方法により生産したものと推定されない。

◎参考文献

特許庁編『工業所有権法（産業財産権法）逐条解説第19版』社団法人発明協会

平成24年度　第8問　解答：エ

★関連法律……特許法、民法

共有に係る特許権の効力に関する出題である。

ア：適切である。特許権が共有に係るときは、各共有者は、契約で別段の定めをした場合を除き、他の共有者の同意を得ないでその特許発明の実施をすることができる（特許法73条2項）。

イ：適切である。共有持分の放棄については特許法には規定がない。このため、共有者の1人がその持分を放棄したときは、その持分は他の共有者に帰属する（民法255条）。

ウ：適切である。特許権が共有に係るときは、各共有者は、他の共有者の同意を得なければ、その持分を譲渡することができない（特許法73条1項）。よって、他の共有者の同意を得れば、単独でその持分を譲渡することができる。

エ：不適切である。法律上、特許権の共有者が、他の共有者と共にでなくとも、単独で、特許無効審決の取消訴訟を提起できるという規定はない。よって、「法律上」は不適切である。なお、学説は、権利の消滅を防ぐ保存行為に当たるとして認める説と、審決の合一的確定の必要性から、共有者の1人がなした提訴は却下されると解する説とがあった。しかし、最高裁が前者を支持する判決を出し（最高裁判決平成14年2月22日（平13（行ヒ）142号）、結着をみた。

◎参考文献

『工業所有権法（産業財産権法）　逐条解説（第21版）』一般社団法人発明推進協会

総務省運営イーガブホームページ　特許法http://law.e-gov.go.jp/htmldata/S34/S34HO121.
html

中山信弘著『工業所有権法　上　特許法』弘文堂

吉藤幸朔著、熊谷健一補訂『特許法概説（第13版）』有斐閣

裁判所ホームページ　裁判例情報　最高裁判決平成14年2月22日 (平13 (行ヒ) 142号) http://
www.courts.go.jp/hanrei/pdf/js_201003191207213977799.pdf

| 平成**28**年度 | 第**7**問 | 解答：**エ** |

★関連法律……特許法等の一部を改正する法律 (平成27年7月10日法律第55
号)、特許法

平成27年度の特許法等の一部を改正する法律および特許法の職務発明に関する
出題である。

平成27年度の特許法等の一部を改正する法律では、職務発明制度の見直し、特
許料等の改定のほか、特許法条約および商標法に関するシンガポール条約の実施の
ための規定の整備を行った。よって、Aは「特許法条約」が適切である。

特許を受ける権利は、発明者である甲および乙に原始的に帰属する (特許法29
条1項)。特許を受ける権利が共同発明者である甲および乙の共有となるため、甲
が特許を受ける権利を譲渡するには、他の共有者である乙の同意が必要となる (同
法33条3項)。

また、特許出願前における特許を受ける権利の承継は、特許出願をすることが第
三者対抗要件である (同法34条1項)。このため、例えば甲が自ら特許出願をした
場合や、甲が他社に特許を受ける権利を二重譲渡し、その他社が特許出願した場合
には、甲の使用者等が特許権を取得することができない。

このような権利帰属の不安定性を解消するために、職務発明について、契約、勤
務規則その他の定めにおいてあらかじめ使用者等に特許を受ける権利を取得させる
ことを定めたときは、その特許を受ける権利は、その発生した時から使用者等に帰
属すると規定した (同法35条3項)。

◎参考文献

『平成27年度特許法等の一部改正　産業財産権法の解説』一般社団法人発明推進協会

| 平成**25**年度 | 第**7**問 | 解答：**ウ** |

★関連法律……特許法

特許を受ける権利に関する出題である。

ア：不適切である。 産業上利用することができる発明をした者は、次に掲げる発
　　明を除き、その発明について特許を受けることができる。(特許法29条1項)。

　　① 特許出願前に日本国内又は外国において公然知られた発明

　　② 特許出願前に日本国内又は外国において公然実施をされた発明

　　③ 特許出願前に日本国内又は外国において、頒布された刊行物に記載され

解説編　**549**

た発明又は電気通信回線を通じて公衆に利用可能となつた発明

　　したがって、産業上利用することができる発明をした者は、特許出願の有無にかかわらず、発明の完成と同時に、特許を受ける権利を有することになる。

イ：不適切である。特許を受ける権利が共有に係るときは、各共有者は、他の共有者の同意を得なければ、その持分を譲渡することができない（同法33条3項）。したがって、AとBは、自己の持分について譲渡する場合、相手の同意を得る必要がある。

ウ：適切である。特許を受ける権利は、移転することができる（同法同条1項）。

エ：不適切である。特許を受ける権利は、質権の目的とすることができない（同法同条2項）が、抵当権の目的とすることもできない。抵当権の目的とするためには、抵当権の目的とすることができるという規定が積極的になければならないとされている。

◎参考文献

『工業所有権法（産業財産権法）逐条解説第21版』一般社団法人発明推進協会

<u>平成**19**年度</u>　<u>第**9**問</u>　　**解答：ウ**

★関連法律……特許法、不正競争防止法

特許権の行使に関する出題である。

ア：適切である。特許の権利範囲は「特許請求の範囲」の記載によって決まるため、自社特許の「特許請求の範囲」の記載が自社製品を保護するような内容になっているかどうか、よく確認しておく必要がある。

イ：適切である。技術的課題の解決方法は、通常は複数の方法が存在するので、特許以外の方法も検討してみるだけの価値はある。

ウ：不適切である。まねているからといって、必ずしも特許を侵害しているとは限らないため、選択肢の「C社の権利侵害品であるとの文書を送りつける」という文章が不適切である。不正競争防止法では、虚偽の事実を告知するなどの「営業誹謗行為（信用毀損行為）」を禁止している（不正競争防止法2条1項15号）。Y社の特許侵害がC社の早合点であって、実際には侵害していなかった場合に、取引先に「文書を送りつける」行為は「営業誹謗行為（信用毀損行為）」に該当する。本選択肢のC社の行為は特許権の濫用であり、逆に、不正競争防止法違反で訴えられることになりかねない。

エ：適切である。D社が新しいと思っても、案外、世の中には先に発明している者がいるものである。本選択肢に記載されているように、世界で最初に発明したと思い込まない方がよい。

550　　第2部　テーマ別1次過去問集

◎参考文献

経済産業省知的財産政策室編著『逐条解説 不正競争防止法 平成16・17年改正版』有斐閣

平成24年度 第9問　解答：イ

★関連法律……特許協力条約

　特許協力条約に関する出題である。特許協力条約 (Patent Cooperation Treaty, PCT) は、1つの出願で多数国を指定可能であり、各国手続開始前の先行技術調査の実施、方式の統一等により、多数国出願と各国別審査に要する労力重複の軽減を図るとともに、開発途上国援助を行うこと等を目的として採択されたものである。

ア：不適切である。「国際物品売買契約に関する国際連合条約」(United Nations Convention on Contracts for the International Sale of Goods) が正式名称であり、「ウィーン売買条約」「CISG」という略称が用いられる場合もある。国際的な物品の売買契約の成立や当事者の権利義務について国際的な統一法として定められた条約である。

イ：適切である。 上記解説参照。

ウ：不適切である。「工業所有権の保護に関するパリ条約」では、同盟国民に対する内国民待遇（パリ条約2条）、同盟国に特許出願等をした後、他の同盟国に出願する場合の優先権（同条約4条）等を規定しているが、出願書類の統一には至っていない。なお、PCTはパリ条約19条の「特別の取極」である。

エ：不適切である。「ヘーグ（ハーグ）統一売買法条約」（有体動産の国際的売買に関する条約 (Convention Relating to a Uniform Law on the International Sale of Goods)) は、1964年に採択された、国際的な売買取引を統一的に規律した条約である。

◎参考文献

　『工業所有権法 (産業財産権法) 逐条解説 (第21版)』一般社団法人発明推進協会
　　http://www.jpo.go.jp/shiryou/hourei/kakokai/cikujyoukaisetu.htm
　特許庁ホームページ　平成23年度知的財産権制度説明会 (実務者向け) テキスト
　　http://www.jpo.go.jp/tetuzuki/t_tokkyo/kokusai/h23jitumu-pct.htm
　WIPOホームページ　PCT関連資料 (日本語)　http://www.wipo.int/pct/ja/
　東京商工会議所編『ビジネス実務法務検定試験1級　公式テキスト』中央経済社

平成25年度 第8問　解答：ア

★関連法律……特許法

　特許権及び特許権の実施権に関する出題である。

解説編　551

ア：不適切である。専用実施権者は、設定行為で定めた範囲内において、業として その特許発明の実施をする権利を専有する（特許法77条2項）。したがって、 専用実施権設定後においては、その設定の範囲内については専用実施権者B の許諾がない限り、特許権者Aは実施できない。

イ：適切である。特許権者又は専用実施権者は、自己の特許権又は専用実施権を 侵害する者又は侵害するおそれがある者に対し、その侵害の停止又は予防を 請求することができる（同法100条1項）。特許権者Cから専用実施権の設 定の登録を受けたDは、専用実施権者であり、当該特許権を侵害する者に 対して、差止請求権を行使できる。

ウ：適切である。特許権者は、専用実施権者、質権者又は職務発明、専用実施権 者の許諾、若しくは特許権者の許諾に基づく通常実施権者があるときは、こ れらの者の承諾を得た場合に限り、その特許権を放棄することができる（同 法97条1項）。本来、特許権の放棄は自己の利益を放棄するものであるから、 その権利者の自由にまかされるべき行為であるが、その権利について専用実 施権等が設定されている場合はその放棄によって不利益をこうむるのは単に 特許権者にとどまらないので、これらの場合には、その放棄に制限が加えら れている。

エ：適切である。特許発明の実施が継続して3年以上日本国内において適当にさ れていないときは、その特許発明の実施をしようとする者は、特許権者又は 専用実施権者に対し通常実施権の許諾について協議を求めることができる。 ただし、その特許発明に係る特許出願の日から4年を経過していないときは、 この限りでない（同法83条1項）。

◎参考文献

『工業所有権法（産業財産権法）逐条解説第21版』一般社団法人発明推進協会

中山信弘著『工業所有権法　上　特許法』弘文堂

<hr>

| 平成**30**年度 | 第**10**問 | **解答：エ** |

★関連法律……特許法、実用新案法

特許法と実用新案法を対比する出題である。

ア：不適切である。実用新案権は、実体審査をされずに登録されるため、権利侵 害に基づく差止請求権を行使する場合、相手方が客観的に権利の有効性を判 断できるように実用新案技術評価書を提示して警告をする必要がある（実用 新案法29条の2）。一方、特許権は実体審査の後に登録されるため、特許法 にそのような規定はない。

イ：不適切である。実体審査の後に登録される特許権の侵害には過失が推定され

552　第2部　テーマ別1次過去問集

る（特許法103条）。一方、実用新案法には過失の推定規定はない。

ウ：不適切である。 特許権の存続期間は、出願日から20年である（同法67条1項）。実用新案権の存続期間は、出願日から10年である（実用新案法15条）。

エ：適切である。 特許法上の発明には、物の発明のほか、方法の発明が含まれる（特許法2条3項各号）。一方、実用新案法で保護される考案は、物品の形状、構造または組み合わせであり、方法は含まれない（実用新案法1条）。

平成**23**年度　第**7**問　**解答：イ**

★関連法律……特許法、実用新案法、意匠法、商標法
特許・意匠・商標の登録制度の比較に関する問題である。

ア：適切である。 秘密意匠制度である（意匠法14条1項）。なお、秘密にしている期間の権利行使は制約される（同法37条3項、40条但書）。

イ：不適切である。 特許権の存続期間は、特許出願の日から20年である（特許法67条1項）。一方、意匠権（関連意匠の意匠権を除く）の存続期間は、意匠登録出願日から25年（意匠法21条1項）、関連意匠の意匠権の存続期間は、その基礎意匠の意匠登録出願日から25年（同法21条2項）である。商標権の存続期間は、設定の登録の日から10年（商標法19条1項）であるが、更新登録の申請により更新することができる（同法19条2項）。

ウ：適切である。 特許出願の審査は、その特許出願についての出願審査の請求を待って行う（特許法48条の2）。一方、意匠法、商標法にはそのような制度はない。なお、実用新案法では審査を行わない（実用新案法第14条2項）。

エ：適切である。 特許法では、特許出願の日から1年6月を経過したときに、特許掲載公報の発行がされたものを除き、出願公開される（特許法64条）。出願公開は、願書に記載した事項及び願書に添付した明細書等を特許公報に掲載することにより行う（同条2項）。

◎参考文献

総務省運営イーガブホームページ　特許法
　　http://law.e-gov.go.jp/htmldata/S34/S34HO121.html
総務省運営イーガブホームページ　実用新案法
　　http://law.e-gov.go.jp/htmldata/S34/S34HO123.html
総務省運営イーガブホームページ　意匠法
　　http://law.e-gov.go.jp/htmldata/S34/S34HO125.html
総務省運営イーガブホームページ　商標法
　　http://law.e-gov.go.jp/htmldata/S34/S34HO127.html
『工業所有権法（産業財産権法）逐条解説〔第19版〕』一般社団法人発明推進協会

解説編　**553**

| 平成**24**年度 | 第**13**問 |

★関連法律……特許法、破産法

特許権の通常実施権（ライセンス）の対抗制度の改正についての出題である。従前、通常実施権を受けた者（ライセンシー）は、通常実施権を特許庁に登録しないと特許権等を譲り受けた者に対抗することができず、差止請求等を受け、事業継続が不可能になるおそれがあったが、実務上、登録が困難となっていた。そこで、登録をしなくても、このような差止請求等に対抗できるよう当然対抗制度を導入した。通常実施権は、その発生後にその特許権若しくは専用実施権又はその特許権についての専用実施権を取得した者に対しても、その効力を有する（特許法99条）。

破産法では、双務契約について破産者及びその相手方が破産手続開始の時において共にまだその履行を完了していない（双方未履行）ときは、破産管財人は、契約の解除をし、又は破産者の債務を履行して相手方の債務の履行を請求することができる旨規定しているが（破産法53条1項）、当該規定は、賃借権その他の使用及び収益を目的とする権利を設定する契約について破産者の相手方が当該権利につき登記、登録その他の第三者に対抗することができる要件を備えている場合には、適用しない（破産法56条1項）。上記の特許権の通常実施権（ライセンス）に関する当然対抗制度は、「第三者に対抗することができる要件を備えている場合」に相当する。

［設問1］　解答：エ

　ア：不適切である。上記説明参照。

　イ：不適切である。上記説明参照。

　ウ：不適切である。上記説明参照。

　エ：適切である。上記説明参照。

［設問2］　解答：エ

「開示したライセンシーがすべてであり、開示されないライセンシーは存在しない」という条項は、取引に関する事実を表明し、その内容を保証するものであるから表明・保証条項である。

　ア：不適切である。上記説明参照。

　イ：不適切である。上記説明参照。

　ウ：不適切である。上記説明参照。

　エ：適切である。上記説明参照。

◎参考文献

　特許庁工業所有権制度改正審議室編『平成23年　特許法等の一部改正　産業財産権法の解説』社団法人発明協会

| 令和元年度 | 第13問 | 解答：ウ |

★関連法律……特許法

特許権に関する出題である。

ア：不適切である。他人の特許権または専用実施権を侵害した者は、その侵害の行為について過失があつたものと推定する（特許法103条）。

イ：不適切である。特許権が共有に係るときは、各共有者は、契約で別段の定をした場合を除き、他の共有者の同意を得ないでその特許発明の実施をすることができる（同法73条2項）。

ウ：適切である。専用実施権者は、設定行為で定めた範囲内において、業としてその特許発明の実施をする権利を専有する（同法77条2項）。したがって、特許権者であっても、専用実施権者が専有する範囲については業として特許発明の実施をすることができない。

エ：不適切である。特許権の存続期間は、特許出願の日から20年をもつて終了する（同法67条1項）。

| 平成27年度 | 第15問 | 解答：エ |

★関連法律……現地の産業財産権法

産業財産権法の一般的な知識に関する出題である。

日本の産業財産権法は日本国内においてのみ効力を有する。このため、アジア諸国等の現地企業に生産委託を行う場合、現地での産業財産権の保護は現地の産業財産権法に従う。

一般に、生産技術について第三者による利用を防ぐには、特許権の取得により保護を図る国が多い。一方、アジア諸国のうち、例えば中国、韓国等では特許出願の段階で出願公開をし、インターネット上で誰でも閲覧可能となる。この場合、技術的なノウハウが広く全世界に流出してしまうリスクが生じる。

よって、Aは「特許権の取得」が適切である。

OEM生産では、委託者が製品の詳細設計から制作や組立図面にいたるまで受託者へ支給し、場合によっては技術指導も行う。委託者のメリットは、その製品の市場導入期においてはブランドの知名度向上に役立ち、市場成長期では生産能力不足をカバーし、市場成熟期・衰退期では製品構成を維持しつつ、新商品の開発に集中することができることなどがあげられる。また、生産のための設備投資が最少または不要となるため、資金的負担が少ないというメリットもある。一方、受託者が支給された製造技術や品質管理、生産ノウハウを吸収・習得し、将来委託者の競合となる可能性もある。

解説編　555

ODM生産では、製造する製品の設計から製品開発までを受託者が行う。受託者のなかには、マーケティングまで行い、さらに物流や販売まで複数のブランドの製品を一貫して提供する企業もある。これは、OEMの形態が進化した結果でもある。ODMにおいては、受託者の技術レベルが委託者と同水準、またはそれ以上の高い水準にあることが基本的な条件である。

　よって、Bは「ODM」が適切である。

◎参考文献

『貿易・投資相談Ｑ＆Ａ　OEM生産とODM生産の違い』日本貿易振興機構 (ジェトロ)
　　https：//www.jetro.go.jp/world/qa/04A-011247.html

Ⅲ　実用新案法

平成**21**年度　　第**8**問　　**解答：ウ**

★関連法律……特許法、実用新案法

実用新案権の行使時における権利者の責任に関する出題である。

　実用新案権は、早期権利付与という趣旨のもと、早期登録制度を設けているが、瑕疵ある権利の濫用がないよう、より慎重な判断の下に権利を行使することが求められる。そのため、実用新案法では、「証明責任の転換」の規定を設け、権利者の警告または権利の行使に際して、より高度な注意義務を有することを定めている。以下の行為を行った場合、相当の注意を持って行使したと解され、原則として損害賠償責任は免責される (実用新案法29条の31項但書)。

①十分な自己調査を行った場合
②弁理士等の専門家の鑑定を得ていた場合
③実用新案技術評価書において肯定的な評価を得ていた場合

ア：適切である (実用新案法29条の3)。証明責任の転換に関する記述である。権利者は警告または権利の行使に際して、より高度な注意義務を有するため、X社の有する実用新案権と同一の構造であるか調べる必要がある。

イ：適切である (特許法69条、実用新案法15条)。権利の発生基準および存続期間に関する記述である。実用新案権の存続期間は、実用新案登録出願の日から10年であり、特許権の存続期間は、特許出願の日から20年である。いずれも存続期間の発生基準が出願日である点に注意する。

ウ：不適切である (実用新案法12条)。実用新案技術評価書の提示の有無に関する記述である。実用新案権は、特許と同様に排他的独占権を有している。しかし、実用新案権は、実用新案技術評価制度により、無審査で登録され、登

録要件を満たさない権利行使により、第三者が不当な損害を被る恐れがあるため、権利行使に関しては、その登録実用新案に係る実用新案技術評価書を提示して警告をした後でなければ、自己の実用新案権・専用実施権の侵害者等に対し、その権利を行使することができない。実用新案技術評価書は、絶対的なものではないが、特許庁審査官が作成したものであり、相当程度に高い信頼性があるものと考えられている。

エ：適切である（実用新案法31〜33条）。登録料の納付時期に関するである。実用新案に関わる登録料は、実用新案登録出願と同時に、第1年〜第3年分を一時に納付しなければならない。第4年分以後は、前年以前に納付しなければならない。また、登録料の納付は、その期間経過後6カ月以内の猶予が認められているが、猶予期間を過ぎても納付しない場合は、その期間経過時に遡って消滅したものとみなされる。

第2章

解説

平成28年度 第6問 解答：エ

★関連法律……実用新案法
実用新案技術評価に関する出題である。

ア：不適切である。 2以上の請求項に係る実用新案登録出願については、請求項ごとに実用新案技術評価の請求をすることができる（実用新案法12条1項）。実用新案権は請求項ごとに行使でき、実用新案技術評価書は権利行使の際に必要なためである。

イ：不適切である。 そのような規定はない。

ウ：不適切である。 原則として、実用新案技術評価は、実用新案権の消滅後においても請求することができる。ただし、実用新案登録が無効にされた後や実用新案登録に基づく特許出願がされた後は、請求することができない（同法12条2項・3項）。

エ：適切である。 同法29条の2のとおりである。

◎参考文献
『工業所有権法（産業財産権法）逐条解説第21版』一般社団法人発明推進協会

解説編　**557**

Ⅳ 意匠法

令和元年度 第12問 解答：エ

★関連法律……意匠法

意匠の新規性喪失の例外規定に関する出題である。

意匠登録を受ける権利を有する者の行為に起因して公知または刊行物公知となった意匠については、その日から1年以内に意匠登録出願をすれば、公知または刊行物公知とならなかったものとみなされる（意匠法4条）。

よって、エが適切である。

平成29年度 第9問 解答：ウ

★関連法律……意匠法

部分意匠および関連意匠に関する出題である。

図面の一部に破線を用いるなどして余分な限定を排除するのは、部分意匠である（意匠審査基準第7部第1章「部分意匠」、意匠法施行規則様式第6備考11）。よってAは「部分」である。

互いに類似する意匠については、原則として意匠登録を受けることができない（意匠法9条1項、2項）。ただし、本意匠に類似する意匠（関連意匠）については、本意匠の出願日後、所定の期間内に出願した場合に限り、本意匠により拒絶されないこととしている（同法10条1項、2項）。よってBは「関連」である。

したがって、ウが最も適切である。

平成16年度 第8問 解答：イ

★関連法律……意匠法・不正競争防止法

ア：不適切である。 選択肢の中の「不正競争防止法の形態模倣禁止の規定に基づいて」が誤りである。他人の商品の形態を模倣した商品を譲渡等する行為は、商品形態模倣行為となる（不正競争防止法第2条1項3号）。ここで「模倣」とは「実質的に同一」である場合（デッド・コピー）に限定され、類似品といえども、実質的同一性がない場合には適用されない（同法第2条5項）。

イ：適切である。 登録意匠と類似する意匠を権利者の許諾なく実施すると、意匠権の侵害となる。ここで「類似する意匠」とは、同一もしくは類似の物品同士の形態から受ける美感が共通しているものである。玩具会社Xはおもちゃのクリスマスツリーaを、製菓会社Yはクリスマスツリーbのチョコレート

を販売しているが、販売商品の物品の用途および機能に共通性がなく非類似であるため、玩具会社Xが保有している意匠権Aの侵害を構成しているとはいえない。

ウ：不適切である。 意匠法で保護される意匠は、特許法、実用新案法にいう産業上利用することができる発明または考案とは異なり、工業的手法により量産可能なものに限られる（意匠法3条1項柱書）。小さな苗木のクリスマスツリーcは、自然物を意匠の主たる要素として使用したものであり、量産できないため、工業上利用することができる意匠とは認められない。よって、製菓会社Yがクリスマスツリーcを譲渡する行為は、意匠権Aの侵害を構成しているとはいえない。

エ：不適切である。 意匠権の侵害は、登録意匠と同一・類似の範囲における第三者の実施行為により成立するが、ここでは、意匠の類似性が問題となる。意匠は物品と不可分であり、モチーフのみの模倣では侵害を構成しない。製菓会社Yが販売しているチョコレートのクリスマスツリーbは、玩具会社Xのおもちゃのクリスマスツリーaと、用途および機能に共通性がなく、物品が非類似であるため、玩具会社Xが保有している意匠権Aの侵害を構成しているとはいえない。

平成25年度　第10問　解答：ア

★関連法律……意匠法

意匠権に関する出題である。

ア：適切である。 意匠権者は、業として登録意匠及びこれに類似する意匠の実施をする権利を専有する（意匠法23条）。また、同時に使用される二以上の物品であつて経済産業省令で定めるもの（以下「組物」という。）を構成する物品に係る意匠は、組物全体として統一があるときは、一意匠として出願をし、意匠登録を受けることができる（同法8条）。したがって、組物として出願した場合、組物全体を一意匠として意匠登録を受けることになる。一組の飲食用ナイフ、スプーン及びフォークのセットの意匠権の効力は、組物全体に及び、ナイフのみの意匠には及ばない。

イ：不適切である。 意匠権者は、業として登録意匠及びこれに類似する意匠の実施をする権利を専有する（同法23条）。したがって、意匠権の効力は登録意匠のみならず、登録意匠に類似する意匠にも及ぶ。

ウ：不適切である。 関連意匠の意匠権の存続期間は、その基礎意匠の意匠登録出願日から25年をもって終了する（同法21条2項）。

エ：不適切である。 意匠に係る物品を輸出する行為は、意匠の実施である（同法

解説編　559

2条2項1号)。意匠権者は、業として登録意匠及びこれに類似する意匠の実施をする権利を専有する (同法23条)。したがって、権原なき第三者が、業として登録意匠に係る物品を輸出した場合、その行為は意匠権の侵害になる。

◎参考文献

『工業所有権法 (産業財産権法) 逐条解説第21版』一般社団法人発明推進協会

平成26年度　第7問　解答：ア

★関連法律……意匠法

意匠制度に関する出題である。

ア：適切である。秘密意匠に関する説明である (意匠法14条)。

イ：不適切である。意匠登録が意匠法48条1項各号の無効理由に該当する場合、意匠登録無効審判を請求することができる。無効理由以外の理由によっては意匠登録無効審判を請求することはできない。意匠登録された後に本意匠と関連意匠が類似していないという理由で意匠登録を無効とするのは、意匠権者にとって酷であるということから、無効理由から外されている。

ウ：不適切である。組物の意匠 (同法8条) の違反は、意匠法48条1項各号の無効理由に該当しない。また、組物全体として統一性がない場合、実質的に2以上の意匠があることになり、一意匠一出願 (同法7条) に違反することになる。7条違反は形式的瑕疵として意匠登録出願についての拒絶理由となる (同法17条3号) が、無効理由とはならない。よって、意匠登録無効審判を請求することはできない。

エ：不適切である。意匠登録出願前に日本国内または外国において (1) 公然知られた意匠、(2) 刊行物やインターネットで公衆に利用可能となった意匠、(3) これらに類似する意匠については、新規性がないとして拒絶される (意匠法3条1項各号)。「乗用自動車」の意匠が公然知られている場合に、その乗用自動車と類似する意匠については、新規性がないとして拒絶される。しかし、「乗用自動車」と「自動車おもちゃ」とは物品の用途および機能に共通性がなく、物品が非類似である。このため、「自動車おもちゃ」の意匠は「乗用自動車」とは非類似であり、(1)〜(3) のいずれにも該当せず、新規性がないものとしては拒絶されない。なお、「乗用自動車」の形状をそのまま模して「自動車おもちゃ」に転用することは商慣行上ありふれた手法であり、創作非容易性がないとして拒絶される可能性がある (同条2項)。

| 平成**28**年度 | 第**9**問 | 解答：**ウ** |

★関連法律……意匠法

　秘密意匠に関する出題である。意匠法における「意匠を秘密にする」とは、意匠登録があったときに意匠公報に通常掲載する内容のうち、願書および図面等のデザインを予測させる内容を掲載しないことをいう。特許庁が秘密にすることを請求するため、その意匠が客観的に秘密状態であることを前提とはしていない。

ア：不適切である。 特許出願から変更された意匠登録出願は、元の出願の時にされたものとみなされる（意匠法13条6項で準用する同法10条の2第2項）。したがって、新規性の判断は元の特許出願時で判断されるため、この変更出願に係る意匠は新規性を失ってはいない。なお、現行法では登録料の納付と同時に秘密にすることを請求できるため（同法14条2項）、変更出願であっても秘密意匠とすることができる。

イ：不適切である。 Aのみを秘密にすることを請求していた場合、図面等が意匠公報に掲載されないのはAのみであり、Bについては意匠公報に掲載される。Bについても秘密意匠とするためには、Bの登録料の納付と同時に秘密にすることを請求すればよい。

ウ：適切である。 意匠登録出願前に意匠が記載されたカタログを頒布した場合でも、新規性喪失の例外規定の適用を受ければ意匠登録を受けることができる場合がある（同法4条2項）。この場合でも、意匠を秘密にすることの請求を制限する規定はない。

エ：不適切である。 外国で意匠が公報に掲載されたことを理由に秘密にすることを請求できないとする規定はない。

◎参考文献

『登録の実務Q&A』特許庁ホームページ

　https://www.jpo.go.jp/tetuzuki/touroku/jitumu_qa.htm

V　商標法

| 平成**26**年度 | 第**8**問 | 解答：**ウ** |

★関連法律……商標法

商標の登録要件に関する出題である。

ア：適切である。 外国の国旗と同一または類似の商標については、商標登録を受けることができない（商標法4条1項1号）。

解説編　**561**

- **イ：適切である。**菊花紋章と同一または類似の商標については、商標登録を受けることができない（同法同条同項同号）。
- **ウ：不適切である。**国もしくは地方公共団体もしくはこれらの機関、公益に関する団体であって営利を目的としないものまたは公益に関する事業であって営利を目的としないものを表示する標章であって著名なものと同一または類似の商標については、商標登録を受けることができない（同法同条同項6号）。よって、市町村（地方公共団体）を表示する標章が著名でなければ、商標登録を受けることができる場合がある。
- **エ：適切である。**赤十字の標章及び名称等の使用の制限に関する法律1条に規定する標章（白地に赤十字、赤新月若しくは赤のライオン及び太陽）および名称（赤十字、ジュネーブ十字、赤新月若しくは赤のライオン及び太陽）と同一または類似の商標については、商標登録を受けることができない（商標法4条1項4号）。

平成**30**年度　第**12**問　解答：ア

★関連法律……商標法

立体商標に関する出題である。

商品の形状や商品の包装の形状を普通に用いられる方法で表示する標章のみからなる商標は原則として商標登録を受けることができない（商標法3条1項3号）。ただし、使用の結果、周知となった場合には、商標登録を受けることができる（同条2項）。その場合でも、商品や商品の包装が当然に備える立体的形状については、商標登録を受けることができない（同法4条1項18号、商標法施行令1条）。

- **ア：適切である**（商標法3条1項3号、同条2項）。
- **イ：不適切である。**慣用商標（同法同条1項2号）については同条2項の適用はない。
- **ウ：不適切である。**普通名称（同法同条1項1号）については同条2項の適用はない。
- **エ：不適切である。**他人の業務にかかる商品または役務と混同を生ずるおそれがある商標については、使用の結果、周知となっていたとしても、商標登録を受けることができない（同法4条1項15号）。

平成**27**年度　第**11**問

［設問1］　解答：イ

★関連法律……商標法

地域団体商標に関する出題である。

地域団体商標の商標登録を受けることができるのは、事業協同組合その他の特別の法律により設立された組合、商工会、商工会議所もしくは特定非営利活動法人（NPO法人）またはこれらに相当する外国法人（以下、「組合等」という）である（商標法7条の2第1項）。

よって、①は「商工会議所」である。

地域団体商標の商標登録を受けるためには、その商標が使用をされた結果、組合等またはその構成員の業務に係る商品等を表示するものとして需要者の間に広く認識されている必要がある（同法同条1項）。ここで、「広く認識されている」とは、その地域が属する都道府県を越える程度の範囲における多数の需要者の間に広く認識されていれば足りるとされている（商標審査基準7条の2）。

よって、②は「隣接都道府県」である。

したがって、イが適切である。

[設問2] 解答：ウ

★関連法律……意匠法、商標法、不正競争防止法、著作権法

知的財産権全般に関する出題である。

③はキャラクターのデザインや絵柄の創作を保護するものであり、一方でぬいぐるみの量産品が保護の対象になるか問題となるという記載から、「著作権」である。

④は平面だけでなく立体的な構成も保護が可能であること、商品やサービスを特定する必要があること（商標法6条1項）、登録の必要があることから、「商標権」である。

⑤は権利行使のために周知性の立証が必要である（不正競争防止法2条1項1号）ことから、「不正競争防止法」である。

⑥はぬいぐるみの量産品を保護することから、工業上利用することができる意匠（意匠法3条1項）を保護する「意匠権」である。

よって、ウが適切である。

平成29年度 第10問 解答：ウ

★関連法律……商標法

立体商標の登録要件に関する出題である。

商品の形状（包装の形状を含む）を普通に用いられる方法で表示する標章のみからなる商標は商標登録を受けることができない（商標法3条1項3号）。ただし、使用をされた結果、需要者が何人かの業務に係る商品または役務であることを認識することができるものについては、商標登録を受けることができる（同条2項）。

解説編 563

よって、ウが最も適切である。

ただし、商品等が当然に備える立体的形状については、3条の規定にかかわらず、商標登録を受けることができない（同法4条1項18号、商標法施行令1条）。

平成27年度　第8問　解答：イ

★関連法律……商標法、商標法施行規則

商標権の制限、平成8年および平成26年の商標法改正に関する出題である。

ア：不適切である。商標権の効力は、自己の氏名を普通に用いられる方法で表示する商標には及ばない（商標法26条1項1号）。自己の肖像、名称、著名な雅号、芸名、筆名、およびこれらの著名な略称も同様である。

イ：適切である。平成8年の商標法改正により、審査官による更新等の実体審査が廃止された。更新登録の申請と同時に納付すべき登録料の納付があったときは、商標権の存続期間を更新した旨の登録をする（同法23条1項）。

ウ：不適切である。平成26年の商標法改正により、「動き商標」が保護対象に追加された。「動き商標」とは、文字や図形等が時間の経過に伴って変化する商標である（同法5条4項、商標法施行規則4条の8）。

エ：不適切である。平成26年の商標法改正により、「位置商標」が保護対象に追加された。「位置商標」とは、図形等の商標であって、商品等に付す位置が特定されている商標である（同法同条同項、同規則同条の8）。

◎参考文献

『新しいタイプの商標の保護制度に関するパンフレット』特許庁

平成19年度　第6問　解答：ア

★関連法律……商標法、不正競争防止法

商標権の侵害に関する出題である。解答に当たっては、2つの留意点がある。第1点は、登録商標制度は特許と同じ登録制度だということである。商標法では未登録商標は保護されないので、選択肢イのように未登録商標を保護する場合は、他の法律の適用を検討しなければならない。第2点は、A製麺所とB製麺所との関係で、登録商標「○○○」が有効か否か（選択肢ウ）と、A製麺所に先使用権はあるか否か（選択肢エ）ということである。登録商標が有効であり、先使用権がなければ、A製麺所は商標「○○○」の使用を中止せざるを得ない（選択肢ア）。

ア：適切である。登録商標「○○○」は有効であり、選択肢エの解説で後述するようにA製麺所に先使用権はない。A製麺所が商標「○○○」を使用する行為は、B製麺所の商標権の侵害を構成する。

564　第2部　テーマ別1次過去問集

イ：不適切である。 商標法は未登録商標を保護しないため、選択肢の「周知商標として保護され」という文章が不適切である。不正競争防止法では未登録商標も保護するが、これは他人による著名表示冒用行為を禁止しているに過ぎず（不正競争防止法2条1項2号）、自己の商標の継続使用を保証するものではない。したがって、不正競争防止法の観点からも、「そのまま使用できる」という文章が不適切である。

ウ：不適切である。 商標法では、既存の周知商標と同一あるいは類似する商標は登録しないと定めている（商標法4条1項10号）。B製麺所が商標「〇〇〇」を出願した当時、A製麺所はすでに商標「〇〇〇」を使用していたが、これは需要者の間ではあまり知られていなかった。「周知」の要件が満たされておらず、商標法4条1項10号を理由にB製麺所の登録商標「〇〇〇」を無効にできないため、選択肢の「当然無効である」という文章が不適切である。

エ：不適切である。 商標法では、他人の商標登録出願前から周知商標を使用していた者には先使用権を認め、その商標を継続して使用できると定めている（商標法32条）。しかし、前述のように、B製麺所が商標「〇〇〇」を出願した当時のA製麺所の商標「〇〇〇」は、需要者の間ではあまり知られていなかった。先使用権を発生させるのに必要な「周知」の要件が満たされていないため、選択肢の「使用する権利がある」という文章が不適切である。

◎参考文献

経済産業省知的財産政策室編著『逐条解説　不正競争防止法　平成16・17年改正版』有斐閣

奥田百子著『なるほど図解　商標法のしくみ』中央経済社

平成24年度　第7問　解答：ア

★関連法律……商標法

商標権の効力に関する出題である。商標権者は、指定商品または指定役務（以下、「指定商品等」という）について登録商標の使用をする権利を専有する（商標法25条）。また、他人が指定商品等についての登録商標に類似する商標の使用、指定商品等に類似する商品または役務（以下、「商品等」という）についての登録商標またはこれに類似する商標の使用をすることは商標権の侵害とみなされる（同法37条1号）。これを「禁止権」という。

ア：適切である。 商標権者は、その商標権について専用使用権を設定（同法30条1項）、通常使用権を許諾（同法31条1項）することができる。この場合、使用権者は、設定行為で定めた範囲内において、指定商品等について登録商標の使用をすることができる（同法30条2項、31条2項）。しかし、「パン」は禁止権の範囲であるため、使用権を設定・許諾することはできない。

解説編　565

イ：不適切である。①他人の商標登録出願前から、②日本国内において、③不正競争の目的でなく、④その商標登録出願にかかる指定商品等またはこれらに類似する商品等についてその商標またはこれに類似する商標の使用をしていた結果、⑤その商標登録出願の際、現にその商標が自己の業務に係る商品等を表示するものとして需要者の間に広く認識されているときは、その者は、継続してその商品等についてその商標の使用をする場合は、「先使用による商標の使用をする権利」を有する（同法32条1項）。⑤の周知性が得られていないため、「先使用による商標の使用をする権利」を有さない。

ウ：不適切である。商標権者は、指定商品等についての登録商標の使用がその使用の態様によりその商標登録出願の日前に生じた他人の著作権や著作隣接権と抵触するときは、指定商品等のうち抵触する部分についてその態様により登録商標の使用をすることができない（同法29条）。漫画の主人公の図柄から成る登録商標を使用すると、他人の著作権に抵触するため、登録商標を使用することはできない。

エ：不適切である。商標権の効力は、自己の氏名を普通に用いられる方法で表示する商標には及ばない（同法26条1項1号）。しかし、それ以外の場合には、商標権の効力が及ぶ。

◎参考文献

『工業所有権法（産業財産権法）　逐条解説（第21版）』一般社団法人発明推進協会

総務省運営イーガブホームページ　商標法

http://law.e-gov.go.jp/htmldata/S34/S34HO127.html

平成**24**年度　第**11**問　　**解答：ウ**

★関連法律……商標法

商標の使用に関する出題である。商標の使用については、商標法2条3項で定義されている。

ア：不適切である。「CD-ROM」に標章を付して販売する行為は、商品に標章を付したものを譲渡する行為に該当し（商標法2条3項2号）、商品についての商標の使用に当たる。

イ：不適切である。商品に関する広告に標章を付して頒布する行為は、商標の使用に当たる（同法2条3項8号）。

ウ：適切である。電子出版物は商標法上の商品に該当し、商品に標章を付したものを電気通信回路を通じて提供する行為は、商品についての商標の使用に当たる（同法2条3項2号）。

エ：不適切である。商品に標章を付したものを輸出する行為は、商標の使用に当たる（同法2条3項2号）。

◎参考文献
『工業所有権法逐条解説第21版』一般社団法人発明推進協会

平成25年度　第9問　　解答：ウ

★関連法律……商標法

　地域団体商標に関する出題である。地域団体商標制度は、地域の産品等についての事業者の信用の維持を図り、地域ブランドの保護による我が国の産業競争力の強化と地域経済の活性化を目的として、いわゆる「地域ブランド」として用いられることが多い地域の名称及び商品（役務）の名称等からなる文字商標について、登録要件を緩和するべく設けられた制度である。

　ア：不適切である。地域団体商標に係る商標権者は、専用使用権を許諾することはできない（商標法30条1項）。地域団体商標についても専用使用権を設定できることとすれば、設定範囲においては商標権者たる団体及びその構成員の使用も制限されることになる。そのため、地域団体商標の制度趣旨、特に地域における商品の生産者等が団体に加入して商標の使用をする途を確保するために主体要件（同法7条の2第1項）を設けた趣旨に反することとなるからである。

　イ：不適切である。地域団体商標に係る商標権は、譲渡することができない（同法24条の2第2項）。商標法7条の2に地域団体商標につき主体要件が規定されているが、譲渡を認めるとその趣旨に反することとなるからである。

　ウ：適切である。地域団体構成員は、当該地域団体商標に係る登録商標の使用をする権利を移転することはできない（同法31条の2）。これは、地域団体構成員の権利は構成員であるとの地位に連動して発生するので、構成員の身分と切り離すことができないからである。

　エ：不適切である。地域団体商標として登録を受けることができる商標は、「地域名称」＋「商品（役務）の普通名称」、「地域名称」＋「商品（役務）の慣用名称」、「地域名称」＋「商品（役務）の普通名称又は慣用名称」＋「産地等表示する際に付される文字として慣用される文字」のいずれかに該当する必要がある（同法7条の2第1項）。したがって、地域名称のみからなる商標は、地域団体商標として商標登録を受けることはできない。

　なお、地域の名称のみからなる商標の登録を認めなかった理由は、①一般に、地域ブランドについては、地域の名称と商品又は役務の名称を組み合わせた商標が用いられることが多く、地域の名称のみの商標が用いられることがまれであり、②地

域の名称のみの商標についても登録を認めると、類似商品（役務）に地域の名称のみの商標を使用したときには権利侵害となり、同一又は同名の地域において他の商品（役務）を生産・販売、提供等する者による地域の名称の正当な使用を過度に制約し、その事業活動を萎縮させるおそれがあるからである。

◎参考文献

『工業所有権法（産業財産権法）逐条解説第21版』一般社団法人発明推進協会

『平成17年　商標法の一部改正　産業財産権法の解説』社団法人発明協会

平成28年度 第10問 　解答：ア

★関連法律……商標法

商標の類否に関する出題である。商標法4条1項11号では、他人の先願先登録商標またはこれに類似する商標であって、その商標登録に係る指定商品等と同一または類似の商品等については、商標登録をすることができないことを規定している。商標の類否、商品等の類否の判断基準は、4条1項11号に関する商標審査基準に記載されている。

ア：適切である。 商標の類否は、出願商標及び引用商標がその外観、称呼又は観念等によって需要者に与える印象、記憶、連想等を総合して全体的に観察し、出願商標を指定商品又は指定役務に使用した場合に引用商標と出所混同のおそれがあるか否かにより判断する（商標審査基準）。

イ：不適切である。 商標の類否においては、全体観察のみならず、商標の構成部分の一部を他人の商標と比較して類否を判断する場合がある。しかし、要部のみを対比することにより判断しなければならないわけではない（同基準）。

ウ：不適切である。 そのような規定はない。

エ：不適切である。 立体商標を特定の方向から観た場合に視覚に映る姿が平面商標に類似することが考えられる。また、商品と役務が類似する場合もある（同基準）。

令和元年度 第14問 　解答：イ

★関連法律……商標法

先使用による商標の使用をする権利に関する出題である。

他人の商標登録出願前から、日本国内において、不正競争の目的でなく、その商標登録出願に係る指定商品等またはこれらに類似する商品等についてその商標またはこれに類似する商標の使用をしていた結果、その商標登録出願の際現にその商標

が自己の業務に係る商品等を表示するものとして需要者の間に広く認識されているときは、その者は、継続してその商品等についてその商標の使用をする権利を有する（商標法32条）。

　よって、乙株式会社の商標登録出願前から、日本国内において、不正競争の目的でなく、乙会社の商標登録出願に係る指定商品「菓子・パン」に類似する商品「どら焼き」について、乙株式会社の登録商標と類似する商品名を使用していた結果、乙株式会社の商標登録出願の際現にその商品名が甲株式会社の「どら焼き」を表示するものとして需要者に周知となっていた場合には、甲株式会社は、継続して「どら焼き」にその商品名を使用することができる。

平成19年度 **第10問** **解答：ウ**

　★関連法律……商標法
　類似の商標に関する問題である。類似の商標とは、外観、称呼、観念のいずれかの点で相紛らわしく、需要者に出所を混同させるほど似ている商標のことをいう。
　解答に当たっての留意点は、商標面では、B社が自社の登録商標に加えた「1文字離す」という変形が、A社の登録商標に近づく方向の変形であるという点である。時期的な面では、変形した商標の使用の開始が、登録商標「○○○」の周知著名性の獲得後だという点である。変形後の商標がA社の登録商標に近づくというのは、次の理由による。すなわち、B社の登録商標は、「○○○」と「CLUB」とが一体となって一つの商標を構成し、一体のものとして認識され、特定の観念を生み出している。「○○○」と「CLUB」とが1文字離れれば、「○○○」と「CLUB」とが別々に認識され、出所識別機能が低い「CLUB」よりも出所識別機能が高い「○○○」に注意が向けられるようになり、「○○○」と同じ観念が把握されるようになる。
　ア：**適切である。**変形後の商標からは、「○○○」と同じ観念が把握される可能性があり、本来の「○○○CLUB」とは別の意味が生じてくる可能性が高くなる。
　イ：**適切である。**商標法では、商標権者が故意に出所混同を生じさせるような態様で禁止権の範囲で商標を使用した場合には、不正使用取消審判を請求できると定めている（商標法51条）。変形後の商標は、外観や観念の点で登録商標「○○○」に近づくものであるため、A社の商品との間に故意に出所混同を生じさせるような態様での使用であるとして、商標法51条に該当する可能性がある。
　ウ：**不適切である。**互いに外観が異なる商標は同一とは認められないため、選択肢の「登録商標『○○○CLUB』の使用である」という文章が不適切である。
　エ：**適切である。**出所の混同が生ずるか否かについて、審査官や裁判官は、需要

者の立場に立って判断する。登録商標「○○○」が既に需要者の間で周知著名となっていることを考慮すると、審査官や裁判官が、出所混同が生じると判断する可能性は高いといえる。

◎参考文献

奥田百子著『なるほど図解　商標法のしくみ』中央経済社

平成22年度　第9問　解答：イ

★関連法律……商標法

商標登録の出願手続きに関する出題である。

商標登録を受けるための要件として「一商標一出願の原則」がある。商標登録出願は、商標を使用する1つまたは2つ以上の商品・役務を指定して、商標ごとにしなければならないと規定している（商標法6条第1項）。

- **ア：適切である。** 商標登録出願の分割に関する記述である。商標法10条では、「商標登録出願人は、商標登録出願が審査、審判もしくは再審に係属している場合又は……商標登録出願の一部を一もしくは二以上の新たな商標登録出願とすることができる。ただし、新たな商標登録出願は、もとの商標登録出願時にしたものとみなす。」としている（同法10条）。

- **イ：不適切である。** 団体商標に関する記述である。団体商標の商標登録を受けることができるものは、社団法人、その他の社団もしくは事業協同組合等またはこれらに相当する外国の法人に限られる。団体商標登録の要件としては、①法人格を有する団体であること、②業として商品の生産や役務の提供をする事業者を構成員に有していること挙げられるが、構成員の全員の名前により登録を行うことはできない（同法7条）。

- **ウ：適切である。** 手続き補正の時期に関する記述である。手続きの補正は原則として審査、審理、審判または再審に係属している場合に限られる。ただし、区分数を減じる補正については、設定登録料の納付と同時に補正をすることが認められている（同法68条の40第1項・第2項）。

- **エ：適切である。** 一出願多区分制に関する記述である。平成8年の同法改正により、区分ごとに区分けすれば一出願で多区分にわたる商品・役務を指定できる一出願多区分制が導入され、出願人は、区分ごとに願書を作成する必要がなくなり、手続の簡素化が図られた（同法6条2項）。

◎参考文献

特許庁ホームページ

| 平成**30**年度 | 第**14**問 | 解答：ア |

★関連法律……商標法、マドリッド協定議定書

マドリッド協定議定書の国際登録出願に関する出題である。

マドリッド協定議定書（マドプロ）の締約国で商標を登録する際は、特許庁に係属している自己の商標登録出願または防護標章登録出願、自己の商標登録または防護標章登録を基礎とした国際登録出願（いわゆるマドプロ出願）をすることができる（商標法68条の2第1項）。よって、Aには「日本の商標登録出願を基礎にできますから、もう利用できますよ」が入る。

マドプロ出願をする商標と、基礎となる商標は同一でなければならない（同法68条の3第2項、マドリッド協定議定書3条（1））。よって、Bには「そもそも、商標を変更することはできません」が入る。

したがって、アが適切である。

◎参考文献

「商標の国際登録制度活用ガイド」（特許庁）

https://www.jpo.go.jp/shiryou/s_sonota/pdf/panhu/panhu18.pdf

| 平成**27**年度 | 第**10**問 | 解答：ウ |

★関連法律……商標法

商標権への対抗措置に関する出題である。商標登録から5年を経過しているときに、取り得る措置、取り得ない措置があることを判断する必要がある。

ア：適切である。 商標権の効力については、特許庁に対し、判定を求めることができる（商標法28条1項）。商標Bの商標権の効力が商標Aにおよばなければ、商標権の侵害とならず、権利行使が認められないからである。

イ：適切である。 継続して3年以上日本国内において商標権者、専用使用権者または通常使用権者のいずれもが指定商品または指定役務についての登録商標の使用をしていないときは、不使用取り消し審判を請求することができる（同法50条1項）。商標登録を取り消すべき旨の審決が確定したときは、商標権は、その後消滅する（同法54条1項）ため、権利行使が認められなくなるからである。

ウ：不適切である。 商標登録異議申立は、商標掲載公報の発行日から2月以内に限り可能である（同法43条の2）。

エ：適切である。 商標Bの商標権がX社以外の他社に移転している場合も考えられる。X社が商標権を有していなければ、X社による権利行使は認められないからである。

第2章 解説

解説編 571

VI 著作権法

令和元年度 第11問 解答：イ

★関連法律……著作権法

著作権の保護期間に関する出題である。

保護期間の終期を計算するときは、著作者が死亡した日または著作物が公表され
もしくは創作された日のそれぞれ属する年の翌年から起算する（著作権法57条）。

ア：不適切である。 映画の著作物の著作権は、その著作物の公表後70年を経過
するまでの間、存続する（同法54条1項）。よって、2000年8月4日に公表
された、映画の著作権の存続期間は、2070年12月31日までである。

イ：適切である。 法人その他の団体が著作の名義を有する著作物の著作権は、そ
の著作物の公表後70年を経過するまでの間、存続する（同法53条1項）。
2000年8月4日に公表された、株式会社の従業員が職務著作として制作し
た同社マスコットキャラクターは、株式会社の名義で公表されたと考えられ
るため、その株式会社が著作者となる（同法15条1項）。この場合、その著
作権の存続期間は2070年12月31日までである。

ウ：不適切である。 著作権は、別段の定めがある場合を除き、著作者の死後70
年を経過するまでの間、存続する（同法51条2項）。2000年8月4日に公表
された、写真家（自然人）に帰属する写真の著作権は、問題文の記述より写
真家（自然人）の死亡年は写真の公表年より遅いため、その著作物は少なく
とも2071年12月31日までは存続する。

エ：不適切である。 2000年8月4日に公表された、マンガ家（自然人）のアシス
タントが職務著作として描いた絵は、マンガ家（自然人）の名義で公表され
ればそのマンガ家（自然人）が著作者となる（同法15条1項）。問題文の記述
よりマンガ家（自然人）の死亡年は絵の公表年より遅いため、その著作権は
少なくとも2071年12月31日までは存続する。

平成25年度 第12問 解答：エ

★関連法律……著作権法

著作権の侵害行為に関する出題である。

a：②「刑事罰はないが民事上違法となり得るもの」に該当する（著作権法30条1
項2号）。

b：①「刑事罰の対象となることもあり得るもの」に該当する。著作権者の許諾
を得ずに著作物のデザインを改変する行為は著作者人格権のうち同一性保持

権の侵害に当たり、刑事罰が科せられる場合がある（同法20条1項、119条2項1号）。

c：①「刑事罰の対象となることもあり得るもの」に該当する（同法30条1項3号、119条3項）。

d：①「刑事罰の対象となることもあり得るもの」に該当する。著作権の侵害となり、刑事罰が科せられる場合がある。新聞や書籍、雑誌は著作物で、コピーしてPDF化することは複製に当たり、私的使用の範囲を超えて、著作権者の許諾なく行うと複製権の侵害となる。また、新聞や書籍、雑誌をコピーしたPDFファイルの同一構内の送信は公衆送信から除外されており、同一構内のみの社内ネットワークでファイルを掲示することは公衆送信の対象ではない。しかし、本支店等の離れた事業所を結ぶ社内ネットワークでの掲示や、すべての事業所の従業員が閲覧できる場合は複製権だけでなく公衆送信権侵害にも当たる可能性があるので著作権者の許諾を得る必要がある（同法2条1項7号の2、21条、23条、119条1項）。

e：③「適法なもの」に該当する（同法30条の2）。

よって、エが適切である。

◎参考文献

文化庁ホームページ『平成24年通常国会　著作権法改正について』

　http://www.bunka.go.jp/seisaku/chosakuken/hokaisei/h24_hokaisei/

経済産業省『電子商取引及び情報財取引等に関する準則』

平成19年度　第12問　解答：エ

★関連法律……著作権法、商標法

キャラクター（商品化権）についての問題である。

　解答に当たっての留意点は、著作権、商標権についての基本事項の原理・原則をしっかり押さえることである。

ア：不適切である。 職務上創作した著作物は法人が著作者となるため、著作権移転の手続きは必要ない（著作権法15条1項）。法人が著作者と認められる要件は、①法人の発意に基づいて作成されること、②法人の業務に従事する者により作成されること、③職務上作成されること、④法人が自己の著作の名義の下に公表すること、⑤契約、勤務規則などに別段の定めがないことである。

イ：不適切である。 著作権の使用許諾（ライセンス）は必要であるが、独占的かどうかは問われない。キャラクターは、著作権法、意匠法、商標法、不正競争防止法、民法、独占禁止法等さまざまな法規制を受けるので、その使用には権利者との間で、使用許諾（ライセンス）契約を結ぶ必要がある。使用許

第2章 解説

解説編　573

諾（ライセンス）契約を結ぶときの注意点は、以下の通りである。

① 製造・販売数量を設定する。

② 契約する企業の数を検討する：契約する企業が多すぎると権利の経済的価値が下がる。逆に少なすぎるとロイヤリティが得られない。

③ 契約相手の拘束：契約時に制限できるのは、実施分野、実施期間、販売地域、販売数量等である。競合他社との取引の制限や小売価格の制限等は独占禁止法違反となるので注意が必要である。

ウ：不適切である。 商標の不登録事由に「他人の先願に係る登録商標と同一又は類似の商標であって、同一又は類似の商品（役務）について使用をするもの」とある（商標法4条1項11号）。つまり、キャラクター名称を小さく表示しても、需要者に出所の混同が生じるとして、A社は使用することができず、使用した場合、Dの商標権を侵害することになる。

エ：適切である。 選択肢の通り偶然同じ作品が創作された場合は著作権侵害には当たらない。

◎参考文献

『出願しても登録にならない商標』特許庁ホームページ

　https://www.jpo.go.jp/tetuzuki/t_gaiyou/mitoroku.htm

平成26年度　第10問　解答：ウ

★関連法律……著作権法

著作権法に関する出題である。

ア：不適切である。 著作物に著作者として通常の方法で表示されている者は著作者と推定される（著作権法14条）が、著作者とは著作物を創作する者のことであり（同法2条1項2号）、ゴーストライターは著作物を創作した著作者であるといえる。

イ：不適切である。 用字または用語の変更その他の改変で、学校教育の目的上やむを得ないと認められるものは、同一性保持権の侵害とならない（同法20条2項1号）。

ウ：適切である。 著作物の演奏を録音したものを再生することも演奏に含まれる（同法2条7項）ため、スーパーマーケットでBGMとしてCDの音楽を流すことも演奏にあたり、演奏権の侵害となる。

エ：不適切である。 著作者人格権は、著作者の一身に専属し、譲渡することができない（同法59条）。一方、著作財産権（狭義の著作権）は、その全部または一部を譲渡することができる（同法61条）。

| 平成**27**年度 | 第**14**問 | ※改題　解答：ア |

★関連法律……民法、著作権法

著作権及び著作者人格権に関する出題である。

ア：不適切である。著作権を譲渡する契約において、翻訳権・翻案権等（著作権法27条）及び二次的著作物の利用に関する原著作者の権利（同法28条）については、権利者保護や社会慣行等を考慮して、譲渡の目的として特掲されていないときは、譲渡人に留保されたものと推定される（同法61条2項）。支分権の全てを譲渡するためには、契約書に「著作権（著作権法第27条及び第28条に規定する権利を含む）を譲渡する」と明記する必要がある。

イ：適切である。職務上の著作物の著作者は、雇用契約等に別段の定めがない限り使用者となる（同法15条1項）。また、著作者は著作者人格権及び著作権を享有する（同法17条1項）が、これは著作者が法人等であっても同様である。したがって、選択肢において、使用者である法人は著作者人格権のうちの同一性保持権（同法20条）に基づき当該著作物の改変行為の差止めを請求できる（同法112条1項）。

ウ：適切である。出版権とは、出版者に対して、出版の目的のために著作物の直接支配を許す権利であり、出版権者は権利侵害行為の差止めを請求できる（同法80条、112条1項）。従来、出版権は紙媒体による出版のみを対象としていたが、近年、インターネット上にアップロードされた海賊版被害が増加していることから、電子書籍を対象に加える著作権法改正が行われ、平成27年1月1日に施行された。

エ：適切である。平成30年改正著作権法により、著作物を享受（鑑賞等）する目的で利用しない場合等は、権利者の利益を不当に害しない限り、当該著作物の著作権を侵害しないことが明確に規定された（著作権法30条の4）。サイバーセキュリティ確保等のためのソフトウェアの調査解析は、この行為類型に該当する。

◎参考文献

『登録の手引き』文化庁

『平成26年通常国会 著作権法改正等について』文化庁

http://www.bunka.go.jp/seisaku/chosakuken/hokaisei/h26_hokaisei/

『著作権法の一部を改正する法律 概要説明資料』文化庁

http://www.bunka.go.jp/seisaku/chosakuken/hokaisei/h30_hokaisei/pdf/

r1406693_02.pdf

第2章

解説

解説編　**575**

| 平成**30**年度 | 第**18**問 | ※改題 |

★関連法律……特許法、著作権法

[設問1]　解答：エ

職務発明および職務著作に関する設問である。

従業者等がした職務発明について、契約、勤務規則その他の定めにおいてあらかじめ使用者等に特許を受ける権利を取得させることを定めたときは、その特許を受ける権利は、その発生した時から当該使用者等に帰属する（特許法35条3項）。

一方、法人等の発意に基づきその法人等の業務に従事する者が職務上作成するプログラムの著作物の著作者は、その作成の時における契約、勤務規則その他に別段の定めがない限り、その法人等である（著作権法15条2項）。

よって、Aには「特許を受ける権利」が入る。

なお、職務発明について従業者等が特許を受けた場合、使用者等はその特許権について通常実施権を有する（特許法35条1項）。よって、X株式会社は当該ソフトウエアを販売することができる。よって、Bには「ただし、定めていない場合でも、当該ソフトウエアを販売することはできます」が入る。

したがって、エが最も適切である。

[設問2]　解答：ア

特許権および著作権の共有に関する設問である。

特許権が共有に係るときは、各共有者は、契約で別段の定めをした場合を除き、他の共有者の同意を得ないでその特許発明の実施をすることができる（特許法73条2項）。また、他の共有者の同意を得なければ、その特許権について専用実施権を設定し、または他人に通常実施権を許諾することができない（同法同条3項）。

一方、共有著作権については、各共有者は、その共有者全員の合意によらなければ、行使することができない（著作権法65条2項）。「行使」には第三者に対する利用許諾および各共有者による利用が含まれる。

当該ソフトウエアはY株式会社との共有著作権で保護されているため、Y株式会社の承諾がない場合、X株式会社が作って販売することはできず、作って販売することを第三者に許諾することもできない。

よって、アが最も適切である。

◎参考文献

「著作権の共有に関する一試論」（日本知財学会誌 Vol.9 No.2 (2012) p.16-23）

https://www.ipaj.org/bulletin/pdfs/JIPAJ9-2PDF/9-2_p016-023.pdf

576　第2部　テーマ別1次過去問集

| 平成 **25** 年度 | 第 **14** 問 | ※改題 |

★関連法律……会社法、民法、労働契約承継法、著作権法

事業譲渡に伴う、事業譲渡契約の承認、雇用契約の継承、知的財産の権利関係に関する出題である。

［設問1］　解答：ウ

会社の事業を移転するには、その事業の全部又は重要な一部を譲渡する方法があり、これを事業譲渡という。すべての株式会社は、事業譲渡契約に当たって、株主総会の特別決議が必要となるが、事業の重要な一部を譲渡する場合で、譲渡資産の帳簿価額が総資産額の5分の1以下の場合（定款で基準を厳格化できる）は、譲渡会社において株主総会の特別決議は不要である（簡易手続、会社法467条1項2号）。

事業譲渡に伴って譲渡会社から譲受会社（乙社）に労働者が移籍する場合には労働者本人に同意を得る必要がある（民法625条1項）が、会社分割（事業の再編等の目的で1つの会社を2つ以上に分けること）の場合は分割をした会社の権利義務が分割によって、承継する会社又は新規に設立する会社に包括的に承継されることになる。分割の対象となる事業に主として従事していた労働者も承継の対象となるため、労働者保護の観点から、労働契約の承継等についての特例を定めるために労働契約承継法が制定され、適用されている。

よって、ウが適切である。

［設問2］　解答：エ

令和2年著作権法改正（令和2年10月1日施行）により、特許法における通常実施権の当然対抗制度同様に、著作権者から許諾を受けて著作物を利用する権利に関しても、著作権が譲渡された場合の譲受人などに対しても対抗すること（利用の継続を求めること）ができる仕組みが導入されている（著作権法63条の2）。

よって、エが適切である。

◎参考文献

文化庁ホームページ『令和2年通常国会　著作権法改正について』

https://www.bunka.go.jp/seisaku/chosakuken/hokaisei/r02_hokaisei/

| 令和 **元** 年度 | 第 **9** 問 |

★関連法律……著作権法

著作権契約に関する出題である。

[設問1]　解答：エ

ア：不適切である。著作権は、その全部または一部を譲渡することができる（著作権法61条1項）。

イ：不適切である。著作物の創作を依頼し、対価を支払ったとしても、それだけでは著作権が譲渡されたことにはならない。

ウ：不適切である。著作権を譲渡する契約において、第27条または第28条に規定する権利が譲渡の目的として特掲されていないときは、これらの権利は、譲渡した者に留保されたものと推定される（同法61条2項）が、他の支分権についてはこの限りではない。

エ：適切である。理由は上記の通りである。

[設問2]　解答：エ

著作者人格権は、著作者の一身に専属し、譲渡することができない（同法59条）。これは特約によって変更することのできない強行規定である。

よって、エが最も適切である。

Ⅶ 不正競争防止法

平成**24**年度　第**10**問　解答：イ

★関連法律……不正競争防止法

不正競争防止法の不正競争に該当する商品等表示に関する出題である。不正競争防止法の第2条1項1号では、不正競争について、「他人の商品等表示（人の業務に係る氏名、商号、商標、標章、商品の容器若しくは包装その他の商品又は営業を表示するものをいう。以下同じ。）として需要者の間に広く認識されているものと同一若しくは類似の商品等表示を使用し、又はその商品等表示を使用した商品を譲渡し、引き渡し、譲渡若しくは引渡しのために展示し、輸出し、輸入し、若しくは電気通信回線を通じて提供して、他人の商品又は営業と混同を生じさせる行為」と規定している。

ア：不適切である。海外のみの周知については、日本国内での周知がなされていない場合、需要者の間に広く認識されているとはいえないという事例がある（東京地裁平成10年2月27日判決）。また、不正競争によって営業上の利益が侵害された場合、営業の停止又は予防の請求、侵害の行為を組成した物の廃棄、侵害の行為に供した設備の除却、その他の侵害の停止又は予防に必要な行為を請求することができる（不正競争防止法3条）が、「その標章を付した商品の引き渡し」までは含まれないと解することができる。したがって、不

正競争防止法で保護されない。

イ：適切である。広く認識されている地域は、日本全国である必要はなく、一地方でも広く認識されていれば足りるとされている（最高裁昭和34年5月20日判決）。関西地方の需要者の間に広く認識されているとするケースは、不正競争防止法の保護の対象になると考えられる。不正競争によって営業上の利益が侵害された場合、侵害の行為を組成した物の廃棄、侵害の行為に供した設備の除却を請求できるとされており（同法3条2項）、その標章を付した商品の廃棄及び標章を製造する装置の除却を請求することができる。

ウ：不適切である。非類似とあるため不正競争行為にあたらない。

エ：不適切である。非類似とあるため不正競争行為にあたらない。

◎参考文献

青山紘一著『不正競争防止法（事例・判例）第2版』経済産業調査会

伊藤真監修、伊藤塾著『知的財産法（第3版）』弘文堂

平成**26**年度　第**6**問　**解答：イ**

★関連法律……不正競争防止法

不正競争防止法の不正競争に該当する商品等表示に関する出題である。商品の出所または営業の主体を示す表示は、広く商品等表示に含まれる。ただし、商品・営業の普通名称や慣用表示を普通に用いる方法は、商品等表示に含まれない（同法19条1項1号）。

ア：含まれる。学校法人の名称は商号であり、商品等表示に含まれる。

イ：含まれない。化粧品について、「尿素」「ヒアルロン酸」等の成分表示は、商品の品質、内容を表す表示であり、商品の出所を示す表示ではないため、商品等表示には含まれない。「尿素＋（プラス）ヒアルロン酸　化粧水」の表示は商品等表示に該当しないとされた判例がある（東京地判平成16年5月31日（平成15年（ワ）28645号））。

ウ：含まれる。

エ：含まれる。

平成**28**年度　第**11**問　**解答：エ**

★関連法律……不正競争防止法

不正競争防止法の不正競争に該当する商品等表示に関する出題である。

ア：不適切である。著名表示冒用行為の構成要件は、①他人の商品等表示として全国的に需要者以外にも広く知られているものと②同一または類似の商品

解説編　579

等表示を③自己の商品等表示として④使用等することである（不正競争防止法2条1項2号）。Bの行為は、これらの構成要件をすべて満たしており、著名表示冒用行為となると考えられる。一方、周知表示混同惹起行為の構成要件は、①他人の商品等表示として需要者の間で広く知られているものと②同一または類似の商品等表示を③使用等することにより④他人の商品または営業と混同を生じさせることである（同法2条1項1号）。Bの行為は、①〜③に該当している。なお、④については、AとBを同一の営業主体であると誤信させる行為（狭義の混同惹起行為）のみならず、緊密な営業上の関係や同一の表示を利用した事業を営むグループに属する関係があると誤信させるような行為（広義の混同惹起行為）をも含むものと解されている。したがって、自動車とサングラスという商品の違いだけを理由として、Bの行為が④に該当しないと判断することはできず、Bの行為は周知表示混同惹起行為にも該当し得る。

イ：不適切である。 商品または営業の普通名称・慣用表示は、特定人の独占に適さないことから、これを普通に用いる方法で使用等する行為については、不正競争防止法による規制の適用対象からは除外される（同法19条1項1号）。

ウ：不適切である。 他人の商品等表示が周知性を獲得する以前から使用している場合には，既得権の保護の見地から、先使用権を認め、不正競争防止法による規制の適用対象からは原則として除外される。ただし、不正の目的で使用している場合については、この限りではない（同法19条1項3号）。

エ：適切である。 上述の通り、Gの行為は、周知表示混同惹起行為の構成要件のうち、①〜③に該当しており、④に該当しないとは判断できないため、周知表示混同惹起行為にも該当し得る。

◎参考文献
『逐条解説　不正競争防止法　〜平成27年改正版〜』経済産業省
『不正競争防止法の概要（平成27年度版）』経済産業省

<u>平成**27**年度</u> <u>第**9**問</u> ▶　**解答：ウ**

★関連法律……不正競争防止法
不正競争防止法の不正競争行為に関する出題である。

ア：不適切である。 誤認惹起行為（不正競争防止法2条1項20号）に該当する。

イ：不適切である。 形態模倣行為は、他人の商品の形態（当該商品の機能を確保するために不可欠な形態を除く）を模倣した商品を譲渡・貸し渡し・展示・輸出・輸入する行為（同法2条1項3号）と定義されている。括弧書きの要件から、商品の機能を確保するために不可欠な形態の模倣は、不正競争防止法

の保護対象外となる。選択肢は、他人の商品の形態を模倣した商品の一部に、商品の機能を確保するために不可欠な形態を採用したという趣旨であり、不可欠な形態以外も模倣していると読み取れる。括弧書きの要件はあてはまらず、形態模倣行為に該当する。

ウ：適切である。選択肢の内容から、混同惹起行為、もしくは著名表示冒用行為に該当する可能性がうかがえる。混同惹起行為は、他人の商品・営業の表示（商品等表示）として需要者の間に広く認識されているもの（周知）と同一・類似の商品等表示を使用し、または使用した商品を譲渡等し、その他人の商品・営業と混同を生じさせる行為（同法2条1項1号）と定義されている。選択肢は、「他人の商品又は営業と混同を生じさせることなく」とあるため、この定義には該当しない。著名表示冒用行為は、自己の商品等表示として他人の著名な商品等表示と同一若しくは類似のものを使用し、又はその商品等表示を使用した商品を譲渡・引き渡し・展示・輸出・輸入・電気通信回線を通じて提供する行為（同法2条1項2号）である。混同が生じることは対象要件ではないが、全国的に需要者以外にも知られていること（著名）が要件であり、選択肢の「需要者の間に広く認識されている」だけでは不十分であるため、該当しない。

エ：不適切である。信用毀損行為として、競争関係にある他人の信用を害する虚偽の事実を告知し、または流布する行為（同法2条1項21号）に該当する。

平成**23**年度 第**10**問 ※改題 **解答：ア**

★関連法律……不正競争防止法

不正競争防止法の不正競争のうち商品形態模倣行為に関する出題である。不正競争防止法では他人の商品の形態を模倣した商品を譲渡等する行為を不正競争と位置づけ、商品の形態を模倣から保護している（不正競争防止法2条1項3号）。一方、一定の要件を満たす商品の形態は保護に値しないものとして、その要件についても規定している（同法19条1項5号）。

A：意匠法における登録の要件を満たす必要があるとの規定はない。不正競争防止法では、商品の形態は意匠法の登録要件（新規性など）にかかわらず保護の対象となり得る。

B：商品の通常有する形態は、他人の商品の形態にならないことから、保護の対象にならない。新規性のない形態であっても、他人の商品の形態を模倣した商品を譲渡等する行為は不正競争に該当し得る。

C、D：日本国内において最初に販売された日から3年を経過した商品は保護を受けることができない。

ア：適切である。上記説明参照。

イ：不適切である。上記説明参照。

ウ：不適切である。上記説明参照。

エ：不適切である。上記説明参照。

平成 **19**年度　第**11**問

★関連法律……不正競争防止法

不正競争防止法で不正競争行為として規制されている行為のうちの一つである「営業秘密（トレードシークレット）に係る不正競争行為」に関する問題である。

解答に当たっての留意点は、特に設問3について、営業秘密の3つの構成要因（設問2の解説参照）だけでなく具体的な要件を理解して考えることである。

［設問1］　解答：エ

ア：不適切である。個人情報保護法は個人情報の適正な取扱に関して、個人情報を取り扱う事業者の遵守すべき義務等を定めることにより、個人情報の有用性に配慮しつつ、個人の権利利益を保護することを目的とする法律である。

イ：不適切である。商法は企業の行う営業活動に関する法律であり、民法の特別法である。

ウ：不適切である。不正アクセス行為の禁止等に関する法律（不正アクセス禁止法）は、ネットワークに接続し、アクセスが制御されているコンピュータに対し、「他人のID・パスワード等」を入力して（他人になりすまして）不正に利用する行為や、セキュリティホール（プログラムの不備等）を突いて不正に利用する行為を禁止する法律である。

エ：適切である。不正競争防止法は、不正競争行為の防止を通じて公正な競争の確保を図る法律である。

［設問2］　解答：ア

営業秘密の3要件についての確認であり基本事項である。

「営業秘密」とは、「秘密として管理されている生産方法、販売方法その他事業活動に有用な技術上または営業上の情報で、公然と知られていないものをいう。」（不正競争防止法2条6項）。

582　第2部　テーマ別1次過去問集

【図表　営業秘密の構成要件】

秘密として管理 （秘密管理性）	アクセスを制限したり、秘密情報である旨を表示して管理状態にあること。
事業活動に有用 （有用性）	客観的に事業活動に利用され、また利用されていることで経費の節約、経営効率の改善に役立つものであること。
公然と知られていない （非公知性）	秘密の保有者の管理下以外では一般的に入手できない状態であること。

　よって、空欄Aにはウの秘密管理性、空欄Bにはエの有用性、空欄Cにはイの非公知性が入り、アがA、B、Cのいずれにも当てはまらない。

［設問3］　解答：エ

ア：不適切である。「有用性」の説明である。設計図、製造ノウハウ、顧客名簿、販売マニュアル等は事業活動に有用であるとして認められるが、有害物質の垂れ流し、脱税等の反社会的な情報は事業活動に有用とは認められない。

イ：不適切である。空欄Cには「非公知性」が入る。「非公知性」の説明は設問2の解説の通りであるが、具体的な要件を挙げると、書物、学会発表等から容易に引き出せる情報は非公知とはいえない。一方で、人数の多少に拘わらず、当該情報を知っている者に守秘義務が課されていれば非公知といえる。さらに、同じ情報を保有している者が複数存在する場合であっても、各自が秘密にしている等の事情で当該情報が業界で一般に知られていない場合には非公知であるといえる。本選択肢の場合、取引先の企業名や住所は一般に公表されているが、その他の情報と一体となって管理されており、秘密の保有者の管理下以外では入手できないと考えられるため「非公知」といえる。

ウ：不適切である。秘密管理性は企業がその情報の秘密保持に努力していることが明らかであることが必要である。つまり、秘密にしようとする意思が必要となる。また、秘密管理性の有無を判断するにあたって、判例上は、一般的に、①情報の秘密保持のために必要な管理をしていること（アクセス制限）、②それが客観的に認められていること（客観的認識可能性）を基準にしている（東京地裁平成12年9月28日判決）。空欄Dにはアクセス制限が入るが、選択肢の内容上、「部長丙氏が第三者に開示することができる」とあり、管理不十分にあたり不適切である。

エ：適切である。空欄Eには客観的認識可能性が入る。客観的認識可能性とはアクセスした者にそれが秘密であることが認識できることであり、デジタルデータの場合、具体的には選択肢にある通りである。また、紙媒体の場合も設問

文にある通りハンコ等で明確に営業秘密であることを示す必要がある。

◎参考文献

東京商工会議所編『ビジネス実務法務検定試験2級公式テキスト』

経済産業省　営業秘密管理指針（平成15年1月30日、全部改訂：平成27年1月28日）

令和2年度　第14問　解答：イ

★関連法律……不正競争防止法

不正競争防止法に関する出題である。

ア：不適切である。「デッドコピー規制による保護期間は、日本国内において最初に販売された日から起算して3年を経過するまでである（不正競争防止法2条1項3号）

イ：適切である。「営業秘密」とは、秘密として管理されている生産方法、販売方法その他の事業活動に有用な技術上または営業上の情報であって、公然と知られていないものをいう（同法2条6項）。

ウ：不適切である。営業秘密の三要件は、「秘密管理性」「有用性」「非公知性」である（同法2条6項）。

エ：不適切である。「限定提供データ」とは、業として特定の者に提供する情報として電磁的方法により相当量蓄積され、および管理されている技術上または営業上の情報をいうが、秘密として管理されているものは除かれる（同法2条7項）ため、営業秘密が限定提供データにも同時に該当することはない。

584　第2部　テーマ別1次過去問集

第3章 会社法

解答・解説

Ⅰ 会社法の概要

平成**27**年度 第**1**問 解答：**イ**

★関連法律……会社法

株式会社の社外取締役の要件に関する出題である。「会社法の一部を改正する法律」が平成27年5月1日に施行され、社外取締役の要件が変更された（会社法2条15号）。

ア：不適切である。 就任の前10年間に自社または子会社の業務執行取締役・執行役・支配人その他の使用人であった者は社外取締役になれないが、15年前まで勤務していた者であるため、社外取締役の要件を満たしている。

イ：適切である。 親会社の取締役・執行役・支配人その他の使用人は、社外取締役の要件を満たさない。

ウ：不適切である。 業務執行取締役の配偶者または二親等内の親族は社外取締役になれないが、甥は三親等にあたるため、社外取締役の要件を満たしている。

エ：不適切である。 取引先の関係者を制限する要件はないため、社外取締役の要件を満たしている。

Ⅱ 株式

平成**30**年度 第**3**問 解答：**イ**

★関連法律……会社法

株式の共有者による権利の行使に関する出題である。株式の共有者は、当該株式についての権利行使者を1人定め、株式会社にその者の氏名または名称を通知しなければ、当該株式についての権利を行使できない。ただし、株式会社が同意すれば、株式の共有者は、権利行使者の指定・通知をしなくても、権利を行使できる（会社法106条）。

ア：不適切である。 権利行使者を定めるに当たっては、共有者の持分の過半数で決定することができる（最判平成9年1月28日）。CおよびDが反対している場合には、Bの持分は過半数に至らない。会社法106条ただし書について、判例は、共有者の株主権行使が、民法の共有の規定に従ったものでないとき

解説編　**585**

は、会社が同意しても、当該株主権行使は適法とはならないとしている（最判平成27年2月19日）。したがって、Bは権利行使者になることができない。

イ：適切である。 CはBの同意により共有者の持分の過半数を満たしているため、権利行使者になることができ、自らの氏名をX社に通知した場合、議決権を行使できる。

ウ：不適切である。 株式について共同相続が発生した場合には、その株式は相続分に応じて当然分割されるわけではなく、遺産分割がなされるまでは、共同相続人の相続分に応じた準共有に属すると解されている（最判昭和45年1月22日）。したがって、1万株について単独で議決権を行使することはできない。

エ：不適切である。 株式会社が株主に対してする通知または催告は、共有者の通知がない場合には、共有者のうちの1人に対してすれば足りる（同法126条4項）。

平成24年度　第2問　解答：イ

★関連法律……会社法

株式投資単位の調整に関する出題である。会社がどの程度の数の株式を発行するか、そして、株式投資の単位である1株の価格をどの程度にするのかは、各会社にとって重要な問題である。1株の価格が高すぎると株式の需要が減り、一方、1株の価格が低すぎると、多くの零細株主が生まれ、会社の株主管理のためのコストがかさむ。会社法は、各会社がこれらの事情を考慮の上で、株式の併合（会社法180条1項）や分割（同法183条1項）によって、発行済株式数を調整する自由を認めている。会社が株式の併合・分割を行うことにより、1株未満の端数が生じる場合には、会社はその端数の合計数に相当する数の株式を売却し、売却金を株主に交付する（同法235条1項）。

単元株制度とは、会社が定款により、一定数の株式を一単元とし、単元株主が株主総会又は種類株主総会において一単元につき一個の議決権を行使することができるようにする制度をいう（同法188条1項）。単元に満たない数の株式しか有しない株主には議決権がないため（同法189条1項）、会社は株主総会の招集通知を発しなくてよく（同法298条2項括弧書、299条1項）、費用を節約できる。

ア：不適切である。 上記説明参照。

イ：適切である。 上記説明参照。

ウ：不適切である。 上記説明参照。

エ：不適切である。 上記説明参照。

平成25年度　第4問

★関連法律……会社法、中小企業における経営の承継の円滑化に関する法律
拒否権付株式に関する出題である。

[設問1]　解答：ア

拒否権付株式とは、株主総会または取締役会において決議された事項を、拒否権付種類株主総会により拒否権を行使して承認しないことができる株式のことをいう（会社法108条1項8号）。後継者に事業承継をしたいと考えながらも経営権の全てを譲ることに不安がある場合には、拒否権付株式を保有することで、後継者の経営に助言を与えられる余地を残しておくことができる。

ア：適切である。上記説明参照。

イ：不適切である。取得条項付株式とは、株主の同意なしに、一定の事由が生じたことを条件に株主の有する株式を会社が取得することができる株式である（同法2条19号）。

ウ：不適切である。取得請求権付株式とは、株主が発行会社に対してその株式の取得を請求する権利が付与された株式である（同法同条18号）。

エ：不適切である。役員選任権付株式とは、当該種類株式の株主を構成員とする種類株主総会において、取締役または監査役を選任することを定めた株式である（同法108条1項9号）。

[設問2]　解答：エ

拒否権付株式を発行する際の留意点に関する出題である。

ア：不適切である。拒否権付株式は相続の遺留分に直接的には関連しない。中小企業における経営の承継の円滑化に関する法律（以下、経営承継円滑化法）の民法特例により、経営者から後継者に生前贈与された自社株式について、「除外特例」として遺留分算定基礎財産から除外（同法4条1項1号）、または「固定特例」として基礎財産に算入する際の価額を固定（同法同条同項2号）することができる。これにより、後継者は、将来の価値上昇による遺留分の増大を心配することなく経営に専念できる。

イ：不適切である。これは議決権制限株式についての留意点である。

ウ：不適切である。前述の「除外特例」の対象とした自社株式は遺留分減殺の対象外となるので、他の相続人から遺留分減殺請求を受けることはない。

エ：適切である。経営者と後継者の間で意見の対立が生じると、どちらの議案も可決できない状態に陥る可能性がある。

解説編　**587**

◎参考文献

中小企業庁『中小企業事業承継ハンドブック』

平成**23**年度　第**6**問

★関連法律……会社法

譲渡制限株式の譲渡に係る承認手続についての出題である。譲渡制限株式を他人
に譲り渡そうとする株主は、譲渡承認の請求をすることができる（会社法136条）。
会社は株主総会（取締役会設置会社にあっては、取締役会）の決議により譲渡承認
の可否を決定し、請求者に通知しなければならない（同法139条）。譲渡承認の可
否の決定が請求の日から2週間以内に通知されなかった場合は、譲渡承認する旨の
決定をしたものとみなされる（同法145条1号）。

［設問1］　解答：イ

上記説明より、一定期間は2週間である。

ア：不適切である。 上記説明参照。

イ：適切である。 上記説明参照。

ウ：不適切である。 上記説明参照。

エ：不適切である。 上記説明参照。

［設問2］　解答：エ

X社は取締役会設置会社であるため、上記説明より、決定すべき機関は取締役会
である。

ア：不適切である。 上記説明参照。

イ：不適切である。 上記説明参照。

ウ：不適切である。 上記説明参照。

エ：適切である。 上記説明参照。

平成**21**年度　第**18**問

［設問1］　解答：ア

★関連法律……会社法

自己株式の有償取得の手続きおよび財源規制に関する出題である。

ア：不適切である。 期間は「次回の定時株主総会の期日」ではなく「1年」である（会
　　社法156条1項・2項）。ただし、会計監査人設置会社（取締役の任期の末日
　　が選任後1年以内に終了する事業年度のうち最終のものに関する定時株主総

会の終結の日後の日であるものおよび監査役設置会社であって監査役会設置
会社でないものを除く）は、剰余金の配当とともに、自己株式の取得に関す
る一定の事項（①取得する株式の数（種類株式発行会社にあっては、株式の
種類および種類ごとの数）、②株式を取得するのと引換えに交付する金銭等（当
該株式会社の株式等を除く）の内容およびその総額、③株式を取得すること
ができる期間）も取締役会が定めることができる旨を定款で定めることがで
きる（同法459条）。本問で想定している会社は、会計監査人非設置会社で
あり、この例外は適用されない。

- **イ：適切である。**（会社法158条1項）。公開会社において株主への通知は、公告
  をもって代えることができる（同法158条2項）。本問で想定している会社
  は公開会社ではないので通知が必要である。
- **ウ：適切である。**（同法461条1項）。
- **エ：適切である。**（同法159条2項）。

［設問2］ 解答：ウ

★関連法律……会社法

　特定の株主からの自己株式の有償取得に関する出題である。すべての株主に申し
込みの機会を与える（設問1）（株主との合意によりすべての株主に申し込み機会を
与える有償取得）の場合よりも厳格な手続きが要求される。

- **ア：適切である**（会社法162条）。売主追加請求の手続きは、株式会社が株主の
  相続人その他の一般承継人からその相続その他の一般承継により取得した当
  該株式会社の株式を取得する場合には原則として適用しない。本規定の例外
  は、株式会社が公開会社である場合等であるが（同法162条但）、本問で想
  定する会社は譲渡制限会社（非公開会社）であり、当例外規定には該当しない。
- **イ：適切である。**子会社から取得する場合、株主総会（取締役会設置会社におい
  ては取締役会）の授権決議のみがあればよい（同法163条）。
- **ウ：不適切である。**「特別決議」ではなく「当該株式を有する株主全員の同意」が
  必要である（同法164条2項）。
- **エ：適切である**（同法160条4項）。

平成23年度 第17問 解答：ウ

★関連法律……会社法

　少数株主権に関する出題である。少数株主権とは、総株主の議決権の一定割合以
上または一定数を有する株主のみが行使できる権利である。大株主や取締役の、少
数株主の利益を侵害するような業務執行を防ぐことがおもな目的である。

解説編　**589**

一般的に、権利行使の決議要件は、権利行使が会社や株主全体に与える影響が大きいものほど厳しくなる。決議要件は定款で緩和可能である。なお、譲渡制限会社においては、6か月間の保有要件は不要である。

① 「総株主の議決権の1%以上または300個以上」の決議要件があるのは、株主提案権である（会社法303条、305条）。

② 「総株主の議決権または発行済株式の3%以上」の決議要件があるのは、会計帳簿閲覧請求権である。このほかに、清算人・役員の解任請求権もある（同法479条、854条）。

③ 「総株主の議決権または発行済株式の10%以上」の決議要件があるのは、会社解散請求権である（同法833条）。

よって、ウが適切である。

◎参考文献

北村雅史・柴田和史・山田純子著『現代会社法入門』有斐閣

宍戸善一著『会社法入門』日本経済新聞社

III 機関

平成22年度 第2問 解答：エ

★関連法律……会社法

株式会社の機関設計に関する出題である。

まず、株主総会で決議できる事項を制限するためには、取締役会設置会社を選択すべきである。

取締役会を設置するためには取締役は3名以上必要となり（会社法331条5項）、取締役会設置会社（監査等委員会設置会社および指名委員会等設置会社を除く）は監査役を置かなければならない。ただし、譲渡制限会社で会計参与を設置している会社は監査役を設置しなくてもよい（同法327条2項）。

ア：不適切である。取締役1名では、取締役会を構成できず、何を決議するにも株主総会の決議が必要となる。

イ：不適切である。取締役2名では、取締役会を構成できず、何を決議するにも株主総会の決議が必要となる。

ウ：不適切である。取締役3名であり、取締役会は構成できるが、選択肢には取締役会と記載されていない点で不適切である。取締役会設置会社（監査等委員会設置会社および指名委員会等設置会社を除く）には、監査役は必要であり、この点は適切である。しかし、当初の役員の人数は必要最小限としたい

590　第2部　テーマ別1次過去問集

という要望があるので、任意設置の会計参与1名は不要であり、この点も不適切である。

エ：**適切である**。取締役3名であり、取締役会を構成できる点は適切である。取締役会設置会社（監査等委員会設置会社および指名委員会等設置会社を除く）には、監査役が必要であり、この点も適切である。

令和元年度　第6問

[設問1] 解答：ア

★関連法律……会社法

　株主総会の招集通知に関する出題である。株主総会を招集するには、取締役は、株主総会の日の2週間（譲渡制限会社では、書面投票制度・電子投票制度による決議ができる旨を定めたときを除き、1週間）前までに、開催の日時・場所・議題などを記載した招集通知を株主に対して発送しなければならない（会社法299条）。取締役会非設置会社においては、定款で定めた期間まで、さらに短縮が可能である。

ア：**適切である**。上記説明参照。

イ：**不適切である**。上記説明参照。

ウ：**不適切である**。上記説明参照。

エ：**不適切である**。上記説明参照。

[設問2] 解答：ウ

★関連法律……会社法

　株主提案権に関する出題である。株主提案権には、議題提案権（会社法303条）、議案提出権（同法304条）、議案要領通知請求権（同法305条）がある。

ア：**不適切である**。株主は、取締役に対し、株主総会の日の8週間（定款で短縮可）前までに、株主提案について、議案の要領を株主に通知することを請求できる（同法305条1項）。

イ：**不適切である**。株主が、株主提案について、議案の要領を株主に通知することを請求できるのは、取締役会設置会社においては、総株主の議決権の100分の1（定款で緩和可）以上の議決権または300個（定款で緩和可）以上の議決権を、6か月（定款で緩和可）前から引き続き有する株主に限られる（同法305条1項）。なお、譲渡制限会社では、6か月の保有要件はない（同法305条2項）。

ウ：**適切である**。株主の提案する議案が、実質的に同一の議案につき株主総会において総株主（当該議案について議決権を行使できない株主を除く）の議決権の10分の1（定款で緩和可）以上の賛成を得られなかった日から3年を経

過していない場合、株主は議案を提出することができない（同法304条）。よって、会社は、その株主提案を拒絶することができる。

エ：不適切である。 株主の提案する議案が、法令や定款に違反する場合、株主は議案を提出することができず（同法304条）、議案の要領を株主に通知することを請求することもできない（同法305条4項）。よって、会社は、議案の要領を株主に通知する必要はない。

令和2年度　第3問　解答：イ

★関連法律……会社法

株主総会および取締役会議事録に関する出題である。

ア：不適切である。 株主総会議事録について、定款の定めがない場合、出席した取締役および監査役が署名または記名押印をする法律上の義務はない。取締役会の議事録については、書面をもって作成されているときは、出席した取締役および監査役は、これに署名し、または記名押印しなければならない。取締役会議事録が電磁的記録をもって作成されている場合は、法務省令で定める署名または記名押印に代わる措置をとらなければならない（会社法369条3項・4項）。

イ：適切である。 株主総会議事録には株主総会の開催日時および場所を、取締役会議事録には取締役会の開催日時および場所を記載しなければならない（会社法施行規則72条3項1号、101条3項1号）。

ウ：不適切である。 株主総会議事録は株主総会の日から10年間本店に備え置かなければならない。取締役会議事録も取締役会の日から10年間本店に備え置かなければならない（同法371条1項）。

エ：不適切である。 株主は、株主総会議事録、取締役会議事録のいずれも、裁判所の許可を得ることなく、株式会社の営業時間内はいつでも閲覧または謄写の請求をすることができる。ただし、監査役会設置会社、監査等委員会設置会社または指名委員会等設置会社においては、株主が、取締役会議事録の閲覧または謄写の請求をするには裁判所の許可を得る必要がある（同法371条2項・3項）。

平成20年度　第1問　解答：ウ

★関連法律……会社法

株式会社の機関である会計参与と監査役について、会社法における定義や権限・義務について問う出題である。解答にあたっての留意点は、特に会計監査に限定さ

れた監査役と限定されない監査役の違いを認識することである。

ア：適切である。役員とは、取締役、会計参与および監査役をいう（会社法329条1項）。よって、いずれも役員に該当する。なお、会計監査人は役員ではない。

イ：適切である。取締役、会計参与、監査役及び執行役は、株主総会において、株主から特定の事項について説明を求められた場合には、当該事項について必要な説明をしなければならない（同法314条）。株主総会において説明義務を負うということは、出席義務を負うことになる。

ウ：不適切である。会計参与は、計算書類等の承認を受ける場合に取締役会への出席が義務づけられているが、すべての取締役会への出席が義務づけられているわけではない（同法376条1項）。「一定の場合にあり」という文言は適切である。監査役は、取締役会に出席し、必要があると認めるときは意見を述べなくてはならない（同法383条1項）が、定款の定めによって監査の範囲を会計に関するものに限定された監査役は、取締役会への出席義務は適用されない（同法389条7項）。

エ：適切である。監査役会は、すべての監査役で組織する（同法390条1項）。会計参与が監査役会の構成員になることはできない。譲渡制限会社である株式会社は、監査役の監査の範囲を会計に関するものに限定する旨を定款で定めることができるが、監査役会および会計監査人を設置する会社は、この定款を定めることはできない（同法389条1項）。よって、会計監査に限定された監査役は監査役会の構成員となることはできない。

第3章 解説

平成**19**年度　第**4**問　**解答：エ**

★関連法律……会社法

株式会社の機関設計に関する設問である。まず、(I)から(IV)の空欄に該当する機関を検討する。

(I) 取締役が該当する。解答群には、取締役・取締役会・会計参与・監査役の機関名が記されているが、このうち、あらゆる株式会社に設置しなくてはならないのは取締役である（会社法326条1項）。取締役会は取締役全員で構成するものであり（同法362条1項）、また4名全員が会計参与や監査役に就任することはあり得ないため、Iは取締役となる。

(II) 会計参与が該当する。個人が取締役会になることはあり得ないため、Bの発言から、II・IIIは順不同で会計参与・監査役のどちらかとなる。大会社では、監査等委員会設置会社および指名委員会等設置会社を除いて監査役を設置しなくてはならない（同法327条、328条2項）。4人はいずれも監査等委員会や指名委員会等を設

解説編　**593**

置する相談をしていないことから、大会社となったときに設置しなければならないⅢは、監査役であると推定できる。一方、会計参与はあらゆる会社で任意設置であるため、Ⅱは会計参与と推定できる。

(Ⅲ) 監査役が該当する。理由は上記の通りである。

(Ⅳ) 取締役会が該当する。上記から、選択肢として残るのは取締役会となる。取締役会は、3名以上の取締役で構成する機関であり（同法331条4項、362条1項）、Dが「2人では設置できない」と発言していることからもⅣは取締役会となる。

各選択肢に対する判断は以下の通りである。

ア：不適切である。比較的短い期間で大会社にすることを志向しており、そのため会計参与ではなく、監査役を設置しようとしているからである。

イ：不適切である。取締役と監査役を設置しようとしているが、取締役会も設置しようとしているからである。

ウ：不適切である。会計参与ではなく、監査役を設置しようとしているからである。

エ：適切である。

平成24年度 **第6問** ▶ **解答：イ**

★関連法律……会社法、会社法施行規則

株主代表訴訟に関する出題である。

株主代表訴訟を提起することができる株主は、定款に特別の定めがない限り、6か月前から引き続き株式を保有している株主である（会社法847条1項）。ただし、譲渡制限会社では、期間の制限はない（同法同条2項）。また、単元未満株主は提訴資格を有しないが（同法同条1項括弧書）、その他の点では株主の保有する持株数について要件が定められていない。

株主は、まず、会社に対して役員等の責任追及等の訴えの提起を請求する（同法同条1項、会社法施行規則217条）。提訴請求の日から60日以内に会社が責任追及等の訴えを提起しないとき、提訴請求をした株主は、株主代表訴訟を提起することができる（同法同条3項）。

ア：不適切である。上記説明参照。

イ：適切である。上記説明参照。

ウ：不適切である。上記説明参照。

エ：不適切である。上記説明参照。

平成25年度　第5問

★関連法律……会社法の施行に伴う関係法律の整備等に関する法律（以下、整備法）、会社法

監査役の権限等に関する出題である。

[設問1]　解答：ウ

旧商法の規定による株式会社が旧商法特例法上の小会社（旧小会社）であった場合、監査役の監査の範囲を会計に関するものに限定する旨の定款の定めがあるものとみなされる（整備法53条、会社法389条1項）。旧小会社においては監査役の監査範囲は会計監査に限定されていた。なお、平成27年5月1日に施行された改正会社法により、監査役の監査の範囲を会計に関するものに限定する旨の定款の定めがある株式会社は、その旨を登記しなければならないこととなった（会社法911条3項17号イ、会社法附則（平成26年6月27日法律第90号22条1項））。

よって、ウが適切である。

[設問2]　解答：イ

- **ア：不適切である。** 株主総会において、組織、運営、管理その他株式会社に関する一切の事項について決議をすることができるのは、取締役会非設置会社の場合である（同法295条1項）。
- **イ：適切である。** 監査の範囲が会計監査に限定されている監査役も、取締役が株主総会に提出しようとする会計に関する議案、書類その他の法務省令で定めるものを調査し、その調査の結果を株主総会に報告しなければならない（同法389条3項）。
- **ウ：不適切である。** 取締役会設置会社においては、取締役は、定時株主総会の招集の通知に際して、株主に対し、取締役会の承認を受けた計算書類及び事業報告を提供しなければならない（同法437条）。
- **エ：不適切である。** 監査役の監査範囲が会計監査に限定されている場合に限らず、取締役が自己又は第三者のために株式会社の事業の部類に属する取引をしようとするときは、取締役会において、当該取引につき重要な事実を開示し、その承認を受けなければならない（同法356条1項1号）。

平成20年度　第3問　　解答：ウ

★関連法律……会社法

株主総会の開催スケジュールに関する出題である。各事業年度に係る計算書類等は、定時株主総会の1週間前（取締役会設置会社にあっては2週間前）の日から5年

第3章　解説

解説編　595

間、本店に備え置かねばならない（会社法442条1項）。C社は取締役会設置会社であるので、定時株主総会開催日（6月26日）の2週間前である6月12日までに備え置きを開始しなくてはならない。

　よって、ウが適切である。

平成21年度　第5問　解答：イ

　★関連法律……会社法

　取締役の自己取引（利益相反取引）に関する出題である。会社法では、取締役が自己または第三者のために株式会社と取引をしようとするとき（会社法356条1項2号）、株式会社が取締役の債務を保証することその他取締役以外の者との間において株式会社と当該取締役との利益が相反する取引をしようとするときは（同法356条1項3号）、株主総会（取締役会設置会社の場合は取締役会）において当該取引につき重要な事実を開示し、その承認を受けなければならない（同法356条1項）。行為そのものを実施することはできるが、それによって会社が損失を被らないようチェック機能として取締役会などの承認を必要としている。

- **ア：不適切である。** X氏が行った貸付は、無担保・無利息・返済は余裕ができたときという条件であるため、会社が損失を被る危険性はなく、自己取引に該当しない。判例では、会社が取締役より何らの負担のない無償贈与を受けるような取引は、承認を要する取引に含まれないとしている。（大判昭13・9・28民集17巻20号1985頁）
- **イ：適切である。** X氏は個人で所有する土地を会社に貸しており、賃借料を受けている。賃借料を値上げすることで会社は損失を被るため、自己取引に該当する。
- **ウ：不適切である。** X氏個人で土地を買い取り、X氏名義の土地となるため、会社が損失を被る危険性はなく、自己取引には該当しない。
- **エ：不適切である。** X氏が自己または第三者のために行おうとする取引ではなく、A社とB社のために取引を行おうとするものであり、自己取引には該当しない。

◎参考文献

加美和照著『新訂会社法　第9版』勁草書房

平成28年度　第1問　解答：エ

　★関連法律……会社法

　株式会社の機関に関する出題である。役員とは、取締役、会計参与および監査役をいう。

596　第2部　テーマ別1次過去問集

a：**不適切である。**監査役を解任するためには、株主総会の特別決議が必要である。特別決議の定足数は、定款で3分の1まで軽減することができるが、決議要件は出席株主の議決権の3分の2以上が必要であり、定款で基準を引き上げることはできても、軽減することはできない（会社法309条2項）。

b：**不適切である。**監査役の任期は、原則として、定款等で短縮することはできない。例外として、補欠監査役の任期は、定款によって、退任した監査役の任期の満了する時までとすることができる（同法336条3項・4項）が、増員として選任された監査役の任期に関する例外規定はない。

c：**適切である。**設問文のとおりである（同法332条2項・7項）。

d：**適切である。**設問文のとおりである（同法339条2項）。

◎参考文献

『株式会社法』江頭憲治郎著　有斐閣

『新基本法コンメンタール　会社法2』奥島孝康他編　日本評論社

| 平成**22**年度 | 第**5**問 | **解答：ウ** |

★関連法律……会社法、会社法の施行に伴う関係法律の整備等に関する法律（整備法）

特例有限会社に関する出題である。

ア：**不適切である。**特例有限会社においては、取締役会・会計参与・監査役会・会計監査人・監査等委員会または指名委員会等は法定機関として認められていない（整備法17条）。法定機関としては株主総会・取締役・監査役（会計監査のみに権限を限定）を設置できるのみである。

イ：**不適切である。**特例有限会社の発行株式は譲渡制限株式となり（同法9条）、募集株式の発行については、株主総会での特別決議が必要となるため不適切である。なお、特例有限会社の株主総会の特別決議については、整備法上、総株主の半数以上（これを上回る割合を定款で定めた場合にあっては、その割合以上）であって、当該株主の議決権の4分の3とすると定められている（同法14条3項）。

また、有限会社はそのまま、会社法の規定による株式会社として存続し、発行可能株式総数および発行済株式の総数は、旧有限会社の資本の総額を出資1口の金額で除した数とすると定められた（同法2条）。したがって、現存の有限会社は特に何も手続きをしていなければ、発行可能株式総数と発行済株式の総数が一致していることになる。そのため、特例有限会社が増資をしたい場合は、まず発行可能株式総数の変更が必要となる。

ウ：**適切である。**特例有限会社は、定款を変更してその商号中に株式会社という

文字を用いる商号の変更をすることができる。そして、本店の所在地におい
ては2週間以内に、その支店の所在地においては3週間以内に、当該特例有
限会社については解散の登記をし、商号の変更後の株式会社については設立
の登記をしなければならない（同法45条、46条）。

エ：不適切である。特例有限会社の取締役の任期については特に制限がない（同
法18条）。

平成25年度　第18問　　解答：イ

★関連法律……会社法

代表取締役の解職および取締役の解任に関する出題である。

ア：不適切である。代表取締役の解職は取締役会が行う（会社法362条2項3号）。
株主総会ではない。

イ：適切である。代表取締役の解職は取締役会が行う。また、取締役会の決議は、
議決に加わることができる取締役の過半数が出席し、その過半数をもって行
う（同法369条1項）。

ウ：不適切である。取締役（役員）は、いつでも、株主総会の決議によって解任
することができる（同法339条1項）。監査役を除く役員を解任する株主総
会の決議は、議決権を行使することができる株主の議決権の過半数を有する
株主が出席し、出席した当該株主の議決権の過半数をもって行わなければな
らない（同法341条）。「3分の2以上に当たる多数」ではない。

エ：不適切である。取締役（役員）は株主総会の決議によって解任される。

IV　計算

平成30年度　第7問　　解答：ア

★関連法律……会社法、会社計算規則

資本の部の計数の増減と債権者異議手続に関する出題である。

ア：適切である。資本金の額を減少させる（以下、減資）場合、その減少させた
金額と同じ金額だけ、資本準備金またはその他資本剰余金の額を増加する（会
社法447条、会社計算規則25条2項、26条1項1号、27条1項1号）。株主
および会社債権者保護の観点から、原則として株主総会の特別決議（会社法
447条1項、309条2項9号）と債権者異議手続（同法449条）が必要となる。

イ：不適切である。資本金の額を減少して、利益準備金またはその他利益剰余金

598　第2部　テーマ別1次過去問集

の額を増やすことはできない。これは、資本と利益の峻別という会計の基本原則(企業会計原則第一・3)の現れである。

ウ:不適切である。資本準備金または利益準備金の額を減少させるためには、原則として株主総会の決議(同法448条1項、309条1項、減資と異なり普通決議で足りる)と債権者異議手続(同法449条)が必要となる。ただし、減少させる金額の全額を資本金とする場合、会社債権者に不利益は生じないため、債権者異議手続は不要となる(同法449条1項)。

エ:不適切である。株式会社は、株主総会の決議により、剰余金の額を減少して、資本金の額を増加することができる(同法450条1項・2項、309条1項、減資と異なり普通決議で足りる)。会社債権者にとっては有利なことであるため、債権者異議手続は設けられていない。

平成**22**年度 第**20**問 **解答:エ**

★関連法律……会社法

株式会社の剰余金の配当規定に関する出題である。

配当を行うには、原則株主総会の普通決議により、配当財産(会社法2条25号)の種類および帳簿価額の総額、株主に対する配当財産の割当てに関する事項、剰余金の配当効力発生日を定めて行う必要がある(同法454条1項)。また、会社の純資産額が300万円を下回る場合には、配当することはできない(同法458条)。

ア:適切である。株式会社の純資産額が300万円を下回る場合には、配当することはできないが(同法458条)、この条件を満たし、かつ、株主総会の決議があれば、いつでも剰余金を配当することができる。

イ:適切である。配当財産の種類は金銭に限らないが、当該株式会社の株式等(株式、社債、新株予約権)は認められない(同法454条1項1号、107条2項2号ホ)。

ウ:適切である。最終事業年度の末日後に臨時計算書類につき承認を受けた場合には、臨時決算日までの期中損益が分配可能額に参入される(同法461条2項2号イ)。

エ:不適切である。取締役会設置会社は、1事業年度の途中において1回に限り取締役会の決議によって剰余金の配当(ただし金銭に限る)をすることができる旨を、定款で定めることができる(同法454条5項)。

◎参考文献

神田秀樹著『会社法(法律学講座双書)第十二版』弘文堂

江頭憲治郎著『株式会社法(第3版)』有斐閣

| 平成24年度 | 第20問 | 解答：イ |

★関連法律……会社法、会社法施行規則

株式会社が作成する計算書類等の取扱いに関する出題である。

- **ア：適切である。**株式会社は、計算書類を作成した時から10年間、当該計算書類及びその附属明細書を保存しなければならない（会社法435条4項）。
- **イ：不適切である。**監査役設置会社においては、計算書類及び事業報告並びにこれらの附属明細書は、法務省令で定めるところにより、監査役の監査を受けなければならない（同法436条1項）。計算書類及び事業報告書のみならず、附属明細書も監査の対象となる。
- **ウ：適切である。**原則として、事業報告は、定時株主総会の日の1週間前の日から5年間その本店に備え置かなければならない（同法442条1項1号）。ただし、取締役会設置会社については、定時株主総会の日の2週間前の日から5年間その本店に備え置かなければならない（同法同条括弧書）。
- **エ：適切である。**取締役は、計算書類及び事業報告を定時株主総会に提出しなければならない（同法438条柱書）。計算書類は、定時株主総会の承認を受けなければならない（同法同条2項）。一方、事業報告については、その内容を定時株主総会に報告しなければならないが（同法同条3項）、承認を受ける必要はない。

◎参考文献

総務省運営イーガブホームページ　会社法、会社法施行規則
　http://law.e-gov.go.jp/announce/H17HO086.html
　http://law.e-gov.go.jp/htmldata/H18/H18F12001000012.html

Ⅴ　設立

| 平成22年度 | 第1問 | 解答：ア |

★関連法律……会社法

株式会社の募集設立に関する出題である。

募集設立は、発起人が設立の際に発行する株式の一部だけを引受け、残りについては発起人以外の者に対して募集を行い、発起人以外の者が株式を引受けて株式引受人となり、発起人と株式引受人が会社成立後の当初株主となる形態の設立方法である。

募集設立にあたって、どの申込者に対して何株を割当てるのかについての決定は

発起人の自由とされ（会社法60条）、これを「割当て自由の原則」という。目論見書等の募集文書に割当方法（先着順、按分比例、申し出られた「引受金額」の高い順から割当てる等）を明示したり、あらかじめ特定人に対し割当てたりする旨を確約しておきながら、発起人がそれに反する割当てをした場合、発起人の責任は生じ得るが、それを理由に割当て自体が無効になることはない。

ア：適切である。 募集に際して決定方法は特に定めておらず、甲の希望通りに割当てることが可能である。

イ：不適切である。 引受希望株式数に応じて按分しているが、その定めはないため不適切である。

ウ：不適切である。 申し込み順に、Aは引受希望株式数全て、BとCは申込日時が同日であったため希望株式数に応じて按分しているが、その定めはないため不適切である。

エ：不適切である。 申し込みの早い順番に優先的に割り当てているが、その定めないため、不適切である。

◎参考文献

江頭憲治郎著『株式会社法（第3版）』有斐閣

令和**2**年度　第**2**問　解答：エ

第3章　解説

★関連法律……会社法

会社設立の発起人に関する出題である。

ア：不適切である。 株式会社を設立するに当たって定款を作成するが、定款に必ず記載されなければならない事項（絶対的記載事項）に「発起人の氏名または名称および住所」がある（会社法27条5号）。

イ：不適切である。 発起設立の場合、発起人は、原則として1株（または1単元）につき1議決権を有し、その議決権の過半数で設立時取締役・監査役等を選任する（同法38条1項・2項、40条1項・2項）。ただし、会社が取締役等の選任について内容の異なる株式（選解任種類株式）を発行する場合には制約を受ける（同法40条3項・5項、41条、45条）。

ウ：不適切である。 発起設立、募集設立、いずれの場合でも各発起人は、株式会社の設立に際し、設立時発行株式を一株以上引き受けなければならない（同法25条2項）。

エ：適切である。 現物出資財産の価額が定款で定めた価額に著しく不足する場合には、発起人と設立時取締役は株式会社に対して連帯して不足額を支払う義務を負う（同法52条1項）。ただし、その現物出資事項について検査役の調査を経たときは、現物出資者または財産の譲渡人である場合を除き、当該責

任を負わない（同法52条2項）。

平成23年度　第1問　解答：エ

　★関連法律……会社法

　現物出資に関する出題である。会社設立の際、金銭による出資が行われるが、例外として現物出資と財産引受けがある。現物出資とは、動産、不動産、有価証券など、金銭以外の財産をもって行う出資である。出資した財産を評価するために検査役の調査が必要となるが（会社法207条1項、2項）、一定の条件では不要となる。

ア：不適切である。 会社法では、市場価格のある有価証券について定款で記載され、または記録された価額が当該有価証券の市場価格として法務省令で定める方法により算定されるものを超えない場合は免除される（同法33条10項）。「法務省令で定める方法により算定されるもの」とは、次の額のうちいずれか高い額である（会社法施行規則第6条）。

　　① 定款認証日における当該有価証券を取引する市場における最終の価格
　　② 定款認証日において当該有価証券が公開買付け等の対象であるときは、当該日における当該公開買付け等に係る契約における当該有価証券の価格

イ：不適切である。 Dは税理士であるが、発起人であるため、商品が相当の額であることを証明することはできない（会社法33条11項）。

ウ：不適切である。 現物出資の対象となるAのX社株式、Bの商品、Cの什器備品類の価額の総額は650万円となり、検査役の検査が不要な「500万円以下」を超えている（同法33条10項1号）。

エ：適切である。 現物出資の対象となる財産の価額の総額が500万円であるため、検査役の検査は不要になる。

◎参考文献

北村雅史・柴田和史・山田純子著『現代会社法入門』有斐閣

宍戸善一著『会社法入門』日本経済新聞社

平成21年度　第3問　解答：ア

　★関連法律……会社法

　会社法では、発起人は、定款に現物出資財産等についての記載または記録があるときは、公証人の認証の後遅滞なく、当該事項を調査させるため、裁判所に対し、検査役の選任の申立てをしなければならないとしている（会社法33条1項）。

　ただし、本規定には例外が設けられており、①現物出資財産等の価額の総額が500万円を超えない場合（同法33条10項1号）、②市場価格のある有価証券で価額

が市場価格として法務省令で定める方法により算定されるものを超えない場合（同法33条10項2号）、③価額が相当であることについて弁護士、弁護士法人、公認会計士、監査法人、税理士または税理士法人の証明を受けた場合には、検査役の調査を不要としている（同法33条10項3号）。

解答に当たっての留意点は、検査役の調査が不要な要件を判断することである。

- **ア：適切である。** 現物出資額が800万円であり、本来であれば検査役の調査が必要となるが、弁護士や税理士などの証明書がある場合は、検査役の調査は不要である（同法33条10項3号）。

- **イ：不適切である。** 出資金と現物出資の金額併せてという規定はない（同法33条10項1号）。

- **ウ：不適切である。** 300万円までではなく500万円までである（同法33条10項1号）。

- **エ：不適切である。** 資本金の額により検査役の調査を必要とするという規定はない（同法33条10項1号）。

◎参考文献

尾崎哲夫著『条文ガイド六法　会社法』自由国民社

VI 資金調達

平成**19**年度　第**3**問　解答：**ウ**

★関連法律……会社法

株式および社債の発行要件に関する出題である。解答に当たっての留意点は、株式と社債の発行について、その要件や手続き、方法の違いを認識することである。

各選択肢に対する判断は以下の通りである。

- **ア：不適切である。** 会社法では、株券を発行する旨を定款に定めることができるとされ、原則としては発行する必要はないと解される（会社法214条）。また社債についても必ずしも社債券を発行する必要はないとされ、募集する場合において社債券を発行するか否か定めることとされている（同法676条6号）。

- **イ：不適切である。** 取締役会設置の株式会社においては、定款に定められた発行可能株式総数の範囲において、取締役会の決議によって株式を発行することができる（会社法37条、200条等）が、いかなる場合でも発行できるわけではない。また、「多額の借財」の決定権は取締役会にあるとされており（同法362条4項2号）、社債発行の決定もこれに含まれると解される。なお、社

債の発行は、株主総会の特別決議事項ではない（同法309条2項）。

ウ：適切である。株式とは、株式会社における出資者としての法的地位のことである。持分会社においては、これを持分といい、株式を発行することはできない。募集社債の発行は、株式・持分の制限なくすべての会社において発行することができるとされている（会社法676条）。

エ：不適切である。株式会社は株主名簿を作成しなくてはならず（会社法121条）、株主名簿管理人を置く旨を定款で定め、当該事務作業を委託することができるが（同法123条）、株式管理者という名称の役職は存在しない。会社は社債を発行する場合、社債権者保護の観点から、会社以外の一定の第三者を社債管理者として定め、社債の管理業務を委託しなくてはならないことが原則とされている。ただし、社債の金額が1億円以上である場合には、社債権者が大口の投資家あるいは金融機関であると考えられるため、例外的に社債管理者を設けなくてもよいとされている（同法702条）。

◎参考文献

尾崎哲夫著『会社法』自由国民社

平成**23**年度 第**19**問

［設問1］ 解答：イ

★関連法律……会社法

社債の発行に関する出題である。旧商法では、有限会社は社債を発行できなかったが、会社法上の株式会社である特例有限会社は、社債を発行できる。

ア：適切である。取締役会設置会社では、社債の発行には取締役会の決議が必要である（同法362条4項5号）。取締役会設置会社でない会社では、取締役の過半数による決定が必要である（同法348条2項）。

イ：不適切である。社債管理者とは、社債の発行会社から社債の管理の委託を受けてこれを行うものである。社債管理者に就任できる者は銀行・信託銀行・会社法施行規則170条で定める者である（同法703条）。証券会社はこれに含まれない。

ウ：適切である。社債券を発行しない社債の発行は可能である（同法676条6号）。社債の譲渡は、その社債を取得した者の氏名または名称および住所を社債原簿に記載し、または記録しなければ、社債発行会社その他の第三者に対抗することができない（同法688条1項）。

エ：適切である。株式会社、合名会社、合資会社及び合同会社のいずれも社債を発行でき、株式会社である特例有限会社も社債を発行できる（同法2条、676条）。

◎参考文献

北村雅史・柴田和史・山田純子著『現代会社法入門』有斐閣

弥永真生著『リーガルマインド会社法』有斐閣

[設問2] 解答：ウ

★関連法律……金融商品取引法

　少人数私募債に関する出題である。少人数私募債は、社債発行に伴う金融商品取引法で義務づけられている有価証券届出書等複雑な届出が必要なく（金融商品取引法2条3項、同法施行令1条4項、6項、7項）、社債管理会社への委託も必要ない。無担保で発行可能である。社債の返済は期日一括償還であり、それまでは毎年、利息のみを社債の引受者に支払う。

　少人数私募債を発行するためのおもな条件は以下の通りである。

①　取得勧誘の相手方の人数が50名未満（同法2条3項2号ハ、同法施行令1条の5）

②　社債権者に適格機関投資家がいない（同法23条の13第3項）

③　社債総額を最低券面額で除した数が50未満（会社法施行規則169条）

　よって、ウが適切である。

◎参考文献

河本一郎・大武泰南著『証券取引法読本（第4版）』有斐閣

中小企業庁ホームページ　http://www.chusho.meti.go.jp

第3章 解説

平成27年度 第19問 解答：イ

★関連法律……会社法、金融商品取引法

　　　　　　　社債、株式等の振替に関する法律

社債の発行に関する出題である。

ア：不適切である。 6か月前から引き続き株式を有する株主は（非公開会社では6か月要件はない。）、取締役（または執行役）が株式会社の目的の範囲外の行為その他法令・定款に違反する行為をし、又はこれらの行為をするおそれがある場合において、当該行為によって当該株式会社に著しい損害が生ずるおそれがあるときは、当該取締役（または執行役）に対し、当該行為をやめることを請求することができる（会社法360条1項、2項、422条1項、2項）。

イ：適切である。 一般の不特定多数向けである「有価証券の募集」に該当する場合は、発行に際して情報開示義務が発生し、発行者は有価証券届出書等を作成、提出し（金融商品取引法4条1項、5条1項）、発行後には有価証券報告書を提出しなければならない（同法24条1項）。これに対し、「有価証券

解説編　**605**

の少人数私募」に該当する場合は、以上のような情報開示義務はない。しかし、届出が行われていないことその他の内閣府令で定める事項を、投資家に告知しなければならない（同法23条の13第4項、企業内容等の開示に関する内閣府令14条の15第1項）。ただし、総額1億円未満の場合は、この告知義務はない（金融商品取引法23条の13第4項ただし書、企業内容等の開示に関する内閣府令14条の15第2項）。

ウ：不適切である。 取締役会設置会社において、取締役会は、定められた事項その他の重要な業務執行の決定を取締役に委任することができない。募集社債に関しては、その総額の決定及び法務省令で定める事項として、募集社債総額の上限、利率の上限、払込金額の総額の最低金額等の決定を委任することができない（会社法362条4項5号、676条1号、会社法施行規則99条）。以上のように定められたもの以外の事項の決定については、代表取締役に委任することができる。

エ：不適切である。 振替社債とは、主務大臣の指定を受けた振替機関が取り扱う社債のことをいう（社債、株式等の振替に関する法律2条2項、66条）。振替社債については、社債券は発行できず（同法67条1項）、振替機関の管理する振替口座簿に記載又は記録される（同法68条）。振替制度とは、事務の効率化を目的として有価証券のペーパーレス化を規定した制度であり、本来的に有価証券とされているものについてはペーパーレス化しても有価証券であることに変わりはない。

Ⅶ 組織の基礎的変更

平成25年度 第1問 解答：イ

★関連法律……会社法

　事業買収（事業譲受けと吸収分割）に関する出題である。事業譲受けとは、会社が取引行為として事業を他人から譲り受けることをいう。吸収分割とは、会社分割のうち、株式会社又は合同会社がその事業に関して有する権利義務の全部又は一部を分割後他の会社に承継させることをいう（会社法2条29号）。

a　事業譲受けとは異なり、会社分割は会社法上の組織再編に当たる。外国会社を対象とした会社分割については、我が国の会社分割に相当する制度がその国に無い場合や、制度があってもその内容が我が国の会社分割とは異なる場合があり、実務的にはそのような組織再編はできないと考えられている。

b　事業譲受けでは、引き継ぐ資産や負債の内容を契約によって自由に決定する

ことができるため(特定承継)、偶発債務などの簿外債務を切り離すことが可能である。吸収分割では、権利義務関係が包括的に承継されるため(包括承継)、偶発債務を承継する可能性がある。

c　合併(同法同条27号・28号)の場合と異なり、事業譲受け・吸収分割によって譲渡会社・分割会社が消滅するわけではない。

以上より、イが適切である。

◎参考文献

藤田友敬『国際会社法の諸問題』商事法務1674号

平成**30**年度　第**2**問　解答：**エ**

★関連法律……会社法

株式会社の合併および会社分割における簡易手続・略式手続に関する出題である。

A：吸収合併における簡易手続

吸収合併存続株式会社(以下、存続会社)では、合併の対価の額(帳簿価額)が存続会社の純資産額の5分の1以下(定款で基準を厳格化できる)の場合、株主総会の決議は原則として不要となる(会社法796条2項)。一方、吸収合併消滅株式会社(以下、消滅会社)には簡易手続がなく、株主総会の特別決議が必要となる。よって、空欄Aは「×」である。

B：吸収合併における略式手続

存続会社が特別支配会社である場合、消滅会社では株主総会の決議が原則として不要となる(同法784条1項)。また、消滅会社が特別支配会社である場合、存続会社では株主総会の決議が原則として不要となる(同法796条1項)。よって、空欄Bは「○」である。

C：新設分割における簡易手続

新設分割株式会社(以下、分割会社)では、承継される資産の額(帳簿価額)が分割会社の総資産額の5分の1以下(定款で基準を厳格化できる)の場合、株主総会の決議は不要となる(同法805条)。よって、空欄Cは「○」である。

D：新設分割における略式手続

新たに会社を設立するため、特別支配関係はまだ成り立っていないことから、分割会社では株主総会の特別決議が必要となる。よって、空欄Dは「×」である。

ア：不適切である。 上記説明参照。

イ：不適切である。 上記説明参照。

ウ：不適切である。 上記説明参照。

エ：適切である。 上記説明参照。

第3章 解説

解説編　607

| 平成**29**年度 | 第**2**問 | 解答：ア |

★関連法律……会社法

　会社分割における債権者保護手続(債権者異議手続)に関する出題である。会社分割では、債務は原則として債権者の同意なくして免責的に承継会社または設立会社に移転する。このため、分割後に分割会社Ｘ社に対して債務の履行を請求できない債権者、および分割の効力発生日前から承継会社Ｙ社の債権者であった者を対象として、債権者保護手続が必要となる(会社法789条、799条、810条)。

　物的分割と人的分割のうち、会社法では、物的分割のみが会社分割として定められている。人的分割については、対価となる株式を分割会社が一旦受け取り、その株式を剰余金の配当として株主に交付することを認めることで同様の効果を実現している(同法758条8号ロ、763条1項12号ロ)。この場合、剰余金の配当についての財源規制は適用されない一方(792条2号、812条2号)、分割会社の債権者全員が債権者保護手続の対象となる(789条1項2号)。

　空欄Ａ：Ｙ社に承継されない債務に係る債権者は、分割後もＸ社に対して債務の履行を請求できるため、債権者保護手続の対象とならない。

　空欄Ｂ：Ｚ社に承継されない債務に係る債権者は、分割後もＸ社に対して債務の履行を請求できるため、債権者保護手続の対象とならない。

　空欄Ｃ：人的分割では、Ｚ社に承継されない債務に係る債権者も債権者保護手続の対象となる。

　よって、アが適切である。

| 平成**24**年度 | 第**4**問 | 解答：エ |

★関連法律……会社法

　組織再編のうち、合併、会社分割に関する出題である。合併とは、2以上の会社が合一して1つの会社になることである。当事会社のうち1社(存続会社)が合併後も存続し、合併により消滅する他の当事会社(消滅会社)から権利義務一切を承継するものを吸収合併という(会社法2条27号)。これに対し、すべての当事会社が合併により消滅し、その権利義務一切は、合併により新たに設立する会社(設立会社)が承継するものを新設合併という(同法同条28号)。会社が合併をするには、当事会社間で合併契約を締結し(同法748条、749条、753条)、原則として各当事会社の株主総会の承認を受ける(同法783条1項、804条1項)。

　会社分割とは、ある会社(分割会社)がその事業に関して有する権利義務の全部または一部を他の会社に承継させることをいう。既存の当事会社(承継会社)が、分割会社の権利義務を承継するものを吸収分割という(同法2条29号)。これに対し、

会社分割により新たに設立する会社（設立会社）が、分割会社の権利義務を承継するものを新設分割という（同法同条30号）。会社分割は、事業の買収やグループ企業の再編等に活用されている。会社が吸収分割をするには、当事会社（分割会社と承継会社）が吸収分割契約を締結し（同法757条、758条）、また、会社が新設分割をするには、新設分割計画を作成し（同法762条、763条）、それぞれ、原則として株主総会の承認を受ける（同法795条1項、804条1項）。

「C部門をそのまま切り出して、直接1つの独立した会社」にすることができるのは、選択肢ア～エの中で、エの新設分割である。よってエが適切である。

平成21年度 第2問 解答：エ

★関連法律……会社法

株式会社の簡易会社分割に関する出題である。会社分割には、事業の一部を分割により新設する会社に承継させる新設分割と分割により他の会社に承継させる吸収分割とがある。本問は、A株式会社の事業の一部をB株式会社に承継させる吸収分割において、株主総会開催が必要か否かを問うている。当該吸収分割が、簡易吸収分割（会社法784条2項）に相当するならば、A社において、株主総会開催は不要となる。解答に当たっての留意点は、簡易会社分割が認められる条件について認識することである。

A社で簡易吸収分割が認められるのは、吸収分割承継会社（本問ではB社）に承継させる帳簿価額の合計額が、吸収分割会社（本問ではA社）の総資産額の5分の1以下である場合である（同法同条）。本問では、A社の総資産額は24億円であり、分割を検討している資産合計額は2億3千万円なので、簡易吸収分割は認められ、株主総会開催は必要ないということになる。

承継させる資産の額が基準とされ、純資産額（承継資産額－承継負債額）が基準とされないのは、後者を基準にすると、承継負債額を大きくすれば分割会社から大規模な事業が移転する場合等にも簡易分割の手続が利用できるためである。また、仮に吸収分割会社の純資産額の5分の1以下とした場合、会社規模（総資産額）が巨大で、純資産額がゼロという会社は、どんなに小規模な分割であろうとも、簡易吸収分割は認められず、株主総会開催は必要ということになる。

ア：不適切である。 理由は上記の通りである。

イ：不適切である。 理由は上記の通りである。

ウ：不適切である。 理由は上記の通りである。

エ：適切である。 理由は上記の通りである。

◎参考文献

尾崎哲夫著『条文ガイド六法　会社法』自由国民社

解説編　**609**

江頭憲治郎著『株式会社法（第2版）』有斐閣

平成 **19** 年度　第**5**問

[設問1]　解答：ア

　★関連法律……会社法

　株式交換についての理解を問う出題である。株式交換とは、ある会社が他の会社を完全子会社（株式を100%保有する会社）とする組織再編である（会社法2条31号）。完全子会社となる会社（完全子会社）の株主が保有する株式を完全親会社となる会社の株式（またはそれ以外の財物）に交換することである（会社法767条、768条）。解答に当たっての留意点は、X社が、自己株式かそれ以外の財物をZ社株主に対して交付し、交換にZ社のすべての発行済株式を取得する方法が問われていることをよく認識することである。株式交換によって完全親会社となる会社は、新たに株式を発行するのが一般的であるが、自己株式を保有（金庫株）していれば、それを交付することもできる。

　各選択肢に対する判断は以下の通りとなる。

　ア：適切である。 X社が自己株式を保有していれば、Z社の発行済株式全部と交換し、Z社をX社の完全子会社とすることができる。

　イ：不適切である。 株式交換の対価として、X社がY社株式を対価とすることは可能である。しかし、完全子会社とするには、「X社がZ社の発行済株式全部を取得」しなくてはならず、Z社が保有する自己株式を取得するだけでは株式交換とはならない。

　ウ：不適切である。 Y社が財物を交付してZ社株式を取得することは、「X社がZ社の発行済株式全部を取得」するという設問文の趣旨に合致しない。

　エ：不適切である。 理由はイ、ウの通りである。

◎参考文献

尾崎哲夫著『会社法』自由国民社

[設問2]　解答：イ

　★関連法律……会社法

　三角合併の手続に関する出題である。会社法では、吸収合併において存続会社株式だけでなくあらゆる財物を合併の対価として消滅会社株主に交付することが認められている（会社法749条1項2号）。存続会社の親会社の株式を交付する場合、消滅会社株主は存続会社の株主ではなく、存続会社の親会社の株主になるため、この場合を特に三角合併と呼んでいる。

　各選択肢に対する判断は以下の通りとなる。

ア：不適切である。X社がZ社を吸収合併する方法である。

イ：適切である。この手続を取ることで、Z社はY社に吸収されて消滅し、Z社の株主はX社の株主となる。

ウ：不適切である。吸収されるのは、Z社である。Y社ではない。

エ：不適切である。理由は上記の通りである。

◎参考文献

尾崎哲夫著『会社法』自由国民社

［設問3］　解答：ア

★関連法律……会社法

　株式交換と三角合併の手続を問う出題である。合併や株式交換のような組織再編に当たっては、原則として双方の会社において株主総会の特別決議が必要であり（会社法783条1項、795条1項）、消滅会社、完全子会社の決議反対株主には、株式買取請求権が認められる（同法785条）。解答に当たっての留意点は、本問における株式交換、三角合併において、株主総会特別決議が必要となる当事者はどの社であるか、買取請求権が認められるのはどの会社株主かを十分に認識することである。

　各選択肢に対する判断は以下の通りとなる。

ア：適切である。X社が株式交換により、Z社を完全子会社とするには、原則としてX社の株主総会の特別決議が必要であるが、三角合併においては、Y社がZ社を吸収するため、Y社の株主総会特別決議が必要となり、X社の株主総会特別決議は必要ないということになる。

イ：不適切である。Z社の株主には、三角合併、株式交換、いずれの場合でも株式買取請求権が認められる。それ以外の株主には認められない。

ウ：不適切である。本問における株式交換の場合、契約の当事者は、X社、Z社である。また三角合併の場合は、Y社、Z社が契約の当事者である。

エ：不適切である。株式交換、合併における対価は、株式以外に現金、社債、新株予約権、他社の株式などあらゆる財物が認められている（会社法749条、768条）。消滅会社、完全子会社の株主が、現に保有する消滅会社（完全子会社）の株式以上に経済的価値があると認め、株主総会において議決権の3分の2以上賛成が得られれば決議が有効に成立する。

◎参考文献

尾崎哲夫著『会社法』自由国民社

| 平成22年度 | 第4問 | 解答：イ |

★関連法律……会社分割に伴う労働契約の承継等に関する法律（労働契約承継法）

「会社分割に伴う労働契約の承継等に関する法律（労働契約承継法）」2条1項における労働者の異議申出手続に関する出題である。

同法2条1項の規定は、以下の通りである。

「会社（株式会社及び合同会社をいう。以下同じ）は、会社法第5編第3章及び第5章の規定による分割（吸収分割又は新設分割をいう。以下同じ）をするときは、次に掲げる労働者に対し、通知期限日までに、当該分割に関し、当該会社が当該労働者との間で締結している労働契約を当該分割に係る承継会社等（吸収分割にあっては同法第757条に規定する吸収分割承継会社、新設分割にあっては同法第763条に規定する新設分割設立会社をいう。以下同じ）が承継する旨の分割契約等（吸収分割にあっては吸収分割契約（同法第757条の吸収分割契約をいう。以下同じ）、新設分割にあっては新設分割計画（同法第762条第1項の新設分割計画をいう。以下同じ）をいう。以下同じ）における定めの有無、第4条第3項に規定する異議申出期限日その他厚生労働省令で定める事項を書面により通知しなければならない。

一　当該会社が雇用する労働者であって、承継会社等に承継される事業に主として従事するものとして厚生労働省令で定めるもの

二　当該会社が雇用する労働者（前号に掲げる労働者を除く。）であって、当該分割契約等にその者が当該会社との間で締結している労働契約を承継会社等が承継する旨の定めがあるもの」

つまり、事前に労働者への書面による事前通知が必要となり、一定の労働者には異議申立権が認められている。

①　承継事業の主要従事労働者であるのに分割契約・計画に記載がない場合⇒異議申立可能⇒事業とともに承継される。

②　承継事業の非主要従事労働者であるのに分割契約・計画に記載がある場合⇒異議申立可能⇒事業とともに承継されない。

従業員A、Bについては、乙社所属となるため通知が必要となる。

従業員Cについては、経理部門に所属しており甲社所属となるため通知は不要である。過去に営業部門に関連する総務業務を行っていたという部分については、あくまでも総務部門に所属していることが前提であり、営業部門に所属していたわけではない。

従業員Dについては、会社分割契約時は営業部門であり乙社所属となる。その後異動で以前の部署に戻すという流れとなるため、通知が必要となる。

ア：不適切である。Cについては通知不要である。

イ：適切である。

ウ：不適切である。Cについては通知不要である。

エ：不適切である。Cについては通知不要である。

◎参考文献

　江頭憲治郎著『株式会社法（第3版）』有斐閣

<u>平成**20**年度</u>　<u>第**4**問</u>

[**設問1**]　**解答：ア**

　★関連法律……会社法

　株式会社の事業譲渡、会社分割の基本的な知識に関する出題である。解答にあたっての留意点は、甲社長が本業と不動産賃貸業を分離し、不動産賃貸業を残して、本業を他社に引継がせようとしていることをよく認識し、甲社長の意向に沿う組織再編成方法を選択することである。

　ア：適切である。会社分割には、新しく子会社を設立する新設分割と既存の会社に吸収させる吸収分割とがあるが、これは新設分割による承継方法である（会社法2条29号、30号）。本業を新設した子会社に分離し、その子会社の株式をY株式会社に譲渡すれば、本業は実質的にY株式会社が引継ぐこととなり、不動産業だけがX株式会社に残ることとなる。

　イ：不適切である。本業をX株式会社に残して、新設した子会社に不動産業を引継がせるならば、甲社長はX株式会社の株式をY株式会社に譲渡し、子会社の株式を譲受しなくてはならない。子会社の株式をY株式会社に割当てても、本業はX株式会社に残ることになり、本業の引継ぎにはならない。

　ウ：不適切である。新設した子会社の株式は、すべてX株式会社が保有することになる。この方法では、子会社の株式を保有したままの状態でX株式会社の株式をY株式会社に譲渡することとなり、甲社長は不動産業を残すことはできない。

　エ：不適切である。本業を事業譲渡して、Y株式会社の一部門とすることはできるが、その対価はX株式会社が受けることとなる（会社法467条1項、2項）。事業譲渡によって甲社長がY株式会社の株主となることはできない。

◎参考文献

　尾崎哲夫著『条文ガイド六法　会社法』自由国民社

[**設問2**]　**解答：イ**

　★関連法律……会社法、会社分割に伴う労働契約の承継等に関する法律（労働契約承継法）

会社分割や事業譲渡における組織再編や対価、ステークホルダーの権利保護に関する出題である。解答にあたっての留意点は、事業譲渡と会社分割では、組織再編の態様が異なることを認識することである。

ア：不適切である。事業譲渡を行うには、原則として株主総会の特別決議による承認を受けなくてはならないとされているが、事業譲渡の対価については、金銭でなければならないという定めはない（会社法467条）。吸収分割によって、Ｘ株式会社の本業をＹ株式会社が承継する場合、Ｙ株式会社からＸ株式会社に支払われる対価は、金銭またはＹ株式会社の株式などが認められる（同法758条4号）。

イ：適切である。事業譲渡の場合は、事業だけの譲渡なので、法人格は移動しないが、会社分割の場合には、本業を行う会社がＹ株式会社の子会社になることとなる。

ウ：不適切である。事業譲渡の場合には、譲渡の対価はＹ株式会社からＸ株式会社に対して支払われることとなる。また、企業の赤字部門であれば、対価のない事業譲渡というのもあり得る。「譲渡の対価は当然にＹ株式会社から甲社長に支払われる」という表現は二重に間違っている。会社分割の場合は、株式の譲渡に対する対価になるので、Ｘ株式会社が新設した子会社株式をＹ株式会社に譲渡するならば、対価はＹ株式会社からＸ株式会社に支払われることとなる。

エ：不適切である。事業譲渡においては、会社が締結している契約は、労働契約も含めて譲渡される（会社法467条4項）。会社分割においては、債権者は異議を述べることが認められているが（同法810条1項2号）、個別の同意までは求められていない。また、従業員についても分割の効果として同意なく当然に承継されることとなっている（会社分割に伴う労働契約の承継等に関する法律3条1項）。ただし、事前の通知は必要とされ（同法2条1項）、異議のある従業員の労働契約は承継されない（同法5条3項）。

◎参考文献

尾崎哲夫著『条文ガイド六法　会社法』自由国民社

江頭憲治郎著『株式会社法』有斐閣

平成**23**年度　第**3**問　解答：**ウ**

★関連法律……会社法

吸収合併の手続に関する問題である。

ア：不適切である。吸収合併消滅株式会社（Ａ社）は、吸収合併契約等備置開始日から効力発生日までの間、吸収合併契約書をその本店に備え置かなければ

ならない（会社法782条1項1号）。ここで「吸収合併契約等備置開始日」は
以下の①、②のいずれか早い日をいう（同法782条2項各号）。

① 吸収合併契約等について株主総会の決議によってその承認を受けなけれ
ばならないときは、当該株主総会の日の2週間前の日

② A社の株主、新株予約権者、債権者に対し吸収合併等をする旨等を通知・
催告する日または公告の日

よって、吸収合併契約調印の翌日から備置きを実施する必要はない。

イ：不適切である。 A社は公開会社でない株式会社なので、株主総会の招集通知
は、1週間前までに発しなければならない（同法299条1項）。また、消滅株
式会社（A社）は、効力発生日の20日前までに吸収合併等をする旨並びに存
続会社等の商号および住所の通知をしなければならない（同法785条3項）。
しかし、例えば平成24年3月6日に通知すれば、株主総会よりも1週間以
上前であり、かつ効力発生日よりも20日以上前である。よって、同時に通
知することはできる。

ウ：適切である。 消滅株式会社等は、官報に公告し、かつ、知れている債権者に
は、各別にこれを催告しなければならない（同法789条2項）。よって、債
権者が1社である場合でも、公告を行わなければならない。

エ：不適切である。 会社が吸収合併をしたときは、その効力が生じた日から2週
間以内に、その本店の所在地において、吸収合併により消滅する会社につい
ては解散の登記をしなければならない（同法921条）のであって、効力発生
日に登記する必要はない。また、登記は効力発生要件ではなく第三者対抗要
件である（同法908条）。よって、解散の理由は、効力発生日に合併した旨
記載される。

◎参考文献

総務省運営イーガブホームページ　会社法

http://law.e-gov.go.jp/htmldata/H17/H17HO086.html

第3章 解説

令和**元**年度　第**3**問　解答：ア

★関連法律……会社法

会社の清算と特別清算に関する出題である。

ア：適切である。 残余財産の分配は株主の有する株式の数に応じてなされる（会
社法504条3項）。残余財産が金銭以外の財産であるときは、株主に金銭分
配請求権（当該残余財産に代えて金銭を交付することを清算株式会社に対し
て請求する権利）を与えなければならない（同法505条1項）。

イ：不適切である。 清算中の会社は、清算の目的の範囲内において、清算が結了

解説編　**615**

するまで存続するものとみなされる（同法476条）ものであり、清算開始前とは機関設計が異なる（同法477条）。株主総会は、清算中も存続する。清算株式会社は、1人以上の清算人を置かなければならず（同法477条1項）、定款の定めによって清算人会、監査役又は監査役会を置くことができる（同法477条2項）が、会計参与・会計監査人・指名委員会等の各委員会・監査等委員会を置くことはできない。

ウ：不適切である。 特別清算は裁判所の監督に服する（同法510条、514条、519条以下等）が、清算は裁判所の監督に服さない（同法475条）。特別清算では、裁判所による提出命令がなくても株主総会の承認を得た財産目録等を裁判所に提出しなければならない（同法521条）。他方、清算では、財産目録等を作成して株主総会の承認を受けなければならない（同法492条）が、裁判所に提出を求められるのは訴訟において裁判所から提出命令を受けた場合（同法493条）である。

エ：不適切である。 持分会社にも清算がある（同法644条以下）が、株式会社の特別清算に相当する手続はない。

Ⅷ 持分会社

平成26年度　第17問　　解答：イ

★関連法律……会社法、登録免許税法
合同会社の特徴に関する出題である。

ア：不適切である。 合同会社では、社員総会の設置は義務づけられておらず、業務執行の意思決定は、業務執行社員の過半数を以てなされ、業務は業務執行社員が単独で行うことができる（会社法590条2項、3項）。定款に別段の定めがない限り、業務執行権は原則として全社員が有し（同法590条1項）、業務を執行する社員は、持分会社を代表する（同法599条1項）。

イ：適切である。 合同会社を含む持分会社は、利益の配当を請求する方法その他の利益の配当に関する事項を定款で定めることができる（同法621条2項）。利益または損失の一方についてのみ分配の割合についての定めを定款で定めたときは、その割合は、利益および損失の分配に共通であるものと推定する（同法622条2項）。よって、損益配分を出資の比率と切り離して自由に決めることができる。

ウ：不適切である。 合同会社は所有と経営が一致しており（同法578条）、定款に別段の定めがある場合を除き、出資者（社員）が業務執行を行う（同法590

条1項)。よって、社員でない者は業務執行社員にはなれず、定款に別段の
定めがある場合は、一部の社員を業務執行から除外できる。

エ:不適切である。 合同会社の設立登記では、その本店の所在地において、資本
金の額を登記しなければならない(同法914条5項)。よって、登録免許税
を納付しなければならない(登録免許税法第17条の2)。

平成**30**年度　第**1**問　**解答:イ**

★関連法律……会社法

合同会社と株式会社の比較に関する出題である。

ア:不適切である。 株式会社の株主も、合同会社の社員も、会社債権者に対して
間接有限責任しか負わない(会社法104条、576条4項、580条2項)。

イ:適切である。 株式会社は、出資額の2分の1以上を資本金として計上しなけ
ればならない(同法445条2項)。一方、合同会社の資本金の額は、合同会
社に対する払込財産の範囲内で、合同会社が定めることができる(会社計算
規則30条)。

ウ:不適切である。 株式会社では、財産状態が脆弱な会社が株主へ配当すること
により会社債権者を害することを防止するため、純資産額が300万円以上
でなければ、配当を行うことができない(同法458条)。一方、合同会社は、
利益の配当により社員に交付する金銭等の帳簿価額(配当額)が利益額を超
える場合、利益を配当することはできない(同法628条)ものの、純資産額
が300万円以上必要という規制はない。

エ:不適切である。 合同会社には、株式会社と同様の計算書類の作成義務(同法
617条1項・2項、会社計算規則70条・71条)はあるが、株式会社と異なり、
貸借対照表の公告義務はない。

Ⅸ　その他の重要法人

平成**21**年度　第**16**問

[設問1]　解答:イ

★関連法律……会社法、有限責任事業組合契約に関する法律

合同会社と有限責任事業組合の共通点と相違点に関する出題である。合同会社と
有限責任事業組合は、ともに株式会社と同様の有限責任制でありながら、損益や権
限の配分において自由度の高い内部自治原則が認められている。解答に当たっての

留意点は、合同会社と有限責任事業組合における共通点・類似点と相違点を区分することである。

ア：適切である。 本文の通りである（会社法625条、有限責任事業組合契約に関する法律31条6項）。

イ：不適切である。 持分会社（合名会社・合資会社・合同会社）においては、常務（通常の業務）は、各社員が単独で行うことができる。2人以上の社員が存在する場合、常務以外の業務は、定款に別段の定めがある場合を除き、社員の過半数をもって決定する（会社法590条）。有限責任事業組合においては、重要な財産の処分および譲受けや多額の借財という業務執行を決定するには、総組合員の過半数ではなく、全員の同意が必要である（有限責任事業組合契約に関する法律12条1項）。

ウ：適切である（会社法578条、有限責任事業組合契約に関する法律4条、11条）。株式会社設立時の定款には、公証人の認証を受けなければならないことが定められているが（会社法30条）、持分会社や有限責任事業組合には、そのような定めはない。なお、出資が金銭である場合には「払込み」という用語を、金銭以外の財産を出資する場合（現物出資の場合）には「給付」という用語を用いる。

エ：適切である。 持分会社では、損益分配の割合について定款の定めがない場合には、その割合は出資の価額に応じて決められるが（会社法622条1項）、定款で定めることも認められている（同法621条2項、622条2項）。有限責任事業組合においても、出資割合に応じて損益が分配されるのが原則であるが、総組合員の同意により異なる割合に定めることができる（有限責任事業組合契約に関する法律33条）。

◎参考文献

尾崎哲夫著『条文ガイド六法　会社法』自由国民社

経済産業省『有限責任事業組合契約に関する法律について』

経済産業省『有限責任事業組合(LLP)制度の創設について』

［設問2］　解答：ウ

★関連法律……会社法、有限責任事業組合契約に関する法律、特許法

　合同会社と有限責任事業組合の相違点に関する出題である。合同会社と有限責任事業組合には、（設問1）に挙げられたような共通点・類似点もあるが、合同会社には法人格があって有限責任事業組合にはないなどの相違点もある。解答に当たっての留意点は、それぞれの組織の特性からできることとできないことを類推することである。

　ア：適切である。 合同会社は法人格を有するため、特許権の出願ができる。有限

618　第2部　テーマ別1次過去問集

責任事業組合は民法組合の特例という位置づけのため法人格を保有せず、組合名義での資産は所有できない。組合員全員の合有財産として、不動産や動産、知的財産を所有することになる。特許においても、組合員の共同出願による合有となる。合有とは、通常の共有とは異なり、各自が財産を自由に分割したり持分を処分したりできない、組合における共有のことである。

イ：適切である。 合同会社は定款を変更することにより、他の持分（合名・合資）会社になることが可能である（会社法638条3項）。また、すべての持分会社は株式会社に組織変更することも認められている（同法746条）。一方、有限責任事業組合には、そもそも法人格がないため法人であるすべての会社に組織変更することは不可能である。有限責任事業組合契約に関する法律には、そのような定めはない。

ウ：不適切である。 合同会社設立においては、社員の人数を何名以上と限るような条文は存在しない。よって、社員1名でも設立できると解される。有限責任事業組合は、共同で営利を目的とする事業を営むための組合組織であるとされているため（有限会社事業組合契約に関する法律1条）、2名以上の個人または法人の組合員が必要となる。非居住者や外国法人も組合員になることができるが、最低でも1人（1社）の組合員は、国内居住者または内国法人でなければならない（同法3条2項）。

エ：適切である。 合同会社においては、社員に対して分配する配当額が、その配当する日における合同会社の利益額を超える場合には、そのような配当を社員に対してすることはできない。社員から利益配当の要求があった場合にも拒否できるとされている（会社法628条）。組合財産は、その分配の日における分配可能額を超えて、分配することができない（有限責任事業組合に契約に関する法律34条）。その分配可能額は、分配日における純資産額から300万円（組合員による出資の総額が300万円に満たない場合には、組合員による出資の総額）を控除した額とされている（有限責任事業組合契約に関する法律施行規則37条）。

◎参考文献

尾崎哲夫著『条文ガイド六法　会社法』自由国民社

経済産業省産業組織課『LLPに関する40の質問と40の答え』

［設問3］　解答：エ

★関連法律……特定非営利活動促進法

特定非営利活動法人に関する出題である。解答に当たっての留意点は、特定非営利活動法人についての基本的な知識を取得しておくことである。

ア：適切である（特定非営利活動促進法15条、2条2項1号）。

イ：適切である（同法5条）。

ウ：適切である（同法28条）。

エ：不適切である。特定非営利活動法人を設立するためには、定款、役員名簿、社員のうち10名以上の名簿、設立趣意書などの必要書類を添付した申請書を提出して、設立の認証を受けなければならない（同法10条）。この条文から、特定非営利活動法人には、10名以上の社員が必要と解されている。なお、特定非営利法人において社員とは、正会員など総会で議決権を有する者のことである。

◎参考文献

東京都文化スポーツ局『特定非営利活動法人ガイドブック（改訂版）』

第4章 倒産法

解答・解説

II 倒産法各説

平成**22**年度 第**7**問

★関連法律……破産法、民事再生法、会社更生法

倒産関連用語と破産法における債権者への弁済、破産財団の配当に関する出題である。

[設問1] 解答：イ

倒産関連用語に関する出題である。

解答に当たっては、選択肢にある用語の意味を確認し、文脈に当てはまるものを選択する必要がある。

はじめに、選択肢中に登場する4つの用語の意味を明らかにしておく。

(1) 財団債権

破産財団から破産債権に優先して、かつ破産手続によらずに随時弁済を受けられる請求権のことをいう（破産法2条7項、151条）。

(2) 優先的破産債権

破産財団に属する財産につき一般の先取特権（民法306条）その他一般の優先権がある破産債権を優先的破産債権といい、他の破産債権に優先して弁済を受ける（破産法98条1項）。

(3) 共益債権

民事再生法または会社更生法において、再生手続または更生手続によらず、随時優先的に弁済される債権のことである（民事再生法119条、121条、会社更生法127条、132条）。

(4) 別除権

破産財団に属する特定の財産から、一般の破産債権者とは別に弁済を受ける権利のことである（破産法2条9項、65条）。

空欄Aでは、「これには破産管財人の費用その他破産財団の管理・換価及び配当に関する費用などが含まれます」とあるので、「財団債権」が適切と判断できる。また空欄Bは文脈から、空欄Aの「財団債権」よりも順位が低く、一般破産債権よりも順位が高いということから「優先的破産債権」と判断できる。よってイが適切である。

第4章

解説

解説編 **621**

[設問2]　解答：ウ

　破産法における債権者への弁済と破産財団の配当に関する設問である。

　正解を導くには、各債権がどの債権区分に属するかを判断することが必要となる。

(1) 破産管財人の費用等

　まず、破産管財人の費用等は、財団債権となる (破産法148条1項2号)。本問のケースでは、見込額の満額がこれに該当する。

(2) 税金の滞納分

　次に税金の滞納分についてであるが、破産手続開始前の原因に基づいて生じた租税等の請求権 (同法97条5号に掲げる請求権を除く) であって、破産手続開始当時、まだ納期限の到来していないもの、または納期限から1年 (その期間中に包括的禁止命令が発せられたことにより国税滞納処分をすることができない期間がある場合には、当該期間を除く) を経過していないものについては財団債権となる (同法148条1項3号)。本問のケースでは、平成21年分の税金滞納分500万円がこれに該当し、財団債権となる。

(3) 未払給料

　破産法では、労働債権のうち、①未払給料債権については、破産手続開始前3か月間に生じたものを、②退職手当の請求権については、原則として退職前3か月間の給料の総額に相当する額を、それぞれ財団債権とする。労働債権を有する者は、財団債権とされる部分については、破産手続開始後破産管財人から配当手続によらずに弁済を受けられる (同法149条)。本問のケースでは、平成21年10～12月分の未払給料300万円がこれに該当し、財団債権となる。

　これ以外の税金の滞納分や未払給料については破産債権となり、財団債権へ全額弁済し、なお余剰があった場合には破産手続きにより配当されることとなる。

```
〈現在の破産財団〉               1,000万円
〈財団債権に属するもの〉
      破産管財人の費用等        200万円
      税金の滞納分 (過去1年分)    500万円
      未払給料 (過去3か月分)     300万円      合計1,000万円
```

　現在の破産財団－財団債権＝1,000万円－1,000万円＝0万円
　(財団債権は全額弁済できる状態にある)

　よって、甲の子が有する債権のうち、
　　　　過去3か月分の未払給料   30万円
　　　　　　　　　　　⇒財団債権ゆえ弁済される

残りの未払給料 　　　　　　　　　15万円
　　　⇒優先的破産債権に該当するが破産財団に余剰が
　　　　ないため弁済されない

となり、30万円だけが弁済されることになる。
よって、ウが適切である。
◎参考文献
『法律学小辞典第4版』有斐閣
『広辞苑第六版』岩波書店

平成23年度　第4問　解答：エ

★関連法律……民事再生法、会社更生法

民事再生法に基づく民事再生手続、及び、会社更生法に基づく会社更生手続に関する問題である。

再生計画案を可決するには、①議決権者の過半数の同意、②議決権者の議決権の総額の2分の1以上の議決権を有する者の同意のいずれもがなければならない（民事再生法172条の3）。本問では、議決権者11名中4名の賛成しか得られていないので、再生計画案は否決される。

一方、会社更生法では、更生計画案を可決するには、議決権を行使することができる更生債権者の議決権の総額の2分の1を超える議決権を有する者の同意があればよい（会社更生法196条5項1号）。本問では、債権総額18億円のうち10億6,050万円の賛成が得られているため、更生計画案は可決される。

ア：不適切である。 再生計画案は否決される。
イ：不適切である。 更生計画案は可決される。
ウ：不適切である。 再生計画案は否決され、更生計画案は可決される。
エ：適切である。 再生計画案は否決され、更生計画案は可決される。

◎参考文献
総務省運営イーガブホームページ　民事再生法
　http://law.e-gov.go.jp/htmldata/H11/H11HO225.html
総務省運営イーガブホームページ　会社更生法
　http://law.e-gov.go.jp/htmldata/H14/H14HO154.html

| | 平成**28**年度 | 第**5**問 | 解答：エ |

★関連法律……破産法、会社法、民事再生法、会社更生法

　倒産処理手続の法的整理に関する出題である。各法的倒産手続について、担保権の原則的な取扱い、否認権行使の可否、相殺権の行使期限は次の通りである。

	担保権の原則的な取扱い	否認権行使の可否	相殺権の行使期限
破産手続	破産手続に関係なく行使することが可能（破産法2条9項、65条1項）。	行使が認められている（破産法160条〜162条）。	破産手続によらず行使が可能（破産法67条）。ただし、禁止事項あり（71、72条）。
特別清算手続	原則自由に行使可能。	制度が定められておらず、行使が認められていない。	期限の制限なく行使が可能。ただし、禁止事項あり（会社法517条、518条）。
民事再生手続	再生手続に関係なく行使が可能（民事再生法53条2項）。	行使が認められている（民事再生法135条1項、56条1項）。	再生債権届出期間末日まで（民事再生法92条1項）。
会社更生手続	更生手続によらなければ行使できない（会社更生法47条1項、50条1項）。	行使が認められている（会社更生法86条、98条）。	更生債権届出期間末日まで（会社更生法48条1項）。

　この内容を問題に当てはめると、A：民事再生手続、B：会社更生手続、C：破産手続、D：特別清算手続となる。

◎参考文献

　『倒産完全ガイド』朝日中央グループホームページ　http://www.ac-law.jp/

　弁護士法人クレア法律事務所ホームページ　https://www.clairlaw.jp/

第5章 その他の法務知識

解答・解説

I 企業活動に関する法律知識

平成23年度 第13問 解答：エ

★関連法律……独占禁止法

独占禁止法の規制には、1.私的独占の禁止、2.不当な取引制限（カルテル・入札談合）の禁止、3.不公正な取引方法の禁止、4.企業結合の規制などがある。本問では不公正な取引方法について聞かれている。不公正な取引方法については、独占禁止法2条9項及び公正取引委員会告示によってその内容が規定されている。

本文中の空欄Aの選択肢「拘束条件付取引」、「再販売価格の拘束」、「抱合せ販売等」、「排他条件付取引」は、不公正な取引方法に該当する。

その中で「排他条件付取引」とは、不当に、相手方が競争者と取引しないことを条件として当該相手方と取引し、競争者の取引の機会を減少させるおそれがあること、である（公正取引委員会告示）。X社は競争者と取引しないことを条件に甲社と取引しようとしていることから、X社の行為は「排他条件付取引」に該当する。また、「優越的地位の濫用」とは、取引上の地位が相手方に優越している者が、取引の相手方に対して、正常な商習慣に照らして不当に、①取引の対象である商品または役務以外の商品等を購入させること、②金銭、役務その他の経済上の利益を提供させること、③受領拒否、返品、支払遅延、減額、取引の対価の一方的決定、やり直しの要請、その他取引条件の不利益設定等、の行為をすること、である（同法同条同項5号）。Y社の行為は、甲社に協賛金を負担させることで正常な商習慣に照らして不当に経済上の利益を提供させているから、「優越的地位の濫用」に該当する。独占禁止法では不公正な取引方法に該当する行為の排除措置を命ずる権限が公正取引委員会に与えられている（同法20条）。

ア：不適切である。 上記説明参照。

イ：不適切である。 上記説明参照。

ウ：不適切である。 上記説明参照。

エ：適切である。 上記説明参照。

◎参考文献

『所管法令・ガイドライン』公正取引委員会ホームページ　http://www.jftc.go.jp/hourei.html

解説編　625

| 平成**25**年度 | 第**3**問 | ※改題 | 解答：ア |

★関連法律……独占禁止法

課徴金減免制度に関する出題である。

減免の内容は、申請の時期（公正取引委員会による調査開始日との前後関係）や申請の順番・協力度合い等によって異なる。

ア：**適切である。**談合やカルテルと異なり、私的独占や不公正な取引方法は、事業者の相互拘束による密室の行為である面が薄いことから適用の対象ではない。なお、優越的地位の濫用は、不公正な取引方法に該当する（独占禁止法2条9項5号）。

イ：**不適切である。**全額免除されるのは、調査開始日前に最初に申請を行った事業者である（同法7条の4第1項1号）。

ウ：**不適切である。**公正取引委員会に把握されていない事実の報告や資料の提出が必要とされるのは、調査開始日前の4番目以降の申請者（同法同条2項3号・4号）と調査開始日後の申請者（同法同条3項1号・2号）である。

エ：**不適切である。**令和元年独占禁止法改正（令和2年12月25日施行）により、課徴金減免制度の減額対象事業者数の上限は廃止される。新たに導入される調査協力減算制度についても、対象事業者数に上限はない。

| 令和**元**年度 | 第**7**問 | 解答：ア |

★関連法律……下請法

下請法の対象となる取引に関する出題である。

対象となる取引は、「製造委託」、「修理委託」、「情報成果物作成委託」および「役務提供委託」の4種類の委託取引である（下請法2条1項〜4項）。

ア：**不適切である。**「役務提供委託」とは、事業者が業として行う提供の目的たる役務の提供の行為の全部または一部を他の事業者に委託することをいう（同法2条4項）。「提供の目的たる役務」とは、委託事業者が他者に提供する役務のことであり、委託事業者が自ら用いる役務はこれに該当しないので、自ら用いる役務を他の事業者に委託することは、「役務提供委託」に該当しない。

イ：**適切である。**事業者がその使用する物品の修理を業として行う場合にその修理の行為の一部を他の事業者に委託することは、「修理委託」に該当する（同法2条2項）。

ウ：**適切である。**事業者が業として行う販売の目的物たる物品もしくはその半製品、部品、附属品もしくは原材料またはこれらの製造に用いる金型の製造を他の事業者に委託することは、「製造委託」に該当する（同法2条1項）。

エ：適切である。事業者が業として行う提供の目的たる情報成果物の作成の行為
　　の全部または一部を他の事業者に委託することは、「情報成果物作成委託」
　　に該当する（同法2条3項）。

| 平成**29**年度 | 第**19**問 | 解答：**ア** |

★関連法律……消費者契約法

消費者契約法に関する出題である。

ア：適切である。消費者契約法における「消費者」とは個人をいう（消費者契約法2
　　条1項）。事業として又は事業のために契約の当事者となる場合は除かれる（同
　　法同条同項）が、選択肢における個人事業主の購入行為はこれに該当しない。

イ：不適切である。消費者契約法においては、消費者の代理人は消費者とみなされ
　　る（同法5条2項）。

ウ：不適切である。事業者に故意・重過失がある場合に、事業者の債務不履行によ
　　り消費者に生じた損害を賠償する責任の一部を免除する条項は無効である（同
　　法8条2項）。

エ：不適切である。事業者の債務不履行により消費者に生じた損害を賠償する責任
　　の全部を免除する条項は、事業者に故意・重過失がない場合でも無効である（同
　　法同条1項）。

| 平成**24**年度 | 第**15**問 | 解答：**ウ** |

★関連法律……中小小売商業振興法、不正競争防止法、独占禁止法、消費者契約
法

フランチャイズ契約に関して、中小小売商業振興法、不正競争防止法など法律の
横断的な知識に関する出題である。

ア：不適切である。特定連鎖化事業を行う者は、当該特定連鎖化事業に加盟しよ
　　うとする者と契約を締結しようとするときは、経済産業省令で定めるところに
　　より、あらかじめ、その者に対し、次の事項を記載した書面を交付し、その記
　　載事項について説明をしなければならない。①加盟に際し徴収する加盟金、保
　　証金その他の金銭に関する事項、②加盟者に対する商品の販売条件に関する事
　　項 、③経営の指導に関する事項、④使用させる商標、商号その他の表示に関
　　する事項、⑤契約の期間並びに契約の更新及び解除に関する事項、⑥前各号
　　に掲げるもののほか、経済産業省令で定める事項（中小小売商業振興法11条）。

イ：不適切である。フランチャイズ契約解除後も旧加盟店がフランチャイズ・
　　チェーン名称を使用し続けることは、不正競争防止法第2条で定める「不正

第5章 解説

解説編　　627

「競争」に該当する。不正競争防止法では、商標登録がないものでも、同法の要件を満たせば保護の対象となる。

ウ：適切である。公正取引委員会は、フランチャイズ・システムにおける本部と加盟者との取引において、取引上優越した地位にある本部が加盟者に対して、フランチャイズ・システムによる営業を的確に実施するために必要な限度を超えて、正常な商慣習に照らして不当に不利益を与える場合には、本部の取引方法が優越的地位の濫用に該当するとしている（独占禁止法2条9項5号）。

エ：不適切である。消費者契約法における消費者とは、個人をいうが、事業として又は事業のために契約の当事者となる場合は除かれる（消費者契約法2条）。したがって、フランチャイズ契約における加盟希望者が法人である場合はもとより、個人事業として営む小売店であったとしても、消費者契約法は原則として適用されない。

◎参考文献

公正取引委員会ホームページ『フランチャイズ・システムに関する独占禁止法上の考え方について』
http://www.jftc.go.jp/dk/guideline/unyoukijun/franchise.html

青山紘一著『不正競争防止法（事例・判例）第2版』経済産業調査会

平成**29**年度　第**4**問　※（設問2）のみ掲載

★関連法律……会社法、個人情報保護法、下請法、登録免許税法

　株式会社の資本金の金額による法律上の取り扱いの違いについて、各種法律の横断的な知識に関する出題である。

［設問2］　解答：イ

ア：不適切である。最終事業年度にかかる貸借対照表上、①資本金として計上した額が5億円以上、②負債として計上した額の合計額が200億円以上のいずれかの要件を充たす株式会社を大会社という（会社法2条6号）。大会社は会計監査人を置かなければならない（同法328条）が、大会社でない監査役設置会社については会計監査人の設置は任意である。なお、監査等委員会設置会社及び指名委員会等設置会社は、大会社であるか否かにかかわらず会計監査人を置かなければならない（同法327条5項）。

イ：適切である。個人情報の保護に関する法律（個人情報保護法）に、資本金の金額によって個人情報取扱事業者に該当するか否かを規定する条文はない。なお、個人情報保護法には、従来「その取り扱う個人情報の量及び利用方法からみて個人の権利利益を害するおそれが少ないものとして政令で定める者」については個人情報取扱事業者には含めない旨の規定が置かれており、取り

扱う個人情報が5,000人以下の小規模取扱事業者は個人情報取扱事業者には含めないものとされていたが、平成29年5月30日に全面施行された改正法では、この規定は削除されている。

ウ：不適切である。下請代金支払遅延等防止法（下請法）では、保護対象となる取引を事業者の資本金規模と取引の内容によって定義している。具体的には、委託業務の類型ごとに、委託事業者・受託事業者それぞれの資本金規模の組み合わせによって、保護対象になるか否かが判定される（下請法2条1項〜8項）。

エ：不適切である。株式会社の新株発行による資本金の増加については、登録免許税額は増加した資本金の額の1,000分の7（これによって計算した税額が3万円に満たないときは、申請件数一件につき3万円）である（登録免許税法9条、別表第一24（1））。

平成**25**年度　第**16**問　**解答：エ**

★関連法律……法の適用に関する通則法

準拠法に関する出題である。準拠法とは私的関係が複数の国にまたがる場合、国際私法によってある事項に適用され、その事項を規律する法のことである。日本の国際私法としては「法の適用に関する通則法」がある。

ア：不適切である。債権の譲渡の債務者その他の第三者に対する効力は、譲渡に係る債権について適用すべき法による（法の適用に関する通則法23条）。

イ：不適切である。労務を提供すべき地である日本の労働法の強行規定について、当事者による準拠法選択の如何を問わず労働者の意思表示によって適用することができる（同法12条）。

ウ：不適切である。消費者契約について、クーリングオフ等が適用されやすくするため、消費者の常居所地法中の特定の強行規定について、事業者と締結した契約の準拠法選択の如何を問わず消費者の意思表示によって適用することができる（同法11条）。

エ：適切である（同法8条1項）。

令和**元**年度　第**16**問

★関連法律……なし

英文契約書に関する出題である。英文の和訳は以下の通りである。

「所有権と危険負担

本契約に基づいて販売者が販売した製品の危険負担は所定の納入場所で引渡を受

けた時点で購入者に移転し、製品の所有権は代金全額支払時に購入者に移転します。」

［設問1］　解答：ウ

　インコタームズは主として費用負担と危険負担の範囲を定めるものであり、所有権の移転時期については内容に含まない。

　よって、英文の規定内容からウが最も適切である。

［設問2］　解答：イ

　CIF (Cost Insurance and Freight) は「運賃保険料込み」の貿易条件を意味する。その他の選択肢については以下の通りである。

　　ア　運賃込み＝CFR (Cost and Freight)
　　ウ　船側渡し＝FAS (Free Alongside Ship)
　　エ　本船渡し＝FOB (Free on Board)

平成26年度　第16問

　★関連法律……所得税法、法人税法、租税条約
　租税条約に関する出題である。

［設問1］　解答：ウ

　日本国内に居住していない者(以下、非居住者)および外国法人に対しては、「国内源泉所得」のみが課税対象となる(所得税法5条、161条、法人税法4条、138条)。しかし、同じ「国内源泉所得」であっても、その支払いを受ける非居住者等が日本国内に「恒久的施設」を有しているか、「恒久的施設」のどの区分かによって、課税関係が異なる(所得税法164条、法人税法141条)。恒久的施設の範囲は、国内法、租税条約にそれぞれ規定がある。日本国内で行う事業から生じる所得については、「恒久的施設」を有する非居住者は課税されるが、「恒久的施設」を持たない非居住者は課税されない。

　「恒久的施設」は、「PE」(Permanent Establishment) と略称される。

　ア：不適切である。 Public Address とは、放送設備を意味する。

　イ：不適切である。 Project Development とは、プロジェクト開発を意味する。

　ウ：適切である。 上記解説参照。

　エ：不適切である。 Public Relations とは、広報、宣伝活動を意味する。

［設問2］　解答：エ

　租税条約は2国間条約であるため、租税条約の内容は、その締約相手国によって

異なる。また、租税条約と国内法に異なる定めがある場合、租税条約は国内法に優先する（所得税法162条、法人税法139条）。例外として、国内法に定める優遇措置が租税条約よりも有利であるときは国内法が適用できる。

ア：不適切である。「2国間条約」であり、世界各国で共通ではない。

イ：不適切である。「2国間条約」であり、世界各国で共通ではない。

ウ：不適切である。租税条約は国内法に優先する。

エ：適切である。

◎参考文献

『租税条約の概要』財務省ホームページ

　https://www.mof.go.jp/tax_policy/summary/international/181.htm

『恒久的施設（PE）』国税庁ホームページ

　https://www.nta.go.jp/taxes/shiraberu/taxanswer/gensen/2882.htm

II 資本市場へのアクセスと手続

平成29年度 第21問 解答：ウ

★関連法律……なし

　主要上場市場ごとの上場審査基準（形式基準）に関する出題である。形式基準は、上場申請を行うにあたって求められる要件であり、各項目の適合状況については、申請会社が上場申請時等に提出する資料により確認することとなる。

　形式基準のうち流通株式比率に関しては、東証一部と二部では基準が異なっており、それぞれ上場株券の35％以上、30％以上（ともに上場時見込み）となっている。なお、マザーズについては25％以上の流通株式比率が求められるが、JASDAQについては流通株式比率に関する基準は存在しない。

　また、形式基準のうち利益の額に関しては、マザーズについては基準が存在しないが、JASDAQスタンダードについては最近1年間の利益の額が1億円以上であること（または、時価総額が50億円以上であること）が求められる。

　よって、ウが適切である。

◎参考文献

日本取引所グループホームページ　http://www.jpx.co.jp

第5章 解説

解説編　631

| 平成**24**年度 | 第**17**問 |

★関連法律……なし

証券取引所の上場審査に関する出題である。

［設問1］　解答：ア

　東京証券取引所の上場審査において、新規上場申請会社が、関連当事者等との取引を行っている場合には、取引の合理性（事業上の必要性）、取引条件の妥当性、取引の開示の適正性等を確認し、これらに不適切な点がある場合には、上場審査上の判断は慎重なものとなる。日本取引所グループの「新規上場のガイドブック（市場第一部・第二部編）」において、不適切な取引の事例が具体的に例示されている。

　ア：適切である。関連当事者との取引のうち、役員に対する報酬、賞与及び退職慰労金の支払いは、開示対象外である（企業会計基準第11号「関連当事者の開示に関する会計基準」）。

　イ：不適切である。取引行為には、申請会社の企業グループが直接に取引行為を行っていなくとも、間接的に取引行為を行っているようなものも含む。関連当事者が所有する不動産を賃借しているにも係わらずその事実を開示しないことは、直接の契約の相手方が外部の仲介不動産業者であるとしても、取引の開示の適正性に問題がある。

　ウ：不適切である。上場審査上は、関連当事者を顧問に招聘する合理性（事業上の必要性）について、期待する役割やその達成状況などを踏まえつつ確認したうえで、当該顧問料の算定方法・基準などの対価の妥当性についても確認する。

　エ：不適切である。新規上場申請会社のビル等の空きスペースを関連当事者の個人事業に無償貸与することは、取引条件の妥当性が認められない。

［設問2］　解答：イ

　JASDAQにおける有価証券上場規程10条2項では、新規上場申請者がグロースへの上場を申請した場合の上場審査の事項について例示している。

　ア：不適切である。企業行動の信頼性とは、市場を混乱させる企業行動を起こす見込みのないことである（有価証券上場規程10条2項）。

　イ：適切である。企業の成長可能性とは、成長可能性を有していることである（同規程同条同項）。設問文の『　　』書きの事項は、中長期事業計画等を有しているか確認するものであるから、企業の成長可能性の項目に該当する。

　ウ：不適切である。「企業の存続性」の事項は規定されていない。

　エ：不適切である。健全な企業統治及び有効な内部管理体制の確立とは、成長の段階に応じた企業統治及び内部管理体制が確立し，有効に機能していること

である（同規程同条同項）。

◎参考文献

日本取引所グループホームページ　新規上場のガイドブック

企業会計基準委員会ホームページ　「企業会計基準第11号関連当事者の開示に関する会計基準」

https://www.asb.or.jp/jp/wp-content/uploads/kan_ren0720.pdf

令和元年度 第22問 解答：ウ

★関連法律……なし

マザーズにおける上場審査の形式要件および上場審査の内容に関する出題である。

形式要件のうち株主数に関しては200人以上、時価総額に関しては10億円以上、事業継続年数に関しては「新規上場申請日から起算して、1年前以前から取締役会を設置して継続的に事業活動をしていること」となっている。

形式要件に適合していると認められた申請会社に対しては、「企業内容、リスク情報等の開示の適切性」、「企業経営の健全性」、「企業のコーポレート・ガバナンスおよび内部管理体制の有効性」、「事業計画の合理性」、「その他公益または投資者保護の観点から東証が必要と認める事項」の各項目について審査が行われる。

よって、ウが最も適切である。

平成30年度 第22問 解答：ウ

★関連法律……金融商品取引法

金融商品取引法におけるディスクロージャー制度には、募集・売出しに当たって行う「発行開示」と、定期的に行う「継続開示」がある。

発行開示の代表的なものとして、発行（売出し）価額の総額等が1億円以上の場合、原則として、発行者は有価証券届出書を内閣総理大臣に提出する必要があり（金融商品取引法4条1項、5条1項）、相手方（投資家）に対しては、発行者の事業その他の事項に関する説明を記載した目論見書を交付する必要がある（同法13条1項、15条2項）。なお、発行（売出し）価額の総額等が1千万円超～1億円未満の場合、原則として、発行者は有価証券通知書を内閣総理大臣に提出する必要がある（同法4条6項、企業内容等の開示に関する内閣府令4条5項、特定有価証券の内容等の開示に関する内閣府令5条4項）。

継続開示の代表的なものとして、上場会社など一定の要件を満たす会社は定期的に有価証券報告書を内閣総理大臣に提出する義務を負う（金融商品取引法24条）。

よって、ウが適切である。

第5章

解説

解説編　633

| 平成**20**年度 | 第**18**問 | 解答：**ウ** |

★関連法律……金融商品取引法

金融商品取引法に規定される開示制度に関する出題である。

ア：適切である。金融商品取引法24条の5第4項では次のように規定している。「公益又は投資者保護のため必要かつ適当なものとして内閣府令で定める場合に該当することとなつたときは、内閣府令で定めるところにより、その内容を記載した報告書（以下「臨時報告書」という）を、遅滞なく、内閣総理大臣に提出しなければならない。」

イ：適切である。金融商品取引所に上場されている有価証券の発行者である会社は、有価証券報告書を、当該事業年度経過後3か月以内に、内閣総理大臣に提出しなければならない（金融商品取引法24条1項）。

ウ：不適切である。四半期報告書の提出期限は、四半期終了後45日以内の政令で定める期間内とされており、同法施行令4条の2の10第3項で45日と規定されている（同法24条の4の7第1項）。

エ：適切である。EDINETはElectronic Disclosure for Investors' NETworkの略称で、金融商品取引法に基づく有価証券報告書等の開示書類に関する電子開示システムのことである。

◎参考文献

松尾直彦編著『一問一答金融商品取引法　改訂版』商事法務

EDINETホームページ　http://disclosure.edinet-fsa.go.jp/

| 平成**25**年度 | 第**15**問 | 解答：**エ** |

★関連法律……金融商品取引法

インサイダー取引による規制対象者の範囲に関する出題である。インサイダー取引とは、会社関係者及び情報受領者がその会社の株価に重要な影響を与える重要事実を知って、その事実の公表前に特定有価証券等の売買を行うことをいう（金融商品取引法166条）。

a　インサイダー取引による規制対象者の範囲に含まれる。「会社関係者」とは上場会社等（上場会社とその親会社・子会社）の役員等、大株主等の帳簿閲覧権者（法人の場合はその役員等）、上場会社に対して法令に基づく権限を有する者、上場会社等と契約締結者・締結交渉中の者（法人の場合はその役員等）を指す。よって乙社取締役Aは「会社関係者」となる（同法同条1項）。

b　インサイダー取引による規制対象者の範囲に含まれる。当該上場会社等に係る業務等に関する重要事実を職務に関して知った会社関係者であって、退職後

1年以内のものも会社関係者と同様の扱いとなる。会社関係者でなくなった後に知った場合には情報受領者の問題となる (同法同条同項)。

c　インサイダー取引による規制対象者の範囲に含まれない。「情報受領者」とは会社関係者から重要事実の伝達を受けた者である。ただし、偶然の立ち話等、会社関係者に伝達する意思がない場合には、経済誌記者Cは「情報受領者」には該当しないと考えられている (同法同条3項)。

d　インサイダー取引による規制対象者の範囲に含まれる。この場合、中小企業診断士Dは「情報受領者」となる (同法同条同項)。

e　インサイダー取引による規制対象者の範囲に含まれない。この場合、会社関係者からの直接の伝達ではなく「また聞き」に当たるので甲社株主Eは「情報受領者」には該当しないと考えられている (同法同条同項)。

よって、エが適切である。

平成22年度　第18問

★関連法律……金融商品取引法
金融商品取引法における内部統制に関する出題である。

[設問1]　解答：ア
内部統制の4つの目的は、以下のとおりである。
① 業務の有効性および効率性とは、事業活動の目的の達成のため、業務の有効性および効率性を高めることをいう。
② 財務報告の信頼性とは、財務諸表および財務諸表に重要な影響を及ぼす可能性のある情報の信頼性を確保することをいう。
③ 事業活動に関わる法令等の遵守とは、事業活動に関わる法令その他の規範の遵守を促進することをいう。
④ 資産の保全とは、資産の取得、使用および処分が正当な手続および承認の下に行われるよう、資産の保全を図ることをいう。

ア：不適切である。4つの目的には該当しない。
イ：適切である。
ウ：適切である。
エ：適切である。

[設問2]　解答：イ
内部統制の6つの基本的要素は以下のとおりである。

第5章

解説

解説編　635

⑴ 統制環境

統制環境とは、組織の気風を決定し、組織内のすべての者の統制に対する意識に影響を与えるとともに、他の基本的要素の基礎をなし、リスクの評価と対応、統制活動、情報と伝達、モニタリングおよびITへの対応に影響を及ぼす基盤をいう。

⑵ リスクの評価と対応

リスクの評価と対応とは、組織目標の達成に影響を与える事象について、組織目標の達成を阻害する要因をリスクとして識別、分析および評価し、当該リスクへの適切な対応を行う一連のプロセスをいう。

⑶ 統制活動

統制活動とは、経営者の命令および指示が適切に実行されることを確保するために定める方針および手続をいう。

⑷ 情報と伝達

情報と伝達とは、必要な情報が識別、把握および処理され、組織内外および関係者相互に正しく伝えられることを確保することをいう。

⑸ モニタリング

モニタリングとは、内部統制が有効に機能していることを継続的に評価するプロセスをいう。モニタリングにより、内部統制は常に監視、評価および是正されることになる。

⑹ ITへの対応

ITへの対応とは、組織目標を達成するために予め適切な方針および手続を定め、それを踏まえて、業務の実施において組織の内外のITに対し適切に対応することをいう。

ア：不適切である。

イ：適切である。 上記説明の通りである。

ウ：不適切である。

エ：不適切である。

◎参考文献

『財務報告に係る内部統制の評価及び監査の基準』企業会計審議会

令和元年度　第8問　　**解答：イ**

★関連法律……金融商品取引法

金融商品取引法に定める縦覧書類の公衆縦覧期間に関する出題である。

主な縦覧書類の公衆縦覧期間は下表の通りである（金融商品取引法25条1項）。

書類名	公衆縦覧期間
有価証券報告書	5年
内部統制報告書	5年
四半期報告書	3年
半期報告書	3年
臨時報告書	1年

よって、イが最も適切である。

◤ 編著者紹介

竹永　亮 (たけなが　まこと)
㈱経営教育総合研究所取締役主任研究員、中小企業診断士、経営学修士 (MBA)、中小企業診断士の法定研修 (理論政策更新研修) 講師、元・早稲田大学大学院アジア太平洋研究科委嘱講師、パナソニック・ライフソリューションズ創研特任講師、日経ビジネススクール講師。

遠山　直幹 (とおやま　なおみき)
㈱経営教育総合研究所主任研究員、中小企業診断士、1級ファイナンシャル・プランニング技能士。銀行、保険会社での豊富な経験をもとに、企業の資金繰り改善・銀行格付改善・適正な資金調達や、相続・事業承継対策の実行支援に取り組んでいる。

岩瀬　敦智 (いわせ　あつとも)
㈱経営教育総合研究所主任研究員、中小企業診断士、経営管理修士 (MBA)、法政大学大学院IM研究科兼任講師、横浜商科大学商学部兼任講師。㈱高島屋を経て、経営コンサルタントとして独立。現在は有限会社スペースプランニングMAYBE代表取締役。

三俣　崇 (みつまた　たかし)
㈱経営教育総合研究所研究員、中小企業診断士。弁理士、一級知的財産管理技能士 (特許専門業務)。国内外の知的財産権の取得、活用等の知的財産活動の支援に従事している。

吉崎　明彦 (よしざき　あきひこ)
㈱経営教育総合研究所研究員、中小企業診断士、一級知的財産管理技能士 (コンテンツ専門業務)、事業再生士補。映像制作会社にて財務・経理を担当。コンテンツ業界全般において豊富な経験を有し、著作権を中心とする契約関連実務にも通じている。

山根　徹也 (やまね　てつや)
㈱経営教育総合研究所研究員、中小企業診断士、1級FP技能士、英検1級、全国通訳案内士。弁護士から企業内法務担当者へ転身。医療・福祉等の業界を経て、電機業界で法務、危機管理、経営企画等の業務に携わっている。

井上　謙一 (いのうえ　けんいち)
㈱経営教育総合研究所研究員、中小企業診断士。石油・天然ガス等エネルギー開発会社で主として建設関係に従事、現在は独立。

◤ 執筆者紹介

山本　光康 (やまもと　みつやす)
㈱経営教育総合研究所研究員、中小企業診断士。

太田　優子 (おおた　ゆうこ)
㈱経営教育総合研究所研究員、中小企業診断士。

西　泰宏 (にし　やすひろ)
㈱経営教育総合研究所研究員、中小企業診断士。

■ 監修者紹介

山口　正浩 (やまぐち　まさひろ)

㈱経営教育総合研究所 代表取締役社長、㈱早稲田出版 代表取締役社長、中小企業診断士、経営学修士 (MBA)、TBC受験研究会統括講師、中小企業診断士の法定研修 (経済産業大臣登録) 講師。

24歳で中小企業診断士試験に合格後、常に業界の第一線で活躍。2011年12月のNHK (Eテレ) の「資格☆はばたく」では、中小企業診断士の代表講師＆コンサルタントとして選抜され、4週間にわたる番組の司会進行役の講師とNHK出版のテキスト作成に携わる。

従業員1名から従業員10,000名以上の企業でコンサルティングや研修を担当し、負債3億円、欠損金1億円の企業を5年間で黒字企業へ事業再生した実績を持つ。日本政策金融公庫、日本たばこ産業株式会社などで教鞭をふるい、静岡銀行、東日本銀行 (東日本倶楽部経営塾) では、経営者へ実践的な財務会計の研修を行う。

主な著書は「マーケティング・ベーシック・セレクション・シリーズ」(全12巻) 同文舘出版、販売士検定関連の書籍は「動画で合格 (うか) る販売士3級テキスト＆問題集」早稲田出版など10冊、年度改訂の書籍を含めると350冊以上の監修・著書があり、日経MJ新聞「マーケティング・スキル (いまさら聞けない経営指標) 毎週金曜日 全30回」や月刊誌数誌「商業界」「近代セールス」の連載も持つ。近年、若手コンサルタントのキャリアアップに注力し、執筆指導のほか、プレゼンテーション実践会を主催している。

★本書は、令和2年4月1日施行の民法改正、特許法等の一部改正に対応しています。

2021年版　TBC中小企業診断士試験シリーズ

速修 | テキスト 5 経営法務

2021年1月1日　　初版第1刷発行

編 著 者⋯⋯⋯⋯竹永 亮／遠山直幹／岩瀬敦智／三俣 崇／
　　　　　　　　吉崎明彦／山根徹也／井上謙一
監 修 者⋯⋯⋯⋯山口正浩
発 行 者⋯⋯⋯⋯山口正浩
発 行 所⋯⋯⋯⋯株式会社 早稲田出版
　　　　　　　　〒130-0012 東京都墨田区太平1-11-4 ワイズビル4階
　　　　　　　　TEL：03-6284-1955　FAX：03-6284-1958
　　　　　　　　https://www.waseda-pub.com/
印刷・製本⋯⋯⋯新日本印刷株式会社

©Management Education Institute Co., Ltd, 2015, Printed in Japan
ISBN 978-4-89827-544-3 C0030
乱丁・落丁本は、ご面倒ですが小社営業部宛お送り下さい。
送料小社負担にてお取替えいたします。

書籍の正誤についてのお問い合わせ

万一、誤りと疑われる解説がございましたら、お手数ですが下記の方法にてご確認いただきますよう、お願いいたします。

書籍の正誤のお問い合わせ以外の書籍内容に関する解説や受験指導等は、一切行っておりません。そのようなお問い合わせにつきましては、お答え致しかねます。あらかじめご了承ください。

【1】書籍HPによる正誤表の確認

早稲田出版HP内の「書籍に関する正誤表」コーナーにて、正誤表をご確認ください。

URL:https://waseda-pub.com/2021_seigohyou

【2】書籍の正誤についてのお問い合わせ方法

上記、「書籍に関する正誤表」コーナーに正誤表がない場合、あるいは該当箇所が記載されていない場合には、書籍名、発行年月日、お客様のお名前、ご連絡先を明記の上、下記の方法でお問い合わせください。

お問い合わせの回答までに1週間前後を要する場合もございます。あらかじめご了承ください。

●FAXによるお問い合わせ

FAX番号：03-6284-1958

●e-mailによるお問い合わせ

お問い合わせアドレス：infowaseda@waseda-pub.com

お電話でのお問い合わせは、お受けできません。
あらかじめ、ご了承ください。